U0857106

【三宝斋学术著作四种】

麻天祥 著

中国近代学术史

WUHAN UNIVERSITY PRESS
武汉大学出版社

图书在版编目(CIP)数据

中国近代学术史/麻天祥著．—武汉：武汉大学出版社，2007.4
名家学术
三宝斋学术著作四种
ISBN 978-7-307-05057-0

Ⅰ．中…　Ⅱ．麻…　Ⅲ．学术思想—思想史—中国—近代　Ⅳ．B25

中国版本图书馆 CIP 数据核字(2006)第 036845 号

责任编辑:王雅红　郭　静　　责任校对:刘　欣　　版式设计:支　笛

出版发行：**武汉大学出版社**　(430072　武昌　珞珈山)
(电子邮件：wdp4@whu.edu.cn　网址：www.wdp.com.cn)
印刷：湖北省通山县九宫印务有限公司
开本：720×1000　1/16　印张:47.25　字数:679 千字　插页:1
版次：2007 年 4 月第 1 版　2007 年 4 月第 1 次印刷
ISBN 978-7-307-05057-0/B・154　定价:71.00 元

“三宝斋学术著作四种”前记

今人尚八，尚六，古人尚三，尚四。故儒家举三纲（明明德、亲民、止于至善）、三不朽（立功、立德、立言），勉而行之；老子有三宝，持而保之，曰慈，曰俭，曰不敢为天下先。我常以此自勉。今拙著四种得武汉大学出版社垂顾，结集再版，而冠之以《三宝斋学术著作四种》者，也是表明心迹而已：既有继绝学于往圣的立言之意，更有不敢为天下先的感戴之情。

俗话说，光阴似箭，自从我在近不惑之年，重新选择人生道路，走上这条充满太多幻想，朝乾夕惕而又漫长无尽的学术之路，一晃便又是20个年头。我始终记得，任继愈先生的教诲：聪明可以成事，但单靠聪明成不了大事，因而时时告诫自己，一只迟飞的鸟，即便不笨，也得不停地鼓动双翼，才能有所作为。20年间，我视学术为生命，不敢有丝毫懈怠。自20世纪90年代初，先后出版了学术专著16种，20余册。至今审视，虽抱缺憾，不敢宝瓦砾为珍奇，但也可稍慰平生，而不致有虚度年华的悔恨。武汉大学出版社，尤其是陈庆辉社长、王雅红主任，为繁荣学术，不懈努力，高屋建瓴，选取拙著《汤用彤评传》、《中国禅宗思想发展史》、《中国近代学术史》、《20世纪中国佛学问题》四种（原计划五种，《晚清佛学与近代社会思潮》去年10月已再版），结集发行。对此，可以说是心有灵犀一点通。因为在我看来，《汤用彤评传》是治学的指导，《中国禅宗思想发展史》是对中国佛学和禅宗思想的系统反思，《中国近代学术史》是学术研究主攻方向和理论基础，而《20世纪中国佛学问题》和《晚清佛学与近代社会思潮》一样，则是我治学的入径之途。它们恰恰体现了我在20世纪学术道路上的心路历程。

《汤用彤评传》早在1993年出版，是继我的博士论文《晚清佛学与近代社会思潮》在台湾出版后的第三种学术著作。汤先生幼承庭训，早年留学哈佛，学贯中西印，任教北京大学，并被委以新中国北京大学第一任校长（校务委员会主任）；学术上主张同情理解、广搜精求、平情立言，其《汉魏两晋南北朝佛教史》等著被誉为“价值至高的工具与导引”。其为学为人，都是我生命追求的楷模。所以在我获得博士学位之后，立即申请了一项省社科基金，并在南北辗转中，全力以赴，亦得同学之辅助，系统地梳理了汤用彤先生的生平、新人文主义，以及中国佛教史、魏晋玄学、印度哲学研究。汤一介先生亦为之序。百花洲文艺出版社以《国学大师丛书》在同一年内两次印刷，在学术界获得了好评，在社会上也产生了较大的反响。有所谓：有别于讣告式的传记题材，“写的十分优美动人，令人赞叹不已”的过誉。仅从这一点上讲，也可以说无愧师承。13年后的今天，此书能得以再版，也是武汉大学出版社的无量功德。

《中国禅宗思想发展史》是我在母校获得的国家社会科学基金项目，1997年由湖南教育出版社出版，那是我刚到美国作访问学者时的事。其实，自步入学术界之后，我的研究重心多放在近代，于禅宗思想实在是基于对中国佛学的系统反思，对禅、禅学、禅宗思想自觉不自觉地有自己的思考。窃以为，禅宗思想是大众化的庄、老哲学；禅宗思想的兴起，基于《南华》，而承于道生、僧肇诸大德之后，是庄老的哲人之慧，而非僧人定心修身之法；宋以后的佛教，尤其是禅宗，不是衰落，而是居高临下的全面渗透；它重铸了中华民族的人生哲学、丰富了知识阶层的理性思维、陶冶了中国知识分子的审美观念；是中国传统文化的重要组成部分。因此，该书着重论述禅宗思想在宋代以下同传统思想交相渗透的文化轨迹。但由于初版印数有限，发行面较窄，近十年来不断有人查问，求购，常欲再版而屡屡作罢。近日却如枯木逢春，将有多种版本面世。修订本的《中国禅宗思想发展史》，全部改写了近现代部分，增加了禅与基督教的对话，进一步彰显禅宗思想持续发展的内在逻辑和对禅的现代诠释，力图全面展示禅宗思想全球化、现代化的特征。

中国近代学术原本是我关注的焦点，涉及佛学、经学以及中西文化交流。无论何时、何地，我都不会忘却对近代学术的辨析和总结，哪怕是只言片语的积累。《中国近代学术史》的出版虽然在2001年2月，但交稿却在我离湘之前。其内容集中在如何评价传统、怎样引介西学，建设什么样的未来文化，充分表现了“变”与“合”的特征。全书60余万言，涵盖了经学、子学、佛学、史学、文学，以及现代意义上的哲学、社会学、经济学，乃至马克思主义在中国的传播，书后附近代学术年表，是首次系统展示中国近代学术的专著。《民国学案》的编撰也是由此导引出来的。然而，我深知学术专著的出版是很有些难度的，所以，虽宝瓦砾以自珍，却无意求助任何一家出版单位，这一点还是有自知之明的。然而幸运的是，湖南师大出版社却不顾亏损，仅以印数700册面世。应当说这是校领导对我的特别关顾，当然也是我的学生们的辅助让我实现了这一夙愿。特别是吴仰湘博士，在作皮锡瑞思想研究的博士论文的同时，为本书做了大量的工作。还有和我谊兼师友的李清良博士，同样为本书作出了无私的贡献。这次结集，又得湖南师大出版社以“君子协定”慨允同时出版，尤其让我且惊且喜。原本以为无人问津的冷僻之作，如今却似宠儿备受青睐，更叫我诚惶诚恐，如履薄冰。

显然，《20世纪中国佛学问题》不能算是原创，而是在《晚清佛学与近代社会思潮》的基础上的修订，是从“问题”的角度审视20世纪佛学及佛学研究的。问题涉及佛教的入世转向、佛教哲学研究及近代思想家对佛学的兼收并蓄、佛学与科学的比较研究和科学分析，以及绝而复兴的唯识学研究，还有禅学、禅宗史的现代诠释。书后附有两篇论文，则是从理念和佛教未来发展上论述“问题”的。其实，辨析问题的核心正是出世、入世，时至今日的人生佛学的理论建设和社会实践，显然以此为滥觞。这既是时代的需要，也是思想逻辑发展的必然。即使如以辨析有无，分析名相，排遣名相为重心的唯识学，也是要“从现实的革新处下手”（吕秋逸语），无处不有参与社会、直面惨淡人生的痕迹。修订本全部改写了第五章，新增“佛学的继往开来”第七章，力图使“问题”显得更为集中和圆满。

武汉大学出版社慧眼寻珠，拙作乃鱼目而附骥，以涉千里。惶恐之余，再致谢忱。

麻天祥

于2006年丹桂飘香之季（9月18日）

目　录

前 言

17 世纪，整个西方在文艺复兴运动的基础上，以欧洲为中心，孕育而成一股工业革命的浪潮。新兴的资产阶级作为一种社会力量登上了历史舞台，把一切封建的、宗法的和田园诗般的关系破坏殆尽。它日甚一日地消灭生产资料、财富和人口的分散状态，使物质世界空前地、突飞猛进地膨胀和发展；各民族的精神产品，尤其是思想和学术也都变成了公共产品，同样表现出世界化的趋势。然而在有悠久历史文明的中国，却又导演出一场朝代更迭的“易姓革命”。素居苦寒之地，以游牧为主，刚刚摆脱原始社会状态，向农奴制过渡的努尔哈赤的子孙们，以野蛮的军事行为，征服了具有数千年文明的古国，建立了一个由落后战胜先进的大清帝国，并力图用一种封闭的生产关系，保持其封闭的地域和封闭的文化。直到 18 世纪初，经历了“康乾盛世”，统治着占世界人口总数四分之一的大清王朝，在整个文化世界化的趋势中，再也不能维系其自诩为天朝上国的封闭格局，而显示出每况愈下的末世光景。以向外扩张为主要特征的西方生产方式及其赖以发生的资本主义精神，借鸦片和坚船利炮，撞开了中国大门。一场场丧权辱国的战争，一张张割地赔款、屈辱求存的条约，使草创时期铁马金戈、横扫千军的后金子弟气吞山河如虎的威势荡然无存。这不仅意味着再一次的朝代更迭，而且，尤为关键的是意味着在中国持续两千年的封建制度的解体。

这千古未有的变局，迫使许许多多有识之士在思考、在总结、在展望。林则徐依“民惟邦本”的思想而强调“藏富于民”；龚自珍因“无八百年不夷之天下”而主张“更法”、“改制”；魏源更是由于中西文化的冲突，据“天下物无独必有对”的观念，提出“筹夷事必知夷情”、“师夷长技以制夷”的文化策略。而后，有马建忠重商主义的“富民说”，冯桂芬的“采西学”、“制洋器”，采纳西方人文主义、科学民主精神的思路，薛福成“臻富强，御外辱”，“富民即富商”的观念，以及张之洞的“中体西用”，康有为的“孔子改制”，章太炎“用宗教发起信心”，“用国粹增进国民道德”，以及梁漱溟的中西文化哲学和冯友兰的“贞元六书”等，都是对西方文化挑战的学术回应，是致力于再现中国文化辉煌，探索中国文化出路的理性思考。

清朝末年，无疑是一个多事之秋。一场有希望改变中国命运的变法运动，却被奄奄待毙的皇权作为封建王朝的陪葬，扼杀在摇篮中。而安富尊荣的皇室，不仅没有挡住联军的炮火，反而丢弃了作为皇权象征的紫禁城，仓皇出逃，西出潼关。爱新觉罗的皇祚已经是惨灯将灭了。当然，那也是一个人才辈出的年代，世纪末的叹惜也在呼唤着新世纪的曙光。变法改制的酝酿与尝试虽然失败，四海宾服、天下中心的心理优势一变而为屡战屡败、任人宰割的切肤之痛，却教许多有识之士不得不对数千年的中国文明以及近代的文化导向进行更为全面的思考。1893 年，一个由旧文化孕育出来的新思想家出版了一本名叫《盛世危言》的醒世之作。“盛世”者不过虚饰之词，“危言”确有一番惊世骇俗的见解。“以夷制夷”，即用坚船利炮制坚船利炮，反而使夷之船炮在神州大地长驱直入，“师夷长技”，长技到底为何物呢？郑观应虽然没有准确地回答这一问题，但也显然意识到，面对如潮水般奔涌而至的西方文明，已经衰落并处于末世的封建帝国必须反躬自省，只有全面学习西方才能起衰振弊，救死回生，仅取坚船利炮，无疑是“弃其本而求其末”的权宜之计！尽管他的着眼点在于“商”，但从本质上讲，“危言”已经提出了传统文化的现代转型问题，可以说是本世纪初古今中外学术上系统、深刻的理性反思的导向。

以今度古，我们或许比前人更清醒一些。西方文明进逼的意义，远不止于军械舟车、科学技术的输入；清王朝的解体，又绝非前此以往的“易姓革命”所能比拟。前者的冲击，动摇了代以相传的封建王朝赖以构建起来的根基；后者的坍塌，预示着持续数千年并被视为“万代不易”的封建政体，必将在中国文明史上寿终正寝，事实上宣告一个躁动于母腹的新时代的降临。正因为如此，《危言》的价值就不能单从作者的动机上来衡量。与该书几乎同时面世，由陈炽所著的《庸书》和其后张之洞的《劝学篇》皆主张仿行西学，以西学、西政“补阙”“起疾”，强调的不只是在物质层面上的“师夷长技”，而是以更为鲜明的外倾性格，表现传统转型的近代特征。它们立足于学术，倾吐了对社会无痕换骨的期盼。

事实上，任何文化都有赖于积累而发展，有赖于兼容并包而丰富、更新，而价值观念或价值规范是创造一个新的社会、经济和政治体系的先决条件，所以，处在新旧交替、中外聚合的中国近代社会，由学术的变迁以更新社会和个人的价值系统也就势在必行了。

变，也得变，不变，也得变。非变不足以图存，非变不足以图强。

要继承，也要综合。对古今中外的文化现象必须予以理性分析和比较，并在此基础上对传统与异端均给予淘沙取金式的扬弃和选择。

要变，还要寻找文化的源头，所以要复古，就像欧洲文艺复兴运动追溯希腊、罗马古典文化一样。中国近代学术的变革就是以节节复古为形式，而以创新为内容的。

要创新，就要推倒经学一尊的地位，兼取传统文化中其他部分以及当时奔涌而来的西方文化，而且还要适应当时救亡图存、经世致用的迫切要求，故表现为合，即要合古今、合内外、合经子、合儒释，合求真与致用。

简而言之，一百余年的中国近代学术的特征就是两个字：变与合。它的内容不外三个方面：如何评价传统，怎样引介西方，建设什么样的未来文化。中国近代学术就是如此立足于现实、回眸过去、展望未来的。

毫无疑问，对传统的重新评价，是中国近代学术变迁的依据和核心内容；有选择地引介外来学说则是创变的条件；对中国文化未来的建设则是变的结果。

清之季世，作为传统的一个重要组成部分，且自汉以来两千年始终被奉为神圣而处于一尊地位的经学，同样显示出其下世光景。随着清王朝的解体，经学也就不能不退出思想统治的舞台，由此，重新估定它的一切价值，则成为社会变迁尤其是指引社会变革和学术变革的必然前提，从而决定对它的扬弃和继承。扬弃者须指出弊端，继承者当强调其普遍认同的价值观念和价值规范，既要揭示神圣形象异化的本质，又要正确认识它的历史作用和现代意义。连带而起的是对长期以来被贬抑的经学以外的传统，包括诸子学、佛学在内的古代文化遗产予以历史的、科学的、具有现代意识的价值判断。这种对历史的权衡在近代的具体表现就是节节复古。

此前，自明末清初的经世致用之学至乾嘉之世，便显示出复古的端倪。他们由对宋明理学的反动，对先秦诸子学进行系统的整理，开辟了以复古求解放的前驱之路。道咸以下，才智之士以经世之需要，一变训诂名物之风，以“微言大义”而演西汉今文经学之古。常州学派倡之于前，龚自珍、魏源继之以后，廖平有六变之义，康有为有改制大同之说。而后，诸子学复兴，远绍先秦学术，至20世纪再现辉煌，重演春秋战国百家争鸣之气象。殷墟甲骨出土，遂激发学者追溯文化源头之兴趣，由是而复殷商之古，乃至上古文明，藉文字研究而探上古社会的结构和思维理路。同时，在佛学领域，一反禅宗束书不观之习，复演隋唐学人深入、细致、平实的佛学研究之途。如此，与宋明之学相反动，而复东汉之古，以今文经学复西汉之古，以诸子学研究而复先秦之古，再以考古学复殷商与上古文化之古。节节复古，回溯而上，每一次复古，对当时学术必有一番创获，对思想的革新和社会的进步也必有一番推动。

其实，复古只是形式和手段，创新才是目的和内容。他们要变当时的“假孔”为先秦的“真孔”，要推倒被历代权势捧起来的“伪孔”，重新确立孔子在中国文化史上作为变革先驱的“改制教主”、“史家宗主”、“思想家”、“教育家”以及中华民族优秀文化集大成者的历史地位，即梁任公所说：“淬砺其本有而新之。”① 于是，在

① 梁启超：《新民说》，《饮冰室合集》，中华书局1932年版。

《易》中取变的理论依据；在《礼》中找转型后可以遵循的制度范型；在《春秋》中拣择变的历史；在《论语》中吸收促成变的心理基础（即人格的力量），从而实现全方位的学术变革。

“瑟人申受出方耕，孤绪微茫接董生”，近代启蒙思想家上追西汉公羊之学，祖述何休；龚自珍活用“三世”观念，魏源依“三统”贯穿经术、政事；康有为因“周虽旧邦，其命维新”而大张“孔子改制”之义；其后国粹派“用国粹激动种性”相号召，而有“精研故训，博考事实”之说；学衡派的“昌明国故”之论；即如胡适也有“整理国故”之举；冯友兰的“阐旧邦以维新命”；湖湘之间的汉宋兼容；古史辨派更是致力于恢复圣贤经传的本来面目，而表现出推倒一切的气概，以及诸子学的再度崛起与后来之本位文化和所谓现代新儒学建设，都是以复古求解放，以复古开拓通向未来的学术之路。总之一句话，中国近代学术是逐步以“善变应天”取代“适者生存”而表达其复古情怀的。

当然，变，不仅要慎终追远，而且要博采旁收，综合古今中外也就势在必行。而西方科学民主思潮及其他人文学理的输入，进一步使兼综内外的学术趋向成为可能。浅而有“采西学”、“制洋器”、“师夷长技”，在器物层面兼揽西学的导向；进而成“尽变西法”，在制度层面进行局部改良的维新思潮；“中体西用”不仅表达了用西学“补阙”“起疾”的愿望，而且由“泰西各国学校之法，犹有三代之义”① 的认识，建立了中西互补的学术基础，使之成为中国学术近代化的先声。在此基础上，梁启超提出“群体变用”，“治千万年之天下”的根本大法。所谓群，即“民族心理或社会心理”，或云“民族意力者”②，可见他所建议的“不中不西，即中即西”③ 中西互补的新文化，就是“采补其所本无而新之”④，统合中外学术思想的

① 《刘坤一、张之洞第一次会奏变法议疏》，见《光绪政要》。

② 梁启超：《说群》，《饮冰室合集》，中华书局 1932 年版。

③ 梁启超：《清代学术概论》，上海商务印书馆 1921 年 2 月版。

④ 梁启超：《新民说》，《饮冰室合集》，中华书局 1932 年版。

产物。

严复“自由为体，民主为用”，以及胡适“全盘西化”或“充分西化”，表面看似乎是面向西方的单向选择，实际上，严复更强调“旧学可损益，必不可叛”①，而“求中国所本无”，同样表现了合中西为一的思路。胡适只不过是基于救时的政治目的，认为“没有理由，也毫无必要担心传统价值的丧失”②，为了促进传统的转型而“拼命走极端罢了”。因而不仅要“输入学理”，同时还需“整理国故”，中西结合，取长补短，“再造文明”，而求“折衷调和的中国本位新文化”③。

面对西方文明的挑战，本位文化派也进行了深刻的反思。他们认为：“巨舰大炮带来了西方文化的消息，带来了威胁中国步入新时代的警告。”所以，他们不只是“根据中国本位”，“检讨过去”，“存其所存”，而且同样强调“吸收欧美的文化”，“吸收其所当吸收”，藉以“把握现在，创造未来”④，也是欲合中外于一体的。自称“归宗儒家”的东方文化派，也提出了对西学“全盘承受”，“根本改过”⑤ 的玄思性口号，无疑还是“中西互补”的思维模式。冯友兰的“新理学”体系，以程朱之学奠基，融会贯通西方新实在论和维也纳学派的逻辑实证主义，力图进至“极高明而道中庸”的境界，尤其显示出近代学术融贯中西的特点。其他如李大钊把东西文化比作TWO STRONG MEN，主张“竭力以受西洋文明之特长”，“而立东西文化调和之基础”⑥，蔡元培“一方面主张恢复固有的道德与智能，一方面主张学习外国之所长，是为国粹与欧化的折衷”等等，无不体现出合中西内外于一体的学术路径，反映了中国近代学术在现代化

① 见《严复遗嘱》。

② 胡适：《独立评论》第142号《编辑后记》，1935年。

③ 胡适：《试评中国本位的文化建设》，《独立评论》第145号，1935年。

④ 王新命等：《中国本位的文化建设宣言》，《文化建设》第1卷第4期，1935年1月10日。

⑤ 梁漱溟：《东西文化及其哲学》，商务印书馆1935年版。

⑥ 李大钊：《东西文化之根本异点》，《言治季刊》1918年7月。

转型中双向选择的历史事实。

合，自然不止合内外，同样也会合儒释，合经子。近代学者公然为佛弟子而研习佛学，使晚清佛学伏流汇聚成扬波巨浪；而诸子学复活竟再成专门学，简直是“婢作夫人”，也是近代学术变与合的两大因缘。今文经学家以先秦诸子并起创教、托古改制之意，贯穿经子；古文经学家“夷六艺于古史”，以史贯穿经、子，其后，在“重新估定一切价值”的思想的指引下，客观评判诸子哲学，甚至从伦理学的发生，统论经学与子学。儒释融合早已是思想界的潮流，近代学术更是以佛说为理论武器和思维的资料，弥补其理性的饥渴，实现社会思想和哲学的革命。有所谓“争言定庵，源出佛典，饰以南华，门无钜子，可无论焉”①，实为儒、释、道的大汇合。龚、魏姑且不论，谭嗣同的《仁学》，康有为的《大同书》，梁启超的救世主义，章太炎的“俱分进化’、“五无论”，梁漱溟的“东西文化哲学”，冯友兰的“真际”与“境界”，即使如李石岑“人生哲学大要”，全在显示融合儒佛的倾向。至于章太炎以分析名相始，以排遣名相终的治学之途，确然是与玄奘一系的“秘密武器”一脉相承。熊十力“评判佛家空有二宗大义，而折衷于易”的本心本体论的创立，即“新唯识论”的创立，尤其是援佛入儒、儒佛共济而实现的近代哲学的革命。金陵刻经处欧阳渐一脉，也是兼祧儒释，以佛解儒的。僧人借儒家学说，实现其入世转向的人生佛学也就无须赘言了②。

当然，新学理的输入促成了新学科的兴起，诸如社会学、政治学、法学，皆为近代学术增添了异彩。“诗界革命”、“史界革命”、“小说界革命”，还有传统的“何必曰利”一变而为“何不曰利”，西方的经济思想也为近代学术界津津乐道。这些皆可说是综合的新成果。

如此综合，形成了近代学术的新格局：

---

① 姚华：《弗堂类稿》，转引自《中国近代文论选》（下），人民文学出版社 1962 年版。

② 麻天祥：《佛学与人生》，河南出版社 1993 年版。

以传统固其根本，用国粹激动种性；

以西学发展生产，改良政治，解放思想；

以佛理补理性思维之不足。

而子学的复兴则扩大了学术研究的领域，开拓了思维的疆界。

另外，近代社会名教奇变，而又以救亡图存、富国富民为主旋律，尤其要求学术直接与社会相联系，既治心又治世，学术上也就需要集求真与致用为一体。就连专讲学术“可以求是，不可以致用”①，“凡理想最高者，多不应用”② 的章太炎，也表现出“求是”与“致用”的趋合心理。因而有“回真向俗”的应用哲学，既倡真如本体的唯实哲学以“契无生”，又有“无神宗教”、“五无世界”、“俱分进化”等，而“下教十善”，斥君权，求民权，去五心，从而促进政治的改良和社会的进步。至于启蒙期“以经术求治术”，世纪末的“维新改制”、“稽古论治”，其后的“输入学理，再造文明”、“乡村建设”，以及优生理论和社会结构之研究，还有“以佛法求世法”的人生佛学，“佛教护国论”种种，无一不是致力于“求真”“求是”与“经世致用”相结合的学术思路。

应当说明，无论是变还是合，是复古还是创新，都是在比较的基础上，有所选择而予以综合与创新的。必须承认，任何一种长期被认同的文化都有其存在的理由，有其贡献于社会、人生而普遍认同的价值，也都有其不足和负面影响。外来的东西并不是一切都好，自家的观念和价值系统也并非一切都坏。没有比较就难以分出优劣，没有比较尤其无法予以抉择。晚清以下，青年学子相率求学海外，新观念、新气象摧毁了夜郎自大的心理定势，初以为西学便是走出困境的枕中鸿秘，所以面向西方，要“把西洋文明带些回去”，故而有“师夷长技”、“尽变西法”、“全盘西化”之说。然而，数十年学习西方的实践，不仅没有使中华民族再现辉煌，反而使之在困境中越陷越深。他

① 章太炎：《规新世纪》，《民报》第24号。

② 章太炎：《建立宗教论》，《章太炎全集》（四），上海人民出版社1985年版。

们曾经迷茫，但毕竟觉醒。无组织、无选择，以多为贵的吸收或输入，是无济于从根本上解决问题的。显而易见，要建设中国文化的未来，无论是对古还是对外，都存在一个比较和选择的问题，正像佛教东传中与黄老、儒道的比较与选择一样。然而，“文化之异同，在学术上尤为显著”，“东西文化之比较，一至难之业”①，正因为如此，学术上优劣异同之比较，也就显得尤其重要了。

由“惟以多为贵”的“梁启超式的输入”到“采其所本无而新之”，从而化合为一种“新的文化系统”，便是梁启超在比较中西文化优劣得失的基础上所要进行的选择与综合。严复所谓“统新故而观其通，苞中外而计其全”②，张君劢以精神、物质文明评判中西，强调“合东西之长熔于一炉，乃今后新文化必由之途辙”，而“新文化哲学原理，当不外吾所谓德智主义”③，梁漱溟所谓“全盘承受”、“根本改过”之说，唐君毅“以辨大异为求更大之大同大通之资”④的思维方式，以及张东荪的“认识多元论”，张申府新唯实派分析法与唯物辩证法之合一，胡适强调中、西、印、犹太、希腊文化二而合一的四大文明系统，李大钊的南道东方文明和北道西方文明之辨，汤用彤古今中外未必尽同、文化冲突与影响的双向性，还有欧阳渐“非宗教非哲学”的佛法研究，太虚的唯心、唯物、唯识论等等，无一不是从比较入手，进行理性选择，从而实现“创化”的目的的，只不过他们的立足点有所不同，即文化趋同或者说“合”的模式不同罢了。

概而言之，中国近代学术就是变、合与创新。变、合、创新，就

---

① 张君劢：《东西学术之异同》，《民族复兴之学术基础》上卷，北平西城石版房再生社。

② 严复：《与外交报主人论教育》，《中国哲学史资料选辑》（近代部分下），中华书局 1983 年 8 月版。

③ 张君劢：《思想与社会·序》，见张东荪的《思想与社会》，商务印书馆 1946 年 3 月重庆版。

④ 唐君毅：《中西哲学思想之比较研究集》，重庆正中书局 1943 年 5 月版。

要对古今中西之学予以比较和选择，并在此基础上倾向趋同，由是而表现继往开来的特征。然而，自梁启超、钱穆《中国近三百年学术史》以下，虽然有大量的关于中国近代哲学、文化的研究之作，但专门系统的中国近代学术研究至今阙如。十年前，因得导师张岂之先生之教诲，开始此项研究，年复一年，辗转数校，总有新项目接踵而来，而未能按期完成。居湘数年，集学生和青年学子数人，不揣孤陋，而成此作，虽难尽如人意，权作引玉之砖。其间又几经反复，终有幸得湖南师大出版社李映辉博士慧眼赏鉴并予付梓。校稿之际，仍觉汗颜。不过，是非佳劣，或许能为中国未来文化的建设增添一砖一瓦，也算是无愧于师门，无愧于学界，无愧于自心。

其间，吴仰湘博士在读，为之做了大量工作。李清良博士以及周建雄、薛其林分别完成了第八章、第十一章和第十二章。墨学部分是解启扬的硕士论文改写。社会学的内容为欧阳湘整理完成。年表则由汤浩和万彩霞帮助整理。特此说明。

麻天祥

2000 年 11 月 19 日于武汉大学

第一章 绪 论

自上个世纪道咸以来，虎踞东亚大陆近两个世纪，人口占世界总数四分之一的大清帝国，怎么也无法维系其作为天朝上国的封闭格局，已经由全盛、衰落开始转向全面解体的蹒跚岁月。持续两千多年的封建社会，也已发出日落西山、气息奄奄的末世呻吟。1893 年，一个由旧文化孕育出来的新思想家出版了一本名叫《盛世危言》的醒世之作。“盛世”之言不过是虚饰之词，作者对于西人的全面进逼记忆犹新，一场场损兵折将、门户洞开的战争，一张张割地赔款、屈辱求存的条约，使草创时期后金子弟们席卷千军、气吞山河的威势丧失殆尽；安富尊荣的皇室被迫避居承德、西出潼关，大清帝国黄泉路近，爱新觉罗氏的皇祚已经是惨灯将灭了。世事危殆，惊醒了诸如郑观应这样的先识之士“以夷制夷”的梦幻。所谓“师夷长技”，长技又为何物呢？对此，《危言》确实有一番惊世骇俗的见解：面对着像潮水般奔涌而至的西方文明，已经衰落并处于末世的封建帝国，必须反躬自省，全面向西方学习，才能起衰振弊，救死回生；仅取其坚船利炮，奇技淫巧，无疑是“弃其体而求其末”的权宜之计。从本质上讲，《危言》已经提出了传统文化现代转型的问题，只不过还是把它作为奄奄待毙的封建王朝起死回生的汤药罢了。

以今度古，我们显然比古人更清醒一些。西方文明进逼的意义远不止于军械舟车、科学技术的输入，清王朝的解体也绝非前此以往的改朝换代所能比拟。前者的冲击，动摇了代以相传的封建王朝赖以构建起来的根基，后者的坍塌，将宣告几千年来无可非议的专制政体在中国文明史上的寿终正寝。正因为如此，《盛世危言》的价值也就不能单从作者的动机上来衡量。几乎是与该书同时面世的陈炽所著的

《庸书》，力主设议院，变西法，以其更鲜明的外倾性格，表现了传统转型的近代特征。它立足于学术，表现了对社会无痕换骨的期盼。

1893 年，显然不是时无英雄的年代，诸如汤用彤、梁漱溟、张申府、毛泽东等文化伟人、政治伟人相继在这光辉的一年诞生，他们将驾驭中国近代历史的骏马，继往圣之学，而绘制近代学术变革的蓝图。1893 年也是暴风雨即将来临的前夜，标志着历史新纪元的戊戌变法、辛亥革命均在此前后孕育。强学会的成立以不中不西、即中即西的学术思想揭开了近代社会革命的序幕。1894 年孙中山在檀香山筹组的兴中会无疑在为没落的清王朝挖掘坟茔。至于交通工具的变革、民族工商业的兴起等尤其标明了社会历史已经开始走上一个崭新的阶段：北京至山海关铁路的通车缩小了空间距离，这场对驿站、车马轿舆的革命意味着地域间封闭格局必将彻底打碎；清廷明令解除屡禁不止的海禁，更为新思潮的输入及文化的汇流打开了政治和地理上的闸门；封疆大吏们也在"中体西用"的口号中奏报汉阳炼铁厂建成，它标志着西方科学技术之花在神州大地物质层面上已结下了初果；中外商人出资合办之《新闻报》在上海创刊，直接反映了经济领域对信息传播的需要与革新。正是上述的方方面面，标志着中国近代学术多元并进、比较选择、外向趋合，创造了近代转型的条件。其他如《曾文正公文集》付梓则从另一个角度表明了当时学术多元并进的这一特征。大而言之，近代学术界异说纷呈：

或由强国处入手，倡言"师夷之长技以制夷"；

或从经世致用着眼，征引公羊学"微言大义"推进吏治革新；

或以排满为职志，力主用国粹启导方来；

或借西学补阙起疾，张扬"中体西用"；

或视已百不如人，高喊全盘西化；

或谓西方文明破产，以昌明东方文化为大任；

或把国家积贫积弱归之民心、世风的衰颓，而强调革新道德，文化救国；

或主张中西互补、古今并存，而立东西文明调和之基；

或讲洋为中用、古为今用，而成独具特色的马克思主义。

侨居海外的新儒家提出儒学三期发展、后现代主义的系统思想，至80年代在海内外同时呈现加速发展的新趋势。

凡此种种，说明了传统在蜕变中转型的复杂性。事实上，中西文化不可避免的接触和冲突，必然震撼传统赖以稳固存在的文化心理积淀。无论何种学派，都无法再继续固守曾经尊崇的学术观念，他们在中西、新旧、汉宋、经子、今古、科玄、文白乃至辩证唯物主义论战等一系列比较、选择中，呈现一种外向发展并趋同的大势。而且在疾风暴雨般社会变革的前夜，学术界已经超前出现了大的变局。这一百多年来，合而分、分而合的社会变革与整合，均以学术思想的变革为前导并伴之而行。简单地说，中国近代学术是在中西古今文化的比较选择中对文化趋同的假设与实践，集中表现为兼容中西，博通今古，因革损益，内在转化，外向发展，自多元而趋于世界性整合。另外，传统学术的转型是与封闭格局的骤变密切相关的，而由于它的从入之途不同，即学术形式和内容的差异，以及由于使用工具的不同，更由于人在异化过程中所形成的文化具有完全不同的认同性，即文化二律背反的双重性格，给人们提供了相异的选择可能性。

第一节 封闭格局的解体与传统的嬗变

“克明峻德，以亲九族”进而“平章百姓，协和万邦”，如此以家为天下的思想，是典型的中国传统观念。换句话说，以血缘（ties of blood）为纽带的家组成的国、天下的社会框架，是传统文化赖以维系其超稳定结构的基础。家庭的每一个成员对家、国、天下的矢志忠诚不仅是政治上的可靠保证，而且是个人道德至高至善的境界；社会的经济活动也是以每一个家庭为独立生产单位而展开的，在哲学上便表现为对家、国、天下关系的逻辑论证。家庭的全部社会职能，导致家对政体和社会的支配或者说是决定作用。家天下的封闭心理大而化之为封闭的政治。由此可见，中华文明是在家的基础上发展起来，并以血缘为中心而形成的多层次的金字塔形的封闭结构。这种心理和政治上的封闭，同时又由于地理环境的局限而强化为独具特色的传统。当然，这一传统也必然随着交通工具、通讯方式、图书出版的日益革新对地理上封闭格局的不断冲击而渐次疏离。中国近百年学术正是在封闭的地理格局被彻底打破之后，社会政治全面转型中发生巨变的。它既有对往昔掘井而饮、耕田而食的田园诗般封闭格局的眷恋，对温柔淳厚的血亲之情的追慕，更有对西方物质文明、科学主义和个人自主性的汲纳。由传统经典的封闭式教育中脱颖而出的知识分子，无论是对学术现代化缺乏心理承受力的守旧派，还是无视文化转化中传统延续性的西化派，都希望通过对封闭格局之外的不同文化相互之间的接触、冲突和涵化的系统反思，探索未来新文化的发展道路和方向，或者说都企图在一定的文化根基上培育出新文化而进行着不同的尝试，因而形成了百年学术多元并存的多样性统一。

关于文化，原本就是一个具有十二分模糊意义的概念，说它是人类创造物，包括物质和精神的总和也好，说它是一个民族的生活样式或整个生活方式（whole way of life）也罢，都令人难以全面把握它的内涵和外延，以致人们不加认真推敲，滥用文化这一概念的情况不胜枚举。尽管如此，关于文化同地理环境的密切关系，无论对哪一领域的学者来说，都是不言而喻的。还是人类文化学家说得好，文化是共同生活在一个地域的特定民族的生活方式，如此也就突出了不同文化的地域性差别。换句话说，由于人们生活在不同的地理环境中，并与外界相对隔绝，因而形成自己特有的生活方式、社会制度、风俗习惯等诸如此类称之为传统的东西。被称之为传统的文化必然表现出种种地方性忠诚（local loyalty）。所以，传统显然是封闭的，它不仅具有特定地域的地方性，而且代代相沿，为共同生活在一起的人们所固守。但地理上隔绝毕竟是相对的，因此传统也就不可能永远一成不变，它势必会随着地域间人员的流动、经济的运作、政治上的相互影响而淡化、疏离，终至转型，地域间的交流则是因交通、通讯手段以及出版方式的改善而呈加速发展。正因为如此，在传统现代化之前，对于地域文化，学者们早已引入了亚文化（Subculture）、次亚文化（Secondary Subculture）和中心、边缘等诸如此类的概念，藉以对地域文化进行再分类。这种文化人类学理论上的探讨，有助于说明传统缓慢流变过程中中国近代学术因封闭格局的解体而转型的现代化过程。20世纪伟大诗人 T. S. Eliot 曾说过："一个民族的文化是随着其几个地理的和社会的组成部分的文化的繁荣而繁荣的；而一个民族文化本身也需要成为某个较大文化的一部分，这个较大的文化又需要追求一种最终的，然而又是无法实现的'世界文化'理想。"① 这里他不仅强调了地域文化的"统一"或"融合"，更重要的是提出了因交通电讯的突飞猛进，实现空间上的整合而导致世界文化现代化趋同（Convergence）的假设。正因为他认为这一理想是无法实现的终极追求，所以不可能是同一的，只能是多元并存且趋同的。

前述以家庭为基础的封闭式血缘团体，以及滋生并维系其代代相袭稳定性的封闭的地理格局，是传统文化转化面临的两个基本问题。

封闭的血缘群体对社会的支配或决定作用直接导致的结果便是封建世袭的官僚体制及显著的官本位倾向。如此，家天下、光宗耀祖、学而优则仕便成为中国传统人文精神的一部分。封建王位的因袭；权力、财产、俸禄乃至尊荣的继承则成为毋庸置疑的法则。在这个封闭的群体中，不仅子承父业，而且夫贵妻荣！社会的每个成员都必须为他所置身的封闭群体建功立业，所谓"一荣俱荣，一损俱损"说的就是这个道理。而作为封闭群体的家庭，也把对父兄子弟的支持、培养作为义不容辞、责无旁贷的千秋大业。他们都希望这个"家"中的某一成员登上权力的巅峰，以此改善整个家庭在社会中的地位，并为子孙创造世代相袭的福荫。正因为如此，在这个由"家"而扩展到"天下"的系统观念的指引下，整个的社会精英便把他们的精力、学识、才智集中到攀龙附凤的仕途宦游和勾心斗角的官场角逐中来，而不是从事创造物质财富的理性活动。所谓"皓首穷经"不仅反映了对经典诠释的长期性，揭示传统教育的墨守成规和学术视角的狭隘性，而且，更重要的是暴露了封闭的血缘群体所产生的官本位倾向给整个社会所造成的封闭心态。范进中举而疯的故事，反映的正是封闭的格局所孕育的官本位倾向长期持续刺激下产生的病态人格。即使是

① 杨民生等译，Eliot 著：《基督教与文化》。

在商品经济有所发展的阶段，“重农抑末”、“光耀门庭”、“德上艺下”的社会价值导向以及卖官鬻爵的社会现象，也驱使从事经济活动的富豪商贾及其子女通过种种正式或非正式的途径跻身仕途。如此不仅不能激发工业理性和商业理性，反而强化了官本位的社会意识，直接阻碍了商品经济的发展。

“一任清知府，十万雪花银”，不仅反映官本位思想对世人的销蚀作用，尤其反映了中国士人特殊的价值取向和致富方式。传统文化除追求人与天地合一的“道”的理想境界外，并不笼统地反对财富，孔子也说：“富而可求也，虽执鞭之士亦可为之。”当然这是与道不相违背的财富，所以他又说：“不可求则从吾所好。”① 这就决定了传统对财富的追求，沿袭的仍然是“士而优则学，学而优则仕”的道路。传统对财富的追求主要是以一种固有的文化模式驱动公侯，藉助家庭的力量做帝师王佐，并通过帝王或政权占有国家或者说整个社会财富，而不是去创造和单纯享用财富，宁为“执鞭”之贱役，也不屑与老圃、老农和具有“奇技淫巧”的匠夫为伍。在封闭的、世袭的官僚体制中，惟一的竞争就是官位和权力之争，其他一切科学和技术活动统统被淹没在仕途奔竞、宦海沉浮之中。所以，中国传统鄙视物质生产和科学技术的发展，尤其缺乏自然科学的因素。Marx Weber 曾经说过：在中国传统中没有理性的科学，没有自然科学或工艺学，“只有一种切合于官僚体系的伦理得以产生”②。他说“没有”、“只有”虽然是一种偏见，但对于中国传统的主流而言，这种占有而非创造和享用财富的观念，毕竟还是被不幸言中了。它无疑是传统的现代转型的严重障碍。

正因为上述占有财富观念的驱使，传统把财富看成阶级和身份地位高下的象征，看成自身卑崇荣辱的一种物质基础。儒家义利之辨尤其排斥一切以营利为目的的运筹和操作，追求“身修”、“家齐”、“治国治人”的“君子人”是传统文化的终极关怀。换言之，就是把

① 《论语·述而》。

② Marx Weber：“*China religion*”.

人自身视为目的，除内心修养外，几乎排斥所有的功能性活动。“君子不器”就是非经济活动乃至非物质创造的理论概括。所以传统教育不是要使受教育者成为具有专门技能和职业训练的生产者，而是通过一种恪守经典、崇儒重道的沙龙教育，使之成为具有“候补官”身份的通才。封闭的教育所形成的封闭的经济心态，再加上倡导戒奢崇俭、以限制人的物质欲望而积累财富的非商品意识，在很大程度上限制了经济生活的发展。

封闭的血缘群体形成传统的第三个突出特点，即“内圣外王”的道德自律精神以及由此而产生的个人的非自主性。梁启超强调，中国学术可以用“内圣外王”四个字予以概括，此话虽不能说完全正确，但却肯定了在封闭状态下追求家、国、天下统一和谐的天人合一、个体与本体合一的宇宙观和人生观，加之特殊的价值取向和聚财手段，必然导致内而修身、外而安人，以内圣而王天下的道德自律精神。它力图通过反观自识、克己寡欲而实现内在的超越。由此而消泯了个人与群体、现世与超越的紧张和对立，把个人的自主性完全溶化在血缘群体的统一性之中。正是因为这种封闭的血缘群体具备全部的社会职能，个人只有顺服血缘组织的力量和固定秩序，才能得到庇护和发展，个人的自主性很难跨出家庭势力的阴影。因此，研究中国近代学术尤应注意到这一点及其与西方和日本的不同。美国的百年是通过西部开发反映资本主义萌芽时期向外求索的开拓精神；日本的百年则是在重整大和之魂的基础上实现理性的完全世俗化的创造精神；中国近代百余年学术在很大程度上依然试图重塑内圣外王的理想人格，即使在封闭格局被打破之后，甚至把现代科学也改造成了反观内心的工具和实现超越的内在之路，仍寄希望于道德的自我完善而实现自身的价值和学术的变革。

上述世袭制和官本位倾向，由读书致仕并通过皇权而占有社会财富的特殊价值取向和致富方式，以及内圣外王的道德自律精神，都是以封闭的血缘群体为基础，而且最终以封闭的体制、封闭的教育以及封闭的经济心态，乃至封闭的精英阶层为表现形式。所以，近代学术虽然是在开放的前提下不断转化的，但它势必要付出更多的力量来克服数千年来所形成的这种封闭性，因而表现出尺进寸退甚至大起大落的复杂状况。

封闭的地理格局不仅是滋生传统的外在条件，而且是保护和限制传统的天然屏障。一方面它强化了传统的封闭性质，增强了共同生活在这一封闭地域的特定国家或民族的内聚力；另一方面，它无疑又隔断了这个国家或民族同外界的文化交流，逐渐形成其自身的超稳定结构。这显然对传统的转化，尤其是传统的现代转型是非常不利的。还是 Eliot 说得好："那种自愿闭关自守的民族文化，或者那种因其不能控制的环境所造成的同其他国家的文化相隔绝的民族文化，将由于这种隔绝而受害。"① 可见，传统的现代转型必须在开放的地理格局中才能顺利进行。

"国于大地，必有与立"，一个民族或国家的形成，必然有与之同时存在于另一个地区的民族或国家。事实上，任何地域、国家绝不可能是绝对封闭而呈完全孤立的状态。地区与地区、国家与国家之间总有路可通，有方法传递各自的信息。特别是远古乃至近今，逐水草而居的游牧民族，他们对国家地理位置的理解，早就不是一块封闭的地理环境，而是在其马蹄下所建立的一个个"行国"间的联系。换一个角度讲，任何一个地区、民族、国家，其封闭性只是相对的。它们总是由于文化的发展和扩容，凭藉各式各样的交通工具、信息传播方式（最简单的如徒步跋涉，奔走相告）不断突破原有的封闭的地理格局，并通过与不同文化的接触、冲突终至涵化，而丰富传统自身的内容或者实现文化的转化。中国近代学术现代转型显然是与 20 世纪突飞猛进的技术革命对交通和信息传播的加速推进平行发展的。

从文化人类学的角度来看，中国首先是一个地理概念。它东、南濒海，西、北环绕着高山密林、戈壁、江河。正是这山、海、森林、大漠构成了孕育中华文明厚土的自在樊篱，维持传统稳定性的天然屏障。其对外，从各种缝隙间，或者跨越空间，由小到大，自少而多，时断时续地实现了国际、洲际间的文化交流；其对内，同样由于地貌

① 杨民生等译，Eliot 著：《基督教与文化》。

关系而区划为一个个分散而又连接的亚文化单位，形成了众星拱月般的文化星座。也就是说中国文化自其产生及在形成过程中，就是一个与其他国家不同，但又互相交流的，由各个互有差异但相互联系并持续影响的亚文化融合而成的大传统。只不过国与国之间的交流、亚文化的融合，在19世纪以前漫长的历史中持盈保泰，缓慢地发展变化着，只是在近百余年来才发生了质的飞跃，并朝着世界文化的理想加速推进，这又是同近代交通、电讯和出版业的革命直接相关的。

“读万卷书，行万里路”，从文化学的角度讲，就是要突破封闭的地理格局，在幅员辽阔、交通不便的中华大地上，实现各种文化的交流和融合。事实上，华夏文明之初，也就是文化交流变革之始。文化因人的流动和信息的传递而向外扩展和增容，不过那时凭借的仅仅是筇杖草履、刳木为舟、以手示意、烽火传警、口耳相传等简单的、自然而成的工具和方式，稍后演化为轿舆马车，伴之以各式各样的道路及驿马传递的信息。儒家文化之所以能成为传统文化的核心并延续数千年，不能不说与孔子周游列国有绝大关系。这也为秦文化的统一，也即中国大传统的初步形成奠定了基础。李斯《谏逐客书》表面上说的是人才交流的重要性，实质上突出反映了“客”的运动对于传统文化形成过程中不同亚文化趋合的带动作用。① 所以，秦始皇在兼并天下之后，不仅焚书坑儒，黜除百家，“书同文”以实现文化的统一，同时更注重交通的改革，即所谓“车同轨”，此举对于突破封闭格局，促进地区文化的交流以及传统的形成，无疑具有创榛辟莽的作用。

早在公元前106年，雄才大略的汉武帝，先是以战马、驼队、帆船、木轮车启动了中华文化的外向性发展。丝绸之路以及与东南亚各

---

① 李斯《谏逐客书》指出：孝公用商鞅之法，移风易俗，惠王用张仪之计，散六国之从，结果强公室，杜私门，使秦成帝业，与此同时，秦致昆山之玉，随和之宝，太阿之剑，用江南金锡，采西蜀丹青，窈窕赵女立于侧，郑卫桑间娱于耳，故强调地无四方，民无异国，兼包并容，在文化统一的基础上，才能成就地理政治统一的跨海内而制诸侯之术。从中可见突破封闭格局的文化交流和融合。

国联系的海上交通，就是在封闭的地理格局上凿开的较大裂缝。以后几乎两千年，无论是佛法东传还是西行求法，无论是郑和七下西洋，还是马可·波罗游历布道，其所赖的交通工具，仍然不过是先秦时期的装备，至多有木牛流马在山地运行的改进和舟变为舶的小大之分而已。所以，传统仍在封闭的限制中固守其已成的模式，当然也在佛法的影响下，在同西学的交流中有一点无痕换骨的转化。只是在 19 世纪末现代化交通工具、大众传播方式日新月异，世界性技术革命潮流汹涌澎湃，才使数千年无大改观的交通工具发生了质的飞跃，彻底打破了封闭的地理格局，导致了传统的嬗变，即疏离和现代转型。① 正如丹尼尔·贝尔所说："把世界社会联结成一个巨大联合体的运输和通讯革命，意味着古老的地区性文化的解体，意味着整个世界上艺术、音乐和文学传统汇成一种新的世界性兼容并蓄的内容。"②

前述"客"的运动，指的就是人才的流动。先秦时期如李斯这样的有识之士显然已经注意到人才流动对于地域文化融合、统一的重要作用。因为人不仅是文化的载体和创造者，而且是交通设施的受惠人和创造者，所以，人才流动在疏通封闭的地理格局、促进文化融合，或者说在不同文化的涵化中具有先导和决定作用。因此人才流动—交通革新—突破封闭—传统转化或疏离，呈平行发展的互动关系，特别是文化精英（elite）——中国"士"阶层——的流动，推动了交通的发展，促进了不同地域间的交流，决定了文化转化和传统

---

① 据 Alvin Toffler 的"Future Shock"：公元前 6000 年最快的交通工具是骆驼，平均时速 8 英里，公元前 1600 年双轮马车问世，最高时速 20 英里。至 1825 年第一架蒸汽机问世，开始了交通工具的革命，但最高时速仅 13 英里，最大帆船时速仅此一半。1880 年采用革新的蒸汽机使时速达 100 英里。人类花了千百万年的时间才突破了原始的交通方式。而在近百年时间里，宇宙飞船把时速提高到 18000 英里，代表过去技术进步平缓的曲线一变而为垂直上升的直线。计算机的使用，信息的传播更是以秒计算，任何事件都可以同时传布到全世界，文化的地域性限制已无复可言，文化的世界性趋同也就在所难免了。

② 丹尼尔·贝尔：《后工业社会的来临》，商务印书馆 1984 年版，第 211 页。

疏离的态势。先秦时期纵横家游说天下，西汉时期建立的举荐制以及唐初系统化并一直延续一千余年的科举致仕之路，都是人才的流动在当时社会的表现形式。特别是科举制的诞生为孤族寒门或平民社会的知识分子创造了政治上和地理上流动的条件，基本上打破了中心文化和边缘文化的封闭状态，自然也打破了贵族对政权垄断的封闭政治，即世袭的官僚体制。

从总体文化讲，无论荐举还是科举制度，都使中心文化向边缘强制性灌输；文化精英向上流动，相伴而行的是边缘文化向中心和其他地区潜移默化的渗透，其结果则是不同亚文化向大传统的趋同而导致民族和国家文化的融合和统一。单从政治方面讲，这种非世袭的升迁制度所造成的人才流动虽然动摇封闭的世袭官僚体制，却强化了官本位的封闭意识，并造就了一批批封闭的社会精英群体。它客观上对以血统为基础的皇权、王权以及藩臣、贵族独占官职俸禄的封闭体制具有离心的倾向，但它却以“官本位”的特殊价值取向强化了文化的传统性格。直到 1905 年，科举制的废除，虽然切断了下层社会向上流动的机会，减少了对封闭世袭制的冲击，却又直接导致封闭的传统教育的急剧衰落。再加之现代化交通、大众传媒日新月异的发展，国际间封闭的界限除人为的之外已丧失殆尽。随同封闭的“天朝上国”心理定势的崩溃，上述“文化中心”心理定势的淡化也就趋于不可逆转之势了。20 世纪初在欧、美、日本逐渐增多的中国留学生，便是在封闭的国界打破之后，文化精英流动的现代形式，它促进了中外文化全方位的对流，引起人们对世界文化趋同的关注。应当看到，柏拉图、康德、斯宾诺莎、尼采和科学民主思潮，以及马克思、萨特、弗洛伊德，就是在这一百余年中像潮水般冲击中国封闭的堤岸的。也是在这百余年，诸如白璧德、韦伯、李约瑟、斯拉姆得以从各种孔道中窥见中国。对内而言，传统的现代转型，表现固然呈多元多样发展，但原来呈闭封状态的贵族性（aristor cracy）、区域性、超越性的传统，程度不同地向开放的民主性（democracy）、世界性、世俗性文化转型。

上面不惮其烦的陈述，就是为了说明学术现代转型的基础、条件以及其何以在短短的百余年时间里推动了数千年来稳固不易的传统的质的突变。下表可见文化的发展变化同交通和人才流动的互动关系：

交通	人才流动的形式	文化发展的态势
内	游说 荐举 科举	传统的融合与统一
外	传教　留学	世界文化的趋同

综上所述，可以肯定传统与封闭格局自始至终都是密切相关的。封闭的血缘群体在封闭的地理格局中得以形成其独具特色的传统，这一传统又以其封闭的教育、封闭的体制以及封闭的观念和经济心态而得以强化；但地理格局的封闭只是相对的，所以传统必然因人才的流动而发生变异并造成相近文化的融合。人才流动的需要，促成了交通和信息传播方式的变革，继而又导致传统赖以固守的屏障——封闭地理格局——的崩溃和解体。其结果则是不断变异中的传统开始疏离和转型，并朝着世界文化的方向发展。需要说明的是，传统的疏离自然不是消失或解体，而是结构的松散且易于包容异端文化以实现自身的转化。趋同也不是与其他文化的合一，而是在开放的前提下，不同文化互相吸收、取长补短而实现融合的一种趋势。这是一种以本位文化为中心的趋同假设，具体内容将由后文专述。

第二节　近代文化论争的文化哲学

19世纪末，西方的工业革命推动了交通、电讯、图书出版业突飞猛进的发展。整个世界缩小了，有效时间拉长了，历史也凝缩了，文化也就在整合的时空中跨出封闭的地理格局，走向世界，不同地域文化的交流、传播呈现加速度发展的趋势。

以闭关锁国名世，且以文化中心自居的清王朝，自然无法抗拒工业革命所推动的现代化浪潮，各种各样的科学技术成果，使人耳目一新的信息，都从打开的闸门奔涌而入。儒家思想稳固不易的统治地位因之动摇，中华民族共同奉守的伦理原则、道德规范以及风俗习惯等也都在文化震荡中皲裂。当然，先进的中国人也从打开的大门观察世界，走出封闭。这种世界性文化整合所导致的不可避免的文化碰撞，同样也触发了学术界在比较、选择的基础上创造文化的热情。

一方面是西方文化，特别是学术思想大规模无选择的输入，另一方面是历史上各种非儒家的学说，如佛学、诸子之学的兴起。前者如胡适所言："无政府主义者便介绍西洋的无政府主义（Anarchism）；社会主义者则介绍欧洲的社会主义思潮；德国留学的哲学家则介绍康德、黑格尔、斐斯特①等一流的德国思想家。英国留学的则试图介绍陆克、休谟、柏克立②（Geoge Berkeley）。更摩登的美国留学生则介绍詹姆士和杜威。"③当然，传入的思想远不止上述，诸如达尔文的进化论、柏格森的生命哲学、卢梭的浪漫主义、白璧德的新人文主义以及韦伯的社会学理论等，都冲击过甚至仍然在冲击着中国的传统。后者则表现历史文化多层次交叉并存的状态。正像鲁迅先生指出的那样："简直是将几十世纪缩在一起……自'食肉寝皮'的吃人思想以至人道主义，自迎尸拜蛇以至美育代宗教，都摩肩挨背的存在。"④既有以今文经学为基础的变法思潮，又有汲纳科学新方法的乾嘉考据之学；有变异的经学，又有复兴的子学；理学复归，佛学勃起……总之，上述中西交争、新旧并陈的文化格局，迫使学术界必须认真予以比较和选择。于是异说繁兴，各执己见，诸如"中体西用"、"西体中用"、"全盘西化"、"本位文化"、"尽变西法"、"保存国粹"，以至于"科学民主"、"内圣外王"，不一而足。这些说法虽各不相同，但比较、选择、融合中外文化的运思框架自始至终都是一致的。

---

① 今译费希特。

② 今译贝克莱。

③《胡适口述自传》。

④《鲁迅全集》第1卷，人民文学出版社1981年版，第344页。

就张之洞的“中体西用”说而言，它虽然无意与传统决裂，思想仍在原有的价值体系中运作，但它却是近百年学术现代转型的源头之水。它不仅强调要在科学制艺方面学习西方，而且提出要在政教制度方面取其“起吾疾者”而用之。近代学术转型中的各种流派尽管对其多有批判，甚至表面看来与之针锋相对，但它们的思想实在与之大体相仿，均以整合中西文化为手段而趋于同归之途。“西化派”显然忽视文化的延续性，过分强调传统的惰性，并欲与之实行彻底的决裂，但对于外来文化的吸收仍然是有限的，不仅“西化”是不充分的，而且与传统总有着剪不断、理还乱的承继关系。与“西化派”不尽相同，另外一些学者并不把国家的积贫积弱诿罪于传统文明，而将其视作文化浸衰的结果，因而主张“保存国粹”、“本位文化”。特别是曾经向国际学术界流动的知识分子，更是高呼“昌明国粹，融化新知”的口号，以重塑圣王的理想人格，在文化重新整合基础上实现社会的重新整合。事实上，他们既不认为西方文明是挽救危亡、自立自强的必由之途，而且对他们所熟悉甚至称誉的传统也不是全盘继承而是有所选择的。上述有限的西化和有选择的昌明传统，都是在“中体西用”启迪下，实践开放性的中西互补的趋同模式。如图：

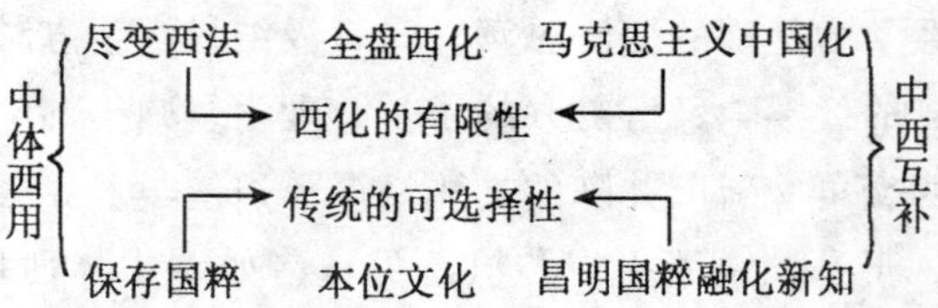

上述熔铸今古、会通中西的一致的思想运作，何以会导致那种针锋相对的表述形式呢？

原因固然很多，答案也不可能完全一致。学者们研究的初发动机、从入之途、思想方式与使用工具的不同都是导致意见分流的因素。文化的二律背反更是造成臧否不一的事实依据。但文化定位偏向所造成的结构错位才是导致中西文化争论的根本原因。换句话说，对文化理解的不同导致他们对文化定位的偏向，或者把文化只看做物力，或者只看做精神活动或政治制度，即把文化定位在任何一个局部，都会造成结构性错位（Constructional malposition），因而形成运作框架一致，但各有局限性的认识上的差异。

文化既然是局限在某个地域民族的生活方式，那么，它就不可能不受时间、空间等自然条件的限制。可见，文化决不是人类任意创造和刻意追求的。马克思在谈到历史文化时曾经对他自己的一句名言——人们自己创造自己的历史——作了一番解释。他说："并不是在他们自己选定的条件下创造，而是在直接碰到的，既定的，从过去继承下来的条件下创造。"这里泛指的历史就是文化，而这一称之为历史的文化是人们在现实和既存的时空环境中以及在"一切已死的先辈的传统"① 影响下"创造"出来，准确地说是"培育"出来的。它是一棵树而不是一部机械装置，只能栽培而不能制造。可见，文化是人类在征服自然的过程中，因势利导，追求和谐和同一而生发、培植起来的特殊的存在形式。它凝聚了人的"创造"欲望，更多地表现了对象世界"自在"的特征。② 所以应当说：

文化是人类对自然和社会生活认同的符号。

这个定义包含三层意思：首先，文化是符号；其次，是体现自然和社会存在的符号；再次，是取得群体认同的、具有特定内涵的符号。

也就是说它既不是物质的，也不是精神的，而是特定地域、特定民族对物质和精神一致认同的符号。这种对"自在"认同的特性，一方面由于地域、群体，乃至个体间的差异，对文化的规定性便有所不同，即不同的结构错位；另一方面，由人类认同的，具有质的规定性的文化，反过来又规定了人的思想和行动。也就是说，人类认同的

---

① 《马克思恩格斯选集》第1卷，人民出版社 1995 年版，第 603 页。

② 认为西方文化展现了人与自然的对立，中国文化追求天人合一，虽然反映了中西文化的取向侧重不同，但过分强调了西方的创造欲望，夸大了中国文化顺应自然的特征。

符号实际上成了他们必须服从的“上帝”。它不仅能推动物质世界和精神生活的发展，改善人类的生存环境，同时又在不同程度上把人们牢牢地禁锢在它们固有的领地之中，甚至向它们的培植人发起进攻。

准确地说，认同的符号即文化体现了三个方面的内容：外化的精神现象、物化的思想运作以及自在和创制之物的形式与内容。前者是作为存在的人的思维活动外化后的认同与再认同，属纯观念形态。后者是对自在之物，包括人为的自在之物的认同，是具有物质性的观念形态。而物化的思想运作，如国家制度、军队法庭、资本货币等，既是思想行为的外化，又具有物质的性格和功能，所以它们是兼容思维运动和物质性能的观念形态。这三者又藉助个体活动，内化而为稳定的心理素质，形成其思维逻辑、阐述方式以及行为规范和凭借手段。中西文化之争，突出表现在这三个不同方面的离心作用。为了便于理解，绘文化模式图如下（见下页）：

由该图可知，文化的形成有其复杂的心理过程。这不只是对物界的认同，而且要对人自身的思维活动和外化的物予以认同；不只是对现象界实现带有创造欲望的初始认同，而且是对已经形成的文化即传统进行再认同，这里都经历了个体心理对自然、社会以及包括过去、现在一切已存在的文化符号顺化、同化，终至内化的全部过程。如此便形成一种受制于认同对象的稳定的心理素质和价值体系，这是心理和外界转换的无尽认识循环。在这种复杂的认同—再认同的过程中，无论偏向哪一方面都有一定的道理和事实的依据，正像只强调某种文化的实用性、建设性而抨击另一种文化的惰性、反作用一样，又都有它们认识上的局限性。

事实上，人的活动虽然离不开物质基础，但制约人的主要还是人类自身“创造”的文化系统。从这个意义上说，文化就是人的异化。文化在人的异化中形成的二律背反的性格也就尽在不言之中了。有人说智慧是创造万物之本，又有人说智慧是奸伪之渊薮；有人说情欲是推动历史前进的动力，宗教家常说情欲是一切社会罪恶之根源……诸如此类的说法都有自己的道理，但也都有失偏颇，因为他们既没有看到事物存在的二重价值，又不能深刻理解这种文化观念的对立正是人

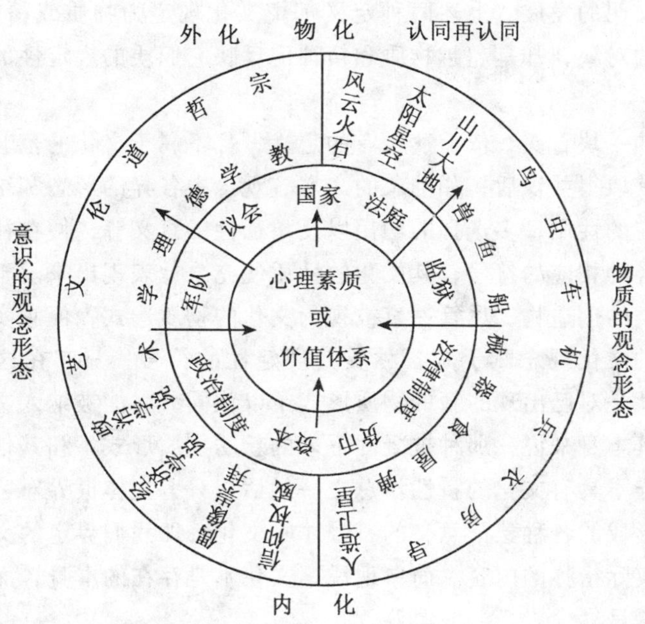

异化为文化的必然结果。可见，文化既可以是 Prometheus 偷取的天火，能照亮大地，温暖人间，还可以是 Pandora’s box，散布在世上的是灾难和罪恶，留下的却是无尽的希望。希腊神话形象说明的正是文化在形成过程中对社会生活的正负作用及人们对文化价值的不同取向。

其实，把文化界定为人的创造物从理论上就排斥自然存在，如风、云、雷、电、山河大地以及自在的官感和初始的感情世界（我们一旦表述出来的情感已经是一种认同的符号，不是存在的本来面目，而是存在的反映，即特殊形态的文化）；从实际上讲，如此也就难免把文化定位在器物进化的物质层面，必然导致纯粹事功性的科学主义，用韦伯的话说即工具合理性的文化观念。若说文化是人类的生活方式，虽然囊括了人类世界精神、物质活动的全部内容，但寓意太泛，未免使人进退失据而生郢书燕说之憾。其实，持此说者赋予文化的内涵多指生活态度、认识社会的思维方式等精神活动，他们往往忽视物质文明的发展。上述两种定义都把文化规定为物质或精神本身，而研究的对象，却是超越物质和精神但反映它们质的规定性的抽象思维。

比如一块石头，依上述所有的定义，都不属于文化的范畴，但当人们对其取得共识后，如抽象的命名、观念中各异的形态和纷呈的颜色、内在的性质、多选择的功用以及象征性的意义等，便在社会生活中形成各种相应的符号，其文化的性质便充分地表现出来。至于舟车房舍之类的创造物，尽管一直被视为文化的物质形式，但它实在是由已形成的文化观念赋予其各种质的规定性的符号，只有在这个意义上，也就是对已出现的新的物质形式予以认同，才能被纳入文化的范畴。就其本身来说，那种被凝固下来的新的物质形式，和其他自然存在物同样不具有文化的特性。总之一句话，只有主体世界对客体世界认同而形成的各种象征意义的符号才是文化，即我们界定的文化和其他定义实际指称的内容。简单地说，文化不是存在的本身，而是反映存在的符号。

当然，定义不是决定一切的，而且任何定义都有它的局限性。但对文化不同的界定，确实可以反映文化定位时不同程度的偏向。早在百年前，张之洞评价时人文化研究说“图救时者言新学，虑害道者守旧学”①，实际上就是文化定位偏向的具体表现。

“图救时者”持文化是“创造物”说，强调人在社会中的主观能动性，忽视自然的规范性；持“生活方式”说者，突出道德规范与自然的趋合作用，鄙弃物质利益对人的欲望的满足和对社会的征服。他们一方面从不同的命题入手，或立足于物质的、功利的、科学的、自主的相位，或立足于精神的、道德的、情感的、群体的相位，竭力称誉某种文化的优胜，另一方面又受制于文化二律背反的性格，不遗余力地昭示另一种文化的历史负作用，否定对方的文化优势心理。

事实上，前者继承了传统“经世致用”的思想，以“救时”相

① 张之洞：《劝学篇》。

尚。他们把生物进化论引入社会学领域，崇信“弱肉强食”、“落后者挨打”为万古不易的普遍真理；确认西方的科学精神和个人主义是致富致强的根本保证，而这些又是建立在充分发展生产和满足个人物质享受基础上的科学主义；相信要改变中国积贫积弱、落后挨打的状况，首先要从科学技术学起，“改造物质的环境”①。这显然是现实的、功利的，本质上是政治的。如此以提高科技水平、发展物质生产为“救亡图存”的必要条件，使他们把文化定位在物质方面，至多从“民主”这个角度，侧重在物化了的制度方面。由此而造成文化偏离精神理性、道德心性的结构错位。其长在促进西方科学技术、思想成果之引进，催化传统观念的变异与调适。但这一错位把一切存在都划在科学的版图之内，把内在的思维活动、道德规范、感情世界、价值观念都纳入外在的物质运动的自然法则之下，甚至有把复杂的社会现象变成简单的社会契约的倾向。

后者对民族危机、国势陵夷自有一番独特的见解。他们以一种深刻的人文关怀，强调中国的危机根本上是文化危机，其表现不仅仅是传统的僵化和惰性，更重要的是失去了传统的真精神。他们认为西方物质文明的发展给人类带来的并非都是幸福和安乐，其“仰射机利，役物自封”，“专言功利，致人类涂炭”②。梁启超曾形象地把给人类“带来许多灾难”的“科学先生”比作沙漠中失路之人可望而不可及的影子；严复也把“国财虽雄而民风不竞”的西方教化喻为不堪风雨的温室之花，说明知识扩张的科学主义、个性扩张的浪漫主义，不仅不是中国现代化的出路，甚至足以把中国拖入永远不能自拔的困境。所以，他们在比较中西文化的同时，又向传统折返，主张以孔孟的真精神唤起民族的自觉意识和自强不息、百折不回的信心和勇气。所谓文化救国，就是要用传统理性重塑内圣外王的理想人格。这种侧重于心性道德的人文思想，显然是偏离物质形态的认同错位。

当然，这种思维方式也是文化二律背反的双重价值所导致的意义

① 胡适：《我们对西洋近代文明的态度》，《东方杂志》第23卷第17号。
② 严复《原强》等语。

错位。它过分强调物质文明的负价值，必然导致文化定位时的偏向。章太炎的俱分进化论就认为社会非单线进跻至善，而是善、恶、苦、乐俱进，藉此驳斥当时如百川归海的社会进化论。他指出，恶因知识的增长而扩充，文明愈进，作恶的本领愈强，道德与科学成反比，近世科学昌明，结果是畏死、拜金、奴隶、“退屈”、“德色”之心顿增。他甚至说，当世“野有穿窬而乏大盗，朝有佞臣而乏奸雄”，指明科学进步虽使作恶本领提高，但在心智方面同样是每况愈下。所以他主张“用宗教发起道德，用国粹激动种性”的文化救国观念，以此对抗“尽变西法”、“全盘西化”所强调的物质进步，包括物化了的制度及进步的思想，尤其能反映文化二律背反的性格在中西文化之争中导引而生的定位偏向。

佛说色即空，空即色，人们虽不尽解其义，尚留一种叹为观止、玄奥难测之感。一旦通俗地解释为“有实非有”、“无乃非无”时，世人便只有瞠目结舌之叹了。其实这正是佛家对文化世界二律背反的理论概括。两千多年以前，大思想家老子也曾对这一文化现象有过具体的表述：

> 大道废，有仁义；智慧出，有大伪；六亲不和有孝慈；国家昏乱有忠臣。

这里有四对针锋相对的概念（即符号），正反映了社会生活中密切相关的事物客观对峙、背向发展的情况。它从天道自然到精神现象，从家到国，表达了仁与道、伪与智、孝慈与妇姑勃谿、忠臣与国家衰颓等严重悖离的文化现象，也凸现了文化二律背反的“自在”基础。

文化虽然凝集了人的创造欲望，但它毕竟是对自然和社会的认同。所以，它的二律背反的性格首先是由物质或精神“自在”的正负价值决定的。Prometheus 偷来的天火，或者说由自燃的火到钻石取火的火，它的光和热本身就能造福人类，也能降灾或毁灭生灵。所以，在人们对它取得认同之后，它既是光明、温暖、生命保护神、生存条件创造者的形象，同时又是灾难、祸患、杀害同类的戕贼。

另一类如国家、军队、监狱、法庭、货币等完全物化了的思想运作，它的产生本来就具有双重作用，即保障主权和戕伐自由。这些物化了的思想运作形式，虽然不是先于观念的自然存在，但它们也和其他创造物一样，其“自在”的价值背离仍然体现了产生它们的母体的二律背反性，即人追求自主和规范的双重性格。

至于人的观念外化而形成的偶像崇拜、宗教、哲学、道德伦理、文学艺术以及政治、经济学说等，则是人对自身的观念认同的产物，它们与人渐次分离，形成超越物质和精神，独立存在并制约人类活动的异己力量。它们向人们提供思维方式、行为规范，界定追求的境界和途径。

人的观念外化而为神，成为与人对立、无所不在并驾驭人的自然力量，使作为文化主体的人诚惶诚恐，永远生活在这种文化观念的阴影之中，总是在自身的悲剧中看到命运之神给人类造成的可怕与恐怖。“祭神如神在”说的就是这一文化现象与人的初衷的悖离。

在中国，人的观念外化而为内圣外王、修齐治平的人生哲学，结果之一便是省心克己，扼杀自我，皓首穷经，官场角逐，把人的终生寄寓在圣贤的经书和皇家设下的圈套——科场——之中。夷夏之防不仅造成了妄自尊大的民族优势心理，而且孕育了杀戮和战争。礼仪之设形成了壁垒森严的等级，栽种了人与人之间的鄙弃和敌对。

那些本来供人们享用的物质的东西，从火攻到水淹，自櫑木滚石到刀枪剑戟，由火药到枪弹乃至原子弹，哪一样不具有对人类进行制裁和毁灭的作用呢？

物化了的思想运作，更是禁锢个人自主性的有形枷锁、率兽食人的物质力量，这是无须多加说明就很清楚的。

不言而喻，人类在驾驭和享用文化成果的同时，又不得不自食其恶果。权威意味着顺服，革命实行着破坏，道德扼杀了情感，制度限制了个性。国家之设激起了冲突和杀戮，物质的索取导致了生态的破坏……由此种种，都说明文化的培育和发展，同时创造了自我完成和自我失落的条件。不少哲人都说过，知识愈多，痛苦愈大，文化就是这样开辟着通向光明、也开辟着通向地狱的道路。人类面对自己认同的现象世界，包括精神和物质的世界，如临深渊，如履薄冰，循常习故，规行矩步，常常是饥不敢食，渴不敢饮，怒不敢言，完全生活在扭曲的理性世界之中。

这里需要强调说明，存在的正负价值决定了文化的二律背反，但如果没有主体世界对现象世界繁复性的认同，就不会产生上述复杂的心态，没有面对现象界进退得失的心态，就不会有文化优劣的思索与比较，也就不会形成文化定位的错构。可见，中西文化优劣之争，从根本上讲，只是人在对文化的比较中关注不同，选择不同，所以也就定位不同，从而触发见仁见智之争。如此更进一步说明，文化不是物的本身，尤其不只是物质之进步，否则西化说无疑是全面正确的；文化不是精神的本身，尤其不是意味着善、爱、自主、礼让诸如此类美好字眼的理想境界，否则传统也不会受到如此猛烈而持久的抨击，欲昌明国故者也不至于被视为保守甚至反动。既然文化是体现物质（包括自在的和创造的）和精神全部内容（价值和负价值）的观念形态，所以无论将其定位在物质或精神任何一方，都会造成结构错位而失其大体——仅注意正负作用之一端，更会引起意义错位，于是各以所长，相轻所短，党同伐异、偏执之处也就在所难免了。

第三节　近代文化的比较、选择与趋同

自张之洞提出“中体西用”一说之后，近代学术界很喜欢用挑战（challenge）和回应（response）这两个词说明中西文化交流的概况。事实上，中国近代学术就是以对中西文化交流的比较、选择，及由此而作的趋同假设与实践，作为对西方文明挑战的回应。

西方不少社会学家认为，价值观念或规范是创造一个现代化社会、经济与政治体系的先决条件。这实际上就是说，传统社会的现代转型根本上取决于心理的、文化的以及学术上的超前发展。韦伯索性把现代化称之为理性化的过程。这种理性化的内涵极其丰富，也不全然正确，但无疑包括了对古今中外各种文化现象进行的理性分析、比

较，以及在此基础上对传统和异端给予的淘沙取金式的扬弃和选择。事实上，自有外来文化传入中国，远溯汉代的佛教，近追明季之西学，学术界早已在比较中选择、吸收，并促进它们与传统的融合了。而中西文化的比较，显然是涵盖中国近代学术发展历程的主要形式。

佛教传入中国之后便有"格义"之论，近代思想启蒙则有"师夷长技"之说，这些实际上都是在比较中对外来文化的选择。一方面，鸦片战争之后，青年学子相率求学海外，以此为枕中鸿秘。于是，包括政教制度、宗教、哲学在内的西方文明和科学技术裹挟在一起奔涌而至。其来势之凶猛，振幅之广大，远非昔日佛教东传可比，几乎涉及社会的每一个层面和文化的各个领域。传统的根基因之而动摇，也在陷落。创深痛巨的中国人不能不开始思索中国文化的弱点，由衷地感到传统已经到了非变不可的地步。于是以夷为师、"尽变西法"、以变应变而图存自救，汇成了顺应历史发展的新思潮。另一方面，一些固步自封的道学先生，还沉浸在"半部论语治天下"的圣经贤传及以文化中心自居的心理定势之中。他们对当时"名教奇变"的文化交融缺乏应有的心理承受能力，总想重振日趋没落的纲常名教而拒斥新思潮的输入。如此，"图救时者言新学，虑害道者守旧学，莫衷于一"①。可见，对于奔涌而来的西方文化，初起时或者因其船坚炮利而不加选择地汲取，或因其有损名教而全面拒斥。直到戊戌变法那一年，张之洞在《劝学篇》中提出"旧学为体，新学为用"的口号，把"中体西用"的观念系统化为一种学术思想，作为对西方文明挑战的理性回应。这一口号，当时之所以"举国以为至言"，一则因其以新旧中西文化要素折中调和的方式，缓和了矛盾双方的冲突；二则更因其主张认真比较中西新旧之学，不仅要取西艺、西器"以补吾阙"，而且要择西政、西学"以起吾疾"。这种"新旧兼学"、"政艺兼学"的学术指导思想，既肯定了在器物、技艺层面上学习西方的必要性，也指明了在人文制度方面对西方的选择可能性。说简单一点，他主张的是走中西文化会通的道路。中国近代学术大体

① 张之洞：《劝学篇》。

上是循着这一路向因革损益而前进的。无论是19世纪末的戊戌变法、20世纪初的辛亥革命，还是新文化运动，新儒家在海外的崛起，包括在本世纪前半叶传播与兴起，至今仍作为全党全国人民指导思想的马克思主义、毛泽东思想，都是在比较中、西、印文化优劣得失的基础上，有所选择，也有所扬弃，对中国文化、世界文化所作的趋同假设，并在政治、学术领域中进行实践的尝试。

自鸦片战争后的一百余年间，中国几乎都是在动乱中度过的。但社会的动乱、王朝的更替，使曾经万古不刊、定于一尊的经学也从吓人的高度上跌落下来。特别是在20世纪初，废而复起的科举制度被明诏禁罢，这一以四书五经为核心内容的八股取士之制一旦被废止，自汉以来"独尊儒术"、以经学宰制天下大一统的学术格局也就冰消瓦解了。学者们无论是对新旧中西，还是经子道释，都可以有自己的选择，作各自的比较和阐释。于是，学术界又出现了一个百家争鸣的黄金时代。

纵观近代学术，不仅有新旧中西的比较和论战，同时还有经学和子学、今文和古文、科学和玄学、文言和白话的比较与争论。另外，在佛教文化领域也有新旧唯识之争、典籍真伪之辨，还有发生在20世纪30年代前期推动马克思主义在中国传播的唯物辩证法论战。包括洋务派在内的维新派，以及国粹派、学衡派、东方文化派、本位文化派、全盘西化派或新文化运动中的激进派，还有马克思主义者和当代新儒家，分别以自己的价值系统对不同文化予以比较和选择。大而言之，百年学术集中表现为对经子、中西、中印文化的反复比较，尤其是从不同角度对中西文化所作的多维比较，而且就如何重建中国未来文化提出了趋同的假设，并予以实践。由于他们所作的趋同假设立足点不同，据此可判析为东方文化中心趋同、欧洲文化中心趋同以及本位文化趋同三种。

一、东方文化中心趋同的比较与选择

系统介绍、传播西方文化，并以之付诸政治实践的首推东方文化派代表梁启超。20年代初，又是他传来了欧洲文明危机的信息，明

显向传统倾斜，欲重振中国传统于学术界。有人说梁氏对于当代新儒家返本开新的文化方向有导其先路、确定方位的功绩，足见其会通中西的学术实践功不可没。

对于西方文化的认识，梁启超显然经历了两个不同的阶段。19世纪末，新思潮之输入汹涌奔泻，梁氏对西方各种学说的汲纳，采取的是"无组织、无选择，本末不具，派别不明，惟以多为贵"的"梁启超式的输入"。他以进化论为其"善变应天"变易哲学的西方知音，利用可知的一切自然科学成果作为其维新变法的科学根据，欲在那"学问饥荒"的环境中，构建一种"不中不西，即中即西"①的新学问。此时可以说他是立足于传统、面向西方的。20世纪以来，梁启超则从对西方文明的批判性认识中，大踏步地向传统回归了。

基于面向西方的立场，梁氏原本希望在欧游中"把西洋文明带些回去"，但欧游中的切身体会，又使他修正了自己的中西文化观念。他首先比较了中西文化的差异，进而对中国前此以往效法西方的观念进行了系统的反省。

梁启超认为："西方文明总不免把理想实际分为两橛"，"科学一个反动，唯物派席卷天下，把高的理想又丢掉了"，而中国文化则固有"心物调和"的传统，在"求理想与实用一致"上下功夫。所以，西方近代文明只是一场"科学万能之梦"。这种"科学万能之梦"，"把一切内部生活、外部生活都归到物质运动的法则之下"，哲学家都投降到达尔文的种源说、冈狄的实证哲学以及新心理学等科学的旗帜之下，终于导致了乐利主义、强权主义的流行。弱肉强食，"仰射机利"，把整个人类卷入了世界大战的浩劫之中。这位赛先生使"欧洲人做了一场科学万能的大梦"②。

基于这样的认识，梁氏坚决反对一味效法西方，尤其反对全盘照搬西方文化。在他看来，一是要"把本国文化发扬光大"，二是借西方文化发展自身的文明，即其所谓的"淬励（砺）其所本有而新

① 梁启超：《清代学术概论》。

② 梁启超：《欧游心影录》。

之"，"采补其所本无而新之"①，如此"化合"成一种新文明，"一个新的文化系统"②。这一特质"化合"说，正是他关于世界文化趋同的一种假设——东方文化中心趋同。

在向传统折返的同时，梁启超又强调学无"中外新旧之可言"③，它们均可相互辅佐和扩充。由此可见，梁氏对西方文化的态度虽前后有无选择的摄取和批判性吸收的差别，但他那"即中即西"、"学无新旧中外"、"化合中西的新文化"等致力的方向始终是一致的。他对中西文化所作的比较以及文化"化合"的趋同思想对后起的新儒家均有极大的影响。

"大厦将倾一木支，乾坤正气赖扶持，试从国故稽文献，异代精灵傥在兹。"④ 这首诗充盈着"用国粹激动种性"的革命意识，以章太炎、刘师培为代表的国粹派显然是要以中国固有的文化唤起民族的自强精神，进而救亡图存，"光复宗国"。但他们同时主张"精研故训，博考事实"，对中、西、印文化从哲学到宗教，从理论到现实，在各个方位上予以比较。他们不仅"究心佛典"，而且"涉猎西籍，以新知附益旧学"⑤，同样注重"搜集东西前哲各学术，参互考核，发扬光大"⑥。尤其是章太炎，其《无神论》一文，全面比较了三大文化的本质。⑦ 他不仅以佛解庄，于庄子哲学别开一新的天地，而且取康德、柏拉图、叔本华诸西哲之言实证真如，构筑起他那庞大精深的法相唯识哲学体系。另外如对进化论的比附和曲意解释，与西人学说和范畴的对照，在其书中俯拾皆是，亦可见梁启超论其"以新知附益旧学"言之不虚。这里所谓的"附益"与梁氏的"化合"同样

① 梁启超：《新民说》。

② 梁启超：《欧游心影录》。

③ 梁启超：《复古思想评议》。

④ 刘师培：《自述诗》。

⑤ 梁启超：《清代学术概论》。

⑥ 刘师培：《社会主义讲习会广告》。

⑦ 章太炎指出：吠檀多立有神，远胜基督教，基督教以耶和华为有意创造，斯宾诺莎立泛神，以万物本质为神，赫尔图门以精神为神。

是一种趋同的假设与实践，不过“附益”较“化合”更突出了趋同中以国粹为中心的思想倾向。

与梁启超颇为相似的还有严复，他先后译有《天演论》等名著数种，在宣传西方文化上数代人都铭记着他的功绩。其后亦如梁氏，欲以传统文化救世。他的译文、著作均有对中、西、印文化的独特比较。起初他认为：西方文化主张平等，“故以公治众而贵自由”，“贵信果”；东方文化“以孝治天下而首尊亲”，“故薄信果”①，传统文化的流弊昭然若揭。以后他审视西方文明，又憎其“专言功利”，以至“人类涂炭”，强调孔孟之道“量同天地，泽被寰区”②，文化的优劣得失也就显而易见。所以，关于中国文化的未来，他主张不问中西，不计新故，“阔视远想，统新故而观其通，苞中外而计其全”③的战略方针。这里的新、故、中、外的“观通”、“计全”，无疑是他的趋同假设。当然这一趋同假设，即使在传播西学的前期，补偏救弊，突出的还是“存于人心风俗之间”④ 的东方特征。后期他尤其强调“旧法可损益，必不可叛”⑤，“择其善者而存之”⑥，显然是东方文化中心趋同的意思。

张君劢上承梁启超科学非万能、物质文明破产的思想，旁采倭铿、柏格森的哲学，就科学和人生观的大课题，集中比较了东西学术之异同，为东方文化中心趋同定位确定了发展方向。

他首先指出：“东西文化之比较，一至难之业”，但“文化之异同，在学术上尤为显著”。他将孔孟以来的学术与近代西方科学相对照，东西文化则判然两途了：“吾国重人心，重道德，重内在之心；西方重自然，重智识，重外在之象。”⑦ 也就是说，东方哲学以人生

① 严复：《原强》。
② 严复：《与熊纯如书》。
③ 严复：《与外交报主人论教育书》。
④ 严复：《原强》。
⑤ 严复遗嘱。
⑥ 严复：《与外交报主人论教育书》。
⑦ 张君劢：《东西学术之异同》。

观为核心，西方文化以科学为基础。而人生是活的，科学所对的物质是死的，因而科学与人生观有客观与主观、论理与直觉、分析与综合、因果和意志、相同和单一五个方面的显著不同，所以，“科学无论如何发达，而人生观问题之解决决非科学所能为力”。由此他进一步指出：西方侧重的人力支配自然，“好自争斗立论”①，“其结果为物质文明”②；中国杨、墨、孔、孟及理学家侧重内心生活之修养，“如自‘乐天知命’立论”③，“其结果为精神文明”④。这一比较的结论显然是从梁启超关于科学、物质、理想、道德、心物、灵肉的比较中导源出来的，甚至有些语言也非常相似。⑤

关于中国文化发展的前景，他同样认为是世界趋同的。他强调中国文化吸收外来文化“当作血清剂，来刺激我们的脑筋，赶到世界文化队伍里”⑥，而“合东西之长，熔于一炉，乃今后新文化必由之途辙”。他还指出：“新文化之哲学原理，当不外吾所谓德智主义”，而德智主义就是中国的“道”和“理”，就是在西方被变为范畴、论理方法，变为道德、自由意志的“理性主义”⑦。可见这一世界文化趋同的假设本质上是以东方文化为中心的。

至于如何实现这一文化的趋同，他提出了模仿与创造的概念。初起模仿是必要的，如翻译和演讲“当然属于模仿”，以后则要从事独立思想系统之创造，并指出张东荪的“认识多元论”，张申府取英国新唯实派分析法与唯物辩证法之合一⑧，都是“创造”，或者说是趋同的实践。他这里所说的模仿近似于吸收，而创造本质上则是融合。

被称为中国最后一个儒家的梁漱溟，终生从事文化哲学和人生哲

---

① 张君劢：《东西学术之异同》。

② 张君劢：《人生观》。

③ 张君劢：《东西学术之异同》。

④ 张君劢：《人生观》。

⑤ 梁启超曾说，科学的版图无论怎样扩张，都无法侵入情感的王国。

⑥ 张君劢：《人生观论战之回顾》。

⑦ 张君劢：《思想与社会·序》。

⑧ 张君劢：《中国新哲学之创造》。

学的研究，而且特别重视它们在中国的实践，因此致力于儒家伦理与传统文化的复兴。他的《东西文化及其哲学》是本世纪中西文化比较的扛鼎之作。

梁氏首先界定文化是“人类生活的样法”，也就是人的意欲选择的生存方式，即生活态度。这实际上是他融合了柏格森的生命哲学和儒家的伦理精神而抽象出来的文化哲学范畴。基于此形成了他那以意欲为中心的中西印文化比较和趋同的模式。他在哲学、宗教领域，包括形上之部、认识之部、人生问题诸方面，系统比较了中、西、印文化之异同，指出中国文化“在问题和方法两层，完全同西洋人、印度人两样”。在问题方面，尽管“对于宇宙本体的追究，确乎一致”，但中国人并不讨论呆板、静止的问题而专讲变化。中国的五行绝不能当作印度的四大（地、水、火、风）。在方法上，中国人注重抽象和虚的意味，“往往拿这抽象玄学的推理应用到属经验知识的具体问题”，所以中国传统不具有西方征服自然、科学方法、民主精神之异彩。而这种差别的形成根本在于意欲的指向不同。他强调：“生活的根本在意欲，而文化不过是生活之样法”，文化的不同完全是由于“意欲之所向不同”。据此，他推论出中西印文化发展的路向不同，即西方意欲向前，中国调和持中，印度反身向后。而这三种路向又是文化循序渐进的三个阶段，它们的差异是时间上的差，而不是空间上的差。西方的现代文明只是现阶段的进步而不是未来文化的楷模。

这一似乎截然划分的文化阶段论并不排斥其选择、融合外来文化。事实上，他的“意欲中心说”就是吸取西方和印度文化而形成的。在比较中他也特别提到，西方文化“绝不止于物质文明”，“东方人的精神生活也不见得就都好，抑实有不及西洋人之点”。所以，他主张“对于西洋文化是全盘承受而根本改过”，“批评的把中国原来的态度重新拿出来”。换句话说，就是以东方文明的根本精神，吸取西方一切精粹的东西，促进中国传统的复兴。

很明显，梁氏的文化哲学及其文化发展阶段论是藉助中、西、印文化之比较而过渡到中国传统之弘扬的。他说“现代是西洋文化的时代，下去便是中国文化复兴为世界文化的时代”，实际上就是要在当今复兴以儒家思想为中心的东方文化。他认为西方思想界彰明要求改变人生态度，“趋向之所指就是中国的路，孔子的路”①，把他以东方文化为中心的趋同假设表露得清晰无余。而他在河南办村治学院，在山东搞乡村建设，以及他的一系列学术活动都是他那趋同理论的实践。当然，把印度文化视为世界文化的最高阶段，只不过是他受佛教哲学影响而形成的一种对理想境界的超越追求或终极寄托罢了。现代新儒家化合中西，平章华梵，以及对生命哲学的探赜索隐，既重视文化的创造性转化，又以内在超越为终极关怀的特征，不能不说与梁漱溟（当然还有熊十力）有极大关系。

不管人们对新儒家的界定如何不同，都不能否认确有一部分学者以复兴孔子之学为己任。他们上承程朱陆王的“圣学血脉”，由“内圣”而开“新外王”的道路。其“新”就新在它既融合佛道，又兼采中西，力图以内圣之学为主干，重建中国文化的未来，所以中西印文化的比较，以及东方文化中心的趋同也就成了他们的显著特点。诸如唐君毅、牟宗三等，从哲学、文化人类学、文化心理学等处入手，具体比较了中西学术的异同，进一步拓宽了世界文化融合即趋同的道路。

唐君毅在1941年专门辑录其30年代的一系列论文为《中西哲学思想之比较研究集》。他在自序中说：“世界未来之哲学当为中、西、印融合之局面。”这真实地反映了以复兴儒学为职志的大部分海外学者的文化心态，即在比较、选择的基础上，推进文化的世界性趋同。

唐氏认为：“惟欲以中国为主融摄西洋印度之思想，必须先辨其大方向之异，以辨大异为求更大之大同大通之资。”这一辨异求同的思维方式，引导他们对中、西、印文化做更深层的思索。从宏观上看，他认为中国文化的基本精神在道德和艺术，西方文化的基本精神在宗教和科学。具体而言，他不仅比较了宇宙观念，更深入具体地比较了人生观和方法论。唐氏指出：要而论之，中国人之人生态度“由分以体全，其归则不二天人”；西方、印度思想虽也讲“分全合

① 梁漱溟：《东西文化及其哲学》。

一，天人同轨”，然而他们“先裂而后求合，先有异而求同。吾华则自始不裂，未尝有异”。结果是：西方“由其分而另得其全”，故“重在得，重在立”；印度“去其分以成其全”，故“重在去，重在破”；中国“不由分而推全，而全未尝不有；不去分以成全，而全未尝外”，故“重在即去即得，即破即立”。①

从方法上讲，唐氏认为西人重知，中国则重行；西方重思辨，中国重直觉；西人重讲习辩论，国人则无讲习辩论之风。

所有这些比较，虽然不能说尽得其要领，但其藉此辨异观同之比较，把握中西文化共同出路的目的还是显而易见的。

当然，包括唐氏在内的所谓新儒家，其趋同的中心无疑是中国儒家的传统。唐氏说“在世界未来哲学中，中国哲学之精神当为其中心”②，就是东方文化中心趋同的意思。至于贺麟，强调“以西洋哲学发挥儒家之理学”，“吸收基督之精华，以充实儒家之礼教”，“领略西洋之艺术，以发扬儒家之诗教”③，尤其反映了东方文化中心趋同的倾向。

二、欧洲文化中心趋同的比较与选择

与东方文化中心趋同相对应的是西方文化中心趋同说，即所谓“全盘西化”论者关于中西文化的比较、融合的学术思想。其代表人物是新文化运动中的佼佼者。

无疑，胡适、陈独秀是新文化运动中领袖群伦的人物，他们，尤其是胡适，始终被认作是反孔非儒、面向西方、单向选择的“全盘西化”派。这种观点其实是不对的。胡适认为，任何民族和领导人都不必担心传统价值的丧失，只是因为传统有太大的惰性，所以他“拼命走极端”，采取了矫枉过正的方式。因此，他又自称为“充分的西化派”。对于传统，他虽然说过中国“百事不如人”的话，但实

---

① 引文均见唐君毅《中西哲学思想之比较研究集》自序。

② 唐君毅：《中西哲学思想之比较研究集》自序。

③ 贺麟：《儒家思想的新开展》。

际上也非一笔抹杀，而且对传统怀有一种深切的眷恋。诚如他在晚年自述的那样："对孔子和早期的仲尼之徒，如孟子，都是相当尊崇的。我对12世纪'新儒家'（New-Confucianism）的开山宗师的朱熹，也是十分崇敬的。"他还说他"并不要打倒孔家店"，孔子是"世界上最伟大的教育家之一"①。但是，他的确"很不客气的指摘我们的东方文明，很热烈地颂扬西洋的近代文明"②。在评价胡适思想时必须把握这种自相矛盾的内在原因，即复杂的心理活动。简单地说，如胡适这一类人的思想，主要是出于救时的政治目的而片面强调向西方学习。他"深信精神文明必须建筑在物质的基础之上"，"而西洋近代文明的特色便是充分承认这个物质的享受的重要"，所以，尽管他一再强调中西文明不只是物质进步的差异，事实上始终突出的是西方文化"利用厚生"的精神及物质上的便利与享受。他所作的中西文化比较，显然带有现实的功利主义色彩，即其所谓的知足安分与不知足、不安分的差异。也就是说，他关心的首先是人的生存或物质享受的现实利益，"是帮助解决我们今日所面临的实际问题"，包括他所突出的"衣食足"、"仓廪实"的"利用厚生"精神。他主张在器物、技艺方面，至多在物化了的政教制度方面充分吸取西方近代科学的一切成果，从而把系统的、形而上学的艺术问题具体化为生计的实际问题而使其政治化。再加上争论中意气相逼，一些偏激的话脱口而出，把原本只是如何引介西方、如何评价传统变成了要不要学习西方、要不要继承传统，因而偏离主题的无对象之争。

全面观察胡适的学术思想，他还是要兼采"中西之长"，"把中西文化的精华融会贯通起来"，"铸造个崭新的中国文明"③。正如他所概括的："研究问题，输入学理，整理国故，再造文明。"④ 当然这个新文明绝不是穿西服、戴瓜皮小帽的怪物，而是在重新估定一切

---

① 唐德刚译注：《胡适口述自传》。
② 《胡适文存自序》。
③ 唐德刚译注：《胡适口述自传》。
④ 胡适：《新思潮的意义》。

价值（Transvaluation of all values）的基础上，融合东西而产生的一种新文明。其中“重要的一环，便是对我国固有文明作系统的严肃批判和改造”①。很明显，这种再造的文明是以欧洲物质文明为中心的趋同假设，是受其“物质基础”、“利用厚生”的政治观念牵制的学术思想。

事实上，早在五四运动以前，胡适就提出了一种世界文化趋同的模式，即中国、印度和犹太、希腊文化二而一的转化与趋同。他说，初时四大系文化“独立发生”，以后中印融合为中国中古文化，犹太加入希腊而成欧洲中古文化。近代儒家复兴，东方支系演变为中国近世文化；欧洲思想也渐脱犹太影响而产生西方近代文化。“这两大支的哲学互相接触，互相影响，五十年后，一百年后，或竟能发生一种世界的哲学。”② 他还附了一个文化系统发展变化的简图：

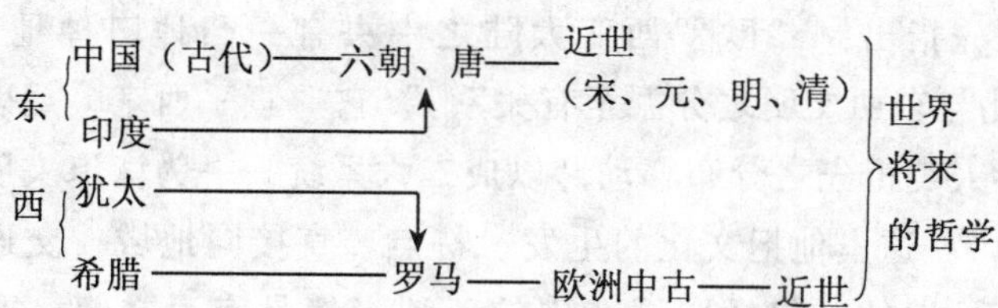

这里，他讲的虽然是哲学，实际上反映的是整个文化。他说“也未可知”，自然是对将来趋同的一种假设。

仍然需要说明的是，就上述模式是看不出他的倾向性的。但由于他在中西文化问题比较上过于侧重物质方面的认同，以为西洋近代文明“建筑在求人生幸福基础之上，确然替人类增进了不少物质上的享受”③，因而造成了他的学术思想的局限性，即文化的结构错位，表现出欧洲文化中心趋同的特点。

以李大钊为代表的马克思主义者，同样主张不同文化取长补短，

① 《胡适口述自传》。
② 胡适：《中国哲学史大纲·导言》。
③ 胡适：《中国哲学史大纲·导言》。

融合而为一种第三文明。这一趋同假设与实践，虽然不是以西方资本主义文化为中心，但选择的是马克思主义和俄罗斯的革命文化，所以仍然是以欧洲文化为中心的趋同。新文化运动中，他们之所以能与胡适同在一个营垒，显然与此有关，而且新文化运动确实为马克思主义在中国的传播起到了创榛辟莽的作用。

李大钊首先肯定："东西文明互有长短，不宜妄为轩轾于其间。"他还把东西文化比作两个面对面挺立的 STRONG MEN，要求青年各以其中之一自命，"竭力划除各族根性之偏执"，"以期尽吾民族对于改造世界文明之第二次贡献"。可见，从根本上讲他也是主张东西融合创新的。

李大钊也是从物质生活入手，尤其注重从地理环境造成的封闭状态来比较东西文化的不同。他由南道文明、北道文明的划分，进而提出"东方文明主静、西洋文明主动"的"根本异点"。

他首先指出："欧罗西亚大陆之中央有一凸地曰棹地（Table-land)，此与东西文明之分派至有关系。"它"亘乎西东，足以障南北之交通，人类祖先之分布移动乃以成二大系统，一为南道文明，一为北道文明"。这里他把文化的生发、特点，直接同地域、交通联系起来是颇有见地的。包括中国在内的亚洲当然是南道文明，即东方文化。俄国、德国等欧洲诸国无疑是北道文明，即西方文化。他以受太阳恩惠之多寡，突出东方文化主和解，西方文明主奋斗，同时列出了两种文化对应的特点：

东方	西方
自然的	人为的
安息的	战争的
消极的	积极的
依赖的	独立的
苟安的	突进的
因袭的	创造的
保守的	进步的
空想的	体验的

续表

东方	西方
艺术的	科学的
精神的	物质的
灵	肉
向天	立地
自然支配人间	人间征服自然
农，定居，家族繁衍	工商，移住，家族简单
家族主义	个人主义
一夫多妻，贱女尊男	一夫一妇，尊重女性
食米蔬为主	食肉为主
广幅博袖，缎鞋木履	短幅窄袖，革履
帆船、骡车、人力	轮船、火车、机械
斗室，静坐	旷野运动
厌世	乐天
定命	创化（creative progressionism）
求凉	求温
亲子爱厚	亲子爱薄
牺牲自己	满足自己
个性灭却	个性解放
想望英雄、专制政治	依重国民、民主政治
求政象静止	求政象活泼
宪法取刚性、偶像崇拜	宪法取柔性、与时俱化

这一系列比较不能说全然正确，但也确实把握了两种文化的各种现象。总的看来，他的比较仍侧重于物质和制度方面。所以他不无忧虑地指出："中国文明之疾病已过炎热最高之度，中国民族之命运已臻奄奄垂死之期"，"衰颓于静止之中"，"西洋文明又疲命于物质之下"，所以第三文明的产生已刻不容缓。然而解救当时世界危机的出路究竟在哪儿，他也认为是"未决之问题"，或者"二种文明果常在冲突轧轹之中，抑有调和之日，或一种文明竟为其他所征服"，也未可知。但他确认，作为"世界进步之两大机轴"的东西文化，"如车之两轮，鸟之双翼"，"必须时时调和，时时融会"。对于东方文化，

我们更要"打破其静的世界观"，"以静的精神享受动的物质制度、器械等等"，即"竭力以受西洋文明之特长，以济吾静止文明之穷，而立东西文明调和之基础"。

由上述可见，李大钊认为东西文化取长补短而融合是世界文化发展的必然前景。但东方文化衰颓于静止之中，西洋文明又疲命于物质扩张之下，只有属于北道文明，即西方文化的俄罗斯之文明才"足以度此危崖"，"足以当媒介东西之任"。换句话说，李大钊的趋同假设是以俄罗斯文化（实指俄罗斯化了的马克思主义）为媒体的欧洲文化中心趋同。①

毛泽东在总结自鸦片战争以来中西文化比较选择时，已经把这种趋同予以实践了。他说中国人从资产阶级革命时代的武器库中搬来了进化论、天赋人权、共和国政治方案等，但这些东西都相继破产了。"俄国革命唤醒了中国人，中国人学得了一样新的东西"，那就是马克思主义，"从这时起，近代世界历史上那种看不起中国人，看不起中国文化的时代应当完结了"②。显而易见，他把融会在马克思主义中的中国文化看做中国也是世界文化发展的新阶段。当然，对于西方资本主义文明猛烈的抨击常常导致事实上向中国传统的折返，那又另当别论了。

直接参与20世纪三四十年代中西文化问题论战的当代马克思主义理论家艾思奇在总结民国以来20余年的学术思潮时，也曾比较了中西文化的异同。他认定"哲学上的各种主要特征也就是文化一般的特征"，指出当时驳乱之表现一是西方哲学的输入，二是传统哲学的复归，也就是中西文化的接触和碰撞。所以他首先比较了文化接触双方的形式和内容。

他认为"五四"以前，中国哲学相当于欧洲中古的经院哲学，是科学方法建立的时期，"五四"以后"部分地颇类似十九世纪后半叶的欧洲"，是人生问题研究的"世纪末哲学"。他指出："五四在哲

① 以上引文见李大钊《东西文明之根本异点》。

② 《毛泽东选集》合订本，人民出版社1968年版，第1402～1405页。

学上的表现与欧洲相同的是：两者同是以新的科学方法之建立为基础”，第一次是从经院哲学脱胎而出的培根的归纳法，其次是笛卡儿、霍布士从数学中借来的演绎法，还有斯宾诺莎之于几何学、莱布尼兹之于微积分，都是科学方法的建立。在中国，譬如胡适之所以能成为当时得意人物，不是因其有什么系统的大贡献，而“只是为了实验主义的历史意义和价值”。他还强调，此时虽然“中学”为本，“但‘西学’已取得了‘为用’的地位，足以与中学相抗拮”，所以他说这是“新时代来临”的前兆。

至于“五四”以后，由于新思潮辐辏而来，难以有精深的创造，便被逼入另一时期——人生问题研究。这是因为西方“科学文明遇到‘禁止通行’的挡路牌，社会物质发展宣布了资本主义的没落命运”，东方文化趋同者不敢正视物质社会，于是，“人生问题的研究便代替了宇宙论和方法论的位置”，结果人生问题、心灵问题、道德问题纷至沓来，连蠢头蠢脑的失意政客也侧身于太虚佛法讲座的听众之间。他说，自“五四”至1927年是中国的世纪末，是“封建地主哲学与资本主义哲学之结合”的“退步的哲学”。

接着他又说：此后便是马克思主义和人生问题的两大主流“平行”“斗争”发展的时期。“一是叔本华、柏格森、尼采、倭铿以至狄尔泰等人的人生问题、道德问题的潮流，一是马克思、恩格斯至伊里奇的唯物辩证法的潮流。前者是堕落的资产阶级欲在精神中求安慰的企图，后者是前进的阶层在物质中求胜利的怒潮。”

上述分时段的比照，虽然左右开弓抨击了东西文化，但对东西文化“结合”即趋同的大势还是作了实际的肯定。当然，这种抨击的目的还是旨在表述以马克思、列宁主义为主体的欧洲文化中心趋同。① 这一中心趋同论从表现形式上看，同样是一种融合的单元文化观。

需要说明的是，上述两种中心趋同，都只是一种学术上的假设和主观上的努力，结果如何亦当别论。

---

① 以上引见艾思奇《二十二年来之中国哲学思潮》。

三、中心趋同说的批判与本位趋同说的建设

从整体上看，中国近代学术走的是一条中西古今比较参证、融会贯通的道路。作为异端文化的西学，尽管受到传统顽强的抵拒，还是早已取得了“用”的地位，足以与中学相抗衡。继“中体西用”口号之后，德先生、赛先生也开始了它们的风流年华。另一方面，新文化运动虽然以“打倒孔家店”相号召，但是，“其促进儒家思想新发展的功绩与重要性，乃远在前一时期曾国藩、张之洞等人对于儒家思想的提倡之上”。① 新儒学的复兴既是对传统的继承，也是西学输入的激活，以及新文化运动“重新评价一切的价值”的推助和反馈。多元并存的文化现象在封闭格局日渐消融的背景中，不断融合并向前发展。

然后，由于对国情的认识不同，关注的内容不同，在对存在认同的过程中，出现了两种定位偏向。

一种是立足于传统“经世致用”的立场，以“救时”为尚。他们把生物进化论引入社会学领域，崇信“弱肉强食”、“落后者挨打”为万古不易的普遍真理。同时，又确认西方的科学精神和个人主义是致富致强的根本保证，而这正表现为建立在充分发展生产和满足个人物质享受基础上的科学主义：他们相信要改变中国积贫积弱、落后挨打的状况，首先要从科学技术学起，“改造物质的环境”②。这显然是现实的、功利的，本质上是政治的。所以，他们便把文化的定位放在物质方面，至多从“民主”这个角度，侧重在物化了的制度方面，由此而造成文化偏离精神理性、道德心性的结构错位。欧洲文化中心趋同就是在这一以物质为终极关怀的文化结构错位的基础上构建起来的。

显而易见，这一派以提高科学技术水平、发展物质生产为“救亡图存”的前提，这也是他们学术思想的核心内容。其长在于促进

---

① 贺麟：《儒家思想的新开展》。

② 胡适：《我们对于西洋近代文明的态度》。

西方先进的科学技术、思想成果之引进，催化传统观念的变异和调适。但这一错位把一切存在都划在了科学的版图之内，把内在的理性活动、道德规范、感情世界、价值观念都归到外在物质运动的自然法则之下，甚至有把复杂的社会现象变成简单的社会契约的倾向。也就是说，这是一种唯科学主义，或者如梁启超早已批评过的“科学万能”的思想。

准确地说，近代中国传播的马克思主义是经过俄国人加工改造过的唯物主义，当然也是在同中国传统相互渗透的过程中与传统学术趋于融合的。这种带有欧洲文明特点的唯物主义，不仅要“启发科学精神”，“享用动的物质、制度、器械等”①，而且以阶级斗争、无产阶级专政、共产主义理想为普遍的社会原则，在学术上予以优化组合；既汲取外来文化又继承传统，即古为今用，洋为中用，同时又激烈地批判腐朽的西方资本主义文明和传统的糟粕。如此，这一欧洲中心的文化趋同，势必遇到来自西方和传统的持续挑战，并在挑战中不断地完善自己而予以回应。

另一种则对民族危机、国势陵夷自有一番独特的见解。他们以一种深刻的人文关怀，一致认为，中国近代的危机根本上是文化危机，而且这一危机早在鸦片战争之前就已萌生。其表现不仅仅是传统的僵化、死滞的惰性和禁锢人心、扼杀聪明才智的儒家的大一统地位，更重要的是失去了孔孟的真精神。他们虽不像守旧派那样视科学技术为奇技淫巧而予以排斥，但认为西方物质文明的发展给人类带来的并非都是幸福，其“仰射机利，役物自封”，“专言功利，致人类涂炭”②。梁启超曾形象地把给人类“带来许多灾难”的“科学先生”比作沙漠中失路人可望而不可及的影子，严复也把“国财虽雄而民风不竞”的西方教化喻为不堪风雨的温室之花，其意均在说明，西方知识扩张的科学主义、个性扩张的浪漫主义，不仅不是中国现代化的出路，甚至会把中国拖入不能自拔的地步。所以他们在选择西方文

① 李大钊：《东西文明根本之异点》。

② 严复语。

化的同时，又重新向传统折返，要以孔孟的真精神唤起民族的自觉意识和自强不息的精神。与欧洲文化趋同观不同，保国必先保种，保种必须保教，便是这一学术派系文化救国的逻辑推演。所谓文化救国，就是儒学救国，大而言之便是国粹救国，就是要用孔孟程朱陆王的思想重塑“内圣外王”的理想人格。这一侧重于心性道德的学术思想，显然是一种偏离物质形态的认同错位。这便是东方文化中心趋同的思维方式。

当然这种思维方式不是没有事实依据的，不过那实在也是文化二律背反的双重价值所导致的意义错位。过分强调物质文明的负价值，必然导致文化定位时的偏向。正像欧洲文化中心趋同以物质为前提、以科学为万能一样，东方文化中心趋同以心性为普遍、以道德为全能，各自设想了一种统一的世界文化模式。这两种文化都融合东西、兼具心物，但却有主次、中心的不同，都表现一种单元文化的倾向。这两种单元文化的构想各自表明了趋同的大方向，但却都存在强加于人的偏颇。欧洲中心趋同派基于 Will can move mountains but cannot move tradition 的思想而拼命走极端，东方中心趋同的传统派在意识深层处多缺乏对社会变迁的心理承受能力。加之在争论中意气相逼，出言偏激，因此共同挑起了一场场中西文化的争论。争论中，本位文化趋同的假设与上述双方鼎足而立，尤其显示出超前的文化意识。

以汤用彤学术思想为代表的本位文化趋同说，集中概括了文化冲突调和的各种理论。他首先指出世界文化“自多元趋一元”① 的趋同方向。这是学术界的共识。但他不采取上述中心说的单元文化观，而是强调：①每一种文化都有各自的特点，一定的发展方向；②诸文化接触的影响是双向的；③文化融合时外来文化加入“本有文化血脉中”而形成新的文化；④东西文化各有所长，国学既非事事可攻，欧美也非文运将终、科学破产，不同文化的比较须“精考事实、平情立言”；⑤文化乃真理之讨论，是“全种全国人民精神上之所结合”，既不能视科学为全体，也不能以科学纯为实用，对心物更不能

① 汤用彤：《印度哲学之起源》。

有所去取。

这里，他说明在时空整合的现代社会，不同文化保留自己特点并趋同的必然性。也就是说，在融合的大前提下，文化差异存在的可能性。他强调的另一点是学术研究必须对研究对象作深入透彻的了解，对“中外文化之材料广搜精求”，如此比较，才能统计全局，不致偏置，才能得其大体，不致攻其一点不及其余。最后一点恰恰说明认同定位的重要性。

学术研究在于把握普遍和永恒，既非物质、精神、科学、道德的本身，更不是它们的一部。全面认同，才能有正确的定位，所谓“在言者固以一己之主张而有取去，在听者依一面之辞而不免盲从”，正是批判文化错位所造成的“固陋”。①

作为学衡派的中坚人物，汤用彤真正以“昌明国故，融会新知，不偏不党，不激不随”为其治学的准则。他以深厚的中西学功力，藉助汉唐佛教、魏晋玄学以及印度哲学往史的系统研究，采用中西合璧的方法，引入了文化移植、涵化（acculturation）等概念，推论中西文化接触、融合的前景——趋同的必然性。如是以古证今、中西兼治、平情立言，在中西文化争论中以并览今古、兼采中西、因革损益、创造性转化的文化系统工程独树一帜，充分表现了他那实事求是的治学态度和本位趋同的前瞻性。

他强调志古之道，所以自镜，但“未必尽同”②。印度佛教转化为中国佛教，使传统文化的面目为之一新的历史事实，说明文化虽有承续性，但又具有发展性，因此古今未必尽同。同时他还指出，文化涵化过程，影响虽然是双方的，但外来文化必须对本有文化趋同，“加入本有文化血脉中”。趋同后的文化，也未必尽同。古今未必尽同、中外未必尽同，便是本位趋同与中心趋同说的区别。

当然，仅从中国文化这个角度来看，本位趋同与东方文化中心趋同似乎没有什么不同。它们说的都是在不改变中国文化特质的前提下

① 以上引文见汤用彤《评近人之文化研究》。

② 汤用彤：《文化思想之冲突调和》。

实现文化的世界性趋同。但从异国、异族的立场来看，它们的差别则是显而易见的。前者设想的是以他们自己的文化为本位的趋同，后者描绘的仍然是以我们这个民族文化为中心的世界单元文化的蓝图。本位趋同希望的是用中国文化吸收、融会西方文化之精，即所谓儒化或华化西洋文化，非“西化”而谓之“化西”。用贺麟的话说便是：“东圣西圣，心同理同。苏格拉底柏拉图亚理士多德康德黑格尔之哲学，与中国孔孟程朱陆王之哲学会合贯通。”追求一种“言孔孟所未言，而默契孔孟所欲之意；行孔孟之所未行，而吻合孔孟必为之事”① 的世界后现代文化。换句话说，本位趋同，未必尽同，同中有异，小异大同；中心趋同则一而化之，要么东风压倒西风，要么西风压倒东风，似乎都染有文化沙文主义的色彩。

不过应当说明，各种趋同说所坚持的大方向是一致的，事实上也都认为文化的这种演变即使在封闭格局解体之后仍然是渐进的。所以他们在措词上，甚至在意向上有时也难以截然区分。比如梁启超“不中不西，即中即西”的新文化，本身很难说明其趋同的性质。特别是东方文化中心趋同说在阐明中国文化发展前景问题上与本位趋同的相合之处，更容易引起同类的错觉。

① 贺麟：《儒家思想的新开展》。

第二章 从“内圣外王”到“中体西用”（上）

第一节 近代经学述要

近代经学自庄（存与）刘（逢禄）龚（自珍）魏（源）启蒙始，至20世纪初中西古今文化论争终，大体上经历了启蒙、调适顺化，以及转向和终结三个时期。正如梁启超称这一时期为经学蜕分和衰落一样，变异是近代经学的基本特征，启蒙是启变之蒙，调适是以内在的变异适应外界的发展，终结则是内容和形式的根本转变，代之以新思潮扬波而起。因此可以说，近代经学以变为主旋律，以今文经学为主干，以佛学、西学相辅助。它虽然还以经世、救亡图存的政治目的相砥砺，但又以考据之学为手段，最终以诸子并举、中西互补的学术思想为同归之途。

一、近代经学之启蒙

经学入于乾嘉之世而达全盛，学者们不再断断于“通经致用”，而专致于名物训诂，走的是为经学而治经学的纯学术道路。他们以“实事求是”、“无征不信”作为治学的确定不移的信念，而自成一种学风。还是梁启超说得好，乾嘉之学“由演绎的进入归纳的，饶有科学之精神”①。他说这与近世科学的研究法极为相近，并称之为“科学的古典学派”。正因为如此，乾嘉诸老的风流文采，不仅盛于

① 梁启超：《论中国学术思想变化之大势》。

一时，而且影响了以后近代经学的学术空气和治学方法。特别是以戴震为首的皖派经学，综形名，任裁断，自辟蹊径，直接或间接地影响了近代经学研究的形式和内容。

然而，乾嘉之学虽精，其研究的内容却甚迂阔，其中成绩卓著者，也仅仅在烦琐的文字考据和名物训诂之中。至道光年间，此中大略已由乾嘉诸老发明殆尽，所留不过糟粕而已。他们考明堂、考弁服、考车制，原物不存，聚讼而不能决；言丧服、言封建、言井田，亦因过去即有损益变迁，也纷纭不可究诘。乾嘉末流不仅烦琐可厌，而且也与“求实”的初衷大不相合。近代经学启蒙思潮，正是在这一学术背景中异军突起的。

启蒙期的经学，主干是在乾嘉之学的基础上，复西汉今文经学之古。他们由许慎、郑玄之学导源而上。《易》以虞翻之学为宗而求孟喜之义，有张惠言之《周易虞氏义》、《周易虞氏消息》、《虞氏易礼》、《虞氏易言》、《虞氏易事》、《虞氏易候》，曾钊之《周易虞氏易笺》，李锐之《周易虞氏略例》，胡祥麟之《虞氏易消息图说》等。《书》宗伏生、欧阳、大小夏侯之今文尚书，如陈乔枞之《今文尚书经说考》、《尚书欧阳夏侯遗说考》，魏源之《书古微》，陈寿祺之《尚书大传辑校》等。《诗》宗齐、鲁、韩三家，有迮鹤寿之《齐诗翼氏学》，陈乔枞之《三家诗遗说考》、《齐诗翼氏学疏证》、《诗四家异文考》，范家相之《三家诗拾遗》，阮元之《三家诗补遗》，丁晏之《三家诗补注》，冯登府之《三家诗异文疏证》，江翰之《诗四家异文考补》，王先谦之《诗三家义集疏》，魏源之《诗古微》等。《春秋》则尊《公羊》、《谷梁》二传，前者有孔广森《春秋公羊通义》，刘逢禄之《公羊何氏释例》、《公羊何氏解诂笺》，凌曙之《公羊礼疏》、《公羊礼说》、《公羊问答》，陈立之《公羊义疏》。传《谷梁》的有钟文烝之《谷梁补注》，许桂林之《谷梁释例》，柳兴宗之《谷梁大义述》等。公、谷之传，不胜枚举。于是，西汉十四博士今文经说，继乾嘉汉学之后，重新崛起。然而，它们毕竟上承考据之学的余绪，走的实在是今古文混合的创新之路。

近代启蒙期经学以公羊家经说为核心，可以上溯至乾隆时期的庄存与、孔广森二人。孔广森著《公羊通义》，然而英年早逝，思想肤浅而缺乏创新精神，故于后世学者无多大影响。这一时期真正的启蒙大师首推常州学派的开山者庄存与。庄著《春秋正辞》，舍名物训诂而用特别眼光去研究孔子笔削的《春秋》，意在乾嘉考证学的基础上，重建顺康时期的“经世致用”之学。其侄、孙辈代之而起，先是庄述祖著《夏小正经传考释》、《尚书古今文考证》等。刘逢禄、宋翔凤一辈，承其外家之学，专主董仲舒、李育之说。刘氏作《春秋公羊何氏释例》，发明何休所谓的“非常异议可怪之论”①，如“张三世”、“通三统”、“绌周王鲁”、“受命改制”等，以之为孔子的微言大义。刘书亦采用归纳之研究方法，条理清晰而断之己意，实为晚清今文学家的不祧之祖。宋氏著有《论语说义》，亦属公羊家言。

至道光年间，启蒙思潮门径大开，邵阳魏源，好治公羊；仁和龚自珍亦被其风；江都凌曙也闻风而趋附之。他们都是在刘逢禄的影响下而治公羊学的。正是这些学者掀起了近代经学的启蒙思潮。可以这样说，晚清经学，以启蒙的形式导源于常州，泛滥全国，主流支脉，如图所示：

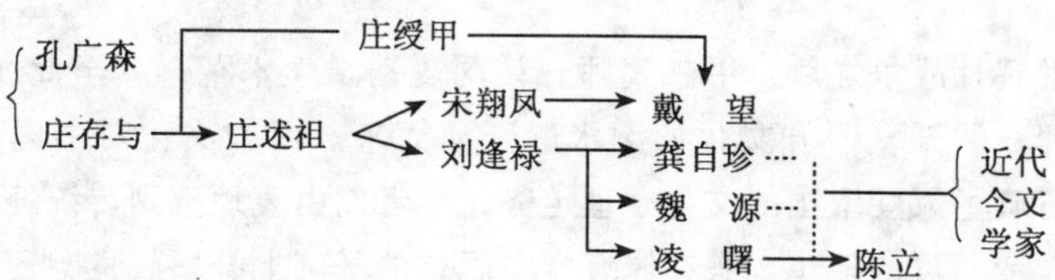

启蒙思潮至龚、魏而推向高潮，他们虽无传人，但对后世影响之巨，对于晚清思想解放之功，对于经学变异的促进，均有不可低估的贡献。所以，他们不仅为后世今文经学家所推崇，也为后世的民主派人士推崇。龚、魏生当清廷政治陵夷衰微、学术荒落之际，故不胜忧

① 何休：《〈春秋公羊传注〉自序》。

危，所以择常州之学，欲在经学史上别开一新的天地。他们不再为治经而治经，而以经术作政论。考据之学，虽非他们所好，然而乾嘉之风犹存，所以也用之作为经世思想的辅助。梁启超说龚自珍“受训诂学于段，而好今文。说经宗庄刘……往往引公羊义讥切时政，诋排专制，晚岁亦耽佛学，好谈名理……晚清思想之解放，自珍确与有功焉。光绪间所谓新学家者，大率人人皆经过崇拜龚氏之一时期”①，不仅指出了龚氏治经出自常州门下，并推促经学变异的特点，而且突出了他对调适期经学的巨大影响。夏曾佑有诗说：“瑟人申受出方耕，孤绪微茫接董生。”也说明了启蒙期经学的源流。

这一时期的经学，虽然学者们各有所侧重，如庄存与强调孔子为万世制法，刘逢禄、宋翔凤重春秋当新王之说，龚自珍以“三世”观念加以活用，魏源依“三统”之义贯穿经术、政事，凌曙则专重春秋礼制，但他们共同的特点，在形式上是以公羊贯穿“五经”，核心内容则是托古改制，以变应变。当然，启蒙期经学的变异在龚自珍以前，虽然也有非常之论，然而纵横捭阖，仍然在典籍间驰骋。至龚、魏才开始本经术而论政事，开启了后人盛言变法，以及夷“六经”于古史的学术空气。

二、近代经学的调适与顺化

继鸦片战争之后，甲午丧师，举国震动。学术荒落，至此尤甚。加之门户洞开，西方文化如潮水般奔涌而来。西方文化对中国的冲击，打破了天朝上国的文化心理定势，学者们由衷地感到传统经学已到了非变不可的地步。是在原有学术思想的基础上补缀改良，还是以夷为师，尽变西法，成了这一时期学术的主要课题。以经术论政事的龚、魏遗风，在不断酝酿之后，逐渐化作时代的潮流。年少气盛的有识之士，无不疾首扼腕倡言维新变法，希望在变化中救亡自强。这种应变的思潮，又是以学术思想的调适和顺化为先导，并作理论依据的，首当其冲的便是对经学的改造。但是，由于经学思想的根深蒂

① 梁启超：《清代学术概论》。

固，奔涌而至的新思想来源浅陋，一方面要变，但不能公然离经叛道，故以孔子为“变”的宗祖；既要汲取新思潮，却无更多的新理论作为指导，故只能以西学之甚浅者作为补缀。于是，围绕着如何促使传统经学的转化，怎样引介西方文化的问题，展开了新旧中西文化之讨论，并成为这一时期的主要课题。新学家引启蒙期今文经学为依据，专讲托古改制的微言大义，以学术介入政治。他们借孔子这面圣帜，欲改变几千年的旧政体。旧学家要维护日趋没落的纲常名教，在学术上又返向早为清儒大雅所不道的性理之学。但他们也对之进行了必要的改造，而力主“汉宋兼容”的新理学，强调在学习西文、西艺的同时，更应当以“礼”为先务，不能丢弃“先王经世之遗意”，并借之以应“名教之奇变”的政治局面。这一返向首先起于考据之风最薄弱的湖湘之间。唐鉴、罗泽南煽其风于青苹之末，继之曾国藩大张其军，他们由书本而返求本心。而统治阶级中的有识之士，不仅掀起了求富求强的洋务运动，在学术上又提出了“中体西用”的口号。他们既要择西学，“以补吾阙”，又要取西政“以起吾疾”。这一派的学术思想集中体现在张之洞的《劝学篇》中。新学家的“托古改制”，洋务派的“中体西用”，旧学家的“汉宋兼容”，尽管侧重不同，但在学术上都以“明变”为特征，因而表现了近代经学在巨变形势下的调适和顺化。特别是维新派与洋务派的经学思想，已经跨越了启蒙时期主张“师夷长技”、在器物层面学习西方的囿限，转而走向在政教制度层面汲取西方文化的道路。

调适期的经学，有湘潭王闿运以治《公羊》而闻于时。他于经史百家，靡不诵读，笺注抄校，遍注群经。著有《周易》、《公羊》、《尚书》诸书笺。他不断断于古文经学的烦琐考据，而以公羊家言说“六经”大义，平生以帝师王霸之学自况，即所谓“旷世圣人才，能以逍遥通世法”。然而理性思辨毕竟非其所长，其所著《公羊笺》尚不及孔广森之《公羊通义》。但王的弟子廖平受其学而集其大成，著有《四益馆经学丛书》十数种（其门人某著廖平经学丛书百种题解）。虽然廖氏学说屡迁屡变，但早岁言今文为孔子之真，古文为刘歆之伪，俨然有开拓千古、推倒一时之概。南海康有为读了廖平的辨经之作后，“乃尽弃其旧说”①，“既不谈政事，复事经说，发古文经之伪，明今学之正”②。于是有《新学伪经考》、《孔子改制考》相继问世。尽管康有为与前此以往的公羊学者所治者同，所以治者不同，但其言义不言例，以改制、三世言春秋，所受廖平影响尽在不言之中。因此可以说廖平是近代调适期经学承上启下的人物。

这一时期，崇尚今文，而能当得起经学家称谓的当数皮锡瑞。皮氏治经，宗今文而持论平实，既不像廖平怪诞多变，也不像康有为尽出己意。其所著《经学历史》、《五经通论》等百余卷，遍涉群经，固然无伟大创见，但善于整理旧说，径路清晰。在浩如烟海，“更仆难数”的经学传注中，实在是研究经学的入门之书。

需要强调的是，维新派托古改制虽奉孔子为教主，但本质上却开了向传统经学挑战之先河。康有为认为孔子改制与诸子相同，更使定于一尊的孔子降到与诸子平列的地位。这一“非圣无法”的学术思想，同样是向被统治者奉为偶像而顶礼膜拜的孔子的挑战，因此，在学术上的意义则又远远超出托古改制的范围。它打破了经学定于一尊的思想大一统局面，同时导致了诸子学的复兴，而作为经学终结的催化剂，加入了调适期的学术思想。也就是说，由经学的变异调适连带而起的诸子学复兴，是这一时期经学发展的第四条道路。

事实上，这一条道路是在乾嘉考据学基础上发展起来的。德清俞樾、瑞安孙诒让均出自高邮王氏之门下，因而承乾嘉汉学之余绪，并予以发扬光大。他们精于考据而有所发明。俞氏与今文学家戴望共同请业于汉学家陈奂，接受声韵训诂经师家法的训练。同时，他又拜识宋翔凤，得闻武进庄氏今文经说之精华，因此治经又颇右公羊之学。所著《群经评议》、《诸子评议》，既是这一时期古文经学的代表作，而且也反映了今古文合流和促进诸子学复兴的趋向。孙诒让学术包容金榜、钱大昕、段玉裁、王念孙四家，为清代新疏之冠。他也曾与今文学家戴望切磋经学，而学思益进。孙氏认为典章制度莫备于《周

① 梁启超：《清代学术概论》。

② 康有为：《康南海先生自编年谱》。

官》而著《周礼正义》，做人行事莫贤于墨翟而成《墨子闲诂》。他还鉴于国势浸弱，欲致富强，又作《周礼政要》四十篇。其著述博采汉唐至乾嘉诸儒旧诂，参互稽绎，或径取《尔雅》、《说文》正其训诂。他还以经训可通于治道相砥砺。俞樾弟子章太炎，少时治经，谨守朴学，治学的主要兴趣在于文字器数之间。中年以后，究心佛典，涉猎西籍，故以新知附益旧学，使局限于校勘训诂的诸子学成为一种系统条理的诸子学。章太炎所著《国故论衡》，关于文字音韵诸篇，其中精义多乾嘉诸老所未发明。他的《齐物论释》也为研究《庄子》开辟了一个新的门径。虽然如此，章太炎治经却首在辨夷夏之防，专倡种族革命，力主“用国粹激动种性，增加爱国的热肠”①。同时又引佛家思想资料，构建其特有的法相唯识哲学。在中西思想交汇中，章太炎学术虽有回归传统的倾向，但又绝非传统经学所能局限，同样表现了经学变异、转向的鲜明特征。

另外，这一时期的经学注疏，以王先谦于光绪十一年搜辑的《续皇清经解》为最巨。全书209部，1 430卷。然而它也像阮元于道光初年选刊的《皇清经解》一样，都有累世莫殚之嫌。惟《续解》采集了嘉道以后的今文经说，如陈乔枞《今文尚书经说考》、《三家诗遗说考》，陈立《白虎通疏证》，邵懿辰《礼经通论》，魏源的经说等，故较前者更受近世治经者的欢迎。这种变化亦可见今古文的门户之见，至此已经淡化得相当可以了。

概而言之，调适期的经学，承龚、魏之遗风，以善变应天代替适者生存，从四个方位上，即维新派的“托古改制”、洋务派的“中体西用”、旧学家的“汉宋兼容”，以及建立在乾嘉考据学的基础上的诸子学的复活，全面推进了经学在新的历史条件下的调适和顺化。正是这四个方位上的变异、调适和顺化，导致了经学的转向和经学时代的终结。与此相应的又有金石学和甲骨文字学的兴起，它们也是从汉学家门庭中孳衍出来的。

---

① 章太炎：《在东京留学生欢迎会上的演说》。

三、近代经学的转向与经学时代的终结

戊戌维新运动失败以后，清朝的危机和没落更是日甚一日。内而祸起萧墙，皇帝幽囚，慈禧复垂帘听政，重建科举考试旧制，仍沿用四书、试帖经文等考试，欲把人们重新引向狭窄的学术道路。外则祸患日亟，先是意大利要求租借三门，英、俄划分在华筑路范围，继而德军滋扰山东，美国又发出对华门户开放的通牒，终致联军攻占大沽，侵入北京，帝后则离京出逃。朝廷的权威至此也就扫地殆尽，时隔不久，即在20世纪的头一年，废而复起的科举制度终于明诏停止。禁锢中国知识分子一千年来的八股程式，一旦冰消瓦解，自由思想的火花立刻迸发出来，经学的转向已成势在必行之局，经学时代的终结也就在所难免了。

首先，学者们鉴于维新运动失败的教训，认识到对封建专制制度，仅以变法是不能奏改造社会之功的，必须从根本上推倒专制政体，并打碎专制政体赖以存活的思想基础和桎梏人们思想的精神枷锁——由权势者们捧起来，并定于一尊的“圣贤经传”——人们才能获得解放，社会才能趋于进步，民族才能转危为安，国家也才能够由富致强。特别是在帝制覆灭以后，向包括孔子在内的所有“圣贤”及他们的经传试以挑战的颇不乏人。对于孔子的身份、功罪也以新的眼光予以评说。过去被认为“非圣无法”的行为，此时也成为时髦的风气，轰轰然而行于一时。要言之，他们不仅把经学视为“望古遥集”的资料，而且认为它是封建专制的渊薮。年少气盛的邹容，不仅要与“贼满”“张九世复仇之义，作十年血战之期”，而且痛斥“汉学者流，寻章摘句，笺注训诂，为六经之奴婢”，“宋学者流……高谈太极无极，性功之理，以求身死名立，于东西庑上一瞰冷猪头”①，实在欲实行一场学术上的革命。马克思主义的传播者李大钊尖锐地指出：皇帝是窃国大盗，孔子等圣贤乃乡愿的代表，经传则被

---

① 邹容：《革命军》。

历代帝王作为“专制的护符”①。胡适则坚定地站在“打倒孔家店”的营垒之中，旗帜鲜明地说：“正因为二千年吃人的礼教法制都挂着孔丘的招牌，故这块孔丘的招牌——无论是老店、冒牌——不能不拿下来，捶碎，烧去！”② 他还断言：“中国哲学的未来，有赖于从儒学的道德、伦理和理性的枷锁中得到解放。”③ 当然，他们批判孔子，批判经学都是有所为而发的。正如李大钊所说：“余之掊击孔子，非掊击孔子之本身，乃掊击孔子为历代君王所雕塑之偶像权威也；非掊击孔子，乃掊击专制政治之灵魂。”④ 换句话说，他们批判的孔子，是历代权势者们捧起来的现实政治生活中的孔子；他们批判的经学，只是专制者奉为万古不刊、宰制天下的经学。他们认为，后世尊崇的孔子不是真孔子，当时奉守的圣经贤传也不是孔子的真意，都是历代君主借助那些醉心于纲常名教的道学先生之手，涂抹、雕饰后而呈现的假面。他们既要推倒经学的统治地位，又希望“成功地把现代文化的精华与中国自己的文化精华联结起来”⑤，于是对传统就产生了去伪存真、去粗取精的大问题。他们由此而得出重新评价传统，当然主要是重新评价经学的结论。即“对于习俗相传下来的制度、风俗”，“对于古代遗留下来的圣贤教训”，“对于社会上糊涂公认的行为与信仰”，都应采取重新评判的态度。这里说的圣贤教训、制度风俗、行为信仰，无不与“经学”有关。所以“重新估定一切的价值”，首先就是对传统经学重新进行全面的评价，看它到底“是与不是”，“好与不好”，“适与不适”⑥。至此，经学便由定于一尊、不得非议的地位，跌落到被识别、评判和取舍的普通位置。前一时期，经学在学术上的变异、调适，进入20世纪以后，也就变成了根本的转向。这一转向以推倒儒术独尊的局面，抨击礼教始，以整理国故、文

① 李大钊：《孔子与宪法》。

② 胡适：《〈吴虞文录〉序》。

③ 胡适：《先秦名学史》。

④ 李大钊：《自然的伦理观与孔子》。

⑤ 胡适：《〈先秦名学史〉导论》。

⑥ 胡适：《新思潮的意义》。

学革命终。他们从学术思想发展的角度，认为“无论何种学派，均不能定于一尊，以阻碍思想文化之自由发展”①，况且，“儒术孔道，非无优点，而缺点则正多”。经师持“文以载道”之谬见，“以伦理政治忠孝为一贯”②，“尤与近世文明社会绝不相容”③。若要改变“儒教专制统一，中国学术扫地”④的局面，非打碎封建礼教设下的吃人圈套、实行一番彻底的变革不可。胡适、陈独秀倡导的“文学革命”，既是汉语语言文学由文言向白话、由贵族文学向平民文学转化的推动力，同时也打碎了载封建专制之“道”的工具——经学的固定框架。他们力主“务去烂调套语”，“须言之有物”，反对“文以载道”之说⑤；又在整理国故、重新评价的思想指引下，把经学导入了纯学术的道路。

20世纪初年，在外患内忧协同冲击下，清王朝日见腐朽，使掩盖了一百余年的民族矛盾又重新激化起来。一些学者从清初亡明士大夫，如顾炎武、全祖望的反满思想中汲取华夷之别的种族观念，基于民族主义的立场，对国家危亡、民族存续，形成了一种独特的思考方式。他们认为，中国面临亡国灭种危险的根本原因，在内而不在外。追根溯源，还在满洲的异族统治。他们觉得，中国人的脸都让满族统治者给丢尽了，因此必须推勘他们的责任。所以，这些学者的学术思想，也必然蕴发出排满的民族情绪，因而向传统折返。他们力图用传统文化中的民族“精灵”和“夷夏之防”的种族观念，酝酿、激发排满革命的热情。也就是说，为了排满革命的需要，他们继承顺、康时期经学大师“经世致用之学”的精神和治学方法，澄本清源，同清朝统治者用以束缚思想、锢蚀人心的恶制度在理论上进行斗争，使经学又呈现出一番新的气象。当然，他们所引征的经世之学，不仅在

① 陈独秀：《答吴又陵》。
② 陈独秀：《尊孔与复辟》。
③ 陈独秀：《答吴又陵》。
④ 吴虞：《儒家主张阶级制度之害》。
⑤ 胡适：《文学改良刍议》。

于从往古的史籍中撷取排满的理论，用“经学”反对封建专制借以窒碍人心的“传统经学”，更重要的是从传统文化中汲取精华，以唤醒国民自觉的民族意识。因而，他们以更深刻的洞察力，更广泛的学术视野，全面系统地对积淀数千年的传统及其具体表述的形式——浩如烟海的文献，予以历史的反思，使本来充溢着政治思想的经学研究，具有更多的学术性质。概而言之，这一派的学术思想因排满而究心学术，并将经学引向了一个新的方向。它的擎旗人物便是章太炎和刘师培。

以章、刘为代表的国粹派学者，自幼接受古文家法的训练，即所谓“精研故训，博考事实”。然而他们毕竟生长在晚清末季，调适期今文经学思想的影响也在所难免。加之章太炎师承俞樾，俞的经说也“颇右公羊家法”，因此，章氏虽然“治经专尚古文”，但学术径路仍可见今文经学的印迹，如以为“大一统”“整齐风俗”、“通三统”“益损政令”等。至于其所持“华夷之别”的思想，也难说是纯粹的古文家言。国粹派学者中不少人，在少小之时，即因读《东华录》遂感“异种乱华，是我们心里第一恨事”①，因此而“夙具民族思想”②。这种植根在他们思想深处的民族意识到这时首先迸发出来，而且主要表现在学术领域。诚如刘师培1904年9月在《警钟日报》上发表的《自述诗》表达的那样：“大厦将倾一木支，乾坤正气赖扶持；试从国故稽文献，异代精灵傥在兹。”由此可见，他们不仅是排满攘夷的巨子，而且是保存国学，并赖以扶持“乾坤正气”的学术大师。

基于上述民族意识，他们不仅看到异族的侵凌、压迫、巧取豪夺使中国遗患无穷；同时也注意到如曾国藩、左宗棠之流的汉族官僚“忠君念重”而“爱国情轻”，“保宠愿深”而“立名志减”，“甘以通侯宰相臣仆异类”③，这实际上是民族意识的丧失。而民族意识恰

① 章太炎：《在东京留学生欢迎会上的演说》。

② 冯自由：《刘光汉事略补述》，《革命逸史》第三集。

③ 章太炎：《失机论》，《台湾日日新报》1899年4月5日。

恰存在于中国固有的文化之中，即由孔子集大成的“国学”之中。所以他们认为，异族侵略只能使国亡而“学”不亡，故元气未丧。民族意识的扫地以尽，则标志着文化的湮灭，“元气”的荡然无存。它的结果则不仅仅是亡国，而且是亡天下和万劫不复的灭种之灾，所谓“满人不亡，而夏子之胄亡矣”①。“吾未闻国学不兴而国能自立者也……故今日国学之无人兴起，即将影响于国家之存灭”②，就是对他们因排满而激动种性，由唤醒民族意识而提倡国学，把文化救亡当作民族救亡的根本思想所给予的高度概括。于是保种、爱国、存学的口号风行一时，保存国粹的呼声也随着文化救亡的思想而甚嚣尘上。

所谓国学，用他们的话说就是历两千余年未变的儒学，或者说是“载籍之博曰十三经”③ 者。这些史料赖史官保存之力，即使天下岌岌大乱，甚至被异族征服，也不会改变其民族的性质。而孔子则是保存国学的“史官宗主”。因此，提倡国学即国粹，并非要人像洋务派、守旧派那样“崇儒重道”，也不是要人像维新派那样奉孔子为教主，托古改制，“只是要人爱惜我们汉种的历史”，从而使“爱国爱种的心”“风发泉涌，不可遏抑”，如此也就可以救亡图存、“光复宗国”④ 了。章太炎还从文化史的角度，对国粹作了具体的解释。他认为，从广义上说，国粹可以分为三项，即语言文字制作之原，典章制度设施之旨趣，以及可以法式的人物事迹⑤。从中不难看出，这一派的经学研究，已经由政治到学术，由“崇儒重道”变为“爱惜民族历史”，由“独尊儒术”趋于经史子集的系统评判、整理和选择性吸收，实在也是促进经学转向的一支劲旅。

究竟是以孔子为改制的素王，还是视孔子为“述而不作”的

① 章太炎：《论亚东三十年中之形势》。
② 章太炎：《国学讲习会序》，《民报》第七号。
③ 章太炎：《国学讲习会序》，《民报》第七号。
④ 邓实：《国学保存会小集序》。
⑤ 章太炎：《在东京留学生欢迎会上的演说》。

“史家宗主”，这是他们与维新派学术思想的根本区别。前者在改制的旗帜下，强调的是“嬗代兴起”的小康渐进论。后者主张的则是“开浚民智，激扬士气”，“鼓舞民气，启导方来”① 的社会革命。因此，这一派的学者便专注于古文经学而与维新派对垒了。他们认为，对国学的研究，一则可以在典志中发现社会衰微、积重难返的原因，二则可以于经传中鼓铸民族精神而面向未来。章太炎还特别指出：“上世草昧，中古帝王之行事，存于传记者已寡，惟文字语言间留其痕迹。”② 所以，他们特别推崇乾嘉考据之学，欲从前人的经学研究中，开辟一条通向未来的道路。他们批评今文经学，虽排斥伪经，但最大希望还是“承继道统”，“诵法既陋隘，事不周浃而比次之，是故齵差失实”，古文经学则“博其别记，稽其法度，核其名实，论其社会以观世，而六艺复返于史”③，充分表现了他们褒古抑今的学术思想。因此，他们也决不讲“三世”以言进化，讲“三统”以明因革，“不以经术明治乱”，“不以阴阳断人事”，而是以求“是”为鹄的，而“夷六艺于古史”。如此不仅可知“上世社会污隆之迹”，而且，“以此贯综，则可以明进化；以此裂分，则可以审因革”④。刘师培则进一步从文字学入手，“以为文字繁简，足窥治化之浅深。而中土之文，以形为纲，察其偏旁，而往古民群之状况，昭然毕呈。故治小学者，必与社会学相证明”。可见他是把包括经学在内的“国粹”视为英人所说的 Socialogy，并认为它“大抵集人世之现象，求事物之总归，以静观而得其真，由统计而征其实”。所以他的结论就是“故欲社会学之昌明，必以中土文字为左验”⑤。也就是说，经学研究的目的在于“得其真”、“征其实”，从社会学的角度，把经学导向了纯学术的道路。正因为如此，他们在学术上的成就远远超过今文

① 章太炎：《致梁启超书》。

② 章太炎：《致吴君遂书》。

③ 章太炎：《清儒》。

④ 章太炎：《訄书》。

⑤ 刘师培：《论中土文字有益于世》。

经学派，尤其在这一时期，硕果累累，内容充实，使康有为等人的抱残守缺尤其相形见绌，苍白无力。

辛亥革命，帝制覆灭，经学既不可能继续作为维护专制制度的圣典，也不可能重新被起用作为托古改制的依据。经学向纯学术方面的转向，实质上也就宣告了经学时代的终结。但经学时代的终结并不等于作为文化的经学的终结，更不是包括子学等传统文化在内的“国学”的终结。人们既要识别它的价值，辨识它的真伪，乃至推勘“伪儒之学”在学术荒落方面的责任，都需要采取“重新评判”的态度。所以，经学转向或终结时期，国学研究的兴趣并未因此而稍减，甚至可以说是有增无减。除去少数欲复辟帝制的顽旧派外，把经学作为哲学、史学、教育学、社会学研究的更不乏其人。以顾颉刚为首的“古史辨”派和以“昌明国故，融化新知”为己任的学衡诸子，在比较中、印、欧文化的基础上，皆以新观念、新思想，重新评判经学的价值；建立自己文化哲学体系的梁漱溟以及取佛家空、有二宗大义而折中于《易》构建自己本心本体哲学的熊十力，还有后来的本位文化论者，相继而出，形成了传统文化研讨的新的高潮。从维新派分孳出来的梁启超，可以说是经学纯文化研究和复兴子学的巨子。

梁启超虽然曾追随康有为，在学术上托诸《公羊》、《孟子》，“对于‘今文学派’为猛烈的宣传运动”，并声称“启超之学，实无一字不出于南海”，但他并不赞成康有为“保教尊孔”之说。他告诉人们：“启超自三十以后，已绝口不谈伪经，亦不甚谈改制”，对于康有为“大倡设孔教会定国教礼天配孔诸议”① 大不以为然，由是与今文经学分道扬镳了。在他看来，尊孔保教束缚国民思想，阻碍自由思想及学术研究的发展。他指出：“我中国学界之光明，人物之伟大，莫盛于战国，盖思想自由之明效也。”② 一语道破了他向往的是先秦诸子并举、百家争鸣的学术局面的思想，而对于汉武帝以后“儒术独尊”的窒闷空气则痛下针砭。他说：“自汉武帝表章六艺，

---

① 梁启超：《清代学术概论》。

② 梁启超：《保教非所以尊孔论》。

罢黜百家，凡不在六艺之科者绝勿进，而思想又一窒。”自此之后，经说独尊，行之两千余年，虽然有正学、异端之争，今学、古学之争，但“言考据则正师法，言性理则争道统”，儒家独尊的局面大致未改，且使儒学的范围越来越小。先是把孔子变成董仲舒、何劭公，继而把孔子变成马融、郑玄，接着又变成程朱、陆王，至清代则变成纪昀、阮元，结果使自由的学术思想束缚于一点而不能自开生面。即使在某个方面、有限的程度上有所创获，也不敢跨出经学的桎梏，其原因在于经学禁锢太甚，而使学者染上了“好依傍”与“名实混淆”① 的顽症。在他看来，经学一统的局面，对国家民族而言，是“滋愚滋弱”之最大罪首，对学术思想来说更导致其窒闷消沉。因此，他提出“破坏主义”的方针，并欲作“新思想界”之陈涉，“取数千年腐败柔媚之学说，廓清而辞辟之”②，然后才能使学术走到正路上来。

其实，梁启超的学术贡献主要方面并不在于破坏，所谓“破坏”不过是重新评价、区别对待的意思，他强调“新文明再造”、“实用哲学、创化哲学”，本质上还是在重新评价传统的基础上，批判地继承和创新而已。在梁启超的眼里，“孔子者哲学家，经世家，教育家”③，经学自然也就是哲学、政治学和教育学了。他同时还指出：孔子之学，即儒学，既有“与世推移”的“别义”，又有“万世不易”的“通义”。当然这里说的“通义”绝非前代儒家说的“万古不刊”的“圣典”，而是指其中精华与人类社会价值观念普遍认同的性质。这种普遍认同的性质，就教育来说，“则措四海而皆准，俟百世而不惑”。就政治而言，其理想“洋溢中国而施及蛮貊”，“可以善二千年迄今之中国，且可以善自今以往、永劫无穷之中国”。然而，当时真正了解孔子和经学的人“何其寥寥”，因此，必须对影响中国二千年的孔子和经学给予认真、系统的总结，以还孔子和孔学的本来

① 梁启超：《清代学术概论》。
② 梁启超：《新民说》。
③ 梁启超：《保教非所以尊孔论》。

面目。他要通过《论语》"求孔子之人格"，据《易传》"求孔子之教宗"，依《春秋》"求孔子之世法"，"参诸记传，以求孔子之绪余，按诸二千年历史以求孔子之化绩，校诸世界诸圣哲之教义行事以求孔子之位置"。① 显而易见，梁启超对经学的研究，是从两千年中国历史长河中探本溯源，在同世界文化思潮的优劣比较中去粗存精的。

不仅如此，梁启超还从经学扩展到诸子学及整个文化传统。他认为所谓实用哲学、创化哲学，就是要"把理想纳到实际里头，图个心物调和"，而先秦诸子，乃至以后的佛家，都是"从这条路上发展出来"②；孔、老、墨、佛都看出有个"大的自我"、"灵的自我"和"小的自我"、"肉的自我"同体，都想要"因小通大"，"推肉合灵"，都是世界最高的文化。它们代表了中华民族的精神，所以应当"歌之，舞之，发挥之，光大之，继长而增高之"③。显然，他是以传统文化的淘掘、弘扬者自任的。在上述"破坏"、"创化"，以及还孔子本来面目和诸子并举的思想指导下，自 1902 年作《中国学术思想变迁之大势》、《保教非所以尊孔论》开始，到 1929 年去世止，前后 28 年，梁启超对以经学为核心的传统文化进行了系统的梳理。最著名的有《先秦政治思想史》、《清代学术概论》、《中国近三百年学术史》、《孔子》、《儒家哲学》、《老子哲学》、《墨经校释》、《古书真伪及其年代》等，还有大量关于佛教文化典籍的考证和著述。这些既反映了经学全面转向的时代特征，同时也反映了学术界对经学及传统文化的新的价值评断和治学方法。

当然，经学以及诸子学研究的全面兴起，也是欧美文化刺激的反馈，是针对西方文明弊端而发的。"欧战以后，世界思潮回皇无主"，中国学者"不但不慊于中国旧有之思想制度，亦不复满于近世欧美各国之思想制度"。于是"一则欲输入欧美之真文化，一则欲昌明吾

① 梁启超：《孔子》。
② 梁启超：《欧游心影录》。
③ 梁启超：《论中国学术思想变迁之大势》。

国之真文化"。但由于"欧美人之自讼其短，有取法于吾国先哲之思"，因而有"西洋文明已经破产"的认识。所以中国学者"进而以儒家之根本精神，为解决今世人生问题之要义"①，并强调"中国人对世界文明之大责任"②。基于此，"以昌明东方文化为吾人之大任之念，乃油然而生"③。他们要把孔、老、墨、佛的哲学，由旧理想变为新理想。再加上科学发展、交通便利，考据之学更是如鱼得水，于是对传统文化的研究便日进一日，日新一日了。

上述经学研究的三个方面，无论是推勘经学在国家衰败中的责任，还是出于排满的目的，或者把包括经学在内的传统文化纯粹视为中华民族精神的载体，其共同点都是以重新评价的方式，促进经学的全面转化，并在转化中对新的文化模式进行创造性思考，从而导致了经学时代的终结。但是，曾经"定于一尊"两千年的旧思想，并不因为它赖以实现的政治背景土崩瓦解而自动退出文化舞台，反而欲借帝制复辟重新获得宰制天下的机会。于是"尊孔读经"之说，也借向传统折返之势在学术界雀跃而起，自下而上，又自上而下，掀起了一股祀孔、尊儒、崇经的浊流。曾经敢于非圣无法、促进经学变异的康有为，此时却悲叹"政改共和，君臣道息，诸经扫地，窒碍难行"。在主张复辟帝制的同时，他还要用经书"治人心定风俗"④，把《春秋》视作"大宪章"，作为"宪法"载入册籍⑤。袁世凯为了攫取皇帝的宝座，发出祭圣告令，强调"政体虽取革新，而礼俗要当保守"，以孔子为至圣，以经学为"亘古常新，与天无极"的根本大法，因而议决"祀孔典礼"⑥。康有为弟子陈焕章对于"圣经摈于课本"、学术思想自由发展的新形势大惑不解，认为"经传道丧，举国皇皇，莫知所依"，"惧大道之将亡，而中国之不保也"。他怀揣杞

① 柳诒徵：《中国文化史》。

② 梁启超：《欧游心影录》。

③ 柳诒徵：《中国文化史》。

④ 康有为：《中华救国论》。

⑤ 康有为：《刊布春秋笔削大义微言考题词》。

⑥ 袁世凯：《大总统祭圣告令》。

人之忧，与沈曾植、朱疆村、梁鼎芬谋划，创立以“昌明孔教”为宗旨的“孔教会”于上海，“冀以挽救人心，维持国教”，提出“宗祀孔子以配上帝，诵读经传以学圣人”① 的口号，在尊孔复辟的浊流中推波助澜。然而时代毕竟不同了，这支浊流在政治上虽曾导致一度的回潮，在学术上却难以有继续存身之地，经学的转向和经学时代的终结并未因之延缓半步。事实上，这些人大多有现实的政治目的，故在学术上并无多少价值可言。

这一时期，由徐世昌编撰的《清儒学案》是继阮元《皇清经解》、王先谦《续皇清经解》之后的又一部关于清代经学思想的著作。它虽然强调“以圣贤意蕴提倡流布，置邮于远方”，让“崇儒重道，遐迩同风”的社会，“因学以明道，修道以明教”②，但其资料搜集保存，又可稍补两部经解之不足，是研究近代经学足资参考的学术著作。

必须强调，这一段的学术思想，事实上已经从定于一尊的经学下解放出来。它既不是启蒙期、调适期把致仕的经学变成经世的经学，也不再沉湎于单纯的训诂名物考据或理气心性体验，而是将经学视为传统文化的一个组成部分，作为民族精神的文化载体，给予历史的审视。所以这一阶段经学的形式呈现五彩缤纷的多样性，内容更是古今并举、新旧杂陈、中西会通、百家争鸣。国粹派的“精研故训，博考事实”，西化派的“整理国故，再造文明”，学衡派的“昌明国故，融会新知”，本位文化派的“把握过去，创造未来”，等等，都表现了如何正确处理中西文化关系、建设中国文化未来的深切关怀。这一自由的学术氛围和对西方文化的兼收并蓄，为马克思主义的输入创造了必要的历史条件。

---

① 陈焕章：《孔教会序》。

② 徐世昌：《〈清儒学案〉序》。

第二节 近代经学的思想特征

总的说来，近代经学是以节节复古的形式表现创新的内容。所谓创新，从思想上来说就是要以善变应天的理论，代替适者生存的意识；在方法上则是兼取诸子、佛、道，尤其是对西方文化的选择性吸收，从而对传统经学进行部分或彻底的改造。如此形式和内容上的矛盾，兼收并蓄的方式，使经学由一尊地位回复到与诸子平列的民族精神载体和普通历史文献资料的地位，突出了近代经学在思想内容上所具有的更为复杂的个性。集中起来有如下三个方面：一曰明变与创新，二曰古今中西、体用本末之争，三曰重新估价传统。这三个方面互相交叉而具有密切的内在联系。对于原处于一尊地位的经学要予以变化和革新，必然引起经学自身的抵抗。其变化之深浅，发展之方向，既要由时代变化的历史条件所决定，同时还要受学者们心态的影响。他们或者站在时代的涛头而面向严峻的社会现实，或者超越时代的局限而面向未来，或者立足于即将沦溺的漏舟之上，补苴罅漏，暂时度过那风雨飘摇的岁月，所以争论也就在所难免，而新思想也便在这一争论中脱颖而出。然而，它们毕竟还是从传统的母体中脱胎而来的，因此，如何正确认识传统文化的功过，分清传统文化的精华与糟粕，怎样促进传统思想与现代意识的认同，一句话，传统文化是否具有现实价值，能否实现近代转型，都有一个重新认识、重新估价的问题。一方面是对以前一直被奉为神圣而居于一尊地位的经学的重新评判，既要揭示这一神圣形象异化的本质，使其世俗化、大众化，还要正确认识它的历史作用并赋予其恰当的现实地位；另一方面则是对那些经学以外的传统，包括诸子学、佛学等在内的古代文化遗产，予以历史的、科学的、具有现代意识的价值判断。

就总体而言，近代社会的巨大变动对学术界的冲击不亚于对政治界的冲击，知识分子形而上的关怀，决定了他们的思想更具有普遍的意义和科学的前瞻性。他们敏锐地认识到，非有思想学术的变化不足以适应社会的变动，因而他们考察今古，兼览内外，力图从古今中西思想变迁的脉络中，证明“变”的必要性、必然性，逐步形成了“善变应天”的思想态势，取代了“补天济世’、“适者生存”的意识。可见“明变”首先是对历史的权衡，是创新的前提。近代经学的每一个发展阶段都是在“明变”的思想指引下，对传统经学进行不同程度的改造和创新。启蒙是启“变”之蒙，变异则是以“变”应变；而经学的终结实质上是经学的全面转向，即对传统经学的根本改造。况且由于传统经学有重“学”和重“思”的不同影响，表现出不同的发展方向，因而出现古今中西、体用本末之争。所有这些又都涉及到对传统的重新评价问题。

19世纪中叶，当西方文明蒸蒸日上的时候，大清帝国还沉酣在太平迷梦之中。其时，少数具有先识的知识分子，便欲睁开眼睛，观察西方的动向，由此产生了非变不足以图存的朦胧意识。随着帝国日趋没落，接踵而来的失败和耻辱，虽麻木自大的官僚们也不能再尸居其间熟视无睹了，因此而生昏惨惨黄泉路近的末世之感。正是这种危机感迫使那一代人形成了非变不能图强的思想。

起初，他们主要基于“制夷”、戡乱的军事思想，最渴慕的只是西方的科学技艺，重心在于学习西人的“坚船利炮”，从器物的层面出发，提出了“师夷长技以制夷”的口号，因而有“洋务”、“西学”的讲求。这只是对传统的补苴而谈不上改造，但变的意向已经付诸行动了。随着西方文化的逐步渗透，加之对西人“坚船利炮”的学习不仅不能致富图强，反而引狼入室的惨痛教训，提醒先进的中国人：西人之强在“船坚炮利”的后面还有更深刻的文化背景。首先是学术界，对于仅在器物层面学习西方已嫌不足，转而推勘传统制度方面的责任，进而从整个文化领域检讨传统的得失。上述由器物到制度，再由制度深入到文化的内核，在中西文化的对比和古今文化的系统检讨中，对传统文化自浅而深地进行逼迫性的改造，既反映了不同文化接触、融合的一般规律，也展现了传统近代转化的艰难历程。近代经学的启蒙、变异调适，以及转向终结，正是沿着这样的历程曲折前进的。

开始是在“师夷长技”的口号下，在器物层面上引介西方文化，与之相应的则是近代经学的启蒙。继而有洋务派“中体西用”的自强运动和与之同时并进的维新派“尽变西法”的变法纲领。后者从表面看起来是面向西方的单向选择，实际上仍然是围绕传统经学在政治制度方面进行的局部改良。它与前者一样，都是对西方文化的选择性吸收，只不过由初期在器物层面深入到科学技术乃至整个生产力和政治、教化的层面罢了。这是经学变异调适期的显著特点。

随着经学地位的根本动摇，以及对西方文化了解的深入，学术界不仅透过坚船利炮看到了西方文化充满朝气的生命力，同时也敏锐地意识到重在发展物质文明的西方文化掩藏着对人类社会破坏的潜在危机。有的甚至对如潮水般奔涌而至的西方文化感到厌倦，因而萌生了西方文化即将破产、世界文化的未来即是儒家文化复兴的思想。于是，学术界又出现了向传统折返的潮流。当然，这种向传统复归的思想倾向在很大程度上基于反对民族侵略、压迫，包括清政府统治和西方列强扩张的心理。他们或者声言“归宗儒家”，或者视包括经学在内的传统文化为民族精神的载体，或者要汲取代表中华民族优秀传统的孔子的真精神，增进国民道德而达到起衰振弊的目的，都是把传统放在主要地位，并以此去整合西方文化的。其时他们关于西方文明破产的预言并非全盘否定、反对吸取西方文化，而是强调在发展物质文明的同时，必须加强精神文明的建设，否则，那些物质文明便会成为“制造社会险象的种子”①。正像梁启超说的那样，欧洲百年来物质、精神上的变化，是全社会群众自觉创造出来的，是建设在大多数人的心理之上，“他的‘质’虽有时比前不如，他的‘量’却比从前来的丰富”，因此它绝不会像古希腊、罗马那样“人亡政息”，而会随着精神生活的向上继续向前发展。② 因此他提出了“淬砺其所本有而新之”，“采补其所本无而新之”的“中西互补”的口号。③ 淬砺、采补，两个“新之”，很能代表这一时期向传统折返的根本精神。也就

① 梁启超：《欧游心影录》。

② 梁启超：《欧游心影录》。

③ 见《新民说》。

是说，回归传统并不排斥向西方学习的选择可能性。国粹派的“精研故训，博考事实”，学衡派的“昌明国故，融化新知”，本位文化派的“把握过去，创造未来”，都是向传统折返的道路上表现出来的文化双向选择的倾向。即使自称“归宗儒家”的东方文化派，也提出了对西方文化“全盘承受”、“根本改过”，对中国传统“重新拿出”而予以批评的玄思性口号①，从不同的价值观念和伦理哲学上对东西文化予以比较和扬弃，这无疑还是“中西互补”的思维方式。当然，它还反映了近代知识分子促进儒学也即经学向近代转化的自觉意识。更有像孙中山这样的民主革命的先行者，“一方面主张恢复固有的道德与智能，一方面主张学习外国之所长，是为国粹与欧化的折衷”②。他还特别指出，在学习西方文化的同时，千万不能追循“西方文明之旧路径”，可以说是从政治方面验证了近代学术思想双向选择的可能性。

时至20世纪20年代，近代经学终于在“科学”、“民主”的新文化潮流冲击下，完成了向近代的根本转向，持续两千余年的经学时代自此也就退出了历史舞台。事实上，经学时代的终结以及经学的全面转向，恰好是在“重新评价传统”或者说“重新估定一切价值”的思想指引下实现的。新文化运动也就在传统的变异中扶摇而起，传统文化则凭借“重新评价”的口号得以更新。近代经学思想内容的特征如是而已。

由此可见，“明变”是近代经学的主旋律，“重新评价传统”则是促成变化的重要手段，而“古今中西，体用本末”之争无疑是近代经学转化过程中，各路英雄由不同的学术视角、相异的价值取向，各自表述其新旧并陈、中西互补的具体形式。应当强调，近代“古今中西，体用本末”之争仅仅是由于学术视角和价值取向的不同，其运作范围都未能超越如何继承传统，怎样引介西学，从而建设中国文化未来的框架。因此，这种表面上的冲突而实际上的协同，反而加

① 梁漱溟：《东西文化及其哲学》。

② 蔡元培：《中华民族与中庸之道》。

速了经学的近代转化，并逐步形成了近代文化的统一格局，即：以传统振作民族精神，借西学发展物质生产，采佛理以补理性思辨不足。反映在经学领域，也就显现出多彩多姿、光怪陆离的特征。

“明变”，既要有社会历史的条件、个人的心理需求，还必须在经学内部寻找其变化的根据，以及在经学以外，包括诸子学、佛学、西学中，探求其变化发展的方向。

就总体而言，近代大多数学者认为，经学自孔子以后，浸假而为董、何，马、郑，韩、欧，程、朱，陆、王，顾、戴，所以，要得孔子真面，务必逆溯而复古。这一复古形式的本身就包含着对当时经学的扬弃，即进行改造的创新内容。他们要变当时的“假孔”而为先秦的“真孔”，要推倒现实生活中被权势者们捧起来的“伪孔”，重新确立孔子作为中华民族优秀文化集大成者，或者用他们的话说即“改制教主”、“思想家”、“教育家”、“史家宗主”的真实身份。基于这种思想，无论是公羊派硕儒，还是其他国学大师，他们首先还是要把学术的重心放在先秦儒家典籍上，不过视觉焦点则集中在经学与时俱变，甚至可以说是进行创造性转化的自身特点上。于是，他们便在《易》中找变化的理论依据，在“三礼”中找转换后可以遵循的制度范型，在《春秋》中找创变的历史事实，在《论语》中找孔子促成转变的心理基础，即人格。他们甚至还凭借训诂、名物的手段，以明变化的必然性和可行性。如此，近代经学也就像一个展开的扇面，逐步在全方位上进行着它自身的变革。

近代经师对《易》的研究远不如清初和乾嘉诸老的贡献。他们对《易》的涉猎，目的在于为经学的变异寻找理论上的立足之地。就哲学上而言，他们在传统经师“易有三义”之说的基础上，着重突出“变易不息”的社会进化理论。所谓“刚柔相推而生变化”①的自然法则，逻辑地被他们奉为普遍的社会原理。以今文经学家皮锡瑞的《经学通论》为例，该书开宗明义，专讲“变易不易皆易之大义”的道理。他说：“易者变化之总名，改换之殊称”，宇宙间万事

① 《易·系辞》。

万物“新新不停，生生相续，莫非资变化之力，换代之功”。他虽然也讲“尊尊”、“亲亲”、“男女有别”等“不易者”，肯定董仲舒“天不变，道亦不变”的观点，但他认为仅此不足以道董子对策之意。董氏之意“全在变法”，汉承秦制，其法故旧，所以应当予以“更化”，此即董仲舒所言“为政而不行，甚者必变”的道理。孙诒让的《变法条议》，即后来的《周礼政要》也是基于“穷变通久，见于大《易》”的思想，而求“通万事之变”的，由此而产生了他那“更法”的学术思想。

以《易》作为社会改革的理论依据，在康梁等维新派身上表现得尤为显著。康有为说：“孔子作六经而归于《易》、《春秋》。《易》则随时变易。穷则变，变则通。”在康氏这里已经完全撇开了“不易”之说，并远及伊尹，近及当时，举例说明“变”乃天下社会之公理。他说：“伊尹古能治国者也。日用其新，去其陈，病乃不存。汤受其教，故言日新又新。池水而不易，则腐臭兴；身面不沐浴，则垢秽盈；大地无风之扫荡改易，则万物不生。”① 他就是这样把《易》的变易之理，作为他“改旧”、“维新”、“存国”的理论基础。谭嗣同也说：“本诸《易》，以究天人古今之变。”② 梁启超说得更为具体，他说：“法何以必变？凡在天地之间者莫不变。昼夜变而成日；寒暑变而成岁；大地肇起，流质炎炎，热熔冰迁，累变而成地球。”草木虫鱼，“彼生此灭，更代迭变而成世界”，“呼炭（碳）吸养（即氧），刻刻相续，一日千变而成生人。藉日不变，则天地人类并时而息矣”。他是依昼夜更替、寒暑往来的自然现象，以及世界生成，生物变迁进化，人类新陈代谢等自然、生理现象，证明一切成“法”都应当像自然界更代迭变、人类新陈代谢那样随时而变，否则，也会像他假设的那样，与天地、人类“并时而息”。所以他又说：“周邦虽旧，其命维新，言治旧国必用新法也”，进而得出“变亦变，不变亦变”的结论。总而言之，他们是以《易》的变易思想，

① 康有为：《日本书目志序》。

② 谭嗣同：《史例自序》。

作为“天下之公理”①，用以论证典章制度非变不可的社会思想。

当然，随着经学一尊地位的动摇，《易》作为理论基础的地位也就开始坍塌了。章太炎只承认《易》是开物成务之书，反对以象数、谶纬清谈易学。古史辨派“于《易》则破坏其伏羲神农的圣经地位，而建设其卜筮的地位”②。这种对《易》的认识，已经具有推倒一切的气概。虽然不再在《易》中找变的依据，却另有一番脱胎换骨的变化。因此，它的意义也就远在启蒙、变异期于经学的字里行间爬梳立论依据之上，其变化来得更为彻底、痛快。顾颉刚还说：“《周易》这部书，以前儒家是不大过问的……它原来只是一部占卜的书，没有圣人的大道理在内。自从战国后期给儒家表章了，终在六艺中占得一个地位，和《春秋》成为孔门中带有神秘性的两种经典。③ 这不仅反映了20世纪学术界对《易》的科学态度，同时揭示了经学在理论基础上的瓦解，经学的全面转向也就势在必行了。

《春秋》一书，原本鲁史，为纪事之作。后经孔子笔削，乃寓褒贬、定名分、辨是非于其微言之中。《庄子·天下篇》有“《易》以道阴阳，《春秋》以道名分”，指的就是这层意思。司马迁《史记·太史公自叙》进而说明：“《易》著天地阴阳五行，故长于变，《春秋》辨是非，故长于治人。”因此，要明近代经学之“变”，既要依据《易》的阴阳变化之理，又要在孔子笔削过的《春秋》中寻找历史的佐证。何休的《公羊解诂》尤其能满足这一学术要求。公羊学在近代复兴的原因也就不言而喻了。

公羊学的三科九旨之说，重点强调“新周、故宋、以春秋当新王”，这实质上是对王朝变更的肯定，也是对孔子改制的肯定。因此，自庄存与、孔广森始，公羊派硕儒为了改变典章制度，首先从经学的变异入手。他们谈改制，谈变法，也都是在公羊春秋中找既成的方案。质而言之，公羊学三科九旨，绌周王鲁，以《春秋》当新王，

---

① 梁启超：《变法通议》。

② 顾颉刚：《〈古史辨〉三·自序》。

③ 顾颉刚：《〈古史辨〉三·自序》。

就是为“新王”也即为“后王”立法，这恰好投合了近代社会变革的需要。刘逢禄强调：“尧舜禹汤文武之没而以《春秋》治之，虽百世可知也。”① 也就是说，在三代圣王之后，当以孔子所作的《春秋》而治天下，否则，就必须予以变革！可见，从一开始，近代经学就表现了形式上复古，事实上创新的特点。刘逢禄以下，也都是从王鲁、孔子为万世制法这一大义上阐明变化的学术宗旨。包慎言曰“因鲁以明王法”，但“王法非周之法”，而是“唐虞夏殷相传之法”。由于周室东迁，三代纲纪荡然，所以“圣人不得已而作《春秋》……故曰拨乱世而反之正，莫近于《春秋》”②。陈立进一步解释说：“王鲁者，托王于鲁，非以鲁为王也。”③ 康有为、皮锡瑞也都认为所谓王鲁，其实是孔子将自己的政治思想寄托在鲁史之间而垂教万世罢了。康氏说：“孔子之意专明王者之义，不过托言于鲁，以立文字。”④ 皮氏也说：“托王于鲁，非王鲁也，更非孔子自王也，不假托一王则褒贬之法无所寄耳。”⑤ 显而易见，他们都是要从孔子“托王于鲁”而行拨乱致治的思想中，找出他们变法改制的历史资料。至于三科九旨中的“三世”之说，在近代经学中被作为进化的历史观，无疑也是明变的佐证，这一点不需详细解释也是非常明白的。

单纯的理论依据和历史的佐证尚不足以满足“明变”的需要，他们还必须在经学中找到现成的制度以资参考。于是，近代学者又转而求助于“三礼”。他们在“三礼”中既找到了“三世”的变化方案，同时也找到了孔子为他们提供的、可以借鉴的典章制度。庄存与一反公羊学排斥古文《周礼》的传统，用《周礼》济《公羊》之穷，正是为了吸取古时的成法而实现学术上的创新。庄氏以公羊家而

---

① 刘逢禄：《公羊何氏释例·王鲁例第十一》。

② 陈立：《公羊义疏》。

③ 陈立：《句溪杂著》。

④ 康有为：《孔子改制考》。

⑤《湘报类纂·讲义乙下》。

讲《周礼》，重农尊法，正是其后倡导变法思想的萌芽，也是孙诒让等以西学比附周制的“中源西流”思想的启蒙。孙诒让在《周礼政要序》中明确地说：“周礼一经，政法之精详，与今泰东西诸国所以致富强者，若合符契……今人所指西政之最新者，吾二千年之旧政已发其端。”因此，他在“重议更法”的时候，多以《周礼》比附西制，主张根据“古者谋及庶人之义”①，参考东西方议院制度，分别设大、中、小议院于京师、省会、郡县，以期改变朝廷独断的局面，进而达到除旧布新的目的。

时至康有为一辈，虽然排斥周礼，但自廖平起，他们又特别重视制度，因而有康有为的改制之说。再加上为了阐述其礼运大同的三世进化思想，还是要借重于“礼”。廖平说：“孔子初年问礼，有从周之意……至于晚年，哀道不行，不得不假手自行其意。”② 他甚至认为今古文之分界全在制度：《周礼》是古文礼制纲领，《王制》才是今文家改制的纲领；古学从周，是旧制，今文改制，属孔子“自行其意”的理想。因此，今文家言古代制度便以《礼记》中的《王制》为绳墨了。康有为承廖氏《王制》之说，因而重《礼记》，作《礼运注》，以礼运之大同、小康配春秋三世之说。凌曙以为孔子生衰周之末，“乃退考五代之礼”，于是成《公羊礼疏》十一卷，“由声音训诂而明乎制度典章”③。所有这些，都表明在近代经学的变化中，学者们欲从“三礼”中获取具体的借鉴。

同时，近代学者在促进经学变异、顺化的时候，还注意到作为学术思想的主体，即人的心理机制。他们通过《论语》等书的疏解，借以寻找经学变异的心理基础。梁启超说：《论语》为表现孔子人格的惟一良书，孔子有多大的价值，《论语》便连带有多大的价值。康有为虽然认为《论语》之学“实曾学也，不足以尽孔子之学也”，但仍能“考其大略”。他还从今文学家的立场，肯定《论语》“本出今

① 孙诒让：《周礼政要·博议》。

② 廖平：《今古学考》。

③ 凌曙：《春秋公羊礼疏序》。

学，实多微言，所发大同神明之道，有极精奥者”。这里的关键就在于从人格准则（人道之则）、学术路径（学道之门）等方面，说明孔子创变的思想“可为世世之法”①。

当然，近代社会、经济乃至学术变革的诸多原因无疑还有西方文明的冲击。因此经学的变化，不仅要在经学内部寻找依据，借用经学的旧模式而赋予其新的内容，而且还要从儒家以外的思想中，包括诸子学以及西方文化中吸取新的养分。洋务派的中体西用说，毫无疑问是对经学进行改造的一个公开的口号。洋务派学术思想的代表作《劝学篇》虽然讲“亲亲”、“尊尊”、“长长”、“男女有别”，“此其不可得与民变革者也”，但其“新学为用”还是要“择西学之可以补吾阙者用之，西政之可以起吾疾者取之”。而且这不只是停留在口头上，同时也将其付之于社会实践，这不能不说是对经学的一大改造。就连维新派的主将梁启超也承认“中兴之后，讲求洋务三十余年，创行新政，不一而足”。这说明中国之法，在学术上也就是经学思想，“非不变也”，只不过变得不够彻底而已。事实上，梁启超他们自己，包括后来的各种学派，又何尝都“变”得完全彻底呢？

至于后来的国粹派、东方文化派、本位文化派、学衡派，以及新文化运动的学者们，他们对经学的改造，已经立足在纯学术的领地上向经学公开地挑战，即把那万古不刊、居于一尊地位的圣典，当作一门普通的学问进行研究，而不再作为圣人为后世所制的大法来奉守或经世的武器而应用。如此既要推倒它的一尊地位，也就无需再在经书圣人的垂训中冥思苦索变化的理论和事实依据了。他们是用进化论、实证论、人文主义等近代的科学理论和方法阐述学术变革思想的。由是经学也就由“圣贤经传”向世俗化方向发展了，钳制人们思想长达两千年的经学，随着这些学者们对其异化本质的揭示而实现了它自身的全面转向。

在近代经学不断转变的过程中，正因为学者们的学术视角不同，基以实现的理论或者说指导思想不同，对变的程度要求不同，因而对

① 康有为：《论语注序》。

传统的评价，对西学的引介也不尽相同，由此而产生的古今中西、体用本末之争，始终贯穿在近代经学发展变化的里程中。但是从根本上讲，他们的思想，大多都在如何正确评价传统，怎样吸收西方文化，并在此基础上实现传统文化的创造性转化的框架中运作。“中体西用”也好，“尽变西法”也罢，以及“中西互补”、“全盘西化”、“文无新旧”、“并览今古”诸如此类表面上看起来针锋相对的口号，其实都是要对中国自身文化予以重新认识，对外来文化进行选择性吸收，并借以创造新文化的，此即所谓殊途同归者也。因此又可以说，重新评价传统，选择性吸收西学，也是贯穿近代经学思想内容的显著特点。为了说明这一特征，我们就清末民初持续数十年的这场文字攻讦的学术之争适当地予以说明。

事实上，早在明末清初，当西方文化开始向中国浸渍时，“中体西用”的思想已经萌生。至19世纪初年，由传统熏陶出来的士大夫也意识到对包括经学在内的传统进行重新评价，并从西方吸取科技文明的必要性。“师夷长技”、“采西学”、“制洋器”就是单元的传统文化向多元文化转化的标志。后来，奕䜣、曾国藩、李鸿章、左宗棠这些王公贵胄、封疆大吏，也都是在形势的驱迫下，受上述思想影响而讲求西学的。甲午丧师，创深痛巨，学术界痛定思痛，深以为中国屡战屡败，其原因不只在西人有坚船利炮，而有其更深刻的文化背景，因而主张“尽变西法”，由文化的物质层面的引介，转而求“典章制度”的改革，自南而北掀起了一场维新变法运动。但就绝大多数士大夫而言，他们的基本人格还是由内圣外王、修齐治平的传统经学浇铸而成，仍然奉“天不变道亦不变”为金科玉律，故既昧于行，更惮于变。“尽变西法”的思维模式与他们的价值系统扞格而不相入。调和传统经学与选择性吸取西学的“中体西用”说，正是在上述冲突日甚一日的情况下酝酿而成，终至“举国以为至言”的。它既是推进传统经学变异的最佳选择，又是民族情感的自觉表现。对于固守传统，仅止于在器物、技艺层面学习西方的士大夫来说，“中体西用”是最易于引导他们心理顺化的思维方式，为传统文化近代转化廓清了道路。正像日本明治维新时期“东方伦理，西方科学”的口号一样，“中体西用”说的流行，表明对现代化的选择性认可，也标志着中西互补的多元文化体系已经开始建立和巩固。

《劝学篇》以“旧学为体，新学为用”从理论和实践的结合上，系统地阐述了“中体西用”的内涵。它以中西新旧文化要素之折中调和的方式，接受了西方文明的挑战，承认传统文化，主要是居于统治地位的经学变异的事实，顺应其非变不可的历史趋势。作为在朝的士大夫，张之洞从维护传统政治和社会秩序出发，针对“图救时者言新学，虑害道者守旧学，莫衷于一”的局面，强调“以中学固其根柢，端其识趣”，“先通经以明中国先圣立教之旨”①，与反对在政教制度方面学习西方的守旧派相妥协，矫正维新派不知“本”的倾向。作为知识分子中的有识之士，他又力主择西学以补吾阙，取西政以起吾疾，附和维新派变法的立场，针砭顽固派排斥西方文化、不知“通”的痼疾。这不仅肯定了在器物、技艺层面上学习西方的必要性，同时也指明社会制度效仿西方的选择可能性。这一折中调和的理论，显然容易被当时统治者和抱残守缺的顽固派所接受，同时也在一定程度上受到倡导制度西化的维新派的拥护，从而为经学的顺化拓宽了道路。应当看到，张之洞“中体西用”的口号尽管意在“保种必先保教，保教必先保国”，从根本上维护、巩固封建传统政治，但他把西学、西政视作补阙起疾的药石，灌注于传统，其实际意义则远远超过于此。正是在“中体西用”思想的指导下，先是在器物层面进行变化，由购进西洋器械到设厂仿造，由国防工业到民用工业；继之则是“政艺兼学”，以图“救时之计、谋国之方”；最终又在“泰西各国学校之法，犹有三代遗意”的旗帜遮掩下，奖励游学、兴办学堂，“参酌中外情形”② 改革教育制度，由文化的物质形态深入到文化的观念形态，既促进了科学技术的发展，也促进了经学的调适和顺化。

如果说“中体西用”代表了洋务派自强运动的选择方向，那么，

---

① 《劝学篇·循序》。

② 《光绪政要·刘坤一张之洞第一次会奏变法事宜疏》。

“群体变用”则是维新派为适应变法的要求，就中西古今文化关系问题标出的新的“体用”旗帜。梁启超说：“‘以群为体，以变为用。’斯二义立，虽治千万年天下可已。”①

“群体变用”是以社会进化论的历史观念为依据，基于“变”的思想而提出的。它比“中体西用”具有更普遍的学术意义，是其所谓的“治千万年之天下”的根本大法。但他们所强调的“群”，梁启超明确指出是“民族心理或社会心理”②，或“民族意力者”③。他还以佛说羯磨（即“业”，行为）、进化论之遗传性比附这种“以不死者贻诸子孙”④ 的群体意识，即存在于幺匿体（unite）或拓都体(total)⑤ 而绵延不尽的民族精神。这种民族精神显然就是一个国家或民族基于社会性而创造出来的观念态文化，也就是民族的传统。维新派“以群为体”，无疑也是以中国的传统为体即中学为体，只不过他们更加注意代表群体意识的整个观念态文化罢了。所谓“以变为用”尤其突出了“变”的普遍性，而不是选择的可能性。所以梁启超指出洋务派“非不变也”，而是“非真能变也”，他们的方案不过是“补苴罅漏，弥缝蚁穴”⑥ 而已。但从根本上讲，维新派的“群体变用”仍然没有突破“中体西用”的框架。一旦接触到中西文化关系的具体问题时，他们的提法几乎无一不与“中体西用”相吻合。梁启超“拿西洋的文明来扩充我的文明，又拿我的文明去补助西洋文明”⑦，“淬砺其所本有而新之”，“采补其所本无而新之”⑧，不正是“中体西用”的意思么？洋务派说“新旧兼学”、“政艺兼学”⑨，

① 梁启超：《说群序》。
② 梁启超：《说群序》。
③ 梁启超：《中国历史研究法》。
④ 梁启超：《余之生死观》。
⑤ 严复译 unite 为“民”，total 为“国”。
⑥ 梁启超：《变法通议》。
⑦ 梁启超：《欧游心影录》。
⑧ 梁启超：《新民说》。
⑨ 张之洞：《劝学篇》。

维新派则言“中西并举”（梁启超语）。前者讲“旧学为体，新学为用，不使偏废”，后者则曰“舍西学而言中学者，其中学必为无用；舍中学而言西学者，其西学必为无本”。前者有“政尤急于艺”之论，后者亦有“政学为先，而次以艺学”之说。二者比较，何其相似乃尔。另外，从根本上讲，维新派变法的理论基础有二，一是孔子改制，二是新学伪经。他们强调孔子编纂六经，意在改“乱世之制”，因而奉孔子为改制的鼻祖，表现了尊奉传统的复古形式。他们斥古文皆伪，“明今学之正”，目的在于摒弃古文经学恪守祖训、述而不作的旧习，客观上促进了经学的变异，体现了经学创新的内容，但本质上还是要得孔子的“真传”。特别像其领袖人物康有为，始终未能跨出经学的领地。可见，维新派托古改制，求真经、尊真孔的变法思想，不过也是以“变易”、“民本”、“大同礼运”的经学思想为本，兼取西方文化而成的“中体西用”观罢了。

“自由为体，民主为用”是严复早在19世纪90年代中期提出的体用观念。它原比张之洞《劝学篇》最终确立的“中体西用”说早出三年。严氏对“中体西用”的批判则又在十余年之后，即1911年底。可见，“自由为体，民主为用”并非纯粹针对“中体西用”而发的。①

严复认为，西洋之强在于“无法与法并用”。君不尊，民不贱，联若一体，自由平等，是无法之胜；法制之明，人守其职，是有法之胜。无法与法的实行，“一一皆本诸学术”。他是从学术思想的角度提出上述体用观念，以补偏救弊、除旧布新的，并非要全盘否定四千年积淀而成的文化传统。至于后来对“中体西用”的批评，他还是从学术的角度，以社会和文化为一不可分割的生物体，而否定“文义违舛”的体用分离之说。其立意仍在汲取西学，“求其所本无”。而“中国所本无者，西学也，则西学为当务之急明矣”，但是“吾旧

① 1895年，严复在《原强》中提出“以自由为体，以民主为用”。1898年《劝学篇》刊行。1911年严复在《与〈外交报〉主人书》中批评“文义违舛”的中体西用说。

有之经籍典章未尝废也”①。显而易见，“自由为体，民主为用”突出的是借西学改造中学，强调传统“变亦变，不变亦变”的文化变异和创新的思想。所谓“补偏救弊”，“浸假将复其旧而由其常”②，尤其表现了他向传统折返并以传统为本位整合西方文化的中西互补的思想。追根溯源，还是“中体西用”双向选择的路径，不过它的学术性质更浓一些罢了。

就其内容而言，严复虽以自由为体，但强调“必自其各能自治始”，而能自治者，“皆其力、其智、其德诚优者也”。因此又提出“鼓民力”、“开民智”、“新民德”的主张，也就是他说的“欲救当前之弊，其事存于人心风俗之间”③。这一“自由为体”的学术思想，还是要由改造人心风俗处入手才能实现。它与重视伦理道德修养的中国传统并无根本冲突，反而充分表现了道德救国、文化救国的人文主义精神。所以，1905 年，当孙中山在伦敦拜见严复时，严坚持中国民品之劣，民智之卑，“为今之计，惟急从教育上着手，庶几逐渐更新”④，进一步表达了他“化民以渐”的传统人文主义精神。严复还引用孔子的话说：“为邦百年，胜残去杀”，“虽有王者，必世后仁”⑤，即通过道德人心的逐渐改良，使民能自治而达于自由，才能奏“修齐治平”之功。这些同样反映了严氏在传统思想导引下改良社会的愿望。

像当时的洋务派、维新派以及其后以昌明国故为己任的文化保守主义者一样，严复也不认为西方文明处处优于东方文明。他指出西方贫富不均较中国尤甚。其富者巧取豪夺，“仰射机利，役物自封”，“国财虽雄而民风不竞，作奸犯科，流离颠沛之民，乃与贫国相若”。他的结论是：“故深识之士谓西洋教化不异唐花，语虽偏微，不为无

---

① 严复：《与〈外交报〉主人书》。

② 严复：《原强》。

③ 严复：《原强》。

④ 严璩：《侯官严几道先生年谱》。

⑤ 严复：《原强》。

见。"①他把西方文化比作不堪风雨的温室之花，无疑不是对西方文化的全部肯定。至1922年，他更以为西方"专言功利，致人类涂炭"②，还有诗曰"欧洲三百年科学，尽作驱禽食肉看"③，把彼族文明概括为"利己杀人，寡廉鲜耻"八个大字，连对他起初颂扬的西方科学精神和物质文明也给予尖锐的批判。对于中国固有的传统，他却说："回观孔孟之道，真量同天地，泽被寰区"，"窃尝究观哲理，以为耐久无弊，尚是孔子之书"。他认为"旧法可损益，必不可叛"(严复遗嘱)，只不过四书五经所蕴含的丰富矿藏"惟须改用新式机器发掘淘炼而已"④。由是，进一步复归于传统，明确中国文化将以新的方法发掘淘炼、因革损益而向前发展。原来以"求中国所本无"的西学为急务的双向选择，转而确定为以孔孟为根本，并借西学予以改造的"中体西用"观。口号虽异，内容实同。可见，他的"自由为体，民主为用"，以西学为标帜的思想，并非"尽去吾国之旧，以谋西人之新"；以后倡尊孔读经也并非尽守其旧，而是要"去其旧染矣，而能择其善者而存之"⑤。显而易见，在严复思想中，中学西学虽然在不同时期有急缓轻重不同，但"中体西用"的内涵，实在贯穿了他的整个学术径路。

此后，除孔教会"讲习学问为体，救济社会为用"⑥，贺麟"精神理性为体，古今中外文化为用"⑦，以及熊十力即心即体的本心本体的体用说之外，再也没有人提出系统的体用理论。前者基于政治目的，尊孔复古，以传统经学为本体的思想自不必详说。熊氏体用不二的本心本体论，兼取佛家空有二宗大义而折中于《易》，旁参西方哲学，用主体构建客体的哲学体系，既表现了他以传统为本位的思想，

---

① 严复:《原强》。

② 严复:《与熊纯如书》。

③ 见《严复集》第二册，第403页。

④ 严复:《与熊纯如书》。

⑤ 严复:《与〈外交报〉主人书》。

⑥ 陈焕章:《孔教会序》。

⑦ 贺麟:《文化的体与用》。

又可见经学作为一种新的文化形态，在近代哲学史上的地位。至于贺氏的体用观，则是从体用合一的哲学意义上，说明精神对整个文化的主宰和统辖作用。他自称“要走中西哲学比较参证，融会贯通的道路”①，反映了中西文化冲突最终还是归于中西互补的大趋势。他的“精神理性本体”说也毕竟未脱“明心见性”的传统思维方式，“古今中外文化为用”同样表现了文化传统近代化的历史方向。

除上述而外，尽管未再有新的体用理论出现，事实上，围绕重新评价传统和引介西学问题的争论，对“中体西用”的批判却愈演愈烈。无论是激进的“全盘西化”派，还是保守的“本位文化”派，都否认自已有“中体西用”的意向。同时他们大多又指斥对方采用了以传统为本位的思想，是“中体西用”新的表述形式。这一奇特现象无疑反映了在各种派别的心理深层都有传统的积淀，以及向西方学习的必然趋势。具有资产阶级民主革命倾向的章太炎，以排满为职志，倡导“用国粹激动种性，增进爱国的热肠”②，当然是这种心理积淀的外化。孙中山三民主义、五权宪法的建国方略，也是以传统文化为根柢，以“变攘夷为师夷”③的思想为指导而建设起来的。鲁迅批判的孔子，也只是权势者们捧起来的现实政治生活中的“孔子”，其意在“暴露家族制度和礼教的弊害”④。对中西文化，他力主“去其偏颇，得其神明”，才能使中国“外之既无后于世界之思潮，内之而仍弗失固有之血脉”⑤。这些话同样表现了对传统的再认识和选择性吸收西学的鲜明倾向。

单拿认为中国“百事不如人”而力主“全盘西化”说的胡适而言，他对于中国文化遗产也并未采取否定一切的态度。他在新文化运动中就以“研究学问，输入学理，整理国故，再造文明”⑥相标榜，

① 贺麟：《康德黑格尔哲学东渐记》。
② 章太炎：《在东京留学生欢迎会上的演说》。
③ 孙中山：《建国方略》。
④ 鲁迅：《狂人日记·序》。
⑤ 鲁迅：《文化偏至论》。
⑥ 胡适：《新思潮的意义》，《新青年》七卷一号。

在承认中国文化有“选择性现代化”可能性，即传统向近代转化的前提下，提出“重新估定一切的价值（Transvaluation of all values）”的口号，终致其以毕生精力沉湎于国故整理之中。这显然不能用“全盘西化”来解释。正如他在以后的文章中所说：“文化自有一种惰性”①，“一个国家的思想家和领导人没有理由也毫无必要担心传统价值的丧失”②。他之所以说要全盘西化，不过是为了促进传统向近代转化而“拼命走极端罢了”③。难怪陈序经把他和曾国藩、李鸿章、胡林翼相比，说他“处处表示近数百年来的中国学问，是合乎科学的方法”，因此，他所说的“西化”，“不外是部分西化，非全盘西化”④，只不过与其他人比较，他着眼的范围更大一些。可见胡适的“全盘西化”也是在不可避免地保存传统、重新估定传统价值的基础上，尽量吸取西方文化的精华，而求“折衷调和的中国本位新文化”⑤罢了。如此与“中体西用”的内涵又有何异？但他却批评本位文化派“‘根据中国本位’，不正是‘中学为体’吗？‘采取批评态度，吸收其所当吸收’，不正是‘西学为用’吗？”⑥。

另一方面，本位文化派也在批评洋务运动只知“坚甲利兵”、“声光化电”的“技艺的模仿”，维新运动变法自强，也“不过是政治的抄袭”。他们说这些“中体西用”的见解，虽然“有其除旧布新之历史的使命，然毕竟是皮毛的和改良的办法，不能满足当时的要求”，因而提出“检讨过去，把握现在，创造将来”的“本位文化建设”⑦方针。他们坚持的方向当然更是面向中西的双向选择道路。

就整个新文化运动而言，虽然没有完整的体用观念，却以德先生、赛先生而异军突起。然而从学术上考究两位先生也只能称作

① 胡适：《独立评论》142号《编辑后记》。
② 胡适：《文化的冲突》。
③ 胡适：《独立评论》142号《编辑后记》。
④ 胡适：《全盘西化的理由》。
⑤ 胡适：《独立评论》142号《编辑后记》。
⑥ 胡适：《试评所谓〈中国本位的文化建设〉》。
⑦ 王新命等：《中国本位文化建设宣言》。

“用”，当然他们已由物质的层面跨入以民主为核心的观念态文化领域了。

正像胡适一样，基于救时的政治目的，新文化运动中的一部分学者也片面强调向西方学习，走西方民主科学的道路。究其本质，也并非要全盘西化，同样要“竭力以受西洋文明之特长，以济吾静止文明之穷，而立东西文明调和之基础”。这里取西学之长补中学之短，中西文化互补的思想也是不言而喻的。李大钊还引用奇普陵（Kipling）的诗句，把东西文化比作 TWO STRONGMEN（强壮之二人），并要求中国青年以其中之一自命，以民族固有之精神“享用动的物质制度器械等等”①，显然还是以“中学为体”的。就连批判“孔教”最激烈的陈独秀，对蔡元培“兼包并容”的思想也很推崇，对辜鸿铭、刘师培在国学方面的造诣也不无钦敬之词。他还认为，要消灭“新旧并立”的现象，“恐怕是不可能的妄想”②。陈独秀还分析了在西方文明冲击下，中国的觉醒先是学术，其次为政治，而“伦理的觉悟为吾人最后觉悟之最后觉悟”③。其改革的立足点仍然是放在人心风俗、伦理道德基础上的，所以他批判的锋芒所向，也仅仅是与共和制度“两不相容”的“孔教”④ 和与新思潮显相背驰的纲常伦理之说，而绝非体现传统文化精神的“孔学”。正像他说的那样，“孔学优点，仆未尝不服膺”⑤。他批评佛家的话“未免太迂阔”，却肯定孔孟正心、诚意、修齐治平是专门“利益他人”的“一种行为和事业”，尽管它“决非个人生存的根本理由”⑥。有人说陈独秀的“西化”也“非全部西化”，实在是很中肯的。就连倡导东方文化的梁漱溟都说陈对自己的文化“没有下彻底的攻击”，“实在见的很

① 李大钊：《东西文明之根本异点》。

② 陈独秀：转引自李华兴《中国近代思想史》，第469页。

③ 陈独秀：《吾人最后之觉悟》。

④ 陈独秀：《尊孔与复辟》。

⑤ 陈独秀：《再答常乃惠》。

⑥ 陈独秀：《人生真义》。

到"①，恰恰从另一方面证明陈独秀与传统同样有着剪不断、理还乱的内在联系。

综上所述，可以看出近代经学对中西文化进行了侧重不同的双向选择，因而变异、调适顺化，终至全面转向。学者们则围绕着如何变的具体问题展开了深入的讨论。由于他们基以论述的理论不同，价值观念不同，对变的方向、程度要求亦不同，因此而出现了古今中西、体用本末之争。但不可否认，他们都是以重新评价传统、选择性吸收西学为手段，以传统文化创造性转化为最终祈向，所以，这场争论中双方的思想内核，在本质上没有什么不同。当然也不能说这种争论就是毫无意义的。因为，正是这一古今中西文化优劣异同的比较与争论，促进了经学的终结，也为马克思主义的传入廓清了道路。近代经学思想内容的特征如是，其意义也如是。

第三节　近代经学的形式和内容

近代经学以复古的形式表达创新的内容。形式和内容的矛盾与统一，尤其突出了它的时代特征。仅就形式而言，近代经学继乾嘉时期复东汉之古以后，先是复西汉今文之古，继而复先秦诸子之古，最终又转向金石之学而复殷商之古。此时的经学大师又多承乾嘉诸老之遗韵，也以考据、小学为治经之途。因此，近代经学在形式上表现为各种学派并存、交融的多样性和复杂性。大致说包括有：今文经学的崛起；乾嘉考据之学的发展；诸子之学的复活与优劣异同的比较；理学趋于汉宋兼容而从旁路楔入以及考古学的勃兴。

一、今文经学的崛起

近代经学从形式到内容最显著的特色当数今文经学的崛起。其原因固然有历史环境的变迁，即内忧外患的时局引发学者们"经世"的心理，使他们对支离破碎的考据之学渐生厌倦，加之朝廷积威日

---

① 陈序经：《全盘西化的理由》。

弛，文网疏漏，因而转向“公羊”学的微言大义，更重要的是受学术思想发展内在规律的支配。乾嘉之学虽精，然名物考据已由数大师发明殆尽，而非走偏锋不足以求发展，况且训诂之学炙手可热，形成了“家家许郑，人人贾马”的局面，由是独霸学术界，进而凝滞而不复前进，加之乾嘉派“尊古”、“善疑”学术风气的渍染，于是复西汉之古，疑古文经学之伪，今文经学“非常异议可怪之论”便在道咸之后若奇峰突起，彪炳于世了。

《春秋》三传中，能发挥微言大义者首推《公羊传》。西汉董仲舒《春秋繁露》首先发“素王之文”。在十三经的注本中，也只有何休的《公羊解诂》是纯粹的今文家言，然而魏晋以后几乎无人道及。后魏虽有徐遵明①为之作疏，可是对何休之注却无甚发明。因此，公羊义理在嘉道以前成为绝学已近两千年矣。时至清代中叶，因考证之学既驰心于一名一物、一字一音之间，致使学者返于皓首穷经之途，而于身心家国大事无所作为，物极必反，其学盛极而衰，学术界群起而求其变，渐由东汉上溯西汉，公羊学则应运而生。此学也是汉学，与乾嘉之学相比为邻，但无训诂之琐碎，专主微言大义，却无理学之空疏，恰好投合了这一时期学者厌弃读死书而不忍遽弃故纸堆，非薄宋儒而又思求义理的心态。于是，庄存与、孔广森首先开其端绪，刘逢禄则异军突起；龚自珍、魏源、凌曙、戴望、陈立、包慎言、邵懿辰大张其军；至同光年间，王闿运、廖平、康有为、皮锡瑞、崔适等，或凭借非常异议可怪之论，以经术作政论，或立足于今文家的立场，考察经籍之真伪。一时间公羊学大放异彩，研究者接踵而起，几乎又一变而为“家家公羊，人人董何”的局面。

显而易见，近代崛起之今文经学是围绕“公羊学”的微言大义而展开的。在今文经学家看来，三科九旨之说是公羊学的基本观念，“新周、故宋、以春秋当新王”则是这一基本观念的核心，而“以春秋当新王”自然是核心的核心了。从本质上讲，这一核心的核心就是奉孔子为新朝之王。因此，由三科九旨而产生的“通三统”、“张

① 另言为唐徐彦，据吴承仕《公羊徐疏考》，徐实为唐以前人。

三世”无疑是对“王朝变更”思想的肯定。近代今文经学崛起实在是这一思想在理论上满足了当时社会变革需要的结果。近儒虽然多不主“通三统”之说，却强调“张三世”之义。他们基于孔子“殷因于夏礼，所损益可知”的精神，突出“损周之文，益夏之忠，变周之义，从殷之实，百世俟圣人而不惑者也。循之则治，不循则乱，故云可知”①。由此变汉儒“孔子为汉制法”而为“孔子为万世制法”，把孔子推尊为改制的先王。对此陈立说得尤其明白。他说：“孔子当世衰道微之世，惧王道之熄灭，作《春秋》以拨乱。上刺王公，下讥卿大夫而逮庶人，以匹夫而行天子之权。”② 他们“绌周王鲁”，藉孔子笔削《春秋》所蕴含的政治思想，淋漓尽致地表现了他们的改制要求。廖平认为“今古之分，全在制度，不在义理，以义理古今同也”③，和盘托出了对制度的要求。康有为受其影响，遂有《孔子改制考》一书问世。其门人推波助澜，虽不言“托古”，却发挥“革故鼎新”的思想，认为孔子“默知非变法不可，于是发愤作《春秋》，悉废古学而改今制”④，把《春秋》作为“孔子定制度以教万世之书”⑤。不仅如此，他们还认为，“后世儒者，亦多袭用素王改制之意”，“《春秋》大一统是改制，后世遂改封建为郡县……春秋讥世卿是改制，后世遂改世卿为选举”⑥。他们认为黄宗羲的《明夷待访录》，王船山之《黄书》、《恶梦》，冯桂芬的《校邠庐抗议》，都是“士大夫之读书有心得者，每觉当时之制度有未善处，而思有以变通之”⑦ 的改制之书。梁启超甚至还指出，“西人果鲁士西亚，虎哥，皆以布衣而著万国公法，天下遵之。今孔子之作春秋，乃万世公

① 刘逢禄：《论语述何》。

② 陈立：《句溪杂著》。

③ 廖平：《今古学考》。

④ 谭嗣同：《仁学·卷上》。

⑤ 梁启超：《读春秋界说》。

⑥ 皮锡瑞：《皮鹿门学长南学会第十一次讲义》。

⑦ 梁启超：《读春秋界说》。

法也”①，进一步说明改制的普遍性。可见，近代今文经学的崛起，首先是要利用孔子“为万世制法”的大义，作为其变法维新的理论依据，而在学术思想上调适应变而已。

近代治《公羊》的学者，不仅以疏注《公羊传》为调适的利器，而且认为其他经孔子之手的经书，亦必有微言大义。于是公羊家法泛滥群经，更使今文经学别开生面。庄方耕言：“天地设位，悬日月，布星辰，分阴阳，定四时，列五行，以示圣人，名之曰道。圣人见道，然后知王治之象，故画州土，建君臣，立律历，陈成败，以示贤者，名之曰经。贤者见经，然后知人道之务，则诗、书、易、春秋是也。”② 据此而推得失，考天心，言安危，此乃以公羊之义说《易》也。庄述祖积思二十余年，致力于《夏小正》一书，“大指以大正、小正、王事、三等为五科而条析其例”③，亦庄存与治《春秋》之法。刘逢禄认为“论语总六经之大义，阐春秋之微言”④，于是推何氏之意，作《论语述何》，并以此“推源终始”，以公羊说《礼》，说《诗》、《书》，几乎遍及群经了。其他则如宋翔凤重《论语》，作《论语说义》；凌曙重礼制，成《春秋繁露注》；廖平重制度，以王制为中心贯穿今文诸经；康有为重三世，以《礼运》为中心，作《礼运注》，贯穿“四书”；龚自珍则著《五经大义终始论》，认为“礼据乱而作”，《春秋》是“存三统，内夷狄，讥二名之世”等，都是本公羊之说，而融会贯通五经的。魏源的《书古微》探求《尚书》之微言大义；《诗古微》熔三家之说于一炉，正式以公羊之义，以专书阐释《诗》、《书》。至于王闿运治经则由《礼》入手，礼明而后治《春秋》，考三代之制度，详品物之体用，张公羊之微言，申何休之大义，不仅著《周易说》、《尚书笺》、《诗经补笺》、《孔经笺》、《小戴记笺》、《周官笺》、《春秋公羊笺》、《论语训》等，而且有庄、墨、列子等子学笺注，又显出了这一时期由公羊而泛滥群经百家的丰

① 梁启超：《读春秋界说》。

② 庄存与：《八卦观象解》篇上。

③ 庄述祖：《夏小正经传考释》序三。

④ 刘逢禄：《论语述何》。

富内容。

综上所述，近代今文经学的崛起和兴盛，主要是启蒙和变异调适两期。虽然它们有重王鲁，重三世，重制度，重礼制诸如此类的不同，但均持由孔子"为汉制法"发展为孔子"为万世制法"的观点，这不仅成为百日维新的理论依据，而且今文经学托古、改制、创新的浪漫主义精神，始终鼓舞着近代革命志士。在学术上也冲破了单纯名物考据和空谈心性的汉宋樊篱，别开了一个新的学术天地。当时及其后，言变法、言改制的政治理想，皆本诸传统学术而发挥之，在近代学术思想史上自有其不可磨灭的功绩。

需要说明的是，近代今文经学兴起于乾嘉考据之学极盛之日，初期大师更是出没于训诂名物的行伍之间，乾嘉诸老的风流遗韵对他们的濡染也总在其字里行间。即使如刘逢禄这样严格今古文界限的经师、康有为这样以今文学者名世的政治思想家，同样也以训诂名物为手段，甚至取古文家尊奉的经籍，以补今文经学之不足，充分表达其"绌周王鲁"、"受命改制"的思想，因此都具有混合今古文的倾向，只不过是崇今抑古，偏重今文家说，藉以阐发"公羊"学作为应变的历史哲学罢了。

二、考据之学的发展

乾嘉时期，风流淹雅之士皆推尊汉学，与明代学术异趣。他们沉酣于《说文》、《尔雅》、郑注、马说之中，栖神于秦砖、汉瓦、晋甓、唐碑之内，考据之学达到炙手可热的境地。道咸之际，公羊学垂绝复续，至同光年间又呈现家家董何的局面。但乾嘉时期形成的"无征不信"、实事求是，接近近世的科学研究法，毕竟对学术界浸渍太深而不致中绝。一方面是直接承继乾嘉之学的家法，推崇古文而与今文学派分庭抗礼，另一方面则以考据之学为手段，辨析真伪，详考制度，为经学的应变、顺化寻求历史的佐证。况且，那些今文经师，初期大多出自考证学派的门墙之内，乾嘉风骚犹存，即使对训诂名物不复有以前诸老的兴趣，但考据的习气不减。他们对汉学门径轻车熟路，考证之法均可信手拈来。至经学时代终结，学者们把国学视为文化和国民精神的载体，便由分析、整理一路向前发展，考据之风由是蔚成时代大观。

继承乾嘉古文家法的首推德清俞樾和瑞安孙诒让。他们均出自高邮王氏门下，承王念孙之学且有所发明。番禺陈澧、定海黄以周皆治朴学，精于考据，上承戴氏之术。长沙王先谦治经循乾嘉遗轨，重考证而识制度名物。俞氏弟子章太炎，“少时治经，谨守朴学，所疏通证明者，在文字器数之间”。其后转阅佛藏，认为佛学的名相分析“与平生朴学相似”①，自此由儒及佛，由经及子，藉考据之法治经并扩大至佛学和诸子之学。其论音韵文字之精义，也多为乾嘉诸老所未发明，使汉学升华到了一个新的高度。诚如胡适所言：“到章太炎方才于校勘训诂的诸子学外别有一种有条理有系统的诸子学。”② 刘师培亦以经术发明于东南，治经服膺汉学，尤精于左氏《春秋》，同时历检群籍，取老、庄、荀、董之书，雠正伪脱，独创新见。章、刘二人都不愧清末民初古文经学家的巨子和国学大师的称号。章氏门人吴承仕、黄侃，均承章氏之学，对经学、小学、典章名物等也都有深入的研究，实在是乾嘉汉学之遗脉。

就经学的研究对象而言，无论今文、古文，都是以孔子删定的五经为本根的，表面上都有客观性的依据，但他们显然有重“思”传道和重“学”传经的不同。今文家重大义，常离经辨志，带有更多的主观色彩。古文家重考据，训说诸经，而表现为纯客观的，在学术上近于科学的方法和研究精神，它的贡献主要在于古籍整理。但古文经学有为经学而经学的倾向，即孔子所说的“学而不思”的倾向，所以司马谈讥之为“博而寡要，劳而少功”，“累世不能通其学，当年不能得其礼”，这实在是乾嘉汉学盛极而衰的原因。近代考据之学虽然前承乾嘉学派之风流余泽，却又不完全循其为经学而经学的旧迹。在思想上，由“述行事”的“六经皆史”发展为“存国性”的国粹主义，从而引发了排满革命的民族精神。在方法上，主张“内断疑诲，外绝牵制”的治学态度，同时引入现代归纳、演绎相结合

① 章太炎：《菿汉微言》。

② 胡适：《中国哲学大纲·导言》。

的逻辑方法，以及历史的考察和科学比较等实证方法。一方面尽可能把握丰富的史料，考证其真伪；另一方面，还要旁通其类，检验其是否与一般原理相契。加之考古学的发现，又有地上、地下二重考证法的诞生，使考据之学如虎添翼，大大向前跨进了一步。所以，近代考据之学"实非乾嘉诸老所能范围"①，更非清学所能局限了。

正因为如此，古文经学在近代也有前后期的差异。以俞樾、孙诒让为首的前期古文家还固持着正统的古文家法，以分章断句、传注经义为看家本领。当然，在今文经学如日中天之时，他们难免也受今文家言之影响而偏右公羊。后期如章太炎、刘师培，出于对民族危机的独特思考，认为"无史则无学"，"无学则何以有国"，因而"夷六艺于古史"，倡导"用国粹激动种性"，以唤起民族自尊自强的精神。在学术上，他们反对康有为、廖平的"孔子改制"之说，目的则在于用革命取代改制。于是，在经学时代即将结束之际又形成了一次掺和了政治内容的今古文学术之争。

以俞樾和章太炎为例可见其一斑。

俞氏治学深受高邮王氏影响，所著《群经评议》，析疑振滞，条理毕贯。经学之外，旁通诸子。其说经好改字，辨形体、识通假均为其所长。章氏受学于俞氏门下，在学术上对俞氏推崇备至，谓其"精研故训而不支，博考事实而不乱"。因此，他还强调："今之经典，古之官书，其用在考迹异同，而不在寻求义理。"② 但由于国家民族危亡的切肤之痛，使他不能再走先师为经学而治经的老路。他在学术上兼具戴氏所谓的"为学三难"——淹博、识断、精审，同时还在治经中得到了俞氏未从"汉学祖师"顾炎武那里得到的民族革命思想。章氏认为，一个民族欲谋复生，当首倡读史，民族自主自强的精神，尽存于国粹之中。他要以国粹的力量"覆满洲三百年帝业"③，俞氏却"督敕甚厉"。章太炎说："弟子以治经侍先生。今之

---

① 王国安：《王静安先生遗书·序三》。

② 章太炎：《诸子学略说》。

③ 章太炎：《自定年谱》引宋恕语。

经学，渊源在顾宁人，顾公为此，正欲使人推寻国性，识汉、虏之别耳，岂以刘殷、崔浩期后生也。”① 章氏以顾炎武的学术思想反击俞氏以单纯的文字训诂之学对他的督敕。这两代人的冲突，充分说明考据之学在近代思想内容不断深化的事实。

刘师培则又非排满思想所能局限者。他认为文字是社会进化的历史佐证，指出“文字繁简，足窥治化之深浅……故治小学者，必与社会学相证明”，而“欲社会学之昌明，必以中土文字为左验”②。考据之学在刘氏这里又有了新的意义。至于考据方法的更新、进化，不仅为诸子学的兴起创造了有利的条件，而且也为“重新评价传统”的建设性意见提供了更多的实践的可能性。

章氏“用国粹激动种性”的思想，已经是学、思并重的了。它与今文经学的思维方式有更多的相似之处。章、刘反对今文经学，只是反对他们推尊王室的勤王思想，而以古文经学为武器，抨击他们的改制之说。在学术上，他们并不完全排斥今文家言。章太炎也一度运用今文以言“革政”。刘师培更是力主今古互补，不仅兼治群经，而且强调治学方式的多样化，甚至批评传统古文家排斥义理之说的狭隘。钱玄同曾评价刘氏说：“刘君于经学，虽偏重古文，实亦左右采获”③，足见近代后期考据之学也兼纳今文，沿今古混同的道路向前发展了。

就今文经学家这方面而言，他们不仅利用古文经说以补公羊学说的不足，而且，几乎又无不利用考据之法，以“发古文经之伪，明今学之正”。前有庄存与取古文《周礼》之典章制度以充实“公羊”学的政治理论，继有刘逢禄依凡例、义法的全部考证而否定《左氏春秋》。康有为既好《周礼》，又致力于《尔雅》、《说文》等古文家的“通经之郎”。其后岁以《何氏纠谬》“专攻何劭公者”④，说明他

① 《章太炎年谱长篇》，第115页。

② 刘师培：《论中土文字有益于世》。

③ 钱玄同：《刘申叔先生遗书序》。

④ 《康南海先生自编年谱》。

也是以考证训诂为登堂入奥之途的。《新学伪经考》更是一部以考据之法辨伪的专著。其他如皮锡瑞、梁启超、魏源、邵懿辰、廖平、崔适等，不仅对经籍进行了大量的疏证，而且在名物音韵诸多方面也都花了不少考据工夫。

湘中大儒王闿运的《十七史赞》，曾指定王先谦、皮锡瑞、叶德辉、夏寿田、杨度兄弟等为之笺注，亦可见王氏集今古于一家，而行考据之道了。据云，长沙立曾文正祠，名士咸集，有人戏以“牛则有皮”求对。王氏随口应曰：“焉哉乎也。”此对非精小学训诂者则不能知之，更不能为之，当时在座的惟有郭嵩焘抚掌大笑。其他人茫然不知所云。这虽然是名士们闲情逸致的一段佳话，却真实地反映了像王氏这样的今文经学大师对古文家法驾轻就熟的随意采撷，以及考据之学在学术界浸渍之深，对社会风气影响之广。

直到帝制覆灭、民国肇兴，经学时代虽已终结，考据之风却有增无减。蔡元培的《中国伦理学史》、《哲学大纲》等，均采用了类似乾嘉学派的科学实证法。比如他说“公”与“谷”为双声，“羊”与“梁”为叠韵，因而疑公羊与谷梁同是一人，明显采用的是汉学家治学的方法，以致他后来推而广之，将考据方法应用在文学领域而有《红楼梦疏证》，形成“红学”研究中的“索隐派”。王国维治学不仅重逻辑、重比较，而且在乾嘉汉学的基础上，创造了“二重考证”的方法，由考古一路，为考据之学开辟了一个新的天地。以顾颉刚为首的“古史辨”派，对古代史的分析整理，无不采用严格的考证之法。至于胡适的“大胆的假设，小心的求证”的思想和治学方法，更是以乾嘉考证之学为基础，并沟通西方实证主义而建立起来的。正如他自己所言：“乾嘉学派以至章太炎等，他们的考据、训诂的方法，都是由几个（有时只需一两个）同类的例引起一段假设，再求一些同类的例去证明那个假设是否真能成立，这是科学家常用的方法。”① 他对经学、文学、诸子百家之学所持的“重新估定一切价值”的态度，就是要用考据学的“金针”绣出鸳鸯，而求得人们官

① 胡适：《清代学者治学的方法》。

感上的信顺。

正因为考据学的发展，更激发了学者们对古代文化史研究的兴趣，训诂名物的方式已经遍及诸子、佛道乃至文学典册。《红楼梦》的考证分别由胡适、蔡元培形成考据和索隐两派。加之近代佛学的勃兴，对佛经真伪的辨析也形成了一股风潮。梁启超的《大乘起信论考证》、《汉明求法说辨伪》、《四十二章经辨伪》等，胡适的禅宗史研究、关于神会和尚的考证，以及其他关于老子化胡等各种佛经辨伪之说，一时竞出。汤用彤《汉魏两晋南北朝佛教史》就是在这样的文化背景中，以考据体撰写的一部佛教史研究专著。

无疑可以这样认为，近代考据之学的发展一直持续影响到现代学者的治学风气。①

三、诸子学的复活与优劣异同的比较

近代学术最引人注目的是今文经学的崛起和诸子学的复兴。前者是借经传、圣人以明改制的合理性，后者则是为了证明改制的普遍性。康有为就是基于这样的思想而“考春秋战国诸子有门户者，举其宗旨，明其时会……抑可考古今之会，大地学术之变矣”②。因此，定于一尊的孔子的地位亦随之而降为与诸子平列了。也就是说，随着经学地位在不断变化中的下降，诸子学则相应而起。晚近学界对孔子及经学试行挑战者颇不乏人。章太炎不仅痛斥“儒家之病在以富贵利禄为心”，而且强调“汉武以后，定一尊于孔子”，在学术上“愈调和愈失其本真，愈附会者，愈违其解故，故中国之学，其失不在支离，而在汗漫”，周秦诸子之学，则“无援引攀附之事”③，给予诸子学以远在经学之上的高度评价。于是孔子与六家九流之优劣、经学与西方古今尊哲思想之比较、经学内之游夏孟荀、宗门外与老庄墨列

---

① 例子不胜枚举，如罗尔纲考定李清照《金石录后序》中的“王婶”是“王涯”之误，等等。

② 康有为：《孔子改制考》。

③ 章太炎：《诸子学略说》。

优劣异同之考察，一时间莽然并起，辨伪辑佚之事，成为时代之风尚。可见，诸子学的复活是近代思想解放的一个显著标志，也是中国文化史上又一黄金时代出现的显著标志。

诚然，诸子学的复活可追溯至清初，固得力于当时好古务实之风，特别不可埋没乾嘉学者校勘的功夫。但近代诸子学兴盛而压倒经学则是清初及乾嘉诸老始料不及的。由于近代学者对子学的兴趣日甚一日，子学便如冲出烈焰的凤凰，变得更加灿烂夺目。胡适曾经总结说：清初诸子学不过是经学的附属品，但到了最近世，学者们“竟都用全付精力，发明诸子学”，诸子学竟成专门学问，“岂但是‘附庸蔚为大国’，简直是‘婢作夫人’了”①。

近代诸子学复活主要表现在以下三个方面：

（一）今文经学家以“改制”的思想贯穿“经”“子”

为了说明“改制”的普遍性，他们不仅在经学中寻找“垂教万世”的先圣之言，而且考之于诸子并起创教、改制托古的事实。其目的本来在于以子验经，奉孔子为创教改制的教主，但却给子学以与经学平等的地位。这一方面的代表便是康有为的《孔子改制考》。

康氏认为“上古茫昧无稽”，三代之制也蒙昧不可详考，“故诸子得以纷纷假托，或为神农之言，或多称黄帝，或法夏，或法周，或称三代”，都是凭自己的理想设计社会蓝图，并把这一蓝图，假托在不可考察的上古已经实现。如墨子假托夏禹，“以尚俭之故”；老子假托黄帝，“以申其在宥、无为之宗旨”；韩非“以法为法，故附会古圣”。更有“许行并耕之说”，“墨子明堂之制”；列子“与佛氏树教众生同义，而托之太古神圣”；“管子创轻重开阖矿学，亦托于禹、汤、伊尹、黄帝”。至于庄子寓言，则更是无所不托，即如“方士谬论，尚多托于先王”。可见，六经中尧、舜、禹、汤、文武、周公的政教礼法，实际上也是孔子自己设计，并用以垂教万世的政治理想，结论便是“六经皆孔子所作”。上述比较和验证，无疑动摇了经学和孔子的一尊地位，诸子学在以后的今文经学家那里便与六经平起平坐

① 胡适：《中国哲学史大纲》第一篇“导言”。

了。梁启超于30岁以后，则干脆不言“伪经”，亦不甚谈“改制”。他认为孔子及其他诸子皆以托古之说，犯“好依傍”和“名实混淆”之痼疾。他还强调“此病根不拔，则思想终无独立自由之望”①，因此摒弃师门托古之说，力图客观评述诸子，故有《管子传》、《老子哲学》、《子墨子学说》、《墨经校释》、《墨子学案》、《老孔墨以后学派概观》、《先秦政治思想史》、《庄子天下篇释义》、《荀子评诸子语汇解》，及韩非子、尸子、淮南子、荀子等诸子研究的一系列著述相继问世，对中国佛教及佛典的探源溯流、真伪辨识，也多有创获，从而使诸子学研究走上了独立且趋于繁荣的新世纪。

（二）以章太炎、刘师培为首的国粹派学者有意拂逆近两千年尊经的传统，褒扬诸子而贬抑儒家之说

一方面，古文经学家倡“夷六艺于古史”，认为“孔子删定六经，与太史公、班孟坚辈初无高下”②，以历史家称誉孔子，从而把“经”降到了“史”的地位。另一方面，他们又认为先秦诸子与孔子一样，同出于周代史官，但各尊所闻，考迹异同，而与孔子异说。所以，从学术上看，孔子与先秦诸子并无尊卑之别。然而，“秦汉以来，学者溺于成见，视儒教为甚重，而视九家为甚轻，此学者第一大患者”③。基于这样的认识，加之乾嘉学者乃至俞樾、孙诒让为治经而校勘子书的副产品为之开创的子学研究之风，他们便着意探求诸子学的价值。同时，他们还把过去称之为“经、史、子、集”的汉文典籍，统统囊括在“国学”的范畴之中，用“史”贯穿了“经”和“子”。他们还强调指出：孔子“教弟子也惟欲成就吏材……终身志望不敢妄希帝干，惟以王佐自拟”，“儒家之病在以富贵利禄为心”，故其学也在“汗漫”。而诸子之学，“推迹古初，承受师法，各为独立，无援引攀附之事”④。由此可见，他们有意拂逆近两千年尊经的

① 梁启超：《清代学术概论》。

② 章太炎：《诸子学略说》。

③ 佚名：《论中国人重视儒家的观念》，《警钟日报》1904年11月15日。

④ 章太炎：《诸子学略说》。

传统，褒扬诸子而贬抑儒家之说。这一派便是以章太炎、刘师培为首的国粹派学者。

章太炎认为，“古之学者”，包括儒学在内的诸子之学“多出王官”，都是史家的记事之作。他指出：不仅“道家固业于史官”，而且“孔子问礼老聃，卒以删定六艺，儒家亦自此萌芽”；“墨家先有史佚为王师”；“阴阳家者，其所掌握者为文史星历之事”；至于其他各家“虽无征验，而大抵出于王官”也是没有什么问题的。如此便把诸子学从“述史”的角度视为同列了。

章太炎对儒家的批判主要是针对定于一尊地位、已成“国愿”的经学及其“湛心利禄”、“冒没奔竞”的“经世”思想。而对于作为“古良史”的孔子及其所删定的《春秋》诸六艺还是给予了高度的评价，指出孔学重人事而轻鬼神、变世官之学而及平民皆功在千古。说明他对儒家也并非全盘否定，表现了他平实且贵在自得的学术思想境界。他尊视老、庄的自然天道观，认为老、庄博览史事而知生存竞争、自然进化，批评后世道教“依傍其说，推为教祖，实于老子无与”。他重视墨家的“非命”之说，认为墨家的宗教意识，虽然在学术上“有不逮孔老者，其道德则非孔老所敢窥视者”。他推崇法家，贬斥“纵横”，对于名家尤有其独到的见解。他指出，正名者，非一家之言，“儒道墨法，必兼是学，然后能立能破。故儒有荀子正名，墨有经学上下，皆名家之真谛”。而惠施、公孙龙辈，则专以名家著闻。他还认为，“因明之术，要待墨子而后明”，“因明法式长于欧洲。乃墨子于小故一条已能出此，是亦难能可贵矣”，表明了他对佛家因明和墨家逻辑的偏爱。另外，他对阴阳、纵横、杂家、农家都有独到的见解，对小说家“有益于民俗”，“有益于社会道德”① 的肯定，则是就文学的社会功能而作出的中肯的评价，尤其充盈着近代学术的气息。

刘师培与太炎相同，他把儒学和其他诸子之学视为科学的认识对象，而且用社会学的方法，分析、比较诸子之说的优劣异同。他既指

---

① 章太炎：《诸子学略说》。

出孔子学说作为一家之言的自身缺憾，同时又说明，与周秦诸子相比较，"则固未有出孔子之右者矣"①。他一方面批评孔子学说的四大弊端，即"信人事并信天事"，"重文科而不作实科"，"有持论而无驳诘"，"持己见而排异说"；另一方面又指出诸子学的优点，比如墨家"学求实用"，属意于名、数、质、力之学，"兼爱"思想"以众生平等为归"，"以君权为有限"，"较之儒家其说进矣"②。他认为老子学说既有其平等所长，又有其"无为"之短。他强调管、申、商、韩"以法治国"，深得"政治之本"③。这些具有平等、法治、科学等近代学术特征的学术思想，足以反映他对诸子学的偏爱。

对诸子学的偏爱，国粹派其他学子也不亚于章、刘。邓实认为老子富有历史经验，总结其学说必将大有益于当今社会的政治改革。同时，他们因诸子学的研究而致力于探讨古代学术的缘起，同样偏右经、子皆出自史官之说。尽管胡适出面力排此论，但国粹派在系统的子学研究后得出的这一学术结论，至今仍有其存在的价值。

（三）新文化运动发展了章太炎等人非儒的倾向，以"重新估定一切的价值"相号召，把诸子学研究推向了一个新的高度

胡适认为，中世儒者排斥异己，忽略百家，致使诸子学沉没不显。近世虽有经师旁求故训，稍涉秦汉诸子，然而瑕瑜互见，仍有重新评判的必要。他强调，中国古代哲学，实际上就是诸子哲学，因此特别注重对各家学说结果的"客观评判"。比如他评判庄子的天道把"命定主义"说得最为痛切，其结果养成乐天安命的思想，好的是达观，不好的便是懒惰而不求进取。荀子的思想相反，极力主张征服天行，以利行事。胡适就是这样在比较中恢复子学在思想史上的地位。

蔡元培也从伦理学的角度重新评价诸子学。他认为，中国伦理学创自先秦，其时百家争鸣，异说繁兴，"皆以其有为不可加，而思以易天下，相竞相攻，而思想界遂演为空前绝后之伟观"。除儒家以

① 刘师培：《孔学真论》。

② 刘师培：《周末学术史序·理科学史序》，《国粹学报》第一年第三期。

③ 刘师培：《周末学术史序·政治学史序》。

外，成一家之言者尚有墨、道、名、法等八家，它们“皆以伦理学说占其重要之部分者”①，在伦理学这个领域把儒家还原到了与诸子平等的学术地位。

四、理学的汉宋兼容及其旁路楔入

（一）汉宋兼容的理学新方向

曾国藩早年即问学于著名的理学大师唐鉴，唐告之“当以朱子全书为宗”②，以后即肆力于宋学。然而其生当学术风气转变之时，宋学虽高居庙堂，在士林中几乎扫地以尽，乾嘉风流文采也不绝如缕，公羊学如一轮朝日喷薄而起，此则势必提醒曾氏须在学术的选择中以变应变，于是形成了他那汉宋兼容的新方向。

曾氏认为：“近世乾嘉之间，诸儒务为浩博……勤研古训，本河间献王实事求是之旨……夫所谓‘事’者非物乎？‘是’者非理乎，实事求是非即朱子所称即物穷理者乎？”他把汉学“征实不诬”、实事求是的治学方法，视为宋学“即物穷理”③ 的内向工夫，其汉宋调和的意向已经昭然若揭了。曾氏在与其子谈治学之道时曾指出：“学问之途，自汉至唐，风气略同；自宋至明，风气略同；国朝又自成一种风气……尔有志读书，不必别标汉学之名目，而不可不一窥数君子之门径。”④ 据此可知，曾氏虽以匡扶名教为己任，但他面对“名教奇变”，宋学毕竟空疏无补时艰的局面，已经意识到性理之学也非变不能应变，故转而乞灵于汉学，欲从乾嘉诸老那里寻找匡复名教的“门径”。

具体说，曾氏提倡治礼以平息汉宋之争，即以《礼》贯通汉宋之学。他说：“考核于三千三百之详，博稽乎一名一物之细”，皆礼家所当做之事，“故尝谓江氏《礼书纲目》，秦氏《五礼通考》可以

---

① 蔡元培：《中国伦理思想史》。

② 曾国藩：《曾文正公手书日记》第一册。

③ 曾国藩：《曾文正公文集·书学案小识后》。

④ 曾国藩：《喻纪泽》。

通汉宋二家之结，而息顿渐诸说之争"①。这里曾氏具体引证了乾嘉汉学家江永（慎修）、秦蕙田（味经）的礼学著述，藉对古代礼制的烦琐考证，说明汉宋兼容的必然性和可行性，以及匡复名教的普遍性。

首先，曾氏强调，治礼必须以书本为依据，其操术与汉学相同，故治礼必通达汉学。所谓先王修己治人之道，"经纬万汇"而归于礼，故"礼大而思精"②，只要治礼，汉学不通而通。

其次他指出：礼乃修己治人之道，故可通达宋学。他尝告刘蓉说，先王制礼就是要成就仁义之心，而宋学又是凭借格物、诚意以达复性之目的的，所以治礼又与宋学修齐治平之道紧密相联。

曾氏学术，由治礼把汉、宋融为一体，代表这一方向的一是其家礼；二是蕴之于义理之内的经济之学；三是对自然科学的讲求。曾氏学术在清末民初为社会所尊崇，无疑是由于其修身、经世的践履对于衰世、乱世中意欲自强的人们具有一种心理上的召感作用。另外，他还把经济之道作为学者修习义理、辞章、考据之外的另一门必修的学问，这又与今文家言经世有相通之处。他还认为，"国朝大儒，于天文历数之学，讲求精熟，度越前古"③，西方之所以强盛，关键也在于自然科学的进步而有坚船利炮，因此还要讲习西学，重视自然科学的研究。可见，曾氏学术既以礼兼容汉宋，又在经世的层面上与今文家、洋务派携手并进了。

（二）洋务派的理学思想

此派人物以郭嵩焘、张之洞最为显赫。前者与曾国藩同究理学并以精通洋务知名；后者是力主"会通中西，权衡新旧"，以"旧学为体，新学为用"作为学术纲领，促进传统文化调适、应变的理学思想家。他们都主张学习西方文化，但就其学术思想的根系而言，也还是植根于儒家的经典之中。立足于传统和放眼于西方的思维方式决定

① 《曾文正公书札·复夏弢南》。

② 《曾文正公文集》卷3《圣哲画像记》。

③ 曾国藩：《喻纪泽》。

了他们学术上的双向价值取向，在形式上就是力求中、西、新、旧文化要素之折中调和。

他们均强调，国家欲致富强，不得不讲求西学，但首先还是要弄明白本末之序、体用之别，否则便是缘木求鱼了，甚至“其祸更烈于不通西学者”①。郭氏有言：“国家大计必先立其本，其见为富强者末也。本者何？纪纲法度人心风俗是也。”② 这些充分体现郭氏以治心为本的理学思想。张之洞更是从“强中国存中学”的政治观念出发，主张在学术上“先以中学固其根柢，端其识趣”③，这正是他在《劝学篇》序中所说的“以正人心”的务本之法。上述内容以后便概括为“中体西用”的流行语而被全国奉为至言。

基于“正人心”和“知本”、“治本”的思想，他们都期望通过改革教育培育人才，而实现自救图强的目的，因此特别重视“学”。郭嵩焘特别不满于晚清的教育制度，他说：“嵩焘读书涉世垂四十年，实见人才国势关系本原大计，莫急于学。而自秦汉以来，学校之不修二千余年，流极败坏以至今日。”他建议学习西方学校制度，“求为征实制用之学”④。张之洞同样认为“古来世运之明晦，人才之盛衰，其表在政，其里在学”，“人皆知外洋各国之强由于兵，而不知外洋之强由于学。夫立国由于人才，人才出于立学，此古今中外不易之理”⑤。显而易见，他们都是把“学”即教育作为“正人心”、“育人才”惟一的、非常重要的途径，也即强国富民的根本的根本。这里既有理学家尊学问的传统，又包含了教育救国的近代意识。

（三）正统派的理学思想

近代从旁路楔入的理学，以倭仁的思想为正统。他精研宋儒的性命天道之学，咸丰即位时曾应诏陈言：行政莫先于用人，用人莫先于

① 张之洞：《劝学篇》。
② 郭嵩焘：《养知书屋文集》。
③ 张之洞：《劝学篇》。
④ 郭嵩焘：《养知书屋文集》卷 12。
⑤ 张之洞：《劝学篇》。

君子小人之辨。足见其思想未脱宋儒格致诚正、修齐治平的传统观念，尤其注重个人人格之陶冶。他强调：“窃闻立国之道，尚礼义不尚权谋；根本之图在人心不在技艺”，所以他认为西学只不过培养一些“术数之士”而已，如此求一艺之末而奉夷人为师，“数年之后，不尽驱中国之众咸归于夷不止”①。基于这一认识，他对学习西方是持反对态度的，而特别强调“格君心”、“正风俗”、“重讲学”三项，把君德、学术、人才、政治归为一体，也不是完全没有道理的。但其无视社会剧变的事实，欲谋求一永垂万世的传统，因而拒斥西方文明，难免就显得迂腐而不识时务了。这也就无怪理学家在近代受人冷眼，即使如郭嵩焘这样兼宗汉宋、精于西学的社会精英也不能不踯躅孤鸣，为世人所讪笑了。

近代理学影响较大者还有朱次琦、夏震武。朱氏论学平实敦厚，教人以敦行孝悌、崇尚气节、变化气质、检摄威仪为实，有“人伦师表”之美誉。康有为也曾就学其门下。夏氏号灵峰先生，好宋儒之学，以强己、恕人、求实自励，以用敬不用静为程朱晚年定论，而陆王认心为性必致猖狂无忌之途，实为阳儒阴释之学。由是确守程朱，以穷理为知言之本，居敬力行为养气集义之功。

另有刘蓉，少有文名，性虽不喜科举，却能独治理学，与曾国藩、郭嵩焘为挚友。曾随曾氏驰驱于江淮吴越，“朝出鏖兵，暮归讲道”，其理学虽与曾氏同出戎马倥偬之间，却属正统的程朱学之列。他尝批评郭氏醉心辞章，即使文如班、马，诗驾曹、刘，“亦无裨身心，无关世教”②，以濂、洛、关、闽才是洙泗之真传。其尊程朱如此，尤能显示其正统理学的特色。其治学重内圣之说，提出“求心之道所以为求仁之方”③，以“静心”、“约心”、“充学”、“穷理”为其治心的主要方法，形成其以内圣而致外王的系统的学术思想。

治理学者在同光年间更是寥若晨星。清亡而后，随着经学时代的

---

① 《大学士倭仁折》。

② 刘蓉：《复郭伯深孝廉书》，《养晦堂文集》卷3。

③ 刘蓉：《求放心说》，《养晦堂文集》卷1。

终结，理学也几乎荡然无存。然而，因中西文化讨论的逐步深入，部分学者在多元选择中又向传统折返，欲求助佛学、理学以刷新国民道德。他们以与洋务派不同的逆向逻辑推演，认为保国必先保种，保种必先保教，主要着眼于人心道德的重铸和改造，因而触发了理学的生机。如早期的汤用彤、20 世纪的新儒家，多有昌明理学的倾向。辜鸿铭深通西方政治教化，然而却推尊儒家精义，认为将来世界之争愈演愈烈，只有中国的礼教才能消弭此祸，故翻译了四子书及礼制诸书，向西方传播理学思想。这些同时也反映了文化对民族心理的深刻影响和学者们对华夏文明的深切眷恋。诚如辜氏所言："我之忠于清室，非仅忠于吾家世受皇恩之王室——乃忠于中国之政教，即系忠于中国之文明。"

综前所述，近代经学前以今文起于乾嘉之末，后有古文持续至民国之初，正是今古混合，旁则汉宋兼容，至晚近诸子与儒学并举。其形式是节节复古，内容则与前代多有异趣。篇幅所限，不再赘述。

第四节　汉宋兼容的湖湘理学

"为天地立心，为生民立命，为往圣继绝学，为万世开太平。"构成"内圣外王"新思想体系的宋代理学，先是朱陆分途，继而王学奄袭天下，以阳明禅冲破一切樊篱，至明末而走向侈谈心性的八股之路。清朝虽尊崇程朱，强使理学高踞堂庙，可是硕学才彦潜心考据，"汉学"一时风行，如日中天，宋学竟以浅陋无识为大雅所耻，"有宋诸儒周程张朱之书，为世大诟，间有涉于其说者，则举世相与笑讥唾辱，以为彼博闻之不能，亦逃之性理空虚之域，以自盖其鄙陋不肖者而已"①。要不是程朱之学关乎利禄之途，只怕它早已陵替不存了。然而，出乎意料，咸同军兴，海内撼摇，跃马横戈、扶危定倾之人，竟是一帮平时以程朱之道砥砺学行的湖湘书生。于是，士林风习一变，宋学回光返照，遽尔复兴。不过，这次复兴的宋学，确切地

① 曾国藩:《朱慎甫遗书序》,《曾文正公全集·文集》卷 1。

说，应称作“湖湘理学”——是一种因时势而大有变异的新理学。

这一理学新潮的蔚兴，就全国范围而言，固然是汉学支离破碎、重蹈虚空而渐获厌弃的大势所趋，但就湖南一隅而言，它又是千年湖湘学术潜滋浸润、近代三湘士子坚笃躬行的必然结果。可以说，如果没有湖湘大地独特的学术人文环境，受尽鄙薄的程朱理学不要说弘济时艰、凌迈汉学，只怕它早因朝廷的式衰而走向寂灭了。

湖南向称理学故乡。北宋末年福建崇安胡安国、胡宏父子避居衡岳，著书讲学，兼采《春秋》三传，断以己意，张扬“性本体论”，创开湖湘学统。继以胡宏高足张栻主讲岳麓，以天、性、心“同体异取”的命题对胡氏学说加以阐扬，而且敦笃躬行，发明天理，见诸人性，使湖湘学术日见精粹，一帜独树，史称“湖南一派，当时为最盛”①。湖湘学术创立伊始，既崇尚心性，强调砥砺品行，又最重践履，倡导经世致用，“教人以圣贤言语见之行事，因行事复求之圣贤言语”②；治学心忧天下，用世匡扶时艰，承继并发展了中原理学的“内圣外王”思想。此外，湖湘士子既坚奉程朱理学的正宗地位，又不树门立户，对流入湖湘大地的各派儒学都持并容兼取的立场，以求实用经世。这些优良学风的传承千年不替，最终孕育出光耀中华的湖湘理学。

嘉道年间，出于对汉学蹈空无用的反动，学界萌生出经世致用的新思潮。考据之学最薄弱、经世之风最浓烈的三湘大地，走出了陶澍、贺长龄、贺熙龄、汤鹏、严如熤等一批经世的疆吏与学者。与外地以复兴今文学作经世之具不同，湖湘士子经世的学术之具是理学。例如贺长龄“平生笃宗理学，以导养人心为主”。③ 即使治经专宗今文的魏源，早年居留湖南时也研读过程朱之书，居京期间又向理学家姚学塽请教宋学。虽然他曾对汉宋之学进行攻击，实际上讥贬的是那种空谈心性、鄙薄政事的腐儒，而对于修养身心、切实经世的理学家

① 《宋元学案·南轩学案》。

② 《宋元学案·南轩学案》。

③ 李肖聃：《湘学略·二贺学略》。

如陶、贺，魏源都极为敬重。而且，即使在《海国图志》里，他所标揭的“师夷”仅是强国的辅助手段，他所崇信的仍是能“平人心之积患”的心性伦理。① 因此，嘉道年间湖南的经世思潮，不仅没有改变湖湘学术尊崇程朱的宗旨，反而直接促发了湖湘经世新理学的崛兴。湘军首领曾国藩、胡林翼、左宗棠、罗泽南、刘蓉等，或是陶澍、二贺的姻亲戚友，或是其门生子弟，较多地浸染或承袭了他们的理学信仰和经世作风。例如左宗棠，就学城南书院后，山长贺熙龄授以程朱之学，“公始折节事学，欲以义理为本，发为事功”。② 左宗棠又长期替陶澍理家教子，并结为姻亲，饱读了陶家丰富藏书，成为与曾国藩并称的中兴名臣。

湖湘理学的兴起，还与理学大师唐鉴极有关系。唐鉴（1778～1861）号镜海，善化（今属长沙市）人，出身翰林，官至太常寺卿。唐鉴“潜研性道，宗尚洛闽诸贤”③，著有《朱子年谱考异》、《学案小识》等，为京师名儒。他以“格致诚正、修齐治平”八字概括理学，教导后进，曾国藩在京城向他请益，尊之为师，罗泽南、刘蓉也于乡邦追陪问学，成为坚定的理学信徒。

咸同年间湖湘理学经世集团，主要有罗泽南、曾国藩、左宗棠、胡林翼、郭嵩焘、刘蓉、王鑫、李续宾、曾国荃、邹代钧等湘籍人士以及李鸿章、赵烈文等曾国藩幕府人物，其领袖则推湘乡人罗泽南和曾国藩。罗泽南（1808～1856）字仲岳，号罗山，家贫苦学，19 岁即开馆授徒，取资自给。此后十年中，他虽连丧十一亲，志学之心却益坚，“不忧门庭多故，而忧所学不能拔俗而入圣，不耻生事之艰，而耻无术以济天下”④。罗泽南受贺长龄、唐鉴等教导，终生崇奉理学，著述颇丰，如《西铭讲义》、《太极衍义》、《小学韵语》、《姚江学辨》等，肆力发挥宋儒理义。罗泽南年过四十，才以廪生举为孝

① 魏源：《海国图志·序》。

② 《湘学略·曾左学略》。

③ 曾国藩：《唐确慎公墓志铭》，见《湘学略·镜海学略》。

④ 曾国藩：《罗忠节公神道碑》。

廉方正，于是专以教授为业，“假馆四方，穷年汲汲，与其徒讲论濂洛关闽之绪，瘏口焦思，大畅厥旨”①。他用理学培养了一大批弟子，如王鑫、李续宾、李续宜、刘长祐、钟近衡、蒋益澧、刘腾鸿、易良干等。太平军兴后，罗泽南最先在家乡办团，他的一帮弟子后来也都成为湘军骨干，所以有人赞誉说：“湖南之盛，始于湘军，湘军之将，多事罗山。大儒平乱之效，湘中讲学之风，皆自罗山而大著。”②

曾国藩（1811～1872），字伯涵，号涤生，1838年中进士。曾国藩起初专心于桐城古文，略窥文章之道。1841年开始研读《朱子全集》，问学于唐鉴。“唐公专以义理之学相勖，公遂以朱子之书为课，始肆力于宋学矣”③，从此一宗宋儒，终生不改。他精研程朱性道之蕴，立下经天纬地之志，“君子之立志也，有民胞物与之量，有内圣外王之业，而后不忝于父母之所生，不愧为天地之完人”④。后来，曾国藩又与理学家倭仁、吴廷栋、何桂珍，今文学者邵懿辰，治汉学的刘传莹等往还论讨，追求通人之学。据其幕僚黎庶昌追记说：

> 始公居京师，从太常寺卿唐公讲授义理学，疾门户家言汉宋不通晓，亦宗尚考据，治古文辞，与蒙古倭公仁、六安吴公廷栋、师宗何公桂珍、汉阳刘公传莹、仁和邵公懿辰数辈友善，更相砻砥，务为通儒之学，由是精研百氏，体用赅备，名称重于京师。⑤

曾国藩治学综取诸家，归宗宋儒，在京师名声日起，俨然理学大家。1851年，太平军起，为了济世匡时，曾国藩连番上疏，要求改革弊政，整军经武，平息叛乱，他甚至指斥咸丰皇帝徒尚文饰，骄矜自

---

① 曾国藩：《罗忠节公神道碑》。

② 李肖聃：《湘学略·罗山学略》附《罗山弟子录》。

③ 黎庶昌：《曾国藩年谱》道光二十一年。

④ 《曾文正公全集·家书》道光二十二年十月二十六日。

⑤ 黎庶昌：《拙尊园丛稿》，转引自朱东安《曾国藩传》第24页，四川人民出版社1985年版。

是，以致激起圣怒。1852 年，曾国藩南下典试江西，中途奔赴母丧，次年即受命办理湖南团练，从此领导湘军，剿杀太平军和捻军，成为“中兴”元勋。

综括曾、罗、左、胡等人的思想，湖湘理学具有以下几大特点：

其一，尊奉程朱，砥砺品行，扶持名教。

在湖湘传统学术的熏染和前贤师友的提携下，曾国藩、罗泽南、胡林翼等人很早就确定了对程朱理学的信仰，他们的哲学思想、政治主张、伦理道德，无不从宋儒的性命义理中阐衍而来。“理”既是他们的坚定信仰，也是他们的思想源泉。刘蓉说：“所谓理者，乃乾健坤顺之理而人得之以为性者也。”① 他认为理是心、性的主宰。曾国藩也强调，理是宇宙的本体，人性与天命无不体现着理：“其必以仁敬孝慈为则者，性也；其所以纲维乎王伦者，命也，此其中有理也。”② 湖湘学人对理学的崇信，特别体现在他们用理学来砥砺个人品行、强调心性修养上。曾国藩从唐鉴、倭仁讲习理学后，一度按照他们的指示做“日课”，静坐修身，日作札记，对每一天的言行进行深刻反省。后来因为体弱，他没有继续这种刻苦修行，但对自己品行的严格要求从未放松，经常在日记或书牍中进行反省自责。刘蓉虽极力反对独守心性理气之辨，闭门独坐如泥塑木雕，但他强调的是学行出一，对于行己立身的道德修养，同样格外重视。他指出，经济、考据、辞章，都须“本于道德之实”，否则即是俗学无用。刘蓉对自己的品节极是苟求，他曾自言，对于钻营无耻之事，他不但不敢见之于行事，而且不敢存之于心胸，甚至不敢形之于梦寐。其他如罗泽南、左宗棠、郭嵩焘等，都很讲究个人的道德节操。

湘籍理学经世集团对道德品行的重视，出于自身“内圣”修养的执著追求，但最终又都归着于纲常伦理，用以扶持名教。曾国藩曾说：

① 刘蓉：《复罗仲狱论养气说书》，《养晦堂文集》卷 3。

② 曾国藩：《顺性命之理论》，《曾国藩全集·诗文》。

> 当今之世，富贵无可图，功名亦难就，惟有自正其心以维世道。所谓正心，曰厚实。厚者恕也，己欲立而立人，己欲达而达人；己所不欲，勿施于人。存心之厚，可以少正天下浇薄之风。实者，不说大话，不骛虚名，不行驾空之事，不谈过高之理，如此可以少正天下浮伪之习。①

可见，他们的修身行己，正是为了治人正天下，试图以自身道德的完美来矫正世风人心。曾国藩为此特别标出了“诚”：“天地之所以不息，国之所以立，圣人德业之所以大兴，皆诚为之也。”② 他把这种本性的“诚”，规定为立国立人之根本。一方面，“诚”是一种个人的道德，即“不欺”、“无私”；研习理学，修养身心，就是不断地克己、去私，最终达到“至诚”的境界。另一方面，对于国家、社会而言，“诚”即是“忠信”，“唯立诚才有可居之地，诚便是忠信”③，“君子之道，莫大乎以忠诚为天下倡”④。这样，将个人的道德自律上升至伦理纲常的高度，从而个人的品德修持与扶持纲常名教联系到一起。罗泽南在军兴之前就这样说：

> 人之所以能撑持世运者节义，节义岂必时穷而后见哉？天下无事，士人率以名节相尚，处则浴德澡身，出则为斯民兴利除害。斯世必不至于乱，既乱矣，相与倡明大义，振厉士气，当万难措手之际，从而补救之削平之，未始不可挽回。古之人所以能制于未乱之先，弭于既乱之后者，惟赖有此耿耿之心为之维系其间耳。⑤

---

① 钱基博：《近百年湖南学风》四。
② 《曾国藩全集·书札》卷1《复贺耦耕中丞》。
③ 《曾国藩全集·诗文》杂著《居业》。
④ 《湘乡昭忠祠记》，《曾国藩全集·诗文》。
⑤ 钱穆：《中国近三百年学术史》，第593页。

可见，他们崇尚名节，修养心性，提倡忠信，根本目的在于防乱于先，弭乱于后。所以，当太平军一起，以基督教义倡导平等，破坏封建纲常秩序，“举中国数千年礼义人伦诗书典则一旦扫地荡尽”，他们视之为“开辟以来名教之奇变”①，自然不能袖手安坐，而要奋起卫道。事实上，湘军的组建及其事功，也确是曾、罗诸人“以真诚为天下倡”，师弟戮力矢其寸衷的结果。王定安在《曾文正祠雅图记》中就说：

> 公以儒臣奋起闾里，无度支转运之供、羽檄征调之权，又非素习孙吴而夙养技击鹰扬之士也。徒以忠诚感叹，率二三迂儒朴士，张空拳持白梃，以号其乡人子弟，于是豪杰骧起……

曾国藩事后也肯定：“吾乡数君子所以鼓舞群伦，历九州而勘大乱，非拙且诚之效与!”② 走“内圣”之路而开出“外王”之功，湖湘理学集团是儒学史上最为典型而难得的一例。

其二，增立孔门四科，改造儒学。

嘉道以来，因社会时势的变迁，儒学也加速分化，既形成汉宋两大阵营，每个阵营内部又有纷争，汉学中有经古今之争，宋学中也有程朱义理与桐城辞章之异。这样，考据、经世、义理、辞章互争短长，使儒学走上近代变异之路。以曾国藩为代表的湖湘理学派，在湖湘学术宗义理、重经世的传统基础上，吸取考据之长、辞章之道，对四者的关系重新加以诠释，使之成为孔门四科，重又归宗于一。

曾国藩治学之初，嗜好桐城古文，对“文以载道”的辞章派多有赞同，他曾称颂创立义理、考据、辞章三者不可偏废的姚鼐说：

> 当乾隆中叶，海内魁儒畸士，崇尚鸿博，繁称旁证，考核一字累千万言不能休，别立帜志曰汉学，深摈有宋诸子义理之学，

① 曾国藩：《讨粤匪檄》。

② 曾国藩：《湘乡昭忠祠记》。

以为不足复存，其文尤芜杂寡要。姚先生独排众议，以为义理、考据、辞章三者不可偏废，必义理质而后有所附，考据有所归。①

姚鼐兼重三事而折归义理，使曾国藩大受启发。后来唐鉴又指示曾国藩说：

为学只有三门：曰义理，曰考核，曰文章。考核之学多求粗而遗精，管窥而蠡测；文章之学非精于义理不能至，经济之学即在义理之中。②

唐鉴虽只提三门学问，实际上已标出了“经济之学”。此外，唐鉴虽轻视诗文辞章，但与姚鼐一样突出义理的核心地位。曾国藩于是综合两位前贤，不仅提出学问有义理、考据、辞章、经济四门，而且对四者的关系重新作了阐释与规定：

为学之术有四：曰义理、曰考据、曰辞章、曰经济。义理者，在孔门为德行之科，今世目为宋学者也；考据者，在孔门为文学之科，今世目为汉学者也；辞章者，在孔门为言语之科，从古艺文及今世制义诗赋皆是也；经济者，在孔门为政事之科，前代典礼政书及当世掌故皆是也。③

曾国藩还列举了历史上的32位“圣哲”，即文王、周公、孔子、孟子、庄子、左丘明、司马迁、班固、诸葛亮、陆贽、范仲淹、司马光、周敦颐、程颢、张载、朱熹、韩愈、柳宗元、曾巩、李白、杜甫、苏轼、黄庭坚、许慎、郑玄、杜佑、马端临、顾炎武、秦蕙田、

---

① 曾国藩：《欧阳生文集序》。

② 《曾国藩全集·日记》道光二十一年七月二十一日。

③ 曾国藩：《劝学篇示直隶士子》，《曾国藩全集·诗文》。

姚鼐、王念孙，以他们的学问功业为例，论述孔门四科的关系。他说：

> 如文、周、孔、孟之圣，左、庄、马、班之长，诚不可以一方体论矣。至若葛、陆、范、马，在圣门则以德行而兼政事也；周、程、张、朱，在圣门则德行之科也，皆义理也。韩、柳、欧、曾、李、杜、苏、黄，在圣门则言语之科也，所谓辞章者也。许、郑、杜、马、顾、秦、姚、王，在圣门则文学之科也。顾、秦于杜、马为近，姚、王于许、郑为近，皆考据也。此三十二子者，师其一人，读其一书，终身用之有不能尽。①

曾国藩以此论证义理、考据、辞章、经济共同构成“孔门四科”，四者缺一不可，甚至彼此兼融难分。这是用学术复古的方式，将历来有纷争歧义的儒门后学统归于一，重新确立以义理为核心为灵魂的理学在正统学术、官方思想中的统治地位。同时，曾国藩将儒学一下扩充为四门，使经济之学在其中居有一席之位，从理论上突出和提高了经世致用思想的地位，使传统儒学添附上了时代内容，这是儒学在近代社会发生的一大变异。

湖湘理学对传统儒学的改造和发展，还表现为对礼学思想的抉发。曾国藩、郭嵩焘、刘蓉、王闿运等不仅对礼经有浓厚的研究兴趣，② 并且反复抉发儒学中的“礼学”思想，甚至把儒学归结为“礼”学。曾国藩曾说：

> 古之君子之所以尽其心，养其性者，不可得而见，其修身、

① 曾国藩：《圣哲画像记》，《曾国藩全集·诗文》。

② 例如，郭嵩焘晚年归老湖湘，“日穷礼经以自遣”，又在思贤讲舍、城南书院“日与生徒讲明礼学”，并著有《礼记质疑》、《订正诸子家礼》等专书。刘蓉罢官归里，特筑：“绎礼堂”，穷经其中，曾国藩称他“精研三礼，洞澈先王经世宰物之本”。各见《近百年湖南学风》、《湘学略》。

> 齐家、治国、平天下，则一秉乎礼。自内焉者言之，舍礼无所谓道德；自外焉者言之，舍礼无所谓政事。① 先王之道，所谓修己治人、经纬万汇者，何归乎？亦曰礼而已矣。②

将修齐治平的儒家学说，归结为一个“礼”字，这个“礼”既上承宋儒的精深义理，又化作救时治国的治世之具，“古人无所云经济之学，治世之术，一衷于礼而已”③。曾国藩一宗宋儒而不废汉学，就是认为考据家的功力可以博稽一切名物典制，毕贯其源流利弊，从而有利于人心治道。在《圣哲画像记》中，曾国藩对汉学家的颂誉皆本乎此，如“汉代诸儒之所掇拾，郑康成之所以卓绝，皆以礼也”。至于秦蕙田的《五礼通考》，曾国藩更誉之“举天下古今幽明万事，而一经之以礼，可谓体大而思精矣”。为了贯彻他的以礼经世主张，曾国藩还抄录近人关于盐课、海运、钱法、河堤各事的奏议，辑为六卷，来弥补秦书不载食货之政的缺漏。

郭嵩焘在所撰曾国藩《墓志铭》中评论曾氏说：

> 穷极程朱性道之蕴，博考名物，熟精礼典，为圣人经世宰物，纲维万事，无他，礼而已矣。浇风可使之醇，敝俗可使之兴，而其精微具存于古圣贤之文章。

通过曾国藩等人的努力，一方面，义理、考据、辞章等儒门后学在孔门四科中实现了一统，四者缺一不可，彼此不再处于对立纷争之中；另一方面，圣人之学最后又归结于经世的“礼”学，即义理、考据、辞章、经济最终都消融在“礼”之中，内圣与外王又贯通为一。湖湘理学与众不同的思想体系的确立，标志着正统儒学在艰难时势的挤压下终于走上了一条自我调适和近代变异之路。

---

① 曾国藩：《礼》，《曾国藩全集·诗文》。

② 曾国藩：《圣哲画像记》。

③ 黎庶昌：《曾国藩年谱》道光二十八年。

其三，书生领军，以理学治兵作战。

罗泽南、曾国藩、左宗棠、刘蓉、王鑫等，原来都是躬修程朱义理的儒生，举办团练之后，他们依然“朝出鏖战，暮归讲道”，无论居官治军，领兵作战，始终都保持书生本色。他们运用理学的思想原则来治理军队，训练出英勇善战的湘军劲旅。曾国藩就标榜以“仁”、“礼”来治军。所谓仁，就是恩结士兵之心，待弁勇如同子弟；所谓礼，就是明确尊卑等级，严明号令。这样仁礼并用，恩威兼施，宗法伦理关系与军队上下级别相融贯，家法家规与军队纪律相结合。曾国藩曾自述其治军之法说：“臣昔于诸将来谒，无不立时接见，谆谆训诲，上劝忠勤以报国，下戒骚扰以保民，别后则寄书告诫，颇有师弟督课之象。其于银米子药搬运远近，亦必计算时日，妥为代谋，从不诳以虚语。各将士谅其苦衷，颇有家人父子之情。”①李续宾治军，也是宽严有度，刑恩并用，“驭军极宽，终年不见愠色，而号令严明，如有犯者，挥涕手刃，曾不以情恕也”②。由于湘军将领刻意以师弟、父子、兄弟、友朋等关系来约束军队，使湘军内部形成浓厚的宗法从属关系，“一营之中，指臂相连，弁勇视营哨、营哨视统领、统领视大帅，皆如子弟视其父兄”③，理学的“忠诚”在湘军中得到了较好的贯彻。

与理学家注重心性修养一样，湘军将帅在部队训练上特别注重练心、练气、练胆。胡林翼就指出：“兵事以人才为根本，人才以志气为根本，兵可挫而气不可挫，气可挫而志不可挫。”④ 王鑫则认为，训练士卒，固然要在器械、武艺、阵法等方面用力，“尤要练胆，而练胆必练心”。他所指的练胆练心，就是训导大家“同心共死”、拼命杀“贼”。⑤ 曾国藩甚至认为，“练者其名，训者其实”，练技艺、

① 《曾国藩全集·奏稿》卷25。

② 《近百年湖南学风》三。

③ 王定安：《求阙斋弟子记》卷23。

④ 《近百年湖南学风》四。

⑤ 《近百年湖南学风》三。

练队伍都次于“训打仗之法，训作人之道”。所谓训打仗，就是严明军纪，“须令临阵之际，兵勇畏主将之法令，甚于畏贼之炮子”；所谓训作人，就是劝导士卒不因扰民而自坏品行，不嫖赌嗜烟而自坏身体。他每月逢三八日操练军队，都要集合队伍，训导申儆，“反复谆谆至千百语”，自称“不敢说法点顽石之头，亦欲苦口滴杜鹃之血”①。湘军将领还将理学家持敬守静的修养法用于行军作战中，强调澄心定虑，以静制动，不作仓促之举，不打无准备无把握之战。罗泽南身经二百余战，克城二十多座，其秘诀就是“以坚忍胜”。有人问他制敌之道，他答道：“无他，熟读《大学》知止而后有定，定而后能静，静而后能安，安而后能虑，虑而后能得数语，尽之矣。《左氏》再衰三竭之言，其注脚也。”② 遇有战事，先安定心气，制定谋略，以静待动，以预应猝，抓住时机进行决战，这是湘军作战的共同特点。左宗棠曾总结出“以治心之学治兵，以克己之学克敌”③，十分恰切地揭明了理学对于湘军将帅治兵作战的深远影响。

总之，一郡山野草氓，在几位白面书生的训育指挥下，竟成为一支能征惯战的强师劲旅，关键就是曾国藩等人将理学精神融贯到军队之中，如王定安所云：

> 原湘军创立之始，由二三儒生被服论道，以忠诚为天下倡，生徒子弟，日观月摩，渐而化之。于是耕氓市井，皆知重廉耻急王事，以畏难苟活为羞，支敌战死为荣……风气之所趋，不责而自赴也。④

湘军的成功，使曾国藩等人的经世功业达至鼎盛，也使重建内圣外王思想体系的湖湘理学从此流向全国，对近代中国的政治演进和学术发

---

① 《近百年湖南学风》四。
② 《近百年湖南学风》三。
③ 《近百年湖南学风》三。
④ 王定安：《湘军记·叙》。

展产生更为广泛的影响。

第五节　孙诒让的《周礼》研究及其“稽古论治”

“礼”在古代指各种典章制度，儒门经典中有一部专门的《礼经》，记载着儒家设计的经国治民的理想典制。秦灭以后，《礼》衍为《周礼》、《仪礼》、《礼记》三家，汉唐近千年间，儒门礼学聚讼纷纭，莫衷一是，结果宋元明三朝，礼学衰息。入清以后，先有顾、黄两宗师的提倡，继有乾嘉诸大老的发奋，礼学渐次复兴。以治礼名家的清儒，或者对《仪礼》、《礼记》、《大戴礼》各作专门研究，或者就古礼而有通考总论，至于专治《周礼》的人，却是很少。《皇清经解》及《续皇清经解》虽收录有江永《周礼疑义举要》、沈彤《周官禄田考》、段玉裁《周礼汉读考》、庄存与《周官记》、徐养原《周官故书考》、王聘珍《周礼学》等著作，但多为局部研究，并非贯通全书之作。直到光绪年间孙诒让著成《周礼正义》，《周礼》研究才灿然昌盛，如梁启超所云：“《周礼》一向很寂寞，最后有孙仲容一部名著，忽然光芒万丈。”①

孙诒让（1848～1908年）字仲容，号籀庼，浙江瑞安人。他幼好六艺古文，此后服膺段、王之学，嗜治考据，“于经世之学，夙未究心”②。然而中年以后，由于时局的激发，孙诒让扼腕时艰，思想和治学路向逐渐变化，如其自述所说：“余少耽雅诂，矻矻治经生之业，中年以后，悕念时艰，始稍涉论治之书，虽廪资阘弱，不足以窥其精眇，而每觏时贤精论，即复钦喜玩绎，冀以自药顽钝。”③甲午战败朝野震惊，当时孙诒让守丧家居，也被卷进救亡图存的时代洪流中。他目睹时局之危，心有沦胥之痛，再也不能安坐书斋研经索解，

① 梁启超：《中国近百年学术史》十三

② 孙诒让：《兴儒会略例并叙》，见张宪文编《孙诒让遗文辑存》，浙江人民出版社1990年版（本节未注明资料出处者同此）。

③ 孙诒让：《沈俪崑〈富强刍议〉叙》。

“既拊膺于家恤，复扼腕于时艰，研经意兴，索然尽矣”①。他对不恤时衅、不应世变而空谈诗书礼义的迂陋之儒提出了批评：“中华儒者，犹复绅佩而谈诗书，雍容而讲礼让，非徒淹中缉简，无裨于鲁削，窃恐议瓜骊市，重睹于秦坑。”② 当京师组织强学会的消息传来，孙诒让即起而响应，在瑞安发起组织“兴儒会”，提出了“尊孔振儒”、“保华攘夷”的口号。在所撰《兴儒会略例并叙》中，孙诒让对中国历来政学舛驰、互不相谋表示不满，提出学以致用、兴学济变的主张。他又与同志好友黄绍箕、宋恕、杨景澄等在瑞安创办了算学书院、化学学堂、蚕学馆、博物讲习所、天算学社、农学会等，购置《时务报》、《蒙学报》、《湘学新报》等维新报刊，大倡西学，在瑞安移风易俗。孙诒让还极力为实现全国维新变法推波助澜。1897 年他致信汪康年，指出当此时事危迫之际，“非朝廷幡然改弦更张，万无挽回之术”，希望圣主“决然舍旧而图新”，他又希望梁启超“褎然首倡，以赓续南海先生之盛举”，再发动一次公车上书，吁请朝廷早日变法。次年，孙诒让闻听应试公车将有上书举动，他又致信汪康年，请求代列名姓于内，“倘未到京人不妨列名，则无论如何抗直，弟均愿附骥，虽获严诘，所不计也”③。孙诒让要求变法图新的决心于此可见一斑。

戊戌变法的失败，特别是庚子八国联军的凌侵，使孙诒让益受刺激，他的心情更加悲愤，要求变法的决心更加坚强，“因戊戌、庚子两次事变，雠耻之刺激良深，愤懑之勃发益盛，相互抚髀奋兴，力求振作”④。为了不使变法事业半途废止，孙诒让除对康、梁的政治识见深表赞同外，还别开生面地提出，戊戌新政不是康党事业，而是出于皇上的圣明，他在致汪康年信中说：

---

① 孙诒让：《答海宁邹景叔书》。

② 孙诒让：《答温处道宗湘文书》。

③ 孙诒让：《致汪康年书》，见《汪康年师友书札》，上海古籍出版社 1986 年版。

④ 孙诒让：《报支季卿提学书》二。

本年夏秋间之新政，乃今上之圣明，于康氏何与？乃今之达官贵人主持旧学者，举一切良法美意皆归之康氏，锐意摈绝摧陷之，是张康之焰，而使外人得挟此为口实，使中土之正人志士引为大病，何其谬哉！①

孙诒让在这里对守旧之徒破坏维新变法的伎俩的揭露可谓入木，而他把“一切良法美意”归诸皇上，要求继续推行新政的用心亦极显然。所以当清廷自1901年发布变法上谕，次第推行各项新政，孙诒让对之赞颂有加：

自光绪庚子以来，疆事日棘，朝廷惩前毖后，亟议更法自强，下诏兴学励商，以逮警察路矿诸大政，咸次第渐举，而又更刑律、汰冗官、裁胥吏，以厘剔芜秽，信旷古未有之盛举也。②

他虽届暮年，却以极大的热情投入清末新政之中，在瑞安、温州等地倡废科举、兴办学堂、开启民智、创办实业、修建铁路、推广宪政，为家乡的近代化建设作出了贡献。

孙诒让的经世救亡，与康有为等托古变法如出一辙，走的是“稽古论治”的学术道路，孙诒让提出“阐周孔六艺之教”，不过他只重周公，始终以《周礼》作自己论治变法的理论依托与思想资源。孙诒让幼习《周礼》，早年专事考据，对《周礼》的钻研日深，悟解渐多，如其自述所云：“既长，略窥汉儒治经家法，乃以《尔雅》、《说文》正其训诂，以《礼经》、《大、小戴礼记》证其制度，研撢累载，于经注微义，略有所悟。”③ 他又有鉴于礼中诸经自乾嘉以来皆有新疏，“斯经不宜独阙”，于是博采汉唐以迄乾嘉诸儒旧诂，参互证绎，创立新篇，在同治末年草成《周礼正义长编》数十巨册，

① 孙诒让：《致汪康年书》，见《汪康年师友书札》。

② 孙诒让：《送程筱周观察序》。

③ 孙诒让：《周礼正义序》。

又撰《周礼疏》，专详其源流。1888年，孙诒让的乡试座师张之洞向他征稿，于是他匆作删削，写成一帙，但又自觉牴牾甚多，私心未惬，没有刊行。此后经反复修改，变更义例，删繁补阙，直到1899年才完成《周礼正义》86卷。从草创到定稿，凡二十余年，期间历经世变，孙诒让也由沉醉于章句之学而逐步走上考据经世、稽古论治的学术道路。孙诒让盛年矻矻治经生之业，最早服膺段、王、钱（大昕）、梁（玉绳）诸人，其疏《周礼》，从文字音义的训诂、名物制度的稽考与经籍源流的搜求等方面用功。可是甲午过后，孙诒让转而赞叹那些“以讲学之儒而治洋务”的经世学者，表示将以迟暮之躯效力于中华救亡大业，他剖白说：

> 窃谓今之要事，宜广求君子之通洋务者与共撑时局，如关中刘先生光蕡者，以讲学之儒而治洋务，乃真亭林、夏峰之流亚也。让少溺俗学，今虽略闻高论，而已逾十年，精力渐衰，无能为役，所愿者与中土志士力持保种保教之念，即无所建树，亦冀以精神竭力鼓动脱浪，以力挽气运……①

这个时期的孙诒让，一方面慨叹在时势危迫、新学遽兴之际纯粹考据的日暮途穷，“刍狗已陈，屠龙无用”②，他答复友人关于《周礼》疏解成书之期的垂询时又说：“重以今学之日新，窃恐斯道之将废。”③“近来世界学术日新，此业遂将废辍耳。”④他还明确表示，扼腕时艰，研经意趣已索然而尽。另一方面，孙诒让又不甘心放弃耗其心血的《周礼》研究，他致汪康年书中说：“拙著《礼疏》猥蒙垂鉴，欲为付印，愧感无量，此于西人为死学，但以廿年精力所萃，不

① 孙诒让：《致汪康年书》。

② 孙诒让：《答梁卓如论〈墨子〉书》。

③ 前引《答温处道宗湘文书》。

④ 前引《答海宁邹景叔书》。

欲弃置，乃至上烦雅怀……"① 于是通经以致用的先贤之路便成了他的归向。孙诒让凡提出维新建议或举措，总要从《周礼》中援引相关经文作立论之据，如1895年他倡导创办了瑞安算学书院，在申请府县立案呈文开篇就是"《周礼》保氏以六艺教国子，九数居其一"。② 又1897年孙诒让颂祝张之洞六秩寿诞，文中写道：

> 诒让昔治《周官经》，而知周之军制与学校相辅而立。盖王畿治军，以六乡七万五千家为正卒，而六遂副之。远郊之内，地不逾四同，而其立学也，则为乡庠者六，为州序者三十，为党序者百有五十，遂之属别亦如之，而郊野都鄙与夫校室家属，数复倍蓰于乡遂。西周之隆，所以张皇六师，鞭挞夷貊者，实本于是……西人所为挟其长以雄视五洲者，皆成周教学之余绪也。犷秦燔书，经籍沦佚，《周官》道艺之传，阙然不续，绵延千载，益陵夷不讲。而西人遂乃穷其智巧，以自名其学，俗儒蒙固，亦复幽冥而莫知其原，抑亦中外强弱之枢绾欤？

这是孙诒让第一次明确地将《周礼》精髓归结为立学兴国。他又以《周礼》所载道艺不传为当日中国致弱之源，自然引出以《周礼》致富强救危亡的结论。

他接着颂张"遐稽周典，近踪西艺，培人才，开民智，兴学以自强"，"窃谓《周官》乡遂立学，以德行、道艺、治军、教民之义与公所陈建者，弇若合符"。③ 稽周之古而论今之治，对张之洞"中兴"功业的称颂，实际上是孙诒让为了立论而铺设的事实例证。

1899年，孙诒让完成《周礼正义》，自序中他将自己以学术作政论的新面目展现无遗。孙诒让盛赞《周礼》将黄帝以来直至文武的"经世大法"尽萃于一，足以开出太平之治，"此经上承百王，集其

---

① 孙诒让：《致汪康年书》。

② 孙诒让：《创办瑞安算学书院向府县申请立案文》。

③ 孙诒让：《张广雅尚书六秩寿序》。

善而革其弊，盖尤其精详之至者，故其治跻于纯太平之域”。孙诒让并将《周礼》经纬万端、致治千年的奥秘概括为精详完备的行政与施教两个方面。他说：

其闳意眇恉，通关常变，榷其大较，要不越政教二科。政则自典法刑礼诸大端外，凡王后世子燕游羞服之细，嫔御阍阍之昵，咸隶于治官，宫府一体，天子不以自私也。而若国危、国迁、立君等非常大故，无不曲为之制，预为之防。三询之朝，自卿大夫以逮万民，咸造在王庭，与决大义。又有匡人、撢人、大小行人、掌交之属，巡行邦国，通上下之志。而小行人献五物之书，王以周知天下之故。大司寇、大仆树肺石，建路鼓，以达穷遽。诵训、士训夹王车，道图志，以诏观事辨物。所以宣上德通下情者无所不至，君民上下之间，若会四肢百脉而达于囟，无或壅阂而弗畅也。其为教，则国有大学、小学，自王世子公卿大夫士之子，臮夫邦国所贡，乡遂所进贤能之士咸造焉。旁及宿卫士庶子、六军之士，亦皆辈作辈学，以德行道艺相切劘。乡遂则有乡学六、州学三十、党学百有五十，遂之属别如乡。盖郊甸之内，距王城不过二百里，其为学辜较已三百七十有奇，而郊里及甸公邑之学，尚不与此数。推之鄁县畺之公邑采邑，远极于畿外邦国，其学盖十百倍蓰于是。无虑大数九州之内，意当学数万。倍乎教典之详，殆莫能尚矣。其政教之备如是，故以四海之大，无不受职于民，无不造学之士，不学而无职者则有罢民之刑，贤秀挟其才能，愚贱贡其忱悃，咸得以自通于上，以致纯太平之治，岂偶然哉！①

孙诒让对《周礼》政典刑礼的肯定，特别突出天子视宫府若一体而无自私之心，以及设官立制通达上下之情，使君民无间，要求仿行西方立宪政制的意图十分明显。他对周代国畿乡鄙设学施教的完备

① 孙诒让：《周礼正义·自序》。

体系心倾神往，固然是基于《周礼》的某些记载，实际上更是受了梁启超等维新思想直接影响，“乃知富强之原，在于兴学”①。

由于《周礼》出自西汉末年刘歆等古文家之手，所以今文家一直斥之为伪经，推之于现实政治就更遭攻讦了，直到咸同年间，邵懿辰还在《礼经通论》中论说“后世用《周官》者未尝不误国事”。孙诒让在辨明《周经》创作源流后，还别有见地地指出，《周礼》之遭受讦污，是由于后人的巧辩邪说附托于它而汩没了《周礼》兴治的经中真义。他说：

或谓战国渎乱不经之书，或谓莽歆所增傅。其论大都逞臆不经，学者率知其谬，而其抵巇索痏，至今未已者，则以巧辞邪说附托者之为经累也。盖秦汉以后，圣哲之绪，旷绝不续，此经虽存，莫能通之于治。刘歆、苏绰托之以佐王氏、宇文氏之篡，而卒以踣其祚；李林甫托之以修《六典》而唐乱，王安石托之以行新法而宋亦乱。彼以其诡谲之心，刻覈之政，偷效于旦夕，校利于黍杪，而谬托于古经以自文，上以诬其君，下以杜天下之口，不探其本而饰其末，其侥悻一试，不旋踵而溃败不可振，不其宜哉。而惩之者遂以此经诟病，即一二闳揽之士，亦疑古之政教不可施于今，是皆胶柱锲舟之见也。

接下来，孙诒让为批评怀疑“古之政教不可施于今”的胶执成见，论述了“稽古论治”的理论合理性与现实可行性。他认为，古今之间有变有不变，“所异者，其治之迹与礼俗之习已耳”。他举出画井而居、乘车而战、计夫授田、裂土分封等治迹就属“今之势必不能行也”，尸祭、媵婚、席地而坐等礼俗也是“今之情必不能安也”。孙诒让又举出一些沿袭不废的治迹与习俗，而后说：

然则古人之迹与习，不必皆协于事理之实，而于人无所厌

① 孙诒让：《答梁卓如论〈墨子〉书》。

恶，则亦相与守其故常，千百岁而无变，彼夫政教之闳意眇恉，固将贯百王而不敝，而岂有古今之异哉。

就孙诒让所举“至今不变”的迷信行为（“薄蚀则拜跪而救之，湛旱则号呼而祈之”）和祭祀风俗来看，他的论据实不充分，不过，他指出的人们“相与守其故常”的社会心理，确是政治改革中不应忽视的大问题。同时，孙诒让也从学理层次上明确了古今不变的不是政教本身，而是寓于其中的“政教之闳意眇恉”，这才是他稽古论今的核心。他进而以泰西之富强为事实根据论述说：

> 今泰西之强国，其为治，非尝稽核于周公、成王之典法也，而其所为政教者，务博议而广学，以泉通道路，严追胥，化土物卝之属，咸与此经冥符而遥契。盖政教修明，则以致富强，若操左契，固寰宇之通理，放之四海而皆准者，此又古政教必可行于今者之明效大验也。

近代西方各国政明（“博议”）教修（“广学”），臻于富强，孙诒让前将《周礼》精髓概括为通达上下之情的“政”与兴学造士的“教”，用意至此大白。他说：

> 以海疆多故，世变日亟，睠怀时局，抚卷增喟。私念今之大患，在于政教未修，而上下之情睽阏不能相通……夫舍政教而议富强，是犹泛绝潢断港而蕲至于海也。然则今日而论治，宜莫若求其道于此经。①

据孙诒让从妹夫宋恕说，孙诒让少壮之年，曾拟游历日、美、欧、印，治通各地文字学术，“然后具舟载同志及耕夫织妇百工，向东南极天无际之重洋，觅无主之荒岛，谋生聚教训，造新世界以施行

① 以上俱引自《周礼正义·序》。

周官之制、墨子之学说"①。这一乌托邦设想虽因赀财不足而未能实行，却反映了孙诒让以《周礼》治天下的主张。孙诒让早在甲午战前就指出过整理古人经世大法的必要性，"古人经世大法，日就沦堕，其一二端存者，或浮慕其名而忘其精意之所在，苟非得其人而董之，则虽良法美意，且亦徒为具文"②。然而，在戊戌变法新败之际，孙诒让以学术议时政，仍不敢放言无忌，所以《周礼正义》详于发明学术而极少直言政治，"其于古义古制，疏通证明，校之旧疏，略为详矣，至于周公致太平之迹……略引其端而不敢驰骋其说，觊学者深思而自得之"。不过，孙诒让关怀时局之热情难抑，于是疏解《周礼》，"以太宰八法为纲领"诠释众职，作"稽古论治之资"③，又在书稿之外补作序言，"略剌举其可剀今而振敝一二荦荦大者，用示櫫揭"，表白稽古论治之衷心，同时寄望世有君子承继己业："世之君子，有能通天人之故，明治乱之原者，傥取此经而宣究其说，由古义古制以通政教之闳意眇恉，理董而讲贯之，别为专书，发挥旁通，以俟后圣。"④

1901 年清廷宣布新政后，孙诒让疑虑顿除，直接以学术作政论。当盛宣怀请他代撰变法条陈，他竟"以周礼为纲，西法为用"⑤，草成《变法条议》四十条，有诸如朝议、重禄、达情、广学、通艺、博议、通议、观新、矿政、考工、保商、同货等内容，提出了废除跪拜旧仪、裁撤冗滥官职、废除庵寺、改革宫政、允许臣民直接面君进言、广立学堂、开设议院、训练民兵、添设警察、重用乡董、实行预算决算、开采矿产、保护工商等变法主张，涉及到政治、经济、军事、教育、文化等诸多方面，与戊戌新政极其相似。孙诒让自信地认为，"诚更张今法，集吾群力而行之不疑，则此四十篇者以致富强而

① 宋衡（恕）：《孙征君籀庼居士六十寿序》。

② 孙诒让：《胡雨帆先生五十寿序》。

③ 孙诒让：《周礼正义·略例十二凡》。

④ 《周礼正义·序》。

⑤ 孙诒让：《自题〈变法条议〉后》。

有余”①。结果，盛宣怀“惊其陈义太高”，不敢上奏。② 第二年，孙诒让将其副稿改成《周礼政要》，刊行传世，实现了理董古代经世大法成一专书以俟诸后圣的学术夙愿。

有人因为孙诒让在《周礼正义》和《周礼政要》二书中将近代欧美富强之术与《周礼》政教相提并论，有所谓“今人所指为西政之最新者，吾二千年之旧政已发其端”③，于是指责孙诒让有迷恋往古的保守思想，其稽古论治则是粉饰清政府“更法”骗局的倒退反动行为。这是一种不实之论。孙诒让甲午之后的维新进步思想与行动已是有目共睹，庚子变乱后，他的思想进一步发展，常以“章句腐儒”自警，勉力为学，以应时需。在致友人书中，他说：“近者五洲强国竞争方烈，救灾拯溺，贵于开悟国民，讲习科学。不佞曩者所业，固愧刍狗已陈，屠龙无用，故平日在乡里未尝与少年学子论经子古义，即儿辈入学校，亦惟督课以科学。”④ 然而他始终坚持“稽古立事”，甚至将西学西政比附于中国古圣典制，则是孙诒让推进晚清变革的一种独特思考。孙诒让认为戊戌变法乃是败于中西新旧之争。他说：“戊戌更化，海内望治，而廷议未协，党论又兴，于是新旧之辩，哗然百出。”⑤ “中国变法之议，权舆于甲午而极盛于戊戌，盖诡变而中阻，政治未更而中西新故之辩，舛驰异趣，已不胜其哗聒。”⑥ 孙诒让指出：

> 夫政之至精者，必协于群理之公，而通于万事之变。一切勿讲，而徒以中西新故划区畛以自隘，吾知其懵然一无所识也。⑦

---

① 孙诒让：《周礼政要序》，光绪二十八年瑞安普通学堂刊本。

② 前引宋衡文。

③ 孙诒让：《周礼政要序》。

④ 孙诒让：《答日人馆森鸿书》。

⑤ 前引《沈俪崑〈富强刍议〉序》。

⑥ 《周礼政要序》。

⑦ 《周礼政要序》。

因此，对于晚清新政，孙诒让考虑最多的是如何化除中西新旧的畛域，对自己稽古论治与比附西政的企图，他有过明白昭告。在《自题〈变法条议〉后》中他说："陈古刌今，觊以杜守旧者之口，与诂经属文谊例不能强同。"在《周礼政要序》中又说："此非标揭古经以自张其虚憍而饰其窳败也，夫亦明中西新故之无异轨，俾迂固之士废然自反，无所腾其喙焉尔。"对于孙诒让陶熔古今、甄综中外的学术努力与政治用心，他的好友张謇曾在他身后特作表彰：

> 征君当文字弛禁、海通国创、世变学纷之会，慨然欲通古于今，汇外于中，以一尊而容异。以为《周官》乃先王政教所自立，自古文今文之相主奴，刘歆、苏绰、李林甫、王安石之假名制，皆足湮塞古义，迷瞀后学。于是博甄汉唐以来诸儒旧诂，绎疏证通，抉郑之奥，裨贾之疏，成《周礼正义》八十六卷。又据周礼合于远西政治者，类区科例，论说征引，推勘富强所由，如合符契，成《周礼政要》四卷。韪哉！君所谓协群理之公，通万事之变，无新故，无中外也。①

孙诒让研治古今门户意气最为深重的《周礼》，却能坚持不作党伐之论而折中于是，这是孙氏学术的一大优点。在《周礼正义略例十二凡》中，他既批评了两汉议礼群儒大师聚讼攻瑕的不当，又不笼统地偏袒，而是以理论人，实事求是。他说："两汉大师，义诂已自舛互，至王肃《圣证》，意在破郑，攻瑕索痏，偏戾尤甚。然如郊社禘祫，则郑是而王非，庙制昏期，则王长而郑短。若斯之伦，未容偏主。唐疏各尊其注，每多曲护，未为闳通，今并究其诸经，求厥至当，无所党伐，以示折衷。"孙诒让治学还有一点极为突出，就是尊汉而不卑宋，主张不分汉宋，但求经世救时。孙诒让泯灭中西畛区、通达汉宋途彻的学术情致，既受门师张之洞的深刻影响，也是他对为匡济时艰而兼取汉宋的学术潮流的自觉承应。他曾回忆说：

---

① 张謇：《孙征君墓表》，见《张季子九录·文录》卷15。

> 让年廿四，谒南皮师于京邸，同座有盛訾宋学者，南皮跽之云：今天下大病在于不学，倘其能学，便是佳士，遑问其为汉宋乎？窃服膺斯语，以为通论。今日时局之危，黄种、儒教岌乎有不能自保之虑，寰宇通人自言以保教为第一要事，至于学派之小异，持论之偶差，似可勿论。①

作为清代汉学殿军，孙诒让竭力承续亭林遗绪，使考据返趋经世之路。一方面，他批评在国削种危的时局中脱离现实的琐屑考据。在《周礼正义序》中，他说："处今日而论治，宜莫若求其道于此经，而承学之士，顾徒奉周经汉注考证之渊椒，几何而不以为已陈之刍狗乎。"这是他对朴学考据末流的公开指摘。有人因此称颂他"以通经为体，以识时为用，与墨守章句不知通变者迥不相同"②。另一方面，他又反对凿空创立新说，对新学中蔑弃考证的不良学风进行严厉批评。如他评清人许珩《周礼注疏献疑》"多凿空妄说，或望文生义"③。他又批评当时"专以空想树新说者"说："今之浅学，涉猎经文，不能深通其义，则往往凿空皮傅，侈谭理想，此于猎文惊俗，未尝不可，而乃摆弃考证，自命通人，悍然舍古训而别为奇妄之说，则有甚不可者。"④ 孙诒让对康有为政见有所赞肯而驳斥其《新学伪经考》，实际上不是生于门户，而是由于康书凿空臆说。《周礼正义》则既以科学的方法与严谨的态度稽核古经，又有着变革时政的明确目的，实现了考据与经世的统一，所以极受时人推奖：

> 诒让之学，淹贯中西，博综今古，而尤以通经致用为急，以为周官一经，乃政教所自出，先圣经世大法，节目至为精详……

---

① 前引《致汪康年书》。

② 吴士鉴：《奏请将孙诒让事迹宣付史馆立传折》。

③ 孙诒让：《题许珩〈周礼注疏献疑〉》。

④ 前引《答日人馆森鸿书》。

爰博稽制度典章，阐明微言大义，采汉唐以来迄于乾嘉诸儒学说，参互证绎，以发郑注之渊奥，纠贾疏之阙遗，成《周礼正义》八十六卷，至是而官礼之闳意眇恉，皆可措之施行矣。论者谓二百余年研经之士，未尝有此巨作也。①

认为经过他的爬梳抉发，《周礼》精髓“皆可措之施行”，正是对孙诒让经世考据的高度赞扬。张謇也从这一角度来评定孙诒让“学有本原，丁中国二千年未有之世变，烛远规大，条综理贯，炳后来儒术治涂之炬，其为世虑，二百年来儒者所未能有”②。梁启超对清儒劳精敝神去研索琐碎繁重的名物制度颇有微词，可是他对孙诒让却赞不绝口：“唯一的周礼专家是孙仲容，他费二十年工夫成《周礼正义》八十六卷，这部书可算清代经学家最后的一部书，也是最好的一部书。”③ 又说：“诒让则有醇无疵，得此后殿，清学有光矣。”④

---

① 前引吴士鉴文。

② 前引张謇文。

③ 梁启超：《中国近三百年学术史》十三。

④ 梁启超：《清代学术概论》二。

第三章 从“内圣外王”到“中体西用”（下）

第一节 近代今文经学与三世进化论

汉儒传经授学，因使用的经籍版本不同，衍生出经今古文学的分歧与互争。西汉一代今文经学全部立于学官，尽据利禄之途，可是到了东汉末年，服虔、马融、许慎、郑玄等名儒大师继出，古文经学风炽大昌，今文经学一蹶不振，从此沉寂近二千年，十四家今文学说中，仅有何休所注《春秋公羊传》潜流残存。谁知到了18世纪末叶，正当朴学大师们孜孜矻矻于古文经典，“家家许、郑，人人贾、马，东汉学灿然如日中天”①，已成绝学的今文经学却异军突起，由庄存与、刘逢禄揭橥于前，龚自珍、魏源继踵于后，再经廖平、康有为大力传扬，今文经学竟风靡一时，古文经传则几近湮没。

绝响千年的今文经学，复兴于汉学如日中天之际，看似意外，实则合理。一方面，从学术发展的内在逻辑来看，今文经学的复兴是清代学术演进的趋势所致。清学的发展，正如梁启超所总结，是步步复古，“以复古为解放”②。顺康年间，学界惩于晚明王学空疏之祸，用力复宋之古，用程朱解放陆王。乾嘉时期，朴学诸老借六朝隋唐注疏，复东汉学之古，于是家称贾、马，人说许、郑。接下来的一步，自然就是由东京之学复西京之学了。而当朴学发达之后，辑佚之风很

① 梁启超：《清代学术概论》二十一。

② 《清代学术概论》二。

盛，关于西汉今文博士的遗说，相继被搜辑出来，如冯登府有《三家诗异文疏证》，陈寿祺有《三家诗遗说考》，陈乔枞有《今文尚书经说考》，这些都为今文学复兴作了资料的准备。另一方面，刺激今文经学复兴并迅速走向昌盛，主要还源于清廷的式微与时势的激变。康乾盛世，社会秩序比较安定，学人可以专心向学，而且，满人以异族人主中原，屡兴文字狱，对于经世之学与时政之谈横施暴虐，英拔之士只好消磨其才智于训诂名物之中。然乾隆晚年以来，文恬武嬉，危机四伏，嘉道以降，内乱迭兴，外患滞至，清廷积威日弛，人心渐获解放，有识之士为挽救时艰，相与指天画地，经世致用的学风蔚兴。今文经学适逢时会，它既能为这些仁人志士经世论政从学术上提供庇护，又能为他们酝酿变法改制的思想提供理论依据和方法上的借鉴。

近代经文学的复兴发源于常州。先是武进人庄存与（1719～1788年，字方耕）贯穿群经，不拘汉宋，欲在考据学的基础上，建设经世之学。故其治经既有训诂笺注，更重微言大义之剖析，“于六经皆能阐抉奥旨，不专为汉宋笺注之学，而独得先圣微言大义于语言文字之外”①。庄存与的《春秋正辞》就是这种大力阐发孔子“微言大义”的著作。他一再指出《春秋》“非记事之史”，而是将大义托诸空言的圣人之作，“不书多于书”，因此他认为后人研读《春秋》，必须“以所不书知所书，以所书知所不书”，亦即必须用心推究它的微言大义，从中体照圣人之心，考察至圣之法。② 庄存与在考据学鼎盛之际，却不入流俗，为取法致用而用力阐发经中大义，辟出一条治经的新路，被誉为近代今文学的“启蒙大师”。稍后，刘逢禄（1776～1829年）承继外家庄氏之学，年十三即治《春秋繁露》，“益知为七十子微言大义，遂发愤研《公羊传》何氏《解诂》，不数月尽通其条例”。所以他的学术专主董子、李育，开始严立今古门户，如主虞氏之《易》、齐鲁韩三家之《诗》、攻《周礼》、抨《左传》等。刘逢

① 阮元：《庄方耕宗伯经说序》，《味经斋遗说》卷首。

② 庄存与：《春秋正辞·春秋要旨》。

禄的代表性著述《公羊春秋何氏释例》，进一步发展何休在其《解诂》中总结的公羊思想，“凡何氏所谓非常异议可怪之论，如张三世、通三统、绌周王鲁、受命改制诸义，次第发明”①，因此成为近代今文学的不祧之祖。

不过由庄存与启蒙、刘逢禄奠基的近代今文经学，能够从常州衍流达于全国，还由于两位今文学的健将龚自珍、魏源。龚自珍（1792～1841年，字璱人，号定庵，浙江仁和人）先从外祖父段玉裁受业，接受考据之学，后在京师听刘逢禄讲公羊，即无比向往，曾作诗说：“昨日相逢刘礼部，高言大语快无加；从君烧尽虫鱼学，甘作东京卖饼家。”② 龚自珍从此弃去有虫鱼学之讥的考据，转而服膺公羊学。他不仅继承庄、刘发掘微言大义的学风，还大引《公羊》之义来讥切时政，对跌入衰世的封建统治展开激烈的批判；他又张扬今文学的变易思想，提出了变法主张，要求统治阶层实行“自改革”。这样，经龚自珍之手，又给今文学开拓出一片新境，由原来的经术一变而成为政论。与龚自珍并称的魏源（1794～1857年，字默深，湖南邵阳人），跟随刘逢禄治公羊后，一方面大力批驳饾饤之汉学与空腐之宋学，颂扬“承七十子微言大义”的西汉学，提出一条学术复古的主张，即先“由训诂声音以进于东京典章制度”，再“由典章制度以进于西汉微言大义”。③ 为此，他作《书古微》，攻东汉马、郑古文之非，推崇伏生、欧阳、夏侯旧说；又作《诗古微》，论毛诗美刺、正变之例滞碍不通，探齐、鲁、韩三家作诗之意。这样就使《书》、《诗》复于西汉，继刘逢禄之后，使今古二家壁垒更加森严。另一方面，与龚自珍一样，魏源极力将经今文学直接变作经世论政之学，即他所说的“以经术为治术”：

---

① 《清代学术概论》二十二。

② 龚自珍：《杂诗》（乙卯），《龚自珍全集》第441页。

③ 魏源：《两汉经师今古文家法考叙》，《魏源集》上册，中华书局1983年第2版，第152页。

士之能九年通经者，以淑其身，以形为事业，则能以《周易》决疑，以《洪范》占变，以《春秋》断事，以礼乐服制兴教化，以《周官》致太平，以《禹贡》行河，以三百五篇当谏书，以出使专对，谓之以经术为治术。①

总之，渐次复兴的经今文学，经过龚、魏的阐发张扬而步入新境，泛流全国，迅速走向全盛。

事实上，近代今文学的复兴，循着两条途径，其一是创立门户。庄存与为“取法致用”，不专考据而重大义，兼采汉宋，所以启蒙阶段的今文学严格说来还未成学派。至刘逢禄，既发明何休“非常异议之论”，又开始自觉严立今文家门户，他除严守今文学立场外，还撰《春秋公羊解诂笺》、《申谷梁废疾》、《申左氏膏肓》，重开今古文之争，声援二千多年前的何休。② 他的《左氏春秋考证》更专门论证《左氏春秋》乃记事之书而非解经之书，书中凡解经之处皆刘歆窜入，《左氏传》之名亦为刘所伪创。与刘逢禄同时受学于外家庄氏的宋翔凤（1776～1860 年），除喜用谶言附会阐发今文微言大义外，也力攻古文，写有《拟汉博士答刘歆书》。龚自珍在引公羊之义讥切时政的同时，也非议古文经籍，他除承袭师说以为《左氏春秋》曾经刘歆窜益外，又著《六经正名》，提出对被刘歆、王莽窜乱过的六经重新正名。此后，身历太平军起义的邵懿辰（1810～1861 年）为重建儒家礼义名教而究心于礼，提出恢复西汉之礼。他在《礼经通论》中同样指出古文经典之一的《逸礼》出于刘歆的附益矫造。至于魏源，为了森严今古门户，不遗余力排击古文，以至到了自乱其条理的地步。可见，这些学人为了经世救国而归宗今文，为了重立今文门户而攻击排斥古文学，又为了争取今文学在儒学中的正宗地位，

---

① 魏源：《默觚·学篇九》，《魏源集》上册，第 24 页。

② 东汉末年，今古文剧争，何休作《公羊墨守》、《左氏膏肓》、《谷梁废疾》力攻古文家《左氏传》、《谷梁传》。古文大师郑玄针锋以对，作《发墨守》、《针膏肓》、《起废疾》，令今文家极为窘迫。

几乎不约而同地将古文典籍归于刘歆、王莽的伪作。这一学风至道咸年间基本形成，以后再经廖平（1852～1932）《今古学考》的总结，最后由康有为综集诸家，通过《新学伪经考》而全面否定古文经典。对此，梁启超作过这样的总结：

> 盖自刘书出而《左传》真伪成问题，自魏书出而《毛诗》真伪成问题，自邵书出而《逸礼》真伪成问题……初时诸家不过各取一书为局部的研究而已，既而寻其系统，则此诸书者，同为西汉末出现，其传授端绪，俱不可深考，同为刘歆所主持争立。质言之，则所谓古文诸经者，皆有连带关系者，真则俱真，伪则俱伪。于是将两汉今古文之全案，重提覆勘，则康有为其人也。①

今文经学的再次兴盛所遵循的第二条途径，是作经世之用，这是推促今文学由绝学而成显学的决定性因素。以公羊思想为核心的今文经学，它的“非常异议可怪之论”既具易于比附的特点，便于后人古为今用，以之为经世之具，同时又具有不确定性，人们可以因各自遭遇的时会不同，选择性地从中抉发大义。从庄、刘到龚、魏，由于时势的变化，他们复兴今文虽同样出于经世救时之实际需要，但前后的旨趣还是很有不同。当庄、刘之时，清廷统治虽已危机四伏，衰象渐呈，但表面上还歌舞升平，内外交困的时代还未到来。所以他们讲治公羊，倡导阐发“微言大义”，其主旨并非如后代那样强调变法改制，而是阐扬“大一统”之义，强调“尊王”事君，“天无二日，世无二王，国无二君，家无二尊，以一治之”。② 庄、刘想从公羊中寻求自救之方，主要还是为巩固专制中央集权，维护现存统治秩序，“将以禁暴除乱，而维封建于不蔽”③。然而到了龚、魏之时，封建

① 《清代学术概论》二十二。

② 庄存与：《春秋正辞·奉天辞》。

③ 刘逢禄：《释兵事例》，《刘礼部集》卷3。

王朝已由盛世跌入衰世，危机四起，内乱竞呈，道咸以后，更有外患紧紧相逼，整个社会已到了非变不足以图存的地步。另外，就个人遭际而言，与仕宦通达的庄、刘相比，龚、魏仕途蹇塞，人生坎坷，这就更加推促他们利用今文经学来批判社会、变革现实，将经术变作政论。梁启超曾说：

> 龚魏之时，清政既渐陵夷衰微矣。举国方沉酣太平，而彼辈若不胜忧危，恒相与指天画地，规天下大计。考证之学，本非其所好也，而因众所共习，则亦能之，能之而颇欲用以别辟国土，故虽言经学，而其精神与正统派之为经学而治经学者则既有以异。①

龚、魏治经不仅与考据派迥异，与庄、刘也有所不同。庄、刘于今文学偏重于“大一统”，龚、魏则偏重于它的“通三统”、“张三世”诸义，从中发挥变易思想，提出“更法”的改革主张。龚自珍把公羊家的据乱—升平—太平的三世，改造成治世—衰世—乱世的新三世。公羊家坚持“所见世”即现实社会为“太平世”，龚自珍却将现实社会指为衰乱之世，借此论证封建统治陷入了危机，从而对专制统治展开尖锐的批判，这就是梁启超所谓“往往引《公羊》义讥切时政，诋排专制”②。而龚自珍社会批判的根本目的还是呼唤风雷，革除弊政。他论其“自改革”理论说：

> 夏之既夷，豫假夫商所以兴，夏不假六百年矣乎？商之既夷，豫假夫周之所以兴，商不假八百年矣乎？无八百年不夷之天下，天下有万亿年不夷之道。然而十年而夷，五十年而夷，则以拘一祖之法，惮千夫之议，听其自陊，以俟踵兴者之改图尔。一祖之法无不蔽，千夫之议无不靡。与其赠来者以劲改革，孰若自

① 《清代学术概论》二十二。

② 《清代学术概论》二十二。

改革?①

可见所谓“自改革”，就是希望衰世中的统治者预先自我革除弊端，以避免改朝换代，即“将敝则预师来姓，又将敝则又预师来姓”②。龚自珍发挥今文之变易观而提出的“自改革”论，成为晚清自上而下的改革变法的指针。

针对当时有人以为公羊“通三统”之义不见于经传而首出于何注，疑是何休臆造，魏源特意诠解“三统说”。他指出：

> 无论经传，有元年文王、成周宣谢之明文，且何氏叙明言依胡母生条例，又有董生、太史公之书，皆公羊先师七十子遗说，不特非何氏臆造，亦且非董、胡特创也。无三科九旨则无《公羊》，无《公羊》则无《春秋》，奚微言之与有?③

魏源把“三统说”直接还原于孔子本人，然后借通三统之义，提出因时变法的主张。他论变易说：

> 三代以上，天皆不同今日之天，地皆不同今日之地，人皆不同今日之人，物皆不同今日之物……古乃有古，执古以绳今，是为诬今；执今以律古，是为诬古；诬今不可以为治，诬古不可以语学。④

既不能执古绳今，也不能执今律古，因为从古至今，时势人物都已发生绝大变化，维系社会运行之“法”，当然也在不断变化。他说：

① 龚自珍:《古史钩沉论》四,《龚自珍全集》上册。
② 龚自珍:《古史钩沉论》四。
③ 魏源:《公羊春秋论》下,《魏源集》上册，第133页。
④ 魏源:《默觚·治篇五》,《魏源集》上册，第47～48页。

> 天下无数百年不弊之法，无穷极不变之法，无不除弊而能兴利之法，无不易简而能变通之法。①

“法”积久生弊乃是自然之道，变法以除弊兴利，亦属当然之事。魏源援三统之义，特别指出：“忠、质、文异尚，子、丑、寅异建，五帝不袭礼，三王不沿乐。”他甚至说：“孔子得位行道，必蚤有以大变其法。”② 以孔子有变法救弊之意来论证自己的变法主张，这对于后来康有为塑造出变法改制的孔子形象，无疑也是一种学术上的暗示或启迪。

当然，在外患入侵时代，龚、魏也没有忽视今文学中的“大一统”。不过，庄、刘利用“大一统”来阐发拱奉朝廷、尊王事君的思想。对于尚未发生明显变化的统治格局与夷夏关系，他们的设计仍是：“《春秋》欲攘蛮荆，先正诸夏；欲正诸夏，先正京师。”③“以诸夏辅京师，以蛮夷辅诸夏。”④ 可见没有多少新意。而龚、魏对于季清的政治衰乱与外患逼迫已有身受，他们除利用公羊学说提出更法改革修明内政外，还援引“大一统”之义，标举反抗侵略、挽救民族危亡。如龚、魏“皆好作经济谈，而最注意边事”⑤，重视国防边疆建设。魏源还明确提出学习西方的口号，主张“师夷之长技以制夷”，这已是崭新的时代内容了，为后人辟出了新的路向。

今文经学复兴中还有一项令人瞩目的内容，就是将公羊三世说的历史变易论逐渐发展成为三世进化说。“三世说”最早形成于《公羊传》，在解释《春秋》隐公元年、桓公二年、哀公十四年这三处经文时，它同时提出了“所见异辞，所闻异辞，所传闻异辞”，对《春秋》叙事中用辞的不同作出独特解释。到西汉，董仲舒对此加以发

---

① 魏源：《筹鹾篇》，《魏源集》下册，第432页。

② 魏源：《默觚·治篇五》，《魏源集》上册，第48~49页。

③ 刘逢禄：《春秋公羊何氏释例·诛绝例》。

④ 刘逢禄：《制国邑》第五，《刘礼部集》卷5。

⑤ 《清代学术概论》二十二。

挥，提出“张三世”论。他认为，《春秋》将所记十二公分为三等：所见世（哀、定、昭三公61年）、所闻世（襄、成、宣、文四公85年）、所传闻世（僖、闵、庄、桓、隐五公96年），孔子对此三世“书法”各异，“于所见微其辞，于所闻痛其祸，于所传闻杀其恩”①。再到东汉末年，何休注《春秋公羊传》，他对传中关于夷夏、内外、大小等政治关系叙述体例作初步总结，进一步推衍三世说，以为：“于所传闻之世，见治起于衰乱之中”，“于所闻之世，见治升平”，“至所见之世，著治太平”。② 这样，公羊三世就与衰乱、升平、太平的社会历史发展三阶段相对应，由所传闻世（古代）至所闻世（近代）至所见世（当代），也就是社会由“衰乱”进“升平”至于“太平”，历史发展不是倒退而是向前。这样，公羊三世说实际上已变成了一种强调变易的历史观，可以为要求变革现实的思想家提供合法的经典依据和有力的理论武器，所以当今文学在近代复兴，公羊三世说成为最重要的一项内容。刘逢禄最先重提公羊三世说，作经世之谈，以求拨乱见治，回到康乾盛世。龚自珍接过了衰乱、升平、太平的三世之论，又进行改造，他以人才吏治、道德风教等为标准，把社会历史划为治世、乱世、衰世，并且把“所见世”说成是“衰世”。这一改造既符合社会现实，也具有理论上的合理性，实际上，何休在把衰乱之中的定、哀之世比附为“太平世”时，就曾自觉牵强，而仅谓之为“文致太平”。龚自珍的“衰世”论并没有否定三世说所蕴之历史发展意义，而是为了批判现实、痛诋时政、伸张变革，要求统治者进行“自改革”，由衰败走向兴盛。

不过，复兴后的三世说在宣扬历史发展、反对复古倒退的同时，仍把这种变化归源于“三统”的循环，如刘逢禄认为，“圣人迭治天下，必三统相循环”③。他们一边宣扬三世递进的变易思想，一边又相信三变而返本：

---

① 董仲舒：《春秋繁露·楚庄王》。

② 何休：《春秋公羊解诂》隐公元年条。

③ 刘逢禄：《释三科例》，《刘礼部集》卷4。

天下无久而不弊之道，穷则必变，变则必反其本，然后圣人之道与天地相终始。①

万物之数括于三，初异中，中异终，终不异初……万物一而立，再而反，三而如初。②

太古之不能不唐虞三代，唐虞三代之不能不后世，一家高曾祖父，子姓有不能同，故忠质文皆递以救弊，而弊极则将复返其初。③

既讲变易，又讲"不易之易"，这是一种局限。一直到康有为，公羊三世变易论才完全被改造成有进无退亦不循环的"三世进化说"。

康有为对公羊三世说的推演、改造表现在：其一，认为人类社会是变易进化的，并遵循着由据乱世而升平世（小康世），再进至太平世（大同世）的进化轨道，他把"所闻世"、"所见世"都定为升平小康之世，而把太平大同之世悬作人类社会发展的最终目标，"以为文明世界，在于他日，日进而日盛"④。其二，康有为强调人类社会进化必须沿着据乱—升平—太平的轨道，渐次进化，循序而行，绝对不能"躐等"、"遽变"。他说："凡世有进化，仁有轨道……未至其时，不可强为。孔子非不欲在据乱之世遽行平等大同戒杀之义，而实不能强也。可行者乃谓之道，故立此三等以待世之进化焉。"⑤ 其三，康有为坚持人类历史的变易进化，也包括着"道"的随时而变。他说：

《春秋》发三世之义，有据乱之世，有升平之世，有太平之

---

① 刘逢禄：《释三科例》，《刘礼部集》卷4。

② 龚自珍：《壬癸之际胎观第五》，《龚自珍全集》上册。

③ 魏源：《论老子》二，《魏源集》上册，第257页。

④ 梁启超：《南海康先生传》，《饮冰室文集》之六。

⑤ 康有为：《孟子微》卷1。

世，道各不同。①

孔子之道有三统三世焉，其统异，其世异，则其道亦异。故君子当其所处之时，观其会通，以行其典礼。②

时世不同，道也应时而变，治道的变化也同样遵循进化的规律：“世运既变，治道斯移，则始于粗粝，终于精微。”③ 刘、龚、魏等人在三世说上之所以陷入循环论，就是因为他们没有摆脱掉董仲舒“天不变道亦不变”的束缚，康有为则破除了“道不变”的观念，使公羊三世说转化成为三世进化论。④ 其四，康有为以“文教”为划分三世的标准，“乱世者，文教未明也；升平者，渐有文教，小康也；太平者，大同之世，远近大小如一，文教全备也”⑤。他所谓之文教，实指以政治制度为核心的社会历史文化，所以他轻易地将据乱、升平、太平三世附会成君主专制、君主立宪、民主共和三种社会政治发展的阶段。康有为对自己进化的三世说有过较好的总结：

人类进化，皆有定位，自族制而部落，而成国家，而成大统；由独人而渐立酋长，由酋长而渐正君臣；由君主而渐至立宪，由立宪而渐为共和……盖自据乱进为升平，升平进为太平，进化有渐，因革有由，验之万国，莫不同风。⑥

综上所述，今文经学从潜流复兴而泛滥盛行，经历了庄刘—龚魏—廖康三个阶段，从内容上看，每经历一个阶段，今文学都要发生一次变化，越变越远离西汉的今文学，而附益上更多的近代学术和思

① 康有为：《日本书目志序》。

② 康有为：《中庸注》。

③ 康有为：《孔子改制考序》。

④ 康有为之所以如此，是他汲取了近代西方自然科学，尤其是受到达尔文进化论和严复译《天演论》的影响。

⑤ 康有为：《春秋董氏学》卷2。

⑥ 康有为：《论语注》卷2。

想因素。从今文经学复兴的形式，即它作为好学深思之士的经世之具来看，同样也变化了三次：庄、刘将经学研究从不切社会现实的考据歧途拉回经世致用的正路，强调“通经致用”，不过他们仍然根据经书立论，“据古礼以定今制，援经义以决疑难”①，意在使经学由幽复明；龚、魏则为了救裨当时，识通时务，在援引今文学说的同时，明确提出“不必泥乎经史”②，不再拘守经文，除考诸古人外，还学习西方，所以他们不再是为今文学而治今文学，而是“以经术作政论”，从通经致用的经师向经世救时的思想家转变；到了廖、康，则完全以己意为进退，公然乖离经说，以致顽固派攻击说“康有为廖平之徒，肆其邪说，经学晦盲”③。特别是康氏，“往往不惜抹杀证据或曲解证据”④，标榜孔子改制，为维新变法制造舆论，又用近代西方社会政治学说比附六经，其行为不过是“借经术以文饰其政论”而已。“畴昔治公羊者皆言例，南海则言义。惟牵于例，故还珠而买椟；惟究于义，故藏往而知来。以改制言《春秋》、以三世言《春秋》者，自南海始也。”⑤ 从梁启超的这一过誉之词中，我们也能窥探到近代今文学流变迁化的诸多消息。

梁启超在论今文学与新思想关系时曾说：“凡社会思想，束缚一途者既久，骤有人焉冲其藩篱而陷入，其所发明者，不必其遂有当于真理也，但使持之有故，言之成理，则自能震耸一般之耳目，而导以一线光明。”⑥ 今文学的复兴正是如此，它的“非常异议可怪之论”并不“有当于真理”，也不是什么新知，然而在汉学笼罩人心、学问出于考据一途的社会环境与学术氛围下，它因适应好学深思之士经世救时的需要，于是一家首倡而百人回应，由常州一隅，迅速泛滥全国，冲击汉学的樊篱，将学术一统的局面撕开一个缺口，重新开出怀

① 刘承宽：《申受公行述》。

② 龚自珍：《对策》，《龚自珍全集》上册。

③ 叶德辉：《经学通诰》，见《郎园全书》。

④ 《清代学术概论》二十三。

⑤ 梁启超：《论中国学术思想变迁之大势》，《饮冰室文集》之七。

⑥ 梁启超：《论中国学术思想变迁之大势》，《饮冰室文集》之七。

疑经典的学风，给学界带来一线光明，使西学输入并实现中西学术文化的融合成为可能（进化论的传播最为典型）。因此，我们说，今文经学的复兴是近代学界一场轰轰烈烈的革命，它以一种似旧犹新的学术形式，不仅广泛地推进了晚清政治生活的演变，还极大地促发了近代中国的思想解放和学术更新。

第二节　康有为对经学的改造

道咸年间，龚自珍、魏源在清政陵夷、学术荒落之际研治今文经学，开出以经术作政论的学术新风。同光以来，外患转剧，民族亟危，保种救国、保教存学的呼声骤起，于是以经术论政事的龚魏遗风不断酝酿，逐渐化作时代的潮流。集今文经学之大成的康有为，终于直接改造经学，发起一场轰轰烈烈的维新变法，使复兴经今文学的学术运动变成了政治革新运动。

康有为（1858～1927 年）字广厦，号长素，广东南海人，故世称康南海、南海先生。康有为幼习举业，1876 年从广东著名学者朱次琦受经世之学，以为圣贤可期、天下可为，但年余又认为埋首故纸堆中汩没性灵而逐渐厌弃，于 1879 年入西樵山坐禅究佛，不久结识游山的翰林院编修张鼎华，获知京师政象与学风，接触各种新书，立下经邦济世之志，“既念民生艰难，天与我聪明才力拯救之，乃哀物悼世，以经营天下为志”。他广泛研读《周礼》、《文献通考》、《经世文编》、《天下郡国利病书》等，俯读仰思，“笔记皆经纬世宙之言”。接着，康有为游历香港，亲见这里宫室瑰丽、道路整洁、巡捕严密，心思为之一变，“乃始知西人治国有法度，不得以古旧之夷狄视之”①。1882 年，康有为科考返乡途经上海，在租界的所见所闻与三年前香港之行的印象相叠加，不禁引起了他的深思，“见西人殖民政治之完整，属地如此，本国之更进可知，因思其所以致此者，必有

① 《康南海自编年谱》，见《戊戌变法》（四）。

道德学问以为之本原”①。他购回一批西书，用力钻研解读，学识日新大进。康有为在西学新知的启迪下，悟出“大小久速齐同之理”，确立了平等为人类公理的信念，并培养起一种“会悟”式思维，“能举一以反三，因小以见大”，使其学力别开一个境界。② 康有为自述道：“自是大讲西学，始尽释故见。”③

不过，这一自述前半句是实情，后半句却不合事实。接触西学，只不过使康有为读书治学的取向变为兼顾中西，并没有使他的学术思想发生根本转变。康有为在立下经营天下之志后，回头钻研有关政治典制的古籍，尤酷好《周礼》。1886年康氏著《教学通议》，即是贯通《周礼》之作，它标举“善言古者必切于今，善言教者必通于治”④，尊周公为百世典范。康氏又与专心考礼的陈树镛往返论学，1887年还提议修改《五礼通考》，其遗稿《毛诗礼征》中论《蒹葭》谓：“蒹葭，刺襄公也，未能用周礼，将无以固其国也。”⑤ 可见接触大量西学后的康有为，仍想从《周礼》中体察经国之术、探索救国之道。事实上，康有为学术的根本转移，是在他第一次上书皇帝失败之后。1888年，康有为借进京应试之机，上书光绪，指陈“国势危蹙，祖陵奇变，请下诏罪己，及时图治”，提出变成法、通下情、慎左右三项变法主张。⑥ 可是，“虎豹狰狞守九关，帝阍沉沉叫不得”⑦，在等级森森的专制政治体制下，康有为以一介布衣上书人间至尊，不仅不能上达天听，还被斥为狂生饱受讥辱。回到广州，康有

① 梁启超：《南海康先生传》，《饮冰室文集》之六。

② 《南海康先生传》。

③ 《康南海自编年谱》。

④ 康有为：《教学通议》序，载《中国文化》研究集刊第二辑，复旦大学出版社1986年版。

⑤ 转引自朱维铮《康有为在十九世纪》，见《求索真文明》，上海古籍出版社1996年版。

⑥ 《上清帝第一书》，《康有为政论集》上册。

⑦ 《己丑上书不达出都》，《康有为政论集》上册。

为拜晤今文经学家廖平，大受启示，“乃尽弃其旧说”①，由尊崇周公、笃信《周礼》变为服尚《公羊》、尊信孔子。此后，康有为无论授徒讲学，还是著书立说，都完全站到了今文学的立场上，从它的“非常异议可怪之论”中发掘和汲取思想养料，构建维新变法的理论学说。

1891年，康有为辟建万木草堂，除早已追随他的陈千秋、梁启超外，又有徐勤、韩文举等人络绎前来问学，康有为乃作诗指示诸生为学之道，诗曰：

> 圣统已为刘秀篡，政家并受李斯殃。大同道隐礼经在，未济占成易说亡。良史莫如两司马，传经只有一公羊。群龙无首谁知吉，自有乾元大统长。②

康有为在这里指斥刘秀（即刘歆）而盛赞公羊，已显示出他的学术新路向。接着，在陈千秋、梁启超等高足协助下，康有为迅速完成《新学伪经考》。

《新学伪经考》共14篇，以“秦焚六经未尝亡缺考”开篇，以“刘向经说足证伪经考”结束。梁启超把它的内容概括为五层：一、西汉经学并无所谓古文者，凡古文皆刘歆伪作；二、秦皇焚书并未厄及六经，汉十四博士所传皆孔门足本，并无残缺；三、孔子时所用字即秦汉间之篆书，故从文字上说，六经亦无古今之别；四、刘歆为弥缝其作伪之迹，利用校中秘书籍之机，于一切古书多有羼乱；五、刘歆作伪之故，在欲佐助王莽篡汉，乃先谋湮乱孔子微言大义。③ 康有为试图证明，刘歆出于佐莽篡汉的政治需要而造作伪经，同时为了售其欺伪，又托之于孔壁所出，而这些竟然就是东汉以来习传千载的古文经！康有为于是不无讥讽地说：

---

① 《清代学术概论》二十三。

② 《康有为政论集》上册，第87页。

③ 《清代学术概论》二十三。

> 阅二千年岁月日时之绵暖，聚百千万亿衿缨之学问，绕二十朝王者礼乐制度之崇严，咸奉伪经为圣法，诵读尊信，奉持施行，违者以非圣无法论，亦无一人敢违者，亦无一人敢疑者。①

几乎在编纂《新学伪经考》的同时，康有为又组织门徒，开始撰述变法的另一大理论著作。甲午惨败后，康有为领导公车上书，组织强学会，一连串的救亡实践和从严译《天演论》中吸取的进化学说，使康有为的思想日趋成熟，变法的理论体系逐步完备，于1897年完成《孔子改制考》。

《孔子改制考》共21卷，全书的中心在于论证孔子为救世而托古改制，创立六经。康有为首先指出，上古历史茫昧无稽，“六经以前，无复书记，夏殷无征，周籍已去，共和以前，不可年识，秦汉以后，乃得详记”，所谓“三代文教之盛”，实际上出于孔子之托。②康有为进而认为，春秋战国之时，由于社会动荡，诸子百家为了救世济民，纷纷创立教义，他们利用上古茫昧无稽之便，无不托古创制，“或为神农之言，或多称黄帝，或法夏，或法周，或称三代”③。其中孔子托古改制，创立儒教，提出了尧、舜、禹、汤、文、武前后承接的政教礼法，又创作《诗》、《书》、《易》、《礼》、《乐》、《春秋》六经，以为托古改制的依据，其中尤以《春秋》“继周”，改周之制，拨转乱世使至于太平。康有为特别指出，孔子以布衣身份出而改革周制，“本天论，因人情，顺时变，裁自圣心”，所以天下归往，成为万世救主。④ 他称颂孔子有帝王才德而不居帝王之位，正是“制法之王，所谓素王也”⑤。

---

① 《新学伪经考·序》。

② 《孔子改制考》，中华书局1958年版，第1页。

③ 《孔子改制考》，中华书局1958年版，第4页。

④ 《孔子改制考》，中华书局1958年版，第341页。

⑤ 《孔子改制考》，中华书局1958年版，第196页。

康有为从维新变法的实际需要出发，大力宣扬《公羊传》中通三统、张三世的学说。他认为孔子处身乱世，仍向往太平，他说：“孔子拨乱升平，托文王以行君主之行政，尤注意太平，托尧舜以行民主之太平。”① 又说：“《春秋》始于文王，终于尧舜，盖拨乱之治为文王，太平之治为尧舜，孔子之圣意，改制之大义，《公羊》所传微言之第一义也。”② 孔子根据时势而因革损益，手定六经，创立儒教，拨乱救民。这样，康有为借孔子宣扬了变法维新的主张，又把孔子改扮成托古变制的万世救主、制法之王，他甚至把近代西方的一套东西附会到孔子身上，说成是孔子所创：

> 世官为诸子之制，可见选举实为孔子创制。
>
> 读《王制》选士、造士、俊士之法，则世卿之制为孔子所削，而选举之制为孔子所创，昭之然矣。选举者，孔子之制矣。③

这是将世卿制比附为资产阶级的选举制。

> 吏道是周秦以来任官之旧，仕学院中人也。儒是以教任职，如外国教士之入议院者。④

这是将儒士视作教士，从而与议院相牵连。

> 今中国圆颅方趾者四万万，其执民权者二十余朝，问人归往孔子乎？抑归往嬴政、杨广乎？既天下义理制度皆从孔子，孔子执经释莱俎豆莘莘皆不归往嬴政、杨广而归往大成之殿，阙里之

① 《孔子改制考》，中华书局 1958 年版，第 284 页。

② 《孔子改制考》，中华书局限性 958 年版，第 285 页。

③ 《孔子改制考》，中华书局 1958 年版，第 42 页。

④ 《孔子改制考》，中华书局 1958 年版，第 238 页。

堂，共尊孔子。①

这是根据历代尊孔的表面现象，得出天下不乐专制而归往民主的结论。康有为处心积虑地按照自己的意愿来诠释儒门经典，阐扬孔子改制的微言大义，从而把“改制教主”的孔子变成了维新变法的祖师。

《新学伪经考》论证刘歆伪造儒门经典，湮没孔子微言大义，为康有为抉发孔子的微言大义扫除了逻辑上的障碍；《孔子改制考》则大力阐发孔子的微言大义，将古文经学家心中“信而好古”、“述而不作”的孔子偶像一举推倒，重新塑出一个救时拯民、托古改制的孔子，这就是康有为为了用经术作政论而改造经学的两大步骤。他曾自述说，前者是“别其真赝”，后者是“发明圣制”②。从《新学伪经考》到《孔子改制考》，康有为的变法理论体系基本建立，此后他把主要心思用于酝酿变法的具体主张，治学也由古籍转向西书，借鉴各国变法的成功经验，大量仿采日本明治维新的内容，直接用于戊戌新政。

康有为提出戊戌维新的各项具体举措，显得十分直接和迅速，而他为了使变法主张变成现实运作，则耗费了无数时日与精力，甚至在中国已走向近代世界的时代里，仍不得不走托古改制的老路，这其中有着深刻的社会和时代的原因。

一方面，近代中国虽已发生千古未有之变，然而以孔子为偶像、以圣经贤传为中心的为专制统治服务的儒学思想体系仍笼罩全社会，锢蔽着朝野上下的人心。守旧顽固之徒，更是利用祖宗成制与儒家圣经，将任何异常之论与变革之举，扣上“非圣无法”、“离经叛道”的大罪名。因此，从儒门经典中寻找变法的依据，把人人信奉的孔子说成变法改制的教主，自然是推动变法最为有力的武器了。康有为改造经学、重塑孔子，从理论上论证变法合乎圣人之道，可以说既是一种不得已而为之的策略，也是一种不与社会现实脱离的明智之举。梁

① 《孔子改制考》，第 191 页。

② 《春秋笔削微言大义考序》，见《康有为政论集》上册。

启超就说：

> 南海以其所怀抱，思以易天下，而知国人之思想束缚既久，不可以猝易，则以其所尊信之人为鹄，就其所能解者而导之，此南海说经之微意也。①

皮锡瑞也曾指出以托古来改制的必要性，他说：

> 中国重君权，尊国制，猝言变革，人必骇怪，故必先言孔子改制，以为大圣人有此微言大义，然后能持其说。②

另一方面，19世纪中叶以来，中国虽然已有所谓新学，但其内容不外乎近代西方的格致工艺技术与外国史地知识，“此等学术，皆形下之学，与我国思想上无丝毫之关系也”③，“故数十年中，思想界无丝毫变化”④。生当其时的康有为，虽然较早就广购西书，用力研读，除学到一些新颖然而零碎的自然科学知识以作其冥思苦索的材料外，无法从中获得成熟的社会政治学说作为救国的现成理论武器，《南海康先生传》就指出：

> 其时西学初输入中国，举国学者莫或过问。先生僻处乡邑，亦未获从事也。及道香港上海……乃悉购江南制造局及西教会所译出各书尽读之。彼时所译者，皆初级普通学及工艺兵法医学之书，否则耶稣教典论疏耳，于政治哲学，毫无所及。

康有为本是为了探考西人立国之道德学问方面的本原购读西书的，实

① 梁启超：《论中国学术思想变迁之大势》，《饮冰室文集》之七。
② 皮锡瑞：《师伏堂未刊日记》，载《湖南历史资料》1959年第1期。
③ 王国维：《论近年之学术界》，见《静安文集》。
④ 《清代学术概论》二十九。

际却未能如愿，这样，他只好返求于中国古籍，从中寻求救国之方。所幸康有为学思敏锐，利用有限的新知，“别有会悟”，从儒家经典中开掘出新的思想资源——孔子的微言大义，从而构建起变法的理论体系。

康有为改造经学，为变法找到了必要的经典依据和有力的理论武器，直接推进了戊戌维新运动。此外，他阐发孔子的微言大义，宣扬布衣改制学说，还有着更为重要的现实政治作用。19 世纪中后期，随着资本主义新经济的发展，中国出现了一股新兴的社会力量——向资产阶级转化的地主阶级和资产阶级化的知识分子。他们急切地要求参与政治，变革现实，挽救民族危亡，然而占据统治地位的顽固分子，从政治和学术两个方面对他们进行压制、打击。康有为 1888 年以及此后多次上书不达的切身体会，促使他由学术入手，从传统经学中去寻找布衣参政的神圣依据。他论孔子以布衣身份变革政制而不得不托于往圣先王，说：“布衣改制，事大骇人，故不如与之先王，既不惊人，自可避祸。”① 其实这正是他自己的心思与策略。康有为除塑造出布衣改制的孔子外，还在《孔子改制考》中辟出《诸子并立创教改制考》，强调说：“不惟孔子而已，周秦诸子罔不改制，罔不托古。”这些为了拯救乱世而托古改制的诸子，同样都是“布衣”。可见，只要是出于救世拯民，由布衣改制立法，完全是合乎情理的平常之举，绝不是离经叛道的奇言异行。梁启超宣传康有为这一“布衣改制”学说不遗余力。他指出：

> 独惜周道衰废，王者不能自举其职，而天地之公理，终不可无人以发明之也。故孔子发愤而作《春秋》，以行天子之事……黄梨洲有《明夷待访录》，黄氏之改制也；王船山有《黄书》有《噩梦》，王氏之改制也；冯林一有《校邠庐抗议》，冯氏之改制也。凡士大夫之读书有心得者，每觉当时之制度有未善处，而思

① 《孔子改制考》，第 267 页。

有变通之，此最寻常事，孔子之作《春秋》，亦犹是耳。①

以孔子和先秦诸子托古改制为例证，批驳后世关于布衣不当改制之论。并特别指出，首先是由于“王者不能自举其职”，社会不能正常运行，有识之士虽以布衣之身也要挺身奋起，将“当时之制度有未善处”加以变革。换言之，在清政凌夷、朝廷朽腐的当时，知识分子以在野之身倡言改革，要求维新变法，极是平常和正当。“布衣改制”学说经过康门弟子的推广阐扬，其政治底蕴显露无遗。所以，当权的顽固派固然对康有为斥责新学伪经、抉发孔子微言大义以比附近事、托古改制、推行新法等大肆攻击，不过他们最为恐惧和仇恨的还是集中于布衣改制论上，例如他们说：

托古改制，乱成宪也。②

窃恐以此为教，人人有改制之心，人人谓素王可作……是导天下于乱也。③

忧时之君子，未有不知法之宜变者，惟是朝廷不言而草茅言之，未免近于乱政。④

在时势潮流面前，顽固派事实上已承认要变法才能图存，但他们反对自下而上的变法，绝对不能允许“草茅”言政、布衣改制。这就从反面验证了康有为“改制”理论的现实政治意义。

康有为著《新学伪经考》和《孔子改制考》，都采取了考证形式，大量援引经籍，给人留下言必有据的印象。然而，康有为著书并非严格意义上的学术行为，不是考辨伪书，也不是考证古史，而是为

① 梁启超：《读春秋界说》，《饮冰室文集》之三。

② 苏舆：《翼教丛编》。

③ 苏舆：《翼教丛编》。

④ 孙家鼐：《译书局编纂各书请候钦定颁发并请严禁悖书疏》，转引自汤志钧《近代经学与政治》，第209页。

了现实政治斗争的需要，所以他在书中“往往不惜抹杀证据或曲解证据”，公然“犯科学家之大忌”而不顾。① 因此，如果胶执于从学术的层面来衡量，康的“两考”并不值得后人肯定，然而，从思想史的角度来看，其意义不仅极其巨大，而且极其深远。

首先，康有为宣布东汉以来的儒门经典都是“伪经”，那么两千多年来的儒家学说也就远非孔子正道了，清儒的汉学宋学，当然要两皆吐弃了。他说：

> 后世汉宋互争，门户水火，自此视之，凡后世所指目为“汉学”者，皆贾、马、许、郑之学，乃新学，非汉学也；即宋人所尊述之经，乃多为伪经，非孔子之经也。新学之名立，学者皆可进而求之孔子，汉宋二家退而自讼，当自咎其夙昔之眯妄，无为谬讼者矣。②

康有为通过斥“新学”，表面上是要息汉宋之争，实际上由此而对历代尊奉的正统儒学作了全盘否定，“清学正统派之立脚点，根本动摇”③，这对当时学术思想界的冲击震荡，如梁启超所譬喻，恰如一场大飓风！

其次，对于数千年来“无一人敢违”、“无一人敢疑”的神圣经典，康有为不但怀疑，还大加攻击。他不仅指东汉以来的儒经为刘歆造作的伪经，连孔子的本经也是孔子为托古改制而作伪托；对于两千年来已被神化的孔子，康有为却一再指出其布衣的身份，将他夷于与诸子平列的地位；对于唐宋以来士大夫深信的所谓尧、舜、禹、汤、文、武、周公、孔子等一以贯之的“道统”，对于他们津津乐道的“三代文教之盛”，康有为都明白地指出它出自孔子的假造，“六经中尧、舜、文王，皆孔子民主君主之所寄托，所谓尽君道尽臣道，事君

---

① 《清代学术概论》二十三。
② 《新学伪经考·序》。
③ 《清代学术概论》二十三。

治民，止孝止慈，以为轨则，不必其为尧舜文王之事实也”①。这样，儒经神圣的观念被打破了，孔子一尊的观念也被动摇了，这就使人们有了摆脱数千年思想束缚的可能。这对于学术人心的解放，其作用难以估量。梁启超在《清代学术概论》二十三中从四个方面加以评定，实际上我们转用他评《尚书古文疏证》的文字更加恰当：

> 自汉武帝表章六艺罢黜百家以来，国人之对于六经，只许征引，只许解释，不许批评研究……若对于经文之一字一句稍涉疑议，便自觉陷于非圣无法，蹙然不自安于其良心，非特畏法网惮清议而已。凡事物之含有宗教性者，例不许作为学问上研究之问题；一作为问题，其神圣之地位固已动摇矣！今不唯成为问题而已，而研究之结果，乃知畴昔所共奉为神圣者，其中一部分实粪土也，则人心之受刺激起惊愕而生变化，宜何如者？盖自兹以往，而一切经文，皆可以成为研究之问题矣。再进一步，而一切经义，皆可以成为研究之问题矣。②

正如这段话最后几句所预言，康有为以非凡的勇气，毅然对“不许作为学问上研究之问题”的经学进行研究和大胆改造，不但推动了近代中国的政治变革和思想解放，对于近代学术的发展也有开辟之功。不仅经学独尊的局面很快走向崩解，儒学不再作为统治思想，而是作为古代哲学之一，成为学术研究的对象（如胡适《中国哲学史大纲》就将孔子与诸子并列加以研究品评），史学等学科的发展也从中获得转变的契机和思想上的启示。③ 康有为指出上古历史茫昧无稽和儒家典籍有伪，对于20年代的疑古辨伪运动的兴起，无疑也有

---

① 《孔子改制考》，第285页。

② 《清代学术概论》五。

③ 周予同在其《五十年来中国之新史学》中写道：“康氏著作的目的在于假借经学以谈政治，但康氏著作的结果，却给予史学以转变的动力……使史学继文字学之后逐渐脱离经学的羁绊而独立。”见《周予同经学史论著选》，上海人民出版社1983年版。

直接的促发作用。①

第三节　张之洞与"中体西用"

嘉道以降，西方近代文明潮涌而入后，对东方的古老文明带来前所未有的冲击，天朝上国以文化中心自居于世的心理定势，数千年的文化模式，随之步步动摇而被迫自我调适，终于在国门敞开半个多世纪，洋务运动几近尾声的时候，推出一种成熟的文化新模式——中体西用，为处于民族危亡、中西冲突、新旧交接等重重困境中的中国学术文化建设，探索出一条汲纳新知，同时又捍护传统的折中之路，为中国传统文化的近代转化奠定了思维的理论基础。

早在明末清初，西方文化就随传教士的东来而浸渍中土，中国文化中就有了"西学"的新概念，生出处理中学西学关系的新问题。不过当时的中国声威显赫，与之相伴的文化优越感无比强烈，所以，对于西学，既能承认其格物穷理、造器制象等科技方面的先进成就，又要卑视其所格之物皆形下之器数，所穷之理无关乎心性伦常，从根本上斥之为支离神怪的异端杂学，从而制定出一条"节取其技能而禁传其学术"的文化大策略。② 可以说，在鸦片战争之前，中西文化虽频有接触，但未出现直接的冲突，所以中国的统治者或者士大夫，对于西学都是一种单向的取用态度。自魏源提出"师夷之长技"，中国人才开始破除这种单向的文化交流心理，明确认识到汲取西方近代物质文明对于抵抗外来侵略、维护民族独立的实际作用，不过仍未深入到从文化自身的层面来看待西学于中学的积极意义。随着洋务运动的全面铺开和深入发展，人们对西方文明的认识加深，固守传统、颟顸排外的人对于西学的抵拒也日益激烈，中学与西学的正面冲突，不仅见于朝堂奏章的政争，还引起了朝野士庶的深思，于是具有政治应变和文化选择双重意义的中体西用理论，应运而生。冯桂芬最先在

① 顾颉刚：《古史辨》第一册《自序》。

② 参见《四库全书总目提要》卷125子部杂家类《存目》之二。

《校邠庐抗议》中提出“以中国之伦常名教为原本，辅以诸国富强之术”，虽有以中学为主西学为辅的用意，毕竟是将中西二学并举立论，是一种双向思维，为中体西用文化观定下了基本的思维框架。伴着中体西用主张的日趋明朗，西学的内容不断扩大和深入，由船炮器械到格致技艺，再到工商制度、议会民主，都被纳入应该效仿引进的“西用”之列。“西人立国具有本末，虽礼乐教化远逊中华，然其训致富强亦具有体用。育才于学堂，论政于议院，君民一体，上下同心，务实而戒虚，谋定而后动，此其体也。轮船、火炮、洋枪、水雷、铁路、电线，此其用也。”① 既然西洋立国有本有末，中国学习西方就不能只求其用而遗失其体。郑观应正是从这一层面的西学立言，所以他的“中学其本也，西学其末也，主以中学，辅以西学”的表述②，字面上仍有本末主辅，实际上已将中体西用论推进了一大步。甲午一战，中国丧师受辱，举国震动，保国保种保教的声浪骤起，然而维新派“尽变西法”的主张，一时仍与几千年的传统扞格，于是折中中西的中体西用论大受欢迎而成了“流行语”。

1896 年 8 月，受命筹办京师大学堂的孙家鼐在奏折中提出一项“立学宗旨”，就是标举中体西用论：

> 中国五千年来，圣神相继，政教昌明，决不能如日本之舍己芸人，尽弃其学而学西法。今中国京师创立大学堂，自应以中学为主，西学为辅，中学为体，西学为用。中学有未备者，以西学辅之，中学有失传者，以西学还之。以中学包罗西学，不能以西学凌驾中学。③

中体西用主张从此有了实际运作的机会，成为晚清新政的理论指导。不过，中体西用论在维新期间能获得成熟的理论形态，成为举国之至

① 郑观应：《盛世危言·自序》，《郑观应集》上册。

② 《盛世危言·西学》。

③ 孙家鼐：《遵议开办京师大学堂折》，见《戊戌变法》（二）。

言，根本还在于张之洞在理论上的阐发与实践中的推进。

张之洞入仕之初，侧身清流，耻谈洋务，光绪七年（1881 年）出任山西巡抚后，始悟祖宗成法无力救治弊政，转而急切追求西学新知。在两广总督任上（1884～1889 年），张之洞身历中法战争，对西方军事器械的先进有了深切认识，“自法人起衅以来，历考各处战事，非将帅之不力，兵勇之不多，亦非中国之力不能制胜外洋，其不免受制于敌者，实因水师之无人，枪炮之不具”①。从此大力引进西方军械工艺，成为一员洋务大吏。张之洞在兴办洋务的过程中，对西学的认识逐渐加深，由军事科技层面进于工商经济。甲午战后，张之洞上呈《吁请修备储才折》，其中指摘时人“皆知外洋各国之强由于兵，而不知外洋之强由于学”②，从“学”的角度探讨西方富强的原因，举出交涉、农政、工艺、商务四种西方获致富强而中国所缺的“专门之学”。1898 年，张之洞在维新变法声浪中，奏请改两湖书院、经心书院为学堂，拟议“两书院分习之大旨，皆以中学为体，西学为用”③，正式表达了对中体西用论的信奉。接着，张之洞著成《劝学篇》，以其丰富的学识阅历，针对时势国情，对当前的政治、军事、经济、教育、外交以及个人的治学、修身等提出了诸多方略措施，尤其对中学与西学关系的阐述综合前人，发抒己见，使“中体西用”有了成熟完备的理论体系。

救亡从一开始就是中体西用论者的根本旨趣，张之洞亦是如此。在《劝学篇·序论》中，张之洞首先肯定，处于千古未有变局之中，朝野上下，海内志士，无不乾惕震厉，扼腕愤发，用力救亡。但他又指出，当时中国所面临的危亡局势，除迫在眉睫的外祸外，还有一种起于新旧相争的更为严重的内患：

图救时者言新学，虑害道者守旧学，莫衷于一。旧者因噎而

① 《筹议海防要策折》，《张文襄公全集》卷 11《奏议》。

② 《吁请修备储才折》，《张文襄公全集》卷 37《奏议》。

③ 《两湖经心书院改照学堂办法折》，《张文襄公全集》卷 37《奏议》。

> 食废，新者歧多而羊亡。旧者不知通，新者不知本。不知通则无应敌制变之术，不知本则有菲薄名教之心。夫如是，则旧者佥病新，新者佥厌旧，交相为瘉，而恢诡倾危乱名改作之流，遂杂出其说以荡众心。学者摇摇，中无所主，邪说暴行，横流天下。敌既至，无与战，敌未至，无与安。吾恐中国之祸，不在四海之外，而在九州之内矣。

新旧相攻，政见不一，虽是救亡主张有异，实则关系危亡大局，张之洞有见及此，确乎独具慧眼。而挽救民族危亡，关键在于内部团结，一致对外，“同心以救弊，齐力以捍患”，张之洞把“同心”置于全书之首，用意即在于此。① 那么如何“同心”呢？当然是化除新旧之见。因此，张之洞大做调和新旧的工作。

一方面，对于菲薄纲常名教，倡导民权诸说的新派，他在《明纲》、《宗经》、《正权》诸篇中大加批判。张之洞不仅宣布三纲五常为中国数千年相传之至教，神圣不可变易，还试图论证它们是“天秩民彝，中外大同”，不论东西，立国立教都有赖于斯。他指责那些要求废除纲常伦理、提倡民权平等之人为“贵洋贱华之徒”，说他们“于泰西政治、学术、风俗之善者懵然不知，知亦不学，独援其秕政敝俗，欲尽弃吾教吾政以从之”，“所谓非驴非马，吾恐地球万国将众恶而共弃之也”。② 张之洞又断言民权之说有百害而无一益，“使民权之说一倡，愚民必喜，乱民必作，纪纲不行，大乱四起”，倡行民权，会使民乱于内国亡于外。③ 对于这些“不知本”的人，张之洞提出“先以中学固其根柢，端其识趣”，使其学有所宗，遵奉纲常，不致传播邪说而有暴行。④

另一方面，张之洞批评守旧者因噎废食，虚骄顽劣，不知变通。

① 《劝学篇》内篇《同心第一》。

② 《劝学篇》内篇《明纲》。

③ 《劝学篇》内篇《正权》。

④ 《劝学篇》内篇《循序》。

张之洞回顾自有外祸以来，林则徐、曾国藩等提出效法西洋，变法自强，然而“迂谬之论，苟简之谋，充塞于朝廷，不惟不信不学，且诟病焉”，外患频仍，危亡在即，这些因循苟且的士大夫，却“茫昧如故，骄顽如故”①。张之洞痛陈其害，说是自蔽其智，甘于沉沦，自陷灭亡，“愚陋虚骄，妄之门也，侥幸怠情，苟之根也，二蔽不除，甘为牛马土芥而已矣”②，“专己袭常，不能自存也”③。为了消除新旧訾謷彼此对立的危险局面，张之洞除分饬新学之士应守本、旧学之士应知变外，还具体指出了变与不变的内容，“夫不可变者，伦纪也，非法制也；圣道也，非器械也；心术也，非工艺也”④。既主张变改器物法制，效法西方，求得富强，挽救危亡，与维新志士取得一致，又坚持纲常政制不可移易，固守传统，卫尊朝廷，与守旧派相妥协，张之洞就以这种持中的立场，务通又务本，守旧以开新，企图使一直如冰炭水火的新旧两派，求同去异，共扶艰危。张之洞这样做，并非依违两可，首鼠两端，他的调和新旧，较之泥古庸陋的旧派，进步自不待言，即使与当时提出“尽变西法”的新派比较，张之洞的主张更易获得整个社会的认同。在当时正处于新旧过渡的中国，抱残守缺固然反映了封建遗老的阴暗心态，尽变西法亦非最佳选择，只有新旧调和最是现实可行。

要实现新旧调和，并不简单地取决于思想和政治立场，更重要的在于协调好新学与旧学、中学与西学的关系。张之洞对此作了大量的论述，提出了“新旧兼学”、“政艺兼学”、“中西会通”等卓绝识见。首先，张之洞从国将亡、学将绝的危急时势出发立论，指出中西二学的相容互补性，认为引进西学对于救国存学极其必要。他说：“沧海横流，外侮涛至，不讲新学则势不行。”⑤“今欲强中国，存中

① 《劝学篇》外篇《益智》。

② 《劝学篇》外篇《益智》。

③ 《劝学篇》序。

④ 《劝学篇》外篇《变法》。

⑤ 《劝学篇》内篇《守约》。

学，则不得不讲西学。”① 正因张之洞有此识见，他在论述设立学堂宗旨时，提出了一条“新旧兼学”的原则：

> 四书、五经、中国史事、政书、地图为旧学，西政、西艺、西史为新学。旧学为体，新学为用，不使偏废。②

所谓“旧学为体，新学为用”，在张之洞心目中，除坚持要以纲常伦理为学问之大本大原外，更多的是指治学的先后次序。他在《循序》篇就这样说：

> 今日学者必先通经以明我中国先圣先师立教之旨，考史以识我中国历代之治乱、九州之风土，涉猎子集以通我中国之学术文章，然后择西学之可以补吾阙者用之，西政之可以起吾疾者取之。

在《守约》篇中，张之洞又提出，学子应在15岁以前诵读经史诗文，打好识字行文等中学基础，15岁后据此基础“求之统经史诸子理学政治地理小学各门”，其间兼习西文，“过此以往，专力讲求时政，广究西法”。张之洞明确表示，在此国危学微之际，兴学育人当讲究实际与实用，“义主救世，以致用当务为贵”，所以他要求先治中学，不过是要求“将来入官用世之人，皆通晓中学大略之人”，留下儒学书种，“吾学庶几其不亡乎”。可见，正是国危学微的严酷现实与救国保教的急切需要，使张之洞提出了中西兼学、尤重西学的进步意见。

张之洞对于引进西学的认识，也超过了前人。他指出西学内容广

---

① 《劝学篇》内篇《循序》。

② 《劝学篇》外篇《设学》。

泛，“西艺非要，西政为要”①，“救时之计，谋国之方，政尤急于艺”②，所以主张政艺兼学，以政为先。虽然他所谓之“西政”，乃是学校、地理、度支、赋税、武备、律例、劝工、通商等有关工商经济、军事刑政、文化教育等方面的具体措施与管理制度，并不是维新派所倡言的议会民主等政治方面的制度设施，但只要比较一下康、梁等人在戊戌变法中的主张，可以发现双方并无多大差别（康、梁同样认为民权平等学说不可遽然实行，张之洞则公开诋毁民权学说）。在张之洞以前的中体西用论者，为了反击守旧人士的攻击，发明出“西学中原”说，论证向西方学习不是用夷变夏，而是礼失求诸野。可是反对师法西方的人，也可据此立论，他们指出，既然西学中的历算、器械源于中国，“何不令天下举而习之，而必自卑尊人，舍中国而师夷狄”③。张之洞则使顽固者失去这一口实，他说：“谓圣经皆已发其理、创其制，则是，谓圣经皆已习西人之技，具西人之器，同西人之法，则非。”他一方面保留中国圣贤经典为西学创始本源的自大自尊，另一方面还是承认了古圣经典不能替代近代西学，所以既要守住圣经，又须吸取西学。他因此批评信奉西学中源的人，“但诩借根方为东来法，而不习算学，但矜火器为元太祖征西域所遗，而不讲制造枪炮”，是一种空言争胜的“自欺”。他提出，学习西方，不能论其是否与中学同源，只能以是否有益于中国为标准，“西政西学，果其有益于中国，无损于圣教者，虽于古无征，为之固亦不嫌”④。

对于晚清社会上新旧中西间所存在的隔阂冲突，张之洞特意标出“会通”一法，以求化解新旧之见，沟通中西之学。他的具体主张就是：

> 中学为内学，西学为外学，中学治身心，西学应世事，不必

① 《劝学篇》序。

② 《劝学篇》外篇《设学》。

③ 杨廷熙：《奏请撤销同文馆》，同治朝《筹办夷务始末》卷49。

④ 《劝学篇》外篇《会通》。

尽索之于经文，而必无悖于经义。

他认为，只要坚持中学为体，即“心圣人之心，行圣人之行，以孝悌忠信为德，以尊主庇民为政”，那么，不论其怎样师法西学，“虽朝运汽机，夕驰铁路，无害为圣人之徒也”。相反，如果死抱经书，空谈性理，无视西学之用，孤陋不通，虚骄昏惰，只能“坐使国家颠阽，圣教灭绝”，成为尧舜孔孟之罪人而已。① 张之洞虽提出治西学必先由中学，但他反复说明存续中学“则不得不讲西学”，可见他对于“中体西用”，只是原则性地坚持前者，心中却偏重于后者，强调“中体”有赖于“西用”，这跟一般持此论者坚持“西用”离不开“中体”比，已是很大的进步。

与他的前辈和时贤相比，张之洞关于新旧中西的论述，虽同样有某些陈腐浅谬之见，但更多新颖精当之论。他虽然仍旧卫护中体，奉纲常为圭臬，但把西用的地位提到同样的高度。他没有简单地作出中优西劣的价值判断和中主西辅的文化选择，而是力求化解新旧、会通中西。他企图一身二任，既卫道又开新，既保教又保国。经过张之洞的理论阐扬与实际运作，中体西用论既具备现实的政治功用，又成了一种完备的文化模式。在外衅屡起、民族危急、新旧思想交锋、中西文化冲撞的晚清社会，中体西用论既宣泄出了士人学子心中强烈的民族情感，也照顾到了新旧双方的文化心理。折衷中西，对于中西异质文化的冲突可起一种缓冲作用；调和新旧，则可避免传统文化在实现近代转换的过程中出现断裂。可以说，中体西用文化模式成了近代中国汲纳西方文化养料以推进传统近代化的最佳选择。因此，中体西用论不仅为洋务派所倡行，实际上也为维新派所采纳，在清末时全国以之为至言，直到民国以后，还不断为人信奉。一代大师陈寅恪不但在挽王国维词中盛称张之洞，有句云“中西体用资循诱”，他还公开宣言自己“思想囿于咸丰同治之世，议论近乎湘乡南皮之间”②。当然

① 《劝学篇》外篇《会通》。

② 陈寅恪：《冯友兰〈中国哲学史〉》审查报告》。

随着时代推移，陈寅恪等人的“中体”已不再是张之洞的纲常名教，而成了中国传统文化的代名词；民国以来的“西用”范围，也早已越出洋务人士的认识层次。中体西用的内涵虽随时演变，可是一代代的学人都愿意借用它来构建新的学术思想体系，这就雄辩地说明，经张之洞而成熟的中体西用论，作为文化选择模式的学术价值远远大于它的政治功用，这一点应予充分肯定。

第四节　子学复兴与近代诸子研究（总述）

一、诸子学在近代的复兴

先秦的诸子百家开创出学术自由争鸣的鲜活局面，各家的思想学说成为中国文化的活水源头。然而，秦汉以来，随着政治经济的集权统一，这种百家争鸣的局面必然走向终结，经过吕不韦、贾谊、刘安、董仲舒等人的融合、总结，先秦诸子学说的精华几乎都被汇纳入儒家学说之中。再加上专制统治的高压，原来那种独立思考、自由论说的诸子精神，也不断沦丧，以至于有人断言经过秦始皇的焚书和汉武帝的尊儒，“汉以后无子书”①，并由此追索中国文化中衰的原因：“我中国学界之光明，人物之伟大，莫盛于战国，盖思想自由之明效也。及秦始皇焚百家之语，坑方术之士，而思想一窒；及汉武表章六艺，罢黜百家，凡不在六艺之科者皆绝勿进，而思想又一窒。”② 不过，中国学术文化的实际进程并非如此严重地为秦皇汉武所腰斩，即使在儒学独尊的两千年间，诸子及其相关研究仍然不绝如缕，历代的儒派思想家无不多少受过诸子学说的陶养，只是他们为了维护儒学的正宗地位，视诸子为异端学说而力加排斥或暗作改造。

直到明代中叶以后，两位异端思想家杨慎和李贽，傲然无视俗学的巨大压力，开始用力钻研诸子，企图改变诸子的厄运。明末清初，

① 梁启超：《西学书目后序》。

② 梁启超：《保教非所以尊孔论》。

历尽劫难的汉族士大夫为了挽回空疏的学风和经世致用，纷纷注目诸子，从中发挥先秦学术的自由精神和民主思想，以便批判专制体制，如黄宗羲撰《明夷待访录》、王夫之作《黄书》、唐甄著《潜书》，皆以诸子著述的形式来表达其政治思想，傅山、方以智则直接从先秦诸子的著述中抉发实学思想和科学方法，使诸子学出现了复活之机。恰如身历其间的顾炎武所说：“当万历之末，士子好新说，以庄列百家之言窜入经义，甚至合佛老与吾儒为一，自谓千载绝学。”① 其中鄙薄空言、有志经世的傅山，出于批判空虚理学的需要，大力提倡诸子，对《老子》、《庄子》、《列子》、《墨子》、《荀子》、《管子》、《公孙龙子》、《鬼谷子》、《尹文子》、《邓析子》等先秦诸子之作皆有评注。他又对长期以来独尊儒学、排斥佛学和诸子的学术格局提出质疑和讥讽：“失心之士，毫无餐采，致使如来本迹大明中天而不见，诸子著述云雷鼓震而不闻，盖其迷也久矣。虽有欲抉昏蒙之目，拔滞溺之身者，亦将如之何哉！”② 傅山还批评儒家排斥诸子的鄙陋：“经子之争亦末矣！只因儒者知六经之名，遂以为子不如经之尊，习见之鄙可见。”为了论证经子本来平等无异，他煞费苦心地进行文字训诂，认为经、子二字皆从“巛”，起源于水，彼此含义相通平等，并无尊卑之别，并据此提出经子平等的主张。③

虽然诸子复兴的契机因清人统治的不断巩固而丧失（提倡理学、大兴文字狱和尊经抑子等文化政策，使明末清初子学复活的势头被扑杀），但乾嘉考据学的盛行，为后世的子学复兴创造了更加有利的条件。因为乾嘉学人出于以子证经的实际需要，对先秦诸子著述开始作认真的校勘、辨伪，汪中、焦循、毕沅、孙星衍等人的诸子考证与辑校，都有丰硕的成果面世，直接促发了诸子学的悄然复兴。博览先秦典籍的汪中，在《述学》中遍述诸子，尤其是将孔、墨、荀三家并称，要求置诸子于平等并列的地位，反对独尊孔子，其主张之激进，

① 顾炎武：《顾亭林文集》卷5《富平李君墓志铭》。

② 傅山：《霜红龛集》卷16。

③ 傅山：《霜红龛集》卷38。

几不为当时正统观念浓厚的学术界所容，但于后世的影响则极其深远。至于王念孙的《读书杂志》对先秦诸子的考证，因其范围之宽广、方法之严谨、成果之精要，成为乾嘉时期诸子考证的代表之作，道咸以降直至五四之后的诸子考证，基本就是沿着王氏开辟的方向，沿袭王氏首创的方法，通过考证的扩大而加以完善和深化。

嘉道以后，清廷式微，朝政废弛，鸦片战争中西方的坚船利炮和新学新知，给中国带来了千古未有的变局。于是，政治上的救亡图存、文化上的存亡继绝和思想上的启蒙开新，成为时代的主题。诸子学最能契应这一时代需要，因而蔚然兴起，酝酿了几百年的诸子学复活，至20世纪初年变成了现实。

首先，诸子学说适于经世，近代的有识之士无不试图从中觅取现成的救世济民之方。在嘉道年间的经世浪潮中，虽然人们大多仍从儒家经典（主要是今文经学）中寻觅经世的理论根据，但少数眼界开阔的士人，已经开始从儒学之外搜求改革变法和救亡图存的妙方，只是当时要开眼看世界、师夷长技毕竟太过超越，于是先秦诸子很自然就进入这些人的视野。起于动乱之世的先秦诸子学说，都有一个直接的目的即救世，因而探讨的同是治国安邦的问题，各家虽立论有异，但“一致而百虑，殊途而同归”，皆以救世为首要之务，“诸子之学皆出于救时之弊”①。因此，嘉道时期一批有志经世改革的士人，纷纷浸淫于诸子百家，倡导“通子致用”，如龚自珍相信凭借九经七纬与诸子百家，“足以继往开来，自成一家”，姚莹倡言“《管子》一书皆言治道”，路德则标举出墨学救世的旗帜。甚至长期来被视作消极遁世的老庄之作，也被引入积极救世的方向。魏源就竭力论证《老子》为圣人经世之书、救世之书，否认老学为养生修道之术。宗稷辰以汉初黄老平治天下为例，提出“得力于老者可以理已平之天下，使之息争，得力于庄者可以理将乱之天下，使之弭衅”，从而敬告世

① 《淮南子·要略》。

人：“后世有救时之责者，慎毋局于王道之畦畛而薄老庄为无用也。”① 以改造儒家经学来构建变法理论的康有为，在《孔子改制考》中以很大的篇幅讨论先秦诸子以托古的方式创教改制，借此塑造孔子托古改制的新形象，完全是一种援引诸子为现实政治服务的做法。由于先秦诸子广泛讨论了救治衰乱之世的对策，在很大程度上适应了救治近代社会各种弊端的需要，因而越来越得到重视，正如时人所说：“欲救今日民穷财尽、公私窳败之病，则必治管学。欲救今日士农工商各怀私心之病，则必治之以墨学。欲救今日吏治废弛、弄法骫法之病，则必治之以申韩之学。”②

其次，诸子学说适应了特定时期中西文化由冲突走向融合交流的需要。西学东渐后，中西文化的关系问题成为关心中华民族生存和中国文化延续的学人所思考的中心问题，顽固者无视其先进性而盲目排斥，开新者有心吸取其中的一部分或全部，但碍于以夷变夏之嫌，或因存有中华文化自大的心理，不敢公开、直接地引进西学，这样出现了“西学中源说”，其主体实即西学源于诸子之说。先秦诸子学说与东来的西方思想文化某些相通或表层的相似，竟成了当时的中国人接受西学最好的嫁接点。例如墨家的简单科技与西方的声光化电，法家的法治主张与西方的法治学说，老庄的自由放任与西方的自由平等，一时引起了人们的关注。国粹派的代表之一邓实对西方思想文化与先秦诸子学说作一番比较后，十分自慰地说：“墨荀之名学，管商之法学，老庄之神学，计然白圭之计学，扁鹊之医学，孙吴之兵学，皆卓然自成一家言，可与西土哲儒并驾齐驱者也。”“诸子之书，其所含之义理，于西人心理、伦理、名学、社会、历史、政法，一切声光化电之学，无所不包，任举其一端，而皆有冥合之处。”③ 这样一来，原来不受重视的先秦诸子，突然之间成为学界关注的焦点，诸子学说

---

① 以上参见罗检秋《近代诸子学与文化思潮》，中国社会科学出版社 1998 年版，第 52 ~ 63 页。

② 唐才常：《治新学先读古子书说》，见《唐才常集》第 31 页。

③ 邓实：《古学复兴论》，见《辛亥革命前十年时论选集》第 2 卷上册。

的价值一下体现出来，于是对诸子的研究，特别是发掘其中堪与西方比肩的思想成分，成为学术界的兴趣所在，诸子学的复兴就是自然的结果了："西学入华，宿儒瞠目，而考其实际，多与诸子相符。于是而周秦学派遂兴，吹秦灰之已死，扬祖国之耿光，亚洲古学复兴，非其时邪!""故治西学者，无不兼治诸子之学。"①

再次，诸子学作为非儒学派，适应了近代反儒非孔的思想启蒙运动。在先秦，儒、墨、道、法等诸子百家彼此独立，平等争鸣，而西汉以后，儒学因与利禄之途紧密相连，遂由诸子之一家，一跃而成为临视诸子的官学，儒学与诸子的关系，甚至变成了正统与异端的对立。因此，尽管先秦诸子在汉以来的封建社会始终以各种形式渗透进儒学，但相对于高居堂庙的儒学，诸子中没有一家能与之并驾齐驱。然而进入近代社会，封建文化的大厦逐渐坍塌，汹涌而入的西学，尤其猛烈地冲击了儒学的独尊地位，打破了原来以儒学为正统的文化格局，同时伴随西学而来的新的价值标准和思想学说，促发了一场"重新估定一切价值"的思想革命。启蒙思想家除了援引西学外，更注重从中学内部拣取反儒非孔的思想材料。这样，长期受儒学挤压排斥的非儒学派，自然成为他们的首选目标和最有攻击力的武器。事实上，近代凡是猛烈抨击封建儒学的思想家，无不推崇先秦诸子，并大力从中阐发反儒非孔的思想。致力打倒孔家店的新青年派，就格外推重非儒学派。陈独秀高度评价先秦诸子，并与儒家进行优劣对比，他说："旧教九流，儒居其一耳。阴阳家明历象，法家非人治，名家辨名实，墨家有兼爱节葬非命诸说、制器敢战之风，农家之并耕食力，此皆国粹之优于儒家孔子者。"② 吴虞评判儒家和诸子学说的高下，着眼于儒家竭尽全力维护旧道德，而道、墨、法各家则全力反对旧道德："老子所著的书大概讲的是个人的道德，讲那家族和社会的道德，却是极少，至于儒家注重的君臣父子夫妇等五伦的教，老子实在少说。""仁义若慈惠，旧道德家都以为善，韩非却极端反对。""(墨

① 邓实：《古学复兴论》。

② 陈独秀：《宪法与孔教》。

翟）更要废去儒家所主张的阶级制度，把尊君卑臣、崇上抑下的礼教一扫而空。”① 近代反儒非孔的思想启蒙，使作为非儒学派的先秦诸子的思想价值凸显出来，其现代意义受到了广泛的社会关注，从而推动了诸子学的复兴和诸子研究的深化。

当然，先秦诸子在近代社会与经世救亡、与西学东渐、与思想启蒙，都是一种互为因果、相辅相成的关系。诸子学说作为一种救世之学，能够适应近代救亡图存的实际需要，引起了人们的关注和重视，促发了诸子学的蓬勃兴起。而随着近代中国生存危机的日趋急迫，有志之士更多地从西学和诸子中寻找救亡之具。同样，近代对先秦思想文化的重新发掘，有利于人们心安理得地引进西学，而西学的大量引进，又为诸子研究及其思想学说的现代阐述提供了方法启示和理论参照。先秦诸子的自由精神和非儒倾向，很为批判专制主义的启蒙思想家借重，而思想的解放，经学与孔子独尊地位的推倒，极有利于诸子地位的回升；最后当经学走向终结的时候，诸子学也获得了完全的独立，如胡适对近代诸子复兴所作的形象描述：“岂但是附庸蔚为大国，简直是婢作夫人了。”②

二、近代诸子研究的两大内容及其成就

19 世纪中叶以后，特别是进入 20 世纪以来，随着学术界和思想界对先秦诸子典籍的科学整理、对诸子学说思想的现代诠释，在乾嘉考据学发达之时即已奠立了复兴基础的诸子学风靡一时，蔚为大观。有的人从墨家、管商和老庄中汲取营养，来经世救亡或修养身心，有的人借助西学和佛学来阐发先秦子学，特别是老庄和墨家学说中蕴含的科学、民主、自由、平等、博爱，以作思想启蒙之用。这样，既复活了先秦诸子的真精神，又推动了对诸子的深入和全面研究，近代的墨学、名学、老庄之学和管商之学等，几乎都成了学界的热点。不过，近代蓬勃兴起的诸子学研究，有一显著的总体特色，即主要沿着

① 吴虞：《道家、法家均反对旧道德说》、《墨子的劳农主义》，均见《吴虞文录》。

② 胡适：《中国哲学史大纲》导言。

考证和义理两个治学方向，对先秦诸子的著述从事文字音义的辑校、考辨、训诂，或在考证的基础上对诸子学说加以阐述发挥，抒发新说，刘师培干脆称之为“诸子之考据学”和“诸子之义理学”，我们在这里姑称之为考证的诸子学和诠释的诸子学，并从这两个方面对近代诸子研究的整体面貌和重要成就作一介绍。①

（一）近代考证的诸子学研究

傅山在明末清初对诸子的研究，实兼有考证与诠释的两重色彩，给后世的子学研究指示出正确的方向，但到了乾嘉时期，在考据学如日中天之际，诸子研究主要表现为对先秦诸子文献的搜集、考订、训解，因为当时研治诸子的主要目的，在于从子书中寻找解释儒经的文字参照，所以对于诸子义理的发挥被有意无意地忽视了。嘉道以后，以俞樾、孙诒让为代表的古文学家，仍然袭用乾嘉诸老的治学方法，吸取他们已有的成果，对先秦子书进行校训，使多数诸子著述有了新的校注本，改变了原先不堪卒读的现象。俞樾的《诸子平议》完全采用高邮王氏的考据方法，内证与外证结合，广采古籍，对诸子著作进行文字校勘和音义训释，多有创获。孙诒让广校诸子的《札迻》和专考墨子的《墨子间诂》，皆为校注精审之作。《间诂》一书首开引西方科技校注《墨经》之风，对后学影响尤巨，梁启超评价说：“盖自此书出，然后《墨子》人人可读，现代墨学复活，全由此书导之，古今注《墨子》者，固莫能过此书。”② 此外陈澧的《东塾读书记》，王壬秋的《庄子注》，郭庆藩的《庄子集释》，王先谦的《荀子集解》、《庄子集解》，王先慎的《韩非子集解》，戴望的《管子校正》等，都是历代关于各家子书考据的集大成之作。另外，清末民初梁启超、章太炎、刘师培、曹耀湘、姚永朴、陈骴宸等人，也很注重对诸子的考证，出现了一批上乘的诸子考证之作，如梁启超的《墨经校释》，章太炎的《国故论衡》，刘师培的《荀子补释》、《法

① 以下关于近代诸子研究的成就，参考了罗检秋《近代诸子学与文化思潮》，特此说明并致谢。

② 梁启超：《中国近三百年学术史》。

言补释》，曹耀湘的《墨子笺》，姚永朴的《诸子考略》，陶鸿庆的《读诸子札记》等等。

“五四”之后，又有无数学人在承继乾嘉汉学方法外，吸取西方科学实证之法，对先秦诸子书籍的校训、订正，再次蔚成新风，出现了一批诸子校注的新善本和精审之作，如于省吾的《双剑誃诸子新证》，钱穆的《先秦诸子系年》，顾颉刚、罗根泽主编的《古史辨》，高亨的《老子正诂》，杨树达的《老子本义》，王叔岷的《庄子校释》，伍非百的《墨经解故》，陈启天的《商君书校释》、《韩非子校释》等。当然，五四以来的诸子考证，在稽古钩沉的同时，也时时引申发挥，增加了不少义理的色彩，表现出考据与义理密切结合的特点。

（二）近代诠释的诸子学研究

近代中国的风云变幻，给诸子学研究带来的一个明显的影响，就是有识之士研治诸子不再满足于纯粹的文字校释，而用力发掘诸子学说中与近代社会变革相契应的思想主张，彰显诸子匡时救世的社会意义和嫁接中外文化的学术价值。晚清以龚自珍、魏源、康有为等为代表的今文学家，和以陈澧、曾国藩为代表的新理学家，都注意利用诸子作经世之具，对其思想进行阐发，而以谭嗣同、梁启超、黄遵宪、章太炎等为代表的新式知识分子，以西学为参照，努力会通诸子与西学，寻找嫁接西方思想文化的中学根基，意在推广西学，革新文化，创立新说。严复在译介、引进进化论之后，回头研究诸子，发掘出老庄的进化论思想。谭嗣同将诸子与佛学、西学等杂糅起来，构建起“仁学”的新思想体系。嗜好形上之学的王国维，则偏重从哲学层面研治诸子，对墨家的逻辑方法、宗教思想和老子的形上哲学，都做了专门研究。章太炎明确指出研经学与治诸子在方法上和目标上应有所区别。他说：“说经之学，所谓疏证，惟是考其典章制度与其事迹而已，其是非且勿论也……若诸子则不然，彼所学者，主观之学，要在寻求义理，不在考迹异同。”① 于是他对墨家和荀子的逻辑，特别是

① 章太炎：《诸子学略说》，见《章太炎政论选集》上册，第286页。

道家老庄的玄理，做了大量的清理和深入的分析。他以佛学和西方哲学诠释庄子的《齐物论释》，成为近代诠释的诸子学研究的代表作。当然，作为古文学家的章太炎，对诸子义理的发挥总是基于文字的细致考证，将考证与义理贯通为一，胡适因此格外推崇章氏于诸子学研究的贡献，谓“到章太炎方才于校勘训诂的诸子学之外，别出一种有条理系统的诸子学”①。胡适就秉承这一优良学风，注意在考据的基础上发展诸子研究的义理之学，他参用清儒的治学方法和西方的实证主义，以西方近代哲学为参照，重新整理先秦诸子，撰出《中国哲学史大纲》上册这一名作。与胡适同时及稍后，参照西方近代哲学和社会科学来阐发先秦诸子思想的，还有一大批著作，如梁启超的《先秦政治思想史》、《墨子学案》，高维昌的《周秦诸子概论》，蒋锡昌的《庄子哲学》，王力的《老子研究》，冯友兰的《中国哲学史》上册，张陈卿的《韩非子的法治思想》等等。

近代诠释的诸子学研究中还有极为重要的一点，即五四前后传入中国的唯物史观对诸子研究产生了巨大的影响。最初，作为西方形形色色的主义之一引入中国的历史唯物主义，还只限于学理的层面，所以不同党派和思想立场的学者都运用它来研究诸子，后来当中国共产党成立并不断壮大，唯物史观的党性原则格外突出，就只有一批思想进步或党内的学者运用它对先秦诸子作批判性研究，与以前梁启超、冯友兰等人以同情理解的态度评述诸子产生了鲜明的对比。这一批学者中主要有郭沫若、嵇文甫、吕振羽、翦伯赞、杜国庠、侯外庐等，虽然他们研读诸子的重心不同，对诸子的评价有异，但都表现出几个基本相同或十分接近的倾向，如：侧重于从社会经济的变化探讨先秦诸子学说的兴衰，揭示其经济根源；在研究中注重对诸子阶级属性的评判，并据以分析其思想学说的唯物、唯心主义性质。这样，在20世纪三四十年代，出现了一大批具有明显时代和党派色彩的诸子研究论文，和诸如《先秦诸子与古代社会》（嵇文甫）、《十批判书》（郭沫若）、《中国政治思想史》（吕振羽）、《先秦诸子思想》（杜国庠）、

---

① 胡适：《中国哲学史大纲》上册导言。

《中国古代思想学说史》（侯外庐）等名著。这种研究虽然同样存在作简单比附和人为的阶级定性等缺憾，但是他们注重从社会经济这一更深的层次来分析诸子学说的兴衰演变，对其历史作用尽量给予客观公正的评价，无疑又开出了一条诸子学研究的新方向，为新中国的诸子研究奠立了较好的学术基础。

三、诸子是否出王官：学术论争中的思想含蕴

近代诸子研究中关于诸子的起源问题，关于经、子的主次问题，关于孔、老的先后问题等，本来是纯粹的学术问题，对于这些问题，研究者发表不同的见解，也应该如先秦诸子百家一样自由争鸣，各抒其说。然而，近代的子学复兴与诸子研究和思想启蒙运动中的反儒非孔密不可分，因此，在关于这些问题的学术争论中，隐潜着尊经与反儒、尊孔与非孔的思想斗争。这里仅就近代关于诸子是否出于王官的争论，在此稍加分析。

关于诸子的起源，自汉代以来有一定见，即由西汉刘歆在《七略》中首创，后由东汉班固在《汉书·艺文志》完善的“诸子出于王官说”，大略谓：儒家出于司徒之官，道家出于史官，阴阳家出于羲和之官，法家出于理官，名家出于礼官，墨家出于清庙之守，纵横家出于行人之官，杂家出于议官，农家出于农稷之官，小说家出于稗官。直到晚清研究诸子学最有贡献的章太炎，仍坚持认为，“古之学者，多出于王官世卿用事之时，百姓当家，则务农商畜牧，无所谓学问也。其欲学者，不得不给事官府为之胥徒，或乃供洒扫为仆役焉”，并对诸子出于王官一说作出新的论证①。而对章氏诸子学成就格外推重的胡适，独在这一问题上不能苟同，他别出新议，于1917年提出“诸子不出于王官”的新见。胡适认为，班志所谓诸家所自出，“皆属汉儒附会揣测之辞，其言全无凭据”。他提出古代学在官府是一事，诸子之学是否出于王官另是一事，二者不可混为一谈：“夫言诸家之学说，间有近于王官之所守，如阴阳家之近于占候之

① 章太炎：《诸子学略说》。

官，此犹可说也。即谓古代学在官府，非吏无所得师，亦犹可说也。至谓王官为诸子所自出，甚至以墨家为出于清庙之守，以法家为出于理官，则不独言之无所依据，亦大悖学术思想兴衰之迹矣。”于是，胡适分四层对诸子出自王官说加以纠谬：第一，“刘歆以前之论周末诸子学派者，皆无此说也”；第二，“九流无出于王官之理也”；第三，“《艺文志》所分九流，乃汉儒陋说，未得诸家派别之实也”；第四，章太炎所论诸子出于王官之说，亦不能成立。胡适的意见是，先秦诸子学说博大宏富，绝非古之王官所能产生，“皆春秋战国之时势世变所产生”，且诸子百家间的交互影响仍有迹可寻，皆与王官无涉：“诸子自老聃、孔丘至于韩非，皆忧世之乱而思有以拯济之，故其学皆应时而生，与王官无涉。”①

不过，胡适在五四时期提出的这一新见，其给予思想界的冲击远过于它的学术价值。他提出诸子不出于王官，潜意是想从源头上划清诸子与儒家的关系，借此抬高先秦诸子中非儒学派的地位。因为在胡适之前，诸子出于王官说另有一种长期盛行的说法，即诸子出于儒家。早在清代中期，就有“子从儒出”之说，最有代表性的是章学诚的言论：“诸子之为书，其持之有故而言之成理者，必得于道之一端，而后乃能恣肆其说，以成一家之言也。所谓一端者，无非六艺之所该，故推之而皆得其所本。非谓诸子果能服六艺之教，而出辞必衷于是也。老子说本阴阳，庄列寓言假象，《易》教也；邹衍侈言天地，关尹推衍五行，《书》教也；管商法制，义存政典，《礼》教也；申韩刑名，旨归赏罚，《春秋》教也；其他杨墨尹文之言，苏张孙吴之术，辨其源委，挹其旨趣，九流之所分部，《七录》之所叙论，皆于物曲入官，得其一致，而不自知为《六典》之遗也。”② 至晚清，廖平据此倡言子学出于四科：“道家出于德行，儒家出于文学，纵横出于言语，名、墨、法、农皆沿于政事，为司马、司空之流派，其推本于孔子以前之黄帝、老、管、鬻者皆出于依托。子为六艺之流，皆

① 胡适：《诸子不出于王官论》，见《胡适文存》卷2。

② 章学诚：《文史通义·内篇一》。

本于六经。”① 康有为更在廖说基础上标举“九流皆出儒家”，宣布“九家之学，皆出于孔子六经”②，借以抬高孔子的教主地位。廖、康二人宣传诸子出于儒家六经，虽然现实旨趣有异，而主观上尊孔崇经的用心则同，其言论对清末的学术、思想界颇有影响，在提倡孔教最力的民国初年更呈普及社会之势。章太炎早在《今古文辨义》中，就针对廖平“欲特尊孔子”而倡诸子为六艺之流，论证“诸子分流，自出畴人散乱之后，家各承其旧学，更相衍说，以成一派，与孔子何与”，力驳诸子宗孔之说③；在《诸子学略说》中，他坚持并论证诸子出于王官，还力讥“儒家之病，在以富贵利禄为心”，该文也不是纯粹的学术之作，实因“深恶长素孔教之说，激而诋孔”④。因此，胡适在诸子起源问题上对章太炎的不作苟同甚至大力批评，无疑与自己的思想主旨背道而驰⑤。实际上，在作《诸子不出于王官论》之前，胡适就同“深信真孔教可以救国”的朋友许怡荪通信辩论老、荀、管、墨等是否“出孔子范围”的问题⑥；继《诸子不出于王官论》之后，胡适又在《中国哲学史大纲》上卷中先老后孔，以提高非儒学派的地位。由于胡适引进外来学术的新见解，特别是他对诸子不出于王官的辩论和对孔子、老子在中国思想文化史上先后位次的全新审定，既是向传统学术观点的挑战，更是对封建思想观念的背叛，于是立即在学术、思想界引起了一场关于诸子起源的大讨论。

在关于诸子起源的学术争论中夹杂着是否坚持在思想上尊孔的大

---

① 廖平：《六译馆丛书·家学树坊》。

② 《康有为先生讲学记》，见《康有为全集》第二册。

③ 章太炎：《今古文辨义》，见《章太炎政论选集》上册。

④ 见《学衡》第73期《章太炎致柳诒徵书》。

⑤ 柳诒徵即明白指出章太炎《诸子学略说》、胡适《诸子不出于王官论》与其《中国哲学史大纲》间的思想联系：“章氏好诋孔子，而笃信汉儒，故论诸子源流，犹守《七略》之说，胡氏之好诋孔子与章同，而于诸子出于王官之说，独深非之。其作《哲学史大纲》，即本此主张。”见柳氏《论近人讲诸子之学者之失》，载《学衡》第73期。

⑥ 胡适：《许怡荪传》，见《胡适文存》卷4。

讨论。讨论中最具代表性的是柳诒徵。他针对章太炎、胡适以及梁启超等人的诸子学研究中某些有失疏漏的见解，专作《论近人讲诸子之学者之失》。他批评胡适在论证诸子不出于王官时，以实用主义的态度来处理史料，结果对于同一史料的运用，在《诸子不出于王官论》和《中国哲学史大纲》中出现自相矛盾。他指责说："盖合于胡氏之理想者，言之津津，不合于其理想者，不痛诋之则讳言之，此其著书立说之方法也。依此方法，故可断定曰古无学术；古无学术，故王官无学术；王官无学术，故诸子之学决不出于王官。"章太炎论诸子出于王官，专以周代王官言之，胡适驳斥诸子出于王官，也据周官言之，柳诒徵则着重指出："诸子之学，发源甚远，非专出于周代之官。"他针对胡适仅据《淮南子·要略》得出诸子之学"皆春秋战国之时势世变所产生"的主要论点，反驳说：

胡氏论学，亦知寻求因果，而其讲诸子之学，则只知春秋时代之时势，为产生诸家学派之原因，不知有其他之原因。若合《庄子·天下篇》、《淮南子·要略》、刘歆《七略》观之，则诸子之学出于古代圣哲者为正因，而激发于当日之时势者为副因。举副因而弃正因，岂可谓仔细研究乎。即《淮南子·要略》亦非专主救世之弊一端也，其述儒者之学，则曰修成康之道，述周公之训；其述墨子之学，则曰学儒者之业、受孔子之术，背周道而用夏政；其述管子之书，则曰崇天子之位，广文武之业。夫夏及文武成康周公，皆诸子之学之前因也。胡氏削去此等文句，但曰有周公之遗风，而儒者之学兴，是胡氏于《淮南子》之言，亦未仔细研究也。按胡氏之病原，实由于不肯归美于古代帝王官吏，一若称述其事，即等于歌功颂德的官书。不知客观之法，在得其真，伪者不容妄为傅会，真者亦岂可任意削灭。吾国唐虞三代，自有一种昌明盛大治教并兴之真象，故儒者言之，墨家言之，即好为谬悠之说、荒唐之言之庄周，亦反复言之。若削去此等事实，则后来事实，都无来历，而春秋战国时代诸子之学说，转似劈空从天上掉下来的，且其对于前此之事迹，又须诡辞曲说，尽翻成案，不但异己者不容尽泯，即其所主张崇奉之书，亦须抑扬斡旋，以就其说，是亦不可以已乎。

柳诒徵还进一步对秦汉以后诸子学说失传作了考察，批评梁启超、胡适等将子学失传归罪于董仲舒和汉武帝的流行观点。他指出，今人得见周秦诸子之书，能知春秋战国时代的学术思想，正要归功于汉武帝对先秦诸子著述的搜辑、整理，"汉武时诸子之书正由销沉而复行发见之时，何得谓儒学统一即他学销沉……武帝罢黜百家之后，诸子之源流转明，是得谓之销沉乎"。柳氏比较了《汉书·艺文志》与《隋书·经籍志》及《宋史·艺文志》所载诸子典籍数量后，认为汉末至唐末是"古学迭因兵乱销沉时代"，武夫乱贼实为先秦诸子学说歇绝的罪魁祸首："与汉武帝何涉？与董仲舒何涉？"

值得特别注意的是，柳诒徵对胡、梁等人诸子学研究中的主观武断所作学术上的指摘确有其合理性，但他的用意并不在此，而是据以对诸人进行思想上的批评。在文章一开始，他就道出了自己的意图所在："近日学者，喜谈诸子之学，家喻户习，寖成风气，然撢研诸子之原书，综贯史志，洞悉其源流者，实不多觏，大抵诵说章炳麟、梁启超、胡适诸氏之书，展转稗贩以饰口耳。诸氏之说子家学派，率好抨击以申其说，虽所诣各有深浅，而偏宕之词，恒缪盭于事实。后生小子，习而不察，沿讹袭谬，其害匪细，故略论之，以救其失。"继而在列举章太炎讥责孔子玩弄权术、胡适指责周室王官有似欧洲中世纪教会后，反驳说："章之论孔老，则似近世武人政党争权暗杀之风，胡之论王官，直同欧洲中世教会黑暗残酷之状，不知其何所据而云然。"在考察诸子学术源流后，他又批评说："梁胡二氏，学术不同，要皆抱一反对儒家之见……假令某一时代诸家之书具存，有专制之帝王与凶恶之儒生，一举而尽焚之，则此帝王与儒生，诚无所逃其罪。今其学术之微书籍之亡，绵世历年，确因兵乱而递衰递减，而诸人束书不观，但执己见，坐儒家以万恶之名，不知是何心肝也。"在文章的最后，柳诒徵再次强调自己作文对于社会的针对性："吾为此论，非好与诸氏辩难，只以今之学者不肯潜心读书，而又喜闻新说，根柢本自浅薄，一闻诸氏之言，便奉为枕中鸿宝，非儒谤古，大言不惭，则国学沦胥，实诸氏之过也。”可见，近代诸子学的兴起及其对儒学独尊局面的冲击，正是柳诒徵等文化保守主义者所担忧的，因此以其所长，抓住章、胡、梁诸人论证中某些有失严谨的地方，大作反驳，重申诸子“皆出于王官，皆出于六艺”，实是借以维护儒学在中国文化中的主导地位，并坚持儒家思想对现代社会的指导作用。后来，钱穆在《先秦诸子系年》中肯定孔子对于先秦诸子的宗师地位，全书贯穿着尊孔崇儒的思想；冯友兰在《中国哲学史》上册中全面修正胡适的观点，不但重申刘歆诸子出于王官论有其历史根据，并且否认老子先于孔子，仍以孔子为中国哲学的开山之祖。他们与柳诒徵一样，都是对晚清至五四非儒批孔运动的反击，要尽力恢复、维护孔子和儒家在中国历史和传统文化上曾经拥有的那份荣光。

第五节 子学复兴与近代诸子研究（墨学）

墨家是先秦重要学派之一。历史上，墨家命运坎坷。先秦时代，百家争鸣，墨学与儒学相颉颃，《韩非子》说：“世之显学，儒墨也。”①《孟子》也说：“杨朱、墨翟之言盈天下，天下之言，不归杨则归墨。”② 当其时，“孔墨徒属弥众，弟子弥丰，充满天下”③。在春秋战国百家争鸣的文化浪潮中，墨家兴盛长达两个世纪之久。惜至秦汉，墨学衰颓乃至中绝，至清代乾嘉时期近两千年中，只有西晋鲁胜作《墨辩注》，唐代乐台作《墨子注》，而且二书均已散佚。墨学的冷寂与作为封建官方意识形态的儒学的显赫，形成了鲜明的对照。

近代以来，随着封建专制制度渐趋衰微，文化上儒学一统的格局也逐渐解体。由于西学的剧烈撞击，原先儒学独尊的文化氛围日渐松弛，长期受到抑制的子学悄然兴起，以其独特的学术方式和精神魅力

① 《韩非子·显学篇》。

② 《孟子·滕文公下》。

③ 《吕氏春秋·尊师篇》。

汇入近代中国文化的洪流之中。在这个古文化复兴的浪潮中，墨学以其特有的魅力脱颖而出，由潜而显，由微而著，在近代文化大潮中占据着显赫地位。

就墨学复兴的内容来说，主要表现在两个方面：其一是学理性的研究，表现为校注《墨子》、阐扬墨家思想学说的著作不断涌现，而且评价也比较公允；其二是精神实践，表现为对墨家精神的弘扬。就二者的关系来说，两个方面并非截然分明，而是互为条件、互相推促的。

一、近代墨学研究概况

近代墨学研究的先驱可远溯到清初的思想家傅山。傅山具有强烈的批判精神，提倡“经子不分”，有否定儒家正统观念的思想倾向。他开始系统地研究和评注诸子百家，于墨学方面著有《墨子·大取篇释义》，为清代最早校注《墨子》的文章。傅山的校注虽然只是《墨子》中的一篇，却开创了近代墨学研究之先河。近代墨学研究经历了一个较为漫长的历史时期，考察其历史进程，基本上可以划分为三个时期。

（一）乾嘉时期的墨学研究

在历史研究阶段划分上，一般都未把乾嘉时期划归近代，但就学术史自身的发展，尤其是就近代墨学研究的发展进程来说，乾嘉时期的墨学和其后的墨学有着不可分割的联系，它直接奠定了其后墨学研究的基础。

乾嘉时期的学者由于不满宋明儒学的空疏和文化上的专制主义，在学术上主张复汉唐之古，“其治学根本方法，在‘实事求是’、‘无征不信’。其研究范围，以经学为中心，而衍及小学、音韵学、史学、天算、舆地、典章制度、金石、校勘、辑佚等等”①。乾嘉时期的学者在校勘儒经时，发现子书尤其是《墨子》一书多载《诗》、

① 梁启超：《清代学术概论》，见朱维铮校注《梁启超论清学史二种》，复旦大学出版社 1985 年版。

《书》之言，有利于校勘儒经。于是他们找出尘封千古的《墨子》，对其也加以校注。汪中（1754～1794年）是这阶段第一个校注《墨子》的人，著有《墨子表微》，可惜没有流传下来，很难判断他的校注成绩。但汪中的《墨子序》和《墨子后序》却传了下来。他在序中指出："自今日言之，孔子之尊固生民以来所未有矣。自当日言之，则孔子鲁之大夫也，而墨子宋之大夫也。其位相埒，其年又相近，其操术不同而立言务以求胜，虽欲平情核实，其可得乎？是故墨子之诬孔子，犹孟子之诬墨子也，归于不相为谋而已矣。"① 汪中虽然未能夷平孔、墨的地位，但评价已是相当大胆。在此之前，欣赏墨学者至多只是像韩愈那样说"孔子必用墨子，墨子必用孔子"②。难怪翁方纲称汪中为"墨者汪中"，叫喊要革他的"生员"名位。

乾嘉时期，研治墨学者还有卢文弨、孙星衍、毕沅、翁方纲、张惠言、王念孙、王引之等人，他们的研究范围基本局限于《墨子》校注。其中毕沅（1730～1797年）的成就最大，他集中卢文弨、孙星衍、翁方纲的校注成果，成《墨子注》十六卷。梁启超称"毕注前无所承，其功盖等于茂堂之注《说文》"③。不过，毕沅的《墨子注》漏略之处较多，有时不免武断或穿凿附会。此外，王念孙（1744～1832年）《读书杂志》对《墨子》一书中的文字之义、抄写之误也作了不少考订，具有一定的参考价值。张惠言（1761～1802年）著《墨子经说解》，是清代第一个专门注解《墨经》的人。他用"引说就经"之例，将《墨经》四篇逐条拆开，互相比附，使《墨经》基本可读。

（二）19世纪下半叶的墨学研究

这一时期的研究者直接继承了乾嘉时期的墨学研究成果，校注日

① 汪中：《墨子序》，见孙诒让《墨子间诂》附录，中华书局1985年版，第620页。

② 《韩昌黎集·读墨子》。

③ 梁启超：《中国近三百年学术史》，见《梁启超论清学史二种》，第359页。

趋精密完善，出现了一批有较高质量的著作（见表1）。

表1

书　名	作　者	备　注
《墨子章句》	魏　源	据《湖南通志·艺文志》
《墨子校记》	戴　望	清同治六年（1867年）手稿本
《墨子刊误》	办时学	清同治六年（1867年）刊
《墨子正文解义》	邓云昭	清抄本
《墨子经说》	邹伯奇	清同治十三年（1874年）刊
《墨子随笔》	张文虎	清同治十三年（1874年）刊
《墨子读书记》	陈　澧	清同治年间广州刊本
《批校墨子》	谭　献	清光绪六年手校本
《墨子校注补正》	王树楠	清光绪十三年北京孙氏刊本
《考定墨子经下篇》	吴汝纶	清光绪十三年北京孙氏刊本
《点勘黑子读本》	吴汝纶	
《墨子平议》	俞　樾	
《墨子间诂》	孙诒让	清光绪二十年（1894年）刊

这一时期的墨学研究者各自怀着不同的目的，有研究者认为"西学源出于《墨子》"，因而着力研究《墨子》。邹伯奇就是典型的代表，他认为西方近代科技源出于《墨经》。有研究者是为弘扬墨家精神而研究墨学的，孙诒让的墨学研究显然带有这种目的。俞樾在为《墨子间诂》所作的《序》中指出："今天下一大战国也，以孟子反本一言为主，而以《墨子》之书辅之，倘足以安内而攘外乎。勿谓仲容之为此书，穷年兀兀，徒敝精神于无用也。"当然，其研究方式是学理型的。

就这一时期的墨学研究内容来说，基本上是乾嘉时期墨学研究的继续，即集中于《墨子》的校注。在校注中吸取了乾嘉时期的成果，方法上更加完善。其中苏时学、戴望、俞樾等人的校注具有一定的代表性，具有较高的学术价值。尤其是苏时学的《墨子刊误》，在刊正错简上取得了前所未有的成绩。

当然，墨学研究成就最为卓著的成果是孙诒让的《墨子间诂》。孙诒让（1848～1908 年）幼承家学，又受戴望、唐仁寿等人的影响，奠定了深厚的朴学功底。他以毕沅的《墨子注》为底本，以明代刊刻的《道藏》本、吴宽写本、顾千里校《道藏》本及日本宝历间仿刻的明代茅坤本相校，同时汲取了王念孙、王引之、苏时学、洪熙煊、戴望、俞樾等人的校注成果，“覃思十年，集诸家说，断以己所心得”①，“是者从之，非者正之，阙略者补之”②，在校注上远远超过此前各本，对后来墨学研究产生了深远的影响。同时，孙诒让还考订《墨子》的篇目，并考证墨子生平里籍，其成果基本可信。值得一提的是，孙氏也开始触及墨学评价问题，他指出：“纵览厥书，释其纰驳，甄其纯实，可取者盖十六七。其用心笃厚，勇于振世救敝，殆非韩吕诸子之论比也。”③ 较汪中来说，孙氏的评价更平实、客观。《墨子间诂》书末还有附录一卷、后语二卷，“考订流别，精密闳括，尤为向来读子书者所未有。自彼书出，然后《墨子》人人可读。现代墨学复活，全由此书导之”④。当然，孙氏的《墨子间诂》也存在一些不足，尤其是对《墨经》的校释，遗漏和错误仍然不少。这些订正的任务则由此后的校注者完成。

（三）20 世纪前 30 年的墨学研究

1904 年，梁启超发表《子墨子学说》和《墨子之论理学》两篇文章，尝试用西方近代社会科学方法来阐释墨学，把墨学研究推向新阶段。其后，研究墨学的专著、论文如雨后春笋，不断涌现，涉及的范围也很广泛，不仅有许多校注《墨子》的专著（见表 2），而且还涌现了不少阐释墨学的论著及论文（见表 3）。

---

① 梁启超：《中国近三百年学术史》，见《梁启超论清学史二种》，第 359 页。

② 俞樾：《墨子间诂·序》，中华书局 1985 年版。

③ 孙诒让：《墨子间诂·自序》。

④ 梁启超：《中国近三百年学术史》，见《梁启超论清学史二种》，第 360 页。

表 2

书 名	作 者	初刊时间
《墨子注》	王闿运	1904 年
《墨子笺》	曹耀湘	1906 年
《墨子尚书古义》	胡兆鸾	清宣统年间
《墨子拾补》	刘师培	
《墨子新释》	尹桐阳	1914 年
《墨子间诂校勘》	杨 嘉	1921 年
《墨子间诂笺》	张纯一	1922 年
《墨子正义》	陈诒仲	
《定本〈墨子间诂〉校补》	李 笠	1925 年
《续〈墨子间诂〉》	刘 昶	1925 年
《墨子综释》	支伟成	1925 年
《新式标点墨子注》	高岳岱	1925 年
《定本〈墨子刊误〉补正》	陈 柱	1926 年
《读墨子札记》	陶鸿庆	1927 年
《标点墨子》	许啸天	
《〈墨子刊误〉刊误》	陈 柱	1928 年
《墨子读本》	朱公振	1930 年

表 3

书 名	作 者	初刊时间
《子墨子学说》	梁启超	1904 年
《墨子之论理学》	梁启超	1904 年
《原墨》	张采田	1912 年
《先秦名学史》（第三编）	胡 适	1917 年
《中国古代哲学史》	胡 适	1919 年

续表

书　名	作　者	初刊时间
《述墨》	易白沙	1921 年
《墨子学案》	梁启超	1921 年
《墨子政治哲学》	陈顾远	1922 年
《儒墨之异同》	王桐龄	1922 年
《墨学分科》	张纯一	1924 年
《墨子哲学》	郎擎霄	1925 年
《章氏墨学》	章士钊	1926 年
《墨学通论》	孙思仿	1927 年
《墨学十论》	陈　柱	1928 年
《杨墨哲学》	蒋维乔	1928 年
《墨子》	钱　穆	1930 年

这阶段的墨学研究的目的较为复杂，有的研究者是为弘扬墨学精神，比如梁启超在《子墨子学说》开头就指出："杨学遂亡中国，今欲救之，厥惟墨学，惟无学别墨而学真墨，作《子墨子学说》。"① 有的研究者是为了消除儒学的主导地位，找到移植西方文化的契合点。胡适就曾指出："中国哲学的未来，似乎大有赖于那些伟大的哲学学派的恢复"，"非儒学派的恢复是绝对必要的，因为在这些学派中可望找到移植西方哲学和科学最佳成果的合适土壤"②。有的研究者则是因为新思潮的刺激，把墨家思想学说同输入的新思潮相比附。更有甚者是为了整理国粹。当然也不乏纯粹学理的研究。

这阶段在《墨子》校注方面影响较大的有刘师培的《墨子拾补》、尹桐阳的《墨子新释》、张纯一的《墨子间诂笺》、李笠的《定本〈墨子间诂〉校补》、支伟成的《墨子综释》等，"然诸家校

① 《饮冰室合集》第八册。

② 胡适：《先秦名学史·导论》，见《胡适文集》第六册，北京大学出版社 1998 年版，第 11 页。

字训义不能尽守清儒家法。其补道采撮虽具勤劳，似尚未能驾清儒而上之也”①。

在墨家思想阐释方面影响最巨的是梁启超和胡适。梁启超的论著除了《子墨子学说》、《墨子之论理说》外，还有《墨子学案》，后者是《子墨子学说》的扩展。胡适则在《先秦名学史》和《中国古代哲学史》中用大量的篇幅阐释墨学。特别需要指出的是，胡适把先秦墨学分为前期“宗教的墨学”和后期“科学的墨学”来研究，对后来的研究者影响很大。

这一时期墨学研究中一个突出的现象是对《墨经》前所未有的重视，涌现出大量关于《墨经》研究的专著（见表四）。

《墨经》研究在这阶段达到空前繁荣，其研究成果非清代学者所能比。主要原因是与西方逻辑学的输入有关，当然也是墨学研究走向深入的结果。在《墨经》研究方面影响较大的有胡适、梁启超、伍非百、章士钊等人。其中梁启超提出的“牒经”公例成为近代《墨经》研究中最具争论性的成果之一。

表4

书　名	作　者	初刊时间
《墨子小取篇新诂》	胡　适	1919年
《墨经诂义》	叶　瀚	1920年
《新考证墨经注》	张之锐	1921年
《墨经解故》	伍非百	1921年
《墨经校释》	梁启超	1922年
《墨辩新诂》	伍非百	1922年
《新校正墨经上篇》	徐廷荣	
《墨辩论文集》	伍非百	1923年

① 栾调甫：《墨子研究论文集》，人民出版社1957年版，第143页。

续表

书　名	作　者	初刊时间
《墨子经说浅释》	胡韫玉	1924 年
《墨辩玄解》	邢子术	
《墨经集解》	李　笠	（稿本）
《墨经新释》	邓高镜	
《墨辩今注》	章士钊	（稿本）
《墨经易解》	谭介甫	1929 年

通观近代墨学研究的历程，乾嘉时期是近代墨学的奠基阶段，19 世纪下半叶是墨学缓慢复兴阶段，而 20 世纪前 30 年为近代墨学研究的空前繁荣阶段。

二、近代墨学研究基本特点

学术研究总是受到学者所在时代及其所用方法的影响，表现出这样或那样的特点。要把握学术思想的脉络，必须了解其基本特点。近代墨学研究经历了一个漫长的历史时期，在不同阶段特点各不相同。

（一）乾嘉时期墨学研究的基本特点

其一，乾嘉时期学术活动的中心内容是对儒学经典的校勘、训诂。乾嘉学人秉承汉代学者朴素严谨的治学风格，使得他们在典籍整理方面取得了卓越的成绩。但是，受内在方法的制约，他们的研究成果缺少义理上的贯通，显得支离、零碎而无系统与整体感。乾嘉时期的墨学研究亦是如此。无论是汪中、毕沅，还是王念孙、张惠言，他们的墨学研究都仅限于对《墨子》作校勘、训诂，没有对墨学进行任何有力的阐释。

其二，乾嘉学者都有着牢固的儒家正统观念。他们校注《墨子》只是出于校注经书的需要，不可能摒弃对墨学的偏见。因此，他们的墨学研究基本上没有跳出援墨注儒的樊篱。即使是最大胆的汪中，也只是对墨子评价稍微高一点，不可能夷平孔、墨的地位。同时，观念上的偏见也限制了其研究成果，在校注《墨子》时往往以经书来穿凿附会，因而错漏较多。

其三，由于缺乏科学知识和逻辑知识，加上《墨经》文字简约古奥，乾嘉时期的墨学研究者对《墨经》的研究捉襟见肘。只有张惠言作出的成绩稍大一些，然而主要研究也仅在校勘方面和"引说就经"，连训诂都很少，更不用说贯通了。

（二）19世纪下半叶墨学研究的基本特点

刘师培指出，19世纪的诸子学"乃诸子之考据学，而非诸子之义理学"①。这一评判同样适宜这一阶段的墨学研究。就此而论，这一时期的墨学研究是乾嘉墨学的继续。不过，这一时期的校勘、训诂方法上日趋完善，因而，校注成绩也较乾嘉时期为高。此其一。

其二，受"西方科技源出于《墨经》"之说的驱动，人们已开始发掘《墨经》中所蕴含的科技知识，《墨经》研究也逐渐为人们重视。但由于诸多限制，尚未能重视《墨经》中蕴含的丰富的逻辑思想。

其三，这一阶段墨学研究最突出的特点表现为实用性。这主要是由近代中国面临着亡国灭种的危险这一社会历史条件决定的。俞樾在为孙诒让的《墨子间诂》作的《序》中就表明了这一点："今天下一大战国也，以孟子反本一言为主，而以《墨子》之书辅之，倘足以安内而攘外乎。勿谓仲容之为此书，穷年兀兀，徒敝精神于无用也。"

上述三点是从总体上把握这阶段墨学研究的一般特征。孙诒让的《墨子间诂》是这一阶段墨学研究最有代表性的成果，我们也可通过考察《墨子间诂》的特点来从微观上把握这阶段墨学研究的特点。

黄绍箕在《墨子间诂·跋》中指出：该书"援声类以订误读，采文例以移错简，推篆籀隶楷之变迁，以刊正伪文，发故书雅记之韵味，以疏证轶事"。黄氏基本上概括了《墨子间诂》的特点，但流于笼统。《墨子间诂》基本上具有下述三个特点：

---

①《周末学术史序》，见《刘申叔先生遗书》第14册，第2页。

第一，吸收了孙氏《周礼》研究的成果。孙氏于1872年始贯通群经，著《周礼正义》一书。《墨子间诂》一书多处吸收《周礼》的研究成果。例如《兼爱中》："今家主独知爱其家，不爱人之家，虽以不惮举其家以篡人之家。"孙氏即援引《周礼·春官·叙官》予以疏证："家主，卿大夫也。"又如《非乐上》"非直掊潦水折壤坦而为之也"，毕沅以意改"坦"为"垣"。孙氏则根据对《周礼》的研究，认为"折"即《周礼》"哲蔟氏"之"哲"，"坦"当读为"坛"。通观全书，类似上述例证不胜枚举。

第二，吸收文字学、音韵学、金石学研究成果。《墨子》书多古言古字，非精通文字学、音韵学、金石学很难校勘。在孙氏之前的校勘错漏较多，原因之一就是这方面知识不够全面。孙氏在这方面积累了深厚的功底，因此，在《墨子》校注上能够超越前人。例如《兼爱中》："传曰：泰山，有道曾孙周王有事，大事既获，仁人尚作，以袛夏商，蛮夷丑貉。"有些治墨者误读为"有道曾孙周王，有事大事，既获仁人"，其主要原因就是不通音韵学。孙氏根据祝辞为有韵之文这个特点，以音韵定句读，条理顺畅。又如，《耕柱》"鼎成四足而方"的"四足"，许多校勘家把其改为"三足"。孙氏则从文字学、金石学的角度加以考证，指出："此书多古字，旧本盖作二三足，故伪为三。"凡此类例证，书中并不鲜见。

第三，《墨子间诂》并不拘泥于古文学家家法。孙氏是晚清著名的古文学家，在治学上最钦佩王念孙、王引之、钱大昕等古文学家，但孙氏生活在晚清古文经学衰颓之世，倡言改革者均以今文经学为思想武器。孙氏具有变革思想，不可能不受今文经学影响，这在《墨子间诂》中也有所反映，例如《明鬼下》："以兵刃毒药水火，退无罪人乎道路率径，寺人车马衣裘以自利之并作，由此始，是以天下乱。"孙氏认为"率径"当读作"术径"，并援引东汉今文经学典籍《白虎通义·五行篇》作例证。当然，孙氏仅用今文经籍校证文字，从一个侧面反映了古文经学衰颓的历史必然。

（三）20世纪前30年墨学研究的基本特点

由于社会历史条件的变化，这时期的墨学研究明显不同于前两个阶段。从宏观上看，表现出如下特点。

第一，从内容上看，校勘、训诂与贯通相结合。前两个阶段墨学研究由于受传统方法的限制，研究范围局限于校勘和训诂两个方面，虽已取得了很大的成绩，“但终不能贯通全书，述墨学的大旨”①。而这一阶段则不同，许多墨学研究者不仅在校勘与训诂上下功夫，而且能够用近代西方社会科学的方法贯通墨学的主旨。无论是梁启超、章太炎，还是胡适、章士钊等人，他们不仅精于《墨子》的校勘训诂，而且贯通墨家思想学说，其中梁、胡二人表现尤为突出。因此，可以说，这一阶段的墨学研究已日趋完备。

第二，就价值取向上看，由实用性研究趋向学理性研究。这阶段前期墨学研究上承19世纪末的研究，仍表现为实用性。梁启超在《子墨子学说》中即明确地说：“今欲救亡，厥惟墨学。”表明他这时期的墨学研究仍具有明显的实用性。五四以后的墨学研究者在研究方法上转向实证，在目的上已不再是简单地宣传墨学，而是试图以墨学为基点来汲纳西学，以构建新文明系统，或者用墨学来融会西方的科学精神。尤其是这时期《墨经》研究成为墨学研究的核心和焦点，更表现出强烈的学理性特色。

第三，广泛运用比较研究。西方社会科学的输入为比较研究创造了条件。这阶段的墨学研究者大多运用比较的方法，将墨学与西方近代社会政治学说相比较。当然，有的比较略显粗浅，但这种方法的运用却有利于深化墨学研究。在比较研究中，最为突出的是中、西、印逻辑比较。梁启超最早把墨家逻辑与印度因明相比较。章太炎则致力于墨家逻辑与印度因明的比较研究。胡适在比较中、西、印逻辑的基础上肯定墨家逻辑在世界逻辑史上占据着重要地位。

把握宏观特点固然有利于了解这阶段墨学研究总体概貌，但是，要具体了解，还必须作微观分析。梁启超、胡适是这阶段墨学研究的主要代表，我们可以通过分析他们墨学研究的基本特点，来管窥这阶段墨学研究的一般特征。

---

① 胡适：《中国古代哲学史》，《胡适文集》第六册，第181页。

梁启超是新阶段墨学研究的开创者，从内容上看，他的墨学研究既有文字的训释，也有义理的阐释。综观起来，有如下特点：

第一，运用“新史学”的理论和方法来整理、研究墨家学说。这首先表现在他敢于打破封建史学的儒家正统观念，把墨家放在与儒家并列的位置上来研究，把墨子、孔子、老子并称为中国古代的“三圣”，对墨家学说也给予较多的褒扬与肯定。而在梁氏之前的研究者大多受儒学正统观念的束缚，不能客观平实地研究。其次，把墨学纳入近代西方社会科学的理论方法之中，条分缕析，使墨学成为一个有机的整体。

第二，把“所研究之事物”与“能研究此事物之心灵”相结合。换言之，即主观与客观相结合，这仍是他“新史学”的特征。他认为，“历史与历史哲学虽殊科，要之，苟无哲学之理想者，必不能为良史”①。因此，他在墨学研究中，充分融入自己的思想，表现出“六经注我”的风范，使他的研究具有鲜活的个性特征。

梁启超在墨学研究中“笔端常带感情”，借墨学阐发自己的思想，有时不免牵强，失之粗浅。然而，梁氏并非专门的学问家，而是集思想家与学者于一身，“为我新思想界力图缔造一开国规模”②。因此，他的墨学研究，尤其是前期的墨学研究表现出鲜明的实用性特征。

不同于梁启超，胡适是在五四时期开始研究墨学的，他的墨学研究更多地表现为学理性的特征。具体说来，特点如下：

第一，以实用主义哲学思想为指导，以近代西方哲学为参照。实用主义哲学思想是胡适学术活动的指导思想和理论依据，也是他墨学研究的指导思想和理论依据。在具体研究中，他把实用主义哲学方法和传统的汉学方法结合起来，在墨子生平与书目的考证上做出了相当的成绩。但以实用主义哲学方法来阐释墨学时则又受到一定的限制，表现为明显的二重性。一方面，他能够摆脱传统研究方法的局限，在

① 梁启超：《新史学·史学之界说》。

② 梁启超：《清代学术概论》。

一个较为开阔的视野上梳理墨学，从而超越前人，使他的墨学研究成为墨学研究方法近代化进程中一个决定性环节。但另一方面，指导思想上的局限又使他没能真正揭示墨学和时代思潮、哲学方法和政治主张之间的关系。

胡适墨学研究在指导思想上是实证主义，而参照系却是近代西方哲学。他说：“我所用的比较参证的材料，便是西洋哲学。”① 正是有了这个参照系，才使他在墨学研究方面取得了巨大成绩。

第二，注重哲学方法的研究。胡适的整个学术研究有一种化约论倾向，就是不注重某家某派的具体思想内容，而是把一切思想都化约为方法。他在墨学研究中剔除了那些所谓“枝叶”的具体内容，而紧紧把握住墨家的哲学方法。在研究“宗教的墨学”时，他便以“应用主义”哲学方法为中心；在考察“科学的墨学”时，他着重研究知识论和逻辑学。胡适之所以如此重视哲学方法的研究，是力图构建一个庞大的、符合近代学术发展的方法论体系，并进而构建新文化系统的深层意识——哲学方法。他的哲学方法包含两方面内容：一、历史主义的方法。胡适称历史主义的方法为“祖孙的方法”。实质上就是注意研究对象的历史演进线索，注意前因后果联系。把历史主义方法贯穿到墨学研究中，使胡适能够把墨家分为前期、后期，并探求其中的联系，他的研究具有开创之功。同时，他把历史主义方法和哲学方法结合起来，使得他完成了近代墨学研究方法论的转换。二、平等的眼光。梁启超在墨学研究中把孔、老、墨并称为“三圣”。而胡适则更进一步，夷平各家的关系，“还他一个本来的面目”。他既反对扬墨贬孔的现象，又反对扬孔贬墨的倾向。这种理性主义的研究态度为此后的研究者所采用。

三、近代墨学研究方法

一定的学术研究总是受方法限制的。考察近代墨学研究不应忽视隐藏在这些具体研究背后的方法。在近代墨学研究漫长的历程中，学

① 《中国古代哲学史》，见《胡适文集》第六册，第182页。

术方法是不断变化的。从某种程度上说，学术方法的变化正反映了中国传统学术近代化的历程。

中国传统学术方法有哪些基本特征呢?

第一，以经学为中心的注经。经学是中国封建社会的官方学术；传统的学术活动以经学为中心，学术研究只是对经书的注解、诠释。无论是“六经注我”还是“我注六经”，只是注经的具体方法不同而已。正因为如此，学术活动成了经学的附庸，缺乏独立的、客观的研究，缺乏对科学真理探求的精神。

第二，笼统性、随意性。传统的学术方法是综合的，缺乏逻辑实证的分析。对一家或一派的学术思想往往仅以一两句话勾勒出来，这固然一目了然，但是显然缺乏分析，科学性不强。例如，司马谈《论六家要旨》虽概括精当，但过于简单。同时，由于没有独立的、科学的理论体系作指导，对具体问题的评价往往有很大的随意性。

第三，零散性、直观性。传统的学术方法不对问题作系统的、历史的考察，而是把研究对象从客观的历史条件中抽象出来。当然，更不会作逻辑的分析，在评判时往往依据直观的感受。

显然，20世纪以前的墨学研究便表现出这些特征。无论是乾嘉时期的墨学研究还是19世纪下半叶的墨学研究，基本使用的是乾嘉汉学的方法，以《墨子》的校勘、训诂为中心。栾调甫先生把它概括为八事，即考版本、正文字、明训诂、离章句、辨真伪、定篇什、辑遗佚、辨异同，基本上概括了从毕沅到孙诒让时期的墨学研究的内容和方法。

所谓考版本，即比较不同的版本，辨别其真伪。《墨子》长期尘霾，辗转流布，各种版本之间互有出人，因此，考订版本非常必要。毕沅、孙诒让等人为此付出了很大精力。版本的考订，为其他各项学术研究奠定了基础。

辨真伪、定篇什、辑遗佚、辨异同，这四项研究基本上是考版本工作的继续。

正文字、离章句。《墨子》长期缺乏研究，各种版本之间文字衍误较多，章句混乱。正文字、离章句就是选定较好的版本，参证其他版本，正文字的衍误，理章句的混乱。

明训诂。版本、文字的考订只是提供了可读的材料，要读懂古书，还必须进行字义上的疏证，即训诂工作："依文解字谓之训，以今释古谓之诂"①。从毕沅到孙诒让时期的墨学研究基本上以《尔雅》、《说文》等字书为依据进行文字上的训释。

"清儒治《墨子》者，不过校注而已，初无事乎其学也。"② 确实，孙诒让及其前期的墨学研究者大多有良好的汉学素养，运用汉学家的方法校注《墨子》，为以后的墨学研究者准备了可信、可读的史料。但由于方法上的限制，他们对墨家思想学说的阐发很少，大多只是寥寥几句笼统、直观的评判，缺少系统的、历史的、逻辑的分析。这项艰巨的任务留给后来的学者去完成。

1904年，梁启超发表《子墨子学说》，尝试用西方近代社会科学的方法来阐释墨家的思想学说，在墨学研究方法上向前迈进了一大步。在这篇文章中，他依据西方近代社会科学把墨子学说分为宗教思想、实利主义、兼爱主义、政术、墨学之实行及其影响等几个方面，试图对墨家思想学说作完整、系统的阐释，但是，还不能说梁氏的文章已表明墨学研究方法已近代化，因为他还没有对墨家思想作历史、逻辑的考察，往往把西方近代思想同墨学作机械的比附。例如，他在谈墨家政术时说："墨子之政术，民约论派之政术也。泰西民约主义，起于霍布斯，盛于洛克，而大成于卢梭。墨子之说，则视霍布斯为优，而精密不逮洛、卢二氏。"③ 这种机械比附反映了梁启超对近代西方社会科学方法的理解和掌握都是有限的。

那么，如何看待近代的学术方法呢？近代学术方法应该是历史的方法与逻辑的方法相统一。所谓历史的方法，就是要把握考察对象的基本历史线索，看它在历史上是怎样发生的，根据是什么，又是怎样发展的，经历了哪些阶段。胡适把这种历史的方法又称作"祖孙的

---

① 栾调甫：《墨子研究论文集》，人民出版社1957年版，第129页。

② 栾调甫：《墨子研究论文集》，人民出版社1957年版，第143页。

③ 《子墨子学说》。

方法”，即“他从来不把一个制度或学说看做一个孤立的东西，总把他看做是一个中段：一头是他所以发生的原因，一头是他自己发生的效果；上头有他的祖父，下面有他的子孙，捉住了这两头，他再也逃不出去了”①。胡适对历史的方法作了生动形象的说明。但是，要想透过繁杂的现象把握研究对象的本质和规律，仅有历史的方法还不够，还必须清除掉外在的形式和偶然的东西，并进行具体分析，以便把握对象的本质，对每个发展阶段或环节都能从其典型形式上进行考察，而后综合起来，把握其逻辑的联系和发展的规律。这就是逻辑的方法。

具体地说，从传统学术方法向近代学术方法转化就是以西方近代社会科学的方法为参照系，把历史主义和逻辑主义结合起来。在墨学研究方面，胡适把梁启超所开创而未完成的墨学研究方法近代化画了个完整的句号。

胡适在美国留过学，深受西方实用主义哲学方法的陶冶和洗练，同时又秉承了良好的汉学方法，能够自觉地把实用主义的哲学方法和汉学方法结合起来，形成自己的学术方法。而且，胡适的学术研究有一种倾向，就是注重方法论研究。他在《胡适文存·序例》中说：“我这几年做的讲学文章，范围好像很杂乱，从《墨子·小取篇》到《红楼梦》，目的很简单，我唯一的目的是注重学问的思想方法。”

胡适把自己的学术方法贯穿于墨学研究中，《先秦名学史》和《中国古代哲学史》两书中的墨学部分便是其结晶。蔡元培在为后者所作的序言中把他的特点归结为四个方面：“证明的方法”、“扼要的手段”、“平等的眼光”、“系统的研究”。这也反映了胡适墨学研究中方法、思想的倾向。

在胡适的墨学研究中，以实用主义哲学思想为指导，以西方近代社会科学体系为参照，用历史的眼光把先秦墨家分为前期“宗教的墨学”和后期“科学的墨学”。此外，他的墨学研究贯串着逻辑主义的方法，剔除了其中属于外在的、形式的东西，来把握墨家思想演化

---

① 葛懋春、李兴芝：《胡适哲学思想资料选》（上），第182页。

的脉络。显然，正是胡适完成了墨学研究方法的近代化转向。

近代墨学研究的历程是墨学研究方法由传统方法向近代方法转变的历程。如果说孙诒让的墨学研究代表传统墨学研究方法的终结，那么，梁启超则初步奠定了近代墨学研究方法，而胡适最终完成了这种方法的转化。同时，近代墨学研究的历程也反映了中国传统学术方法向近代方法转化的历程。

还要指出的是，近代墨学研究受近代社会历史条件的制约，从最初的由于援墨注儒的需要而校注《墨子》到20世纪初墨学研究的繁荣，都烙上了深深的时代的印痕。正因为如此，近代墨学研究的历程也反映着近代社会、文化转化的轨迹。反过来，墨学研究也影响着近代社会、文化的发展进程。

第四章　走向理性与科学的近代史学

第一节　经世致用与史学的近代转型

中国近代学术的构建有一明显的外部特征，即受西方学说的影响既深且广。然而，传统学术在鸦片战争后一步步转型为近代学术，与其说是西学的冲击及与之结合的结果，不如说是对中国传统文化的选择继承和积极改造的必然。中国古代学术文化中的精华是实现这种学术转型的内在基础和思想动力。古老而有着深切人文关怀传统的中国史学，在近代中国沦为半殖民地半封建社会的过程中，能够主动地调适自身以契应时代，迅速迈向近代学术的转化之途，就是由于中国史学中的经世观念在剧变的时代得到了最为广泛的张扬。

一、近代经世史学的研究内容

早自孔子删订《春秋》以来，我国史学就形成了经世致用的优良传统。生当乾嘉考据风行时代的章学诚，远承孔子、司马迁，近继黄梨洲，强调史学的任务在“纲纪天人，推明大道，所以通古今之变，而成一家之言”①，要求史学为现实服务，从而无比鲜明地提出了“史学所以经世”的口号：

> 史学所以经世，固非空言著述，且如《六经》同出于孔子，先儒以其功莫大于《春秋》，正以切合当时人事耳。后之言著述

① 章学诚：《文史通义》内篇四《答客问》上。

者，舍今而求古，舍人事而言性天，则吾不得知矣。学者不知斯义，不足以言史学也。①

嘉道以来，政治陵夷，至于河溃鱼烂，国家扰攘，外衅纷起，在此三千年未有的变局中，中国学术为之丕变。一度为文字狱的高压和考据学的琐屑所窒息的史学经世思想迅速复活，凡稍具识见的学者，无不入古出今。借助史学来讥议朝政，改革时弊，抵御外侮，一时蔚成风潮。一度被束之高阁的史学，从此走向救亡图存的前沿。在这种经世浪潮的推拥下，史学主流从有虫鱼学之讥的考证史学，一变而成风行学界的经世史学。

在近代，承继前贤的史学经世传统并开创经世史学的崭新局面的，首推龚自珍。他提出"尊史"的主张，认为一切学术均属于史学，"史之外无有语言焉，史之外无有文字焉，史之外无有人伦品目焉"②。他进一步阐发章学诚六经皆史之义，并将诸子也判归史列："五经者，周史之大宗也"，"诸子也者，周史之支孽小宗也"。他还分析中国学术的发展流变历史，提出"一代之治即一代之学"，强调学术与政治彼此相依，由此发掘学术研究必须结合现实的宗旨，凸显史学的经世功能。龚自珍还承继"史以明道"的传统，认为"出乎史，入乎道，欲知大道，必先为史"③，把是否"明道"作为史学的一项标准，抨击考史之风，排挤考据史学的主流地位。龚自珍学问广博，举凡经术、历史、目录、方志、金石、校雠，都有涉猎精研，但在经世思想的指导下，他鉴于边患日亟，外寇入侵，尤致力西北边疆史地研究和东南海防研究，写出《西域置行省议》、《东南罢番舶议》等，又曾拟修《蒙古图志》，开近代史学研究边疆舆地、蒙元历史和域外史地的新风。

继龚自珍之后，魏源、夏燮、徐继畬、梁廷枏、张穆、何秋涛、

① 章学诚：《文史通义》内篇二《浙东学术》。
② 《龚自珍全集·古史钩沉论》二。
③ 《龚自珍全集·尊史》。

洪钧、王韬、黄遵宪、康有为等以经世自任的史学家接踵而至，出现了一大批经世匡时的史学著述，经世史学勃然而兴，历道、咸、同、光四朝，盛极一时。纵观这一时期经世史学的发展，依其研究内容，作如下分述：

（一）古史研究由远及近，并冲破史学禁苑，开拓出明史研究的新领域

自道光至光绪数十年间，史家对先秦秦汉史、魏晋南北朝隋唐史、五代两宋史的研究大多沿袭乾嘉余风，对有关史籍继续考释、补订，广泛搜集史料，对其中的典制沿革、地理变迁进行精细考证，补作诸史所缺的志、表。其中较著者如严可均辑《全上古三代秦汉三国六朝文》、徐松辑《宋会要辑稿》、林春溥著《古史纪年》、梁章钜著《三国志旁证》、杨守敬著《隋书地理志考证》，缪荃孙撰后凉、北燕、南凉等六国《百官表》、《辽艺文志》等。这一时期，除梁廷枏的《南汉书》外，没有什么能成一家言的古史著述，只是由于今文经学的复兴，经学史研究渐热，经学家及受今文学熏染的史学家如龚自珍、魏源、皮锡瑞、康有为等，跳出史实考订与名物训诂的范围，全力发掘经中的微言大义，宣扬变易的历史观，并引以讥切时政，吁请改革或倡导变法。今文经学给这一时期的古史研究带来了一股活力，史学的经世功能也因此在古史研究领域有所体现。

这一时期古史研究的另一重要动向是，史家的目光由远古转向近古，冲进清廷设置的史学禁区，展开了对明史特别是南明史的研究。魏源最先冒险犯难，著《书明史稿一》、《书明史稿二》，公开指陈清修“钦定《明史》”体例芜杂、史实错讹。他又舍弃官修《明史》，从明经世文中寻求治世之鉴，编成《明代食兵二政录》。魏源经世致用的治学旨趣，明辨是非的学术勇气，激发晚清学人冲决文网去研究明史。其中最著者，如徐鼒（1810～1862 年）的《小腆纪年附考》和《小腆纪传》，同时用编年、纪传二体传写南明史事，最成系统，书中还处处以明亡教训警诫晚清君臣。再如夏燮（1800～1875 年），精研明史，撰成《明通鉴》，以编年体经纬朱明一代史事，对诸如朝纲、礼乐、刑政、历法、河漕、兵饷、税赋等“有关一朝治乱之源

者"，详予记载考订，又以附编形式纳入南明史，卓然成一家言，第一次使明史变得首尾完备。

（二）当代史研究蓬勃兴起，研求御侮救亡之道，探寻变革图强之术，是学人留心当代史的旨趣所在

由于清廷对当代史纂修的垄断和屡兴文字狱，史家不敢留心现实，更不敢研究禁中之禁的清朝历史。嘉道以后，清廷式微，文网渐疏，有识之士开始冒险问津清史研究，希望通过追本溯源，找到清朝积贫积弱的原因。鸦片战争后，清朝在外敌面前一败再败，又被太平天国革命、捻军起义搅翻半壁河山，通过著史方式来总结其中的经验教训，吁请改革内政和学习西方，抵抗外侮，挽救危亡，一时蔚为风气。当代史研究便在这样的时代环境和学术背景中蓬勃兴起。

嘉道以来，出现了一批对清人传记资料进行系统搜集、整理的著作，如钱仪吉（1783～1850年）的《碑传集》、缪荃孙（1844～1919年）的《续碑传集》、李元度（1821～1887年）的《国朝先正事略》、李桓（1827～1891年）的《国朝耆献类征初编》等。不过，第一部对晚清的当代史研究具有突破意义的还是《圣武记》。鸦片战争后，魏源愤于国事日非，忧感而著《圣武记》，其自序云：

> 晚侨江淮，海警飚忽，军问沓至，忾然触其中之所积，乃至发其椟藏，排比经纬，驰骋往复，先出其涉兵事及尝所论议若干篇，为十有四卷，统四十余万言，告成于海夷就款江宁之月。①

全书融贯着经世史学的精神，以纪事本末体追颂有清以来的盛世武功。后四卷专事论议，详述个人对于练兵、筹饷、作战、应敌的方策谋略，从中推求致治之理、御侮之策，提出"以彼长技，御彼长技"的主张。《圣武记》作为第一部真正意义的私修清史，打破了官方对当代史编纂的垄断，激活了此后对清史的私人研究，引发了晚清当代史研究的热潮。

① 魏源：《圣武记·序》。

晚清的当代史研究，主要有以下重要方面：

关于鸦片战争史的研究。其中的代表性著述有《道光洋艘征抚记》（魏源著）、《夷氛闻记》（梁廷枏作）、《中西纪事》（夏燮撰）、《英吉利广东入城始末》（署名七弦河上钓叟）、《庚申夷氛纪略》（署名赘漫野叟）以及《鸦片事略》（李圭编）等。这些史著多以纪事本末体裁对鸦片战争的起因和经过作详细记述，保存了大量作者身历耳闻的珍贵史料，对不畏强暴、坚决抗击外来侵略的民族英雄和人民群众作了热情歌颂，对颟顸朽腐、妥协投降、卖国求荣的清廷权贵作了无情贬斥。魏源、梁廷枏、夏燮等人都比较正确地指出了战争的起源及其侵略性质，揭露了外国侵略军的暴行，分析了清廷失败遭辱的原因，阐发了师夷长技、以夷制夷的思想。

关于太平天国史和“中兴史”的研究。咸同年间，太平天国革命成为当代史研究的热点，出现了一批体例多样、观点纷呈的研究成果，除官修的几部平定粤匪、捻匪、回匪、苗匪的《方略》和一批由清军将领、幕僚著述的戡乱武功记录外，私人修成的主要有夏燮《粤氛纪事》、王韬《粤逆崖略》、王闿运《湘军志》、王定安《湘军记》、张德坚《贼情汇聚》、李滨《中兴别纪》、朱孔彰《中兴将帅别传》、李汝昭《镜山野史》等等。这些著录或着眼全国，或取材一隅，叙述太平天国的兴败过程，记载满汉勾结、中外联合共同镇压各族人民起义的详情，颂扬清朝统治的“中兴”，盛赞曾国藩、左宗棠、僧格林沁、李鸿章等“中兴”名臣的丰功伟绩。这些史书的作者虽然对于造成人民起义的原因的分析有时接近于事实，也暴露了统治集团的腐朽、凶残，然而都是站在封建地主阶级的立场上来总结经验教训，自诩中兴业绩，以图再造宏谟，挽救垂危的封建统治，是封建主义正统史学中的经世观念的一次复活。

此外，随着国门的敞开和洋务运动的开展，外交史和洋务史也被纳入当代史研究的范畴，出现王之春《国朝柔远记》、官修道咸同三朝《筹办夷务始末》，以及一大批出国使臣撰写的外交日记，对洋务派的外交活动作了较为全面的记载，提出了以夷制夷、谨慎约议、联结与国的救危济世策论，反映了他们抵制侵略、竞争国权的思想主张。

（三）边疆史地研究热潮不断，名家辈出，硕果累累

由于顾炎武、顾祖禹的开创和乾嘉诸老的努力，西北边疆地理以及最与之相关的蒙元史的研究已具备相当的基础。道咸以后，严重的边疆危机，强烈的忧患意识，鲜明的经世精神，加上严密的考证学风，这些因素终于促发一股强大的学术潮流，使边疆史地研究骤然成为一门显学："大抵道咸以降，西北地理与元史学相并发展，如骖之有靳，一时风会所趋，士大夫人人乐谈，如乾嘉间之竞言训诂音韵焉，而名著亦往往间出，其大部分工作在研究蒙古，而新疆及东三省则其附庸也。"① 在这场持续几十年的学术热潮中，蒙元史的研究成为专门之学，出现以改编明修《元史》为主要内容，以魏源（《元史新编》）为主要代表的改写派和以搜集、整理元代史料为主要内容，以洪钧（《元史译文证补》）、李文田（《元朝秘史注》）、沈曾植（《元朝秘史补注》、《蒙古源流笺证》）等为代表的考证派，开启了近代蒙古学。而且，在边疆舆地研究中，也涌现出龚自珍（《西域置行省议》）、徐松（《新疆识略》）、沈垚（《新疆新议》、《西游记金山以东释》）、张穆（《蒙古游牧记》）、何秋涛（《朔方备乘》）、曹廷杰（《东北边防纪要》）、杨守敬（《历代舆地图》）、丁谦（《蓬莱轩舆地丛书》）、邹代钧（《中国海岸纪》）等专门之家。他们前后相继，究心学问，以史经世，期为国用，备受时人注目。

边疆史地研究在时势演变的影响下，先是注目西北，继而将视野扩至东北、西南、东南以及域外，对边疆四境的地形、地势、山峦、河道、草原、沙漠、气候、城邑、交通、边界划勘、中外交涉等进行考察，对边地各族的历史、迁徙、宗教、风俗等予以叙述，对中原历代王朝开拓、戍守边疆的政策加以探讨，对历史上关于边疆史地的有关文字著述进行考释，等等。乾嘉派的考据功力与经世派的实用精神相结合，传统的治学手段与西方的近代方法相结合，细致的文献校释与认真的实地勘察相结合，使得这一时期的边疆史地研究取得前所未

① 梁启超：《中国近三百年学术史》，《饮冰室专集》第17册，第322页。

有的学术成就。而研读这些学术著作，可使“读史者得实事求是之资，临政者收经世致用之益”①。这在朝政窳败、边务弛废、强邻肆虐、国亡无日的危急形势下，对当时的边政筹谋、国界划勘、国防建设、边疆开发等及时提供了历史借鉴和政策咨询，为中华民族的救亡御侮做出了贡献。

（四）外国史地研究应时而兴，介绍域外世界的历史、地理知识，引进西方近代的科学技术、思想文化和民主政治，以强烈的经世意识和崭新的时代内容登上史坛，并迅速成为经世史学中最富生机的一股史学潮流

鸦片战争前，虽历代史书中间有四夷外国志传，也出现不少讲航海见闻的岛志夷图，以及少数考察域外史地，探悉夷情以谋划边防的著述杂录，但真正意义的外国史地研究，是鸦片战争后，由林、魏开启端绪，始在社会上蔚成风气。因为鸦片一役，创深痛巨，闭关自大的危害渐为人觉察，“中国书生狃于不勤远略，海外事势夷情平日置之不讲，故一旦海舶猝来，惊若鬼神，畏如雷霆，夫以是偾败至此耳”②。他们除疾呼安坐枯井中的国人“开眼看世界”，更积极搜采中外资料，著书作图，俾使“中国童叟皆习见习闻，知彼虚实，然后徐筹制夷之策”③。林则徐早在鸦片战争期间，出于防范和抗击英寇的急切需要，就组织编译《四洲志》，介绍三十多个国家和地区的历史地理概况，是近代第一部系统的外国史地译作。魏源又在《四洲志》的基础上，广采博引，编成《海国图志》。魏源对世界史地研究的地位及其方法的理论阐述与具体示范，及《海国图志》以史经世救国的编纂原则、体例结构与内部编排，使该书成为近代一部系统、详备的世界史地著作，也为近代的外国史地研究奠定了基础。梁启超因而称誉说：“治域外地理者，源实为先驱。”④

① 张穆：《蒙古游牧记》祁序，见《肙斋文集》卷3。

② 姚莹：《中复堂全集·东溟文后集》卷8《复光律原书》。

③ 姚莹：《中复堂全集·东溟文后集》卷8《复光律原书》。

④ 梁启超：《清代学术概论》二十二。

从鸦片战争到戊戌变法，短短五十多年，外国史地研究却经历了三次大发展，可以划分为三个阶段：

第一阶段，鸦片战争后，广泛采辑中外资料，特别是西人著述来编纂外国史地志书，比较全面地介绍世界各国、各地的历史和地理概况，但又分出详略，重点介绍侵略中国最为凶狠的英、俄、美诸国的政治、经济、文化、宗教、军事、外交、殖民等方面的情况，并特别讲述印度、安南、缅甸等国遭受西方侵凌和反抗殖民斗争的情况。代表性著作除《海国图志》外，还有徐继畬《瀛环志略》、梁廷枏《海国四说》、姚莹《康輶纪行》等。这些著述在文字叙述中附绘相应的地图与表格，又将资料编纂与时事评述结合起来，在研究外国史地的同时观照中国的社会现实。可以说，这个阶段的外国史地研究，主要是为了知悉"夷情"，在反侵略斗争中知己知彼，师夷制夷，以抗敌制胜。恰如魏源在《海国图志》序中所述："是书何以作？曰：为以夷攻夷而作，为以夷款夷而作，为师夷长技以制夷而作。"在研究中，他们自觉地进行中外对比，试图从中找出西方富强中国贫弱的缘由，从而萌生出学习西方的先进思想，提出"师夷长技"的主张。

第二阶段，随着洋务运动的展开，部分国人因出使、游历、留学而走出封闭的国门，泛览海外的新天新地，而后综合本人的观感见闻以及在国外搜集的资料，撰写了一批记游与研究之作，其中成为外国史地研究名著的有王韬的《法国志略》和《普法战纪》、薛福成的《续瀛环志略》、黄遵宪的《日本国志》、徐建寅的《德国合盟纪事》等。这一阶段的研究工作，最大的特点是通过实地考察来研究东西各国的历史、地理，并且略远详近，主要介绍法、德、日等国近代历史及其现状。例如黄遵宪在《日本国志》中"详今略古"，虽述及日本三千多年的历史，绝大部分却是叙述明治时代的政治、经济、学术、思想，使该书几乎成为一部明治维新史，自叙"凡牵涉西法，尤其详备，期适用也"①。王韬于普法战争结束之际，写出《普法战纪》，更成一部当代史著述。在内容上，跟前一阶段的空泛杂乱不同，这一

---

① 黄遵宪：《日本国志·自叙》。

时期的研究已走向专精，除着重介绍西方的舟车、枪械、电报、采矿、制器等近代物质文明和先进科技工艺之外，还深入资本主义社会的内部，把资产阶级的民主政治制度视为西方富强的根本而大加称引，对镜中外，找到彼强我弱的原因所在，主张“借法自强”，把学习西方、师夷长技的思想付诸实践。

戊戌年间为第三阶段。此时，救亡图存已刻不容缓，变法维新成为当务之急，外国史地研究也与这一时代需要紧紧结合。以康梁为首的维新人士，一面译介近代各国变法的著述，如梁启超《大同译书局叙例》所言，“首译各国变法之事，及将变未变之际一切情形之书，以备今日取法”①，一面大力编写相关的外国史著，如康有为的《日本变政考》、《俄彼得变政记》、《突厥削弱记》，梁启超的《波兰灭亡记》，唐才常的《最古各国政学兴衰考》、《日本宽永以来大事略述》，康同薇的《日本变法由游侠义愤考》等。他们大力介绍变法而富强的日、俄诸国和不变而衰亡的波兰、印度等国，宣传变法救亡的政治主张，评述日、俄变法的过程与措施，作为中国维新的远近之鉴，为变法运动提供直接的参考。康有为的外国史研究最具代表性，他将中国置于世界范围内，通过与各国的对比，指出：

> 富乐莫如美，而民主之制与中国不同；强盛莫如英德，而君民共主之制，仍与中国少异。惟俄国其君权最尊，体制崇严，与中国同。其始为瑞典削弱，为泰西摈鄙，亦与中国同。然其以君权变法，转弱为强，化衰为盛之速者，莫如俄前主大彼得。故中国变法莫如法俄，以君权变法莫如采法彼得。②

因此，他首先写出《俄彼得变政记》进呈光绪皇帝，介绍彼得大帝降尊纡贵，游历西欧，甚至不惜辱身，易服为仆隶役匠，学习西方先进技术，仿采各国政治法律制度，排除阻挠，厉行变革的事迹，

---

① 梁启超：《饮冰室文集》之二，第58页。

② 康有为：《上清帝第七书》，见汤志钧编《康有为政论集》，第218页。

借此激励光绪乾纲独断，毅然变法。他还编著《波兰分灭记》、《突厥削弱记》、《法国革命记》等书，以上述诸国的衰灭、君主的败亡为反面之镜，坚定光绪变法救亡的心志。康有为还认为中日地理相邻、国情相近，明治维新的成功足为中国变法的样板："我朝变法，但采鉴日本，一切已足。"① 因此他在《日本变政考》中，以编年形式，详细载述明治维新的诸项举措，各加按语，论其利弊，为戊戌变法作出详尽具体的规划。

二、经世与传统史学的近代转化

鸦片战争后，由于时势的激变，史学经世观念空前张扬，经世史学无比繁盛，中国史学由此获得一大发展，由传统的学术型态向近代学术转化。具体说来，这种转化表现在以下几个方面：

（一）史学地位的逐步回升

从我国学术渊源看，史先于经而产生，先秦时期的经、史、诸子合而为一，难分轩轾。只是当儒学在升往思想和学术统治地位的过程中，崇经抑史，先经后史。尤其是理学盛行后，人为地规定经本史末，逐渐形成经尊史卑的学术格局，研史完全是出于治经的需要，史学沦为经学的附庸。近代的经世史学家们，弘扬李贽、章学诚等先贤关于经史关系的识见，全力尊史，发掘出古代经史一体的真相，夷平经史诸子的地位，使史学由经学的附庸逐渐走上与之分离的道路，最终成为一门独立的学科，在近代学术新体系中居有一席之位。

（二）史学格局的不断拓宽

传统史学虽标榜探究天人之际，会通古今之变，实质上无不以帝王将相为中心，叙述一姓王朝的成败兴衰。经世史学兴起之初，对古代史的研究，对当代史的考察，尽管还受传统史学的影响，但已冲出对原有经史典籍的纯客观考证，利用新旧史料从事撰著，表达对现实政治和时局演变的个人见解，将乾嘉以来史学由狭隘的名物训诂、制度沿革、文献考校引向广泛的史料编纂与史书著述。随着边疆史地特

① 康有为：《日本变政考·跋》。

别是外国史地研究的高涨，旧的史学格局不断被突破，新的史学领域相继开拓出来。史学关注的重点不再是帝王将相的兴败业绩，而是反映近代中国人民反抗外来侵略、振兴中华民族的重大历史课题，并注意考察和介绍资本主义国家的治乱兴衰，引进资产阶级的政治制度与思想学说。与此同时，严“夷夏之防”的史学心理和详内略外的“春秋义法”，逐渐退居史学边缘，而出于“师夷”、学习西方的现实需要，考察、研究和介绍域外及世界成为史学发展的新趋向。

（三）史书体裁的综合创新

传统史学在发展中，形成了纪传体、编年体、典制体、纪事本末体等彼此相对独立完善的史书体裁。一部史著往往采行一种体裁，虽各具特色，但单一的体裁难以全面反映纷繁复杂的历史。近代史学家们为了实现以史经世、以史救国的学术愿望，往往兼采各种体裁，在综合中创出新体。如魏源在其《元史新编》中，虽用纪传体，但他先依历史时期，将人物划归开国、世祖、中叶、元末四期，再据其功业分类别，如开国四杰、开国武臣、开国文臣、世祖相臣、平金功臣、平宋功臣等，做到传人、纪时与叙事相兼。梁启超为此盛赞曰：“论著作体例，则吾于魏著不能不深服。彼一变旧史‘一人一传’之形式，而传以类从，但观其篇目，即可见其组织之独具别裁。”① 其他如黄遵宪《日本国志》在典制体中对编年体、纪事本末体、史论史评体的吸收，何秋涛《朔方备乘》对纪传、编年、纪事本末、考订、注释的综合，以及兼有纪传、编年二体之长的纪事本末体在近代的流行，都是这一时期史书体裁走向综合创新的反映。

（四）史学方法的科学更新

经世史学的兴盛，也促进了史学方法的进步，它从一个新的角度对史学方法提出了新的要求，即既要求真求是，又要经世致用。因此，近代史学一方面继承朴学的考据方法，将传统史学方法中的精粹运用于新史学中，以之整理史籍文献，考证史料故实；另一方面，又开始吸收西方近代的科学方法，使近代史学在方法上不断更新。近代

① 梁启超：《中国近三百年学术史》十五。

史学著作的一大变化，是亦图亦文，特别是考察边疆和介绍域外史地的著作，地图无不占据相当的篇幅，而且这些地图在绘制中，采用了西方先进的比例尺法绘图，用经纬度定位法标注地名方位，大大增强了知识的准确性。魏源在《海国图志》中列《南洋西洋各国教门表》、《中国西洋历法异同表》、《中国西洋纪年通表》，对世界各大宗教、中西历法加以对比考察。洪钧利用出使之便，搜集国外所见蒙元史料，与中土的相关史籍进行对证考辨。王韬等人在其著作中对西方各国政治制度的异同作了不少考察，并且与中国的现实政治进行比较。这些都是早期的历史比较法。黄遵宪《日本国志》中有表八十余张，详列邮局、矿山、铁道、电信、贸易、国债、货币、人口等数据，格局与现代统计法相似。史学方法的更新、发展，使史学的科学化程度不断提高，为史学的近代化提供了有力的手段保证。

（五）史学哲学的进步

首先，近代由于今文经学的流行，公羊派的三世学说影响了几代史学家，一治一乱的历史循环论和“天不变道亦不变”的历史不变论，越来越被历史变易论取代。龚自珍、魏源都大力宣扬历史是不断变化的。龚自珍把事物由兴起、发展到衰败这种有规律的演变，谓为“三变”：“万物之数括于三，初异中，中异初，终不异初。”① 魏源提出后胜于今，强调因时制宜，主张以发展的眼光看待历史，认为变革是历史发展的必然趋势，“变古愈尽，便民愈甚”②。不过，龚、魏这一代史家的历史观中还残留着天命论和循环色彩。道咸年间时势发生“数千年未有之变局”，生当其时的史学家依据这一现实，提出一种历史变局论。如王韬提出“自古无不变之局”，穷变通久是历史发展的必然规律，因此他把人类社会发展划分为草昧之世、中天文明之世、忠质异尚之世、郁郁彬彬之世。这种渐进的变局观克服了龚、魏的不足，已经前进了一步。到康有为、梁启超、黄遵宪，他们的三世观中已完全确立一种循序渐进的历史进化观。

---

① 《龚自珍全集·壬癸之际胎观第五》。

② 《魏源集·治篇五》上册，第48页。

其次，中国古代的史学哲学一直把“资治”作为史学最大的经世功能而一再强调，可是近代以来，人们对史学经世功能的要求越来越高、越来越多，以至提出了“史以救国”的要求。这样，史学的功能便由原来的镜鉴既往以资于封建帝王之治，变成取鉴古今中外，尤其倡导学习西方，借法自强，维新变革，直接为救亡图存服务。

再次，史学研究的主体意识日益凸显。过去的史学研究大多服从和服务于治经弘道，对历史内容的关注围绕着对音义名物、制度沿革等的探讨，史学研究工作基本上就是注史、考史、论史。经世史学兴起后，人们在求真的同时更强调致用，因而关注的重心转为史学主体对历史的独特的主观感受，史学研究工作也就以能表达一家之言的著史为主了。可见，史学哲学的这些变化，既直接促使嘉道以后考证史学一变而成经世史学，又大大推进了史学从传统学术型态到近代学术型态的转化。

总之，经世致用的学术旨趣，实事求是的科学精神，学习西方的开放心理，融会于晚清史学研究之中，使史学发展别开生面，迭起高潮，不断前进，经过自身的不断调适、转化，走向近代学术之路。

第二节　史学革命与近代史学的确立

戊戌维新失败，六君子喋血京师，康、梁流亡海外，资产阶级的政治改革，在国内一时受挫，梁启超等人乃转而大力从事思想启蒙和文化革新，在世纪之交掀起了一场颇具声势的新文化运动，使学术救国的色彩一度凸显。早在经世的热潮中向近代学术走来的中国史学，又借着这股学术东风，于新世纪来临之际，蔚成一股波澜壮阔的新史学思潮，在近代历史舞台上串演了一场“史界革命”的精彩短剧，并使中国史学转变成一门真正意义的近代学术。

一、新史学学术思潮与“史界革命”

新史学的兴起与高涨，是在20世纪的最初十年间。不过，这种新学术思潮的酝酿由来已久，至少可溯及明末清初的三大家。王夫之在《读通鉴论》中批评历代正统之论，指出："以天下论者，必循天下之大公，天下虽非独盗逆之所可尸，而抑非一姓之私也。"① 黄宗羲激烈反对君主专制统治，倡言"天下之治乱，不在一姓之兴亡，而在万民之忧乐"②。他们都明确地反对将历史等同于一姓王朝的兴替，而重视"民"在历史发展中的地位与作用。这些进步的史学思想，被后来的新史学家所吸取，成为新史学理论的重要内容。新史学理论的另一个重要来源，则是主要以日本为中介大量传入的西方近代史学理论。在19世纪末的西学热中，一些外国史学著述流入中国，如英人斯宾塞尔《社会学研究》、J. R. 格林《英国人民简史》、巴克尔的《英国文明史》、日本浮田和民的《史学原论》等。这些史著大多批评旧史详载帝王将相政治军事活动的做法，把史学关注的重点放在国民生活和人类文明演进上，这正适合国内对旧史极为不满的史家需要，因而直接促发了新史学思潮的蔚兴。③

早在戊戌维新期间，梁启超等一批资产阶级思想家就开始提出"君史"、"民史"的概念，并用以反思中国史学。1896年，梁启超在《变法通议·论译书》中指出：中国之史长于言事，所重"在一朝一姓兴亡之所由"，是谓"君史"；西国之史长于言政，所重"在一城一乡教养之所起"，是谓"民史"。梁氏还进而断定民史"实史裁之正轨也"④。第二年，他在《续译列国岁计政要叙》中又作比较："民史之著，盛于西国，而中土几绝。"因为中国两千年来的所谓正史、编年、载记、传记、纪事本末、诏令奏议等等，"不过为一代之主作谱牒，若何而攻城争地，若何而取威定霸，若何而固疆圉，长子孙，如斯而已。至求其内政之张弛，民俗之优绌，所谓寖强寖弱，与何以强弱之故者，几靡得而睹焉"，所以它们"强半皆君

① 王夫之：《读通鉴论》叙论一《不言正统》。

② 黄宗羲：《明夷待访录·原君》。

③ 俞旦初：《二十世纪初年中国的新史学》，见《爱国主义与中国近代史学》，中国社会科学出版社1996年版。

④ 《饮冰室文集》之一。

史"。① 1898年，徐仁铸在《湘学报》上撰文，也比较中外之史说："西人之史，皆记国政及民间事，故读者可考其世"，"中国正史仅记一姓所以经营天下保守疆土之术，及其臣仆翼戴褒荣之陈迹，而民间之事，悉不记载"，所以中国的十七史"不过十七姓家谱"。② 19世纪末年"民史"概念在中国的提出及对封建史学作为一姓谱牒的实质的指陈，表明新的史学思潮已出现在一部分思想敏锐的学者中间。

当历史的脚步跨入20世纪，新史学思潮遽然勃兴，迅速高涨。这一学术浪潮不仅裹挟了几乎所有资产阶级史学家、思想家，还席卷了整个史坛，给史学界带来前所未有的冲击，"史界革命"一呼而起。1901年，梁启超发表《中国史叙论》，指责中国原有史书以一朝为一史，"只见有君主，不见有国民"，"纪述一二有权力者兴亡隆替之事"，虽名为史，实是"一人一家之谱牒"，他据此判定："虽谓中国前者未尝有史，殆非为过。"③ 第二年，他又发表《新史学》，以"新史氏"自命，愤责中国旧史有"四弊"、"二病"、"三恶果"。鉴于时势之危急与旧史之有害无用，他痛呼：

> 今日欲提倡民族主义，使我四万万同胞强立于此优胜劣败之世界乎？则本国史学一科，实为无老无幼无男无女无智无愚无贤无不肖所皆当从事，视之如渴饮饥食，一刻不容缓也。然遍览乙库中数十万卷之著录，其资格可以养吾所欲给吾所求者，殆无一焉。呜呼！史界革命不起，则吾国遂不可救。悠悠万事，惟此最大。④

"史界革命"的呼声，震动了学界，此呼彼应，相互激荡，很快在国内外蔚成一股革新史学的浪潮。梁氏雄文发表数月，《政艺通报》就

① 《饮冰室文集》之二。
② 《湘学报》1898年3月13日。
③ 《饮冰室文集》之六。
④ 《饮冰室文集》之九。

刊载邓实的《史学通论》，在对中国旧史作一番批判后，也大呼："中国史界革命之风潮不起，则中国无史矣，无史则无国。"① 留日学生曾鲲化鉴于中国的二十四史、通鉴诸书"皆数千年王家年谱，军人战纪，非我国民全部历代竞争进化之国史"，于1903年出版《中国历史》，表示要借此揭举一面"新历史旗帜"："今欲振发国民精神，则必先破坏有史以来之万种腐败范围，别树光华雄美之新历史旗帜，为我国民族主义之先锋。"② 从此以后，新史学家们更加大规模地译介和引进外国史学理论与方法，大力批判中国的旧史学，并尝试编撰新的中国通史和历史教科书，构建起新史学的理论体系，史学的近代学术形态得以确立。这场史学革命历时虽短，却成功地完成了推进中国史学近代化的历史使命。

二、对史学的新界说与"新史学"的确立

"欲创新史学，不可不先明史学之界说。"③ 只要翻开20世纪初中国人译介或编撰的有关史学理论和方法的著作，可以发现几乎每一部译著都辟有专章专节，阐述史学的定义、性质、宗旨、范围、地位、作用等，对史学作出新的界说。如梁启超《中国史叙论》首节即为"史之界说"，《新史学》亦设"新史学之界说"一章。曾鲲化的《中国历史·首篇》第一章为："历史之要质：一定义、二目的、三因果、四进化、五时代。"1909年曹佐熙著《史学通论》，第一篇论史学之源流，第二篇论史学之经纬，下分："一史之定义，二史之内容，三史学之内容，四史学之经纬。"④ 可见当时无论新旧史家，都根据时代的变化，在新的学术环境中，着意探讨史学的真义。他们吸取西方资产阶级的史学理论成果，结合中国国情，对史学进行新界

---

① 《政艺通报》1902年8月18日，第12期"史学文编"。

② 转引自俞旦初《爱国主义与中国近代史学》，第46页。

③ 梁启超：《新史学》。下引不再注明。

④ 参见俞旦初《爱国主义与中国近代史学》中"有关史学理论和方法的著译的篇目章节"表，第51～55页。

说，建立起新的史学学术——“新史学”。

20世纪初年对史学的界说，其要如下：

（一）关于史学的内涵

新史学理论的奠基人梁启超对史学内涵的论述最具代表性。在《中国史叙论》中，他通过新旧史家“本分”的对比，提出史学不仅在于对“人间过去之事实”作简单记述，还要“说明其事实之关系与其原因结果”，“探察人间全体之运动进步，即国民全部之经历及相互之关系”，初步揭示出新史学研究对象的转移、研究范围的扩展及研究内容的深化。次年，他在此基础上又下了一个扼要而精确的定义：“历史者，叙述人群进化之现象而求得其公理公例者也。”梁氏用来界说新史学的核心概念，除进化论外，还有一个不为人重视的“群”。他说：“所贵乎史者，贵其能叙述一群人相交涉相竞争相团结之道，能述一群人所以休养生息同体进化之状，使后之读者爱其群善其群之心，油然生焉。”在讲到人类的进化时，梁氏又特别突出“群”在其中的地位：“人类进化云者，一群之进也，非一人之进也。”识别历史人物与历史发展的关系，就是看他对“群”的影响如何，“夫人物之关系于历史固也，然所以关系者，亦谓其于一群有影响云尔，所重在一群，非在一人也”。由于摆正了个人与群体在历史上的关系，所以他提出了一条指导史学活动的正确原则：“历史所最当注意者，惟人群之事，苟其事不关系人群者，虽奇言异行，而不足以入历史之范围也。”梁启超借此批评旧史家“不知史之界说限于群”，结果“动辄以立佳传为其人之光宠，驯至连篇累牍胪列无关世运之人之言论行事，使读者欲卧欲呕，虽尽数千卷，犹不能于本群之大势有所知焉”。这样，梁启超雄辩地证明，史学的研究对象和范围必须由对一姓一家的兴亡的叙述，转为考察社会人群的进化，这为他深入批判以帝王为中心的君史和树立以国民为中心的民史，奠定了坚实的理论基础。

（二）关于史学的性质

史学究竟是一门什么样的学问？以革新史学自任的史家们对此大多做了回答。梁启超说：

凡学问必有客观主观二界，客观者，谓所研究之事物也，主观者，谓能研究此事物之心灵也。和合二观，然后学问出焉。史学之客体，则过去现在之事实是也。其主体，则作史读史者心识中所怀之哲理是也。有客观而无主观，则其史有魄无魂，谓之非史焉可也。①

梁氏明确地提出史学应该是客观与主观的结合，是历史事实与历史哲学的统一。如果割裂了二者，就不成其为史学，这种论述在我国史学史上可能是前所未有的。由于史学的这种性质规定，凡是自觉的史学活动，既要研究历史现象和过程，又要发现蕴含在其中的客观规律，还要表达认识主体的主观感受，“是故善为史者，必研究人群进化之现象，而求其公理公例之所在，于是有所谓历史哲学者出焉”。因此，一方面要扩大史学的视野和史料的范围，“夫欲求人群进化之真相，必当合人类全体而比较之，通古今文野之界而观察之，内自乡邑之法团，外至五洲之全局，上至穹古之石史，下至昨今之新闻”，都是“客观所当取材者”；另一方面要取鉴与史学有直接、间接关系的诸学问，如地理学、地质学、人种学、人类学、语言学、政治学、宗教学、经济学、伦理学、心理学、天文学、物质学、化学等，都是“主观所当凭藉者”，“取诸学之公理公例，而参伍钩距之，虽未尽适用，而所得又必多矣”。梁氏在这里谈的，实际上已是怎样建立科学的史学这一重大问题。当时除他外，还有不少人也都提出史学革新的目标在于实现史学的近代化和科学化。如汪荣宝批评旧史学撮录数千年的故实，作劝善惩恶的教育之用，“未能完成其为科学之形体，就此众多之方面与不完全之形体，而予以科学的研究，寻其统系而冀以发挥其真相者，是今日所谓史学者之目的也”②。清末担任湖南中路师范学堂史席的曹佐熙著《史学通论》，虽然书中的传统史学色彩大

① 梁启超：《新史学》。

② 《译书汇编》1902年第9期，转引自胡逢祥、张文建《中国近代史学思潮与流派》，华东师范大学出版社1991年版，第181页。

大超过新史学，但他自述其旨说："与吾国劬学之士究心史道，探赜索隐，原始要终，陶冶古近中外百家之方，以自成科学。"① 这些论述反映了史学科学化确是新史学思潮的一大趋向。

（三）关于史学的宗旨与任务

梁启超认为史学应考察"国民全部之经历及其相互之关系"，从纷纭变幻的历史表象中找到其中的因果规律，"求得前此进化之公理公例，而使后人循其理率其例以增幸福于无疆也"。在列强环伺、民族阽危的时局下，梁启超特别强调历史最应该"叙人种之发达与竞争"，即考察历史上各种族的盛衰兴亡，历史的精神在于"叙述数十年来各种族所以盛衰兴亡之故"，即揭示弱肉强食的人类竞争法则，从而激励国人团结奋起，变法自强，保种救国。另一位新史学人曾鲲化认为："夫历史之天职，记录过去现在人群所表现于社会之生活运动与其起源、发达、变迁之大势，而纪念国民之美德，指点评判帝王官吏之罪恶，使后人龟鉴之、圭臬之，而损益、而调剂、而破坏、而改造、而进化者也。"② 把记录广大国民生活，暴露统治阶级罪恶，总结历史演进的经验教训，使之成为人民推动历史前进的镜鉴，视为新史学的神圣职任。夏曾佑提出史学应该把"发明今日社会之原"作为重点，改变以往仅记一姓兴替的历史，建立"民族全体"的历史。③ 章太炎在规划编撰中国通史时，认为新的通史"一方以发明社会政治进化衰微之原理为主"，"一方以鼓舞民气、启导方来为主"。④ 可见，各家的论述虽有不同，但都提出史学应由为君王资鉴转而为国民资鉴，为人类社会的进步服务。新时期史学的迫切任务是撰写"民史"，"为史界开一新天地，而令兹学之功德普及于国

---

① 曹佐熙：《史学通论·题词》，转引自刘泽华主编《近九十年史学理论要籍提要》，书目文献出版社 1991 年版，第 8 页。

② 曾鲲化：《中国历史出世辞》，原载《政艺通报》1903 年第 9 号"政史文编"。

③ 夏曾佑：《中国历史教科书·凡例》第二册。

④ 《新民丛报》1902 年第 13 号载《章太炎来简》。

民”。①

（四）关于史学的地位与作用

经世史学兴起以来，史学的地位日益上升，倡导史界革命的新史家，更大力提高史学的学术地位和社会地位，夸大史学的社会作用。如梁启超大声称赞说：“史学者，学问之最博大而最切要者也，国民之明镜也，爱国心之源泉也。”他甚至把世界各国的富强发达、文明进步，片面地归功于史学：“今日欧洲民族主义所以发达，列国所以日进文明，史学之功居其半焉。”担任过京师大学堂史学教习的陈黻宸于其《独史》中写道：“无天地则已，有天地即有史，天地无一物则已，有物则有史”，“国而无史，是为废国，人而弃史，是为痿人”。② 马叙伦1902年对史学在诸学中地位的论述也引人注目，他说：“史学，群学也，名学也，战术学也，种种社会之学，皆于史乎门键而户钥之者也。”③ 大力宣扬反满革命的章太炎，特别钟情史学，就是因为“民族主义如稼穑然，要以史籍所载人物、制度、地理、风俗之类为之灌溉，则蔚然以兴矣”④。在民族危亡、国势衰弱的20世纪初年，忧时爱国的史界学人无不视史学为“鉴往以知来，察彼以知己”的学术工具，可以用来济时救国。他们认为借助史学可以开启民智，团结民心，激发民族意识，弘扬爱国主义，培养国家思想，振奋国民精神，所以他们疾呼“史界革命”，渴望革新史学，将史学特有的社会功能发挥出来，实现他们救国拯民的政治愿望。不过值得注意的是，这个时期史学地位的提高，史学功能的扩张，除新史家们继承史学经世的传统外，更重要的原因是他们对史学内涵作了重新发掘，对史学宗旨作了新的规范，也就是说，他们用来经世的史学，已是不断科学化、社会化、近代化的“新史学”。

---

① 梁启超：《新史学》。

② 陈黻宸：《独史》，见《陈黻宸集》，中华书局1995年版，第568～569页。

③ 马叙伦：《史学总论》，载《新世界学报》1902年9月2日第一期“史学”。

④ 章太炎：《答铁铮》，见《民报》1907年6月8日第14号。

三、破"君"史与近代史学理论体系的完善

梁启超在总结近代学术史时曾指出了一条学术斗争的规律："凡一新学派初立，对于旧学派非持绝对严正的攻击态度，不足以摧故锋而张新军。"① 事实上，以他为代表的新一代史学家，正是在对旧史学进行激烈、彻底批判的基础上，确立起新史学在近代学术中的地位，并构建起相应的理论体系。

（一）运用社会进化史观和近代国家思想，批判旧史学的循环论、正统观，树起新的史学价值标准

梁启超肯定循环和进化都是变化，但循环是有一定周期的变化，周而复始，止而不进；进化则按一定的次序，循序而进，往而不返，进至无极，"凡学问属于此类者，谓之历史学"。不过，历史的进化又不是表现为一根直线，而是"或尺进而寸退，或大涨而小落，其象如一螺线"。旧史家之所以将历史叙述成"一治一乱"，"盖为螺线状所迷，而误以为圆状"，所以他们"徒观一小时代之或进或退或潮或落，遂以为历史之实如是"，没有综观自有人类以来万数千年之大势，看不到人类整体历史的进化，从而宣扬历史循环论，"吾中国数千年无良史者，以其于进化之现象，见之未明也"。

梁氏又分析二十四史之所以成了二十四姓家谱，原因在旧史家"知有朝廷而不知有国家"，视天下为君主一人之天下，视一姓王朝为万民共有之国家，于是专替君臣作史而不为国民作史，"其大蔽在不知朝廷与国家之分别，以为舍朝廷外无国家，于是乎有正统闰统之争论，有所谓鼎革前后之笔法"。梁氏在这里轻巧带出的正统与笔法问题，正是旧史学的核心所在，所以他引进西方近代的国民观念和国家思想，以三个专节加以批驳。

在《论正统》中，梁氏第一句即大骂："中国史家之谬，未有过于言正统者也。"所谓正统之论，即"以为天下不可一日无君也，于是乎有统，又以为天无二日民无二王也，于是乎有正统。统之云者，

① 梁启超：《清代学术概论》。

家谱、将相年纪，所载所述不外君臣言行及其政治得失与军事胜败，“于帝王将相之举动，虽小而必书，于国民生计之所类，虽大有不录”①。梁启超在《新史学》中指出，“吾国史家，以为天下者君主一人之天下，故其为史也，不过叙某朝以何而得之，以何而治之，以何而失之”，以君主为中心，叙述一姓势力的兴亡隆替，结果“中国数千年，惟有政治史，而其他一无所闻”。由于旧史学以帝王政治史为基干，自然无法体现国民在其中的地位，不能反映种族群体的强弱盛衰之故，所以梁启超等人大肆指责“中国前者未尝有史”、“无史”、“有君谱而无历史”。

新史家还进一步追究中国数千年来只有君史不见民史的原因，在于封建专制酷烈，作史之人媚事权贵，只为帝王将相修谱牒，未曾为国民作史传。严复最先对此作了揭露：“史家所以独详君公而不及民生者，亦缘尊尚权力之情瞀耳。”② 梁启超则一针见血地指出：“盖从来作史者，皆为朝廷上之君若臣而作，曾无有一人为国民而作者也。”曾鲲化也指出原有史书之所以成为“天子之世系谱”、“飞将军大元帅之相斫书”，就是因为旧史家“效死力于专制君主，以尽奴颜婢膝之本领”③。

新史家们激烈地批驳旧史家的帝王中心论，目的在于恢复国民在历史上的地位，为国民争史中应有之地位：“民者，史界中一分子也”，“史者，民之史也，而非君与臣与学人词客所能专也”。④ 他们呼吁为国民作史，编修以国民为中心，反映人群进化，有益社会进步的“民史”。曾鲲化认为，史学“仅注意于帝王之仁暴智愚，将相之劲脆贤不肖，而不输热心以熟察全国人民之生活如何，运动如何，普通学识如何，则社会之进步发达，与黑暗昏冥，均茫昧无据矣”。所

---

① 严复：《群学肄言》，见《严译名著丛刊》，商务印书馆 1981 年版，第 8 页。

② 《严译名著丛刊》，第 130 页。

③ 曾鲲化：《中国历史出世辞》。

④ 《陈黻宸集》上册，第 574 页。

以他立志以“调查历代国民全部运动进化之大势，最录其原因结果之密切关系，以实国民发达史价值，而激发现在社会之国魂”为己任。他的《中国历史》完全以国民为关注中心，以国民的利害为评判标准，“凡替国民造幸福，或为国民公敌，混浊一切社会，及关于全体之要点者，必著论绝之、钺之、纪念之，或指点评于其书眉”①。曾氏关于编修“民史”的理论主张及其成功实践，一时成了典范，“新学界特别欢迎”，各种新式报刊纷纷推介，《游学译编》特别称扬该书的民史性质及其作用：“为四万万同胞编辑中国历史，叙述中国大国民之社会如何起源、如何发达、如何变迁、如何进化，及盛衰隆替之因果，小退大进之关系，而绝钺之，而纪念之，而指点评判之，其宗旨发挥光明正大之民族主义，激动爱国精神，斩绝奴隶根性。”②在当时的“民史”热中，为编撰民史做出了可贵探索的另一位代表，是以“民史氏”自名的邓实。1902 年他在《政艺通报》发表《史学通论》，批判旧史为“朝史耳，而非国史，君史耳，而非民史，贵族史耳，而非社会史，总而言之，则一历朝之专制政治史耳”③，他认为 20 世纪将是“民史”的时代，呼吁人民赶快从君主专制史中觉醒过来。隔一年，他又在《政艺通报》上发表《民史总叙》、《民史分叙》共 13 篇，论述民史的定义、对象、意义等编撰理论与方法，并提出从种族、语言文字、风俗、宗教、学术、教育、地理、户口、实业、人物、民政、交通等专题史入手考察和编修民史。④

在对君史的批判中，新史家还提出要改变过去以帝王为中心、以政治史为主干的史学格局，把史书记载和史学研究的范围扩大到反映人群进化和社会发展的方方面面，诸如政治、经济、思想、学术、教育、工艺、宗教、风俗、地理、交通等等。梁启超引德国某哲人之谓人间发达共有五相，即智力、产业、美术、宗教、政治，认为“凡

① 以上转引自俞旦初前揭书，第 77 页。

② 《游学译编》1903 年 4 月 12 日，第 2 册。

③ 《政艺通报》1902 年，第 12、13 号。

④ 《政艺通报》1904 年，第 17、18、19 号。

作史读史者，于此五端，忽一不可焉”①。他还拟分三大部编撰中国通史：一为政治之部，包括朝代、民族、地理、阶级、政制组织、政权运用、法律、财政、军政、藩属、国际、清议、政党；二为文化之部，包括语言文字、宗教、学术、文学、美术、音乐剧曲、图籍、教育；三为社会及生计之部，包括家庭、阶级、乡村都会、礼俗、都城宫室、田制、农事、物产、虞衡、工业、商业、货币、通运。② 与梁启超一样对中国通史内容作过详尽规划的还有章太炎、陈黻宸等，曾鲲化、夏曾佑、刘师培等则在各自的撰述中对史学格局作了实际革新。

（三）指摘旧史在编撰方法和著述体裁上存在的弊病，在改造旧史体和取鉴国外新史体的基础上，创立自有特色的综合史体

史家的思想规定了他的著述形式。旧史家对史学的认识既然存在种种偏颇，他们的撰述方法必定会有缺陷。梁启超归之为两病：一是方法上“能铺叙而不能别裁”，史书所载，皆是些“邻猫生子”、不关大局的琐碎史实，读之既费时日，又不能多所获益；二是体裁上“能因袭而不能创作”，细数历代史家，除创立纪传体通史的司马迁、典制体的杜佑、编年体通史的司马光、纪事本末体的袁枢、学案体的黄宗羲等数人外，余皆所谓“公等碌碌，因人成事”。新史学兴起后，以帝王为中心的正统史观被否定，为之服务的史著体裁也不能继续存在。在这种新的时代和学术背景中，反对因袭旧体，主张创新史体，就成了史界的大趋势。

其一，倡修中国通史。过去的所谓“正史”中除《史记》外，全是断代为史，使每一姓王朝自成体系，而纪传又最能使帝王居于史之中心。新史家主张史学考察和叙述人类群体的进化，撰写以国民为中心的民史，自然主张通史体例。如章太炎致信梁启超，讨论创作中国通史，说：“今日作史，若专为一代，非独难发新理，而事实也无

① 《中国史叙论》。

② 《饮冰室专集》之四十九附《原拟中国通史目录》。

由详细调查。惟通史上下千古，不必以褒贬人物、胪述事状为贵。”①不过，反对断代史，不是不要给历史划段，“必不当断代，而不嫌断世，借以考民族变迁之迹”②。因此，他们批判以王朝更替为标准划分历史时期的做法，“中国二十四史，以一朝为一史，即如通鉴，号称通史，然其区分时代，以周纪秦纪汉纪等名，是中国前辈之脑识，只见有君主，不见有国民也”③。而根据人类种族进化变迁的不同阶段，将历史划为上世、中世、近世等，这样的通史体例打破了王朝体系，肢解了旧史以纪传为骨架的史书结构，最适于撰写“民史”。

其二，主张独创新体。新史家非常强调史体的独创性，如章太炎说：“今修通史，旨在独裁，则详略自异。”④ 陈黻宸认为，“史必有独识，而后有独例”，他主张：“据我中国古书，旁及东西邻各史籍，荟萃群言，折衷贵当，创成史例。”⑤ 事实上，新史家在史体上确实都是独出心裁的。陈黻宸设计的新体通史，包括八表、十录和十二传，兼容了典志、纪事本末和传记诸体。章太炎拟订的中国通史，分表、典、记、考纪、别录五体，其中“典”为典志体，“记”采纪事本末体，“考纪”与“别录”则为传记体，兼采了旧史中的各种体裁。夏曾佑、曾鲲化、刘师培、柳诒徵等人，则主要以纪事本末体为基础，辅以编年体，并吸取近代外国史书体例；在叙述中国历史时，先依时代分编，编下设章，章下立节，史事叙述完整，时间线索清晰，章节设置灵活，形成有民族特色的章节体。此后的通史著作，尤其是历史教科书，基本上都采用这种崭新的史体。

此外，新史家在撰著史书时，还倾向于使用浅文言，甚至白话文。这一史学表述形式的革新，同样有利于新史学的社会化、平民化。

---

① 《新民丛报》1902 年第 13 号《章太炎来简》。

② 许之衡：《读〈国粹学报〉感言》，转引自张岂之主编《中国近代史学学术史》，中国社会科学出版社 1996 年版，第 214 页。

③ 《中国史叙论》。

④ 《訄书·哀清史》重订本附《中国通史略例》。

⑤ 《陈黻宸集》上册，第 569 页。

19世纪末20世纪初的这场新史学思潮，就其批判旧史学之激烈、彻底及对旧史学的摧毁而言，确是史学界的一场深刻革命。它在革新史学之外，还在开启明智、刷新人心、激发爱国主义和民族精神、传播近代西方学术文化等方面，都立下了功劳，尤其对日趋高涨的资产阶级政治运动（立宪和革命）产生了极大的推动作用。可以说，在世纪之交的那场新文化运动中，只有新史学的规模最大、成就最高、影响最深。新史家提出的一系列主张和理论，标志着中国近代史学理论体系的基本确立，此后的资产阶级史学家，如梁启超、王国维、胡适、顾颉刚、陈寅恪、钱穆等，都是在这个基础上不断发展和完善，使近代史学走向繁荣。

第三节　古史辨运动与古史研究的深化

鸦片战争以来，我国学者对于上古历史的研究，只有少数人承乾嘉余绪，对先秦年代和地理作过考订，大部分人的兴趣和精力集中在先秦诸子和早期儒家等学术思想史方面。进入20世纪后，由于编撰中国通史，上古的问题再也无法回避。“自从盘古开天地，三皇五帝至于今”的传说虽然仍在沿袭，却有个别见识卓绝之士对于这种线条化、简单化的古史系统生出怀疑。被梁启超称为“对于中国历史有崭新的见解——尤其是古代史，尤其是有史以前”① 的夏曾佑，在所撰《最新中学中国历史教科书》中，把“开辟至周初”的一段漫长历史称作“传疑之期”：“因此期之事，并无信史，均以群经和诸子见之，往往寓言实事，两不可分，读者各信其习惯而已，故谓之传疑期。”他指出上古信史混杂在神话传说、诸子杂语和儒门经典之中，不过他未及分别辨析，故其叙述中仍有不能免俗之处。直到1922年，年轻的顾颉刚受商务印书馆之聘编撰《中学本国史教科书》，对上古历史作出前无古人的处置：

① 梁启超：《亡友夏穗卿先生》，《饮冰室文集》之四十四。

> 我想了很多法子，要把这部教科书做成一部活的历史……上古史方面怎样办呢？三皇五帝的系统，当然是要推翻的了。考古学上的中国上古史，现在刚才动头，远不能得到一个简单的结论。思索了好久，以为只有把《诗》、《书》和《论语》中的上古史传说整理出来，草成一篇《最早的上古史的传说》为宜。我便把这三部书中的古史观念比较看着，忽然发见了一个大疑窦——尧舜禹的地位问题！……我就建立了一个假设：古史是层累地造成的，发生的次序和排列的系统恰是一个反背。①

他不仅抛弃了盘古氏，而且对三皇、五帝也不以为真。次年，他把自己的假设——“层累地造成的古史说”——公之于众，引起一场“古史辨运动”，古史研究的局面因之焕然一新。

一、古史研究获得大进展的学术时代背景

春秋以来，人们开始探究我国的远古历史，到两汉魏晋，基本形成对于古史的系统认识，排出一个从盘古伏羲到尧舜禹汤的古史演变体系。对此，历唐、宋、明、清，代有硕学之士进行考疑辨伪，但是直到五四新文化运动，古史研究领域才发生天翻地覆的大变化，推倒伪古史和构建真古史的工作才如火如荼地展开。个中原因，除了悠久的疑辨传统这一学术因缘外，更重要的应是以下三个崭新的时代因素。

（一）20年代前后各种新史料的发现、整理，为古史研究打开新局面准备了物质条件

著名史家陈寅恪曾说过：“一时代之学术，必有其新材料与新问题，取用此材料以研究问题，则为此时代学术之新潮流。”② 殷墟甲骨卜辞的发现和整理，罗振玉、王国维、郭沫若等对甲骨文字日益深

---

① 顾颉刚：《古史辨第一册自序》（以下注中简称《古一自序》），上海古籍出版社1981年版，第51～52页。

② 陈寅恪：《陈垣敦煌劫余录序》，见《金明馆丛稿二编》。

入的研究，将古史研究导入一条新路。与此同时，考古学也在国内渐次兴起，安特生、步达生、李济、裴文中、董作宾等中外考古学者先后发掘出河南渑池仰韶遗址（1921 年）、山西夏县西阴村遗址（1926 年）、北京周口店山顶洞人遗址（1921～1928 年）、河南安阳殷墟遗址（1928～1934 年）等。此外，河南、山西、安徽等地还相继出土了商周和春秋战国的铜器。这些考古发掘和出土的实物资料，使科学地探索上古和史前历史日益成为可能。对此，王国维曾感叹自己有幸生于这样一个前所未有的大发现时代："吾辈生于今日，幸于纸上之材料，更得地下之新材料，由此种材料，我辈因得据以补正纸上之材料，亦得证明古书之某部分全为实录，即百家不雅驯之言，亦不无表示一面之事实。"① 顾颉刚明确地指出新史料对于疑古辨伪史学兴起的影响："古物出土愈多，时常透露一点古代文化的真相，反映出书籍中所写的幻想，更使人对于古书增高不信任的意念。"②

（二）*新文化运动和新学术思潮的兴起，为古史研究的革新营造了学术环境*

以陈独秀、李大钊、吴虞等为代表的新文化人发起"打倒孔家店"，动摇了孔子和儒家经典的神圣地位，解放了人们的思想。郭湛波曾专门指出新文化运动带来的思想革命是疑古思想产生的第一个原因："中国思想经过了这次大革命，孔子思想受了这样深痛的打击，起了根本动摇，而孔子思想的外衣——一切庇护孔子思想学说的伪史伪书也随之起了动摇。"③ 特别应指出胡适在学术领域提出"重新估定一切价值"的口号，破除了人们对古代学术文化的盲信和依恋。他的著作《中国哲学史大纲》，将孔子与诸子并列，并以老子为中国哲学的始祖。他在北京大学开讲中国哲学史，将旧派学人津津乐道的

---

① 王国维：《古史新证》第一章总论，引见《古史辨》第一册，第 264 页。

② 《古一自序》，第 78 页。

③ 郭湛波：《近五十年中国思想史》第六篇（一），北平人文书店 1936 年版。

三代一刀截去，径从周宣王以后讲起；他不用神话传说作材料，而以《诗经》作时代的说明，“这一改把我们一班人充满着三皇五帝的脑筋骤然作一个重大打击”①。新思想、新学术对传统经学的冲击和一代史学人才的成长所产生的巨大影响，在顾颉刚身上表现最为明显。顾氏在1915年就对沿袭数千年的古史系统产生怀疑，屡起推翻这种伪古史的念头。但是直到新文化运动兴起后，“到这时大家提倡思想革新，我始有打破旧思想的明了意识”②，他才有胆量宣布自己对于传统学说的见解。特别是想到前代进步学者虽时有疑古辨伪，却总为时代环境所压折，他深有感触地写道：

> 予若不处五四运动时代，决不敢辨古史；即敢辨矣，亦决无人信，生不出影响也。适宜之环境，如此其可宝贵也。③

（三）近代西方实证方法的输入，为古史研究实现新的突破提供了先进方法

主要由胡适引进的实证主义方法论，强调学术研究要有科学实验的态度和历史演进的方法，与中国传统的考据学有相通之处，二者容易被近代学人结合使用，形成一种富有特色的新考证法。王国维的“二重考据法”和顾颉刚的“层累地造成的古史说”，都是这种新史学方法的代表。胡适提出的“宁可疑而过，不可信而过”的存疑态度，“大胆的假设，小心的求证”的治学秘诀，以及他用历史演进的方法研究《水浒》、《红楼梦》和井田制度的学术实践，都使入室受学的顾颉刚心领神会，从而提出了“层累说”。顾颉刚曾说过：“五四运动以后，西洋的科学的治史方法才真正输入，于是中国才有科学的史学可言。”④ 这是就五四后整个中国史学而言，他在《古史辨》

---

① 《古一自序》，第36页。

② 《古一自序》，第35页。

③ 《顾颉刚读书笔记》卷9，台湾联经出版公司1990年版，第6616页。

④ 顾颉刚：《当代中国史学》引论，南京胜利出版公司1947年版。

第一册的自序中，还详细叙述了近代西方科学方法传入对古史研究尤其是疑古辨伪所产生的深远影响：

> 西洋的科学传了进来，中国学者受到它的影响，对于治学的方法有了根本的觉悟，要把中国古今的学术整理清楚，认识它们的历史的价值……长素先生受了西洋史家考定的上古史的影响，知道中国古史的不可信，就揭示了战国诸子和新代经师作伪的原因，使人读了不但不信任古史，而且要看出伪史的背景，就从伪史上去研究，实在比较以前的辨伪者深进了一层。适之先生带了西洋的史学方法回来，把传说中的古代制度和小说中的故事举了几个演变的例，使人读了不但要去辨伪，要去研究伪史的背景，而且要去寻出它的渐渐演变的线索，就从演变的线索上去研究，这比了长素先生的方法又深进了一层了。我生当其顷，历历受到这三层教训①，加上无意中得到的故事的暗示，再来看古史时便触处见出它的经历的痕迹。我固然说不上有什么学问，但我敢说我有了新方法了。在这新方法支配下的材料，陡然显露了一种新样子，使得我又欣快又惊诧，终于放大了胆子叫喊出来，成就了两年前的古史讨论。②

正是在这些新的历史条件下，20世纪20年代的学人，得以既继承前人疑古辨伪的遗产，又能摆脱前人无法摆脱的学术偏见，尤其是可以解除家法学派之累，对古代历史展开全面深入的考察，从种种传说、神话、伪书、伪史中寻出上古历史的真相。王国维在考证古史中所坚持的求真的精神，所持有的客观的态度，所依据的丰富的材料，所使用的科学的方法，都是人所共知的。至于顾颉刚，他受了崔述考辨古史的方法的启示，但批评他的尊经卫圣的学术立场；他接受了章太炎求真而薄致用的治学精神，但看出了章氏以古文攻今文的党争用

① 所谓第一层教训指从唐代刘知己到清代崔述等人用传统方法疑古辨伪。
② 《古一自序》，第77～79页。

心；他肯定康有为对自己疑古的启发，但对康氏拿辨伪作手段以改制为目的的运用政策而非学问研究总不佩服；他把胡适以历史演进的方法研究故事，变成自己的以研究故事的方法来研究古史，等等。这种继承和超越的完美结合，显然是顾颉刚个人的学术创新，但他却宁愿归功于他的时代：

> 我们所处的时代太好，它给予我们以自由批评的勇气，许我们比宋代学者作进一步的探索，解除了道统的束缚；也许我们比清代学者作进一步的探索，解除了学派的束缚。它又给予我们许多崭新的材料，使我们不仅看到书本，还有很多书本以外的东西，可以作种种比较的研究，可以开出想不到的新天地。我们不敢辜负这时代，所以起来提出这些问题，激烈将来的工作。①

他这样说，固然是一种谦逊的学风的表现，却也真切地反映了20年代后古史研究之突飞猛进确是因为有一个新的学术时代背景。

二、疑古与信古之争

早自1920年起，胡适、顾颉刚、钱玄同就开始在书信往来中讨论古书真伪及其考辨，发起编录《辨伪丛书》，并提出要考辨伪史。1922年，顾颉刚由尧舜禹的地位问题初步形成“层累地造成中国古史”的假说，对推倒伪古史有了比较成熟的意见。1923年5月，胡适主办的《读书杂志》第9期首次刊出顾、钱讨论古史的书信，正式将“层累说”公诸学界。它有三层意思：

第一，“时代愈后，传说的古史期愈长”。他举例说：“周代人心目中最古的人是禹，到孔子时有尧舜，到战国时有黄帝、神农，到秦有三皇，到汉以后有盘古等。”

第二，“时代愈后，传说中的中心人物愈放愈大”。他又以舜为例：“舜在孔子时只是一个‘无为而治’的圣君，到《尧典》就成了

---

① 《古史辨》第三册自序。

一个‘家齐而后治国’的圣人，到孟子时就成了一个孝子的模范了。”

第三，“我们在这上，即不能知道某一件事的真确的状况，但可以知道某一件事在传说中的最早的状况”。他具体说：“我们即不能知道东周时的东周史，也至少能知道战国时的东周史；我们即不能知道夏商时的夏商史，也至少知道东周时的夏商史。”①

顾颉刚的“层累说”一出，钱玄同立即公开响应。他在《读书杂志》第10期发表答书，称颂顾颉刚的新见“真是精当绝伦”。他又公布了自己对于“经”的看法，认为：“孔丘无删述或制作‘六经’之事”；《乐经》一书本无，《诗》、《书》、《礼》、《易》、《春秋》五书本是各不相干的。他还对所谓“六经”的形成过程作了考察，并揭出它们的真面目：

> 《诗》是一部最古的总集，其中小部分是西周底诗，大部分是东周（孔丘以前）底诗。
>
> 《书》似乎是“三代”时候底“文件类编”或“档案汇存”，应该认它为历史。
>
> 《仪礼》是战国时代胡乱抄成的伪书……《周礼》是刘歆伪造。《两戴记》中十分之九都是汉儒所作的。
>
> 《易》我以为原始的易卦，是生殖器崇拜时代底东西，“乾”“坤”二卦即是两性底生殖器底记号。
>
> 《春秋》王安石说它是“断烂朝报”，梁启超说它象“流水账簿”，都是极确当的批语。②

谁都没有料到，两封见解新颖的学术通信发表出来，“竟成了轰炸中国古史的一个原子弹”③，各个方面读了古书的人都受了刺激，

① 以上引文见《与钱玄同先生论古史书》，《古史辨》第一册，第60页。

② 钱玄同：《答顾颉刚先生书》，《古史辨》第一册，第67～78页。

③ 顾颉刚：《我是怎样编写〈古史辨〉的》，见《古史辨》第一册。

那些宗信儒家经典的旧派学人，对于这种离经叛道、非圣无法的疑古学说，更视作洪水猛兽。刘掞藜、胡堇人、柳诒徵等相继在《读书杂志》、《学衡》、《史地学报》等刊物发表文章，与顾、钱等人辩驳。他们自己无视前人对于伪经伪书的考辨成果，大量援引经书和战国秦汉间造作的群书作为研究尧舜禹和三代历史的史料，却指责顾颉刚等人的文章证据薄弱，"附会周纳"，尤其责斥他们"诬古轻疑"，如刘掞藜暗讽顾颉刚对于经书、子书不加分析，"闭着眼睛一笔抹杀"。①柳诒徵讥讽说："今人读古史动辄怀疑，以为此为某某作伪，此为某某增窜，嚣然以求真号于众，不知古人以信为鹄，初未尝造作语言以欺后世。若谓始善考史，昔之人皆逞臆妄作，则由未读古书，不详考其来历耳。"② 钱玄同曾引《说文》释尧、舜二字之义为"高"、"大"，以为尧舜"只是理想的人格之名称而已"。③ 刘掞藜却因此讽刺说："以此疑古，不是笑话么？这种错误，皆是迷于《说文》的余毒，而不知诉于逻辑。"④ 顾颉刚也引《说文》解"禹"："禹，虫也，从禸，象形。"禸："兽足，蹂地也。"由此推论"禹"最初应是"以虫而有足蹂地，大约是蜥蜴之类"。⑤ 顾颉刚此举不过是从故事演变的角度探寻禹在传说中的地位，本没有论定"大禹是一条虫"。柳诒徵等人却死死抓住这一点，对顾颉刚的研究方法大肆攻击。刘掞藜讥刺说："这种《说文》迷，想入非非，任情臆造底附会，真是奇得骇人了。"⑥ 柳诒徵先攻击顾颉刚"专信文字，转举古今共信之史籍一概抹杀"，"第就单文只谊矜为创获"，必为通人所笑；继而讽刺顾以《说文》证经考史，却不明《说文》之义例，"刺取一语，辄肆论断，虽曰勇于疑古，实属疏于读书"；文末再嘲笑曰："今之学者

① 刘掞藜：《讨论古史再质顾先生》，《古史辨》第一册，第164页。

② 柳诒徵：《正史之史料》，载《史地学报》第2卷第3期，转引自《古史辨》第一册第258页。

③ 钱玄同：《答顾颉刚先生书》，《古史辨》第一册，第67页。

④ 《古史辨》第一册，第164页。

⑤ 《古史辨》第一册，第64页。

⑥ 《古史辨》第一册，第87页。

欲从文字研究古史，盍先熟读许书，潜心于清儒著述，然后再议疑古乎？”①

面对这些以博学鸿儒自命的人的大肆攻击，顾颉刚等毫不畏惧，大力反驳。钱玄同提出凡今日研究国学，首先须知三事：一要辨伪，虽然前人辨订伪书伪物已有许多定论，胡、刘之流却对此视而不见，顽固地“认已有定论的伪书伪物为真书真物”，如胡堇人认峋嵝碑为夏代之物以证禹之存在于夏代，“他不知这是杨慎造的假古董”。二要敢于疑古，“我们研究的时候应该常持怀疑的态度才是，我们要是发现了一部书的可疑之点，便不应该再去轻信它，尤其不应该替它设法弥缝”，而刘掞藜等正是这种设法替伪书弥缝的人。三是治古史不可存“考信于六艺”之见，刘、胡则“认经是最可信任的史料”。②这样，刘、胡等人泥古信经的学术立场暴露无遗。

顾颉刚承认在伪书伪史充斥和考古学刚刚起步的中国，研究茫昧无稽的古史而存在证据不充或有所疏漏，不足为奇，但推翻非信史，他有四项标准：一是打破民族出于一元的观念，二是打破地域向来一统的观念，三是打破古史人化的观念，四是打破古代为黄金世界的观念，“以上四条为从杂乱的古史中分出信史与非信史的基本观念，我自以为甚不误”③。顾颉刚还专门作《答柳翼谋先生》，指出柳诒徵断章取义、攻人一点，根本没有了解他引《说文》解“禹”字的本意。他说：“我引《说文》的说禹为虫，正与我引《鲁语》和《吕览》而说夔为兽类，引《左传》和《楚辞》而说鲧为水族一样。我只希望在这些材料之中能够漏出一点神话时代的古史模样的暗示，借了这一点暗示去建立几个假设，由了这几个假设再去搜集材料作确实的证明。”因此，即便禹与虫的关系不能确立，也丝毫无损于整个

---

① 柳诒徵：《论以说文证史必先知说文之谊例》，《古史辨》第一册，第217～222页。

② 钱玄同：《研究国学应该首先知道的事》，《古史辨》第一册，第102～105页。

③ 顾颉刚：《答刘胡两先生书》，《古史辨》第一册，第96～102页。

"层累说"，因为《说文》是东汉著作，"到了东汉，不但汉以前的伪史全都成立，连王莽时的伪史也成立了"。说到底，他的古史理论"并不成立于某一书上的单词只义"，断章取义式的攻击是驳不倒的。①

1924年，当论战暂时中止时，胡适以旁观者身份，作了《古史讨论的读后感》，文中盛赞顾颉刚的"层累说"而揭穿刘掞藜"察传"论的实质，在"方法"问题上支持顾颉刚。他首先说：

> 顾先生的"层累地造成的古史"的见解真是今日史学界的一大贡献，我们应该虚心地仔细研究他，虚心地实验他，不应该叫我们的成见阻碍这个重要观念的承受。

他批评信古派不论根本，"走向琐屑的枝叶"做文章，在"禹"的问题上纠缠不清，因此他提醒说："我们不要忘了禹的问题只是一个例，我们不要忘了顾先生的主要观点在于研究传说的经历。"胡适明确指出，用历史演进的见解来观察历史上的传说，借以研究上古历史，是"治古史的重要工具"，这正是"顾先生这一次讨论古史的根本见解，也就是他的根本方法"。他既对顾的方法进行总括，又引崔述考证古史和自己研究井田为援证，说明这种方法对于古史研究具有普遍的适用意义：

> 其实古史上的故事没有一件不曾经过这样的演进，也没有一件不可用这个历史演进的（evolutionary）方法去研究。尧舜禹的故事，黄帝、神农、庖牺的故事，汤的故事，伊尹的故事，后稷的故事，文王的故事，太公的故事，周公的故事，都可以做这个方面的实验品。

因此，顾颉刚初次应用这个方法，匆忙中批评古史的全部，虽出现一

① 《古史辨》第一册，第224、231页。

些微细的错误，“但他这个根本观念是颠扑不破的，他这个根本方法是愈用愈见功效的”。相反，胡适指出，刘掞藜自视甚高的所谓“察传的态度”，实际上早被两百多年前的崔述批评过了，他的“度之以情”，只不过是“度之以成见”，他的“验之以理”，其实仍是“以己度人，以今度古”，这种以个人的情与理去揣度远古史事，就使他的“断之以证”的方法“很有危险”。胡适最后对刘掞藜作了这样的批评：

我对他的批评全无恶感，只有责备求全之意，只希望他对自己治史学的方法有一种自觉的评判，只希望他对自己搜来的材料也有一种严刻的评判，而不仅仅奋勇替几个传说的古圣王作辩护士。①

三、古史辨运动

关于古史的首次公开学术论争，自1923年5月《与钱玄同先生论古史书》刊发起，至12月，顾颉刚登出休战启事，其间高潮迭起，双方阵势严整，辩论精彩，“是中国学术界的一件极可喜的事”②。虽然这次论争历时不到半年，却提出了古史研究中的一些根本问题：古史可信还是可疑？信疑的程度如何？证据何在？顾颉刚当时就对论争做了一个较好的小结。他说：

中国的古史全是一篇糊涂帐。二千余年来随口编造，其中不知有多少罅漏，可以看得出它是假造的。但经过了二千余年的编造，能够成立一个系统，自然随处也有它的自卫的理由。现在我尽寻它的罅漏，刘先生尽寻它的自卫的理由，这是一件很好的事，即使不能遽得结论，但经过了长时间的讨论，至少可以指出

① 以上引文见《古史辨》第一册，第189～198页。

② 《古史辨》第一册，第189页。

史学不但在指导思想上脱离了经学的控制，而且史料来源多样化，在经书和一切文献材料外，还从民俗故事和考古发掘中获得大量可资利用的材料，史学至此终于成为一门独立的学科。

当然，这一时期的古史研究于其自身更有直接的建树，即开始探索建设科学的古史体系。顾颉刚等人在研究中，运用科学的研究方法，使之成为探索古史的锐利武器。王国维的二重证据法通过地下材料与纸上材料的比较从事研究，可称缜密，对于考证有文字以来的古史极为有用。对于有文字以前的上古史，只有大量神话传说资料，这些资料难以在考古学上获得直接的印证，顾颉刚的“层累说”便在这里显出它的价值，三皇五帝的古史系统，只有层累说才有可能将其推倒。在建设古史的史料方面，通过辨伪厘出大量的伪书伪史而得到真史料，这是古史研究科学化的必要条件。由于顾颉刚在疑古辨伪中坚持运用“演进法”和“故事眼光”，他总是依据各个时代的具体形势来解释该时代传说所包含的古史。这样的研究，“不但可以理出那时人的古史观念，并且可以用了那时人的古史观念去看出它的背景——那时的社会制度和思想潮流”，于是在推翻伪史的同时可以“帮助明瞭真史”。① 更具体地说，辨出了作伪者用来说明前一个时代的材料之伪，只要考定其作伪的时代，那它就成为作伪时代的真史料了：

> 许多伪材料，置之于所伪的时代固不合，但置之于伪作的时代则仍是绝好的史料，我们得了这些史料，便可了解那个时代的思想和学术。②

顾颉刚自称这种史料处理为“移置”，即把伪史料的时代移后，“使

① 《古一自序》，第66页。

② 《古史辨》第三册自序，第8页。

它脱离了所托的时代而与出现的时代相应”①。这种对伪史的移置的做法，是对古代各种史料价值的重新认识和科学利用，无疑扩大了古史的史料范围。

一般人看20~30年代的古史研究，把它划成疑古、考古、释古三个学派。我们倒觉得，这正是古史辨运动的三个发展阶段，也是建设新古史的三种基本工作，不过每一阶段的工作从未这样单一地进行过。只要仔细分析胡适、顾颉刚等人关于古史建设的主张，可以发现胡适早已为建立科学的古史作出了规划。② 顾颉刚则指出了建设古史应走的途径：

> 在研究上，要先弄明白了古代的史实，然后再考各种书籍的时代和地域，考明之后便在里面抽出那时那地的传说中的古史，加以系统的整理，更研究了考古学去审定实物，研究了民俗学去认识传说中的古史的意义。这确是一条最切实的道路，必须把这条道路按部就班地走完之后，始可把我的研究古史的责任脱卸。③

这是他1924年制订的古史研究计划的概括，他除注意经籍文献的整理外，也非常重视采用考古手段和利用考古学成果，尤其强调民俗学分析神话传说与探寻古史演变的关系：“经籍器物上的整理，只是形式上的整理，至于要研究古史的内部，要解释古代的各种史话的意义，便须应用民俗学了。”④ 实际上，郭沫若等人以及顾颉刚后期的古史研究，基本上就是沿着这条道路进行的，从而逐渐建设起科学的古史新体系。

---

① 《古史辨》第三册自序，第8页。

② 见前引胡适《自述古史观书》及顾颉刚《答刘、胡两先生书》转引胡适信。

③ 《古一自序》，第60页。

④ 《古史辨》第一册，第214页。

第四节　中国古史分期与社会史论争

一、社会史研究兴起的时代背景

1927年南京国民政府建立后，蒋介石实施独裁统治，血腥镇压中国共产党和其他政治上的反对派，中国革命遽然跌入低潮。中国向何处去？这既是一个紧迫的现实政治问题，更是一个重大的学术理论问题。要寻找中国的出路，就要认识中国社会的发展阶段，要认识中国社会的阶段，就要分析中国经济的性质，而这一切都必须追溯其历史的根源。因此研究中国古代的历史，尤其是清算以前的社会发展历史，一时成了具有浓厚政治色彩的热门学术课题。早在这场学术争论之前，就有人指出：

> 对于未来社会的待望逼着我们不能不生出清算过往社会的要求。目前虽然是“风雨如晦”之时，然而也正是我们“鸡鸣不已”的时候。①
>
> 关于中国经济性质问题，现在已经逼着任何阶级的学者要求答复，任何阶级的学者为着要确定或辩护他自己的阶级的前途，也非解答这问题不可。②

这都是偏重从时势需要和现实政治角度来看这场论争的起源。周予同1941年在其《五十年来中国之新史学》中则说：

> 从民八五四以后，中国社会形态极变幻的能事，许多知识分子因不安于现状而探索鸦片战争以后中国近代社会的形态及其本质，因而再追溯产生这现代中国社会之以往各期的社会形态及其

① 郭沫若：《中国古代社会研究》自序。

② 王礼锡：《中国社会史论战序幕》，《读书杂志》1932年第一辑。

本质，而且想用一种理论以解释这各期社会形态与本质之所以形成及其转变。①

这是从中国近代学术史本身来观察社会史论战，“想用一种理论以解释这各期社会形态与本质之所以形成及其转变”，这就指出了中国社会史论争发生的学术上的根源。

五四运动以来，马克思主义在中国得到了广泛传播，历史唯物主义和辩证唯物主义逐渐被引进中国史学领域。李大钊《唯物史观在现代史学上的价值》、《由经济上解释中国近代思想变动的原因》等文章和《史学要论》一书，比较全面地介绍了马克思主义唯物史观，他说：“唯物史观认为人类的生活是人在社会的生活，故个人的生存总在社会的构造组织以内进行而受他的限制……在社会构造内限制社会经济和社会生活各种表现的变化，最后的原因实是经济的。”他批评过去的历史学家只从上层建筑来说明社会的变革，提出“历史非从经济关系上说明不可”。因此，历史学就是研究社会变革的学问，其任务在于揭示社会发展中的“相互的因果关系，解释生成发展的历程”，并从中“求得一普遍的理法”。蔡和森在恩格斯《家庭、私有制和国家的起源》的影响下，1924 年写出《社会进化史》，论述人类社会的进化历程，为中国社会史研究提供了样板。此外，李达、瞿秋白等共产党员和胡汉民、朱执信等国民党人也都分别撰文介绍历史唯物主义，或对唯物史观进行学理上的研究，或运用唯物史观阐释社会发展的一般原理。唯物史观要求从社会的经济结构入手研究历史，这就影响和促使历史研究由原来侧重于政治史、学术思想史而转为经济史、社会史。这是中国社会史在 30 年代成为史学研究热点的一大原因。由于中国社会史研究主要是出于解决现实社会问题的迫切需要，所以方法论几乎要起决定性的作用，“对于中国社会史的论争的解决，还在于方法论的解决……谁正确地把握了这方法，问题的解决

① 《周予同经学史论著选集》，上海人民出版社 1983 年版，第 544 页。

就在谁的手里"①。历史唯物主义和辩证唯物主义是最为科学的关于理论与实践的方法，这时它成为社会史论争各方都想使用的上阵杀敌的锐利武器。"唯物辩证法所以能为各方面各阶级的人所企图运用，就因为它不仅是理解某一个离开实践而孤立的问题的方法，而是解决与实践联系的问题的方法。如果谁把握了正确的唯物辩证法，谁就能解答中国社会形式的史的发展如何，中国现在是怎样的一个社会，并且还可以解答'中国革命的路向如何？我们应当怎样走？'"②

陈伯达在社会史论战中曾写过这样一段话：

> 唯物史观第一次被其创始人应用去研究资本主义社会的组织，获得了伟大的成功，给下了一个可以应用唯物史观去分析各种社会形态的光耀的标本，因为它是科学地被证实了，历史地被证实了。这在大体上是被一般参加中国社会史争论者所知道的，数年来，风靡整个中国学术界的中国社会史论争，似乎大多数人都还以"唯物史观"或"辩证法唯物论"相标榜，敢于公开否认唯物史观的，似乎比较不多。因为如果有谁公开地来做这样否定的，他的文章就不会引起人一读的兴趣……③

正如陈伯达所说，唯物史观在当时的中国"已具有最大的真理权威"。因此，尽管在这场争论中，真正运用它对中国历史分期和社会性质作比较科学的分析论述的只是少数成长中的马克思主义史学家，其他形形色色的论战者对于唯物史观和唯物辩证法只是一种表面借用、自我标榜甚或故意歪曲，不过，谁也不能否认马克思主义完全进入中国史学领域，并且成为社会史论战中理论和方法的最大源泉。

---

① 礼锡：《论战第二辑序幕》，《中国社会史论战专辑》第二辑，《读书杂志》1932 年。

② 礼锡：《论战第二辑序幕》。

③ 陈伯达：《研究中国社会史方法论的几个先决问题》，《文史》第一卷第三期，1934 年。

二、关于中国历史分期与社会性质的争论

社会史论战自 1928 年开始，1930 年达到高潮，1935 年后逐渐低落下去，参加论战的有三大派：一派是中国共产党领导下的知识分子和一批进步学者，主要有郭沫若、王学文、李一氓、吴黎平、吕振羽、翦伯赞、邓拓等；一派是国民党御用文人，代表有陶希圣、顾孟馀、梅思平等，又称“新生命派”；一派是中国的“托派”，主要有严灵峰、任曙、李季、王宜昌等，又称“动力派”。此外，比较重要的还有王礼锡、胡秋原等，他们创办《读书杂志》，专门刊发社会史论战的文章，先后编成四辑《中国社会史论战》专号，为论战提供了阵地。这次论战讨论了从中国原始社会直到鸦片战争以来几千年的历史发展与社会性质，涉及的问题极为广泛复杂，具体表现在对中国历史和社会发展阶段的划分上。

郭沫若是第一个用马克思主义指导对中国古史进行科学研讨的史学家。他在大革命失败后旅居日本，以丰富的革命热情专力于学术研究。鉴于古史文献的不足与难以征信，他转而依靠甲骨卜辞和金文等出土实物资料来探讨中国社会的起源。他在唯物史观的指导下进行系统研究和精辟解释，先后写出《卜辞中之古代社会》、《周代彝铭中的社会史观》等论文，1930 年汇集有关论文出版了《中国古代社会研究》。由于郭沫若独辟蹊径，“从古物中去观察古代的真实的情形”，终于能够推翻种种关于中国古代历史的陈说谬见，“破除后人的虚伪的粉饰——阶级的粉饰”，首次揭开了中国古代社会的真相。他曾把自己研究的结论归纳成如下的表式①：

其一，中国社会之历史的发达阶段：

	（时代）	（社会形态）	（组织成分）	（阶级性）
（一）	西周以前	原始共产制	氏族社会	无阶级

① 见《〈中国古代社会研究〉导论》（1928 年），郭沫若于 40 年代改以殷代为奴隶社会。

（二）西周时代	奴隶制	王侯 百姓（贵族） 庶民 臣仆（奴隶）	身份的阶级
（三）春秋以后	封建制	官僚—人民 地主—农民 师傅—徒弟	
（四）最近百年	资本制	帝国主义—弱小民族 资本家—无产者	最后形态的阶级对立

其二，中国社会的革命：

	（性　质）	（时　期）	（文化的反映）
第一次	奴隶制的革命	殷周之际	卜辞及金文
第二次	封建制的革命	周秦之际	儒道墨诸家
第三次	资本制的革命	清末年代	科学的输入

郭沫若将他的历史分期与社会革命两个表式列在一起，鲜明地体现出他的古代历史研究是与现实革命斗争紧密联系的，他的结论既提出了古史分期的独特见解，也回答了当时革命斗争的一个紧迫问题（尽管他的“资本制的革命”还不能十分确切地说明反帝反封的革命性质）。

在郭沫若之后，吕振羽对中国古代历史分期及当前社会性质做出了更为精辟和科学的论述。他在社会史论战高潮中先后写出《史前期中国社会研究》和《殷周时代的中国社会》两书。吕振羽立志“给无人过问的史前期整理出一个粗略的系统”，他依据各地出土仰韶期器物和大量的神话传说，参照摩尔根的《古代社会》和恩格斯的《家庭、私有制和国家的起源》，探寻中国原始社会的一般特征。他首次确定传说中的尧舜禹时代为母系氏族社会，传说中的夏代为父系氏族社会，对中国原始社会史作了开拓性研究。吕振羽又根据殷墟出土器物，对殷代社会经济和上层建筑进行具体分析，提出殷代是“青铜器时代”，这种铜器的普遍使用可以创造出超过铁器初期使用时的生产力水平，因而殷代应是奴隶制社会。这一结论在当时也是首创性的。吕振羽还对西周的社会经济形态作系统研究，提出西周是封建社会的开始，此后直到鸦片战争，都是封建社会，鸦片战争以来则是半殖民地半封建社会。

当时研究中国社会史号称有名的陶希圣，先后著有《中国社会之史的分析》、《中国社会与中国革命》、《中国封建社会史》等，他对中国历史的分期，前后多次变化。他最初把中国历史划为三段：春秋以前为“封建社会”，战国至清末为“后封建社会，或前资本主义社会”，现阶段为“半封建势力仍存资本主义萌芽的社会”。在《中国社会史》中又认为商周为氏族社会末期及原始封建社会，战国为原始封建形态的社会转变到奴隶生产占支配地位的商业资本社会的时期，秦汉为奴隶社会，汉末至唐初为发达的封建制度时期，宋以后为城市手工业及商业资本主义社会，清末以来为半殖民地社会。由于在社会史论争中不断受到批评，陶希圣在1932年再次对自己的社会史分期作出修正，划成五期：1. 西周时代为氏族社会末期；2. 战国到后汉是奴隶经济占主要地位的社会；3. 三国至五代是发达的封建庄园时期；4. 宋以后是先资本主义时期；5. 1840年以来走上半殖民地的道路。①

托派阵营的李季，在《我对于中国社会史论战的贡献与批评》中，标榜以经济的发展来观察中国社会的进展，他划之为五期：1. 自商以前至商末为原始共产主义的生产方法时代；2. 自殷至殷末为亚细亚的生产方法时代；3. 自周至周末为封建的生产方法时代；4. 自秦至清鸦片战争前为前资本主义的生产方法时代；5. 自鸦片战争至现在为资本主义的生产方法时代。②

此外，王礼锡、胡秋原、陈邦国、梁园东、朱其华、梅思平、戴行轺、顾孟馀、王宜昌、严灵峰、任曙等等，都对中国历史和社会发展作了不同的分期，可以说是异见纷呈，不仅论战的三大派之间彼此攻讦，各个派别内部也是纷争不已。不过，这场争论虽然千头万绪，

① 陶希圣：《中国社会形式发达过程的新估定》，《中国社会史论战专号》第三辑。

② 《中国社会史论战专号》第二辑。

基本上围绕着三个问题：

> （一）亚细亚生产方式是什么？中国曾否出现过这样的时代？（二）中国有没有奴隶社会？中国奴隶社会与希腊罗马社会是否完全相同？（三）中国封建社会有什么特性？封建社会的发生发展及其没落是怎样？①

马克思最先在《政治经济学批判·序言》中说："大体说来，亚细亚的，古代的，封建的和现代资产阶级的生产方式可以看做社会经济形态演进的几个时代。"各国学者对亚细亚生产方式理解歧异，争论很大，这些分歧也传入中国，在社会史论战中引起极大的争论。郭沫若最早在《中国古代社会研究》中说"亚细亚的是指古代的原始共产社会"，后来又认为从社会发展看，它指奴隶制以前的一个社会发展阶段。李季认为亚细亚生产方式是氏族社会的承继者，是与希腊、罗马奴隶制并行的另一种社会经济形态，在中国即是"自夏至殷末为亚细亚的生产方式时代"，他实际上是视亚细亚生产方式为一种经济结构。胡秋原认为自秦至清末为专制主义社会，亦即"亚细亚社会"，这是把它视作东方社会在封建制和资本主义制之间一种独特的社会形态。王宜昌则认为它指整个印度和东方国家的封建社会。可见除郭沫若外，李季等人引进"亚细亚生产方式"，目的在于论证中国历史没有经过奴隶制阶段，从而反对将马克思关于人类社会五种形态的理论用于中国历史和社会发展的研究，其实质是否认马克思主义普遍原理适用于中国。

吕振羽对亚细亚生产方式作了深入研究，他从马扎亚尔派关于亚细亚生产方式的解释入手，依次批驳了中外学者对马克思"亚细亚"概念的错误理解与歪曲运用，指出："所谓亚细亚生产方法的社会构成，为相当于希腊罗马的奴隶制阶段，亦即希腊罗马而外世界史的奴

① 何干之：《中国社会史问题论战》，生活书店1937年初版。

隶制度阶段的社会构成。"① 这就肯定了亚细亚生产方式是世界历史上的一种与希腊罗马奴隶制有所不同，但在时间上又与之相当的奴隶制社会构成。吕振羽还在《殷周时代的中国社会》中分析殷代经济制度方面的若干特点，指出普遍使用青铜器使生产水平较高，土地虽为国有，私有制却已经存在（生产工具和消费资料私人占有），出现了帝王公侯等贵族阶级、武人邑人等市民阶层以及由小人、奴、妾等组成的奴隶阶层，奴隶承担着社会主要劳动，社会组织是农村公社，等等，从而证明：殷代正是带有东方特点的"亚细亚"的奴隶制！吕振羽在郭沫若提出中国古代存在过奴隶社会的基础上，进一步论证中国古代奴隶制的确切存在时期及其特征，表明马克思主义普遍原理完全适用于中国。何干之对于研究亚细亚生产方式的意义，是这样理解的：

> 这一问题的解决，不仅对于我们了解中国社会的发展，对于我们估定中国革命的性质，可以给予很大的帮助，并且，还可以在中国史的范围内，扫除地理唯物论的遗毒，把新哲学和新史观的真理，发扬光大起来。②

可见吕振羽等人研究"亚细亚"问题、论证中国古代经历过奴隶社会的学术价值与时代意义。

前举何干之关于社会史论争的三个问题之（三）"关于封建社会的问题"，实质上既牵涉了鸦片战争以前的中国社会性质，更直接关系着鸦片战争后直至30年代的中国社会性质，所以在这个问题上的争论更加激烈，各人的见解无不与其政治立场直接相关。我们择要列

---

① 吕振羽：《社会发展过程中之"亚细亚生产方式"问题》，《中苏文化》一卷第六期，1936年。

② 何干之：《关于亚细亚生产方法问题的论争》，原载《自修大学》第一卷第一期五号，1937年。

出各家的主张，如下表：①

	以前的中国社会		近代的中国社会	
	~1840 年	~1912 年	1840 年 ~	1912 年 ~
郭沫若	封建社会		资本制社会	
吕振羽	封建社会		半殖民地半封建社会	
陶希圣	先资本主义社会		半殖民地社会	
李　季		前资本主义社会		资本主义社会
王礼锡 胡秋原		专制主义社会		
梁园东		半封建社会		
陈邦国		商业资本社会		殖民地化的资本社会
戴行韶		过渡时代的封建社会		资本主义社会
梅思平		商业资本社会		
王宜昌		封建社会		资本主义社会

可见，对于中国以前的社会性质，争论的焦点在于是否为封建社会。动力派和新生命派的说法虽异，什么先资本主义社会、前资本主义社会、商业资本主义社会，实质都是否认它是封建社会。他们的共同点在于抓住古代的“商业资本”做文章，认为商业资本的性质不是建立在生产工具的变更而是在生产关系的变更上。也就是说，在商业资本主义时代或先资本主义时代，生产的方法与封建时代相差不多，“蒸汽机还未发明”，它与封建经济不同的只是封建生产的目的在自给，商业资本则是为商品而生产，“所以商业资本主义时代仅仅

① 根据郭湛波《近五十年中国思想史》第七篇所列各家（吕振羽除外）制表。

是封建与资本主义时代的桥梁”。① 吕振羽、翦伯赞等人针对上述论调，作了分析和批判，他们首先揭露说，陶希圣、梅思平、李季等人自诩为一大发明的“商业资本主义社会”，实际上是中国的所谓学者——盲目的抄袭家，从苏联的波格达诺夫手里抄来的一个本身即不通的名词。商业资本只是社会生产中的一种从属，并不独自代表何种生产力，也不能独自地创造出何种生产力，因而它不能成为一种“独自支配的构成的社会阶段”。事实上，只要货币一出现，商业资本就存在于社会，所以从古代一直到现代资本主义间的各个历史发展阶段中，商业资本都存在着。从封建的生产方式到资本主义的生产方式的过渡期间，并不存在着第三种生产方式，无论商业资本在这个过渡期间的作用如何，它都绝不能产生一种由它独自支配的社会。他们的结论是：

> 所以，所谓商业资本社会，既没有其独自的生产力作基础，那么，在人间的世界内，便没有它独自存在的依据，有的，就只有在那班诡辩论者的脑子里。②

不管是争论古代历史的分期，还是争论古代中国的社会性质，直接目的在于正确认识中国的国情，即近代中国的社会性质。围绕着帝国主义、资本主义和封建主义三种势力在近代社会中的地位、作用及其相互关系，各家各派的认识差异很大。严灵峰、任曙、李季、王宜昌等人大多视侵入中国的帝国主义为推动中国资本主义发展的一大力量，说什么“帝国主义本身是代表高度的资本主义势力，他对于封建的经济制度，完全处于不可调和的矛盾地位”，从而认为帝国主义在中国的势力的发展，“要‘绝对’的破坏封建势力和关系，促使中国走向资本主义进化的过程”。他们不但将商品经济与资本主义混为

---

① 参见《中国社会史论战专号》第一辑。

② 吕振羽：《中国经济之史的发展阶段》，《文史》创刊号，1934 年；翦伯赞：《“商业资本主义社会问题”之清算》，《世界文化》创刊号，1936 年。

一谈，还“一视同仁”地看待外国在华资本与中国民族资本，称之为“华洋两种资本主义”，认为它们在“中国地域内”是“统一的中国经济”，即便外国资本为扩张其在华经济势力而排挤中国民族资本，也被他们视作中国资本主义经济发展的“标志”。他们的结论是：“中国社会经济虽是复杂，但资本主义的生产方法和生产关系是居领导（亦即支配）的地位……所以中国目前是个资本主义社会。”①

中国共产党领导下的进步学者如王学文、潘东周、吴黎平、刘梦云、薛暮桥等先后撰文指出：帝国主义对于中国经济发展的作用有两方面，廉价商品和先进技术的输入，打击了中国原来的封建自然经济和城市手工业，在中国造成了某些资本主义的关系，一定程度上刺激了中国资本主义经济的发展，但是，帝国主义“不但不能帮助中国资本主义的独立发展，而且阻碍中国资本主义的独立发展”。所谓“华洋两种资本主义”存在本质和地位的差异，帝国主义在华经济占据统治地位，中国民族资本主义是其附庸，前者总是压迫着后者，使之得不到独立的发展。而且，在帝国主义的统治下，国内封建残余势力始终存在，特别是在广大的农村，地主仍然对农民进行封建的剥削，封建生产关系居于主导地位。总之，鸦片战争以来，帝国主义的侵略中止了中国社会经济发展的正常进程，造成了一个特殊的社会经济形态——半殖民地半封建的经济。刘梦云的结论是：

> 帝国主义在中国的统治，只能破坏中国经济，而不能发展中国经济。它只能使中国的经济殖民地化，而不能使中国的经济独立发展。只有帝国主义的辩护士如像任曙君其人者，才会闭着眼睛梦想中国资本主义的繁荣时代！②

① 严灵峰：《中国经济问题研究》，新生命书局1931年版。

② 刘梦云：《中国经济之性质问题的研究》，《中国社会史论战专号》第一辑。

三、社会史论战的学术史意义

这一场延续近十年的中国社会史大论战，将上起史前下迄眼下的数千年社会发展作了一次空前广泛的探讨，虽然在论战中存在意见分歧，提出了许多问题而远未解决，但对于中国历史发展阶段的划分和中国社会性质的论析，在学术史上无疑是开创性的。由于这场学术论战一开始就带有鲜明和强烈的现实政治意味，所以，在具体问题的研究和讨论中，无不超出了学术的范围而体现出各自的政治立场，表达其政治主张，参战者的政治趣味远远胜过各自的学术修养，故而当时就被大家指为“因学理的论争而牵涉到实际政治方面”①。通过学术研究的途径来寻找解决现实社会问题的理论指导和行动方案，这在近代学术史上是最为直接的一次。经过这次社会史论战，一批进步学者和早期的马克思主义史学家运用马克思主义的普遍原理，结合中国历史和社会发展的具体情况，对中国社会性质做出比较科学的分析和论断，阐明近代中国的半殖民地半封建性质，从理论上证明和支持中共“六大”制定的反帝反封的资产阶级民主革命的纲领、路线，为中国革命走向胜利作出了贡献。

社会史论战在近代学术史上的重要意义，表现为它使马克思主义史学在中国正式形成。李大钊、蔡和森等人开创了以马克思主义为指导研究人类历史和社会发展的先河，为中国的马克思主义史学奠定了理论基础，但他们都未及进行具体的研究。郭沫若第一个在唯物史观的指导下，利用甲骨文和金文对中国古代历史进行深入研究，从而证明“中国人不是神，也不是猴子，中国人所组成的社会不应该有甚么不同”②，给古代史研究开启出新纪元。接着吕振羽为了“说明中国社会的发展过程和世界史的其它部分比较，自始就没有什么本质的特殊，而是完全有同一的过程”③，在马克思主义理论指导下，对中

① 王亚南：《封建制度论》引论，《中国社会史论战专号》第一辑。

② 郭沫若：《中国古代社会研究》自序。

③ 吕振羽：《史前期中国社会研究》自序。

国的原始社会和殷周历史作更加深入的研究，描画出比较科学的上古史轮廓。郭、吕二人的研究，有力地驳斥了“中国国情特殊论”，证明马克思主义关于人类社会发展一般规律的理论完全适用于中国。所以他们的古史研究著作，成了中国马克思主义史学正式形成的标志。此后，翦伯赞、范文澜、何干之、侯外庐等，与郭沫若、吕振羽一样，在社会史论战中以及在40年代，依据丰富的史料，不断克服教条主义和公式化倾向，不断探索，对中国历史发展的各个阶段作出科学论述，逐步建立起中国的马克思主义史学体系。

第五节　钱穆发掘民族精神的救亡史学

在外患频频的近代中国，借助史学来御侮图强，一直是进步史家的自觉追求。从“九一八”到“七七”，中华民族的危机日益深重，抗日救亡成了时代的主题。史学界也逐渐形成一股以抗敌自救为首要旨趣，以恢弘传统文化和阐扬民族精神为中心内容，以著述通史和研究文化史为基本格局的史学新潮流，我们姑且称之为“救亡史学”。钱穆就是其中的杰出代表。

钱穆，字宾四，1895年出生于江苏无锡，1904年接受新式教育，辛亥革命爆发后，因中学停办而辍学。此后钱穆相继任教于小学、中学，期间矢志自学，泛览四部，涉猎中外，并开始专研经史，出版《论语文解》、《孟子要略》。1930年钱穆在《清华学报》上发表《刘向歆父子年谱》，声名鹊起，被顾颉刚荐入燕京大学任教。1931年商务印书馆又出版他的《国学概论》等三书，钱穆被聘入北京大学，同时兼任清华、燕京、师大三校史学教授。此后数年间他又出版了《先秦诸子系年》、《中国近三百年学术史》等学术史专著。“七七”抗战军兴，钱穆随北大南迁，辗转湘、桂、滇、川，于颠簸困顿中完成《国史大纲》。钱穆前期的学术研究与史学著述，集中表达了他对国家兴衰民族存亡的深切关怀，我们在这里也就着重从救亡的角度来评析他的史学。

一、以史救亡的学术旨趣

钱穆以史救亡的学术思想萌生较早。他曾回忆说自己“自幼即知民族观念”①，清末社会上流行“中国不亡是无天理”的亡国论，钱穆幼小的心里装满爱国思想，于此论极为反感。据余英时回忆，钱穆在新亚书院时多次向学生讲起他受梁启超“中国不亡论”的影响。当时钱穆16岁，读到梁启超驳斥“亡国论”的文章《中国前途之希望与国民责任》，心中为之一震，“他读了此文之后，没有走上政治救国的道路，而转入历史的研究。他深深为梁启超的历史论证所吸引，希望更深入地在中国史上寻找中国不会亡的根据”②。可以说钱穆一生治史的动机，就是要从历史上找到中国不亡的根据，并且要从历史中找到挽救危亡的方法。他在20年代末编撰《国学概论》，很注重表彰历代学人康济时艰的学术追求。如他总结民国以来学术思想说，“可以一言尽者，曰出于救国保种是已”③。1931年下半年，他在北大开讲“近三百年学术史”的选修课，恰逢“九一八”事变爆发。在他讲授和编写讲义的过程中，东北沦陷，华北濒危，国亡在即，极受刺激，“五载以来，身处故都，不啻边塞，大难目击，别有会心”④。所以他以“明天人之际，通古今之变，求以合之当世”自期，凡叙述学人的论学思想与宗旨，注意突出他们对于天下治乱的主张。他还对明末遗老抗节不屈的人格与学问力加阐扬，并用以自励。后来他的讲义作为《中国近三百年学术史》在全面抗战前夕由商务印书馆公开出版，其中“严夷夏之防”的学术立场极受时贤称许。⑤

1937年，钱穆在北大讲授“中国通史”。当时通史课已被教育部

① 钱穆：《八十忆双亲·师友杂忆》合刊本，岳麓书社1987年版，第7页。

② 余英时：《一生为故国招魂》，见《钱穆与中国文化》，上海远东出版社1994年版，第21页。

③ 钱穆：《国学概论》下册，台湾商务印书馆1970年版，第187页。

④ 钱穆：《中国近三百年学术史·序》。

⑤ 杨树达：《积微翁回忆录》，上海古籍出版社1986年版，第204页。

定为大学必修课，讲习通史成为救亡教育的一项重要内容，编著通史成为时代的需要，如当时顾颉刚等人就说：“这数十年中，我们受帝国主义者的压迫真是受够了，因此，民族意识激发得非常高，在这种意识之下，大家希望有一部《中国通史》出来，好看看我们民族的成分究竟怎样……”① 早就主张从历史上寻找救国之方的钱穆，处于这种时势和学术氛围中，也就把相当精力投在他的通史课程中。钱穆还回顾历史，看到自《春秋》到《通志》，史书不断随时代迁移而有改写与新作，可是元清两代以异族入主中原，忌讳国人治史，遂使南宋以来七百多年中竟不出一部新史书，在世变日亟、国难方殷之际，多么需要一部能为现实服务的新史！他这样说：

> 今则为中国有史以来未有的变动剧烈之时代，其需要新史之创写尤亟。②

所以，他在讲授“中国通史”时，广泛采摘前史，以自己的识断加以牵引拼凑，先后编写了好几种讲义。卢沟桥事变后，钱穆带着讲义南迁，到达云南后，他“自念万里逃生，无所靖献，复为诸生讲国史，倍增感慨”③，在国难之中讲国史，意义更非往日可比。流离之中图书奇缺，钱穆克服种种难以想象的困难，加紧讲义的改编重写，终于在1939年6月完成全稿，次年由商务印书馆印出，此即风行全国、名动一时的《国史大纲》。

《国史大纲》上下二册，分上古三代、春秋战国、秦汉、魏晋南北朝、隋唐五代、两宋、元明、清代等八编，纵贯了从虞夏直到抗战共四千多年中国历史发展的完整过程，对于每一个历史时期的政治、经济、思想、文化都有涉及，尤详及国家盛衰、民族和战、典制变

---

① 顾颉刚、谭其骧：《禹贡发刊词》，见刘梦溪主编《中国现代学术经典·顾颉刚卷》，河北教育出版社1996年版，第764页。

② 钱穆：《国史大纲·引论》，北京商务印书馆1994年版，第8页。

③ 钱穆：《国史大纲·书成自记》。

迁、学术递嬗等方面的内容。书中许多篇章，诸如春秋战国之部中“民间自由学术之兴起”、秦汉之部中“统一政府文治之演进”、魏晋南北朝之部中“宗教思想之弥漫”，隋唐之部中“新的统一盛运下之政治机构、社会情态、对外姿态”，自唐至宋明“南北经济文化之转移”、明末至乾嘉以前之学术等，都极为精彩。钱穆有意仿采《春秋》笔法，在全书的取材布局、篇章结构、遣词用句上都极讲究，以体现“国史”写世运兴衰、表人物贤奸的应有功能。例如，他在第43章叙宋金和战时写道：

> 就当时国力言，宋兵非不能抗金……纵说宋军一时不能恢复中原，直捣黄龙，然使宋室上下决心抗战，金兵亦未必能再渡长江。强敌在前，正是策厉南方奋兴振作的一个好材料，惜乎高宗自藏私心，一心求和……岳飞见杀，正士尽逐，国家元气伤尽，再难恢复，这却是绍兴和议最大的损失。①

这里对高宗已是直斥无遗了。钱穆在书中各处对历史上有名的汉奸张邦昌、刘豫、洪承畴、孔有德、尚可喜、吴三桂等大加贬责，而列出“南明之抗战”、“明末遗民之志节”等专节，赞颂先祖奋起反抗外来侵略、坚守民族气节。

二、鉴古知今的国史论

作为一部救亡的大史著，《国史大纲》除在国难当头之际给国人提供系统详实的国史知识外，它的学术价值与时代意义更在于它那独具特色的经世救亡的“国史论”。

钱穆认为，历史材料是前人对于历史发展的记载，愈积愈多，历史知识则与时俱新，“随时变迁，应与当身种种问题有亲切之联络”，“贵能鉴古而知今”，所以人们最需要的是历史知识。但二者的关系

---

① 《国史大纲》上册，第617~618页。

不能割裂，“后人欲求历史知识，必从前人所传史料中觅取”①，蔑弃历史材料，就是空谈史识，以今臆古。钱穆就此对近世史学研究的三大流派加以评析：“传统派”主于记诵，熟谙历代典制，多识前言往行；“考订派”标榜用科学方法整理国故，偏向历史材料用功。这两派都不做系统研究，纯是书本文字之学，“与当身现实无预”。“革新派”起于清季，倡行者乃有志功业、急于革新之士，所以这一派治史较具系统性，作有意义的研究，“能努力使史学与当身现实相结合”。不过，革新派在治史中，“急于求智识而怠于问材料”，甚至对于中国原有历史一概否定，因此大受钱穆的批评：

> 彼于史实，往往一无所知。彼之所谓系统，不啻为空中之楼阁。彼治史之意义，转成无意义。彼之把握全史，特把握其胸中所臆测之全史。彼对于国家民族已往文化之评价，特激发于一时之热情，而非有外在之根据。其综合历史于现实也，特借历史口号为其宣传改革现实之工具……彼等乃急于事功而伪造智识者，智识既不真，事功亦有限。②

钱穆不但主张史学经世致用，更强调史学必须于“求真”中去致用，由此他水到渠成地提出自己关于编撰新的通史的两个条件：

> 一者必能将我国家民族已往文化演进之真相，明白示人，为一般有志认识中国已往政治、社会、文化、思想种种演变者所必要之知识。二者应能于旧史统贯中映照出现中国种种复杂难解之问题，为一般有志革新现实者所必备之参考。③

他认为从纷繁复杂的历史变幻中寻到我们国家、民族演进的真相，等

① 《国史大纲·引论》，第2页。
② 以上引文见《国史大纲·引论》，第3～4页。
③ 《国史大纲·引论》，第8页。

于发现了国家、民族“永久生命之泉源”，可以鼓起信心，增强民族凝聚力；从古今对照中看出当前所存在的问题，不啻是找到了国家、民族“最近病痛之征候”，可以对症下药，制定出解决问题的方案。这正是钱穆在国难中奋力编撰《国史大纲》的旨趣所在！

中国的历史漫漫四千年，文献记载汗牛充栋，要编出一本简明扼要、自成系统的国史，确实不易。不过钱穆认为，一个国家、一个民族的发展，与一个人的成长一样，总是有与众不同的环境与个性，从而有其独特之处，所以，“写国史者，必确切晓瞭其国家民族文化发展‘个性’之所在，而后能把握其特殊之‘环境’与‘事业’，而写出其特殊之‘精神’与‘面相’”①。中国历史发展的个性与民族之精神又何在呢？钱穆把它与“常于‘斗争’中著精神”的欧洲史对比，指出中国历史的进展“常在和平形态下以舒齐步骤得之”。②中国的民族精神，“不在一种力之向外冲击，而在一种情之内在融和”③。钱穆描画出中国历史和民族文化的内在个性，并要求从这种独具一格的发展中研究国史，他说：

> 治国史之第一任务，在能于国家民族之内部自身，求得其独特精神之所在。④

然而，当时的人看中国历史却处处以西方为标准，对中外历史作牵强比附，认为中国自秦汉以来政治专制黑暗，学术定于一尊，拘禁人心，社会经济落后，两千年历史无一是处，所以他们崇尚欧美而妄自菲薄，一切归罪古人，提出“尽废故常”。钱穆对这种历史虚无主义和民族虚无主义作了严厉批判。他提出对本国历史首先要有一种“温情与敬意”，根据我国历史发展的特性，即“于客观中求实证，

---

① 《国史大纲·引论》，第9页。

② 《国史大纲·引论》，第12~13页。

③ 《国史大纲·引论》，第25页。

④ 《国史大纲·引论》，第11页。

通览全史而觅取其动态"①，再从这种变动中求得民族的真精神，对以往历史和文化作出恰当的评价。在《国史大纲》中，他就是据此对秦汉以来的历史作出与众不同的论述，认为中国社会在和平舒缓中，在政治制度、学术思想、社会经济三个方面都取得了巨大的进步。②

三、唤醒国魂的文化史研究

在钱穆经世救亡的历史观中，"文化"始终居于第一位。他认为，民族与国家都是文化的产物，只要有文化的演进，就能抟成一个民族，创建出国家来；如果文化的演进中绝，那么该国家就会消失，该民族就会离散。他断定：

> 故非国家、民族不永命之可虑，而其民族、国家所由产生之'文化'之息绝为可悲。世未有其民族文化尚灿烂光辉，而遽丧其国家者，亦未有其民族文化已衰息断绝，而其国家之生命犹得长存者。③

正因为钱穆坚信"学术不熄，则民族不亡"④，知道只要民族文化依然灿烂，国家就不会遽然灭亡，所以他在《国史大纲》和学术文化史研究中大力弘扬中国传统文化，发掘民族精神。也正因为他看到悠久渊深的民族文化是中国历史演进的"生力"所在，相信郁积已久的文化生机终有发皇畅遂之一日，所以他也不讳言中国历史发展自中唐以来就存在诸多"病态"，敢于正视目前中国社会之病已是"深矣重矣"。由于他站在深厚的民族文化中来看问题，所以他对国家的更生、民族的复兴比别人都自信：

---

① 《国史大纲·引论》，第 11～12 页。

② 《国史大纲·引论》，第 14～25 页。

③ 《国史大纲·引论》，第 32 页。

④ 前揭《国学概论》下册，第 189 页。

> 今日者，数十年乃至数百年社会之积病，与夫数千年来民族文化之潜力，乃同时展开于我国人之眼前。值此创巨痛深之际，国人试一翻我先民五千年来惨淡创建之史迹，一棒一条痕，一掴一掌血，必有渊然而思，憬然而悟，愀然而悲，奋然而起者。①

事实上，为了维护自己民族的文化，中国人一直不畏强暴，奋起反抗外来侵略。例如，满人入主中原后，厉行薙发令，"要中国士大夫内心承认一个文化的屈服"，结果激起了南方的普遍反抗，"当时南方士民拥护明政权之热心，远不如其拥护衣冠制度之甚"②。钱穆还发现，文化越发展，传播越广泛，人们反抗异族的意识，也会越加普遍而深刻，北宋、南宋和明末三次反抗异族的历史便是明证。③ 钱穆由此深信，在日寇的猖狂侵略下，民族的复兴，中国的前途，"将于我先民文化所贻自身内部获得其生机"④，一句话，系于国史之重光。

为了进一步阐述他的"历史文化救国论"，钱穆在《国史大纲》告竣后，续作《中国文化史导论》，"专就通史中有关文化史一端作导论"。在该书中，钱穆首先从中国文化赖以产生的地理和气候条件的特殊性，说明中国文化和历史发展的独具一格，即：第一，古代文化都产生于小环境，不易形成伟大的国家组织，"独有中国文化，自始即在一大环境下展开，因此易于形成并促进其对于政治、社会凡属人事方面的种种团结与处理之方法与才能"，这样使得中国很快成为一个内部统一的大国家。第二，小环境中产生的文化，遭受外来较低文化的异族侵略时，常被阻碍或打断其发展，而中国文化在大环境下展开，"对于外来异族之抵抗力量特别强大，得以不受摧残，而保持其文化进展之前程，逐渐发展"。第三，在小地面肥沃地域内产生的

① 《国史大纲·引论》，第31页。
② 《国史大纲》下册，第849页。
③ 《国史大纲》下册，第848页。
④ 《国史大纲·引论》，第32页。

文明容易达其顶点，社会内部倾向安逸与退化，不能继续前进，独有中国文化因在较苦瘠较广大的地面产生，不断有刺激与新发展的前途，社会内部也能始终保持勤奋与朴素的美德，使其文化常有新精力，不易腐化，所以即使今天的中国民族“虽若陷于老朽，而仍有其内在尚新之气概”①。在这里，钱穆从中国文化的渊源这个更深层的角度论证中国文化足以担当起抵抗日本侵略、复兴中华民族的历史重任。

钱穆认为，“中国文化，表现在中国已往全部历史过程中，除却历史，无从谈文化”②，所以他完全把中国文化置于中国历史之中加以考察，而划中国文化的演进为四大阶段。先秦为第一阶段，这是我们国家凝成、民族融合的时期，中国人对于人生的理想和信念亦即民族精神在此阶段基本确定下来。汉唐为第二阶段，汉代的政治经济与唐代的文学艺术说明中国人已把政治社会的一切规模与制度规划出一个轮廓；中间虽有魏晋南北朝的中衰，但是这个时候新民族与新宗教的再融合，使中国文化有所吸收和广大，能够继续演进不息。第三阶段是宋元明清时期，其特点是宗教再澄清、民族再融合和社会文化再普及再深入。经此阶段，文学艺术空前发展，人生的共同境界安定下来，个性的自由伸展也开始了。第四阶段为清末以来，在西方以富强为目的的商业文化的侵略下，以安足为目的的中国农业文化处于生死存亡之际。他指出当时中国面临的问题是：

> 第一，如何赶快学到欧美西方文化的富强力量，好把自己国家和民族的地位支撑住。第二……如何再吸收融和西方文化而使中国传统文化更光大与更充实。若第一问题不解决，中国的国家民族将根本不存在；若第二问题不解决，则中国国家民族虽得存在，而中国传统文化则仍将失其存在。③

---

① 钱穆：《中国文化史导论》，商务印书馆 1994 年版，第 7 页。

② 钱穆：《中国文化史导论·弁言》，商务印书馆 1994 年版，第 6 页。

③ 《中国文化史导论》，第 204 ~ 205 页。

钱穆对于中国文化前三个阶段的考察，目的就是从历史上找出使当前阶段的中国文化获得生存、更新、发展的理由和途径。从历史看，接纳和融合外来文化是中国文化的一大特色与一项本领，“中国不论在盛世如唐，衰退如魏晋南北朝，对于外族异文化，不论精神方面如宗教信仰，或物质方面如美术工艺等，中国人的心胸是一样开放而热忱的”①。而且，在中国传统文化里，科学虽欠发达，但不能说中国人没有科学才能，中国文化中没有科学的成分。所以，钱穆对于第一个问题的解决极是自信：“此后的中国，国内国外的和平秩序恢复了，对科学的观念也正确了，我想科学在中国，一定还有极高速度的发展。”②

近代一般以“革新”自号的学人惟欧美是尚而蔑弃传统，这种偏激的学风曾一度衍成学界潮流，传统文化被全盘否定，民族精神大受戕害。所以钱穆对上述第二个问题的忧虑更大，关注更切。早在《国学概论》中，他就对反传统主义和西化思潮作了清理、批评，根据中国学术的自身演变，提出当前学术的新趋向应是“民族精神之发扬与物质科学之认识”③，把弘扬传统置于首位。在《国史大纲》里，钱穆更斥那种蔑视古人、自以为站在以往历史最高顶点的做法，是“一种浅薄狂妄的进化观”；如果抛弃自己国家的历史与文化而言革新与改进，“无异是一种变相的文化征服，乃其文化自身之萎缩与消灭，并非文化自身之转变与发皇”。④ 他论晚清改革时说：“一个国家，绝非可以一切舍弃其原来历史文化、政教渊源，而空言改革所能济事。”所以他称赞“中体西用”而惋惜当时学绝道丧之际，“根本就拿不出所谓‘中学’来”⑤。他认为真正的政治革新，“在能就其自有问题得新处决、开新路径”，如果不管自身问题，强效他人创

---

① 《中国文化史导论》，第206页。

② 《中国文化史导论》，第220页。

③ 前揭《国学概论》，第188页。

④ 《国史大纲》“凡读本书请先具下列诸信念”。

⑤ 《国史大纲》下册，第900页。

制，冒昧推行，乃是“假革命”，这种革命“以与自己历史文化生命无关，终不可久”。由此他指责欲一切推翻故常的辛亥革命有“假革命”之嫌。① 在《中国文化史导论》中，钱穆注重论证中国的传统文化与近代西方科学文明兼容互补的关系。他认为，近代西方科学发展已出现“尽物性而损及人性”的倾向；自然科学突飞猛进，人文科学却滞后不前，二者脱节，造成近代西方文化上的种种病态；中国文化则主张“尽人性而后可以尽物性”，对于人、物取融和一致的态度，中国文化一向偏重于人文科学，注重综括，对于新事物新变化常留有余地，使之能随时加入进来。因此，钱穆说：

> 中国人一向心习之长处在此，所以能宽廓，能圆融，能吸收，能变通。若我们认为人文科学演进可以利用自然科学，可以驾驭自然科学，则中国传统文化中可以容得进近代西方之科学文明，这是不成问题的。不仅可以容受，应该还能融化能开新。②

钱穆就是这样，一方面力主吸纳西方的科学文化，使当下的中国“急激的自然科学化”，一方面又论证中国固有文化传统绝不会因近代西方科学之输入发达而受损。不仅如此，他还提出，“科学化了的中国，依然要在中国传统文化的大使命里尽其责任”，也就是把中国文化传统中对于“人类将来太有价值”的“一套和平哲学与天下太平世界大同的文化理想”推向世界。③ 可见，钱穆不仅要用中国文化来拯救垂危中的中国，还要用中国传统文化来纠补病态中的世界！钱穆文化救亡的史学，至此表现得淋漓尽致。

四、救亡史学的时代意义

从整个近代学术史看，几代学人在寻求救国方策时，都未曾完全

---

① 《国史大纲》下册，第 911 ~ 912 页。
② 《中国文化史导论》，第 228 页。
③ 《中国文化史导论》，第 212 页。

跳出民族传统和中国文化之外，“五四”前后虽一度有激进的革新派掀起尽弃传统的偏激学风，但在“九一八”之后特别是自“七七”以来，在日益严重的民族危机刺激下，学界风尚已折回传统文化，力求从中寻找打败侵略、复兴民族的精神力量。这个时期的史学研究，就在批判总结先前史学的基础，依其不断走向客观科学的趋势，改变“疑古”、“蔑古”、“罪古”的风气，从对中国历史和文化演进真相的探究中，找到国家民族“永久生命的泉源”，重建民族精神，为抗日救亡的大业尽一份心力。周予同1941年写成的《五十年来中国之新史学》，曾总结史学的这一发展说：

七七事变以来，中国史学因中国社会的急变而亦起反应……史学发展的几兆，大概不出于撷取疑古、考古、释古三派的优点，加以批判的综合，而渗透以高度的争取民族解放的信念。①

钱穆的救亡史学，正是对这种时代学术的承继和推进。他曾对近代史学三派的优点加以评析，认为在当前时代下人们对于历史的需要，“非此枝节烦琐之考订，亦非此繁重庞杂之记诵，特欲于国家民族已往历史文化有大体之了解，以相应于其当身现实之所需知也”②，从而致力于通史和文化史的研究，并自觉地要求自己的研究“将以记诵、考订派之功夫，而达宣传革新派之目的”，亦即根据丰富的史料，经过严密的考证，使历史“呈露其极平易之面相”，供国人诵读，以激励其民族自信心和抗战的斗志。他自己就明确地说：

此种新通史，其最主要之任务，尤在将国史真态，传播于国人之前，使晓然了解于我先民对于国家民族所已尽之责任，而油然兴其慨想，奋发爱惜保护之挚意也。③

① 《周予同经学史论著选集》，上海人民出版社1983年版，第559页。
② 《国史大纲·引论》，第6页。
③ 《国史大纲·引论》，第8页。

钱穆在自己的史学研究中，无论《国史大纲》抑或《中国文化史导论》，格外注重发掘中国历史和文化的“个性”，叙述其独具一格的发展历程，力求从中发现中华民族“独特精神之所在”，证明我国家民族在遭受外族侵略、面临外来文化挑战时，通过一种“更生之变”，即“国家民族内部自身一种新生命力之发展与成长”①，总是能做出强有力的反应，实现对外来新民族的融合、同化，对外来新文化的改造、吸纳。

可以说，强烈的现实性与鲜明的民族性，是钱穆史学研究的最大特色，这两大特色使得他的史学研究成为名副其实的救亡史学，而他对中国文化的青睐与张扬，在救亡史学中更是独此一家。

① 《国史大纲·引论》，第30页。

第五章　近代佛教哲学研究

第一节　谭嗣同经世佛学的逻辑结构

谭嗣同的思想很有些与众不同的特色，他“穷天人之奥”，以世界最普遍的问题为研究对象，因此可以说是哲学的；但他的终极关怀是社会生活的现实问题，所以更应当说是政治的。他对事物的认识是思辨的、逻辑的，但尤重视经验的和实证的。所以，谭嗣同的理论与其说是哲学的，不如说是政治的；他的思想与其说是书斋思辨的，不如说是应用的或经世的。它是会通儒释，融聚中西，杂采庄墨，以“心”、“识”为体，以救世为用，以平等为内涵，以日新为宗旨的经世佛学逻辑结构。

一、以心为体，以仁为用

谭嗣同的思想渊源有三：一是佛学，二是西学，三是具有民主主义和反传统精神的那部分中国传统文化。但是，他却是在佛教的殿堂中，确立起他自己的思想体系。梁启超说谭嗣同“会通世界圣哲之心法”，并着意强调华严性海和相宗识浪之说对他的影响，也说明了这一点。然而，研究谭嗣同的学者们始终认为，谭氏的佛学思想仅限于华严、唯识，殊不知，在其初次入京时，已经为其“学佛的第一导师”、著名的禅宗学者吴雁舟所折服，对于禅宗的心法早就心领神会了。他以“六经注我”、“佛经注我”的精神进退佛说，是佛教在信仰上由对人到对佛，到贵自心，在理论上由“我空法有”，到“我法两有”、“识有境无”这一系列转变的必然结果。所以他从佛教中撷取禅宗的“本心”、华严的“真心”以及法相宗的质多心，即阿赖耶识，作为他哲学的本体，固然是政治斗争的需要，也是思想发展史的必然趋势，更是谭嗣同架构经世佛学大厦的基石，是其仁学理论各种范畴的主宰。弄清这一点，对于理解他的思想内容和本质属性是非常必要的。

谭嗣同在《仁学》卷首，开宗明义，对仁学的概念作了详尽的解释。他论证仁从二从人，谓相偶之义，并对字面训诂，指出仁通“元”，通“无”。“元”，在《易》中有根源的意思，“无”，则是老子有生于无的“无”，也是万物之本的意思，“故言仁者不可不知元，而其功用可极于无”，意思就是说为仁必须首先弄清根本。由此可知，仁不仅具有政治上人际关系的意义，而且在哲学上具有直通本体的作用。他还指出，能做到这一点的只有佛教、孔子和耶稣。然而孔子讲仁，由亲及疏；耶稣博爱大众，无论亲疏，虽然仁同，但本质不同；墨子虽能以“兼爱”之说调燮联融孔、耶，但却主张尚俭非乐，故不能入大同之列。只有佛教能统摄孔、耶的仁爱之说，具有最高的思想境界，就是上面所分析的“本心”、“真心”和质多、毗若底（识）心。只有心才能集起仁爱，生成万物。事实上，谭嗣同是把仁作为由心而起的作用，即心力来看待的。所以他的结论就是“仁为天地万物之源，故唯心、故唯识”。谭嗣同不厌其烦地反复论证仁、元、无以及佛、孔、耶、墨的关系，其目的就是为了确立心为天地之源、万物之本。

《仁学》一书，谭嗣同借用墨家的思想，将其学术结构分为“仁”和“学”两部分。仁是任侠，表示要经世奋进，改革时弊，必须有甘冒党锢之祸的侠义之风；学是格致，主张用科学代替俗学，反纲常，斥名教，求富强，应当重视自然科学知识学习的治学态度。前者为勇猛入世的个人气节，后者则是“办事之条段”，“群学群教之门径”。显而易见，这两者都是“用”而不是“体”，所以他说：“仁亦名也”，也在破除之列，只有仁的实体心才是恒久不变的，故有“不生不灭，仁之体”一说。他概括《仁学》一书的思想是“循环无端，道通为一”，就是说以心为基点，以仁、学为用，冲决重重网罗乃至无网罗可冲击，终当归于一心之体。就这样，一环又一环的圆圈运动，构成了他那多环式的仁学结构。

从谭嗣同的道器观来看，这种以心为体、以仁为用的思想也是其前期“器体道用”观念的进一步展开和深化。他在《报贝元澂》中，提出了“圣人之道……必所丽而后见”，“丽于心思，有仁义智信之道”的观点，就是说明作为仁义智信的道，是依人心而存，并显现出来的。他在《仁学》中，则把这一“器体道用”的观念，作为构建其理论体系的一条原则。所谓“道通为一”的“道”是丽于心思的仁，“一”则是集起仁爱的心。心立则仁行，心存则仁存，仁为心之表，且沟通心和万物，所以说“仁以通为第一义”，“通之义，以道通为一最为浑括”。这就更加清楚地告诉我们，仁是作为一种贯通万物的心力而无处不在的。

另外，他一再说：“以太也，电也，心力也，皆指出所以通之具”，“以太也，电也，粗浅之具也”。这里他有调和心、物为本体的二元论倾向。但他把以太、电这些具有物质内容的因素，认作和心一样的器，而为本体的意识变得尤为明显。需要说明的是，谭嗣同所说的“心力”，具有双重性格，一是本体的心，二是由心所蕴发的力。上面所引的“心力”是前者，所以他称之为具，即“器”，因此是本体的心。而在“借其名以质心力”中，它又是后者，是附丽于以太、电和心本体的道，是凭借心本体而表现自己的道，具体地说，就是仁。

依谭嗣同所见，仁是心本体所集起的、不可思议的作用，它以通为第一义，具有通中外、上下、男女、人我以至万物的功能，而通的枢纽和归宿（但不是终点，因为它也是起点，是循环无端的，所以说归宿指化而为一）则在于心。如果心发生故障，一切就都不通了。谭嗣同在《仁学》四十五中，利用法相宗唯识的学说，结合解剖学、生理学和近代心理学的知识，反复说明心在认识事物中所起的决定作用。

他指出，人、我所以不通，是由于每个人的心理活动方式，也就是认识事物的方法不同之故。意识，是大脑之用。大脑的主宰作用是体，它是集起和了别一切现行法的第八识——阿赖耶识。第七识即末那识，谭嗣同据《了义灯》称之为执识，以阿赖耶识之见分为所缘而生之识，其动之有法，他认为这是小脑之体，而耳目鼻舌身五识，则是小脑之用。末那识是我执的根源，它接受并通过意识而表现我执。人们应当先断除意识（指节六识），然后断除末那识，才能去掉我见，获得对事物的本来面目的真知灼见。然而人们认识事物却不能断除意识，消除妄见，而是以小脑之用，行无法之动，故仁者见仁，智者见智，公想公道，婆持婆理，意见纷纭，莫衷一是，所以绝无相通之理。只有消除我见，破除我相，异同才能泯灭于一心，心力才能充分发挥它的作用。

谭嗣同试图利用自然科学知识解释法相八识转换及其功用，借以阐明人我不通的原因，从反面说明了心本体的决定作用。

然而，谭嗣同所说的心，不单纯是现在谓之主观意识的哲学范畴，它既是人们的清净本心又是静趋空灵、森罗万象的佛心，他还以华严宗的教义贯此二心，认为诸佛所悟与人本心所具，其体没有差别。因此，内心、外心原本一心，我们根本没有必要，也不可能区分谭嗣同的思想到底是客观的还是主观的唯心主义。

正是因为谭嗣同多环状理论体系，其本体具有佛心、本心、精神和物质的不同要素，心力又具有复杂的双重性格，以及仁的道和用的关系，加上人们习惯以传统的思维方式去看待这些问题，故而显得谭嗣同的思想尤其复杂且不成体系。我们就是希望用一种客观的、全面的方法，由横切面剖析他在批判、吸收佛学的基础上，而建立起来这一不中不西、即中即西的理论结构，以期得出一个比较符合他思想真实的结论，其中的关键就是对佛教心性问题的理解和研究。

二、破斥名相，万法平等

谭嗣同自幼饱受父妾欺凌，“遭纲伦之厄，涵泳其苦”，由此而生的逆反心理，逐渐形成一种反抗压迫的心理素质，且“私怀墨子摩顶放踵之志矣”。① 少年时期，江湖游侠式的生活，使他与下层社

① 谭嗣同：《仁学·自序》。

会有更广泛的接触，耳闻目睹了封建压迫下百姓们在生死线上的拼死挣扎和痛苦呻吟，他们所受的不平等待遇在他思想深处发生了强烈的共鸣。同时不断从一些具有民主主义因素的中国思想家的著作中进一步获得反传统的力量和思维方式，后来更受到西方文化中资产阶级平等、博爱、自由等民主思想的召唤，终于在佛教哲学，无论是法相宗分析名相的经验主义，还是华严宗一多相容、一即一切的理性思辨中，找到了世法平等的理论依据。于是他以佛统孔、耶，确立以平等为内涵的政治思想。

谭嗣同依据佛学“无人相，无我相”的原理，提出“仁一而已；凡对待之词皆当破之”，“参伍错综其对待，故迷而不知平等”，“参伍错综其对待，然后平等”。① 这里指明了平等之本——众生和万物一心相通；也解释了不平等发生的机制——因妄见而产生“对待”。他说：“对待生于彼此，彼此生于有我，我为一，对我者为人则生二；人我之交则生三……由是大小多寡，长短久暂，一切对待之名，一切对待分别，殽然阘然。”② 这就说明了对待产生的原因是世人执于我见、妄生分别之故，因而形成人我之别，这是一切不平等赖以生存的基础。

据此，他又进一步指出，对待有赖于其名——对待之词。“数千年来，三纲五伦之惨祸烈毒，由是酷焉矣。君以名桎臣，官以名轭民，父以名压子，夫以名困妻，兄弟朋友各挟一名以相抗拒”③，当然，中外也以名相互仇视。所有这些上下、内外、男女、中外种种的不平等，其根源就在于我见。要消除不平等，必须破斥名相；破斥名相，必须破除对待；破对待则必须除我见。我见灭“则我相除，我相除则异同泯；异同泯则平等出”④。只有这样，才能实现“无人

① 《易·系·上》：“参伍以变，错综其数”，意为做出了各种安排，上句意为要做安排还存有对待，故不知平等。下句要破除安排，故平等。

② 谭嗣同：《仁学》十七。

③ 《仁学》八。

④ 《仁学》四十五。

相，无我相”，平等、博爱的大同世界，这就是他采取佛教思维方式的逻辑结论。

谭嗣同对于社会压迫产生之原因所作的分析及纠正人类不平等发生的机制所作的探讨，完全忽视了它产生的社会背景和阶级根源，因而不是着眼于摧毁阶级压迫的基础，而是致力于消除所谓的个人之我见，是其唯心史观在政治思想上的一种表现。但是这种分析旨在呼吁平等，反抗压迫，打碎整个君主专制机器赖以不停运转的封建伦常，从根本上讲，具有反封建的进步作用和现实的社会意义。而“正人心”，或者叫“益灵魂”的所谓治本方法，正是近代资产阶级民主派进行变革时所主张的“增进国民道德”的口号在谭嗣同思想屏幕上的折射。特别是他强调要先正“在上位之人”的人心，是其平等观念的进一步深化，更具有鲜明的时代意义。

另外，谭嗣同还以法相宗八识流转之义比附《大学》，用以探讨不平等产生的生理机制和破除的方法。谭嗣同指出法相宗识浪流转的第一个波峰是对认识对象即相分获得彻底的了解。即第六识通过对分别的思量而达到解悟的境界，因而称之为妙观察智，如同《大学》中说的致知—格物—知至。这里除获得真知的神秘部分外，对认识事物的过程，还是作了比较符合实际的描写。但他认为这是产生我相之源，也是破人我之界的必由之路，这就背离了客观实践。

正因为如此，他根据五重唯识观的第一重——遣虚存实识，主张断灭意识，即佛家所谓的“意根坐断”，只有这样才能破我相，除妄见，才能泯异同，通人我。这种断灭意识的方法，把其认识论中的科学部分，完全融化在其虚无主义的识浪中了，然而，他又结合《大学》中“欲诚其意，必致其知”，“下学上达”，“众物之表里精粗无不到，而吾心之全体大用无不明”，“致知，万事之母”等语，表明了由感性认识到理性认识升华的过程。这说明谭嗣同认识事物的具体方法同他的整个认识论存在着无法弥合的裂痕。

他的识浪的第二个波峰是无我而平等。

断灭意识，促使第七识即执识或末那识破除我执，转而为人我平等，如此则观一切世法和众生均平等，这就是《大学》中所谓“意诚”。最后他说：

> 第八识转而为大圆镜智，《大学》所谓正心而心正也。佛之所谓藏，孔子所谓心，藏识转然后前五识不待转而自转……心正者无心，亦无心所，无在而无不在，此之谓大圆镜智。①
>
> 藏识转，始足以为仁。②

这是识浪的第三个波峰，以佛的真知，即藏识洞照一切。一切即一，一即一切，万法由识变现并归之于识，这就是心正。心正也可以说无心，亦无心所。从根本上消除了贪、瞋、痴等烦恼和我见，所以说，“无无，然后平等”。这实际是对平等的超越。

谭嗣同这种认识的变迁流转，源于法相宗转识得智的思辨方法，即转有漏之藏识而得与无漏之藏识相应的大圆镜智，转有漏的第七识而得与无漏的第七识相应的平等性智，转第六识得妙观察智，转前五识得成所作智。正是由于藏识需要自有漏向无漏转变，引起了诸识在心体的大海中波动运行而成识浪，人的认识就是在这种波浪式的运动中，迁流不息，转识得智的。谭嗣同把这种识浪，同解剖和生理学知识结合在一起，当作自然法则肯定下来，为其平等的政治思想找到了一种科学依据。

同时，谭嗣同还用朱熹的《格致补传》解释华严五教，用《大学》的八条目附会华严的四法界，其目的都是力图证明平等是三教之公理，是与自然法则相通的社会道德标准。

这里需要进一步说明的是，谭嗣同在论证其平等思想时，基本上沿用了佛教相对主义的思维方式，独特地发挥了佛教“破对待”的观点。他认为一切事物都不过是人们心识变现出来并凭借人们所创造的“名”而相对存在的虚幻影像。他否认在现存程序下事物的矛盾和差异的永恒性、绝对性，强调它们之间的暂时性和相对性，实质上

---

① 《仁学》二十六。

② 《仁学》二十六。

是对现存的封建社会的神圣秩序和永恒的封建道德标准的大胆否定，是宣传平等、博爱的理论基础，在政治上具有鲜明的反封建的进步作用。但他把一切事物，在任何时间、任何条件下都看成没有自性的、暂时的、变易的、不真实的幻像，着意渲染矛盾存在的普遍性，因而否定事物在发展过程中的相对稳定性，从而导致对实体的否定，在哲学上势必走上虚无主义的道路，因此造成他积极入世的救世主义和理论上对虚幻的大同世界追求的矛盾。所以，我们既应当肯定他政治思想上的进步意义，也不应当忽视他哲学思想方面的严重缺陷。

三、微细生灭，日新变法

谭嗣同相对主义的思维方式是基于佛教此有故彼有、此生故彼生的缘起论的，它表明了一切事物互相依存、不断变化的统一性和发展观。在佛教的哲理中，事物存在于不断生灭变化之中，生而遂灭，灭而又生，旋生旋灭，即灭即生，整个世界就是在这种不断的生灭变化中，连绵不断地运动着。因此谭嗣同认为“三教不同，同于变”①，“日新”是“群教之公理”，因此而形成了革故鼎新的变易思想，奠定了维新变法的理论基础。

“生近于新，灭近于逝”，这是谭嗣同“日新”、“变易”思想的基点。他是通过以太的微生灭之普遍性，阐述其社会发展观念的。

以太（ether）是17世纪科学界设想的一种能媒，指光、热、电气、磁力等现象的假定媒体。谭嗣同认为它是一种存在于遍法界、虚空界、众生界，也就是整个宇宙空间和一切物质内的原质，近乎于小乘佛教所说的微尘，故把它当作哲学范畴引入其理论体系。微生灭，或称微细生死，佛教的术语，意指变易生死。谭嗣同借用佛家的术语，表示事物生灭存息的变化状态，如新陈代谢等。

首先，他认为世间万物之所以不生不灭，正是因为它们处在永恒不断的生灭变化和发展之中，这种生灭变化和发展是以太微生灭的直接作用所引起的量变。他设问：“不生不灭乌乎出？曰：出于微生

① 《仁学》二十七。

灭。此非佛说菩萨地位之微生灭也。乃以太中自有微生灭也。"① 尽管他说不同于佛说菩萨地位之微生灭，但他还是用佛教微细生死的思辨方式推衍出以太的微生灭。他指出，佛固然不生不灭至于涅槃，然而却无时无刻不在生灭的变化中。这种对事物发展规律的认识，基本上是符合客观实际的。但他又进一步展开了这一观点，指出"生与死相授之际，微之又微，至于无可微；密之又密，至于无可密。夫是以融化为一，而成乎不生不灭"②，这就又重新回到起点上来了，在理论上完成了一个"循环无端"的环形运动，把本来条理清晰的辩证观念弥散到神秘的相对主义迷雾中去了③。

其次，他以华严宗的"一多相容"以及佛家"三世一时"的时空观念，以说明社会历史的延续和进化。如果不懂得这个道理，"妄逐既逝之荣辱得丧，执之以为哀乐。过驹不留，而堕甑犹顾"④，死抱着怀旧的心理，不肯随历史的前进而移动自己的脚步，那么，势必将"终身接应不暇，而卒于无一能应"⑤。

谭嗣同通过以太的微生灭，说明了万物生灭变化的运动，而时间和空间的生灭变化则是历史的延续和发展，这就形成了他的"日新"或"变"的学术宗旨，其大谈微生灭的真实意图也就在这里。

所谓"日新"，就是革故鼎新，就是要革，要变。谭嗣同奉"日新"为盛德，以"善至于日新而止"，"恶亦至于日不新而止"。⑥ 在他看来，一切事物"但有变易，复何存亡?"⑦ 时变而事变，时移而事异，这是人人皆知的道理。他说：

> 德之宜新也，世皆知之，独何以居今之世犹有守旧之鄙生，

① 《仁学》十五。
② 《仁学》十五。
③ 微有二义，曰微细，曰无，谭文亦寓有二义。
④ 《仁学》十六。
⑤ 《仁学》十六。
⑥ 《仁学》十八。
⑦ 《仁学》十二。

断断然曰不当变法，何哉?①

这是他变法的宣言，是向旧势力提出的挑战。“天地以日新，生物无一瞬不新也。今日之神奇，明日即已腐臭，奈何自以为有得而不思猛进乎?”② 他说欧美二洲以好新而兴，亚非澳三洲以好古而亡，“中国动辄援古制，死亡之在眉睫”，如果继续抱残守缺，固步自封，夜郎自大，亡国灭种已经为期不远了。所以，变法改制刻不容缓！这样，充分阐述了他“变则存，不变则亡”的革命思想。

既然“日新”、“变革”的依据是以太的微生灭，换句话说，以太息息不停的运动则是“日新”、“变革”的原动力，即所谓“以太之动机而已矣”③。整个世界都是在恒久不停的连续运动中发展前进的，动则变，变则新，所以“天鼓万物鼓其动也”，“君子之学，恒其动也”，④ 这就是谭嗣同的以动求变、以动求新的思维方法。接着他尖锐地批判了传统文化中安静守成、不思进取的乡愿之风。他说：“焉知乎有李耳者出，言静而戒动，言动而毁刚……言学术则曰‘宁静’，言治术则曰‘安静’……百端由是废弛矣。用人不问贤不肖，而多方遏抑，少年意气之论起，权柄则已颓暮矣。”⑤ 指出阻碍变革的文化根源和亟待解决的问题，从哲学的角度深刻地揭示了社会弊端的文化背景和政治原因。这种扬动抑静的观念，已经不是纯粹社会批判意识，而是为变法维新运动鼓噪呐喊，鸣锣开道，要向气息奄奄的乡愿大臣们大张挞伐了。

与动静观念紧相连属的更为大胆、尤显得与众不同的是崇奢黜俭论。他指责崇俭论者说“愈俭则愈陋，民智不兴，物产凋窳……其败之由，咸此而已矣”。所有这些，很有点像上升时期的资产阶级的

① 《仁学》十九。
② 《仁学》十九。
③ 《仁学》十九。
④ 《仁学》十七。
⑤ 《仁学》十七。

气魄。实际上，他就是要效法资产阶级，发展生产，尤其是商品生产，打破封建式小生产的自然经济状态和落后的生产方式，发展资本主义。

综上所述，我们可以看出谭嗣同的思想，基本上是一种具有经世意义的佛学。它是沿着魏源所开创的以经术求治术，以佛法求世法，目的在于经世致用的道路发展而来的。它的理性思辨也是围绕其政治思想展开的。所以这一体系尽管着重论述了心本体的态势以及各种范畴相互的关系，但它势必带有浓厚的、现实的政治色彩，表现出明显的社会批判意识，及主张平等、博爱，要求变革的政治热情。它所具有的辩证思维的方式，是近代哲学革命的大胆尝试，也是后来章太炎法相唯识哲学的前驱先路。

第二节　章太炎的法相唯识哲学

历史借总结过去的经验以确立现世的真理；宗教通过对终极信仰的追求，表现为批判俗界的倾向；为历史服务的哲学力图揭示非神圣形象自我异化的本质。近代思想家由于处在社会的剧烈动荡之中，他们的注意力尤其集中在社会政治问题上，其学术思想、治学态度总是和社会现实保持着密切联系，无论是宗教的、历史的，或者是哲学的。就连持“学以求是，不在致用”之见，以理性主义为基本性格的章太炎也不能摆脱经世思想的影响。他的学术思想既包含了对过去历史经验的总结，对现实世界的批判，而且重点还是在以思辨的方式，揭示人的本质、人在自然和历史中的地位、人的认识来源和认识过程藉以实现的形式，由是建立起以人为本位、以佛说真如即心识为本位的法相唯识哲学。因此可以说，章太炎的思想是兼顾名理和人事的理性主义，是具有东方色彩的思辨哲学。

一、转俗成真、回真向俗的哲学革命

章太炎在《葑汉微言》中详细追述思想变迁的三个阶段，概述其法相唯识哲学的从入之途。他说“少时治经，谨守朴学”，孜孜以

求经国之政术，因而奉荀、韩之说为圭臬。此即所谓“俗”的第一个阶段。“继阅佛藏，涉猎华严、法华、涅槃诸经”，触发了他求“是”求“真”的兴趣。后因苏报案囚禁上海，“专修慈氏世亲之书”及其他法相宗典籍。“此一术也，以分析名相始，以排遣名相终”，与这位朴学大师的思维方式最相契合，因而“转俗成真”，开始其学术思想的第二个阶段，即谓之“真”的纯思辨的道路。他援西入佛，“格以大乘”，以佛解庄，“端居深观而释齐物，乃与瑜伽、华严相会”，为其法相唯识哲学奠定了坚实的理论基础。“癸甲之际，厄于龙泉”，又援佛入儒，“以庄证孔”，进而确认孔子之学根本也在破除一切主观成见，“本以菩萨利生为务”。于是通过对名相的具体分析，达到对世界的宏观把握，使其平生所治朴学和经国之术得到理论上的升华，终于“回真向俗”，搭成法相唯识哲学的理论构架，完成了他的哲学革命。

需要说明的是，上述由俗向真，再由真向俗，绝不是简单的循环，而是思维方式的不断升华。第三阶段的“俗”，已经是在唯识观念指导下，以人为本位，“阶位卓绝，诚非功济生民而已”的东方哲学了。由此还可以看出“转俗成真”是章太炎思想上的重要转折，而佛学，特别是法相宗的名相分析，则是其整个哲学体系的理论基础。

应当承认，生活在晚清佛学复兴潮流中的章太炎，起初并不像其他知识分子那样，在青灯黄卷中静坐观心，很自然地把佛学作为经世的武器。虽然其父章濬“中年颇好禅学”，其师俞樾“茹蔬念佛”①，但这种宗教意识并未引起他对释迦的丝毫兴趣。27岁时，精通法相的夏曾佑劝他购买佛典，尽管他略涉《法华》诸经，对之却有一种拒斥的感情，对佛教尚持批判的态度。谭嗣同《仁学》援引佛典，谈心说仁，章氏甚不以为然，故有“怪其杂糅，不甚许也”② 之言。他还撰《公言》批判包括佛徒在内的“宗教之士”，“阻塞人之智虑，

① 《章氏笔述》，《制言》四十三期。

② 章太炎：《自定年谱》。

使不获公言"，因而慨叹佛教"犹不免于上古野人之说"。① 及至30岁，宋恕促其读《三论》，虽渐及玄门，"亦不甚好"。后来，一次偶然披阅《大乘起信论》，"一见心悟，常讽诵之"②，于是开始了探赜索隐的佛学研究之路。同年（1903 年），章氏因苏报案囚禁狱中，"私谓释伽玄言过晚周诸子不可计数，程朱以下，尤不足论"③，因而沉浸在繁难艰涩的佛典和无边无际的玄想之中。其时他还诱导邹容学佛，"以解三年之忧"④，并托友人罗致佛典，得《因明入正理论》、《瑜伽师地论》、《成唯识论》诸法相典册，以及梵文《阿弥陀经》等，"晨夜研诵，乃悟大乘深义"⑤，而"达大乘深趣"⑥，终与佛教结下不解之缘。

章太炎对佛学的兴趣不发则已，一发则穷源究委，倾全力营造起他的哲学体系。《读佛典杂记》是他在狱中"晨夜研诵"的结晶，而《狱中致黄宗仰论佛学书》则是其"转俗成真"的真实记录。在此他不仅品味把玩佛典，而且取西方哲学，如康德、叔本华的著作"与内典对照"，"而后内典大明"。其意在说明，法相宗的名相分析与西方哲学的某些概念、范畴不谋而合；人的感性印象或直观素材，与摄取或识别这些印象素材的能力，认识主体和认识对象相对而无差别。同时通过对宇宙的无限和"凡人之思想所及"之有限的论述，证明"色心不二"、"识中有物"的唯心唯识观念，表明认识无限的可能。一场求是求真，以西方哲学对校、诠释佛学繁难名相，以佛学改变传统思维方式的哲学革命便在大墙下面的囚室之中孕育起来了。

出狱以后，章太炎学术研究的兴趣更多地集中于法相宗的名相分析。基于哲学革命的目的，他不仅广泛求购佛典（如日本小字藏经、频伽精舍藏经等），深入探讨法相唯识义理，以佛解庄，以庄、佛证

---

① 《干蛊》。
② 前引《自定年谱》。
③ 章太炎：《蓟汉微言》。
④ 《邹容传》。
⑤ 《自定年谱》。
⑥ 《蓟汉微言》。

孔，“旁览彼土所译希腊、德意志哲人之书”，对人类理论思维进行系统反思；同时，还特邀梵文教师密史逻教习梵文，从杨仁山居士苦究法相唯识之学，与诗禅八指头陀诗词酬唱，赞助太虚大师创建佛教弘法组织“觉社”及弘法刊物《觉社丛书》、《海潮音》，邀华严学者月霞法师为留日学生讲授佛法，并针对清廷“毁寺兴学之令”，大声疾呼“自护寺庙，自办学校”，为他的哲学革命做了充分的物质准备。

东渡日本的章太炎，在东京留日学生欢迎会上特别强调：“佛教的理论，使上智人不能不信；佛教的戒律，使下愚人不能不信，通彻上下，这是最可用的。”同时，尤以其理性主义的基本性格，指明佛法辩证思维的特征，“在哲学上，今日也最相宜”。他说：

> 佛法只与哲学家为同聚，不与宗教家为同聚……佛法的高处，一方在理论极成，一方在圣智内证，岂但不为宗教起见，也并不为解脱生死起见，不为提倡道德起见，只是发明真如的见解，也要实证真如……与其称为宗教，不如称为“哲学的实证者”。至于布施、持戒、忍辱等法，不过对治妄心。妄心不起，自然随顺真如。这原是几种方法，并不是他的旨趣。①

显而易见，章太炎视佛学非宗教而为实证真如的哲学，其修行方法的目的也在对治妄心，随顺真如。这些突出表现了他在佛法中求是、致用的哲学革命热情，形成他的“真如本体论”的思想基础。可以这样说，上述思想与其在几年前（大约1908年）所写的《告佛子书》、《告白衣书》②，都可视作章氏哲学革命和近现代佛教改革运动之先声。前者在于说明“体非形器，故自在而无对；理绝名言，

---

① 《演说录》，《民报》第六号。

② 据谢宁樱考证，此二文发表时与苏曼殊同署，但“肯定出于太炎手笔”。

故平等而咸适"① 的"真如本体论"和"破对待"、"除妄见"之类的佛教哲理；后者着意强调"佛法得存，正可牖民善俗"的应世思想，这正是章氏求是以得真、成真以致用的哲学革命的核心。

在这一哲学革命的整个过程中，章太炎发表了《建立宗教论》、《无神论》、《人无我论》、《五无论》、《俱分进化论》、《答铁铮》、《国故论衡》、《诸子略说》以及他自诩为"千六百年未有等匹"② 的"一字千金"之作——《齐物论释》等一系列重要哲学论文，系统地阐述了他的法相唯识哲学。其内容包括：真如本体论、万法唯识论、齐物论、回真向俗的应用哲学。前三者是破妄求真，后者是回真向俗。其中既有精深细密的名理综析，又有应变世事的致用之道，呈现出真与俗结合，理性思辨与道德价值判断结合，"求是"与"致用"趋合的鲜明个性。

这种鲜明个性既不同于西方哲学的纯理性思辨，也有别于中国哲学"从人事发生"的价值判断。它是对二者的选择吸收和综合。他指出欧西哲学"全是思想"，"只有比量，没有现量"③；"此土哲学，多论人生观，少论宇宙观，至世界成立，万物起源之理，自《易》以外率皆不论"④。西方哲学"从物质发生"，中国哲学"可从心实验"⑤，因此，"以言学理，则孔子不如康德之精细，以言应用，则康德不如孔子之切近"。⑥ 这里，以物质、精神发生的不同比较中西哲学的差异虽无新意，但足以显示章太炎会通中西、构建自己哲学体系的意向。即通过名相分析以求真，并借自证的方法，以应人事之常，着重探求人的价值和人的认识过程，因而保有鲜明的东方色彩。

另一方面它又不是纯粹的佛学，同样具有"以己意进退佛说"⑦

---

① 《齐物论释·序》。
② 章太炎：《致龚未生书》。
③ 《章氏国学概论》。
④ 章太炎：《制言》。
⑤ 章太炎：《说新文化与旧文化》。
⑥ 章太炎：《说求学》。
⑦ 梁启超：《清代学术概论》

的时代特征。他说："仆往者铸镕经论，断之鄙心"①，"为繁为简，亦各因其所好，岂专以精密深细之科条，施之于一概乎?"② 当然更"非欲人人皆归兰若"。③ 这些在佛门看来离经叛道的异端之论，充分说明他要在汗牛充栋的三藏中撷取若干现成的思想资料和语汇，以铺垫他的哲学革命道路。杨仁山指责他"是混乱正法"④。熊十力批评他于《成唯识论》"全不通晓，只摭拾若干妙语而玩味之"⑤，指责他的谈佛之作"无一字不妄"⑥，正好说明他不是一个佛教学者，而反映出他作为一个思想家的特质。

二、真如本体论

真如，梵文 Tathatā 或 Bhūtatathata 的意译，亦译作如，如如，意为事物的真实相状。中观学派和般若各家都以"性空"为"如"，亦称"诸法实相"，通常解释作绝对不变的"永恒真理"或本体。

需要说明的是，佛说"诸行无常"，"诸法无我"，认为一切事物皆因缘和合而生，因而无固定不变的自性或实体，无超越一切的主宰或主体，表现出佛教区别于其他宗教和学术思想的鲜明个性。佛教各派理论的优劣，就是看它对基于这种"缘起"学说的"空"的论证是否圆满。但是，"无自性"和"缘起"这种变易思想也是一种属性，对它们的肯定便是对这一理论自身的否定。因为它毕竟承认大千世界中仍然有一种恒久不变的事物，或者说性质主宰或支配万物的生灭变化。由此而形成两个二律背反，即：事物相互为生灭条件，万象平等，故世界无主宰；万物性空，皆因缘和合而生，此即绝对不变的真理和主宰世界的真如。事物是变化的，故无自性；一切物具有"变易"和"空"的真如特性。实际上，佛教自一开始就陷入了这一

① 章太炎：《答梦庵》。
② 章太炎：《答铁铮》。
③ 章太炎：《答梦庵》。
④ 杨仁山：《等不等杂观论》卷 8。
⑤ 熊十力：《体用论》。
⑥ 《十力语要》。

无法解脱、自相矛盾的理论危机。它反映了主体和客体的尖锐对立。小乘的“法有我空”，大乘的“人法两空”，瑜伽学派的“识有境无”，就是不同时期、不同派别解决这一理论危机的护法武器。法相宗继承瑜伽派的思想，充分发挥了“唯识无境”的命题。《成唯识论》卷一中有“外境随情而施设，故非有如识；内识必以因缘生，故非无如境”。它表明境空（非有）识有（非无），一切万法唯识所变的主客体关系，为解决佛教理论上的矛盾做出了新的贡献，标志着佛法在理论上呈现一个新的层次。所谓“唯识无境”，就是以识为本体——《成唯识论》说它就是真如——并用识把绝对超越的本体和大千世界联系在一起，藉此把本体论和缘起论的矛盾对立扭在一起。章太炎无疑也注意到佛学理论上的漏洞，他说般若家的“心境皆空”“到底无心无境，不能成立一切缘起”①，因此依照法相宗的思维方式，从“性空”到“唯识”，结合中国传统哲学由人事追溯人心的道路，求是成真，确立起他的真如本体论。

哲学家区别于社会活动家的根本特征在于，他们更关心形而上的问题，主要兴趣在于穷源究委，探索世界的本源、人的认识的发生和归宿。也就是说，他们首先要确立一个终极依托的形式，即本体。即使如佛教，尽管在其主观意向上否认本体的存在，然而在其思维活动中，终究摆脱不掉一种贯穿始终的依托形式。在这一点上，章太炎首先表现出他作为一个哲学思想家的素质。他说：

> 言哲学创宗教者，无不建立一物以为本体。②

他还指出：“五尘固幻有也，而必有其本体；法尘亦幻有也，宁得无本体乎？”这里强调官感所对之境、意识所缘之法，虽然如梦幻泡影，但均有发生之本，从主观、客观两个方面说明本体存在的必然性和普遍性。在此思想基础上，章太炎通过对法相宗三自性的论述，

---

① 章太炎：《论佛法与宗教、哲学及现实的关系》，以下简称《论佛法》。

② 章太炎：《建立宗教论》。

确立圆成实性，即真如为其哲学体系的本体。

他说："何因缘而立宗教，曰由三性。"接着他论证第一自性，即遍计所执性，"惟由意识周遍计度刻画而成"，因此所见色空、自他、内外、能所、体用、一异、有无、生灭、断常、来去、因果，各种相对存在的相状，"离于意识，则不得有此差别，其名虽有，其义绝无"，所以是空，是妄。第二自性，即依他起性，由意识以外其他七识"虚妄分别而成"，也就是依因缘而生，故"其境虽无，其相幻有"，因此是幻、是假。只有第三自性，即圆成实性，"由实相、真如法尔而成，亦由阿赖耶识还灭而成"。换句话说，此性是真如自然而生，阿赖耶识直接证得，因此是真、是实。由此可知，空、妄的遍计所执性，假幻的依他起性，均无自性，故不能成为贯穿始终、支配一切的本体，只有真、实的圆成实性，才能作为整个世界的终极依托形式。在章氏哲学范畴中，圆成实性就是真如，"圆成实性言者，或称真如"①；真如本体则不言自明。

单纯讲真如是真、实，还不能成为本体的充足理由，所以他又进一步指出："识者，以自证而知。"②"真如本识，非因缘生。"③如此便将真如置于佛教十二因缘的整个链环之外了。把它视作不依任何事物，不受制于任何规律而独立存在的自在之物，所以是常，而体现了实在、普遍和永恒的特征，如此则可承担本体的重任了。

章太炎这里所说的识，实际上指的是瑜伽行派和法相宗所谓的第八识——阿赖耶识（梵文 Ālayavijnāna 的音译），意为含藏诸法种子，集起一切现行。它是物质世界和精神现象的本源，是轮回果报的主体，是证得真如、涅槃的依据。一句话，它是先天而生，而又生成万物的宇宙本体。

其实，这个问题恰好是佛教缘起论和本体论相互冲突的焦点。法

① 以上俱引自《建立宗教论》。

② 章太炎：《国政论衡·辨性下》。

③ 章太炎：《蓟汉微言》。

相宗一方面强调“内识必以因缘生，故非无如境”①，说明精神现象同样是有条件的、相对的。另一方面又创造一个玄而又玄的阿赖耶识，肯定它“无有缘起”，力图证明识先天而生、无待、绝对的本体特征。法相宗就是以这一二律背反来弥合佛学中主客体间的裂痕。章太炎在确立真如本体时，显然也注意到了这一点。他在《诸子略说》中谈到《老子》中“天下万物生于有，有生于无”时，明确指出：

> 夫万物实无始。所谓有始者，毕竟无始也……佛法有缘起之说，唯识宗以阿赖耶识为缘起；《起信论》以如来藏为缘起。二者均有始。而《华严》则称无尽缘起，是无始也。其实缘起本求之不尽，无可奈何，乃立此名耳。

在他看来，本体，作为万物起始，只是哲学上无可奈何所立之名，所谓“识性真如……惟一切事端之起”就是这个意思。事实上，推本求源，求之不尽，无可奈何才设一个本体，以求论述上的方便，所以说始就是无始，即“无通于元”。章太炎直接撷取法相宗思想资料，确立真如本体，既表现出他辩证思维的理性主义性格，也暴露出他的佛教哲学在理论上的矛盾，及他对自己哲学体系中主客体之间、行为和境界之间的裂痕难以弥合的无可奈何的情绪。

为了说明真如的性质，章太炎利用他所擅长的格义手法，将真如同西方哲学中某些相应的范畴进行比较，更加鲜明地确定真如就是西方哲学中的本体。

首先，章太炎认为真如能产生诸法实相，理念先于认识而存在，因此，真如与柏拉图的伊跌耶（idea）即理念，同样是事物的本源，但它又不完全等于柏拉图的理念。

柏拉图认为理念先于认识而存在，是独立于感觉世界之外的实体。章太炎认为真如“是实，是遍，是常”②，因此普遍存在于现实

① 《成唯识论》。

② 章太炎：《菿汉微言》。

世界之中。它超越一切事物，却又在一切具体事物的无尽变化中表现出来。基于上述思想，章太炎批评柏拉图的理念世界纯为“本无而强施为有”的“悬想”①，他认为“有与非有不可得而兼”。柏拉图却一面以理念为实有，同时认为“今世界尚留非有”，给“非有”创造了另一本体的条件；处于同等地位，互相拮抗的两个本体，在说明理念世界于感觉世界中如何体现时，即认识发生过程中主客体关系，势必遇到难以“自完其说”的矛盾。章太炎强调“天然界本非自有，待现识要求而有”，只有真如本体才是“解此结者”。② 由此可见，在夸大主观意识，以主观吞没客观方面，柏拉图的理念于章氏的真如，显然望尘莫及。

其次，章太炎又以真如比附康德的“自在之物”。所谓“康德见及物如，几与佛说真如等矣”，同样反映出他会通中西的哲学思想。

物如，即康德的自在之物。它是独立存在，却不能被我们的官感所感知的客观实体，是永远无法探测的彼岸。它既不是通常所说的存在，也不是带有主观意向的意识，而是超越存在和意识的本体，具有独立存在和不可知的双重性格。

章太炎依三性所说空妄、假幻和真实三相，与康德辩证思维的轨迹亦甚相同。前两者便是可以感知的现象界，而依圆成实性所起之真如显然是康德的“自在之物”。他和康德一样肯定在现象界的后面还有一个性质更为深刻，内涵更为丰富，独立存在的实体，即佛说真如。但与康德不同的是，他认为只要“离遍计所执之名言外”，便可准确把握它的真相。也就是说，他的真如本体是可知的。这里显然表明了真如同康德的“自在之物”的不同之处。他说“依真我，起幻我”，意指虚幻的现象皆由实在、永恒的真如产生；“依幻我，说无我”，说明物质世界和精神现象随生随灭，无有自性；“依无我，说真我”，就是断言透过虚幻不实的表象便能认知真如实相。在此他彻底摆脱了康德不可知论的影响。

---

① 章太炎：《规〈新世纪〉》。
② 以上引见《建立宗教论》。

不仅如此，章太炎还借助法相宗“四分法”进一步阐明真如本体可以认知的理由。他指出康德之所以陷入不可知的迷惘之中，就是“由彼知有相，见二分，不晓自证分、证自证分故”。①

“四分”，是法相宗认识论中的基本范畴。其认识活动，以识体自身的见分缘自身的相分，并能证知自己认识的一系列思维运动。在某种意义上可以说，见-相分运动表明认识主体和认识对象的关系，但它又增加了证知这一运动的“自证分”以及对“自证分”证知的“证自证分”。它的全部内容就在于证明人的整个认识活动其实就是认识自我，“唯识无境”的命题由是也得以成立。章太炎借此说明，既然真如本体存在于“识”中，自我认识过程的完成，真如也就不再是不可知，而是洞若观火了。

另外，章太炎还把真如比作老子的“道”和“无”，庄子的“灵府”、“灵台”，以及儒家的“无极”、“太极”之说，从中国传统哲学的角度，比较论证他所确立的真如本体的属性。

三、万法唯识论

真如本体论的确立，仅仅是哲学体系建立的第一步，本体和大千世界总得有一个中介来连接，佛法中主客体、思维和境界之间的裂痕需有一种理论上的调合剂来弥合。于是章太炎依法相宗三性、四分、八识为内容，提出了真妄同源的万法唯识论，承担起他的认识论的使命。

如前所述，佛教诸行无常的缘起论，否定有主宰万物的本体，但在实际上又肯定有一个真实恒存的东西贯穿于十二因缘迁流变化的整个过程。这两种互相冲突的观念造成了主体和客体、思维和境界之间的裂痕。法相宗提出万物唯识所变、识有境无的理论，正反映了它试图解决佛学理论危机的努力。一方面它承认，世界万物依因缘刹那生灭，故无自性；另一方面又强调有一个超越一切的存在，即含藏诸法种子，执持不令丧失，并能产生诸法的阿赖耶识。它是佛法中的特殊

---

① 以上引见《菿汉微言》。

范畴，是在人类感觉器官和意识活动之外，另设的一种既不存在于虚幻的此岸，也不像康德的“自在之物”存在于不可知的彼岸，而是在人的自心中先天而生，并可通过自证认知的精神实体，故称之为“识有”。它含藏诸法种子，能变现森罗万象的事物，所以仍不失诸行无常、诸法性空的缘起之义，而叫做“境无”。佛教理论上的危机，便被法相宗“有”、“无”的辩证关系掩盖起来了。

认识论是哲学中一个古老而又永远新鲜和陌生的课题。章太炎说：“康德以来，治玄学者，以认识论为最要。”① 其实，何止自康德以来，这不过说明他的立足之点在于如何解决人在自然、社会中的地位，思维和存在的关系等一系列认识论的问题罢了。他把阿赖耶识既作为认识的主体，又作为认识的对象，说明诸法皆不离识，认识就是深刻体察阿赖耶识所具的真如实性，即“证得圆成”② 的道理。“立教惟以自识为宗”③，说的就是这个意思。为了说明认识活动的全部过程，他提出了“归敬圆成实性，随顺依他起性，排遣遍计所执性”④ 的思维方式。简单地说，一切现象都依条件，特别依作为四缘⑤之一“因缘”，即能产生果的内在原因——阿赖耶识种子而生，换句话说就是以心识为因缘派生现象界，此即依他起性。对此现象周遍计度，视幻为有，则是遍计所执性。若远离此遍计所执的谬误，破除“我执”、“法执”，证成“人空”、“法空”，便能契合真如，而达圆成实性，如此“唯识无境”、“万法唯识”即可成立，“随顺”、“排遣”、“归敬”的意思如是而已。

章太炎在《建立宗教论》中，详细阐述了他的认识论的全部内容。他首先声明“由三性”立此唯识义。继而说明，“第一自性，惟由意识周遍计度刻画而成”，事物的一切差别，“其名虽有，其意绝

① 《菿汉微言》。

② 章太炎：《建立宗教论》。

③ 章太炎：《建立宗教论》。

④ 章太炎：《演说录》。

⑤ 指因缘、等无间缘、所缘缘和增上缘，统称因缘，意谓条件。

无”。第三性则是由真如自然而成，是阿赖耶识本身所具有的属性，它超越对一切现象的虚妄分别，获得对万有事物最完备、最真实的认识，显示法我两空、圆满成就的诸法实相。

第一性和第三性有本质上的差别，也可以说是认识上的区别。这是俗向真的转化，是妄向实的突变。① 为了说明认识区别深化的过程，他重点阐述了依他起性。他说“第二自性，由第八阿赖耶识，第七末那识，与眼、耳、鼻、舌、身等五识虚妄分别而成”。第六识——意识周遍计度而成第一自性。第二自性，即依他起性则是一、二、三、四、五、七、八识虚妄分别而成。其意在说明，一定的现象依一定的“识”而起，现象是各“识”分别所行之境。前五识对境与意识对境一样是色空（相当于物质和精神），第七识末那对境是自他，第八阿赖耶对境则是一切有形、无形的精神物质现象。接着他又分别说明各识和相对之境的关系。

> 五识惟以自识见分，缘色及空为相分。
>
> 赖耶惟以自识见分，缘自识中一切种子以为相分……末那惟以自识见分，缘阿赖耶以为相分。

上述表明，不同的识有不同的认识对象。前五识认识色空，即阿赖耶识变现的色心诸法；第七识也以阿赖耶识为其“恒思审量”的对象；第八识认识的只是他自身所具的一切种子。由此可见，法相宗的认识对象不是外界客观事物，也不是我们通常谓之的主观意识，而是超越主客观内涵，却又纳藏于自身的阿赖耶种子，及其所变现的相状，或者说感觉意识在心扉上的投影，进一步表述了认识主体和客体（本质是存于一身的“内自我”）相互依存、相互为条件的辩证关系。所以他又说：“心缘境起，非现行则不相续；境依心起，非感觉则无所存”，故称依他起性。

---

① 这是法相宗的特殊之处。一般佛法以空为圆满相状，法相宗则以实、有为世界本相，即以实有为空，形成法相宗的悖论。

境依心起，显然说明意识对存在的决定作用。心缘境起，似乎是说认识对存在的依赖关系，但"非现行则不相续"意在强调阿赖耶识种子变现万物，即现行所起的幻有之境，是意识发生和相续的根本。这句话的通俗说法应当是：认识由自我感觉而起，客观依人的感知而存，万法唯识由是定矣。

概括地说，依他起性，识依相应的条件而派生现象界；遍计所执性，即意识对现象界周遍计度，认为是客观实有，则是妄；圆成实性，离名言所执，排除妄见，体认惟有"识"是实，便得契合真如。章氏认识论的起点是自我之识，归宿仍然不离自我之识所变现的色心诸法，围绕"识"自体形成了一个多重关系、半开放的圆。图示如下：

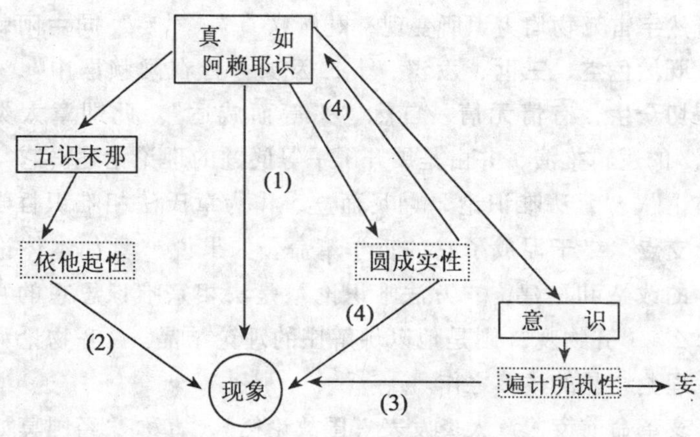

这一思维模式表明，阿赖耶识的种子变现事物的影像（1），依他起性视现象为似有（2），即把握其相对真实性；遍计所执性对这一相对真实的"似有"周遍计度，执为实有（3）而形成谬误；圆成实性则透过"似有"的现象，抓住事物的本质，即认知真如（4）。这是一个由谬误到相对真实到绝对正确的认识过程。同时也可以看出，无论真实、虚妄、正确、错误，都是由具有真如本体特征的阿赖耶识种子所派生；整个认识过程，都是"识"的无尽循环。

应当看到，章太炎的“万法唯识”论和法相宗繁难的名相分析无大差别。这充分说明中国哲学在理性思维方面的高度发展，也正是章氏所说法相宗与他的思想“易于契机”在思维方面的原因。这既反映了章太炎理性主义的基本性格，及其哲学思想的日臻成熟，也暴露了他在认识事物时漠视客观存在的主观性和虚无主义倾向。所以，他的以“唯识实性”为核心的万法唯识论，基本上没有突破康德二元论、先验论的樊篱，特别是康德所谓的“直观纯形式”和“知性的纯粹概念或纯粹范畴”的影响。当然，认识自我，在理论上为他的强烈的个体意识找到了立脚的基点，为“回真向俗”奠定了思想基础；“真妄同源”则是他的“齐物观”的根本依据。

四、齐物观

既然宇宙万物均为识所变现，既然“真”、“妄”同由阿赖耶所产生，既然色空、三世、六识、十二因缘“皆在阿赖耶中”，那么，世间一切众生，有情无情，自然“平等而咸适”。此即章太炎关于“齐物”的逻辑推演，并由是展开了平等问题的理论论述。它与“真如本体论”、“万法唯识论”鼎足而立，作为章氏法相唯识哲学体系的三个支点，终于促成了它的哲学革命。如果说“真如本体论”是对佛学的改造和重建，“万法唯识论”是法相宗唯识思想的直接演绎，那么，“齐物观”则是他以佛解庄的理论结晶。《齐物论释》便是这一理论结晶的拔萃之作。

辛亥革命前夜，章太炎发表《国故论衡》，宣称“经国莫如《齐物论》”。几乎在同时，专著《齐物论释》用佛教义理阐释庄子，从哲学上说齐物的道理，形成了他自己的“齐物观”。此文破题首句“齐物者，一往平等之谈”，简洁明快地表述了“齐物观”的内涵。

“齐其不齐，下士之鄙执；不齐而齐，上哲之玄谈。”上句是对以不齐为齐的世俗认识的批判，即庄子所谓的“以不平平，其平也不平”。下句则表明他对“离言说相”，以差别为对立统一的玄远之谈的渴慕。章太炎就是这样，借用《庄子》的“齐物”概念，以佛学的思维方式，在大含细入、不可思议的唯识学和华妙难知、汪洋恣肆的《南华真经》中，开始了他的齐物思想的漫游。

“体非形器，故自在而无对；理绝名言，故平等而咸适”①，这是章太炎“齐物观”的纲领性解释。它包含了事物对立统一性和统一即齐物的普遍性这两条基本规律。其意谓真如，或阿赖耶种子超越一切，为产生或变现一切事物之本，故非世间万物可比。正因万物由此而生，并蕴含真如本性，因此从根本上看无有差别而为“齐”。然而，由于意识对阿赖耶种子变现的各种影像周遍计度，而形成差别相；末那识对此差别恒思审量，视为实“我”、实“法”。因而必须摆脱俗世固有的“执著”——或执于“我”，或执于“法”，或执于“我”和“法”的错误倾向，才能直达真如本体，觉悟斑驳陆离、气象万千的现象世界的本质。这是事物之间对立的绝对统一，齐物之义也就在涵盖天地的心识之中，也可以说是“唯识论”中成立起来了。

章太炎在《国学概论》中具体阐述了事物对立之间绝对统一的思想。他说：“自由，在佛经中称为‘自在’。庄子发明自由平等之义……《逍遥游》者，自由也；《齐物论》者，平等也。”他还强调，“真自由惟有‘无待’才可以做到”；佛说“自在”，庄子“无待”，实际上说的是对外在生存环境和内在生存意识的绝对超越，其本质上强调，认识只有达到不依任何条件而独立存在的“真如”之境，才是“自在”、“无待”的自由境界。换句话说，只有像庄子说的那样“去是非之心”，像佛说的，“离言说相”，才能泯绝差别，去妄存真。这既是“无待”、“自在”的绝对自由，又是“吹万不同”、“平等咸适”的齐物观。由此可见，他的齐物思想是以“万法唯识”为基础，以真如本体为归宿的认识升华过程，以庄解佛，庄佛结合，宣告章氏法相唯识哲学沿着本体论、认识论的思维之路，在世界观和方法观方面系统化和深化。

所谓齐物的普遍性，实指上述对立双方统一的普遍性。对客体来说，“非独等视有情，无所优劣”，而是将齐物思想遍及一切“情界”和“器界”。既要求众生平等，同样肯定万物平等。“唯识云者，许

① 章太炎：《齐物论释·序》。

各各物皆有识"①，识是一切有生命、无生命，有形、无形，诸如动物、植物、矿物的普遍本质。所以他认为，佛说"一切众生同此真如，同此阿赖耶识"还是不圆的，同时以"寿、煖、识三，合为命根"，证明"植物决定有命"；根据佛法阿赖耶识含有业、转、现三识的理论，指出矿物具有作用——业识，能触、能感——转识，亲合、抵抗——现识，逻辑地推出矿物和有生命的动物、植物一样，同样是阿赖耶识所藏种子变现的果。"同是不生，那就归入圆成实性。"② 其意在强调，世间万事万物，包括生物、非生物，都具阿赖耶识，以庄子"与物平等"的思想，补证了佛法的不圆满之处，论证了齐物的普遍性。其实，这一观点，唐代天台宗高僧湛然的"无情有性"的学说，已有系统阐述。他认为真如不隔有情无情，一草一木，一沙一尘。章太炎显然在无意中重复了湛然的话头。对主体而言，则强调"离言说相"，打破一切"善恶是非的见解"，消除心理障碍，才能"破名言"、"顺自然"、"应人情"，"不住涅槃，不住生死，不著名相，不生分别"③，人人、物物、事事，自然"不齐而齐"。

佛法以为，执著名言而生差别；庄生所见，是非之心而造善恶。世间一切不齐均因人的差别心所生。章太炎就是以庄、佛的我向思维（或称之为愿望思维）见照齐物普遍性的。但也不能视这种齐物观为庄子和佛学的简单组合。它吸取了庄子齐物的普遍性，否定了庄子"形如槁木"、"心如死灰"的虚无主义和悲观思想；兼容法相"境不离识"、庄子"吹万不同"的对立统一观，发展了佛法众生平等的认识。这两个方面的有机结合显示了章太炎齐物观的独特个性。

需要重复说明的是，章太炎的齐物观包蕴的唯识思想和对立统一的认识方法，把一切泯绝在心识之中，固然表现了丰富的辩证思维，但这样病态的我向思维的最显著特征是主观吞没客观。因此，他最终

① 章太炎：《论佛法》。
② 章太炎：《论佛法》。
③ 章太炎：《论佛法》。

还是没有摆脱他力图摆脱的虚无主义倾向。他以“不齐而齐”的论证始，却以“齐其不齐”的具体内容终，即其最后的表述仍然是他所鄙弃的“以不齐为齐”的思想，这是非常耐人寻味的。

五、回真向俗的应用哲学

章太炎的学术思想经历了“转俗成真”和“回真向俗”两个不同阶段，所以他的哲学必然具备“真”和“俗”两个方面的内容。“真”以求是为目的，大胆而又认真地对中国传统哲学进行全面系统的反思，同时和西方哲学比较研究，以获取认识世界的普遍真理，有纯哲学的性质。“追寻原始，惟一真心”就是对其“求是”而得真的总结。“俗”以致用为内驱力，表现了求是和致用的趋合心理。所谓“上契无生，下教十善”①，正是这种趋合心理的产物。他还参证赫尔图门之说，“以为宗教不可专任僧徒，当普及白衣而后可”，指出“宗教虽超居物外，而必期利益众生”②。由是反观人生，导引出回真向俗、成真致用的应用哲学。它包括由法相宗所固有的批判俗界的倾向而引申的“利益众生论”，由真如本体、万法唯识论演绎出来的“无神”、“无我”论，由真妄同源的唯识说推导出来的“俱分进化”的历史观，以及由相对主义、虚无主义的齐物观发展起来的平等思想和臆想的五无世界的社会观。这些均呈现鲜明的应世色彩。因篇幅所限，不再详论。

作为近代思想家的章太炎，在晚清佛学伏流扬波而起的大潮中，视佛法为“哲学的实证者”，直接撷取法相宗分析名相的思辨特征，在理性沉思中，努力“求是”，建立起包括可以认知的真知本体论，半开放圆式、万法唯识的思维模式，庄佛结合、真妄同源的齐物论，以及由此派生的应世哲学，如此庞大的法相唯识哲学体系。它既具有西方哲学思深义密的特点，又具“多论人生”，富于应变人事之长的东方哲学色彩。这是继龚自珍、谭嗣同、梁启超诸人佛教哲学研究之

---

① 章太炎：《建立宗教论》。

② 章太炎：《建立宗教论》。

后的一次成功的哲学革命。谭氏佛学纯以经世为目的，表现出强烈的社会批判意识；梁氏多以佛学为研究对象，表现为对传统文化继承和转化的历史责任。他们始终没有达到章氏的思想深度。太炎先生则不然，他以“求是”、“求真”为鹄的，充分发挥佛学理性思辨之长，兼取传统哲学“重人事”的特征，构建起新的哲学体系。据此可以说，他是近代惟一的、更准确地说是除熊十力以外惟一的哲学家。正因为如此，章太炎思想的深度、广度远在谭、梁诸君之上，其荒谬绝伦之见也远在诸君之上。

第三节　欧阳渐非宗教非哲学的佛法论

欧阳渐（1871～1943 年），字镜湖，后易名竟无，江西宜黄人，后学尊称宜黄大师。欧阳渐自幼既受深厚家学熏染，亦为窘迫家境所限，故攻读异常刻苦，学业日进，文章古奥，超轶同辈。光绪十六年（1890 年），年方 20 的欧阳渐考中秀才，进入南昌经训书院，由程朱理学转涉百家经史，兼攻天文历算，成为院中高材，时誉“得风气之先”①。翌年，湘中经学大师皮锡瑞出长经训，欧阳渐从其研读经史，勤治考据，学益精进。甲午一役，清廷丧师失地，欧阳渐备受刺激，以理学空疏，汉学死滞，均无补于救世济民，遂转向陆王，欲以自尊无畏之心，救国家黎民于危难之中。戊戌变法失败后，经训高材桂伯华因避祸，由沪反赣；困顿中因阅《金刚经》而倾心佛学，并劝诱欧阳渐，赠以《大乘起信论》、《楞严经》二书。欧阳渐虽以怀疑眼光翻阅佛经，却于忧患之中，不知不觉接受了佛教义理。1906 年，生母病逝，欧阳渐悲痛之中备感人生无常，乃断肉食、绝色欲、杜仕进，归心佛法，以求究竟解脱，如其自述所云：“病魔生死，儒既无术应我推求，归根结蒂之终，下手入门之始，亦五里堕雾，仿佛依稀。乃于我母谢世之一时，功名富贵，饮食男女，一刀割断，厕足

---

① 吕澂：《亲教师欧阳先生事略》。

桑门，四方求师友闻道……”[①] 这一年，欧阳渐36岁，正是他由儒入佛的思想和人生的转折。1907年，欧阳渐专程赴宁，正式师从杨文会学佛。同年秋，受命东渡，寻访佛教遗籍。第二年，欧阳渐进入祇洹精舍专习唯识之学。精舍旋因经费不继停办，欧阳渐回乡，与好友李证刚等创办农场，又大病濒死。于是决心舍身为法，再赴金陵，依止杨文会，自此终身从事佛学研究及弘法事业，不再他务。1912年10月，杨文会因病示寂，临终以刻经处编校之责托付欧阳渐。此后40多年中，他苦心经营刻经处，一面兴学刻经，一面创办居士道场，为复兴佛教文化，尤其是复兴断绝千年之法相、唯识学，作出了无与伦比的贡献，也为近代中国的教育乃至整个学术思想起到了积极的推动作用。这里专就他独具特色的佛法论作一述评。

一、佛法研究皆是结论后之研究

清季以来，由于经邦济世的需要，学术弃虚就实，士大夫好言朴学，谈心说性的佛理也在进行着脱胎换骨的改造。近世科学昌明，实证主义的方法论也就更加受到知识分子的欣赏。处在社会剧烈变革、学术由中古向现代转化之中的欧阳渐，早年便兼工天算，时称得风气之先，入佛之后，同样也会受到科学方法论的影响。不过，他选择的不是“西学”，也不是“中学”，而是以分析名相为特征，即重视方法论，因而与近代科学思潮最易契合的法相唯识之学。正因为如此，欧阳渐对于方法论的重视，远在其他佛教学者之上。他先后著有《今日佛法之研究》、《谈内学研究》、《唯识抉择谈》、《辨虚妄分别》、《辨法相唯识》、《研究方法》等一系列专题学术论文，力图引导人们掌握佛学研究中方便善巧的方法。其所作《佛法非宗教非哲学》主要也是从方法论入手比较佛法与宗教、哲学的。

无论是宗教还是哲学，都确信事物现象的背后有一个绝对真实，只不过哲学认为真实是未知的，要透过现象去把握真实，宗教则确立了这一真实，只是要用“现相”去证明已确立的存在。因此也可以

---

① 欧阳渐：《复魏斯逸书》。

说，哲学是研究后的结论，宗教是结论后之研究。欧阳渐说，佛法是结论后之研究，其实还是宗教的特征；说佛法非宗教非哲学，无疑也可以说成亦宗教亦哲学。严格地说这些都不是他的创造。但是，他强调结论后之研究，因此而推崇“万法唯识”的唯识；他肯定佛法只是佛法，故重视“现观”、“现证”的名相分析，并把上述两个命题作为理论予以阐扬，则是他学术研究的鲜明特征。

欧阳渐在《今日佛法之研究》中指出，佛法是“研究境”，通俗地说，就是对佛家最高境界的研究。在他看来，佛家的最高境界只是日常应用恰到好处之事，是人类最佳的生存环境。然而这一本分、平常的境界，只有通过“现量”，即人们的感性才能获得，所以不能以“世智”，即通常所谓的理性相求。因此佛法研究即其所谓的研究行，也就存在着相当大的困难。所以不得不“假圣言量为比量”，也就是以佛所说而为真理，并对此进行比较会通。他认为这种以佛说为结论所进行的论证虽不是现量，但与现量可以等量齐观，如此，也可以把握佛的境界。要做到这一点，首先还要“发心”，即要确信佛的境界的真实性和绝对性。换句话说，首先要发佛之信仰，进而立世间之真谛。据此，他的结论便是：

> 一切佛法研究，皆是结论后之研究，而非研究后之结论。

为了说明上述的观点，他还把佛法分为方便言说和不可说两部分。境是不可说的，行既然可以假借，也就是可以言说的。欧阳渐的佛法研究显然是方便言说的部分（见图），他的学术的重点就在于对这些可以言说的方法问题的探究。关于这点，欧阳实际上也是对历来关于佛法可说不可说、立文字与不立文字的争论，作了一个比较规范，当然也可以说是贴近实际的结论。

释题分三：一、佛法（研究境）
二、佛法研究（研究行）
三、今日之佛法研究（研究者随分之果）

一、佛法者，其详可列一表如次：

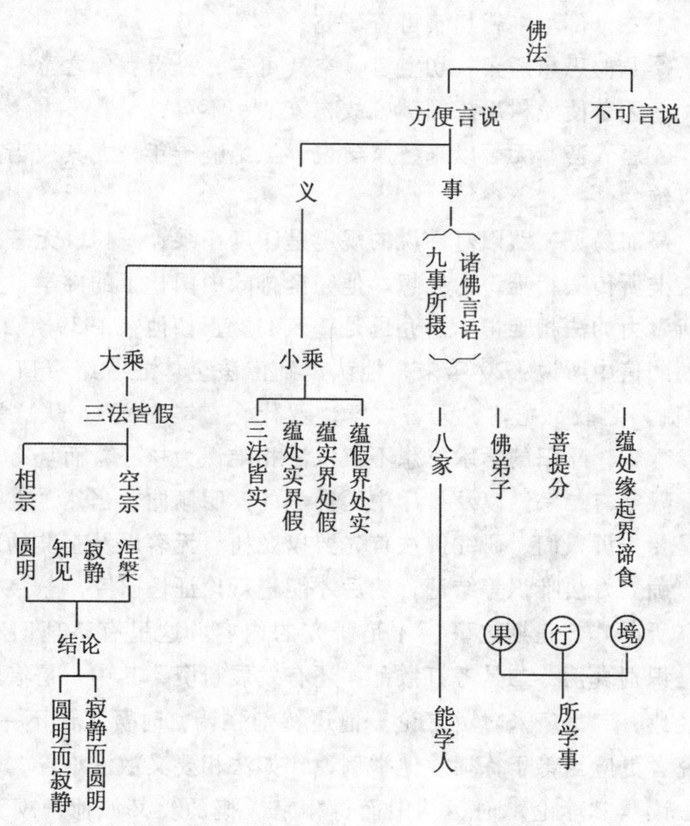

既然佛法（境）是不可说的，而佛法研究（行）是假借的方便言说，那么今日之佛法研究，欧阳又称之为“研究者随分之果”，自然也是在结论后研究佛法的具体实施。欧阳指出今日研究佛法，一要明递嬗之理，二须知正期之事。宽泛一点说，前者是依经作出结论，后者是围绕结论进行研究，充分体现了他那结论后研究的具体内容。

他首先说明，佛在世说法虽未曾记录，但大、小、空、有义理俱在，后人的发挥均未出其范围。所以，佛所说法不能不信。这就告诉人们，佛说就是真理，佛说就是结论！

然而，哪些才是真正的佛说呢？欧阳以其递嬗之理，对此作了比较具体的界定：

①二十部小乘皆切实可资研究；

②龙树思想所云一切空者，空其可空，最得我佛之意；

③无著使龙树思想圆满，故二家缺一不可；

④唐人荟萃无著以来各家学说，虽绝响千年，尤其应当努力研索而兴绝学。

显而易见，欧阳对佛说的规定是印度小乘，龙树、无著之学，以及玄奘所传法相唯识的思想。他完全排除中国化了的佛学，这与他终身所致力的法相唯识学研究也是一致的。正如他在 1939 年 11 月给张君劢的信中所说：20 年来，他认识到佛法全体之统绪“曰《般若》、《瑜伽》之教，龙树、无著之学，罗什、玄奘之文”。从这里我们也可以看到，欧阳的学术思想不仅以法相唯识为核心，而且有融大小二乘，融空有二宗，以及排斥中国佛学的鲜明倾向。当然，在这里欧阳就是要告诉人们，研究佛法首先要以龙树、无著以及玄奘的思想为依据，确立万法唯识等结论，然后才能进行论证性研究。

所谓“知正期之事”才是研究的内容。这里有整理旧存，其中一是识别真伪，二是考订散乱；还有发展新资，其中一是借助梵藏原文经典，二是广采时贤之论。他还特别强调，时贤之论不一定正确，研究者更应当善于拣择。他举例说，如法相要义散漫难寻，他正是在过去读《掌珍论》时，从中而得相宗大概的。又如他发现大乘虽然不是佛说，却是演绎佛说而成，所以又得研究之途径。

综上所述，欧阳佛法研究的方法，就是要假借圣言量而为比量，代替现量，采用种种解析的方法，会通比较，以证明早已确立的、无可怀疑的结论的正确。这种结论后之研究，无疑是缺乏科学根据的。结论正确与否不论，其突出的是心理实证过程，既不需要实践的检验，也不需要科学的论证，更不能证伪，与科学的思维方式显然是背向而驰的。他在《谈内学研究》中，进一步把这一思想扩展为“内学为结论后之研究，外学则研究而不得结论”。外学不得结论显然不是事实，欧阳崇佛而持之偏见也就暴露无余了。但是从历史上看，这种结论后研究的方法，又符合注疏经典的中国学术的实际情况。不过，这显然不能作为一种普遍的原则而予以推广，倒是他所采用的研究的具体措施，鉴别真伪，考订散乱，参酌梵、藏、巴利文原典以及广采名家之论等，对于学术研究还是很有价值的。可见，欧阳对近代佛教文化复兴乃至整个学术的贡献，不在于他总结的这一理论，或者说原则，而在于由这一原则所引出来的诸多的具体实施的方法。

二、佛法非宗教

如果说“结论后之研究”只是欧阳渐对佛法研究中方法论的总结，那么，“佛法非宗教非哲学”这个命题应当说是欧阳的独创。而且，这个命题也是建立在方法论的基础之上。正如其在给章行严的信中所说：

> 宗教有结论无研究，哲学有研究无结论，佛法则于结论后而大加研究以极其趣，非待研究而得其结论。是故，佛法于宗教哲学外，而别为一学也。

由此可见，结论后之研究是非宗教非哲学立论的根本。在这一思想基础上，欧阳系统而又分别比较了佛法与宗教、哲学的不同。

首先，他力图以概念分析的方法把它们区分开来，指出佛法是佛家三宝之一，“法”的范围最广，“凡一切真假事理，有为无为，都包在内”，而且都是瑜伽所得，瑜伽义为相应，所以佛法也就是“于事于理，如如相应，不增不减，恰到好处”，并且“为正觉者之所证”，“为求觉者之所依”。通俗地说，佛法既是已被证明了的、放之四海而皆准的真理，也是求真、求觉，即追求真理、实现自我的必由之途和惟一正确的方法。“结论后之研究”显然也是他规定的佛法的这一性质决定的。

接着他指出，宗教、哲学二字，原系西洋名词，它们的外延既窄，意义与佛法尤不相同，用以比附佛法，如何能表现佛法之广大？所以他说：“佛法就是佛法。”

如此界定概念远不能说明问题，只能说他提出了一个双遣的或概念循环的命题，表现出他高扬佛法的倾向。所以，欧阳又作了如下比较。他指出，世界所有宗教都具备四个条件，而佛法均与之相反。

其一，凡宗教皆有权威信仰，或一神、多神，或崇拜开创彼教之教主。这些权威主宰赏罚一切人，人便成为他们的奴仆和附庸。

佛法则依法不依人，如果不合于法，虽则是佛也在所不从。他强调以前诸佛不过是人类的导师和善友，绝无权威信仰可言。为了说明这点，欧阳不惜引入他始终否定的禅宗的精神，即所谓禅宗祖师有“天上地下唯我独尊”之语，有“一棒打死与狗子吃”的公案，用以证明佛法反权威的非信仰主义。他还引用心佛众生三无差别，即心即佛的话，把依法不依人的思想发展成为以“自心”为核心的“依自不依他”的观念，这显然是他不能不受禅宗思想影响的结果。

就此而言，他认为宗教以权威信仰屈抑人的个性，增长人的惰性，这是宗教与佛教极不相同的地方。

其二，凡宗教必有奉守之圣经，“但当信从，不许讨论”，如此以巩固其教义，也用来把持信徒之信仰。佛法则不然，依义不依语，依了义经，不依不了义经。

事实上，无论是佛教，还是佛法，都有它们信从并奉守的圣经。“结论后之研究”的本身就是要遵循佛的言教，所谓“圣言量”者。从这一点上看应当说佛法同宗教并无差别。但欧阳又分义与语，把经分为了义与不了义，对“圣言量”作了进一步的解释，说明佛法所依是实事而不是虚语，是实语尽语而不是权语略语。这种晦涩的辨析，显然不能令人折服，但他的结论却是明明白白的：

> 不必凡是佛说皆可执为究竟语，是故盲从者非是，善拣择而从其胜者佛所赞叹也。其容人思想自由如此。

简单地讲，佛法反对盲从，对于佛说之经典应当善于拣择而取其最佳胜者，这正是佛法所鼓励的，因为佛法是强调思想自由的。欧阳如此看待佛法，正反映“以己意进退佛说”的时代精神。他否定禅宗，批台、贤，斥《起信》，也都表现了这种自由思想。这正是学术研究所必需的，因此与哲学也就趋于同道了。

以“圣言量”作为结论，这本身就是奉守圣经。欧阳对此有另一番解释。他说：圣言量“非如纶音诏旨更不容人讨论，盖是已经证论，众所公认共许之语耳”，犹如几何定义中的公理，不必讨论。换句话说，他要求奉守的是真理而不只是圣经。如此“结论后之研究”与“思想之自由”的矛盾也就在“证论”、“共许”的掩饰下统一起来了。他还说，圣言量是因明中之因、喻，因明说法便是用已成立并共许之因和喻，最终证明未成将立之宗。用通俗的话讲，就是用已知的佛说之言教，作为理论和事实依据，确立论点的正确性，然后予以论证，即证得宗的成立。这还是结论后之研究。然而，他却认为以圣言量为依据的因明学，“纯以科学实证之方法以立理破邪，其精实远非今日之论理学所及，固不必惧其迷信也”。他把因明视作科学实证方法，进而提高佛法的理论地位，尤其藉此区别宗教对圣经的奉守，虽然有一点道理，但毕竟有太多的牵强。

其三，宗教家有必守之信条与戒约，并以此为他们立教根本；佛法惟一的目的是度诸众生，共登正觉，所以佛法虽有戒，只是为了禁外扰，防内奸，以心不乱为目的，即定之方便。定又是慧的方便，因此佛法的戒律是实现正常、利物济生这一目的的方便之方便。他是把佛戒看成是实现目的的手段而区别于宗教的。从这个意义上说，佛戒则是可有可无的，即使不出家，不剃发，不披袈裟，也能成为阿罗汉，也可以获得正觉。

其实，任何宗教和非宗教的戒约，也都只是手段，或者用欧阳的话说是“方便”，而不是目的。只不过许多宗教把它们的戒约看成是信徒们必须遵循、须臾不可或缺的规则。如此从根本和方便的不同说戒，并以此区分宗教和佛法，显然是一种误导。不过欧阳的意思重在后者，即佛法可以不持戒，以期与出家落发的僧人区别开来，这还是有一定道理的，也与他建立居士道场，以居士复兴佛学的思想完全相合。

其四，凡宗教家必有信仰，纯系感情上的服从，而不容一毫理性之批评；而佛法依自力而不纯信他力，反对愚人之盲从，主张智者之乐欲。正如梁启超说的那样，佛法的主张是智信而不是迷信，欧阳认为佛法信无上之菩提，不仅不是宗教的信仰，而且“由信起欲，由欲精进，故能被甲加行永无退转，是乃丈夫勇往奋进之精神”，与屈己依人的宗教大为不同。

综上所述，欧阳就权威、经典、戒律和信仰（其实与一同）四个方面比较佛法与宗教的不同，无论其对概念的理解（比如宗教、信仰等），还是逻辑分析、事实依据诸方面都有不少似是而非、矛盾迭出的地方。尤其是把“圣言量”视为真理而否定其为必须奉守的圣经，视佛家戒律为方便而区别宗教戒约为立教之本，这些比较不仅不能说明它们的不同，反而使人感到它们的一致。欧阳学术上的偏狭与思辨能力的缺乏，在此也可窥见一二。不过，如果撇开上述不尽合逻辑的比较论证，他的意思则是显而易见的。正如他所总结的，宗教与佛法，一者尊卑不平，一者平等无二；一者思想固陋，一者理性自由；一者屈己从人，一者勇往自信。宗教与佛法皎若黑白，绝不能相提并论。由这些话可以看出欧阳的本意是要把佛法置于一个特殊的地位，并把佛法从佛教中凸现出来。实际上他区别的不是宗教，只是佛教，特别是已经沦为陋俗和迷信的佛教。正因为如此，欧阳从来只提佛法，而不提或者很少提及佛教。这是应当特别予以注意的。

三、佛法非哲学

单纯区别佛法与佛教还不足以突出佛法在世俗社会中的地位，因此欧阳又进一步强调佛法非哲学，因此而与哲学比较优劣。

其一，欧阳认为哲学“唯一之要求在求真理”，即求事物的本质和事物产生的本源。用哲学的话讲就是本质论和本体论。他肯定，哲学家求真理的目的，对于破除迷信是有积极意义的，其正确性也是无可非议的。但是，他又指出，哲学家在破除旧的迷信之后又树立了一个新的迷信。他说，一部西洋哲学史，在破除有人格的上帝后，又迷信无人格的上帝；破除了独神论后，又迷执泛神论；或信唯物，或信唯心，否则便主张唯事；如笛卡儿怀疑一切，却迷信自我；罗素破一切唯心、唯物，又执定一切现象为真。结果是公说公有理，婆说婆有理，别人的都可破，自己却没有立一个不可破的学说服人。在欧阳看来，哲学虽然破除了迷信，却得不出一个正确的结论，因此也只能增加许多人不正确的见解。

与哲学不同，欧阳认为，佛法只是破除执著，一无所执便是佛法；佛法不求真理而随顺真如。这里欧阳完全是用佛家的观点来看待世界的。他说，有则不必求，无则不可求，所以说是不求真理；万物万事，当体即是，何必外求，所以佛法要破除一切执著，随顺真如，如随顺事物本然之性。他还举例说明事物不可执著、亦真亦幻的特性：譬如人在梦中，一切皆有，至梦醒时分，了无一物。然而所有真、幻之像，皆不离真如本性，未至真觉，终在梦中；及成佛果，便知当时颠倒有如南柯之梦。所以佛法又要求“息妄”。息妄、破执就能随顺真如。佛法与哲学的不同正在于此。

欧阳的意思是哲学破一立一，有破无立（因为又立了一个迷信），佛法破就是立；哲学求真理而不得，佛法破执、息妄而随顺真如本性，佛法自然也就高于哲学许多许多了。其实，欧阳说的只是它们求真的方法不同，至于说哲学不能获得一个不可破的学说，尽管也符合实际情况，但是，佛法又何尝不是如此呢？欧阳当然没有注意到，或者说不愿承认这点。

其二，欧阳指出，哲学所探讨的是知识问题，即认识论，包括认识的发生、本质和作用等，而认识论的种种主张皆不出计度分别；佛法则不然，它依智不依识，识就是虚妄分别，所以它是反对虚妄分别的。就认识论而言，佛法与哲学是根本对立的。欧阳如此区分哲学与佛法，可以说是切中了要害。

接着，欧阳继续说明，佛法所依的智有二：一是根本智，亲缘真如，一切平等而无分别；二是后得智，缘俗谛而度群生，所以真妄虚实，世间出世间无所不知。他还说后得智“变依他与识相应”，可知所谓后得智实际与识，通俗地说就是与哲学上的认识论大体相近，也是以计度分别认识事物的。欧阳正是依靠后得智建立其法相、唯识学的。他的唯识抉择也讲“二智谈后得”，所以他说：“由斯建立法相学，由斯建立唯识学，由斯建立一切方便学。”由此可见，欧阳是把法相、唯识看做佛法的真谛。我们从中也可知，欧阳由于重视认识论、方法论的探究而热衷于法相唯识之学。所谓方便学，就是世俗的方法，欧阳对后得智的选择，对法相唯识学的推崇，与哲学的认识论也就只在毫厘之间了。

不过，它们之间还是有一个根本的区别。佛法所依的后得智是由根本智来决定的，这里有一个确定而不可移易的前提，即第八识阿赖耶含藏一切名言种子，一切知识均产生于此。据此，欧阳肯定地说：“若必谈知识之本源，唯有佛法为能知也。”知识的本源，认识的发生都植根于自识即阿赖耶识之中，这与唯心论实在没有什么不同。所不同的只是方法：唯心在于论证，佛法则在于证论。以此而论高下，佛法显然精致得多，欧阳自然也就认为唯佛法为能知了。

他还从知识的效力、本质区别佛法与哲学。他认为，从知识的范围体性而言，不出唯识学谓之的六识（眼、耳、鼻、舌、身、意六识），故不同于独断论。认识的实现，靠自、相、自证、证自证四分之互缘，都是依现量而得，即依直觉而非理性，所以“一切真实，一切决定”，这又不同于怀疑论。佛法以一切俱非，故而也不同于调停两可的积极论。从知识的本质看，欧阳说凡识皆四分合成，无量则无果，无缘不成实，“非于龟毛而生识”，所以不同于观念论。无见不成识，无自证亦不成识，所以又不同于实在论和现象论。总之，他是采用法相宗四分互缘、转识成智的方法论来谈佛法与哲学区别的。其理论玄奥难解，论说艰涩烦琐，非几句话能勾勒清楚，因此，欧阳也说“欲求精详，当研唯识”。他的目的就在于说明，探讨知识问题的哲学是“无结果之学”，只有依四分而建立的佛法认识论，才是认识事物惟一正确的方法。

其三，哲学是对宇宙的说明；佛法，特别是唯识学只言识，不言宇宙。换句话说，哲学着眼于外，佛学植根于内。

欧阳认为，科学发展至今天，以相对论认识世界，证明一切唯心、唯物、一元、二元乃至建立在原子、电子论基础上的物质实在论均难以成立，而知宇宙并非实在之物。他说：“今之科学之所要求者唯方程式耳，世界所实有者唯一项一项的事情，非一件一件的物质也。”如罗素之徒，分析心物，但执现象为实有，而不知本体为何物。他们离识谈境，以境为有，虽然比起西方旧学说诚见高明，但是与佛法“识有境无”相比，也就相形见绌了。

他以法相唯识的理论，集中表述世间一切的事物，都是识的相分，即识的变现；山河大地，宇宙时空的本质，也是由第八识阿赖耶所生。所以，宇宙间的万事万物离识则非实有，故言“三界唯心，万法唯识”。据此而谈认识论，一切哲学自然都是梦幻之见了。

他说：哲学言认识，但知六识；佛法则有八识、五十一心所，无不洞了。哲学家惟由六识计度；佛法则以正智亲知。哲学家模糊两可；佛法则如如相应，真实不虚。哲学家与宇宙隔之为二，佛法则与我为一，哲学不知其所以然，佛法则一唯由我，一唯由识。据此他认为，哲学或者怀疑一切而陷于迷妄，或者武断结论而陷于偏执；佛法说依他幻有，圆成实有，遍计俱空，如如相应。总之，哲学的真理只是虚妄之见，佛法之真如却是亲证之实。佛法不仅与哲学不同，而且其优劣简直在天地之间，因此欧阳的结论是：哲学于地不过此世界，于时不过数十年；佛法则过去、现在、未来三世所共证，无量无边世界所共许，二者相比，无疑是“以萤火之光当日月之明”。欧阳高扬佛法之情，已经到了用尽一切美好的语言来表述的地步了。

用唯识学的方法判别佛法与哲学的高下，对于平常人毕竟有难以理解的一面，欧阳在给章行严的信中，则专门就“智”的内涵区别佛法与哲学、科学。他说：哲学之智或谓先天，或曰经验。然而先天又是何物？经验又从何实现，并且历久不衰？这些是哲学难以解释的。科学因果律辗转比量，纯凭理性，至原子、电子而无他术；佛法则依现量，凭直觉，靠感性，直接把握事物的本质。可以这样说，现量和比量应用的不同，或者说直觉与理性认识的不同，是佛法区别于哲学、科学的显著特征。如此比较，佛法与哲学的区别也就不难理解了。

当然，欧阳渐也承认，佛学与哲学毕竟有相通的一面。如心理学与唯识学所言意识中一部分相似（其实何止一部分，梁启超就断言：

佛法就是心理学），物理学有与唯识色法中一部分相似，哲学更有与唯识学大多数相通的。可见他对哲学并非完全排斥，至于他说“一切哲学”“唯是说梦”之类偏激的话，只不过是在高扬佛法时的语病罢了。正如他解释的那样：宗教家、哲学家皆其兄弟。信仰之诚，是其所敬，求真之心，为其所爱。只不过他们不得其道，不知其方，也就是说，对于世界的认识，缺乏正确的方法和入门的途径，所以他感到痛心，而欲以佛法使之归正。不过，说来说去，欧阳对佛法的偏私是不能否认的。

总而言之，“结论后之研究”和“非宗教非哲学”这两个命题，既凸现了欧阳对方法论的重视，也表现了他学术思想的特征。不过也不完全像他说的那样，视一切宗教家、哲学家为兄弟，他的佛法非宗教之说，在区别佛法与宗教的时候，显然有否定出家为僧的倾向。他就是要把佛法同迷信，特别是同那些望风下拜的僧徒的迷信区分开来，简单地说就是把佛法同佛教区分开来。但是，佛法非哲学的命题，却无意于对哲学的否定，尽管他说了很多过头的话。实际上，欧阳是要通过与哲学的比较而高扬佛法，即突出佛法优越性、绝对正确性，当然也有对近代科学思潮反拨的意思。另外，表现欧阳学术特征的这两个命题，既以唯识学为理论根据，又集中表述唯识学的观念。

上述与佛教分离、高扬佛法以及以唯识学为依归三个方面，是与欧阳学术特征直接相关的思想内容。这是他的毕生事业并贯穿在他的学术之中。

另外，还需要说明，在比较中，欧阳对佛法的阐述精审周密，而对宗教和哲学的界定有明显的不确定性，并持太多的偏见。他对佛法的认识就其思辨性来看应当属于哲学，但他谓之的结论后研究则显然是宗教的特征。可见，佛法还是应当归于哲学范畴，或者说是宗教哲学范畴。

第四节　释太虚的科学唯识宗说

1909年，虽住居僧寺，却倾心新学的太虚和尚，在栖云的怂恿下，暗约同赴南京祇洹精舍，师从杨仁山学习佛法。据太虚自述："我一生作半新式学堂的学生只是这半年。"① 但不可否认，这半年的半新式教育对太虚日后佛理的孕育和思想的发展都有相当深刻的影响。尤其杨仁山居士"深通法相、华严两宗"②，搜求古德遗书于东瀛，开近代法相唯识复兴之先河，其门下金陵一系，实为本世纪唯识研究之重镇。与欧阳竟无同出祇洹精舍的太虚，其佛学思想虽以博、通、诸宗平等，即化洽中西、荟萃华梵、学综内外、不拘一宗为特征，但法相唯识之学，无疑也是他的专长，而且在在皆显示以己意进退佛说，与现代科学、哲学牵合比附的时代性格。

虽然同出祇洹门下，虽然都以法相唯识之学为宗，但太虚的唯识宗说多与欧阳意见龃龉不合，而"未能无所回惑"，故"敬薪采察而研讨之"③。先是由于内院简章中"非养成出家自利之士"一语，引起出家、在家之争，而后则有唯识抉择与诸宗平等及法相、唯识分宗与法相归宗唯识之争。后二者均涉唯识宗论，太虚因而有《佛法总抉择谈》及《竟无居士学说质疑》二文，皆针对欧阳竟无唯识学而有所论说。他界定佛法有般若或空慧、唯识和真如三宗，依三自性通论大乘：空慧之三论宗重遍计所执性，唯识宗扩大依他起性，包括天台、华严、禅、净、密在内的真如宗则重点着眼于圆成实性；但他们无不以显示真如之体，即清净自性为终极祈向，故三宗虽异，却普遍平等，即所谓"圆说三宗，而不无周尽者"④。抉择与平等之争，表面看实无太大意义，但在其背后，实际上隐藏着对佛教各宗的价值判断问题，乃至佛经真伪的争论。欧阳高扬唯识，以中国沙门所创的天台、华严、禅宗等皆非佛法之正宗，从而为其非议性宗共同奉持的经典《大乘起信论》找到了新的依据。太虚以诸宗平等之说张扬中国化的佛教，藉此推进20世纪性相融合、诸宗殊途同归的佛教革新运

① 太虚：《太虚自传》。
② 梁启超：《清代学术概论》。
③ 太虚：《竟无居士学说质疑》。
④ 太虚：《佛法总抉择谈》。

动。他们之间的对峙、论辩，既反映了宁汉二系、僧俗两界对中国佛学不同的诠释，而且也推促了绝响千年的法相唯识哲学研究在20世纪向纵深发展的态势。

太虚《竟无居士学说质疑》一文，既质欧阳“乘三教一”之说为“偏据之义”，“据众生机器及理”而分“顿渐之教”，说明“乘三则教亦可三，教一则乘亦可一”的佛教义理；同时，辩难欧阳分宗之说不遗余力。他强调：“一切法既无往非法相，必法相中之崇尊主要义，乃得云宗。泛尔法相，宗尚何在？故唯法性可得名宗，法相绝然不成宗义。真言亦尔。凡属遮表言思所诠言者，无非法相，一一法相，莫非唯识。故法相所宗者曰唯识，而唯识之说明者曰法相。此就唯识宗言者也。若就法性宗言，亦可法相所宗持者曰法性，法性之说明者曰法相。”所以他的结论是：无为法宗真如，无漏行宗般若，法相则宗唯识，或宗法性，它只是唯识或法性说明的对象，所以不能自立为宗，而须“依唯识说明法相而成立唯识”。如此，也符合他对大乘八宗的划分，法相只有纳入唯识。太虚之论，如是如是。

上述太虚与欧阳唯识观念的冲突与辩说，包含了太多难以索解的概念和艰涩的玄理，而且至今看来，实在也无切实的意义。但欧阳力图借唯识学确立非宗教非哲学非科学，而进至至善的认识论、方法论，开创20世纪佛学新思维；太虚则以科学、哲学而说唯识，从而实现佛教教理上的革命，欲因之推进佛教在20世纪的全面发展。二者良苦用心，都是显而易见的。正因为如此，太虚唯识宗说同样具有通、博、奇的特点，并表现在与哲学、科学、宗教，包括唯物、唯心、唯生多方面的比较、选择和辨异观同与会通之上。

一、哲学非佛法，佛法包哲学

首先，不是从信仰，而是由玄理方面入手辨析法相唯识宗义，势必涉及佛法与哲学的关系。然而，太虚认为，这既是问题，又不是问题。此事于常人“似无研究之必要”，而“乐道探玄之士”，“必欲照澈宇宙之谜以为快”，却又“各执一端以衡量佛法”，在学界“争论不已”，于是也就成了问题。他的意思就是：因有了争论，就产生了问题。他说，内院之欧阳“以佛法为非宗教、非哲学；章太炎居士则谓佛法是哲学；北大教授梁漱溟亦曾持此说以拟议佛法”。于是太虚认为自己“身处佛化之中，责任所在”，佛法与哲学的关系，也就“不得不辨”① 了。

大概与此有关，太虚除论佛法、倡佛教革新运动及社会酬对之外，还有大量有关哲学、科学哲学的论述。他采取中国传统学术的格义之法，以哲学为中华所云之“道”，并藉中西合璧之思维，展开对哲学的论说。他强调哲学：

> 要以说明宇宙现象之实体——亦曰实在，或日本体——建立自他生化之常性，谓之曰哲学耳。前句成实相论——即宇宙观，后句成神我论——即灵魂论，与数论所云神我亦稍异。亦可由前句解决世界观问题而成世界观，由后句解决人生观问题而成人生观……依佛典言之，则前句为意识妄想分别之达磨我见，后句为意识妄想分别之补特伽罗我见。从达摩我见而计之，则乾坤——亦曰质力——不灭而实在有物；从补特伽罗我见而计之，则品类流行而常持有神，皆属乎遍计所执自性者也。②

由上述论说可知，太虚显然是以佛家的思维辨析哲学的。这里他既肯定了哲学向外探索宇宙本源的本体论，以及向内追寻自我的人生观（单纯的灵魂论不足以构成人生观，这里太虚之论显然有思维上的缺陷）的性质，同时又以佛家，特别是法相宗的三性之说贬抑哲学终归还是遍计所执之妄见。基于此，他将哲学分类如下，尽管他说这是学术界的普遍分类法。

太虚还就方法论将哲学分为本体论、知识论和行为论三种。其意之所在，就是要说明，“哲学之基础完全建于推论玄想之上，非有实

① 太虚：《佛法是否哲学》，《太虚大师全书》第十三篇。

② 太虚：《论哲学》，《太虚大师全书》第十三篇。

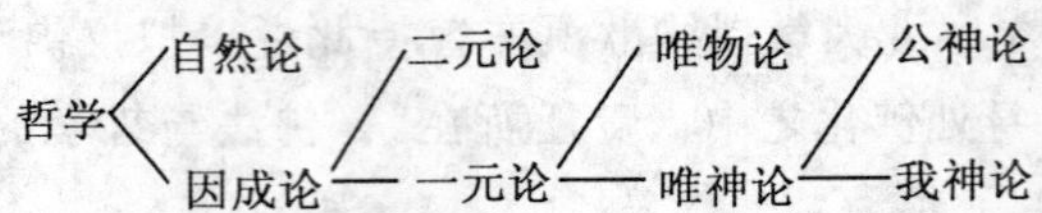

际之证验”①，尽管其“要知宇宙真相本体之出发点，与佛学之求正觉法界不无相同，但哲学家卒难确知宇宙之真相本体，或计之为一元、多元、无元等，思维筹度，遽执为当，不知此模背言床，抚胸言地之徒，或差胜于捏尾言绳者之一筹，而所见较广者则有之；然以此瞎子之所摸得者，较彼明眼人之亲见全象，活动自如，仍迥然不同也”。他用瞎子摸象比喻哲学，认为哲学家虽然“欲发明宇宙之本体”，但“太无方法，遂致不能达到”。于是，哲学便成了“在迷执觉”。佛法则不然，它是“遍觉此宇宙万有识真实性相”的“无上正觉”②，“乃从证智流出之教”，故“可起而行，可行而证”③。哲学家无法达到的本体的境界，在佛家则易如反掌。所以他称佛法“从觉化迷”。从觉化迷与在迷执觉的区别、佛法与哲学的高下似乎判若云泥。太虚的意思是，无论将哲学如何分类，都无法囊括佛学，因此哲学非佛法，佛法也就远在哲学之上了。

不仅如此，太虚还从哲学发生、发展的历史，深入比较哲学、科学、宗教之同异，由是进一步说明哲学不逮佛学之甚。他说：

> 宗、哲、科三部之中，其主要之工具，厥维知识，而在古昔哲人从无专究知识之学。盖以能知之知识或属之物，别无知识；或属之神，而神实非人智之所能拟议，此殆为哲学与宗教、科学相混未分之故也。其后哲学离宗教而独立，且进而排斥宗教之神，于是哲学之职务亦渐缩小，而但为宇宙之说明，及本体之探讨，而神论则付之宗教矣……近代科学发达，凡天文、物理、生

① 太虚：《佛法是否哲学》，《太虚大师全书》第十三篇。

② 太虚：《佛法与哲学》，《太虚大师全书》第十三篇。

③ 太虚：《佛法是否哲学》，《太虚大师全书》第十三篇。

物、人事之学，日渐分离独立而为一科一科之学科。所分愈多，哲学之领域亦愈窄……宇宙万有现象之阐明，则科学负其全责矣。至是，哲学所事，不过取科学之原理，总合之，联缀之而加以条贯，施以统系之表述耳。所以，宇宙万有现象论，亦转属于科学旗帜之下，而其真确之知识，亦在彼不在此也。

尤其至晚近，科学进一步发展，哲学家如柏格森、罗素、欧根之辈，"率多依科学所得而立哲学之基础"，"以说明一家之哲学者是"。他们的依据又不外生物、数学、物理等科学之范围，自然比科学浅薄，也不过是一些常识罢了。因此他的结论就是：

科学则差强人意，凡物之不可目睹者，则有显微镜以窥其微，望远镜以穷其远，非若哲学者对高深玄远之理，专持常识以施其推论——以理想出之也。故其于大地之起源，列星之轮转，与夫生物之存没等等终无以与吾人适当之答复。可见哲学之基础完全建于推论玄想之上，非有实际证验，故与科学较已望尘莫及，遑论乎佛学！

依太虚之见，哲学作为知识的探讨，虽然与科学、宗教并无二致，但随着学术的发展，学科分工愈来愈细，神论付诸宗教，宇宙万有之探讨皆归诸科学。近代哲学家虽藉科学成果论说其玄远之学，但所持科学知识实在是科学家之余唾，科学尚不足以承担此任，哲学也就只能作"不可知论"，而兴无可奈何的"望玄之叹"，"哲学之血胤亦岌岌乎不保朝夕"① 了。依此推论，尚有一点道理，但其以哲学不及科学，因此更不如佛学，采用的则是圣言量而非比量，不仅不合理性，而且尤其不合常识，而教人感到困惑。不过，这也正是太虚治学的特点：从心所欲——能以逻辑阐明者层层推论，不符已意者则依佛理，实际上是以己意说之。或许，佛家高妙之处也正在此。

① 太虚：《佛法是否哲学》，《太虚大师全书》第十三篇。

至于宗教，太虚认为，无论高下，“皆有修证所获之特别境地”。从这个意义上讲，太虚似乎同意佛教也是宗教，但却是最高的宗教。既然哲学非佛法，那么，宗教哲学自然也就难以企及佛法。他指出：“宗教哲学根据因果律，以为人类万物世界都是果，都有产生的原因……如地球百物之有成住坏空，起落兴谢。”但同时又认为，“在这起灭与变动不息之中”，“另有不变永久的东西，在背后主宰这世界而创造这世界”，从而发明“他们认为登峰造极的崇拜对象”，即神，或者上帝。据此，太虚带有批判性地指出：倘若这种无始无终、恒久不变、创造万物的主因存在的话，那么，“亦应从原因产生”；如果不存在，“何能产生这世界万物！”所以他说“上帝可产一切，一切不能产生上帝”，首先就破坏了宗教哲学自己确立的因果律，就“好像旅行到中途便走不通了”①。可见尊奉这种因果律的宗教哲学，与因缘生法的佛学相比，显然差之毫厘，谬以千里了。

为了阐明佛法与哲学的高下，他还就梁漱溟、张东荪东西哲学观，对中、西、印哲学作了认真的比较。他说，梁君“以为佛家哲学太高，若在现时提倡者，唯有少数人受其利益，反致引多数人昏然以迷信鬼神”，而“主张适宜于今后之学说，非采取中国者不为功”；张君认为“佛家之实证，仅为自身之受用，无流传后世及与他人共享之益……所以取西洋理智，为今后社会之救星”。在他看来，二君皆“未见佛教之大全，故望望然去而之于中国，之于西洋，而卒莫知所归”。

由本体论或宇宙观、知识论、行为论或人生观三个范畴，太虚对西方、中国和印度哲学进行了分析与比较。从本体论上看，它们分别是有形、气和神的本体；就知识论而言，则有数理、情理和心理之别；以行为论划分，便是神对物、人与人与物对神的不同。太虚指明：“西洋哲学并无所谓唯心者，而仅有观念论与实在论之两派”，“要旨在说明宇宙之本体为有形质之物”。希腊哲学之初始，近于印度顺世外道之唯物论，后起之实在论着重物的“自相”，观念论着眼

① 太虚：《佛学与宗教哲学及科学哲学》，《太虚大师全书》第十三篇。

点在于物的共相。至近代休谟、柏（今译贝）克莱、罗素的唯感觉论，始近似唯心论，与法相宗前五识的唯识论相似。“至詹姆士纯经验之意识流，始近乎第六识之唯识论。叔本华之盲目意志及柏格森之生命流，始近乎第七识之唯识论。”也就是说，西方的本体论，始终没有达到唯识学第八识的高度，而停留在现象的辨析。中国哲学以气为本体，“不出阴阳发生感应而分裂以成之也”。印度哲学之本体则是不可思议之神，因而承认神的独立存在，但是其“见闻莫及而推理亦不可证之”，“非用修持方便以冀还归此不思议之神不可也”。

以知识论言之，西方实以数理“推求事事物物”，“最有明确固定而不变之性质”，但于本体探讨却显得无能为力。中国知识论“以情洁情”，“舍情而外，无所谓理”，“由尽人之性至于尽物之性，则其推之宇宙本体，适成难以捉摸之气矣”。印度哲学以心观心的知识论，虽近佛法，但执一实我，与佛法高下有别。

在行为论方面，西洋以“神对物”之人生观“造成支配之权利阶级”，由是“致常陷于‘神抗物’、‘物抗神’之阶级争斗途径”。在中国则是“人对人”的，“天地人物互相调剂而各得其所宜”。印度的人生观念则不如中国特别重视人的本身，“而夷视人类为一切动物中之一类”。

上述比较显然意在说明，中、西、印哲学虽各有殊胜，但难免偏颇。佛法的高妙之处正在于：

> 从行为论以言之，佛教谓众生皆可成佛，能有“物对神”向上之利，而无其执迷之弊；若菩萨苦乐同情能有“人对人”，亲和之利，而无其庸俗之弊；佛陀大愿度生，能有“神对物”勇决之利，而无其暴害之弊。更从知识论与本体论以言之，解行智之推理观察，于色等法及不相应行法，悉能普遍精细而审虑之，有西洋理智之胜而不滞形数；后得智之如量施设，有中国感情之妙而不拘气习；根本智之称性亲证，有印度定慧之德而不落神秘。总而言之，佛教能摄西洋、中国、印度之长而去其短，及为其所不及者。

佛法高于哲学其言之凿凿，无须解释已经非常明确了。他还另制一图表，分人生为自凡人而进及种姓、胜解、加行、通达、修习和究竟六位（或七位），并指明与中、西、印哲学的关系（表略）。他说，以凡夫之见而言，统统离佛法甚远："自其各有特点之相似言，则中国哲学于种姓位尤近之，西洋哲学于胜解位，印度哲学于通达位。"自然只有佛法才能达到最高的，当然也是至善的究竟位。所以他说："梁君不须改佛以从儒，但修大乘菩萨之种姓行可也。张君不必虑佛教无共享堆积之理智，求之大乘菩萨之胜解慧亦可得也。"① 简单地说，就是佛法具有所有哲学之长，而无其短，求最佳之生存环境，舍佛法而无他。

不过，太虚同样采取发展眼光看待哲学，他认为哲学发展至近代，越来越逼近佛学。柏烈雷（大概指贝克莱——作者注）与怀德海便是其中佼佼者。他说："柏烈雷与宗通"，其"所云实体——贺麟、谢幼伟二君译太极——以系统性、无对性、心理性之三种特性说明之"。并指出，系统性即佛法中的"常"和"遍"，无对性则含不二、绝待及无分别。所谓"感觉的经验即实体"的心理性，"则直指现量性境为实体耳，此似宗门之直至心性"。简而言之，柏氏实体论与禅的观念近似。怀德海的法界观，视"宇宙为一'多元的有机体'，每一元皆为一'现实事素'，每一'现实事素'摄一切且入一切，与所谓'事事无碍法界观'甚相似"②。也就是说，怀氏理念与华严相类同。同时他还进一步说明，如柏氏以上帝为有限之说，与佛家因缘生法的思路尤为接近。

上述由性质、历史、中西印比较以及哲学发展之趋势一系列阐释，在在皆显示哲学非佛法，而佛法高于哲学的宗教家言。仅此尚不足以说明太虚以佛学为根基的思维体系，不足以显示佛法统摄一切逻辑关系，所以他继续深入，断言：

---

① 太虚：《西洋中国印度哲学与佛学》，《太虚大师全书》第十三篇。

② 太虚：《最近西洋哲学与佛学》，《太虚大师全书》第十三篇。

> 哲学之非佛法审矣，但佛法未尝不可以包哲学。何则？佛法之徒，依佛圣教推究其深义阐明其玄理，皆由思维比度而成高深学理，此盖首依比量之智以讲明学理，略同哲学之性质；而由理起行，则又非哲学之事也。

这里他说的不只是高于哲学，而是包容哲学。当然，只有高，才能包，但仅以思维比度，即佛说比量的方法相同，断然言佛法包容哲学，又何尝不可谓之哲学包容佛法呢？这显然是太虚我向思维的结果。前述佛法高于哲学的辩说无疑也存在同样的问题，太虚缺乏哲学家思辨的素质于此可见一斑。不过，用来说明他的哲学思想，即哲学非佛法，佛法包哲学，则是显而易见的。下面这句话应当说是他的由衷之言：

> 总之，据佛法中闻思二慧，学者推理之所得，则佛法一分可云哲学；据教及行证言，则世间之哲学皆无，故哲学非佛法。①

统上述而言之，太虚实际上是以佛家义理，尤其是依三性、八识、识有境无等而立的法相唯识宗义说哲学的。这显然也是其科学唯识宗说的前提和理论基础。其中固不乏逻辑和思辨上的缺陷与混乱，与欧阳竟无非宗教非哲学，章太炎等亦宗教亦哲学之论不可相提并论。但作为一个佛家徒，能以如此广博的哲学知识，大体上符合理性的思辨，论述哲学与佛学之间的关系，进而确立佛学在社会生活与学术界的地位，应当说也是难能可贵的，在佛门中自然也就是凤毛麟角的人物了。

二、唯识通科学，科学近唯识

近代科学技术昌明，使人类社会生活为之一新，以形上思辨为特征的哲学，对宇宙本体的比度推想，即其终极关怀或终极追求，也因

① 太虚：《佛法是否哲学》。

近代科学技术的成果在某种程度上变得可视可触了，其方法也因之得以扩充与更新。上哲之玄谈与下士之鄙执，同条共贯，燮理阴阳，纯思辨的学说，已走出书斋，面向社会，成为指导人生，认识、把握现象世界的日用之道。生物学研究而发明的进化论，物理学研究而成就的原子论、相对论，天文学研究而建设的天体说和无尽宇宙观等，都在哲学中注入了一些感性，在方法论上增添了一份缜密。如此弃空就实的近代学术，便让以名相分析为擅长的法相唯识学大契其机，而在20世纪的中国尽显风流。有以唯识抉择、重建以唯识为中心的方法论者，有借助法相之学实现中国近代哲学革命者，也有如王恩洋、吕秋逸著书立说，发挥唯识精义者。太虚则以一个现代僧人的学识与襟怀，兼容并包科学、哲学、宗教，力图用科学技术的新成果，进一步证实万法唯识的学说，即成“唯识通科学，科学近唯识”的新唯识观念。因其杂芜，无以名之，且为了有别于熊十力的新唯识论，姑称之科学唯识宗说。

其实，自进入20世纪，中国的一些科学家也有以理化、生物、天文等自然科学而说色心诸法的。如留学英国、从事电器专业的王季同，会通科学佛学，力图证明佛学是应用科学。其《佛法与科学之比较研究》，专以现代科学宣传佛法；毕业于哈佛大学、以无线电工程为专长的尤智表，则通过科学实践，说明佛法立论完全基于客观的立场；更有张化声《色即是空，空即是色理化谈》一书，以佛法融合物理化学，将佛家色空二法发挥无余，充分显示20世纪佛学与科学联袂而进的时代特征。

太虚在《新物理学与唯识论》一文中开宗明义，特别说明：“近年最进步的科学与哲学之逼近于佛学，实为一种不可思议的奇迹”，“大数学家怀特海近年在英国所讲哲学之逼似华严法界十玄六相义”，“倍（今译贝）克莱新哲学之切近离言说分别而趋实证禅宗义”，以及“宇宙新说与物质第四态”① 更接近“芥子纳须弥，毛端吞刹海

① 太虚解释：“第四态指高热度中向所谓原子碎为粉的自由电子”，此原子粉密集的能量，比太阳的能量还要大数千倍。

之华严世界”，“英秦斯爵士之现代物理学的新世界观，其深得法相唯识学之神髓”。这些不仅“纯粹根据实验的事实之物理学进步而来”，而且“与研究佛学者比附科学之①说者异”②。如是，便把现代科学技术的成果纳入佛家思维之中了。

应当注意的是，中国佛教有十三宗、八宗之说，教派歧出，宗说各异，但均持性空之论。不过，对空之解说则自不相同，各有殊胜，故有性宗、相宗、空宗、有宗之别。太虚着重以现代物理学为认识基础，从原子论入手，既明性空之理，又说科学不逮佛学之实。如下两则，充分体现了这一思维的印迹。

（现代物理化学）将一切的东西，划分而成八九十种原质。这些原质又以若干分子构成。他们既发明到分子的单位，于是一般科学者以为得着最后的实体了。后来实验进步，又发明原子，他们以为原子为万有的基本。最近，又发明电子。原子中心叫做电核，其周围借电子环绕，俨然如太阳系之有行星卫星似的。他们发明进步一次，即破坏原来之说一次。如原子说成，分子说就全部破坏无余；电子说产生，原子说又寿终正寝了。讲到电子，已非平常所能看得见、拿得到的物质，只是一种阴阳电——力——了。近以此为最后实在，但仍未能遽言实在，以前之分子、原子说，前车可鉴。

以吾观之，电子非实在最后限度，不过是他们知识的最后限度……将世界人类万物等，皆以电子为其基本，信以为真理，亦如宗教之信上帝造物主相似……信有一特定实体——电子——为因，所造成不可解的过失，殆与宗教相等……电子不假他生而能生万物，其破坏因果律，正如宗教一样。③

当十八九世纪的时代，科学者研究到所有的物体，共有九十

① 原文为“以”。

② 太虚：《新物理学与唯识论》，《太虚大师全书》第十三篇。

③ 太虚：《佛学与宗教哲学及科学哲学》，《太虚大师全书》第十三篇。

> 余种的元素；更分析之则为最小单位的分子；然其后分析进步，知各分子更由原子所组成，于是原子的唯物论遂据之而起。此种原子是用数学分析出来的，已非眼所能见，但仍不是最后的实体。近代科学更研究到原子还由多数的电子组成，则原子仍是已成之聚体现象，一粒原子即等于一个太阳系，其中有很多成分，如一太阳系有许多行星、卫星等，一原子中亦由一电核含有多数的电子环绕。更近更有“能子论”的出现，认为能子才是物质最后的单位。其实，分析到能子已无物质的存在，已将物质化而为力了。反之，则可云由力结成质而有宇宙万物。但总是与心灵不相关之先有的外物，在分合变化……仍属以分析所得最后外物单位为万有所本之理论。①

上引两则，基本意思大体相同，后者可能更清楚一些。如此反复申说，旨在告诉人们，科学的原子论或电子、能子论，虽然把宇宙自然的本原追溯到看不见的力，但其仍以外物为本，像宗教一样陷入自相矛盾的因果论之中。他强调：

1. 无论原子、电子，还是能子都不是最终和最后的实在，当然也不是生成万物的因或实体。视它们作实体，并非真正的极限，而是他们知识的限度。

2. 科学的原子论，将原子，或者电子、能子作为产生宇宙万有的主因或原质，实际上犯了与宗教同样的错误。只不过宗教以神或上帝为万有之原，而科学依电子，或者索性说依不可见的力为世界之原创。上帝和力都能生产万物而无以生成，如是则俱成无因之果，从而与它们的因果律背道而驰。

3. 尽管科学认为，由力结成质而有宇宙万物，“总是与心灵不相关的外物”，但他们实际上还是看到了佛家早在久远已经看到的事物的真相：不是有形质的物，而是看不见、摸不着，变化分合、阴阳消长的气或力。可见，科学还是接近佛学，接近法相唯识学的。虽然太

---

① 太虚：《唯物唯心唯生哲学与佛学》，《太虚大师全书》第十三篇。

虚未尝明言，但这却是不言而喻的。

4. 佛家认为，事物皆因缘和合而生，亦以因缘圆遍（意指各种各样）而成事物之差别相。科学原子论实际上是以差别的知识观察事物，所以“所见无往而非差别之相”，与无分别的智慧、无差别的真如，即般若，还相距甚远。但是，“无相无分别的真如法性，如于差别事物而显现，非离眼前事物之外而另有一物曰无相真如法性”①。实际上就是说，科学若能断除差别，便可逼近佛学和唯识学的内核。

上述四点，和盘托出太虚关于科学与佛学关系的见解。他又进一步说明，佛学依缘生之理而破我障，“改造不明之心而转为明之心”，以戒学“改造行为而到改造心理，定学由改造心理而到改造生理，慧学则於两者之上更进一步而改造物理”。改造物理就是改造科学。于是，“佛学通于科学，科学近于佛学”的意思，就教人不能不为之思之再三了。这里说的不只是唯识，由此既可看出太虚糅合科学佛学的思路，无疑也再现其会通性相、诸宗平等的思想倾向。

《新物理学与唯识论》一文则重点阐述科学的进步，不仅超越了原子论，而且与佛家唯识学说趋于一途。太虚转述《东方杂志》新物理学的观念，步步深入，凸显科学唯识观。

首先，他指出，在理论物理学界，进步的现代物理学，以其对“完全无缺”、“实在的真理”的认知，否定或取而代之仅得“半真理”——太虚显然理解为以原子为万物之源的原子论——的旧物理学，从而逼近佛家唯识论。他认为，旧物理学所代表的半真理，不能辨识“与实在真理之间的差异”，是假立自性，即遍计所执的法执。新物理学所谓的“实在真理”“尤为佛所说的‘如’义相合”。而“不多不少的恰当真理”，更像佛言“无欠无余真实如是”者，尽管不如佛说得善巧。

太虚继续指出，新物理学同样认为，“物质的存在，仅是一个纯粹的假说”，而且“没有充分的证据”。据此，太虚断言：旧物理学“将视为来源的物质存在，局限于空间时间之内，那是更显见错谬

① 太虚：《佛学与宗教哲学及科学哲学》。

了”；而新物理学“认有所依的来源，既不拨空而落损减的恶取空见，又说假设为物质而且局限时空等为不可，亦不落增益的实法有见，深切瑜伽真实品义”。通俗地说就是，新物理学与唯识相契合，以万物之源非空，但亦非局限于时空中之有，即非有：既不堕减损之空见，又不增益实法而陷入有见，与法相“三界一心”、“万法唯识”大有异曲同工之妙。

谈到新物理学“自然并非被我们觉知的东西所组成，而即由我们的知觉本身组成”这段话，太虚显然心有灵犀，认为如此“则成为‘藏识论’”，“乃建设了唯识论”。科学与唯识也就殊途同归了。

综上所述，太虚概而论之：

> 在新的认识光辉下，唯物论已经变成唯识论了，已没有离识而存在的物质了……从完全不同途径的科学物理学，竟走通了唯识的宇宙观，我们学佛者固然惊异，然使现代物理学的科学者，知道了二千年前，已有从不同途径上，更加精奥地实证且说明了法相唯识学，其狂喜又当何若？由此，大乘法相唯识学，实有迅传欧美的需要。①

其实，太虚所指的新物理学并不能代表物理学的全部，应当说只是其中的流派。执此而言科学、唯识契合无间，或许是其科学知识的局限，当然，也可能是他的观念的局限，或者，二者兼而有之。所以，据此断言，物理学建设了唯识论，未免有以偏概全之嫌；说“大乘唯识学实有迅传欧美的需要”，更是一厢情愿的言过其实。而其对唯物论的批评，并不排斥他对唯物论的肯定，正像他对科学的批评与肯定一样，都是为“建设唯识论”而取其所需的。至于说二千年前已有对法相唯识“更加精奥的实证”，若非信口而出之误，便是教人不得其解的常识性错误了。

与其他科学学说相比，爱因斯坦的相对论更受太虚的欣赏，大有

① 太虚：《新物理学与唯识论》，《太虚大师全书》第十三篇。

相见恨晚之意。他说，爱因斯坦之相对论，“其知识论上之空、时、物质缘起说，虽未逮藏识缘起说之深密，亦庶乎近之矣”。继而，他以对应的关系指出二者基本范畴的近似性。为了清楚起见，简示如下：

相对论	唯识论
真体	藏识
最初觉知之场及物之全体	藏识顿现器界根身
觉知本身与场为二	末那执藏识为内自我
以我为致思中心而分彼此	第六识依萨迦耶见而起我、我所

据此看来，相对论与唯识论简直是他乡故知，所以太虚有言：“前六识分合以了其别别之境”，“物体与空间、时间皆炽然现前也。依兹物体，离而析之，空不同处至微极处，时不同点至极微点；于是而物质之分子、原子、电子等概念始成立。故溯爱因斯坦相对论之本以穷其末，实与唯识论符契”。①

太虚还根据相对论的四度说②，即物质的长、广、厚、时四重度量，与唯识学的认识论相比较，提出唯识十度之说，并认为“若能将此相对而绝对，又绝对而相对之十度论，影响入科学，其思想之变化又将何如欤！然数千年前佛家早已发明而发表之矣”③。换句话说就是，相对论虽较其他学说进步而增时之一度，得与唯识相符契，但距唯识之说仍甚远，佛家心性之学早在数千年前已超迈现代科学，并指导相对论继续向前。

事实上，爱因斯坦相对论的创立，主要着重在自然界统一性的问题。他汲取休谟对先验论、马赫对绝对时空概念的批判成果，论证空

---

① 太虚：《爱因斯坦相对论与唯识论》，《太虚大师全书》第十三篇。

② 今多译“维”或“向度”，英文 dimension。

③ 太虚：《说四度以上的事》，《太虚大师全书》第十三篇。

间、时间、物质、运动相互之间的关系，从而否定了绝对空间概念以及实质上被作为绝对空间的、较早的“以太”的存在。它的四维矢量的空间分量，促成了动量守恒定律与能量守恒定律统一而为动量-能量守恒定律，这不仅推动了整个物理学理论的革命，而且也对现代哲学产生了、并正在产生着深刻的影响。毫无疑问，其对社会影响之巨，绝非佛家唯识所能企及。但太虚以三性、八识之理，比附相对论，且以为不逮唯识远矣，其中固不乏某些闪光的合理性，却难免致人玄惑而生郢书燕说之叹。

三、唯物唯识唯生论

大而言之，太虚有把西方、中国、印度哲学分为唯物、唯生、唯识的意思，对西方唯物论多有微辞，于东方哲学，尤其是与印度哲学有直接关系的佛家义理则情有独钟。在他看来，世界三大哲学体系虽有高下悬异，但无本质上的冲突。用他的话来说，就是“唯物论是浅的唯生论，唯识是深的唯生论；苟善知唯生之义，则一切学术皆可作唯生论之参考，以成其唯生哲学”。也就是说，唯识高于唯生，唯生又高于唯物，但无论低的唯物，还是高的唯识，都可作唯生哲学之参考。实际上，自人生哲学而言，恰恰体现了太虚向传统回归的心路，表现其思想深处，乃至行为上融合儒、道、释，即“通”的特点，和入世转向的时代精神。1934 年 9 月，太虚在武昌东方文化研究院所作的一次讲座，专门论及唯物、唯生、唯识的关系，突出了以唯生为本位，即以中国文化为本位的人生哲学。兹摘引如下：

> 西洋哲学是唯物论的，印度哲学是唯识论的，中国哲学可以说是唯生论的，就这三系哲学的本质上讲，中国哲学是以生气为本质的。生气，即是阴阳消长的气化，由阴阳变化而有宇宙万有的品物流行，故曰唯生论。
>
> 唯生论以气为本质，是不可测量，不可把捉的。溯之不见其前，随之不见其后，视无形，听无声，欲固执之则无，而又虚容之则又有，乃是由感应而变化生长的，唯于感应交互之中成为宇

宙万物……中国的老、庄，及儒书的易经皆表现此义，所谓："天地之大德曰生。"天地之生生不息，属乎自然，并不要如何去造作才有，非如基督教及西洋哲学的目的论所说，要由计划造作然后才有所成。

由此，中国的学术重在修养，所谓："十年读书，十年养气。"如有不得其正之处，则反观自省……则人民得其乐，国家得其安，天下得其平。

这里，太虚举例说明中国与西方哲学之不同。他说，做人子者，若不能得父母之慈爱，应反躬责己，宜加修养，恪尽其孝。"凡生物有情，皆可从心情谅解而得到感应。"西方则不同，父可以不慈，子亦可不孝，甚至可依据法律解除父子关系，"偏于理智而不重情感"。又如西医治病，"将痛处剜去"，中国因见生气流行，"可由腐而新，使病得愈"。政治、经济也是如此，中国是以生气流行变化为原则，故成立唯生论。这种比较显然是老生常谈。太虚尽管知识渊博，对中西医的了解毕竟只是皮毛，但对中西的褒贬则是显而易见的。不过，他对佛学的认识则又抬高了一层，他说：

代表印度的佛学，是以心识为本的唯识论，其本质乃由内心禅定上之修养而成，此为唯生论更深一层的研究……由禅定将心识 澄静清净……由清静明觉之心照见宇宙万有之本相……故称为佛。

虽然如此，大概是由于在现实社会生活中，高妙的唯识学似乎难以实行，所以他不标举唯识而成就唯生。太虚于此虽未作解释，实际上却与梁漱溟以佛家哲学太高而服膺儒学为同道。如此，其劝梁氏不必"改佛以从儒"，自己却口唱唯识，力行唯生，或许也是20世纪佛学涉世精神，迫使其不得不为之吧。

基于唯生的现实性，他进一步论证：

> 唯物论无不是物，但最近进步之说，亦渐与唯生论相近了。如罗素等唯五官经验的新实在论……亦可云唯感觉论，而可视为唯识论之一部分。又德国黑格尔的辩证法，谓宇宙一切都是矛盾对立的……如此以成万物之变异，颇近于中国之易经。后来马克斯（今译马克思）采取辩证法以成立唯物的辩证法，依辩证来观察一切事事物物，常常都在辩证法中生灭消长变化发展流动——不是不动的物质而近于唯生论了。

正因为如此，所以他强调："唯生论以生气为本质，比唯物论的一切学术来得高一层，由此为本位而进研究唯识论，则唯识亦是唯生之最深义，以①正为说明因缘所生，生即无生，诸法实相之理。"最后他的结论就是：

> 现在复兴中国文化，可以依唯生论为本位，以唯识论、唯物论为补充。

上述这些话不必多作解释也是相当明白的：现在中国文化还得讲唯生，而辅之以唯物，并用唯识以明之，以推而进之。这些论述还可以让我们注意到，太虚论说现实问题，尤其与中国文化相关的现实问题，便显得驾轻就熟，不像哲学思辨那么生涩，那么捉襟见肘。

单纯以唯生为立论之本，显然不是太虚的本意，用佛家的话说只能叫做方便。唯生之"究竟"还是祈向唯识之学，还得靠明心见性的功夫，还得以唯识透照唯生。这便是太虚说的"唯识亦是唯生最深义"、"唯识论是深的唯生论"的意思。于是太虚进而论说唯识与唯生的关系：

> 因，即是一切种，缘，即一切现行的差别关系：为说明摄一切种之总依，故说阿赖耶识。将因缘所生说得最透彻的，即唯识

① 原文如此，大概是"此"字。

> 论。言生则须有能生所生，因缘是能生，但能生之因缘乃对所生之结果而假立，若离因缘别无结果，无结果则无所谓因缘，而生义不成立。以无生故，诸法性相法尔如是……故讲明因缘所生，即是取消因缘所生，生即无生，才是诸法实相……儒家讲修养，不过持戒的修养而已，道家略略讲到修定之处：唯佛法三学具足，定慧圆明。①

言生必须有生之因和生之果，所以太虚强调，诸法因缘所生，总依在阿赖耶，只有唯识学，说因缘生法最是透彻。据唯识之说，因对果只是假立，无因则无果，所以，生也就不能成立，故生就是无生。这才是生的，也是诸法的实相。能从这一点认识唯生的，只有三学俱足的佛法，尤其是专讲八识互依、流变的唯识学。儒、道之生，小道而已。太虚正是依此看待并解说唯生的。

他还以法性无生之空性否定唯物，以唯物比附不明空性而误执假相，即所谓法性唯境义——“心本无生因境有，境若空时心即亡”。法相宗八识缘生说则包括经验、观念和泛神的一切唯心论。而法界妙生，诸法无碍，一即一切，乃不可思议之妙生，与“物各有一太极”② 意义相近。它的意思是，天台、华严宗法界妙生之意，较中国之唯生论更为圆满。上述三个方面，旨在进一步证明，中国文化虽以唯生为本，但只有在佛家唯识之说的指导下，才能上契无生，下教十善，生生不息，长足发展。

总之，太虚的唯识宗说具有鲜明的兼容性，而尤以科学诠释唯识为显著特征。其目的不仅在于高扬佛法，更有意致力于使包括唯识学在内的佛法具有更为普遍的接受性。正因为如此，他博采旁搜，巧舌如簧，直把个唯识学说得天花乱坠，并冀望顽石点头，逻辑性、思辨性、说理性也就难免欠缺。或者说，他毕竟不是一个职业的哲学家，只不过借哲学的名义以成就他那“人间佛学”的理想罢了。所以，

---

① 太虚：《唯生哲学》，《太虚大师全书》第十三篇。

② 太虚：《唯物唯心唯生哲学与佛学》。

他的唯识宗说博而不精，通而欠达，处处出奇招，又显出那奇的本色，显然还是不能与章太炎、熊十力、欧阳竟无的唯识学研究作等量齐观。不过，这也是20世纪唯识学的一家之言，而且由此又可见法相唯识学在20世纪上半叶方兴未艾的发展势头。

第五节　熊十力的本心本体论

近代佛学分经世、思辨两途并进。其思辨之路发展至20世纪二三十年代，熊十力因读章太炎《建立宗教论》等哲学著作，闻三性三无性之义，由是“益进讨竺坟”①，“评判佛家空有二宗大义，而折衷于易”②，旁参西方哲学思想，以“反本为学”，强调“反求实证”的创造性思维，用主体构建客体，形成以本心为本体的庞大精深的“新唯识论”的哲学体系。可以说，这是佛教哲学研究发展的最高层次。

熊十力，1885年生于湖北黄冈。原名继智、升恒，字子真。幼家贫，少失怙。虽贫乏不能入庠，却好学多思，独契心于阳明、船山和释氏之说。“年十三岁，登高而伤秋毫，顿悟万物皆幻……久之觉其烦恼，更进求安心立命之道。”③ 青年时代，投身湖北新军，组织秘密社团，参加革命团体日知会，奔走于反清爱国活动之中。辛亥革命时，出任都督府参议。后又追随孙中山先生，积极参加护法运动。正如熊氏自己所言：“我生不辰，遘兹多难，殷忧切于苕华，惨痛兴于常棣。”④ 人心世道，愈来愈不成样子，青年熊十力外感世事动乱，内生种种疑虑，诸如宇宙真相，人生真谛，一切的一切，均“莫获

---

① 熊十力：《船山学自记》。

② 熊十力：《新唯识论·序言》。

③ 熊十力：《船山学自记》。

④ 熊十力：《张存一存稿序》。

正解",① 深以为"革政不如革心"②,"目前最急者唯新哲学产生一事"③,遂生研究、创立哲学体系之想。1918 年以后,他毅然脱离政界,专门从事理论研究和著述。曾入金陵刻经处研究部从欧阳渐学习法相唯识学,后应蔡元培之邀,执教于北京大学,主讲新唯识论,前后 20 年,熊氏又对之"多所改定"④,终于形成一套独特、系统、完备的本心本体论哲学体系。

一、对法相宗万法唯识思想的扬弃

1944 年,熊十力在其《新唯识论》一书全部印行时曾作记曰:"世或罪以谤佛,则岂识予心者哉?"指斥那些认为他是谤佛的说法,是"不悟《新论》所由立名"而进行的"无谓之非难"。首先,他肯定《新论》基本上接受了法相宗"万法唯识"的理论,即所谓"穷万殊而归一本,要在反之此心,是故以唯识彰名"。可以看出,法相宗着意渲染"识有境无"、"唯识无境"之说,认为客观世界均由人的主观意识所变现的观念,与熊氏"万有皆幻"的基本思想不期而合。

《成唯识论述记》云"唯谓简别,遮无外境;识谓能了,诠有内心","识性识相,皆不离心,心所心王,以识为主,归心泯相,总言唯识"。熊十力明确地说:"我的主张,大概和旧师相同。"事实上也确实如此,《新论》本体的性质、心与物的关系、主体的认知结构等,无不有法相宗唯识思想深深的印记。熊十力正是借用唯识学现成的思想资料,并对之进行批判性改造,利用对"唯识"的诠释,阐述其本心本体的。他说:

识者,心之异名。唯者,显其殊特,即万化之原而名以本心

① 熊十力:《船山学自记》。

② 熊十力:《张存一存稿序》。

③ 熊十力:《文化与哲学》。

④ 熊十力:《新唯识论·序言》。

……《新论》究万殊而归一本，要在反之此心，是故以唯识彰名。

熊十力以“识”为心，释“唯”为万化之原，即独具“宰物而不为物役”的特殊性，故名之为本心。这和法相宗“万法唯识”的观念显然是一脉相承的。所以，他“以唯识彰名”，就是表明《新论》自有其佛学上的理论渊源，所谓“观会通而握玄珠者也”①。简单地说，《新论》就是融会儒释，辨异观同，进而把握这个“最为殊特”、为宇宙万象本体的“本心”。

但是，《新论》绝不是对法相宗唯识义的照搬和重复。“夫新之云者，明异于旧义也。”“新”就在于和旧义有所区别。熊氏多采佛家旧名而赋予新义，或直接批评佛学中“于真理太悖”之过失，阐述其“心境混融”的“实际理地”。他不仅指出法相宗的阿赖耶识“实有神我的意义”，而且还集中批评了法相宗种子说所造成的“种现对立”和“二重本体”之过，为其“体用不二”的“本心本体”创造了理论前提。他强调“种子说”实际上“就是一种多元论”，这是由于法相宗诸师不懂“心和物的现象，并非实有的东西，而只是绝对的真实显现为千差万别的功用”，“不知道用之外是没有所谓体的”，因此肯定在现象界的背后，有作为现象，即变现万物的现行之根核的精神实体，即所谓种子。也就是说“种子”是本体，“现行”是和“种子”虽然有联系、却又互相隔裂开来的另一个范畴。熊十力批评法相旧师的这种认识论和方法论是“种现对立”。他进而指出“种现对立”势必造成体用分离，显然使体不成为用之体，只是超脱于用之外而独有的空洞的概念。他们各自为因，又各自生成其果。如此所成之唯识理论，心物对峙则是必然的结果。种现分殊，心物对峙，把体用截成两片，根本无法“显体”，“只是于现象不取其相，易言之，即空了现象”②。熊氏认为这是根本无法穷万化之妙、“脱

① 玄珠：庄子语，喻真理或本体。

② 熊十力：《新唯识论·唯识下》。

离哲学立场"①的悖论。

另外，他还批判了种子说和真如说的"龃龉不合"。他指出，法相宗一方面视种子为隐藏在现象背后的本体，另一方面又沿袭空宗的真如观念，确信真如为一切法的实体，"既不说种子即是真如，又不说种子是真如的显现"，把真如和种子视为"各不相干的两片物事"，把种子和心、物"划成隐显两界"，从而堕入了"二重本体"之"戏论"②。事实上，这一"戏论"不仅是法相宗理论上的漏洞，而且也是整个佛教哲学在本体和缘起问题上始终难以调和的矛盾。章太炎的"真如本体论"和"万法唯识"论的设立，显然是为解决真如和缘起这一矛盾所做的具体努力。尽管章氏力图通过三性理论的阐述，用含藏诸法种子的阿赖耶识联结真如本体和现象界，以弥合其理论体系的裂痕，但仍难免时时暴露出捉襟见肘的矛盾慷惶状态。③熊十力曾指责章太炎于《成唯识论》"全不通晓"④，谈佛之作"无一字不妄"⑤，自然也是对章氏"二重本体"之过的批判。由此可见，熊十力的本心本体论不仅是为了比较圆满解决佛教哲学理论上的矛盾，而且也确实较章氏真如本体、万法唯识论更胜一筹。当然，熊氏对"种现对立"和"二重本体"的批判，自然也标明了"新论"和法相宗的唯识学说的分野，标明了《新论》的"新"义所在。

二、本心本体

上述对法相宗唯识学说的承袭和批判，仅为其本心本体论创造了理论前提，指出本体的殊特性及其与用的统一性，这些还远不能展示其本体的具体内涵。《王船山遗书》虽曾给他以一定的启发，使熊氏"悟道器一元，幽明一物。全道全器，原一诚而无幻，即幽即明，本

① 熊十力:《新唯识论·明宗》。

② 熊十力:《新唯识论·唯识下》。

③ 章太炎法相唯识哲学已有专文论述。

④ 熊十力:《体用论》。

⑤ 熊十力:《十力语要》。

一贯而何断"①。但与释氏三性三无性之说相比,"始知船山甚浅"②,因而归宗于儒道两家共同遵奉的《易》学,以"六经注我"的方式,汲纳众流,"穷极幽玄","冥探真极",在中国的自身文化中,为其哲学体系找到了根本依据。《新论》一书首先指出:

> 本体不是外在的事物,更不是思维中的概念,或意念中追求的虚幻境界。③
>
> 唯是反求实证相应故。唯反己深切体认,便自识本来面目。④

如此便表明其本体既非空宗的真如,亦非有宗的种子,而是具有法相宗"识"的殊特性,《易》谓之"乾",无形、无相却又非空,只要反求自证,就能深切体认的"本心"。无形、无相、非空便是熊十力本体论与当时中西哲学本体论区别的显著特征。《明宗》一章对此予以详细论述。

熊十力认为:"一切物的本体,非是离自心外在的境界",而是恒转寂寞无形的本心。"因为大全即谓本体,不碍显现一切分,而每一分又各各都是大全的。"他还以海水和众沤(水泡)的关系,比喻本体包容一切、显现一切的特点。因此说本体绝非"超脱于各人的宇宙之上而独存的"外在形相,所以离自心而外驰求索本体,当然是缘木求鱼了。

其次,"本体非是理智所行的境界",即前述的非思维中的概念。熊氏认为,一切科学根本从实用出发,即从日常生活经验出发,把一切物视作离我心的独立存在,因此凭理智向外推求。而哲学的目的在于究万化之原,正人道之本,属一切智,所以说是无相的,因此,绝

---

① 熊十力:《船山学自记》。
② 熊十力:《船山学自记》。
③ 熊十力:《新唯识论·序言》。
④ 熊十力:《新唯识论·明宗》。

非日常生活经验所能把握。凭理智向外推求，“不是把本体当作外界的东西来胡乱猜疑一顿，就要出于否认本体之一途”。如此，熊氏便否定了理性的逻辑思维对于本体探讨的可能性，为其“反求自证”、直觉体悟的创造性思维奠定了思想基础。

其三，本体虽无形、无相，但却遍于一切，显现一切，“秩序众理已毕具”①。它至大无外，至小无内，故说其非虚幻的境界，即非空。熊十力还利用儒家对“空寂”引而不发的态度，重点发挥本体生化流行不息的观念，阐明本心“备万理而无妄，具众德而恒如”的非空性，同时批判法相宗师视妄心为本心，把妄执的心也说成是不空的错误观念是“认贼作子”②，进一步说明“只有本来的心，才是绝对的、真实的”③。由是肯定了儒家的积极入世精神以及大乘虽以出世为蕲向，但不舍众生的思想倾向，为其本心本体论开拓了一条积极的、反对耽空滞寂的非人生的路向。

既然上述无形、无相、非空的本心绝非理智向外推求所能把握，那么只有反之于心，以直觉实证、反观内心的方法，才能“自明自觉”，认识本心本体，这就是他所谓“反求实证相应故”的涵义，也是他创造性思维的核心。为了说明这一思维方式，他又对佛说的“如理智”和“如量智”进行了根本改造，提出“性量分途”、“性体量用”的认识论原则。他说：

> 性智者，即是真的自己的觉悟。此中真的自己一词，即谓本体……他原是自明自觉、虚灵无碍、圆满无缺，虽寂寞无形，而秩序众理已毕具，能为一切知识底根源的。量智，是思量和推度，或明辨事物之理则，及于所行所历，拣择得失等等的作用故，故说名量智，亦名理智。此智，元是性智的发用，卒别于性智者，因为性智作用，依官能而发现……官能可假性智作用以成

① 熊十力：《新唯识论·明宗》。

② 熊十力：《新唯识论·唯识上》。

③ 熊十力：《新唯识论·唯识上》。

为官能之作用，迷以逐物而妄见有外，由此成习……习与官能作用恒叶合为一，以追逐境物，极虚妄分别之能事，外驰而不反，是则谓之量智。故量智者，虽原本性智，而终自成为一种势用，迥异基本。①

这就是说：性智是自明自觉，向内求诸己而反之于心，是觉悟真的自己，即谓之本体。量智则是思量推度，向外探求，拣择得失，以理性思辨事物的理则，是性智的发用。性智向内，体悟本心；量智向外而生习心。熊十力认为哲学家如果仅凭理智向外寻求，用思考去构画一种境界，建立为本体，而不务反识本心，在知识论上钻来钻去，便脱离了哲学的立场。因此，他不仅区分性智、量智，而且强调"有本心、习心之分，惟吾人的本心，才是吾身与天地万物所同具的本体，不可认习心作真宰也"②。性智和量智、本心和习心体用关系的区分，一方面其目的在于突出本体的态势，另一方面也从认识论上进一步阐明其本体论中以直觉体悟为特征的思维方式。

三、翕辟成变的体用不二说

熊十力曾说："佛家之阐明空寂之一方面，甚深微妙，穷于赞扬。中国《大易》阐明神化之一方面，甚深微妙，穷于赞扬。《新论》融佛之空，以入易之神，自是会通之学。"③ 于是他"平章华梵，抑扬儒佛"，最终"归宿此土儒宗"，"而造新论"。④ 其中最有代表性者，当推对生化流行的变易思想的发挥，对乾坤翕辟范畴的改造。据此，熊氏提出了"翕辟成变"的命题，从事物的发展变化上，进一步论证"体用不二"、"心境浑融"的本心本体论。

他说："吾书根本意思，要在于变易而见真常，于反动而识冲

① 熊十力：《新唯识论·明宗》。
② 熊十力：《新唯识论·明宗》。
③ 熊十力：《十力语要》。
④ 熊十力：《新唯识论·答问难》。

和，于流行而悟主宰。"① 他会通儒佛，认为释氏空寂之说"元是生生化化不息真几"，而"儒家言生化亦非不窥到空寂"，"故二家所见，元本一理"。所以，他主张"证空而观生"，"归寂而知化"，于是把空寂观念纳入生化变易的思想之中，赋予其本心以生化变易的态势。同时，他又从《易·系辞传》"夫坤，其静也翕，其动也辟"中，撷取翕辟这对范畴，依翕辟生灭相反相成，发挥《易》的生化观念。他说：

依恒转故，而有所为翕，才有翕，便有辟，唯其有对，所以成变。

如此，便确立了"翕辟成变"的论题，以施设宇宙万象，并证明作为"新唯识论"本体的本心是一翕一辟、恒转变化的统一体。接着他又指出：

翕的势用是凝聚的，是有成为形质的趋势的，即依翕故，假说为物……辟的势用是刚健的，是运行于翕之中，是能转翕从己的，即依辟故，假说为心……据此说来……物和心，是一个整体的不同两方面……因为翕和辟，不是可以剖析的两片物事，所以说为整体。

如此论证，步步深入，便牢固地确立了"体用不二"、"心境浑融"的观念，为其"反求自证"、"反观内心"以及"物自主"的思想提供了理论的前提。最后他强调：

总之，翕和辟本非异体，只是势用有分殊而已。辟必待翕而后得所运用，翕必待辟而后见为流行。

① 以上引自《新唯识论·转变》。

上述相辅相成的翕辟变化，便是本心所具的另一个特征。熊氏还画图表示翕辟关系。内方为翕，外圆为辟，表示本心周遍流行，既“无定在而亦无所不在”，“包乎翕之外，而彻乎翕之中”，体用、心物关系，如是而已。

由“翕辟成变”证成的“体用不二”说，也为“物自主”的原则和“反求自证”的直觉体悟提供了理论依据。所谓“心体万物而无不在”，“用者体之显，即非别异于本体而有其自体”，就是要说明一切现象都自有本心之全体，犹如水泡都是大海之显现。所以，“万有为一完整之全体，而无有‘首出庶物’为主宰者。足知一切物皆是本体的呈现，即一切物各各具有圆满无缺之本体。易言之，一切物皆平等，一切物皆神，一切物各自主”①。这一物自主的原则与梁启超人人各有一真我的思想有异曲同工之妙，均表现了强烈的个性意识和积极入世的精神。而本体遍布一切物的思想，同样说明了本体非离自心的外在的境界。因此，冥探真极，也就是“求诸本心”、“反求实证”、直觉体悟的思维方式。

综上所述，熊十力对法相宗“识有境无”论的继承和发挥，对于“种现对立”、“二重本体”论的批判，关于“性量分途”、“本习区分”的论述，以及“翕辟成变”、“体用不二”、“反求实证”等理论的形成，中心目的就在于证明本心之所以成为本体的理由是因为它具备了他赋予本体的六个条件：①备理，即含万理，肇万化。②绝对，即无差别。③幽隐，即无形无相。④恒久，即无始无终。⑤圆满，即无缺陷。⑥变与不变的对立统一。所以，虽然从本质上讲，近代思想家如谭嗣同、章太炎、熊十力都把终极依托放在人的自心，以突出人的个体意识，努力确立以自心为本体的哲学体系，但熊十力的本心本体论既不同于谭氏的心识本体论，也有别于章氏的真如本体论。因为谭氏始终没有能够解决心和仁的统一，章氏也无法调融真如和识的矛盾，因而表现出体用关系的分离和混乱，直接影响到心本体的主宰地位和反观自心无限膨胀心力的创造性思维。至于梁启超等

---

① 《十力语要》。

人，虽然也对佛学进行了专门的哲学研究，但却未能确立自己的哲学体系，更无法与熊氏的思想相比较。熊十力的本心是无形无相、独一无二而又圆融无缺的抽象精神实体，它无知又无所不知，无在又无所不在，无形却又无所不显，因此，只要靠“反求自识”、“求诸本心”，就能够获得真知灼见，也就能够认识一切，把握一切，创造一切。可见，熊氏的“本心本体论”比谭氏多环状的仁学逻辑结构、章氏半开放式圆形的法相唯识哲学体系，更富于思辨性和创造性。当然，它们在内容上也完全不同：谭氏重在社会政治思想的论证；章氏则偏向于认识论的探究；而熊十力的本体论则突出强调对万化之原——本心的论证和直觉体悟。熊十力援佛入儒，努力在中国本位文化中为佛学寻找新的出路，就是要通过对体用不二的本心本体论的确立，达到自识本心、重新塑造内圣外王理想人格的目的。所以，他不仅穷究冥探，反观自心，而且返本体仁，站在本体的高度，把佛学研究作为一条反观人生的玄览之路，由哲学而体现20世纪上半叶中国思想文化的一角，其精神遗产值得我们加以批判地研究。不管今天我们是否赞同其中的观点，但我们可从熊十力的佛学思想中窥见前人在探究如何建立中国近代新文化的历程中所走过的曲折道路。

第六章 近代哲学的重建（上）

第一节 严复与进化论的传播

西学早在明末即已输入中国，惜至清初因闭关锁国而停滞。鸦片战争后，怵于外患，不得不师习和取用“夷之长技”，继有洋务派言倡力行，中国开始大规模翻译西书，以致社会上兴起一种“新学”思潮。然而，无论在华传教士还是本国官私之译书，无不偏于引介西方的格致工艺技术及少量外国史地知识，“此等学术，皆形下之学，与我国思想上无丝毫之关系也”①。事实上，这些译书不仅不足以引发激励中国人思想观念和对于固有学术文化态度的变化，相反，还使一般人对于西学更加鄙视：“当时之人，绝不承认欧美人除能制造、能测量、能驾驶、能操练之外，更有其他学问，而在译出西学中求之，亦确无他种学问可见。”② 直到19世纪行将过去，严复译出《天演论》，才打破这种沉闷的中西文化交流格局，给中国人带来崭新的思想养料和先进的理论武器。

一、革新学术以救亡图存

严复（1854～1921年）字又陵、几道，别署天演宗哲学家，福建侯官人。严复7岁入塾，苦读儒经，1867年考入福州船政学堂，1876年被派赴英国留学。严复除学习理化知识与海军战术外，注意

① 王国维：《论近年之学术界》，《静安文集》。

② 梁启超：《清代学术概论》二十九。

考察英、法的国情民俗，广泛涉猎近代西方的思想学识，阅读或接触了达尔文、赫胥黎、斯宾塞、边沁、穆勒、亚当斯密、孟德斯鸠等人的著述。1879 年，严复学成归国，先后在福州船政学堂、北洋水师学堂充任教职。但他怀才不遇，仕途不畅，科考再三落第，生活在孤寂苦闷之中。1894 年，中日战起，"日本以寥寥数舰之舟师，区区数万人之众，一战而翦我最亲之藩属，再战而陪京戒严，三战而夺我最坚之海口，四战而覆我海军"①。国家遭深耻大辱，民族陷危亡之境，严复遽然惊醒，从个人的得失之虑走向救亡图存的时代潮流之中。

不过，与其他热血救亡的志士有所不同，有着深厚西学积累，又经数载仕宦体察的严复，一开始就从中西学术文化的对比中探考民族灾难的致生根源，指出：

> 中国今日之事，正坐平日学问之非，与士大夫心术之坏。②
>
> 四千年文物，九万里中原，所以至于斯极者，其教化学术非也。③

正因为他有这种时人难及的深刻，所以他所寻究的民族危亡的解救之道，也有异于康梁等的改制变法。当时一般人只知欧美富强，忙于师习西方的技艺工商以使中国变富变强。严复却认识到西方富强的根本在其学术政教，"尝考欧人之富强，由于欧人之学问与政治"④。所以在《原强》中，严复开卷即诘问当时的所谓新学家："今之扼腕奋衿，讲西学谭洋务者，亦知近五十年来，西人所孜孜勤求，近之可以保身治生，远之可以经国利民之大事乎？"紧接着就推出了"进化论"：

---

① 严复：《原强》，见《严复集》，中华书局 1986 年版（以下引用不再注明）。

② 严复：《与长子严璩书》。

③ 严复：《救亡决论》。

④ 严复：《论中国之阻力与离心力》。

达尔文者，英之讲动植之学者也……穷精眇虑，垂数十年而著一书，名曰《物种探原》，自其书出，欧美三洲几于家有其书，而泰西之学术政教，一时斐变，论者谓达氏之学，其一新耳目，更革心思，甚于奈端氏之格致天算，殆非虚言……

斯宾塞尔者，亦英产也，与达氏同时。其书于达氏之《物种探原》为早出，则宗天演之术，以大阐人伦治化之事……于五洲殊种，由狉榛蛮夷，以至著号开明之国，挥斥旁推，什九罄尽，而于一国盛衰强弱之故，民德醇漓合散之由，而尤三致意焉。①

认为挽救民族危亡要从革新学术下手的严复，发现了使西方学术政教“一时斐变”的进化学说，于是首先从这里入手，译出轰动一时的《天演论》，将在西方盛行一个多世纪的进化论引入中国。

二、《天演论》与进化论的中国化

达尔文在长期实地观测和科学实验的基础上，于1859年出版《物种起源》（*Origin of Species*），正式提出以过度繁殖、生存竞争、遗传变异、适者生存为核心的生物进化学说。斯宾塞在接过生物进化学说后，把它运用于社会历史领域，将生存竞争、自然选择的生物规律引入人类社会。另一位坚决捍卫达尔文进化论的生物学家与思想家赫胥黎，于1894年出版《进化论与伦理学》（*Evolution and Ethics*），进一步揭示出生物的自然进化与人工选择。自然界的生物进化与人类社会的历史演进有着本质的区别，但斯氏、赫氏把达尔文的进化论从一种纯粹生物学说转化成一种哲学社会科学的理论。严复的《天演论》，主要是依据赫胥黎的《进化论与伦理学》，但他并不受其苑囿，而是综合达尔文、斯宾塞、赫胥黎三家的学说，从以下两个方面将进化论引进中国：

其一，介绍和阐发物竞天择、优胜劣败的客观规律，警醒国人奋

① 《原强》（修订稿）。

起变法，救亡图存。

生存竞争与自然选择是达尔文学说中的精髓，严复在翻译中把它概括为物竞天择、适者生存。他说：

> 天运变矣，而有不变者行乎其中，不变惟何？是名天演。以天演为体，而其用有二：曰物竞、曰天择……物竞者，物争自存也，以一物与物之争，或存或亡，而其效归于天择。天择者，物争焉而独存，则其存也必有其所以存，必有其所得于天之分……夫而后独免于亡，而足以自立也。而自其效观之，若是物特为天之所厚而择焉以存也者，夫是之谓天择。①

严复又根据斯氏、赫氏之意把这种物竞天择、优胜劣败的生物进化规律引进人类社会，认为天演进化同样是人类生存和社会历史发展的普遍规律，“天演之事不独见于动植二品中也，实则一切民物之事，与大宇之内局诸体……乃无一焉非天之所演也”②。宇宙万物一切都处于进化中，新的总要胜过旧的，“不主故常”既然是天道变化的必然结果，因此，绝不能抗拒这一普遍规律，“进者传而存，不进者病而亡”③，危亡之中的中国，如果还不奋起变法自强，就不可避免地会被淘汰了。当时，某些死守夷夏之见、极力反对变法的昏墨之徒，自以为中国人口数量众多，又居有为土著民族的优势，必然会同化侵华的洋毛鬼子。严复为此提出，在人群、种族间残酷的生存竞争中，弱者常为强者之肉，愚者常为智者所役，决定存亡的不是数量多少或土著与否，而是个体、种群在体力、智力等方面的素质优劣。他不仅举出动物、植物方面的事例，论证品质低劣的土种往往为外界传入的优良新种所排挤、消灭，还特别举出殖民运动中美、澳两洲土著的沦亡为例，反驳土著为“最宜之种”的浅见谬识：

① 《天演论》导言一。
② 《天演论》导言二。
③ 《天演论》导言三。

谁谓本土固有者而后称最宜哉？嗟呼！岂惟是动植而已，使必土著最宜，则彼美洲之红人、澳洲之黑种，何必自交通以来，岁有耗减？而伯林海之甘穆斯噶加前土民数十万，晚近乃仅数万，存者不及什一。①

如果仅就本土以前所有之物种而言，土种经过自然选择的淘汰，确为“最宜之种”，然而，一旦有外种侵入，就会出现新的生存竞争，“外种闯入，新竞更起，往往年岁以后，旧种渐湮，新种迭盛”②。严复因此警告国人，不仅“区区人满”不足恃，以夏变夷的陈腐之论更荒谬，“洞识知微之士，所为惊心动魄于保种进化之图，而知徒高睨大谈于夷夏轩轾之间者，为深无益于事实也”，只有正视现实，变革图强，中国才足以在这个弱肉强食的世界上自立自存。

其二，阐述人力在自然进化和社会发展中的作用，宣扬“与天争胜”，号召国人自强救国。

斯宾塞在将物竞天择、适者生存的生物进化学说引进人类社会领域时，提出了“任天为治”论，主张人类社会的生存竞争要完全取决于自然选择，不能用人力去干预，任凭弱肉强食。赫胥黎主张人类社会不应受物竞天择、适者生存的生物进化规律的摆布，他认为人类所特有的“天良”、“同情心”控制了生存竞争，所以人类的进化不是弱肉强食的生存竞争，而是一个“伦理过程”。在《进化论与伦理学》中，他说：“我们要断然理解，社会的伦理进展并不依靠模仿宇宙过程，更不在于逃避它，而是在于同它作斗争。”③ 严复虽然不赞同赫氏将社会伦理与自然进化的因果关系本末倒置④，却选中了他“与天争胜”的思想，认为“赫胥黎此书之旨，本以救斯宾塞任天为

① 《天演论》导言四，文中“伯林海”今译“白令海”，“甘穆斯噶加”今译“堪察加”。

② 《天演论》导言四。

③ 见中译本《进化论与伦理学》，科学出版社 1973 年版，第 58 页。

④ 见《天演论》“制私”案语。

治之末流”①，所以他在译述中，突出了生物个体和人类社会随着环境变化而不断进行自身改造。“物自变其形，能以合所遇之境”，严复称这种“适者生存”的本能为“体合”。“体合者，物自致于宜也”。他指出，自然选择与个体的自我改造，即“天演之所以陶溶民生，与民生之自为体合”，是密切联系在一起的，而且，这一进化规律同样适用于人群与社会，“所谓物竞、天择、体合三者，其在群亦在生无以异”②。因此，严复一再激励和号召人们发挥主观能动作用，“以人持天”、“胜天为治”，他说：“人欲图存，必用其才力心思，以与妨生者为斗。”③ “今者欲治道之有功，非与天争胜焉，固不可也。”④ 也就是说，在社会进化过程中，人们不能消极地适应环境，坐以待毙，同样，在列强瓜分中国的狂潮中，不能坐待中华民族的沦亡，中国人民应该而且可以奋起变法，变弱为强，转危为安。这样，严复通过对赫胥黎观点的创造性发挥，凸显出激发国人自强保种的译述旨趣。

三、《天演论》的时代意义

《天演论》翻译出版之时，正是中华民族生死存亡之际，因而最具时代意义。严复以达尔文生物进化论为基础，吸收斯宾塞、赫胥黎的理论，又根据时势国情，对他们的学说加以选择、改造与发挥，他既以生存竞争中优胜劣败、弱肉强食的规律来警醒国人正视残酷的现实，“使读者怵焉知变”⑤，又以适者生存、与天争胜的主张来鼓舞国人奋起，变法自强，保种救国。正如胡适回忆所说：

> 《天演论》出版之后，不上几年，便风行到全国，竟做了中

① 《天演论》自序。

② 《天演论》导言十五。

③ 《天演论》导言十五。

④ 《天演论》“论”十七。

⑤ 吴汝纶：《天演论》序。

> 学生的读物了……在中国屡次战败之后，这个“优胜劣败、适者生存”的公式，确是一种当头棒喝，给了无数人一种绝大的刺激。几年之中，这种思想象野火一样，延烧着许多少年的心和血，“天演”、“物竞”、“淘汰”，渐渐成了一班爱国志士的“口头禅”……①

《天演论》不仅给甲午战后的仁人志士提供了有力的救亡武器，直接推动了戊戌变法、辛亥革命等救亡图存运动，因《天演论》而输入中国的进化学说，更给近代中国送来一种崭新的世界观和方法论，使先进的知识分子对于自然、社会和个人有了全新的认识与态度。实际上，早在19世纪70年代，达尔文及其进化学说就已被介绍到中国。然而直到《天演论》译出，进化论才风行海内，深入人心，原因就在于在严复之前，进化论仅被视为一种新颖的自然科学知识。而严复一开始就有一种自觉的超越，他批评洋务派对西学认识的偏差，“有一二巨子，訑然谓彼之所精，不外象数形下之末，彼之所务，不越功利之间”②。严复为此试图超越功利，引进西方的形上之学。他明确表示，他的译述西书，并不满足于引进“形下之粗迹”，而是要输入西方“命脉之所在”的学术与政制。他说：

> 今之称西人者，曰彼善会计而已，又曰彼擅机巧而已。不知吾今兹之所见所闻，如汽机兵械之伦，皆其形下之粗迹，即今谓天算格致之最精，亦其能事之见端，而非命脉之所在。其命脉云何？苟扼要而谈，不外乎于学术则黜伪而崇真，于刑政则屈私以为公而已……③

事实证明严复的尝试是成功的。在举国以为西学中除器械格致工艺外

① 胡适：《四十自述》。
② 严复：《天演论》译序。
③ 严复：《论世变之亟》。

便无高深学问的时代，《天演论》却一变这种浅识，“自从《天演论》出版，1898 年以后，中国学者方才渐渐知道西洋除了枪炮兵船之外，还有精到的哲学思想，可以供我们采用”①。正是从这个意义上，梁启超、蔡元培、胡适、郭湛波等不约而同地肯定严复为近代中国介绍西方思想的第一人。贺麟特别从近世翻译史上称述他：“介绍西洋思想最早，影响最大，要算严几道了，虽说在严氏之前，明末徐光启、李之藻译天文算学水利之书，为介绍之始，嗣后上海制造局、京师同文馆以及教会之译述，然所译之内容，皆偏于科技术数，与哲学无关，直至严氏，为之一变。”②

四、《天演论》的学术史意义

从学术史的角度来看，《天演论》的译述也为探索中西新旧学术文化的融贯之道创出先例，树立了典范。严复在《天演论》译序中指出，近代西学与中国古代学术有诸多相通之处，所以在古书难读难解的今日，如果转而取资于西学，则“得识古之用焉”。他还特别指出，赫胥黎书中所论，“与吾古人有甚合者”。在论述“与天争胜”时，严复又一再阐发荀子、刘禹锡、柳宗元“制天命而用之”的思想。这是一种典型的以中学比附阐述西学的学术行为。从整体上看，严复根据时势国情，对进化论加以取舍，吸取斯宾塞引生存竞争入人类社会的理论而弃其“任天为治”的主张，不赞同赫胥黎关于社会进化的伦理说教而发挥其“与天争胜”的理论，再加上在吸取外国思想学说时自觉地将其与中国固有思想资源的开发结合起来，严复就这样纯熟地实现了中西新旧的贯通。

严复译述《天演论》的语言形式在当时也值得充分肯定。梁启超曾致信严复，不满意《天演论》行文古奥，用字艰深，难以普及于国民，严复则回信说：“不佞之所从事者，学理邃赜之书也，非以

---

① 胡适：《五十年中国之文学》。

② 贺麟：《康德黑格尔哲学东渐记》，载《中国哲学》第 2 辑。

饷学童而望其受益也，吾译正以待中国多读古书之人。”① 梁启超着眼于向普通国民灌输新思想，故而主张行文通俗易懂，严复的识见则更有独到之处，他试图影响多读古书的传统士人，因为一旦改变了这些人的思想，中国思想界的面貌变化就难以估量了。严复事实上想重走汉晋以来佛经翻译的成功之路，鲁迅就说他“为要译书，曾经查过汉晋六朝翻译佛经的方法”②。严复特意选用桐城派的古文来译书，用最典雅的中文来传播最新颖的西方思想，企图借此纠改传统士大夫鄙薄西学的心理。严复在语言形式上的尝试获得了出乎意料的成功，不仅青年学生为追求新知而贪婪地阅读《天演论》，就连那些思想保守的旧式文人，也为《天演论》中优美典雅的文字所吸引，贺麟40年代论严复“雅”的翻译标准时特别指出：“他的译品之受当时士林推重，甚至我们现时都还可以欣赏的地方，主要的乃在于它的雅。”③鲁迅更形象地评说：

> 最好懂的自然是《天演论》，桐城气息十足，连字的平仄也很留心，摇头晃脑地读出来，真是音调铿锵，使人不自觉其头晕。这一点竟感动了桐城派老头子吴汝纶，不禁说“是与周秦诸子相上下了”。④

吴汝纶作为桐城派首领，而欣然给《天演论》作序，与其说是评价进化论，不如说是赞赏严复将新学术融入旧文体的完善手法。在序中，他写道：

> 今西书虽多新学，顾吾之士以其时文公牍说部之词译而传

---

① 原载《新民丛报》1902年3月，见卢云昆编选《严复文选》，上海远东出版社1996年版。

② 《二心集·关于翻译的通信》，见《鲁迅全集》第4卷。

③ 贺麟：《当代中国哲学》，南京胜利出版公司1947年版，第28页。

④ 《二心集·关于翻译的通信》。

> 之，有识者方鄙夷而不知顾，民智之瀹何由？此无他，文不足焉故也。文如其道，可以言译书矣……①

吴汝纶还致书严复，大力称扬说：

> 鄙意西学以新为贵，中学以古为贵，此两者判若水火之不相入，其能熔中西为一冶者，独执事一人而已，其余皆偏至之论也。②

《天演论》的成功，不仅为近代中西学术思想的交流融会树立了典范，还雄辩地证明：无论是创建新的学术体系还是输入外来的学术思想，都要立足于本土传统的承继与开发，而不是蔑视与抛弃。

第二节　梁启超“群体变用”的创化哲学

一、群体与变用

梁启超（1873～1929年），字卓如，号任公，广东新会人。他自幼嗜文史，习帖括，11岁即考取秀才，16岁又高中举人，少年得志，踌躇自得，“时余以少年科第，且于时流所推重之训诂辞章学，颇有所知，辄沾沾自喜”。1890年秋，出于好奇，梁启超与同学陈千秋拜晤以布衣上书请求变法的康有为，康以大海潮音作狮子吼，“取其所挟持之数百年无用旧学更端驳诘，悉举而摧陷廓清之”。梁启超所赖以自得自喜的科名与考据，竟被斥为无济实用，恰如冷水浇背，心中透凉，又似当头一棒，从中惊醒，“自是决然舍去旧学”，拜在康有为门下。③ 不数年，康有为酝酿出维新变法的成熟理论，梁启超得其

① 吴汝纶：《天演论》序。

② 见《严复研究资料》第252页。

③ 以上见梁启超：《三十自述》，《饮冰室文集》之十一。

精髓，不仅肆力宣传推扬，往往还能发挥师说，“群体变用”论即是其中最突出的一例。

据《康南海自编年谱》，当梁启超、陈千秋第一次拜见康有为，请示为学方针时，康就“告之以孔子改制之意，仁道合群之原”①。可见关于变法与合群之类的思想，梁启超从师门领受得较早。后来，梁启超作《说群序》，正面交代了康有为的“群体变用”主张：

> 启超问治天下之道于南海先生，先生曰：“以群为体，以变为用”，斯二义立，虽治千万年之天下可已。②

梁启超既获师教，便大加发挥，写出了著名的《变法通议》，对于变法救亡论证阐释得极为透彻周详，而只在《论学会》中对如何合群强国略作说明，可见当时他对“群体”还未有更多的悟解。梁启超自己也承认：“启超既略述所闻，作《变法通议》；又思发明群义，则理奥例赜，苦不克达。”③不久，梁启超得到严复的《天演论》和谭嗣同的《仁学》，尤其是严译，大量介绍了近代西方的社会学理论，使梁启超大受启发，“读之犁然有当于心”，于是他“内演师说，外依两书，发以浅言，证以事实”，发愿著作《说群》十篇。④然而，不知什么原因，梁启超并未完成这一心愿，只为我们留下《说群序》、《群理》以及《新民说·论合群》三篇专门性文字。不过，我们仍能从中探察出梁启超对群、变理论作出了创造性发挥。

一方面，梁启超依据丰富的科学知识，论证“群者，天下之公理也”。从广袤的宇宙来看，“地与诸行星群，日与诸恒星群，相吸相摄，用不散坠”，如果宇宙诸星之间不相群而相离，“则乾坤毁矣”。从微细的原子看，“六十四原质相和相杂，配剂之多寡，排列

① 见《梁启超年谱长编》第23页。

② 见梁启超《饮冰室文集》之二。

③ 梁启超：《说群序》。

④ 梁启超：《说群序》。

之同异，千变万化，乃生庶物”，宇宙万物皆因原子的群聚而成，如果原子之间不相群而相离，大地上就只有这六十四种原子，“而世界靡自而立矣”。自植物而言，有须粉以传种，有子房以结籽，根核可从土中吸取养料，茎叶可从空中接受雨露气光，每个部分都有一定的功能，彼此相应，各效其力，共同构成一物，此谓“物之群”。自人身而言，耳听、目视、口言，又手足负责运动，血脉负责循环，胃肠负责消化，大脑负责思维，每种器官“各储其能各效其力”，共同维持人的生存，此谓“人之群”。梁启超因此得出结论说：

> 是故横尽虚空，竖尽劫劫，大至莫载，小至莫破，苟属有体积有觉运之物，其所以生而不灭存而不毁者，则咸恃合群为第一义。

梁启超已将宇宙万事万物的生存、联系都归源于“合群”，“群”为天下之公理、万物之公性，这就是“以群为体”的基本涵义。

梁启超的群体理论，既是一种具有浓厚唯物色彩的宇宙观，还是一种带着鲜明进化思想的社会观。他认为，在这个“群”的世界中，存在着“吸力”与“拒力”，就总量而言，这两种力无所谓增减，二者的关系是“此增则彼减，彼正则此负”。此二力作用和表现于世界，则“有能群者，必有不能群者；有群之力甚大者，必有群之力甚轻者”。这种对立斗争的结果，是不能群者必为能群者所摧毁，群力小者必为群力大者所兼并。从事物的嬗递替代来看，就是先出之群渐衰而后起之群渐盛。梁启超借用西方语汇，称之为“物竞”。他举例说：

> 洪水之前，兽蹄鸟迹，交于中国，周公大业在驱猛兽。今则寻常陆地，虎豹犀象几于绝迹，兽之群不敌人之群也。美洲非洲澳洲咸有土人，他洲客民入而居之，则土著日渐澌灭，野蛮之群不敌文明之群也。①

---

① 以上见梁启超《说群·群理一》。

可见这种“群竞”，正是一种无情的优胜劣败！

另一方面，梁启超又竭力论证了“变者，古今之公理也”。在《变法通议·自序》中，他开篇即提出：“凡在天地之间者，莫不变。”万事万物都处于不断的变化中，表现在自然现象上，昼夜递变而成日，寒暑移易而成岁；就世界的生成来看，“大地肇起，流质炎炎，热熔冰迁，累变而成地球；海草螺蛤，大木大鸟，飞鱼飞鼍，袋兽脊兽，彼生此灭，更代迭变而成世界”；就人类生衍来看，血液循流体内，不断进行氮氧与养料的传递更换，“刻刻相续，一日千变而成生人”。事物的变化体现在社会历史方面，则有诸如赋税制度由贡助而租庸而两税而一条鞭法，兵制从井乘变为府兵、变为彍骑，再变为禁军，可见“上下千岁，无时不变，无事不变”，变是不依人的意志为转移的客观法则。这样，梁启超从自然界的变迁和人类社会的发展两个方面，证明了“变”具有普遍性、必然性与客观性，是世界万物存在和发展的根本法则。

梁启超还认为，变既有自然之变，又有人为之变，他分别称之曰“天道”、“人道”。二者的不同就在于，天道的结果或善或敝，人道则因“智者之所审”，可以使变化趋向于善。天道与人道体现于政治，“委心任运，听其流变，则日趋于敝；振刷整顿，斟酌通变，则日趋于善”①。梁启超由此指出变法问题上的两种不同态度及其不同后果：

> 要而论之，法者，天下之公器也，变者，天下之公理也。大地既通，万国蒸蒸，日趋于上，大势相迫，非可阏制，变亦变，不变亦变。变而变者，变之权操诸己，可以保国，可以保种，可以保教。不变而变者，变之权让诸人，束缚之，驰骤之，呜呼，则非吾之所敢言矣。②

① 《变法通议·自序》。

② 《变法通议·论不变法之害》。

二、合群与开智

“群”为万物之公性，“变”为古今之公理，梁启超说群论变，实际上都是为了维新变法、救亡图存。从梁启超戊戌前后的思想看，可以说合群是他最主要的变法手段，开智则是最中心的变法内容。严复在《天演论》中指出：“天演之事，将使能群者存，不群者灭，善群者存，不善者灭。”梁启超根据物之吸力与拒力的对立转化，来说明“群竞”的内在原因，将优胜劣败的生物进化规律引入他的“群”论。他说：

> 自地球初有生物以迄今日，其间孳乳蕃殖，蠕者、泳者、飞者、走者、有觉者、无觉者、有情者、无情者、有魂者、无魂者，其种类其数量何啻京垓亿兆，问今存者几何矣？自地球初有人类以迄今日，其间孳乳蕃殖，黄者、白者、黑者、棕者、有族者、无族者、有部者、无部者、有国者、无国者，其种类其数量何啻京垓亿兆，问今存者几何矣？等是躯壳也，等是血气也，等是品汇结集也，而存焉者不过万亿中之一，余则皆萎然落澌然灭矣。

无论生物还是人类，也无论其种类之多、数量之繁，经过一番自然淘汰，优胜劣败，能够生存下来的都是微乎其微，这种激烈而无情的生存竞争的总根源，不在个体的优劣，而是“能群不能群”①。梁启超在这里事实上是把生命个体优胜劣败的自然淘汰，引入社会群体之间的生存竞争。梁启超还总结出这种“群竞”的一条规律，即“势相逼而率相近者，则其相竞也尤甚”。他说，草木之群、鱼群、鸟群、兽群，同样都不敌于人群，但草木可自存于地，鸟能自存于天，鱼得自存于渊，唯独兽群很早就被摧灭，就是因为草木鸟鱼“于人无患与人无争”，而兽类“其居与人太逼，其类与人太近”。因此，与他

① 以上见《新民说·论合群》。

群相逼互竞之群如要自存于世，必须具备与之不相上下的群力。梁启超将这一规律用于现实社会，解释中非洲沙漠之地及北冰洋严寒之区的人，虽不合群犹或能自存，恰如鱼鸟草木，“其所处之地非人所必争也”；而丹麦、荷兰、比利时、瑞士诸小国，逼处群雄之间而能自存，就因其“能群之力不弱于诸大国也”。梁启超因此指出：

> 若夫处必争之地，而其合群之力不足以自完，则日剥月蚀，其究必至于断其种绝其育。①

反观已成列强俎上之肉、陷入瓜分豆剖中的中华民族，梁启超阐述“群”理的现实意义，用意显然。

将社会学的群体理论引入政治领域，梁启超还提出了以“群术”治国的主张。他说：“道莫善于群，莫不善于独。独故塞，塞故愚，愚故弱。群故通，通故智，智故强。”② 能够合群，则一群中的个体可以彼此交流，增长才智，由智而强，该群也能获存于竞争之世。因此，对于一个社会团体、一个国家、一个民族来说，要坚持以群术治群的原则，“以群术治群，群乃成，以独术治群，群乃败”。所谓“群术”，就是将每一个体融入群体，明晓一群之中“所以然之理，所常行之事”，从而使该群“合而不离，萃而不涣”。以这种合群之术行于国家，则国家统一，上下贯通，施之民族，则民族团结、万众一心。相反，以独术治群，人各自私自利，只知有自己而不知有天下，“以故为民四万万，则为国亦四万万”，国民星散如沙，国家自然四分五裂。梁启超又尖锐地指出，社会的发展是由独术治国进至以群术治国，“据乱世之治，群多以独，太平世之治，群必以群”。欧美诸国在近百年来群术已臻于善，国家因以勃兴，中国社会则仍旧喜独不喜群，这在中西交通、万国相竞的世界上，其危险不言而喻：“以独术与独术相遇，犹可以自存，以独术与群术相遇，其亡可翘足

① 以上见梁启超：《说群·群理一》。

② 梁启超：《变法通议·论学会》。

而待也。”① 可见，要救亡要强国，当务之急在于合群。

如何合群呢？梁启超的主张是开智以合群。他指出，合群之道有二：“群形质为下，群心智为上。”生命个体出于生存的本能而互相聚结，就是形质之群，如虫蝗蜂蚁之群，以及那些不讲究心智开发，纯任体力生存于世或纵横天下的部落民族，梁启超称之为非人道之群。“群之不已，必蠹天下，而卒为群心智之人所制”，因此，梁启超将变法的重心，放在废科举、兴学校，育人才、开民智之上，“世界之运，由乱而进于平，胜败之原，由力而趋于智，故言自强于今日，以开民智为第一义”②。变法—开智—合群—救亡，这就是梁启超的整体思路。

后来梁启超在《新民说·论合群》中，又着重从精神和心理层次，探考中国人不能合群的原因：一是“公共观念之缺乏”，人各自私其利，无有虑及公益公害者；二是“对外之界说不分明”，知小我而不知大我，常将对外之手段用于对内，鹬蚌相争，内讧不断；三是“无规则”，即没有法律和纪律的约束，只讲个人自由，反对以少数服从多数；四是“妒嫉”，内部既不能戮力同心，于外又不知同归殊途，专美一己，排挤他人。中国人之不能合群，尤其表现在不能合小群以成大群。就历史来看，中国人实际上也有在小范围内合群的习性，如合家成族、聚族而居，同乡联合，同业联盟，等等，“四民中所含小群无数也”③。然而，这些无数小群始终不能聚结，使中国“终不免一盘散沙之诮”。其原因，梁启超认为是中国人没有“合群之德”。何谓合群之德？他说：

> 合群之德者，以一身对于一群，常肯绌身而就群；以小群对于大群，常肯绌小群而就大群。夫然后能合内部固有之群，以敌外部来侵之群。

---

① 以上见梁启超：《说群序》。

② 梁启超：《变法通议·论学会》。

③ 梁启超：《论十种德性相反相成之义》，《饮冰室文集》之五。

只有内部聚结成坚固的群体，方有足够的群力来抵挡外来之群。换言之，处于列强瓜分狂潮之中的国人，最应该捐弃己见，抛却私利，举国一致，群策群力，挽救危亡，振兴民族。梁启超因此指出，开智以合群，最要紧的就是教育国人养成合群之德，他说："盖国民未有合群之德，欲集无数之不能群者强命为群，有其形质，无其精神也。故今日吾辈所最当讲求者，在养群德之一事。"①

梁启超进而还从生物遗传科学和儒佛耶的人生哲学中掘发生命真谛，从文化形态上指明生命个体与群体之间密迩相融的关系。他说：

> 生命分为两界，一曰物质界，一曰非物质界，物质界属于幺匿体，个人自私之；非物质界属于拓都体，人人公有之……拓都体不死，故吾人之生命，其隶属于最大拓都者固不死，即隶属于次大又次大乃至最小之拓都者皆不死。

既然生命具有两种形态——属于幺匿体（Unite）的物质态生命与属于拓都体（Total）的精神态生命，前者会死而后者不死，因此，"死者吾辈之个体也，不死者吾辈之群体也"。正是这种个体的生生灭灭、死而不死，创造了群体的长盛不衰。梁启超还相信，以个体生命的生灭促进群体的发达，是人类的一种本性，"虽有愚不肖之夫，要能知节制其现在快乐之一部分以求衰老时之快乐，牺牲其本身利益之一部分以求家族或后代之利益"。就自身与家族的态度而言，这确是中国人所富有的习性，梁启超为此庆幸地说："此即我国将来可以竞争于世界之原质也。""将来之界，不限于本身，社会之界，不限于家族，推之推之，则国之浡焉，可立而待也。"②

"以群为体，以变为用"，这是维新派以社会进化论为依据，基于变革现实、挽救危亡而提出的一种新的体用理论。虽然它不是康、

---

① 以上引自《论十种德性相反相成之义》。

② 以上见《我之生死观》，《饮冰室文集》之十七。

梁所标榜的那种可以治千万年天下之良法，但跟中体西用论相比，群体变用论具有更普遍的学术意义。梁启超批评洋务派言变“非真能变”，只是一种“补苴罅漏，弥缝蚁穴”，是一种被动的应变“于去陈用新，改弦更张之道，未始有合也”①。他则主张将变之权操诸于己，主动地变、彻底地变，“去其废坏，廓清而更张之，鸠工庀材，以新厥构”②。因此，维新派的“以变为用”，突出了社会变革的普遍性与彻底性。梁启超倡导合群，最后将其落在“心智”上，提出一种属于“拓都体”、永远传继不死的非物质界生命。这种精神形态的个体生命的累积汇聚，必然形成绵延不尽的群体意识与民族精神。可见，“以群为体”，虽然仍立足于本土传统即以中学为体，但它更加注意代表中华民族优秀传统的整个观念态文化。因此，“群体变用”论既是由梁启超发展完善起来的维新派的创化哲学，同时也是近代中国一种具有时代特征和民族特色的启蒙哲学。

第三节　逻辑学的初兴

一、逻辑学兴起的背景

随着西学输入的不断深化和中西学术文化碰撞的日趋剧烈，一部分敏锐的中国学人逐渐察觉中西思维方式存在的巨大差异，提出变革国人思维模式、更新学术研究方法的主张，于是，逻辑学在 19 世纪末 20 世纪初的中国迅速兴起。

本来，在诸子蜂起、百家争流的先秦，中国就产生了朴素的辩证逻辑思想和发达的形式逻辑学说，可是，秦汉以迄明清，中国的逻辑学不仅始终未形成独立的学术形态，相反，古典逻辑特别是墨家逻辑还走向寂灭，“汉晋以降，其学几绝，而书仅存，然治之者鲜有”③。

① 《变法通议·论变法不知本原之害》。

② 《变法通议·论不变法之害》。

③ 孙诒让：《墨子间诂》自序。

期间虽有唐朝高僧玄奘引进佛教因明，可是这种严密的外来形式逻辑在其后仅经一二代即消沉歇绝，明末西学东渐时，又有徐光启译《几何原本》、李之藻译《名理探》，试图输入欧洲古典形式逻辑，然而二书行世后三百年间却乏人问津。① 可见，直至晚清，渊深宏博的中国传统文化中虽积蕴有丰富的辩证逻辑的思想资源，却严重欠缺必要的形式逻辑。因此，中国近代逻辑的发展，首先就是弥补这种缺陷，然后才由朴素的辩证逻辑升华为唯物主义的辩证逻辑，本节所述逻辑学的初兴，即是讨论形式逻辑的兴起和初步发展。

在中国沉寂了数千年的逻辑学，之所以在清末民初变得门庭若市，主要是近代中国学习西方的内容不断深化的结果。从引进西方的“汽机兵械”、格致工艺到政法制度、进化学说、民权理论，最终必然触及近代欧美富强进步的根核所在——科学的方法论，即逻辑思维方式。如严复所揭：

> （西方）制器之备，可求其本于奈端；舟车之神，可推其原于瓦德；用电之利，则法拉第之功也；民生之寿，则哈尔斐之业也。而二百年学运昌明，则又不得不以柏庚氏之摧陷廓清之功为称首。②

严复对提出了归纳逻辑法的柏庚（即培根）“摧陷廓清之功”的无比颂誉，表明先进的中国学人在向西方学习的历史进程中开始了方法论意识的觉醒，从此开始自觉地引进西方近代逻辑学说和科学方法。事实上，早在19世纪80年代，广学会刊行过一套“西学启蒙”译著，其中就有一本《辨学启蒙》，试图向中国人介绍西方的逻辑，可是当时的中国人正热衷于学习西方的器物与制度，所以这本《辨学启蒙》的命运与三百年前的《名理探》竟无二致。由此亦可见严复成为引

① 直到19世纪80年代末，康有为才模仿欧几里得几何学中形式逻辑的公理系统，辅助构建起变法理论的雏形，即《实理公法全书》。

② 严复：《原强（修订稿）》，见《严复集》第一册，第29页。

进近代西方逻辑学的第一人，极合情理。严复在戊戌变法期间撰写的《原强》、《救亡决论》等文章中，曾反复称引西方逻辑及其方法。1900年，他在沪上开“名学会”，讲演西方逻辑学说，“一时风靡，学者闻所未闻”①，算是开通了风气，从此关于逻辑学的著译踵继而出，代表性的有：田吴炤译《论理学纲要》（1902年）、王国维译《辨学》（1903年）、杨荫杭编《名学教科书》（1903年）、梁启超撰《墨子之论理学》（1900年）、严复编译《穆勒名学》（1905年）与《名学浅说》（1908年）、章太炎撰《原名》（1909年）、韩述祖著《论理学》（1909年）、蒋维乔编《论理学教科书》（1912年）、张子和著《新论理学》（1914年）、樊炳清著《论理学要领》（1914年）、姚建著《论理学》（1916年）、章士钊著《逻辑指要》（1917年）、胡适著《中国名学史》（1917年）等。从19世纪末严复开始介绍西方逻辑学，到1917年胡适受西方近代逻辑学影响专治中国古典逻辑完成《中国名学史》，20余年间中国共出版逻辑学著译20多部，逻辑学在近代中国兴起之迅速由此可见。

二、逻辑学兴起的主要表现

近代中国逻辑学的兴起，有以下两点格外引人注目：

其一，视西方逻辑为科学的思维方法而引进中国，大力宣扬逻辑学变革思维、更新学术的重要作用，从方法论的高度确立了逻辑学在中国近代学术中的地位。

康有为虽然较早地模仿西方数理逻辑构建他的变法理论，受益匪浅，但他未曾想到要将西方逻辑作为一种先进的方法引入中国。如前所述，严复是近代中国最先有方法论意识之人，他第一个起来宣传学习西方的治学方法，从而自觉地全力介绍和输进西方逻辑科学。戊戌变法期间，严复出于防治“民愚”、增强“民智”的考虑，首先体察到中西学术存在的绝大差异，他认为，中国的八股辞章、汉学训诂、宋学玄谈，其作用不过锢禁智慧、蠹坏心术，而西学格致则与之相

① 王遽常：《严几道年谱》。

反，能够锻炼心思，开启智慧，“其名数诸学，则藉以教致思穷理之术，其力质诸学，则假以导观物察变之方，而其本事，则筌蹄之于鱼兔而已”①。他指出，近代西方自然科学和教育并不局限于传授现有的知识，而是注重引导人们掌握“致思穷理之术”、“观物察变之方”，教会人们利用科学的方法去获得新知、发明新理。他说：

西土有言：凡学之事，不仅求知不知，求能不能已也。学测算者，不终身以窥天行也；学化学者，不随在而验物质也；讲植物者，不必耕桑；讲动物者，不必牧畜。其绝大妙用，在于有以炼智虑而操心思，使习于沉者不至为浮，习于诚者不能为妄。是故一理来前，当机立剖，昭昭白黑，莫使听荧。②

严复极其明确地指出，西方这种“炼智虑而操心思”的逻辑学，是“即物穷理之最要途术”③，是“一切法之法、一切学之学”④。严复还从方法论的角度对在西方本是推理形式的归纳逻辑和演绎逻辑进行定义：

内籀云者，察其曲而知其全者也，执其微以会其通者也。外籀云者，据公理以断众事者也，设定数以逆未然者也。⑤

“盖籀之为言紬绎，从公例而得所决，由原得委，若紬之向外，散及万事者然，故日外籀……故内籀名学者，讨论如何用思，而后能会通所观察之见闻，以立事物之大例也，如是者谓之内籀。⑥

---

① 前引《原强》（修订稿）。

② 严复：《救亡决论》，《严复集》第一册。

③ 严复：《译〈天演论〉自序》。

④ 严复：《穆勒名学》“引论”案语。

⑤ 前引《译〈天演论〉自序》。

⑥ 严复：《名学浅说》，第57～59页。

西方逻辑学中综合个别事物的共性得出一般原理的归纳推理，被严复定义成了察曲知全、执微会通的归纳式思维方法；由一般原理推导出关于个别或特殊事实结论的演绎推理，被他定义成“据公理以断众事”、“从公例而得所决”、“识定数以逆未然”的演绎式思维方法。严复从为人们提供思维与认识方法的角度来向国人引介西方逻辑知识，从一开始就在方法论的高度确立了逻辑学在近代学术中的地位与作用。

要求将西方逻辑学作为一种先进的思维方法引入中国的还有一位代表性学人，那就是王国维。王国维（1877～1927年）接触西学后，即治西方哲学、逻辑，并翻译耶方斯的《辨学》。1904年起先后在南通师范、苏州师范讲授逻辑学，对方法的觉醒较早，要求把学习西方重点放在取鉴西学所长的科学方法与理论思维。他比较中西学术文化，深感中国传统思维中缺乏形式逻辑，指出：

> 我国人之特质，实际的也，通俗的也；西洋人之特质，思辨的也，科学的也，长于抽象而精于分类，对世界上一切有形无形之事物，无往而不用综括（Generalization）及分析（Specification）之二法……吾国之所长，宁在于实践之方面，而于理论之方面则以具体的知识为满足，至分类之事，则除迫于实际之需要外，殆不欲穷究之也。①

中国人重实践轻理论，往往以得具体的笼统的知识为满足，拙于抽象与分类，知事物之实而不知其名，名实淆乱，结果“用其实而不知其名，其实亦漠然无所依，而不能为吾人研究之对象”，无法对研究对象进行逻辑严密的实证分析，作高度抽象的理论概括。王国维还指出，中国由于缺乏形式逻辑的思维方法，一方面使原本活跃的中国古典逻辑学说经数千年而无法形成独立的逻辑科学，另一方面又使中国学术至今不能发达：

① 王国维：《论新学语之输入》，见《静安文集续编》。

> 夫战国议论之盛，不下于印度五哲学派及希腊诡辩学派之时代。在印度，则足目出而从数论声论之辩论中，抽象之而作因明学，陈那继之，其学遂定。希腊则有雅里大德勒自哀利亚派诡辩学派之辩论中，抽象之而作名学。而在中国则惠施、公孙龙等所谓名家者流，徒骋诡辩耳，其于辩论思想之法则，固彼等所不论，而亦其所不欲论者也。故我中国有辩论而无名学……而我国学术尚未达自觉（Selfconsciousness）之地位也。①

王国维反复论述中国没有逻辑学及其造成中国学术的落后，实际上就是要求引进西方综合与分析的逻辑方法。他在1906年就明白提出："今日所最亟者，在授世界最进步之学问之大略，使知研究之方法。"② 此后，王国维不断探索，提出了"二重证据法"，给近代学术研究提供了一种新颖有效的方法。

郭湛波曾在《近五十年中国思想史》中说：

> 中国思想史上，向来不重思想的方法，如旧中国诸子，只有"名家"来研究思想的方法，还为各家所攻击，到了汉唐、宋明的学者，更不用谈了。一直到近代，中国受了西洋的影响，始注意到思想的方法——论理学。③

郭氏此论有一定道理。严复等人就是深入接触西学后，进行中西学术文化的对照反思，发觉中国不讲究形式逻辑的思维缺陷及其对学术发展造成的不良后果，从而宣传和引进西方逻辑科学，希望借此变革中国人的思维习惯，"更革心思"，革新中国学术，恰如时贤所评，"严氏觉得名学是革新中国学术最要的关键"④。而逻辑学在中国的兴起，

---

① 王国维：《论新学语之输入》。

② 王国维：《奏定经学科大学文学科大学章程书后》，见《静安文集》。

③ 郭湛波：《近五十年中国思想史》第五篇《近五十年中国思想方法》。

④ 蔡元培：《五十年中国之哲学》。

的确也促发了中国近代学术方法的革新，“自严先生译此二书，论理学始风行国内，一方学校设为课程，一方学者用为致学方法”①。在严、王之后，梁启超、胡适等人继续从方法论角度引进和研究逻辑学，并且大力发掘中国古代逻辑思想与方法，特别是承继和发展了清代朴学的科学归纳法，为近代学术发展提供了科学的方法论。

其二，以外来逻辑为理论参照，发掘墨家逻辑思想，同时对中西印三种逻辑体系进行初步的对比研究，确立中国古典逻辑在逻辑思想史上的地位。

近代西方逻辑学的大量输入，和印度因明以法相宗复兴而再获重视，不仅促进了逻辑学在近代中国的蔚兴，还直接推动了墨家逻辑研究和中西印三种逻辑体系的比较。事实上，集乾嘉《墨子》校注之大成的孙诒让，1897 年致信梁启超，就推断墨家学说有与欧洲逻辑、印度因明相通贯之处：“尝谓《墨经》揭举精要，引而不发，为周名家言之宗，窃疑其必有微言大例，如欧土论理学家雅里大得勒之演绎法，培根之归纳法，及佛氏之因明论者，惜今书讹缺，不能尽得其条理。”② 孙诒让极其敏锐地识察出了《墨经》中蕴含的逻辑思想，为后人研索墨家逻辑暗示了方向，即将中西印逻辑学说予以比较阐发。不过，与其说孙诒让因为《墨经》一书“讹缺”而无法发掘其中丰富的逻辑思想，不如说是因孙诒让没有掌握欧洲逻辑与印度因明。严复在翻译西方逻辑科学的过程中，十分注重将西方逻辑与中国名学联系起来，在选择逻辑术语有关译名时，只要他认为西文词汇与中文词意基本相符，就采用中国名学中的固有术语，例如将“逻辑”译成“名学”，将“概念”译作“名”，将归纳推理的三段论译作“演连珠”等。严复并在译述中结合中国典籍“引喻设譬”，经常列举中国古代应用逻辑的实例。他还将西方逻辑思想与中国名辩学说进行对照分析，论其异同，从而肯定中国古代有着丰富的逻辑思想：“夫名学为术，吾国秦前，必已有之，不然，则所谓坚白同异、短长捭阖之学

① 郭湛波：《近五十年中国思想史》第五篇《近五十年中国思想方法》。

② 孙诒让：《答梁卓如论墨子书》，见本书前揭《孙诒让遗文辑存》卷 2。

说，未由立也……盖惟精于名学者，能为明辩以晰，亦惟精于名学者，乃知所以顺非而绎也。"① 他还指明中国古代逻辑的运用多演绎而少归纳："吾国向来为学，偏于外籀，而内籀能事极微。"② 不过，严复对西方逻辑与中国名学的对照、比附，往往流于肤浅，更未能进行系统分析与研究。此后，梁启超、章太炎在20世纪初年对墨家逻辑思想加以初步发掘，并与西方逻辑、印度因明进行比较研究。

梁启超幼而好墨，一生嗜治墨学，1904年就著成《墨子之论理学》，专论墨子的逻辑思想。他认为，"诸子中持论理学最坚而用之最密者，莫如墨子"，所以他指出，"欲论墨子全体之学说，不可不先论其所根据之论理学"。梁启超强调从逻辑思想入手研究墨子及墨家的学说，可谓抓住了要害。他说：

> "墨子全书，殆无一处不用论理学之法则，至专言其法则之所以成立者，则惟经说上、经说下、大取、小取、非命诸篇为特详。今引而释之，与泰西治此学者相印证焉。"③

事实上，在《墨子之论理学》一文中，梁启超主要参照从亚里士多德到培根西方逻辑的基本原理来阐释墨子的逻辑思想。首先，梁启超举出墨家逻辑学的15个基本概念，即辩、名、辞、说、实、意、故、类、或、假、效、譬、侔、援、推，并将它们与西方逻辑学术语进行印证发明。例如，他以为墨子的"辩"，"即论理学也"；"名"，"即论理学所谓名词 Term 也"；"辞"，"即论理学所谓命题 Proposition 也"；"说"，"即论理学所谓前提 Premise 也"，等等。梁启超从墨家著作中拣出这15个词来，把它们阐释成墨家逻辑学的基本概念，并与西方逻辑学的基本概念一一对应，这就确立了墨家学说作为初始形态的中国古典逻辑学的历史地位。其次，梁启超着重发掘了墨家逻辑

① 《名学浅说》，第59页。

② 《名学浅说》，第82页。

③ 梁启超：《墨子之论理学》，见《饮冰室文集》之三十七。

学中的归纳推理法则。他指出，《经说》等篇“专言其法则之所以成立者”。梁启超经过研究，认为墨子既讲演绎法，更多的则讲归纳法，因此直呼墨子为“东方之培根”。墨子的归纳法，表现在“三表法”中。何谓三表法？《非命》篇上记载云：“有本之者，有原之者，有用之者。于何本之？上本之于古者圣王之事。于何原之？下原察百姓耳目之实。于何用之？发为刑政，观其中国家百姓人民之利。”梁启超从逻辑学角度解释说：

> 墨子每树一义明一理，终未尝凭一己之私臆以为武断也。必繁称博引，先定前提，然后下其断案。又其前提亦未始妄定，必用所谓三表法者，一一研究之，而求其真理之所存……所谓归纳派论法也。

梁启超概括出墨学中的归纳逻辑，从而无比自豪地宣布：“我祖国三千年前，有专提倡此论法以自张其军者，则墨子其人也。”即使与西方近代逻辑相比，墨家逻辑有不完备处，但它在世界古典逻辑体系中的地位不容否定：“墨子之论理学，其不能如今世欧美治此学者之完备，因无待言。虽然，即彼土之亚里士多德（论理学鼻祖也），其缺点亦多矣，宁独墨子。故我国有墨子，其亦足以豪也。”尤其值得一提的是，梁启超将驰骋辩才的名家纵横之士与讲究逻辑研求真理的墨子截然区别，指明了墨子作为中国古代逻辑学大家的历史地位。他说：

> 若夫惠施、公孙龙之徒，以名家标宗，其实乃如希腊之诡辩派，其论理学盖下于墨子数等也。
>
> 墨子之论理学，非以骋辩才也，将据以研究真理，而树一坚确不拔之学说也。①

① 以上引自《墨子之论理学》。

梁启超虽在孙、严的基础上推进了中国古代逻辑的科学发掘和中外逻辑的比较研究，不过他所做的仍是一种初始性的开拓和探索，留下了不少缺憾。例如他注意以西方逻辑原理来印证和阐释墨子逻辑思想，但忽视了与因明的比较。梁启超又提出过比较研究要避免“牵合附会之诮”，但当时他的研究中牵强比附的很多（梁在 20 世纪 20 年代深入研究墨学，在墨家逻辑思想研究以及中西印逻辑比较方面取得了更大成果）。事实上，在 20 世纪早期，进行中西印三种逻辑比较最为自觉、也最有成绩的是章太炎。章太炎于 1909 年完成了《原名》等中国逻辑学研究名篇。他借鉴外来逻辑学原理，并结合古代名辩思潮与语言文字演变，勾勒出中国古代逻辑科学演进的简明轮廓，并提出了关于“概念”形成与发展、“辩说”的前提与模式等形式逻辑的具体原理。章太炎在研究中，特别提出要从中西印逻辑比较的角度来研究《墨经》，阐发它的逻辑思想。在为发表《原名》致《国粹学报》的信中，他说：

> 前见皋文（即张惠言）、仲容（即孙诒让）所说《墨经》，俱有未了。邹特夫曾以形学、力学比附，诚多精义，然《墨经》本为名家之说，意不在明算也。向时无知因明者，亦无有求法相者，欧洲论理学复未流入，其专以形学、力学说《墨经》宜也。今则旧籍已多刊印，新译亦时时间出，而学者不能以是校理《墨经》，观其同异。盖信新译者不览周秦诸子，读因明者亦以文义艰深置之，而《墨经》艰深，又与因明相若，因无有参会者。①

章太炎指出前人不从逻辑学角度研解《墨经》，并归其因于学术时代的局限，意在批评时人徒信近代西方逻辑，不去钻研因明，忽视对周秦诸子逻辑思想的发掘整理。章太炎在这里提出，既要依据西方逻辑，又要参会因明，去“校理《墨经》，观其同异”。既通西译又精

① 汤志钧：《章太炎年谱长编》，中华书局 1979 年版，第 305 页。

因明的章太炎，便当仁不让地展开这种比较研究。

章太炎的比较研究，集中于三种逻辑科学中演绎推理形式的对比。在《原名》中，他先提出了一种理想的推理格式："辩说之道，先见其旨，次明其柢，取譬相成，物故可形，因明所谓宗、因、喻也。"他认为，进行论证，首先要提出论题，其次列举论据，最后是取譬设喻进行论证，他借用因明术语，分别称之为宗、因、喻。章太炎就以这种理想的推理格式为标准，进行中西印逻辑的比较。他提出：

> 印度之辩：初宗，次因，次喻。大秦之辩：初喻体，次因，次宗。其为三支比量一矣。《墨经》以因为故，其立量次第，初因，次喻体，次宗，悉异印度大秦。

章太炎虽只明言印度之辩与大秦之辩"其为三支比量一矣"，但他指出墨辩中也有宗、因、喻，实际上肯定了中西印推理格式的构成是一致的，证明了三种逻辑体系的彼此通贯。章太炎同时又举例指出其异，可列成下表：

	印度量	大秦量	墨子量
第一步	"声是无常"（宗）	"凡所作者皆无常"（喻体）	"声是所作"（因）
第二步	"所作性故"（因）	"声是所作"（因）	"凡所作者皆无常"（喻体）
第三步	"凡所作者皆是无常"（喻体），"喻如瓶"（喻依）	"故声无常"（宗）	"故声无常"（宗）

从表中可见，不同之处在于推理形式的先后位置，中西异中有同，

"大秦与墨子者，其量皆先喻体，后宗"。但在章太炎看来，这正好说明中西逻辑推理格式皆不如因明严明完备。"先喻体者，无所容喻依，斯其短于因明立量者常则也。"① 章太炎如此立论，可能是他偏爱佛理，不过，他特别指出《墨经》中的立量次第"悉异印度大秦"，无疑提示人们：中国古典逻辑自有其特色，不宜与外土逻辑滥作比附而湮没丧失中国逻辑的独立品性。

总而言之，近代中国逻辑学一开始就沿着两条近乎平行的路向而兴起，即一面大量引进西方逻辑，一面大力整理中国古典逻辑，从而在输入外来新学说与开掘本土旧资源的基础上，建设中国自己的逻辑学。1917 年章士钊完成《逻辑指要》的初稿，在中西逻辑比较研究的基础上，融贯中西，提出了"以欧洲逻辑为经，本邦名理为纬"的中国逻辑学体系建设的主张，标志着中国近代逻辑学的发展进入一个新的阶段。

第四节　形式逻辑与唯物辩证法之争

西方传统逻辑自 20 世纪初叶在中国渐次兴起，至 20 年代，大中学校普遍开设逻辑课程，形式逻辑在中国开始普及。与此同时，数学论理学（数理逻辑）、实验论理学（实验逻辑）和矛盾论理学（辩证法）也传入中国。在传播中，它们各以最现代、最科学的逻辑自相标榜，批评、攻击别派逻辑。如金岳霖等少数研究数理逻辑的学者指陈传统形式逻辑的缺陷（参见第七章第五节），以胡适为代表的实验逻辑学派对形式逻辑和唯物辩证法的批评，② 以及马克思主义理论宣传家、研究者对实验逻辑和形式逻辑的批判。这样，在 20 世纪 20 年代末期以后，中国逻辑学领域发生了一系列论争，其中规模最大、论争最激烈的是 30 年代发生在形式逻辑与唯物辩证法之间的一场大混战。

---

① 以上引自章太炎《国故论衡·原名》。

② 详见《胡适文存》卷 2。在《实验主义》中，他批评形式逻辑"不是训练思想力的正当方法"。在《科学与人生观序》中，他又指出辩证法是"玄学方法"，只有实验主义才是"科学方法"。

现有的研究大多认为，这场俗称“唯物辩证法论战”的学术论争首先是由张东荪之流于1932年挑起的。实情不然。早自20年代末起，就不断有信奉和宣传辩证法的人（其中有托派人士），公开批判和简单否定形式逻辑。例如，许兴凯1929年在《民铎》十卷发表《“演绎法”、“归纳法”与“辩证法的唯物论”》，指责形式逻辑用“静止的、固定的、独立的、绝对的方法观察一切自然和社会的现象”。郭湛波1930年出版《辩证法研究》，书中视形式逻辑与辩证法为两种完全对立的“观察事物的关系及法则”。1931年至1932年，《读书杂志》连续载文批判形式逻辑，如王昭公《形式逻辑之崩溃与新科学的方法论之完成》（载一卷二期）、陈邦国《辩证法与逻辑学》（载一卷七期）、王礼锡《思想方法论》（载二卷一期）、李石岑《辩证法与形式逻辑》（载二卷五期）等。他们无一例外地指责形式逻辑对于认识事物存在许多缺陷，只有唯物辩证法才是最高级、最科学的认识方法。其中王昭公的观点最有代表性，他说：“形式逻辑把一切事物看做是不变动的，是互相分离孤立的，辩证法则不然，辩证法不在事物的静止状态中观察事物，而在它的运动和因果关系中考察它，所以辩证法是比较高级的思维形式。”他还举出所谓科学实证，“宣告了形式逻辑的破产”，他论定：“形式逻辑的统治到了黑格尔的辩证法之完成已告崩溃，这是科学的无情的实际材料之累增的结果。谁要想挽回形式逻辑的命运，谁就去像中古焚死布鲁罗的手段来摧残现在的一切科学。”此外，亦英也在1932年的《东方杂志》撰文，宣布形式论理法已“根本失去他本身的存在”，“已经失去了认识论中的效用，变成历史的遗迹”。① 这些对形式逻辑的误解、歪曲和错误宣判其“死刑”，必然刺激形式逻辑学者奋起辩护形式逻辑的科学性。论战之初，邓拓就曾专门指出了这一点：

> 在今日谈唯物辩证法的人也的确是太多了。任何人，不管他是否真正懂得了唯物辩证法的应用，总喜欢充一下时髦，也弄一

① 亦英：《认识论中之形式论理与矛盾论理》，载《东方杂志》二十九卷六号。

弄辩证法……形式逻辑被人们看成几乎是已死了的残骸，这样的情势下，也无怪一些“维持正义”的学者们要出来为形式逻辑吐一吐气，鸣一鸣不平！①

卢心远也承认某些唯物辩证法论者简单宣判形式逻辑“死刑”的幼稚做法，“不但形式论理学者不甘心，就是调和成性的所谓辩证论者，也要出马来替形式论理学辩护”②。事实上，一直到1932年下半年之后，张东荪、牟宗三等人，才相继撰文，解释形式逻辑及其基本原理的本义，对形式逻辑的单向批判才一度变成了形式逻辑与辩证法的互相混争。

一、辩证法论者对形式逻辑的严重误解和错误批判

对形式逻辑的批判，始自20世纪20年代末期，在30年代达到高潮，并持续至40和50年代。这场批判的主要内容有三：一是以辩证法为参照，对形式逻辑的基本原理进行分析；二是以他们对形式逻辑原理的分析为学理依据，揭示形式逻辑的学科性质；三是阐明形式逻辑与唯物辩证法的关系。下面对此略作介绍。

“我们对于形式逻辑扬弃的展开，要从这些思维律的批判开始。”③ 事实上当时批判形式逻辑的各家各派，都是从对形式逻辑基本原理的分析、批判入手的，这符合学术批评的通则。但是当时批判形式逻辑的人总是站在辩证法的立场上，对形式逻辑的基本原理未作全面深入的研究，从而产生了许多有意、无意的曲解、误会，以至于认为形式逻辑的三条原理完全否认了事物的差别、运动、变化和矛盾。④

---

① 邓云特（邓拓）：《形式逻辑还是唯物辩证法》，载《新中华》杂志一卷二十三期。

② 卢心远：《艾思奇如何处理形式逻辑》，原载《思想月刊》1卷二期。

③ 李达：《形式逻辑扬弃问题》，原载《理论与现实》一卷2期。

④ 形式逻辑本有四大基本原理，即同一律、矛盾律、排中律、充足理由律，但当时形式逻辑的研究者或批判者中极少人注意到充足理由律。本文在论述中亦略去关于充足理由律的讨论。

其一，形式逻辑的同一律，本来只是要求思维形式（概念、判断、推理）自身的同一，即人们就同一对象在同一条件下的思想必须具有确定性。它既不否定事物的差异、矛盾，也不否认思维的发展、变化，相反，同一律还要求在思维反映这些差异、矛盾、变化时也必须具有确定性。然而，当时的批判者不是把同一律理解成表示事物绝对等同、毫无变化，就是把同一律及其公式视作肯定命题的惟一形式。前者如王特夫，他在《论理学体系》一书中说同一律“是把一切对象和概念，当作和它们本身不起差别而永久同一的看待”。范寿康认为同一律“常常假定其所思维的对象在本质上是固定不变”①。张栗原说：“同一律是说明事物和概念，永远是和它自身同一的……依照这个定式，须把一切事物当作不变的东西去观察。”②艾思奇也认为同一律指“一件东西就是这一件东西，而且始终只能看做这件东西”，因此它是抽象的同一性的原理，“它对于同一事物只能看出它的绝对同一的一方面，也只肯承认这一方面，而看不见它自己的矛盾的、对立的方面”。③ 而纯粹从字面上把同一律误解为肯定命题形式的人，无不认为遵守同一律，就只能永远说些“甲是甲”之类同义反复的废话。王昭公曾举例说，按照“甲＝甲”这个“十二分偏狭不完全的”同一律，如果提问“你爸爸怎么样”，你只能答曰：“我爸爸＝我爸爸”，“这样我们对于你的爸爸仍然是一点也不知道”。④ 张凤阁也据其对“甲是甲”公式的误解论断同一律：“这个原理为主语与宾语全属同一意味，而成为同语反复，成为虚空的判断，因未曾说明任何事物的真相，例如说甲是甲，中国是中国，哲学

---

① 范寿康：《形式论理与辩证法》，原载《安徽大学月刊》一卷一号，见叶青编《哲学论战》。

② 张栗原：《思维方法论》，原载《新中华》四卷十九期。

③ 艾思奇：《形式论理学和辩证法》，原载《理论与现实》一卷二期。

④ 王昭公：《形式逻辑之崩溃与新科学的方法论之完成》，载《读书杂志》一卷二期。

是哲学，这都是一点没有内容的东西，而成为概念哲学的诡辩。"①至于兼有这两种（甚至多种）错误的更大有人在，如艾思奇在《大众哲学》中认为同一律是指同一样东西"内部决不能够有矛盾"，因此，遵守了同一律，"我们的说话和思想，除了把一名词反复一下以外，就不能再进一点了"，亦即只能说"这青年就是青年"，至多只能说"这青年是个店员"，要是说"这青年不是老年"，那就违反了同一律。再如李达的下述一段话，他分两个方面批判同一律，刚好出现前述两种错误：

> 这个同一律，真是表示所谓"抽象的同一"的，这抽象的同一，是排除了一切差别的同一，或如屠孝实所说，是"超出于差别之上"的同一。这个同一律，完全是空虚的同一语的反复，主辞与宾辞的同一（如"甲是甲"），已经与命题的形式相矛盾。②

其二，在批评形式逻辑的矛盾律时，混淆了"逻辑矛盾"与"辩证矛盾"。所谓逻辑矛盾，是指思维对于其对象在同一条件下作出了自相反对、自我否定的反映，是一种主观认识的错误；矛盾律规定"是即是，否即否，不能同时既是又否"，正是防止和排除这种逻辑上的混乱与矛盾。而辩证矛盾指客观事物本身固有的对立统一关系及其在思维中的正确反映，它无时不在，无处不在；处理辩证矛盾，只能运用唯物辩证法的对立统一原理。客观上的矛盾与逻辑上的矛盾性质截然不同，丝毫不容混淆。然而，在这场论战中，能够将二者区分开来的人极是少见。形式逻辑的批判者，大多不加分辨地滥用"矛盾"一词。他们中有的因矛盾律不容许思维中存在逻辑矛盾，指责形式逻辑不承认"矛盾"，如张栗原说"矛盾律是消极地否认矛盾

① 张凤阁：《形式逻辑与辩证法的比较》，原载《清华周刊》四十一卷十期。

② 李达前引文。

之存在的可能”①，叶青认定“形式逻辑不承认矛盾”②。有的人误解形式逻辑排除逻辑矛盾是排除事物所本有的矛盾（辩证矛盾）。如邓云特批评：“一切事物的运动都以矛盾为其动力，而形式逻辑却不能认识事物的内在矛盾，相反的，形式逻辑却不允许将矛盾的事物视为同一，就是它根本否认有矛盾的统一。”③ 张凤阁也指责“矛盾律的要义，在说明每一个事物自身不能包含矛盾”，但是宇宙中的万事万物时刻都在变化中，“一切生灭流转变化的事物，在每一瞬间都含着矛盾，都由矛盾而激起运动”，“所以这个矛盾律，一应用于现实宇宙同运动着的事物上时，便感觉到它的缺陷，便失掉其客观的妥当性”。④ 更多的人把矛盾律所要禁止的逻辑矛盾误作辩证矛盾加以肯定，企图以辩证法的对立统一原理来取代矛盾律。例如李石岑以一切变化的事物在每一瞬间都有着矛盾为理由，把用“A 是 B 同时不是 B，或 A 是 B 同时又是非 B”这一流行的公式表示的矛盾律，论证为“这是明确的辩证法的观点”⑤。李达在《形式逻辑扬弃问题》文中，还举“中国是中国”，“中国不是非中国”为例，以对立统一律进行分析，认为“中国”这一概念中“就在同时同地兼具有相矛盾的两种性质”，所以可以很正确地说“中国是半殖民地民族，同时又不是半殖民地民族”，他因此说：“这句话，形式逻辑家没有理由反驳，矛盾律就变为没有意义了。”

由于对“矛盾”一词的误解，叶青、李达、艾思奇等人甚至批评形式逻辑基本原理的内容与其公式命题不能一致，各原理之间也自相矛盾。叶青就说：“形式逻辑不承认矛盾，其实除了矛盾便没有形式逻辑……形式逻辑在不承认矛盾之中承认矛盾。”⑥ 李达认为同一

① 张栗原前引文。

② 叶青：《形式逻辑与辩证逻辑》二，原载《研究与批判》二卷三期。

③ 邓云特前引文。

④ 张凤阁前引文。

⑤ 李石岑前引文。

⑥ 叶青前引文。叶青同时也指出辩证逻辑“在承认矛盾之中不承认矛盾”，都是混用了两种性质的“矛盾”。

律主张抽象的同一，矛盾律主张抽象的差别，割裂了一个统一体中的同一与差别，“所以这个矛盾律也和同一律一样，与其命题的形式相矛盾”，这也正是形式逻辑“所以主张对于任一事物不能同时肯定又否定”的原因所在。① 艾思奇除论证形式逻辑诸定律各与其公式不能一致外，还特别指出“形式论理学想排除矛盾，结果在实际上陷入更大的矛盾”②。他举例说：

> 如果严守形式论理学的诸定律，那么，在同一事物的判断里，可以得出绝对矛盾的结果……例如在统一战线问题上，依同一律可以把中国看成绝对统一，没有任何内部的对立，而依矛盾律又可以说中国根本无统一战线（因现有各党派都保持着独立性）。这是形式论理学本身不可避免的矛盾，或二律背反（即完全相反的两种主张都能成立）。③

其三，大多数论者认为同一律与矛盾律的综合即得排中律，因此，由他们对前二律的误解，必然也对排中律产生种种误解。其中最常见的误解有二：一是视排中律为选言判断的基础。如李石岑说：“一切选择判断皆以排中的原理做基础”④；王礼锡把排中律直接表述为“非甲即乙”；⑤ 张栗原写道：“排中律是说明在两个自相矛盾的判断中，一个是真理，另一个是错误，在两者的中间，不容有第三个判断。”⑥ 李达则认为“甲或是乙，或是非乙”的排中律公式，可以改写成“是一是，否一否，其他都是错误”的公式，据此说：“在这公式中，关于一个事物两个对立判断之一是正确，不能再有第三个

① 李达前引文。

② 艾思奇前引文。

③ 艾思奇：《研究提纲》第五部分，见《哲学选集》1947年版。

④ 李石岑前引文，李还同时认为排中律是分类判断的基础。

⑤ 王礼锡：《思想方法论》。

⑥ 张栗原前引文。

判断。"① 对于排中律的第二种普遍误解是认为它否认中间状态，不能把握客观事物的对立统一，与辩证法的对立统一原理处于针锋相对的地位。如张凤阁认为"排中律这个思维法则，否认中间状态"②，钱曼予这样解释"甲是甲或是非甲"：

> 就是说，一个东西只能是甲或是它的反面非甲，甲与非甲的中间情形是没有的。换言之，一个东西不能是甲与非甲的矛盾统一，不矛盾律和排中律实际上是同一律的发展，它们都是与辩证法的核心——矛盾统一律——根本对立的。③

艾思奇在《形式论理学和辩证法》中说：

> 同一律看见了绝对的同一，矛盾律看见了绝对的对立，排中律却指出：或者是绝对同一（A是B），或者是绝对的对立（A是非B），不能同时同一，而同时又对立。例如集中或是限制民主，或是不限制民主，而不能同时限制同时又发挥民主……这样，排中律只承认事物的对立或统一，而反对把握"对立的统一"，这就是说，它和辩证的基本法则是针锋相对。

李达也指出，客观世界中的一切事物都是对立物的统一，而排中律"只承认对立物的一极而否定他一极，所以只能表示抽象的对立"④，这种抽象的对立在客观现实中根本就不存在。

辩证法论者通过这样的错误分析与歪曲理解，把形式逻辑基本原理说成是坚持绝对、孤立、静止，否认差别、矛盾、运动、变化的形而上学规律，因此认为形式逻辑为形而上学服务，甚至宣判形式逻辑

---

① 李达前引文。
② 张凤阁前引文。
③ 钱曼予：《辩证法与形式逻辑》，原载《哲学杂志》1940年第2期。
④ 李达前引文。

是形而上学的世界观、方法论，或者把形式逻辑等同于形而上学唯心论、主观主义。例如钱曼予在对形式逻辑的三条基本法则作出背离其本义的说明后，说："可见形式逻辑的基本观点，是把一切事物都当作静止的，孤立的东西看待。"他还定义形式逻辑"是形而上的思维方式及其在逻辑学上的理论的表现"，指责形式逻辑把抽象的思维法则看成了绝对体，"它就经常地具有一种唯心论的倾向"。① 王昭公则直接宣布"形式逻辑的原则完全是根据其宇宙观学说即形而上学"②。范寿康说："形式论理学把一切事物看做是不动不变而且是各自分离，各自孤立的。"③ 亦英指出，要运用形式逻辑诸法则，必须有两个假定，首先"得假定一切是静止的，而不是运动"，其次是"将事物当成孤立的看待"，但这些假定与客观现实不符合，所以，"照形式论理这三条基本的法则，对于事物的认识，很显然的只是肤浅、表面的认识"。④ 艾思奇也说，"形式论理学是形而上学的论理学的基础"，它"不能反映事实的发展和联系"。⑤ 张栗原论证形式逻辑学从概念、判断到推理的全部思维过程，"都是脱离了事物之实际的内容，不曾看到事物的运动发展之内在的关联"，因此他肯定地说："亚里士多德所创立的逻辑原理，完全是形式主义的，同时又是主观主义的。"⑥ 李达认为同一律、矛盾律、排中律和充足理由律可以归结为一个根本不存在的"抽象的同一性"，形式逻辑"一经抽象出同一律之后，就把它当作思维的根本法则，便再不回顾客观世界的发展，而把自身禁锢于抽象的思维领域了"，也就是说，任何形式逻辑，"都可以把它当作观念论的哲学去检讨"。⑦ 这同样是批判形式逻辑缺乏客观的物质基础而把它归结为唯心主义。

---

① 钱曼予前引文。

② 王昭公前引文。

③ 范寿康前引文。

④ 亦英前引文。

⑤ 前引艾思奇《研究提纲》。

⑥ 张栗原前引文。

⑦ 李达前引文。

在对形式逻辑的性质作出错误判决后，当时的辩证法论者就形式逻辑的作用及其与辩证法的关系又发表了各种各样的、极有歧异的主张。有些人认为形式逻辑处处暴露其自身的缺陷，在辩证法时代，形式逻辑被抛弃而走向"破产"已是不可挽回的命运。如邓云特在《形式逻辑还是唯物辩证法》中说，形式逻辑只能就个别的板滞的现象立论，不能从事物的历史的发展上来观察，"所以在今日，形式逻辑已经完全暴露了它的无能"。他进而指出："在今日，维持逻辑的权威之客观条件根本已在变动了，在许多现实的事物现象面前，完全证明了形式逻辑的破产。"然而，形式逻辑长期为人信奉，并且促进科学发展的客观历史事实又不容抹煞，所以这些激烈批判形式逻辑的人，在宣告其"破产"命运的同时，又提出"形式逻辑作用有限论"。如艾思奇在揭示了形式逻辑的缺陷及其内部矛盾后，接着说：

> 是不是说，形式论理学就仅仅是充满着缺点的东西，没有一点真理的要素包含在内呢？答复是否定的。倘若形式论理学仅仅是那样荒唐而不合理的东西，那就不会长期地为人们所信奉，不会在一两千年中间把握着人的信心，更不会在形式论理学的支配之下，还可以使人类获得许多科学的研究和发展。这些情形的存在，就表示形式论理学也把握了一些真理。①

邓云特也承认：

> 形式逻辑在许多主要的运用上，都表示出极端的无能，这是铁打的事实。可是，我们在今天，还不能武断地说它已经"丝毫没有作用"了。形式逻辑在事物运动发展的过程中之某一阶段上的个别事实的研究上，还有它相当的作用。

他还具体地说明这种"相当的作用"，即对固定的、个别的事实进行

① 艾思奇：《形式论理学和辩证法》。

分析、综合、比较、观察等“比较单纯的作用”。① 此外，王礼锡也不认为形式逻辑“完全陷于错误”、“破产”，他说进行批判“不是要完全打破形式逻辑，而是要限制形式逻辑的绝对功用”，他同样认为形式逻辑的应用范围限于孤立、静态、个别、片面的事物，以至于直称形式逻辑为“静的逻辑”。

“辩证法与形式逻辑的关系怎样？这是新哲学上最重要的问题之一。”② 探讨和处理二者的关系，是辩证法派的兴趣所在和中心话题。尽管在争论中，他们有的对形式逻辑的存在简单否定，有的对形式逻辑的作用有限度地承认，但关于形式逻辑和辩证法的关系，他们近乎一致地提出了“对立论”，认为形式逻辑与辩证法完全对立并一直处于对抗之中。如张凤阁在其文章开篇即说：“在哲学的方法论上，到处都标示着两种极不相同的思考方法，这两种不同的思考方法，一种便是形式论理学的思考方法，另一种便是唯物辩证法的思考方法……这两种不同的思维方法，形成了现在方法论战上两个对垒的阵线。”③ 李石岑、王昭公、范寿康、艾思奇等人则从形式逻辑为低级思维方法、辩证法为高级思维方法的比较中，表明二者的对立性质。“对立论”的实质，是论证唯物辩证法的惟一正确性、科学性，从根本上否定了形式逻辑与辩证逻辑（辩证法）作为性质不同的逻辑学的平等地位。艾思奇曾在《哲学讲话》中专门批评叶青说：“把形式论理学和动的逻辑平等看待是不行的。”叶青也在答辩中写道：“首先我要声明的，是我并没有把形式逻辑与动的逻辑平等看待。”④

形式逻辑的性质及其与辩证法的关系确立之后，批判者可以理直气壮地站在唯物辩证法立场上来处置形式逻辑，卢心远的话很有代表性：“自然，我们坚信辩证法是真实地认识客观世界之最科学的方

① 邓云特前引文。

② 钱曼予前引文。

③ 张凤阁前文。

④ 见叶青《形式逻辑与辩证逻辑》。在同名的另一文中，叶青开篇即说：“形式逻辑与辩证逻辑这两个东西，被人看做对立物，这是正确的，它们两者的对立，非常显然。”两文各载《研究与批判》二卷二期、三期。

法，所以要站在辩证法的观点去反对形式论理学。"① 实际上，在对形式逻辑原理的分析、性质的裁判及其作用的估定等方面，批判者无一不是基于唯物辩证法的立场、观点与方法，然而，当将这些批评归结到“在辩证法的立场上，我们怎样来估量形式论理学"② 这一核心问题，辩证法论者内部却是异见纷呈、彼此攻讦。这里对当时最具代表性的综合派和扬弃派略作述说。

综合派以叶青和林仲达为最著，叶青既强调形式逻辑与辩证逻辑是两个对立物，又认为二者“都为思维底本性”，在实际上是交互表现、互相渗透的，即形式逻辑以辩证逻辑“为其结构的法则”，辩证逻辑亦以形式逻辑“为其建立的前提”，因此这两个对立物可以统一起来，综合使用。他还具体指出，运动中有静止，发展中有存在，所以在使用形式逻辑研究静止存在时亦须使用辩证逻辑，使用辩证逻辑研究运动、发展时亦须使用形式逻辑。③ 林仲达更将形式逻辑、价值派逻辑、实验派逻辑、唯物辩证派逻辑等拼凑成一个庞杂而矛盾的综合逻辑体系。他说：

> 综观形式逻辑与辩证逻辑的论争，可知二者本身就是辩证的一回事，没有前者便没有后者，没有后者便没有前者。形式逻辑涵蕴于辩证逻辑之中，而辩证逻辑也是孕育于形式逻辑之内，二者相反而实相成，相辅相依，相需相因，一言以蔽之，相对立而统一存在着、发展着。④

不过需要指出的是，叶、林等人的综合实际上并非平等并列地将各派逻辑（主要是形式逻辑与辩证逻辑）熔冶于一炉，而是坚持辩证逻辑在其中的主导地位，从根本上看，还是不承认形式逻辑的独立存在

---

① 卢心远前引文。

② 艾思奇：《形式论理学和辩证法》。

③ 叶青前引《形式逻辑与辩证逻辑》（二）。

④ 林仲达：《综合逻辑》，上海中华书局 1936 年版，第 260 页。

与价值。如叶青特别提出，形式逻辑与辩证逻辑的统一，“不是二元论的、折衷的，乃是以辩证逻辑去吸收形式逻辑”，经过他的综合，“形式逻辑是被辩证逻辑消灭了、保存了又昂扬了”，“在方法底范畴上，不能承认有形式逻辑”。① 所以，综合派的观点，与扬弃派并无本质的差别。

主张辩证逻辑扬弃形式逻辑，这是当时最为盛行的观点，以至于有人断言：“辩证逻辑扬弃了形式逻辑，这已是一般人所熟知所公认的事实。”② 当时站在辩证法立场上批判形式逻辑的人，绝大部分都持此论，王特夫、李达、艾思奇、潘梓年、张栗原、范寿康、李石岑、卢心远等是其中的代表。但对于辩证逻辑如何扬弃形式逻辑，扬弃派内部颇多歧见，往往彼此批评。如卢心远有《艾思奇如何处理形式逻辑》，批评艾思奇在《大众哲学》中简单地宣判形式论理学死刑，说艾君虽然提出了“扬弃”主张，“但他全篇文章都是表现着简单地抛弃形式论理学”。他原则性地提出，所谓扬弃，应是“抛去了形式论理学底糟粕，取得了它底精华，再加以辩证法底锤炼，而熔解于辩证法之中，然后成为辩证法底整个构造之一部分”。李达专门撰写《形式逻辑扬弃问题》，提出了“一面克服它，一面改造它”，要依据辩证逻辑的理论，对形式逻辑从其思维形式到方法进行改造。李达并在文章第一部分批评了王特夫、林仲达、艾思奇、潘梓年诸人在扬弃问题上的不足或缺失。艾思奇在《形式论理学和辩证法》一文中，提出辩证法不能简单地抛弃形式论理学，“从它的基本三定律开始，一直到形式论理学的全部（因为这都是建立在三定律上的），都有着可以被辩证法当做有机要素而吸收的真理的片断”。潘梓年为了解决“扬弃”问题，别出心裁地“把逻辑分为方法与技术两部分而用逻辑学与逻辑术作为它们各自的标题”，他著成一部极有影响的《逻辑学和逻辑术》，以为辩证逻辑应该这样扬弃形式逻辑：

---

① 叶青：《形式逻辑与辩证逻辑》（二）。

② 李达前引文。

具体说来，形式逻辑的三个思惟律，即同一律、矛盾律、拒中律已绝对不能用；概念论、判断论、推理论、分析与综合、演绎与归纳等等，则须加以根本的改作而构成思惟方法的一部分；关于词、命题、三段论的各种规定以及穆勒五规则与统计法等等，则全部编过来，叫它们充当技师而列为思惟技术。

应该说，这是当时论述扬弃问题最为具体的一份方案，然而受到艾思奇、李达等人的激烈批评。主张将形式逻辑从其定律一直到其全部构造都用辩证法加以改造而后吸收的艾思奇，既批评潘氏“太简单地把形式论理学基本定律根据废除了”，又指责他对形式论理的技术“全无批判地收编了”。① 李达将潘氏见解用一个公式表达出来，即“逻辑学——辩证逻辑，逻辑术——形式逻辑”，他推论说潘氏认为辩证逻辑有学无术，形式逻辑有术无学，“因此辩证逻辑应与形式逻辑结婚，以其所有易其所无，两家财产并作一家，就各得其所了”。李达因此认为，辩证逻辑家“必定责备潘君，不应该替辩证逻辑这个鳏夫无条件地收编形式逻辑那个寡妇做妻子”。②

当时的批判者除了从学理上对形式逻辑的原理、性质、作用及其与辩证法的关系进行分析、评断外，少数人还大力挖掘形式逻辑的阶级根源，试图揭示出它的落后、反动的本质，进一步对其在政治上作出宣判、彻底打倒。例如王特夫在其《论理学体系》中认定形式论理学的思维方法，“是最适合于封建贵族时代的一种社会意识形态”。郭湛波一再指出，形式论理学是封建社会的产物，实验论理学是资本社会的工具，因此，“不是资本社会的思想方法的辩证法”当然要反对“实验论理学和形式论理学了”。③ 陈邦国分析信奉和研究形式逻辑者的心理，说：

---

① 艾思奇：《形式论理学和辩证法》，此文冠有副题“并略评潘梓年先生的逻辑学与逻辑术”。

② 李达前引文。

③ 郭湛波：《近五十年中国思想史》第五篇《近五十年中国思想方法》。

> 现在为什么一般知名的学者，都留恋于形式逻辑不肯放手，故意不承认辩证法之权威呢？我们的答复是：他们满抱着阶级的偏见，因为辩证法不只是肯定（承认现有的）并且是否定（现存的之必然消灭）的观察现存研究现存。在辩证法说：封建制度必然崩溃，而代之以资本主义的社会时，他们便手舞足蹈的歌颂辩证法。但是，在辩证法了解资本主义社会在自己发展上亦会必然消灭时，他们不高兴了，辩证法根本是危险思想。①

言下之意，形式逻辑派是害怕和反对社会主义革命的资产阶级学者，更有人视形式逻辑与辩证法的学术之争为当时激烈的阶级政治斗争的直接体现："唯物辩证法是劳动阶级用以认识和改变世界的革命工具，形式逻辑是资产阶级保存一切古旧和陈腐东西的反动工具。辩证法与形式逻辑之争，正反映着两种人类类型的你死我活之争。"②

二、张东荪等人对形式逻辑的辩护和对辩证法的发难

辩证法论者对于形式逻辑的曲解、批判和否定，在学术界渐起反响。1932 年夏秋之际，李长之、张东荪在《再生》第四、五期发表《八股式的唯物辩证法》、《辩证法的各种问题》，公开责难辩证法，为形式逻辑申辩。此后，张东荪、牟宗三、傅统先、南庶熙、张抱横、孙道升、施友忠、魏嗣鉴等人，相继撰文反驳来自辩证法论者的批判，阐释形式逻辑的相关原理及其适用范围，维护形式逻辑的科学性质和独立地位，同时也对辩证法提出各种反对的批评。1934 年，张东荪将这些辩驳文章汇编成《唯物辩证法论战》，算是一个总结。此后，直至 40 年代初，虽然辩证法派对形式逻辑的批判日趋激烈并且形成系统理论，但"形式逻辑派"却再无公开的回应。

当时的辩证法论者之所以对形式逻辑作出种种错误批判和简单否定，一方面固然是他们对形式逻辑缺乏研究，对逻辑学术语混淆不

---

① 陈邦国前引文。

② 钱曼予前引文。

分，往往曲解形式逻辑的基本原理，以致出现许多常识性错误；另一方面，更根本的原因在于批判者理论上的混乱，他们或视逻辑学即是辩证法①，或将逻辑学等同于哲学上的世界观、认识论、方法论。这种理论混乱在陈邦国、王昭公、叶青、艾思奇、李达等人对"逻辑"的定义和其他表述中都有集中的体现。这里仅以当时力主辩证法、逻辑学、认识论同一的李达为例。1936年他在《中山文化教育馆季刊》三卷一期发表《逻辑的根本原理》，文中介绍的实是辩证法的三大原理；在同刊三卷三期的文章开篇说："我们知道：辩证法、论理学与唯物辩证法的认识论，是同一的哲学。三者同是一个哲学的最重要的特征，是因为他们都是'从人类的历史发展之考察抽象出来的最一般的诸结论之概括'。"事实上这篇题曰"逻辑大意"的文章始终都在论述辩证唯物主义认识论。1939年在《社会学大纲》和《形式逻辑扬弃问题》等著述中，李达又进一步论证了逻辑学、辩证法、认识论的同一性。当批评潘梓年等人把逻辑学解释为只是方法论时，他指出：

> 逻辑学是当作科学看的哲学，是以反映客观世界发展法则的思惟发展法则为对象的科学，它是世界观，同时又是方法，它是世界观与方法的统一。

在论述中，他甚至写出"逻辑学（=辩证法=认识论）"。在揭斥形式逻辑的局限性中，李达又把形式逻辑家分离逻辑与哲学的认识论视作形式逻辑的第一大缺陷，他在对这一缺陷的批评中又作正面阐述说：

> 在唯物辩证法来说，逻辑即是当作认识论看的辩证法……逻辑不是关于外界的思惟形式的学问，而是关于外界的发展法则及

① 当时的辩证法论者将辩证法与辩证逻辑作为同一概念理解和使用，更是司空见惯，连辩证法的批评者都很少区分这两个本来根本不同的概念。

其在思惟上的反映的思惟发展法则的学问。它是科学的世界观，同时又是科学的方法。①

正是由于这些理论混乱，使得一部分批判者即使认识到形式逻辑只处理思维形式而不管思维内容的本来面目，他们仍以逻辑必须正确解决思维与其内容（即所反映的现实）的关系为标准来衡量和要求形式逻辑，结果对于形式逻辑依旧只有批判和否定。李达就是代表。他十分清楚形式逻辑家手中的逻辑"只研究思想怎样正确或研究正确的思想历程和法式等问题"，"并不研究'知识的根本问题'"，依形式逻辑规律获得的思维"是否与客观世界相符合，能否到达于离意识独立的客观世界的认识，它是置之不问的"。据此他承认形式逻辑"不是哲学的认识论"，可是他却偏偏以此为形式逻辑的最大缺陷。②此外，胡绳也是如此，他一方面指出形式逻辑并不理会一条非常严密的公式"是不是精密地反映了客观的事实"，因而说："只看见推理的形式，不顾及客观的事实的发展，这就是我们把形式逻辑叫做'形式逻辑'的原因。"③ 这说明他对形式逻辑的性质还是了解的。可是另一方面，他又据此责斥形式逻辑：

有些形式逻辑家说：逻辑本不一定要和事实相合，只在表面上讲得通，就算是合逻辑的。这真是狗屁的话！我们的思想要是不能说明事实，这思想要来有什么用。④

张东荪、牟宗三、吴惠人等就从揭示批判者的混乱理论入手，对形式逻辑的性质、原理及其公式作出比较正确的阐释，恢复和维护形式逻辑的科学面目。他们的辩驳主要有以下三方面的内容：

---

① 李达前引文。
② 李达前引文。
③ 胡绳：《死的逻辑和动的逻辑》，原载《新学识》一卷七期。
④ 胡绳：《思想方法和行动方法》，原载《新学识》一卷十期。

首先，张东荪等人通过阐述形式逻辑诸原理为“思想律”而非“事实律”，指明形式逻辑只研究思维形式对错而不管其内容真假的学科性质。

张东荪以“同一律是思想上的律而不是事实上的律”来解说逻辑。他说：

> 在此所谓思想完全是说人类用符号（即言语）所表示的东西，这些符号是人造的，不是事实的映印，符号与符号之间具有内在的规则（intrinsic structure）。这种内在的规则就是所谓逻辑。于是我们便可以卑之无甚高论，而知道这种思想规律只是说话的规则罢了……

他指出同一律只是“言语界”内的法则，只在言语上要求同一而不管事实上有无同一，因此得出结论说：“思想律三条都是言语界的法则，而与事实不必完全相符。”张东荪把思想律解释成介于事实界与思想界中间的言语界的法则，确有费解、欠妥之处，不过他是借此来批评时人：“倘使采取唯物的见地，以为思想是事实的映射那就不相谋了。”① 后来，他对形式逻辑的性质又作了一个简括：“名理界自身成一系统，所以只有‘对’的问题，而没有‘真’的问题。”②

牟宗三根据数理逻辑原理定义逻辑：“逻辑不是真正命题间的实际关系，乃是无真假可言的命题函数间的形式的普遍的必然推演关系。”可见他认为逻辑在本质上只讲可能不讲实际。他又指出逻辑的三个根本原则“是思想中的东西，不是对象中的东西；是指说对象或确定对象的思想上的运用，不是对象本身生成的变化”。辨明了这一根本前提后，牟宗三接着对三个原理分别作出如下说明：

> （同一律）是我们思想进行时的先在确定，不是对象本身的

---

① 张东荪：《唯物辩证法之总检讨》九，见《唯物辩证法论战》。

② 张东荪：《关于逻辑之性质》，载《哲学评论》六卷一期。

> 同异问题；它是“是”这个概念的确定，不是对象本身的性质之是此是彼是红是白的规定。
>
> 矛盾律是两个命题的矛盾之禁止，不是两个名称或两个对象两种性质的禁止。矛盾只能在命题上说，不能在对象上说。对象性质名称根本无所谓矛盾。
>
> 排中律也是思想进行方面的，不是对象方面的，是两个陈说对象的命题上的拒中，而不是对象或名称的拒中。

牟宗三一再指出：“如果以事物的变动或从对象的性质来批判、否定形式逻辑，那只能是牛唇不对马嘴。”①

吴惠人在批评王昭公时也指出：“逻辑只是‘正名析词’（名 term，词 preposition）的学问，它并不管王君所举的‘事物本身’的情形是怎样，它只是‘想或说到事物’的条件或法则。”他特别据此揭露出批判者错误的根源所在：

> 他们唯一错误的根源在于：他们口里虽然照样说着“思想律”，心里却把“思想律”当作“事实的律”去看待，并且强使“思想律”满足“事实的律”的条件。我们只好说这般人根本不懂形式逻辑。②

吴惠人最后指出，“只要我们把‘事实本身的法则’和‘思想的法则’分开”，就不会指责形式逻辑有问题。这确实揭示了问题的要害所在。

分清了逻辑学的性质，其不是哲学的世界观、方法论、认识论也就显然了。牟宗三主张逻辑是理性自身的发展，“不是关论外界的应用”，因此所谓应用逻辑、特殊逻辑“其实就不是逻辑”而只能名之曰方法学，他指出：“世人不察，每将逻辑同于方法学，随而亦将逻

① 牟宗三：《逻辑与辩证逻辑》，见《唯物辩证法论战》。

② 吴惠人：《形式逻辑与马克思方法论》，见《唯物辩证法论战》。

辑同于知识论，这完全由于不明白什么是逻辑，什么是知识论与方法学之故所致。”牟宗三还特别批评辩证法者混淆逻辑与逻辑的应用，说：

> 逻辑是一回事，“为用的逻辑”（logic for use）又是一回事，此决不可混同。唯用论者就把这点忽略了，而现代所谓辩证法的逻辑或克服逻辑，乃实在是一窍不通，对于逻辑还是大门以外的小孩子，大门二门，升堂入室，更不容说了！①

其次，张东荪等对形式逻辑诸原理及其公式重新作出比较准确的阐解，以此论证其科学面目与实际价值，对某些错误批判作了驳斥。

关于同一律。前文已指出，批判同一律的两种代表性论调，一是认为它主张事物的绝对同一而否认事物的变化，一是以它为肯定判断命题的形式，遵守同一律就永远只能说些同义反复的废话。吴惠人首先指出，依据“甲＝甲”来批判同一律，只能说明批判者“对于形式逻辑之史的发展的知识，是怎样的缺乏”，因为“现在讲逻辑的人，都已不用这个说法”，已经借助数理逻辑把它表述为“如果×是甲，它就是甲”，对于主词不作肯定的主张，因此以同一律为肯定判断形式的误见，不驳自倒。他继而特别指出：

> 同一律只是“思想”的律，只是“想到事物”或“说到事物”时候的条件。若想或说“甲打乙”，必须先承认“甲”是“甲”“乙”是“乙”才行。

牟宗三也指出，以“一件东西与它本身相同”、“A是A”这些关于同一律的说法来指责同一律，实际上是没有明白同一律的本义，“乃是同一律的说法或解法发生毛病，并不是同一律本身发生毛病”。为

① 牟宗三前引文。

避免误解，同一律须改说为“如果×是A它就是A”。这样，对于×没有肯定的主张，所以不会被误解为肯定判断。他接着说：

> 对于×虽没有肯定的主张，而对于A却有肯定的主张，那就是说：A总是A，所以同一律不是×与A间的同一，而是A与A间的同一。

牟宗三以“同一律不是×与A间的同一，而是A与A间的同一”来解说同一律的本义，最是简明精确。他们还分别指出，作为“思想律”的同一律，只限制思维本身的确定，并不妨碍或否认思维之对象即具体事物的变动。吴氏说“同一律并不反对‘事物是变的’这个命题所指的事实”，事物虽是变动不居的，同一律却可以“不必与外在的事实本身一齐‘开步走’，一齐‘立定’”。牟宗三指出同一律“决不禁止事物的变迁与发展”，他讥讽那些认为同一律否认事物变化的批判者：“对象之变化与思想之进行，尚且分不开，还谈什么逻辑？说是脑袋的退化不算冤枉。”①

针对批判者所谓遵守同一律便只能说些同义反复的废话的歪论，吴惠人根据同一律只规范思维确定性而不管事实情状的本义，就王昭公所举“你爸爸怎么样”的问题批驳说：

> “你爸爸怎么样”是一个事实问题，同一律不必回答；这不能算是它的缺陷，因为它没有回答这个问题的义务。同时，同一律也不反对回答“怎么样”，因为它没有反对的权利。它的职分，就在确认（或确想确说）“甲”是“甲”这东西。虽然似乎可以说没有给我们以information，但一切information却非由它出发不可。因为它是说话、思考的必要条件（necessary condition），所以，无论说或想什么，必先用它……所以无论要说到或想到“你爸爸怎么样”，必须在概念上（conceptually）先承认

① 以上见吴惠人、牟宗三前引文。

"你爸爸是你爸爸"才行。如果不承认在概念上与"事实上"(factually)有别"你爸爸是你爸爸"，那么在思想中在语言中所发生的困难就多了，那困难多到使你没法子说"你爸爸怎么样"。因为：如果不承认"你爸爸是你爸爸"（此即同一律所指的思想），那么，你爸爸也许是鹦鹉，也许是观音大士，所以下文的"怎么样"就没有法子说下去了（因为主词所指的东西还没有确定），同一律之所以有意义者在此。明乎此，于是乎王昭公君可以再重新来批评形式逻辑矣!①

关于矛盾律与排中律。批判者在矛盾律和排中律上的错误，有一知识上的原因，就是混淆了"矛盾"、"相反"、"负面"、"对待"、"差异"等逻辑学术语。② 张东荪就指出："黑格尔与马克思总是把对待与负面混而为一，使其最后都移于矛盾，他们的根本错误就在于此。"他对矛盾（contradiction）、对待（contrariety）、负面（negation）、相反（opposite）一一辨析，认为：矛盾是一个名学的专门名词，仅指两个命题不能同时皆真，两命题虽相反亦不构成矛盾；负面亦只是名学上一个名辞，指除某一东西本身以外的一切，但事实上并不存在，因此甲与非甲并不能构成反对关系；至于对待，看似相对偶相反对，实际上不是反对，而是一种差异（difference），例如男女二辞"不过是性的差别而已，并没有反对的意思"，其他如方圆、黑白等都是如此。③ 张东荪虽未作出具体批评，④ 但他从黑格尔、马克思的辩证法入手，指出他们对于这些关键性逻辑术语的混用，实际上找出了当时批评者错误的渊源所自。

吴惠人则直接指出王昭公歪批矛盾律，是"王君根本不懂'矛

① 吴惠人前引文。

② 其时仅有季同（张岱年）撰文《相反与矛盾》，指出不仅"相反"与"矛盾"二者并非一回事，且各自有数种相异的意谓，感叹："解释甚难"，不易分别。见《大公报》1934 年 5 月 11 日副刊《世界思潮》。

③ 前引《唯物辩证法之总检讨》七。

④ 范寿康、李达等人各在前引文中把"差异"误认为"矛盾"。

盾的'（contradictory）名辞与'相反的'（opposite）名辞的分别”。他认为，“矛盾的”名辞是逻辑的专名，“即以 B 或 non-B 所代表的两种名辞”，“相反的”名辞则是事实方面所有的实物或性质，“所以，一件东西可以同时具有相反的性质，而不能同时具有矛盾的性质”。吴氏将以 B 或 non-B 代表的两名辞解作“矛盾”有误，不过他同时又称甲与非甲为“二分法的名称”（dichotomy term），二者可以同时存在，并指出王昭公等以“甲不能是甲又是非甲”来表示矛盾律，是误解了矛盾律。① 可见他这里说的实即张东荪所谓之“负面”名辞，吴氏同样批评了辩证法论者混用“矛盾”的错误。

牟宗三认为，矛盾律、排中律皆是逻辑学上的“二分法”引申出来的，所以矛盾律就是对“是”同时又是“不是”、“真”同时又是“不真”这种两个矛盾命题的禁止，排中律则是禁止在“A 是 B”与“A 不是 B”这两个矛盾命题之间再有第三可能。他接着指出，矛盾律的公式应写作“×不能同时是 A 又不是 A”，排中律的公式应写作“A 一定是 B 或者不是 B”，然而形式逻辑的批判者大多数把矛盾律表示为“A（甲）是 B（乙），或是非 B（乙）”，两种表述仅有“不是 A”与“非 A”的不同，然而这种字面表述的细微差别，却是是否分清了“矛盾”命题与“负面”名辞的集中体现。因为 A 与非 A 属一对负面名辞，它们可以同时存在，但“是 A”与“不是 A”却是一对矛盾命题，彼此不能同时成立。② 牟宗三因此特别强调：

> 这个“非 A”与“不是 A”的分别是很重要的，如果不注意它，则逻辑中的直接推论常常弄出笑话来。

---

① 吴惠人前引文。

② 牟宗三在文中承认此论曾得金岳霖的启发和指示。金在 1930 年《哲学评论》3 卷 3 期发表《AEIO 的直接推论》，认为矛盾律的公式不应是“甲不能同时是乙与非乙”，应是“甲不能同时是乙与不是乙”，排中律的公式：“甲一定是乙或是非乙”应改作“甲一定是乙或者不是乙”，他认为“'不是乙'与'是非乙'，在理论上实不同。矛盾与排中是命题的关系，而不是名辞的关系”。另可参见金著《逻辑》。

事实上，批判者就是以“非 A”替代“不是 A”，据此推论，竟至于宣称矛盾律、排中律有种种不可避免、难以自解的矛盾。例如张凤阁曾批判说：“从排中律看，一种动物不是卵生便是胎生，可是偏有一种动物如鸭嘴兽，同时是哺乳的又是卵生的，这个矛盾，形式逻辑中的排中律亦永远无法解决。”① 张氏虽然没有抄错排中律的公式（他写作“甲是乙或不是乙），可是他的运用却是以“非 A”（非卵生）代替了“不是 A”（不是卵生），“胎生”本是“非卵生”中的一种，二者可以同时存在，可见并非排中律有毛病，实际上是张氏自己错解了排中律。

再次，维护形式逻辑的独立地位，坚决反对以辩证法来评判、吸收、改造或取代形式逻辑，并对唯物辩证法提出种种诘难和攻击。

张东荪等人在辨明和恢复形式逻辑的科学面目后，就其存在价值及与辩证法的关系发表意见，反驳辩证法论者对形式逻辑的错误宣判和简单处理。针对王昭公、邓云特等人的形式逻辑“破产”论，吴惠人依据形式逻辑从传统形态发展而为近代数理逻辑的客观事实，作了有力驳斥。他指出批评者“只把形式逻辑看成了几千年来传统的‘教条’”，对于新的逻辑即数理逻辑视而不见、置而不论，只是根据二千多年前的逻辑原则来判定形式逻辑的崩溃，“可惜事实上，逻辑科学不但没有遵命‘崩溃’，却还逐渐地发展成为严正的专门学问”。② 由于当时批判者都是基于唯物辩证法的立场来裁判和处置形式逻辑，张东荪等人乃从两个方面进行反批判。

一是揭示形式逻辑与辩证法作为两门性质不同的科学的实际关系。张东荪指出，“一班马克思学者”在形式逻辑与辩证法关系上的错误，就在于不明白二者性质之根本不同，“同一律是说话的法则，辩证法不是说话的法则”。他认为，辩证法不仅不能代替形式逻辑，反而须借助于形式逻辑，“辩证法若要变成言语来表现时（以言语来

① 张凤阁前引文。
② 吴惠人前引文。

表明辩证法是真理时)，还得托命于思想律的同一律。因为离了思想的三条律，则我们便无法说话。"① 牟宗三通过对黑格尔唯心辩证法的析解，即承认辩证法（他谓之矛盾逻辑）有比形式逻辑（他谓之普通逻辑）高明的地方，也指出"矛盾逻辑与普通逻辑实非径庭"，而且前者还有赖于后者。他这样论述：

> 矛盾逻辑即是把普通逻辑中的概念系统化，整合化，绝对化，元学化而站在全体的观点上以鸟瞰之。如普通逻辑中的"内容"（Intension）及"外范"（Extension）之界说，外范愈广，内容愈少，内容愈多，外范愈狭。（牟举人、动物、生物、物这一组概念为例）普通逻辑的观点，把这个系别（Series）看成是一个层级（Hierarchy），而在矛盾逻辑看起来，则是一个矛盾之谐和，即由正反而合是。它以为既是"人"同时又是"动物"，既是"动物"同时又是"生物"，既是"生物"同时又是"物"，依此类推以至无穷。但细想来，矛盾逻辑与普通逻辑并无任何冲突。普通逻辑取外范内容的界说而把这些概念看成一个相属的系统或层级，矛盾逻辑取着全体谐和的观点把那成系列或层级的概念融而为一，即成为"一粒沙中见世界"或"一摄一切，一切摄一"的性质。但若没有普通逻辑把那些概念规定出，你矛盾逻辑也没有法使之相联。②

牟宗三在这里以唯心辩证法为例论证形式逻辑与辩证法的关系，虽有偏失，不过他还是从确定概念这一层面比较正确地揭示出二者相需为用的关系。牟宗三还在批评陈启修《社会科学方法论》时说："你说它克服了形式论理，我说你讲辩证法也得用形式论理，你反对形式论理也得用形式论理，你怎样克服?"③ 揭露了批判者理论与实践的自

---

① 前引张东荪《唯物辩证法之总检讨》九。

② 牟宗三:《唯物史观与经济结构》，见《唯物辩证法论战》。

③ 前引牟宗三《逻辑与辩证逻辑》。

相矛盾。

二是试图从根本上否认唯物辩证法。他们一方面以逻辑只是思想律而非事实律为理论依据，攻击马克思“颠倒”黑格尔唯心辩证法为唯物辩证法之非。张抱横坚持“对演法”（dialectic method）本是“思”中的规则，黑、马二氏的哲学不大相同，其对演法也绝非一回事：“黑格尔以为对演法是‘思’中的规则，马克思则以为是外界物质中的规则；黑格尔以为对演法是意识的自由运动的律则，马克思则以为对演法是社会现象中必然的律则。”他因此认为对演法在黑格尔勉强能讲，在马克思却根本不能讲，“打算在逻辑这一方面推敲马克思的学说，是永不会敲到要处的”。他还讽刺说：“马克思之采用黑格尔的对演法，如果不是为哄人，就必是始终没有明白黑格尔，再不，最多也不过是他曲解了黑格尔。”① 施友忠在《唯物史观分析及批评》中也指出马克思纠改黑格尔的辩证法“尤属无谓”：“黑氏之所以可以言对演法者，以其就思考而言也。所谓正反合者实即思考推理之作用，绝对不可应用之于物质也。”② 牟宗三认为黑格尔辩证法无所谓脚朝上头朝下，它只是在不同方面的应用，因此不必也不能颠倒，更重要的是黑格尔辩证法与黑格尔思想体系不能拆开。因此马克思的改造不仅是唯心唯物的颠倒，还使辩证的内容完全改观而失掉辩证法之本义，使辩证形式只剩下一个空壳。牟氏于是说：“大家都以为马克思是颠倒了 Hegel 的辩证法，其实何曾颠倒，乃直是误用。”③ 另一方面，张东荪等人诘难唯物辩证法有种种无法解决的理论难题，不足以成为具有普遍指导意义的科学理论或科学方法。李长之最早在《八股式的唯物辩证法》一文中指责唯物辩证法论者立论有许多荒谬处，并具体找出了六个“根本的错误”④。张东荪接着发表《辩证法的各种问题》，提出唯物辩证法有五大难题，不足以成为定论：“辩

① 张抱横：《黑格尔与马克思之辩证法》，见《唯物辩证法论战》。

② 见《唯物辩证法论战》。

③ 前引牟宗三《唯物史观与经济结构》。

④ 详见《唯物辩证法论战》。

证法的问题实在太多……所以有些人把辩证法认为已成‘定律’而想到处应用，实在是不思之甚。”后来，张东荪又从分析黑格尔辩证法入手，进一步否定唯物辩证法的科学性。他认为，黑格尔以正反合来说辩证法有三点“头脑不清”的地方，“黑格尔的正反合程式即用在他自己的系统中到处都见有勉强与牵强的痕迹，其为不能普遍适用，便可想而知了”，而马克思一则节取黑格尔关于自然与历史两方面所用的正反合而删去其纯粹的正反合，二则把黑格尔的系统删去其原有基础（按即唯心论）后又照原样移置于另一个基础（按指唯物论）之上。因此他认为，马克思不仅沿袭了黑格尔的错误，而且增添了新的错误：“凡黑格尔的毛病马克思无一不具，而黑格尔的比较上说得通的地方，马克思却一概删除，所以马克思的辩证法，其不通乃甚于黑格尔。”他还指出，唯物辩证法之获成立，一是误用比附，二是混用名词，所以，“唯物辩证法是一个牵强附会与混淆不清的东西，可以说是牛头不对马嘴”。①孙道升依据唯物辩证法的有关原理和形式逻辑的推理原则，揭露辩证法本身有两个难以克服的矛盾，他论道：

> 辩证法本身是不是辩证的呢？这个问题，的确是辩证法的生死关头。因为这个问题只能有两个答案：一是辩证法本身也是辩证的，一是辩证法本身不是辩证的。前一个答案，使辩证法犯了内在的自相矛盾；后一个答案，使辩证法犯了外在的自相矛盾。但无论犯内在的自相矛盾也罢，外在的自相矛盾也罢，总归是辩证法自己把自己取消。

他从辩证法自身是否辩证总归要犯自相矛盾的错误，揭示出辩证法处于进退维谷的两难（Dilemma），“拥护辩证法的人，如果不能把这种困难替辩证法解除，那就只有眼睁睁看着他呜呼哀哉伏维尚飨了”，

① 参见张东荪《唯物辩证法之总检讨》与《逻辑是不可能的么》，后文原载《新中华》1卷18期。

他认为此举无异于宣告了辩证法的死刑。① 牟宗三则通过对辩证法演变的历史和唯物辩证法的内容的一番考察，得出结论："现在所谓唯物辩证法既不是逻辑，也不是方法学，乃是什么也不是，而是一种元学主张。"② "它这套理论只取了黑格尔的辩证形式作外衣，而骨子里则完全不是辩证的意义，辩证法只是一个空壳。"③

张东荪、牟宗三等人对形式逻辑作了比较科学的阐解和极其正当的维护，然而，就在辩驳的过程中，他们也表现出较大的理论错误和较多的误见偏失。其中最显明的有二，一是他们只承认逻辑矛盾而否认辩证矛盾。在批评辩证法论者误以逻辑矛盾为辩证矛盾的同时，"不理解客观现实性的内在矛盾，而主张矛盾只存在于我们的思维之中"④，因此把辩证矛盾误作逻辑矛盾而试图予以排除（由他们对"逻辑"所作的狭义的定义即可见），这就从根本上抹煞了一切事物和思维过程中所固有的对立统一关系。例如牟宗三批评"辩证逻辑家每以一物之具有数种性质数种关系为矛盾，真是不明白矛盾为何物，不通已极"，实际上是不准确的批评，因为此处"矛盾"，在辩证逻辑家是辩证矛盾，牟氏却谓之为逻辑矛盾。⑤ 牟宗三坚持认为"矛盾"只存在于逻辑世界，而不存在于事实世界，"矛盾是自相矛盾，是概念上的……'事实'没有'矛盾'，'事实'只是'是其所是'，'事实'只有'歧异'，'变化'，而没有'正负''矛盾'"。所以他坚决反对将唯物辩证法的对立统一律（他谓之矛盾逻辑）用之于事实界，"事实上既无矛盾，则事实即不能用矛盾来解"。他还作出下述错误的批评：

今之人每以"对立物之统一"为矛盾逻辑，夫"矛盾"自

---

① 孙道升：《辩证法本身是辩证的么》，见《唯物辩证法论战》。张东荪此前在《辩证法的各种问题》中亦对辩证法作过与孙氏类同的驳难。

② 前引牟宗三《逻辑与辩证逻辑》。

③ 前引牟宗三《辩证唯物论的限制》。

④ 李达《逻辑的根本原理》文中对形式逻辑的批评语。

⑤ 前引牟宗三《逻辑与辩证逻辑》。

> 矛盾也，非两个对立物也。假如你这个对立物是指概念而言，则我马虎地可以承认；假设指事实而言，则即不是矛盾。在事实上，你若说对立物，则此“物”即是具体存在的东西，具体存在的对立物是矛盾吗？张三与李四二人对立，其间有矛盾吗？张三为正为负乎？李四为正为负乎？也许马克思有这个权力来规定，我却没有。吾只闻自身有矛盾，二个对立物而云矛盾，吾未之闻也！①

上引最后一句话可谓当时唯物辩证法的批评者关于“矛盾”的最具有代表性的认识。

错误之二是坚持形式逻辑为惟一的逻辑科学，否认唯物辩证法的科学性质和普遍意义。张东荪可说是一个代表。他不仅认为唯物辩证法自身问题丛生，指责它是“一个乌烟瘴气的东西”，“在人类思想史上学术史上成了过时的古董”，而且一再否认它是正确理论或是科学方法，“唯物辩证法既不能兼是方法与法则，又不能只是法则或只是方法”，“辩证法所讲的是正反合，而这个空泛的正反合在科学上完全无用”。他甚至提出，辩证法没有存在的必要，也没有被使用的先例，“在客观世界只有辩证历程，而在主观方面却不必要辩证的方法（即辩证法）”，“科学方法自古以迄今天为止，依然只是观察法、实验法、归纳法、测量法、化验法、统计法等，从来没有用过辩证法”。在反对辩证法论者以静的逻辑（形式逻辑）不能对付动的事实必须代之以动的逻辑（辩证法）的幼稚见解时，张东荪也提出一个同样幼稚的见解，“我以为我们只须稍稍懂一些科学便知道静的方法居然可以对付动的事实”②。

正是由于张东荪等人在对形式逻辑的辩护中出现上述错误，尤其是对唯物辩证法的成见较深，攻击很猛，否定过多，结果同样使形式逻辑与唯物辩证法处于对立状态，并且招致了辩证法论者更加猛烈、

① 前引牟宗三《唯物史观与经济结构》。

② 见前引张东荪《唯物辩证法之总检讨》、《动的逻辑是可能的么》。

更为系统的批判，形式逻辑的处境愈益恶化。①

三、对这场逻辑学论战的反思

由于论战双方知识与理论上的错误、立场与方法上的偏失，虽经1933~1934年双方的激烈交锋以及此后马克思主义理论家的系统总结，都始终未能科学、完善地解决形式逻辑与唯物辩证法的关系，无法使二者形成独立并存、共促发展的良性局面，反而使之陷入彼此敌对、相互排斥的境地，终于在50年代再度爆发一场声势浩大的论争。

由此看来，当年叶青对以张东荪为代表的形式逻辑派和艾思奇为代表的辩证法论者的评论是有点道理的。他说：

> 他们底反对方法是你否定我、我否定你。形式逻辑派说：辩证逻辑荒谬，应该打出逻辑之外。辩证逻辑派说：形式逻辑荒谬，应该打出逻辑之外……他们底否定，都是简单的否定。②

不仅用于辩驳的学理依据存在错讹，而且使用简单否定的方法，双方自然谁也不能说服或驳倒对方。因此，这场逻辑学论争作为学术论战的性质以及其中的真理成分，就要大打折扣了，恰如一本著作所论："严格地说，这根本不是什么形式逻辑和辩证法之间一场'论战'，实际上是双方对辩证法和形式逻辑的一场误解，是两种偏见之间的一场混战。"③ 当然，我们今天来回顾这场学术论争，无意于仅仅重新评判双方的是非曲直，而是要通过理性的分析和反思，挖掘逻辑学在近代中国备尝艰辛、历尽曲折的根源，总结中国近代学术发展的得失以资殷鉴。

我们认为，这场学术"混战"之所以发生，除因前述双方学识

---

① 这些批判详情可见已有各种论著，其主要论点已如前述，故此不赘述。

② 叶青前引文。

③ 李匡武主编：《中国逻辑史〈现代卷〉》，甘肃人民出版社1989年版，第97页。

方面的缺失错误外，还有着更为深刻的原因。首先是近代中国逻辑科学的严重欠缺和不发达。逻辑学虽自20世纪初在中国渐次兴起，历20年后有普及之势，但是近代由于功利实用学风盛行，学界对西方逻辑简单输入多而深入研究少，特别是倾向于以西方逻辑为参照大力发掘中国古典逻辑，为中国逻辑竞取一席之地，这固然有利于本土学术的发扬和民族文化自信的伸张，实际上在另一方面却阻碍、延缓了逻辑学在中国的科学普及和迅速发展。就整个逻辑学界而言，当时对于逻辑学的研究对象、学科性质、内容体系等重大理论和实际问题能够作出比较科学、准确的论述并予以解决的著作固然也有，但不乏论述模糊、理解错误且影响较甚的著述、教材。例如，当时流行着这样一种观点，认为逻辑学既要研究思维的形式（负责思维形式的对错），又要研究思维的内容（解决思维内容的真伪）。① 试验论理学的输入与盛行，也很能反映近代中国逻辑学界的实况。杜威在对中国学界的讲演《试验论理学》中，把论理学解作获求正确知识、避免荒诞谬误不可缺少的工具，他说："论理学要研究思想的好丑。不但要研究思想好丑，并且要研究方法好丑；不但研究思想，还要能操纵思想，叫他必须正确不致谬误。"这种公开主张不但要注重思维形式之对错而且要注重思维内容之真假的试验论理学，将逻辑学与认识论混为一体，实际上并非真正的逻辑科学，却被近代中国学术界视为新兴、科学的逻辑而在20~30年代风行一时，可见论战中辩证法论者坚持逻辑学、唯物辩证法、认识论的同一，实在是有其学术环境的。再就形式逻辑而言，中国学术界当时不但未能跟上西方形式逻辑的最新发展（其时只有金岳霖、汪奠基、沈有乾等少数人初步研究和向国内介绍数理逻辑，这一能使形式逻辑更加精密严整的新兴逻辑，当然也就无法在大范围内指导或推动国内形式逻辑的普及与研究。事实上，在论争中能够吸取数理逻辑的成果来辩护形式逻辑的仅有牟宗三、吴惠人而已），就是对传统形式逻辑的介绍、传播也是极不准确甚至错讹相传。当时有关形式逻辑的论著与教材，对于形式逻辑基本

① 见前引李匡武书第二章第二节。

原理的内容及其公式表述不准确乃至曲解误解的比比皆是。① 事实上，辩证法论者关于形式逻辑原理的错误，也几乎可以在当时的形式逻辑著述中找到。对此，张东荪等人在论战中也有所承认。如张东荪指出原有的形式逻辑普及著作解说同一律很不精确明晰，致使人们产生误解：

> 同一律的公式是甲是甲，甲当然就是甲，这岂非一句废话？例如我说桌子是桌子，这又有何意思？推而至于说：一本书是一本书，一个人是一个人，这些完全是白说。所以同一律如果是这样东西，则同一律完全是废物，不待打倒而自己就立不住了。②

牟宗三也承认形式逻辑的根本原则“在中国还仍是辗转相抄，道听途说的混沌着”，因此形式逻辑遭致反对也在情理之中了。“这样混沌的界说，被人反对，被人指摘，是极可能的事，也是极容易的事。”“逻辑不明，辩证法当然也乘机而入，自称起什么辩证逻辑以与形式逻辑相对抗，并且还有人说是克服了形式逻辑。”③ 前述牟宗三指出的不加区分地使用“不是 A”与“非 A”的问题，事实上当时的形式逻辑研究者或辩护人也绝大部分是如此。例如，吴惠人在其文章中就错误地写道：“排中律的正确语气是‘×必须是 A 或非 A’。”因此可以说，近代中国逻辑学的不发达，既是促发逻辑学论战的学术环境，又是辩证法论者对形式逻辑作出错误批判的原因之一。

其次，不加分析地接受、宣扬苏联关于逻辑学的错误主张，教条主义地对待马克思主义，这是辩证法论者错误批判形式逻辑在理论与实践上的诱因，也是辩证法论者遭到反批判的一个原因。20 年代中期至 30 年代初期，因联共党内复杂的政治斗争与思想斗争，形式逻辑在苏联遭到了错误批判和全面清算，这场错误的政治思想斗争和学

① 详见前引李匡武书第二章第二节。

② 前引《唯物辩证法之总检讨》。

③ 前引牟宗三《逻辑与辩证逻辑》。

术批判对中国共产党的革命事业和理论建设影响极为巨大。30年代中国的马克思主义理论工作者翻译的最有影响的三部苏联哲学名著《辩证法唯物论教程》(李达、雷仲坚译，1932年9月出版)、《新哲学大纲》(艾思奇、郑易里译，1936年6月出版)、《辩证唯物论与历史唯物论》(沈志远译，1936年12月出版上册，1938年7月出版下册)都专门阐述了列宁关于辩证法、认识论、逻辑学的一致性问题，并以专章或专节论述唯物辩证法与形式论理学的关系，将形式逻辑视为形而上学作了彻底批判和简单否定。例如《辩证法唯物论教程》就公开指责形式逻辑是“形而上学的世界之当然的方法论”，“形式论理学是一切反动理论的方法论”。这些错误观点和偏激主张被原原本本地引入，并为国内信奉、宣扬辩证法的人全盘接受，如李达、艾思奇等一批马克思主义哲学家就在《社会学大纲》、《大众哲学》、《思想方法论》等著作中，反复阐扬辩证法、逻辑学、认识论是一个东西，在逻辑学论战中，他们也是据此为标准来处置形式逻辑。李达就这样说：“苏联的哲学界，从最近八九年以来，对于扬弃形式逻辑的问题，已经实行了总清算，给予了适当的解决。”他提出要以苏联哲学界关于扬弃形式逻辑的做法为“原则上的指示”，为“中国的初学者们”作出更详尽的解决。① 至于在批判形式逻辑中直接引用《辩证法唯物论教程》中的语句为理论依据或作权威结论的，更是不乏其人。

辩证法论者简单地袭取苏联论著，照搬马列经典的有关语句、论断来宣扬唯物辩证法，否定形式逻辑，其教条主义做法、八股化倾向就成为张东荪等人反批判的一项重要内容。例如，辩证法论者往往袭取普列汉诺夫以是—是、否—否的公式来表示形式逻辑，以是—否、否—是的公式表示唯物辩证法，证明辩证法比形式逻辑高级、科学，张东荪曾对此大加讥评：

假如“是”就是“不是”，而“不是”就是“是”，则我们

① 前引李达《形式逻辑扬弃问题》。

> 便无法说话了。例如我问你：你是马克思的信徒么？你说：我是。须知道这个“是”就是“不是”，于是我知道你乃不是马克思的信徒。但问题并不如此简单。因为“不是”就是“是”。我再问：你真不是马克思的信徒么？你说：我不是。但须知道这个“不是”就是“是”，于是你虽不是马克思的信徒，却就是马克思的信徒。说话到了这样还能再说下去么？①

孙道升也在批评中指出：“普氏所提出的‘是即非，非即是’的原则，实在是辩证法的一个对头。他在外表上虽是证成了辩证法，但在骨子里却是否认了辩证法。因为‘是即非’的原则，一转身就是辩证法即非辩证法故。”② 吴惠人、牟宗三、李长之等则批评了辩证法论者不仅对于他们反对的形式逻辑从不做了解、研究，就是对于辩证法乃至整个马克思主义也是只信仰不研究、只输入不消化。1932 年《读书杂志》上一篇署名“镜园”的文章指出，中国的马克思主义者由于缺乏马克思主义形成来源的知识，所以对马克思主义不能有深刻的领会，“只是知道马克思主义的现成的结论，不能将这些结论在活的实际中正确应用”③。吴惠人曾这样批评：

> 我认为如果要把一种学说弄到成为“科学的”地步，必须放弃独断的态度。这就是说，我们不能以“引经据典”为拥护或非难某项主张的理由。“孔子曰”、“马克思说过”只是八股作家的文章格套，不能算作科学的、批判的研究……可惜现在中国研究“马学”的人多半是“马克思说”式的学者。他们的论证形式是：“因为××曰……所以……”我们并不是说马克思的话全不对，自然，更不是说全对，对与不对要拿他们话的本质来

---

① 前引《唯物辩证法之总检讨》。
② 孙道升前引文。
③ 镜园：《黑格尔的哲学与中国》，原载《读书生活》一卷九期。

看，不能以“马克思曰”去保障“曰”以下的话头。①

牟宗三也指出过：

矛盾逻辑或辩证法近来也有点八股化了。②

李长之则直接称辩证法家为“八股式的唯物辩证法论者”，他解释说：

为什么我用“八股式的唯物辩证法论者”一个名词呢？因为他们已经是只注意形式，不加消化，好象留声机一样，只是机械的出声而已，说出的话，不过是奉旨而已，故曰八股式的。③

上述诸人对唯物辩证法和马克思主义在中国传播中出现的教条化、八股化现象的揭露，④ 虽是他们反批判的手段之一，却也是不可否认的事实。当时的辩证法阵营内部对个别论者也有过这样类似的指陈。如艾思奇在《大众哲学》中举“这青年是一个店员”、“卓别林是滑稽大王”等为例说明矛盾统一律，并把它表述成“是一否，否一是”，就被叶青指责犯了幼稚病，谓他“好象是辩证法底‘卫道’者，其实是辩证法底浅尝者和曲解者，他底‘卫道’，乃是他底辩证法底幼稚病底表现。”⑤ 马克思主义理论家卢心远也就此公开批评他：“本来动的逻辑是今日最高级最科学的方法，经艾君这样解释后，实在难

① 吴惠人前引文。

② 前引牟宗三《唯物史观与经济结构》。

③ 李长之：《八股式的唯物辩证法》，原载《再生》1932 年第 4 期。

④ 此外张君劢在《唯物辩证法论战序》、张东荪在《十年来之哲学界》中，都对当时中国学术界简单、被动地输进外来学说作了尖锐批评，并主要指向辩证法论者。

⑤ 叶青前引文。

于‘令人心服’，这是我们颇引为憾的事！”① 陈伯达则在对“新哲学”论者的工作进行总结时，指出他们“没有好好地用活生生的中国政治实例来阐释辩证法，使唯物辩证法在中国问题中具体化起来，更充实起来”②。因此，张东荪等人对辩证法的误解和攻击，也同样有其原因，并非完全是他们立场“反动”的结果。

逻辑学混战之发生除上述两大原因外，也与当时国内激烈的国共政治斗争以及新旧哲学论战有着直接的关系。例如一篇署名“光明”的文章就认为，辩证唯物论哲学与反辩证唯物论的哲学思潮之间日趋激烈的斗争，“正是不同的社会力量在意识形态部门激烈斗争的表现”③。特别是，当时宣扬辩证法的人都信奉物质论（辩证唯物主义），而辩护形式逻辑的张东荪、牟宗三等人大多是观念论者，这就增加了辩证法论者的错觉，将形式逻辑与形而上学、唯心主义牢牢地绑在一起大作批判。因此，从这一层面看，这场逻辑学论争也可算作30年代哲学论战的一个重要方面。

现有各种关于这场俗称唯物辩证法论战的论著，在述说张东荪等人极力攻击辩证法而略去论战双方有关形式逻辑问题的争论之后，多从政治角度对张东荪等人的论战立场和学术主张冠以“反动”而作简单否定，这种评断有失公允。即便说，这批资产阶级学者攻击唯物辩证法确在主观上有反动的因素或在客观上造成了这种后果，我们也不能纯以政治立场来裁判这场论战和张东荪诸人。因为这场论战依其本义是一场学术之争，张东荪等首先和主要地是以一个学者的身份参加这场论争。④ 在论战中他们都提出了研究学术与改造社会（特别指以政治手段解决社会问题）应截然二途地进行，真诚主张政、学异

---

① 卢心远前引文。

② 陈伯达：《哲学的国防动员》，原载《读书生活》四卷九期。

③ 光明：《叶青辩证唯物论的三部曲》，原载《哲学》一卷二期。

④ 邓云特在前引文中承认张东荪对辩证法的批评“确还不失为研究学术的学者的态度”，并提出要完全“站在很客气的相互研究的立场上”探究真理。贺麟在《当代中国哲学》第二章也评论张东荪“纯从学术立场”对当时蔚成社会思潮的唯物辩证法“予以驳斥和论辩”。

途。张东荪在指出辩证法存在各种问题后，又提出解决这些问题“乃是哲学家的工作，决不是社会革命家的工作”，“论到辩证法是甚么，似乎非请教研究哲学的人们不可”。① 他反对把“哲学与政治并为一说”，并天真地提出哲学中立论及哲学与“社会科学”分工论，“他既不为有产者辩证，亦不替无产者助威，在哲学看来，这些有产无产的问题是社会的科学，他管不着”②。张东荪坚决反对“哲学是阶级的产物”，批评把古往今来一切哲学学说都视为阶级意识形态就意味着从来没有哲学的观念，“换言之，即哲学非俟将来无阶级的社会出现以后是不能有的”。他特别从学术自由这一层面来否定“哲学有党派性”：

> 我敢说哲学之所以能存在完全是靠着思想自由。无自由思想即无哲学。使“哲学”二字与党派二字联缀成一句，即等于取消哲学而止留党派，这种在党派之下的哲学虽名为哲学，而其实并不是哲学。

崇尚学术自由的张东荪强烈反对学术政治化、党派化。事实上，他之所以反对辩证法，除以为它有种种难以自圆其说之处外，还有一个重要原因就是看到它不但有着强烈的政治色彩（“讲辩证法必须讲阶级斗争，讲阶级斗争亦必须讲辩证法”），而且充斥着浓厚的党派风气，垄断学术，禁止党内学术自由。他揭露当时的联共说：“大家虽都是马克思的徒子徒孙，然而彼此争论依然盛行，最可怪的就是他们之中有人主张稍有异点便立刻受了处分。”他又指责当时“讲马克思的经济学必打倒普通的经济学，讲马克思的政治学必同时推翻普通的政治学，讲马克思的哲学、逻辑与伦理必同时破坏普通的名学、伦理学与哲学，讲马克思的文学论必同时推翻普通的文学理论”，批评这些人对于学问不取科学态度而取宗教态度，“注重于包办统一，使一切在一个系统下皆定于一尊”。张东荪因此坦率相告：

① 前引张东荪《辩证法的各种问题》。

② 前引《唯物辩证法之总检讨》。

> 我所不惮烦劳而作此篇（按即《唯物辩证法之总检讨》），并不是专为了唯物辩证法在理论上说不通，实亦是对于他们这个态度不能不起来加以矫正，他们这个态度大足以阻碍中国将来学术的进步。

因此，可以说，张东荪不全是反对唯物辩证法及马克思的学说，而是反对当时联共和中共党内普遍存在的教条主义的学风："我们现在并不是要打倒马克思，乃只是要废弃'神的马克思'，仍恢复为'人的马克思'（Marx as a man）而已"①，"本书（按指张东荪所编《唯物辩证法论战》）专对唯物辩证法作反对的批评，乃只限于所谓赤色哲学，而绝非对于共产主义全体而言"。②

除张东荪外，牟宗三批评辩证逻辑家为一时的革命制造似通非通的理论，"将来时过境迁岂不懊悔有碍真理的发现"③。张抱横表示要把马克思的革命工作与其为此准备的理论分开看待，"他之革命也许使我们同情，他最高的哲学理论，却也许不为我们所赞助"④。李长之一面批评为改造社会麻麻烦烦地瞎编高深的哲学理论，"革命，如果看该革，便革，不必编一套理论，如果理论限于分析社会事实及研究革命进展，未尝不可以的，至少玄理可以少谈"，另一方面更严厉地指责八股论者、教条主义者破坏思想自由、推行学术专制，"一定要定于一尊，一定要把各种学问统一于指派的权威的教条之下"。⑤可见，这些崇尚和追求学术自由的资产阶级学者，对于学术是经世致用抑或求真求是，都倾向于选择后者，他们只愿意接受纯学术的外来思想学说，对于科学性与革命性兼具的马克思主义无法立即接受，实是情理之事，再加上当时中国的马克思主义理论工作者多受苏联错误思想理论的支配，犯有各种"幼稚病"，对唯物辩证法乃至整个马克

① 以上引见《唯物辩证法之总检讨》。
② 张东荪《唯物辩证法论战》弁言。
③ 牟宗三前引《逻辑与辩证逻辑》。
④ 张东荪前引文。
⑤ 李长之前引文。

思主义的理解和宣传教条化、八股化，奉行哲学政治化，不仅损害了马克思主义的科学性，而且割裂了其革命性与科学性的高度统一，自然更要引起他们的反感与反对了。而这种学术上的反对和批评，实际上也可以促使当时的马克思主义者反思自身的理论工作，纠过补阙，推进马克思主义的科学化、中国化。其时孙道升等人就在讥讽中提醒："我奉劝一般拥护辩证法的人，赶快回过头来，把自己的大本营——辩证法的本身——加意一番，以救危亡吧！不要老是照前不顾后的一直瞎碰了。"① 艾思奇等马克思主义哲学家也确实在受批评之后逐渐修正其对形式逻辑的偏激态度，并对唯物辩证法特别是对立统一律作出了更为科学的阐述。② 再就近代中国学术进程而言，张东荪等人提出的政学疏离乃至异途的主张，也不是不值得今人为之一思。

① 孙道升前引文。

② 参见艾思奇前引《形式论理学和辩证法》，只要将该文与其早先的《大众哲学》有关部分加以对比，就很清楚其中的变化。

第七章 近代哲学的重建（下）

第一节 科学与人生观论战

“五四”以后，近代西方的各种思想学说先后潮涌而入中国，使沉闷中的国人耳目为之一新，并逐渐影响中国人的世界观、人生观。陈独秀在《敬告青年》文中揭举科学与民主两面大旗，实质就是希望青年以此为指导建立起新的思想信仰和人生观。1918 年陈独秀又在《新青年》四卷二号上发表《人生真义》，对自古及今宗教家、哲学家、科学家关于人生目的的主张加以评说，提出一种“现在时代”的人生观：“个人生存的时候，当努力造成幸福，享受幸福，并且留在社会上，后来的个人也能够享受……”其中心是反对个性压抑，主张个性舒张，要求尊重个人的意志和快乐，鼓励人们为个人和社会创造幸福。此后，《新潮》、《奋斗》、《哲学》等杂志相继刊出傅斯年《人生问题发端》、吴康《人生问题》与《唯我主义》、梦良《奋斗与人生》、AC《为自由而死》等文章。当这派“新文化”在“科学”指导下探讨人生问题的时候，梁启超、梁漱溟等人在把中国文化“重新拿出来”的口号下，大力发掘传统，阐扬表彰孔子和儒家的人生哲学。这样，新文化运动以来，伴随着东西新旧文化的冲突，人生观的讨论也成了学界的热门，只是还未出现直接交锋的热烈局面。到了 1923 年 2 月 14 日，张君劢面对清华园里一批即将赴美留学的青年，说：“科学无论如何发达，而人生观问题之解决，决非科学所能为力。”当这次即席演讲以《人生观》为题在《清华周刊》登载出来，立即激怒了一位地质学家丁文江，他以“玄学与科学”为题，在《努力周刊》上发文，痛斥“玄学鬼”和张君劢，“大声疾呼出来替科学辩护”，于是，一场“空前的思想大笔战”① 终于爆发出来，史称“科学与人生观论战”。

这场论战因其酝酿已久，爆发以后也就格外激烈，不仅张君劢与丁文江二人间舌争笔战，互不示弱，梁启超、胡适、张东荪、林宰平、任叔永、唐钺、吴宓、孙伏园、章演存、范寿康、陆志韦、王星拱、吴稚晖、李石岑、瞿秋白、陈独秀、邓中夏等，这些哲学、思想、文学、科学、革命各界的名流杰士，无不见猎心喜，纷纷投身其中，“真是战云弥漫，短兵相接，血战数次，以决胜负”②。1923 年底，泰东书局和亚东图书馆将近一年内的论战文章各自辑成《人生观之论战》、《科学与人生观》，算是一个总结，不过此后对人生观的讨论仍很激烈，直到 30 年代才在学界消沉下去。

这次思想和学术大论战的中心论题，是科学与人生观的关系问题，论战中主要出现了以下四种意见：

首先是张君劢“人生观超于科学以上”论。他在《人生观》中，对天下古今最不统一的人生观与具有客观的效力、为因果律所支配的科学，作了一番对比，然后说：

> 人生观之特点所在，曰主观的，曰直觉的，曰综合的，曰自由意志的，曰单一性的。惟其有此五点，故科学无论如何发达，而人生观问题之解决，决非科学所能为力，惟赖诸人类之自身而已。

在反辩丁文江的《再论人生观与科学》长文中，张君劢进一步对“科学”、“人生观”作出解释。他指出当时世界学术界把科学分成物质科学与精神科学，前者是客观的，“必有公例可求”，而后者“无牢固不拔之原则，且决不能以已成之例算推未来”。人生介于精神

① 胡适：《科学与人生观序》，《胡适文存》2 集 2 卷。

② 郭湛波：《近五十年中国思想史》第七篇。

（我）与物质（非我）之间，人生观就是人们在这种物质精神间的冲突中形成的：

> 我对于我以外之物与人，常求所以变革之，以达于至善至美之境。虽谓古今以来之问题，不出此精神物质之冲突可也，我对于我以外之物与人，常有所观察也，主张也，希望也，要求也，是之谓人生观。

这样，人生观就是“变也，活动也，自由也，创造也”，不为论理方法与因果律所支配了。1923 年 12 月，张君劢给《人生观之论战》作序，以为这场 20 多万字的笔墨官司，“可以一言蔽之，曰自由意志问题是矣”，如果承认意志自由，“则人事之变迁，自为非因果的非科学的”，如承认意志不自由，“则人事之变迁，自为因果的科学的”，而意志自由与否，“非在形上学中不能了解”。可见，张君劢自始至终坚持科学与人生观不能相提并论，科学属于“分科之学”，“应以形上学统其成”，也就是“人生观超于科学以上”。

其次是丁文江、胡适等人坚持的“科学的人生观”论，即科学方法可以解决人生观。丁文江在《玄学与科学》中一再批评张君劢对科学有误解，而用“科学的知识论”对科学作了一番自以为是的解释：

> 我们所晓得的物质，本不过是心理上的感官触觉，由知觉而成概念，由概念而生推论。科学所研究的不外乎这种概念同推论，有甚么精神科学、物质科学的分别？又如何可以说纯粹心理上的现象不受科学方法的支配？

既然科学的材料即研究对象全是“人类心理的内容”，那么用于其中的“科学方法”，又怎会是真正意义的科学方法？然而丁文江就据此以反驳张君劢，并借用胡适的话：

……人类今日最大的责任与需要，是把科学方法，应用到人生问题上去。

王星拱在对科学与人生观两词作出解释后也说：

科学是凭藉因果和齐一两个原理而构造起来的；人生问题无论为生命之观念或生活之态度，都不能逃出这两个原理的金刚圈，所以科学可以解决人生观。①

他认为，对于生命问题，科学"独有科学的解决方法"，至于能不能圆满地解决，解决后能不能获得大家的赞同，那是另一个问题了。

胡适则在批评之外，埋头去做"把科学适用到人生观上去"的实验，他依据天文、地质、物理、生物等自然科学和心理学、社会学等社会科学的相关知识，提出一个"自然主义的人生观"。他自称"这种新人生观是建筑在二三百年的科学常识之上的一个大假设，我们也许可以给他加上科学的人生观的尊号"。胡适新人生观的内容共有10项，即让人知道诸如空间的无穷之大、时间的无穷之长、万物的变迁皆是自然，人不过是动物的一种，一切心理现象都有其因，个人（小我）是要死灭的而人类（大我）是不死不朽的，等等。他自称这种"科学的人生观"可用来"做人类人生观的最低限度的一致"②。

第三种是梁启超和范寿康的"科学不能解决人生观的全部"论。他们都批评张、丁二人未曾给"科学"、"人生观"作出定义，"不惟我们观战人摸不清楚，只怕两边主将也未必能心心相印呢"③。所以二氏都从对"人生观"、"科学"的定义入手进行论说。梁氏强调人

① 王星拱：《科学与人生观》，载《晨报副刊》第177号。

② 胡适：《科学与人生观序》，见《胡适文存》2集2卷。

③ 梁启超：《人生观与科学——对于张丁论战的批评》，载《学灯》1923年6月2日。

生观包括主观和客观两方面的内容，“最少也要主观和客观结合才能成立”，科学是用来从事研究的“学问”，即工具或方法，而不是结果。据此他得出了结论：

人生关涉理智方面的事项，绝对要用科学方法来解决，关于情感方面的事项，绝对的超科学。①

范寿康基本赞同梁启超的观点，并有所补正。他提出，在人生观与科学的关系上，以为二者完全无关或完全相关的见解都不妥当，二者是部分相类，确切地说就是：

伦理规范——人生观——一部分是先天的，一部分是后天的。先天的形式是由主观的直觉而得，决不是科学所能干涉。后天的内容应由科学的方法探讨而定，决不是主观所应妄定。换句话说，人生观的形式方面是超科学的，但是人生观的内容方面却是科学的。②

第四种是以陈独秀为代表的“唯物史观的人生观”论。陈独秀认为，人生观和（社会）科学的关系很是明显，用不着讨论，“就是讨论这个问题之本身，也可以证明人生观和科学的关系之深了”；人们有不同的人生观，“都是他们所遭客观的环境造成的，这本是社会科学可以说明的”。陈独秀接着对张君劢《人生观》中列举的九项“不为科学支配”的人生观一一作出分析，指出：

以上九项种种不同的人生观，都为种种不同客观的因果所支

---

① 梁启超：《人生观与科学——对于张丁论战的批评》，载《学灯》1923年6月2日。

② 范寿康：《评价所谓“科学与玄学”》，载《学艺》5卷4号（1923年8月1日）。

> 配，而社会科学可以一一加以分析的论理的说明，找不出那一种是没有客观的原因而由于个人主观的直觉的自由意志凭空发生的。

他又指出范寿康所论人生观中的所谓“先天的形式”、“良心”、“直觉”、“自由意志”，“一概都是生活状况不同的各时代各民族之社会暗示所铸而成”。总之，只有客观的物质原因“可以变动社会，可以解释历史，可以支配人生观”①。

针对胡适所谓“独秀说的是一种历史观，而我们讨论的是人生观……历史观只是人生观的一部分”这一狡辩和把“客观的物质原因”曲解成“客观的原因（包括经济组织、知识、思想）等等”②，陈独秀重申：唯物的历史观“其实不限于历史，并应用于人生观及社会观”。他明白地指出，唯物史观者承认和重视心的现象的存在，“惟只承认他的都是经济的基础上面之建筑物，而非基础之本身”。他着重批判胡适“心物二元论”说：

> 人的努力及天才之活动，本为社会进步所必需，然其效力只在社会的物质条件可能以内。思想知识言论教育，自然都是社会进步的重要工具，然不能说他们可以变动社会解释历史支配人生观，和经济立在同等地位。我们并不抹杀知识思想言论教育，但我们只把他当做经济的儿子，不象适之把他当作经济的兄弟……③

在这场声势浩大、阵营庞杂的大论战中，对于科学与人生观的关系问题，各家主张虽如此之多，其实根本的分歧只有一条：是否相信“科学万能”。梁启超早在《欧游心影录》中，就宣布“不承认科学

---

① 以上引自陈独秀《科学与人生观序》。

② 胡适：《答陈独秀先生)。

③ 陈独秀：《答适之》。

万能”，张君劢则一再“以科学能力有一定限界之说告我青年同学”①，这在正“以科学万能为中心思想”的中国学界，当然成为逆耳之言，遭到了丁文江、胡适等一大批人的围攻谩骂，也就不足为奇。梁启超虽已告白国人说他“绝不承认科学破产”，在其《人生观与科学》中，又坚持“人生问题，有大部分是可以——而且必要用科学方法来解决的”，并用来严厉批评张君劢过于排斥科学，然而，胡适仍把“科学在中国文字里正式受了‘破产’的宣告”的罪责归在他的名下，说“自从《欧游心影录》发表之后，科学在中国的尊严就永不如以前”，“梁先生的话在国内确曾替反科学的势力助长了不少威风”。胡适因此号召部下出马“为科学作战”、“替科学辩护”。② 虽然张君劢在其《人生观》讲演中只是奉劝青年学生在树立个人的人生观时，要注意处理好四项关系（精神与物质、男女之爱、个人与社会、国家与世界），“他明明是讲他的人生观，并没有提到什么玄学”③，可是丁文江的批判文章，却一再以《玄学与科学》为题，大骂“玄学鬼”，视玄学为科学的死对头，考察科学与玄学交战的历史，断言“科学方法是万能，不怕玄学终久不投降”。这样，在科学与人生观论战中，又生出一场“科玄之争”。

本来，丁文江、胡适他们出来为科学作战，倡导科学的人生观，是鉴于当下的中国“正苦科学的提倡不够，正苦科学的教育不发达，正苦科学的势力还不能扫除那迷漫全国的乌烟瘴气”，企图通过他们的呼吁与奋战，把“玄学鬼”赶跑，使中国人“享着科学的赐福”。④ 然而，他们并未拿到真正的“科学”作武器，而是“以科学为符录而拘拿那个名叫玄学的鬼”，“只是采取了与自己性质相近的一种哲学学说而攻击与自己性质相远的那种哲学学说”，⑤ 结果当然

① 张君劢：《再论科学与人生观并答丁在君》。

② 胡适：《科学与人生观序》。

③ 林宰平：《读丁在君先生的〈玄学与科学〉》。

④ 胡适：《科学与人生观序》。

⑤ 张东荪：《“劳而无功”》，载《学灯》1923 年 6 月 9 日。

不能如愿以偿，既未能捉住“玄学鬼”，也未曾促进科学在中国发生更大的影响。所以，如果从宣传科学这个角度来看这场论战，可以说它没起多大的作用。恰如张东荪在当时的评论：

> ……以宣传科学而论，我固然看不出张先生的玄学妨碍科学在中国的发展至何程度，然亦实在看不出丁先生这两篇文章促进科学在中国的发展能至何程度。①

不过，当时的中国学术界那样广泛而热烈地讨论科学与人生观的关系问题，首要旨趣并不是在中国传播科学知识，或弘扬科学精神，或倡导科学方法（这一历史任务已在五四期间基本完成），他们对科学、对人生观问题之所以兴趣如此浓烈，聚讼如此纷纭，就因为它们在当时既是重大的学术文化问题，又是紧迫的社会政治问题。人们表面上是在争论科学与人生观的关系，实际上是在探讨近代中国的文化走向和政治出路。正如张君劢在其《人生观》演讲临近结束时所说：

> 方今国中竞言新文化，而文化转移之枢纽，不外乎人生观。吾有吾之文化，西洋有西洋之文化。西洋之有益者如何采之，其有害者如何避之；吾国之有益者如何存之，有害者如何革除之：凡此取舍之间，皆决之于观点。观点定，而后精神上之思潮，物质上之制度，乃可按图而索。此则人生观之关系于文化者，所以若是其大也。

可见，当时的学人认为，人生观的树立，可以决定文化的转移。近代中国正处古今中西文化碰撞交汇之际，人们怎样从中进行文化的选择取舍，处理好近代西方的科学技术、思想学说与中国的传统文化的关系，把握住“物质与精神之轻重”的关系，归根到底都取决于人生观。所以，在科学与人生观论战中，他们大多在一般地讨论人生观之

① 张东荪：《“劳而无功”》，载《学灯》1923年6月9日。

后，要把它具体联系到科学与人类文明发展的关系、欧洲物质文明与中国精神文明的取舍等现实问题上去，并从中设计中国的未来发展模式。因此，完全可以说，人们在科学与人生观问题上的意见纷纷，正是各自的文化思路和政治主张歧异的反映。张君劢和丁文江可以作为我们论述的代表。

张君劢始终坚持人生观超乎科学之上，但也未曾完全反对科学，他认为科学与人生观的关系，应是——

> 科学是为人所用，非人为科学所用。

如果人为科学所用，就会专注向外用力，追求物欲的满足，而忽视心性修养与人格发展，如此只会使活泼自在的人生变得如同机械，终致精神上失去寄托之所。为此，他告诫说：

> 要知道专求向外发展，不求内部的安适，这种文明是绝对不能持久的。
>
> ……思想方面，若专恃有益于实用之科学知识，而忘却形上方面，忘却精神方面，忘却艺术方面，是决非国家前途之福。①

他认为，欧洲过去崇信科学万能而生成的文明，就是这种不求内部安适的文明，即“人生为物质为金钱而存在，非物质金钱为人生而存在”，他名之曰“物质文明”。相反，中国人在传统文化和中庸学说的涵育熏染下，形成了一种“既无所谓机械观、目的论，亦无所谓个人主义与社会主义”的人生观，与西方相比较，中国的文明中“自有可以安心立命者”，所以他称之为“精神文明”。显然，张君劢赞成保持并发扬中国的精神文明，而反对效法西方的“物质文明”，“循欧洲之道而不变，必蹈欧洲败亡之覆辙”。他反对将求富求强立为我国将来之政策，“我国立国之策，在静不在动，在精神之自足，

---

① 张君劢《科学之评价》。

不在物质之逸乐，在自给之农业，不在谋利之工商，在德化之大同，不在种族之分立”。他觉得，为社会安宁、世界和平、文化长久计，宁愿“寡而均贫而安”，不要“多而不均富而不安”①。

丁文江认为，“科学的材料是人类所有心理的内容”，即人的心理活动正是“科学”研究的对象，“科学不但无所谓向外，而且是教育同修养最好的工具”。他这样论述科学教育与人格的培养：

> 拿论理来训练他的意想，而意想力愈增；用经验来指示他的直觉，而直觉力愈活。了然于宇宙生物心理种种的关系，才能够真正知道生活的乐趣。这种“活泼泼地”心境，只有拿望远镜仰察过天空的虚漠，用显微镜俯视过生物的幽微的人，方能参领得透彻，又岂是枯坐谈禅，妄言玄理的人所能梦见。

张君劢认为科学发达的结果使“人生如机械然”，丁文江在这里却提出，只有科学家的人格才是最完善的，科学对于人类的前途“正未可限量”。所以丁文江对张君劢等人利用欧战的机会“公然诽谤科学”很感气愤，对于他们在欧战后“赶快抬出我们的精神文明来补救物质文明”的主张更是痛恨。他回顾历史说，以宋代理学为标志的中国“精神文明”发展的结果，“叫我们受野蛮蒙古人统治了一百年，江南的人被他们屠宰了数百万，汉族的文化几乎绝了种”。他认为张君劢提倡“内生活”，就是使这种“祸国殃民”的宋元明心性学说死灰复燃。他批评说：

> 懒惰的人，不细心研究历史的实际，不肯睁开眼睛看看所谓，“精神文明”究竟在什么地方，不肯想想世上可有单靠内心修养造成的“精神文明”；他们不肯承认所谓“经济史观”，也还罢了，难道他们也忘记了那“衣食足而后知礼节，仓廪实而

① 张君劢：《再论科学与人生观并答丁在君》。

后知荣辱”的老话吗？①

要求引进西方的物质技术与思想文化来拯救中国，同时又蔑弃中国的心性学说为代表的传统文化，丁文江的学术立场与文化主张，极是坦明。

平心而论，在这场大论战中，丁文江为代表的“科学派”，针对近代中国工业经济落后、民族危亡迫在眉睫的现实国情所提出的文化主张及其反映的政治主张，与“救国”这一时代潮流是谐和的。这一点早在论战中就被早期马克思主义者瞿秋白所肯定：“中国这样的文化落后的国家，处于国际竞争之间，当然需要科学的知识，以为应付之用，所以实验主义带着科学方法到中国。”② 这也是论战中有更多的人附和“科学派”的主要原因。可是，丁文江对提倡“精神文明”建设的张君劢大加挞伐，指斥他“祸国”、“有误青年”，亦有点冤枉了同样有着救国目的和热忱的张君劢诸人了。张氏在对丁的答辩长文中，既申述了自己提倡超科学的人生观的目的，在“图所以益世而非所以害也”，又着重指出，在今日昌明宋明理学，从理论上看，是“心性之发展为形上的真理之启示，故当提倡新宋学”，在实际上，则更有必要。他说：

在君知之乎！当此人欲横流之际，号为服国民之公职者，不复知有主义，不复知有廉耻，不复知有出处进退之准则，其以事务为生者，相率于放弃责任，其以政治为生者，朝秦暮楚，苟图饱暖，甚且为一己之私牺牲国家之命脉而不惜！若此人心风俗，又岂碎义逃难之汉学家所得而矫正之？诚欲求发聋振聩之药，唯在新宋学之复活……③

---

① 丁文江：《玄学与科学》。

② 瞿秋白：《实验主义与革命哲学》，原载《新青年》季刊第3期（1924年8月1日）。

③ 张君劢：《再论科学与人生观并答丁在君》。

梁启超在《欧游心影录》里曾写道，科学兴起后，把宗教和旧哲学打得旗靡帜乱，可是科学的日新月异无法给人一个确定的真理，结果："新权威到底树立不起来，旧权威却是不可恢复了。所以全社会人心，都陷入怀疑沉闷畏惧之中，好象失了罗盘针的海船遇着风雾，不知前途怎生是好。既然如此，所以那些什么乐利主义强权主义越发得势。死后既没有天堂，只好尽这几十年尽情地快活。善恶既没有责任，何妨尽我的手段来充满我个人欲望……"这一段对欧洲世间人心的描写，同样适用于20年代的中国社会。在中国做了几千年权威的儒学被推倒后，原来的人生信仰、道德伦理、价值标准全都不存在了，"新的权威"却一时没有树立起来。于是在这个新旧过渡阶段，整个社会似乎都沉沦了，人们没有什么信念，不复知有廉耻，道德败坏，人欲横流……这就是张君劢们（同时也是丁文江们）所身处目见的中国社会！要解救这样的国家，要挽回这样的人心，要纠转这样的世风，不应该提倡修养心性、激扬名节吗？张君劢救世救国的文化思路正是如此。他告诉丁文江们，在"今之当局者不知礼义不知荣辱"的情况下，是不能遵循常轨来经国济世的：

> 若夫国事鼎沸纲纪凌夷之日，则治乱之真理，应将管子之言而颠倒之，曰：知礼节而后衣食足，知荣辱而后仓廪实。吾之所以欲提倡宋学者，其微意在此。①

当然，张君劢对"内生活"的过于强调（他因此受到了与他站在同一学术立场上的梁启超的批评），使他走向了对科学尤其是对"物质文明"的蔑弃，以至反对正处于贫弱之中沦亡在即的中国采取求富求强的政策，提出"寡均贫安"论，并且大倡"国际主义"、"大同主义"，这正是一种深受儒家思想影响的迂腐之谈。

总之，要选择文化发展的路向，要寻求救国救民的道路，没有现成的模式，根本在于对现实的国情作出全面正确的分析把握。可以说

① 张君劢：《再论科学与人生观并答丁在君》。

在科学与人生观论战中，主要以张君劢和丁文江为代表的论战双方，对于近代中国的国情都有所了解，惜皆未全面深入，所以他们的学术态度都存在偏颇，所提出的方案主张也就瑕瑜互见。在论战中，林宰平批评张君劢对于科学过于苛酷，说他“对于科学深文周纳的苛论，恰恰和在君先生作践精神文明的态度是一对”①。梁启超也批评丁文江“过信科学万能，正和君劢之轻蔑科学同一错误”②。老实说，在论战中，双方尤其是丁方将科学与玄学对立起来，没有认识到它们的相容互益性。梁启超就曾评论说：

> 我以为君劢和在君所说，都能各明一义。可惜排斥别方面太过，都弄出语病来。③

实际上，要把当时的中国从民族濒亡社会沉沦的危急局面中解救出来，首先要学习西方先进的科学技术，发展工商，求得富强，争取独立，同时也要吸取古今中外一切于我有益的优秀思想文化，特别是不能完全抛弃传统来进行精神文明建设。这里只存在一个物质文明建设与精神文明建设先后缓急的关系，二者并不是非此即彼的关系。“今日中国之急务，在于科学知识之普及，先求能以机关枪与外人对头，致国家于富强，然后出其余力，从事于国故整理，高谈玄学，并不为迟。”④ 可惜的是，这一正确的主张没能引起论战双方主将和大家的注意，终使这场轰轰烈烈的学术争论留下了历史的遗憾！

第二节　梁漱溟的文化哲学

鸦片战争以来，中西文化问题成了关心民族危亡的知识分子共同

---

① 林宰平：《读丁在君先生的〈玄学与科学〉》。

② 梁启超：《人生观与科学》。

③ 梁启超：《人生观与科学》。

④ 屠孝实：《玄学果为痴人说梦耶》，屠文转介的是吴稚晖《箴洋八股之理学》的观点。

思索求解的主要问题。由于国家民族生存危机的紧迫性，对于民族的存亡与传统的断续，能够以冷静客观的心境从事中西文化比较研究的，可以说极为稀少。相反，情感往往遮盖了理智，偏激代替了平允，几代学人无不恋取中学和传统，对西方思想文化作有限的选择。只是随着对国情和西学认识的不断增多、深化，这种选择越来越多，越来越接近西方世界的本来面目。最后到五四时期，竟发展到全盘西化，即以彻底否定传统和舍弃中国文化为代价，来换取国家民族的一线生存之机。在这种背景下兴起了东方文化派，对其偏失加以纠补。而在东方文化派中，主张东西文明调和整合的杜亚泉，大喊西方科学破产的梁启超，力主以农立国的章士钊，虽然都提出了以东方文化拔救世界、保留和恢复中国传统伦理道德的主张，但都显得肤浅、零散。只有特立独行的梁漱溟，出于复兴儒家文化、重新以孔孟之道指导现代人生的目的，对东西文化问题进行了一番哲学论证，成为东方文化派中最具影响的代表。

一、由西洋思想转向东方文化

梁漱溟（1893～1988 年），原名焕鼎，生于世宦书香之家。父亲梁济（字巨川）官至内阁中书，思想进步，倾心新学，注重以新式教育培养子女。因此，与当时仕宦子弟由诵读四书五经开始其人生全然不同，梁漱溟从小就接触了以世界史地知识为标志的新式学问，相继在北京中西小学堂、顺天中学等处完成初等教育。1911 年，梁漱溟加入京津同盟会，民国成立后，又担任《民国报》记者并负责编辑事务。在父亲的影响下，青年时代的梁漱溟力主事功之学，对西方的功利主义、实用主义虽未曾直接听闻，但思想却与西洋功利派的主张不期而同。① 他甫一接触社会主义学说，即认为私有财产为社会一切痛苦和罪恶的根源，编写出《社会主义粹言》，热心宣扬，以求利济群生。可是民国初年的社会动荡，国事日非，民生困弊，使曾热情为之奋斗的梁漱溟困惑不已，喜欢思索的他因此陷入极度的苦闷之中，遂转而倾心于出世，钻研佛典，茹素不婚，沉潜自修，逐步走上

① 梁漱溟：《我的早年自学生涯》。

由西洋功利主义向东方文化转变的思想之路。1916 年，梁漱溟发表《究元决疑论》，总结其学佛心得。次年受聘北京大学时，他更公开表示：“我此来除替释迦、孔子去发挥外，更不作旁的事！”① 专门讲授印度佛教哲学，同时研究孔子思想。1918 年，其父梁济因痛感伦理道德沦丧，愤而投水自尽，留下一份警醒世人保存国性的遗书，当时社会舆论极是震动，梁漱溟更深受刺激，以为父亲因“痛惜故有文化之澌灭”而死，决心承其遗志，复兴中国文化，光大传统的道德精神。对此，梁漱溟曾沉痛地回忆说：“溟自元年以来，谬慕释氏，语及人生大道，必归宗天竺；策数世间治理，则矜尚远西，于祖国风教大原，先民德礼之化，顾不知留意，尤大伤公之心。读公晚年笔墨暨辞世遗言，恒觉有抑郁孤怀，一世不得同心，无可诉语者……呜呼痛已！儿子之罪，罪弥天地已！逮后始复有痛于故土文化之微而有志焉。”②

梁漱溟由倾心西学转而思想折入佛家，再进而“决定搁置向来要做佛家生活的念头，而来做孔家的生活”③，还与当时的文化学术环境极有关系。一方面，第一次世界大战给西方社会造成的严重破坏，加重了人们对西方科学和理性主义的疑虑，直接导致了科学破产论的出现和非理性的人本主义思潮的流行。梁启超等人的欧游与杜威、罗素等人的访华，使东方文化拔救世界的言论泛滥一时，回归中国传统文化的情绪弥漫东西学界。梁漱溟就明白道出他当时倡导走孔子的路的心境，说：“我又看着西洋人可怜，他们当此物质的疲弊，要想得精神的恢复，而他们所谓的精神，又不过希伯来那点东西，左冲右突，不出此圈，真所谓未闻大道，我不应当导他们于孔子这条路来吗！”④ 另一方面，以陈独秀、李大钊等为主将掀起的新文化运动，

---

① 梁漱溟：《东西文化及其哲学》第一章。

② 梁漱溟：《思亲记》，见《梁漱溟自述》第 466～467 页，漓江出版社 1996 年版。

③ 梁漱溟：《东西文化及其哲学》自序。

④ 梁漱溟：《东西文化及其哲学》自序。

为了将西方的德、赛两先生迎入中国，过于蔑弃民族文化和传统精神。他们无不将东西文化的地域之别，判定为一古一今的时代之异，认为东方文明再也不能适合于现代社会。这种偏激的立场和简单的选择，激起了一些民族情绪浓烈的学者的不满。对西方科学和民主十分赞同的梁漱溟，也不禁顶着巨大的压力，挺身而出，捍护中国的传统文化："为了中国，我不得不作儒者，反对'浅薄的西化'主张。"他还说："今天的中国，西学有人提倡，佛学有人提倡，只有谈到孔子，羞涩不能出口，也是一样无从为人晓得，孔子之真若非我出头倡导，可有那个出头？这是迫得我自己来做孔家生活的缘故。"① 梁漱溟后来更直接批评说，近代中国的文化失调，从表面上看是因为中国在与西方的军事、外交、经济竞争中的失败，但更重要的深层原因则是"对于西洋的模仿追趋和对固有文化的厌弃反抗"②。可见，梁漱溟本人思想文化立场的转变，和他致力于从事东西文化的比较研究，是在近代尤其五四时期东西文化激烈论争的时代背景下，为寻找中华民族自强之道和中国文化复兴之路而自觉地担当起历史的重命。

二、从哲学入手探讨东西文化问题

在梁漱溟之前，关于中西文化的比较研究及其解决方案，代表性的理论有三种，即中体西用、全盘西化和调和主义。梁漱溟通过对近代中国处理西方思想文化的历程的回顾和检讨，对上述三种文化理论均作了批评。他指出，到了五四时期，中西文化的关系问题，"并非东方化与西方化对垒的战争，完全是西方化对于东方化绝对的胜利，绝对的压服"，换言之，中西文化关系问题的现状，不再是以何种态度处理西方文化，而是"东方化究竟能否存在"。他说：

> 到了此时，已然问到两文化最后的根本了。现在对于中西文化的问题，差不多是要问：西方化对于东方化，是否要连根拔

① 梁漱溟：《东西文化及其哲学》自序。

② 梁漱溟：《东西文化要义》，见《梁漱溟全集》第三卷第198页。

> 掉？中国人对于西方化的输入，态度逐渐变迁，东方化对于西方化步步的退让，西方化对于东方化的节节斩伐！到了最后的问题是已将枝叶去掉，要向咽喉去着刀！而将中国化根本打倒！

梁漱溟因此认为，中西文化问题的研究和解决方案的求解，急需一种新的思路和思想框架，也就是要改变以前枝枝节节、劳而无功的做法，从根本上入手来个根本解决，“此时问到根本，正是要下解决的时候，非有此种解决，中国民族不会打出一条活路来”，“如果对于这个问题没有根本的解决，打开一条活路，是没有办法的”。梁漱溟进而将中西文化根本解决的问题转换为东方化“是要连根的拔去”，还是“可否翻身成为一种世界文化”的问题，他并预设了一种非此必彼的可能的结果：“如果不能成为世界文化，则根本不能存在；若仍可以存在，当然不能仅只使用于中国而须成为世界文化。”① 接下来，梁漱溟试图通过对中西文化本质的努力把握来判明两种文化的根本差异。他很不满足当时流行的对中西文化所作的浅层的停留于现象形态的对比，而要找出东西文化差异的根源所在。梁漱溟批评说：“大约两三年来，因为所谓文化运动的原因，我们时常可以在口头上听到，或在笔墨上看到‘东西文化’这类名词，但是虽然人人说得很滥，而大家究竟有没有实在的观念呢？据我们看来，大家实在不晓得东西文化是何物，仅仅顺口去说罢了。”又说：“对于东西文化这个名词虽说的很滥，而实际上全不留意所谓东方化所谓西方化究竟是何物？”② 因此，梁漱溟主张，以平静的心境对东西文化下一种观察，以纯粹好知的态度去研究它们各自的样子，要求把说不尽的东西文化浓缩为一两句话，抽象出各自的本质，“使那许多东西成了一个很有意思的一个东西，跃然于我们的心目中”。梁漱溟还提出了一个求得这种极难答对但又必须答对的答案的方法。他说：

① 梁漱溟：《东西文化及其哲学》第一章。

② 梁漱溟：《东西文化及其哲学》第一章。

> 我认为我们去求一家文化的根本或源泉有个方法。你且看文化是什么东西呢？不过是那一民族生活的样法罢了，生活又是什么呢？生活就是没尽的意欲（will）和那不断的满足与不满足罢了。通是个民族通是个生活，何以他那表现出来的生活样法成了两异的采色？不过是他那为生活样法最初本因的意欲分出两异的方向，所以发挥出来的便两样罢了。然则你要去求一家文化的根本或源泉，你只要去看文化的根原的意欲，这家的方向如何与他家的不同。你要去寻这方向怎样不同，你只要他已知的特异采色推他那原出发点，不难一目了然。

梁漱溟提出的这一方法，撇开了产生不同文化的自然地域环境和其他物质环境的客观因素，从人类的意欲及其不断满足这一主观心理因素来探寻文化产生的根源，“在一句很简单的答案中，已经把一家文化在文化中的地位、关系、前途、希望统通表定了”，也即在整个人类文化这个“总关系中”求得各种文化本来的位置。① 他还将自己的方法具体化为四个步骤：第一，从东西方各种文物中抽出各自“共同的特异采色”；第二，“复从这些特异的采色寻出他那一本的源泉”；第三，以“这一本的精神揽总”来考察它是否与东西文化的来历相符；第四，“复分别按之各种事物是不是如此”。② 梁漱溟就依此办法，由具体到抽象，由表象到核心，对西、中、印三种代表性的文化进行分析、裁判，揭示出三者各自的特点，指明彼此的差异，并探讨产生这些差异的根源在于“意欲”发展的三种方向。这样，梁漱溟由对东西文化关系问题的探讨和对中国文化前途的索解，奠定了他的文化哲学的基本框架和思想体系。此后，虽然他对东西文化的研究不断深入，对东西生命哲学的体察日益亲切，从而在某些具体立论上前后有所不同，但他基于人类文化发展三路向理论的文化哲学始终

---

① 梁漱溟：《东西文化及其哲学》第二章。

② 梁漱溟原本在考察和分析西方文化时举出这四步法，但他对中国文化和印度文化的分析实际上仍大体依此办法。

没有根本的变化。

三、文化哲学的基本内容

梁漱溟通过对东西文化作哲学层面的析解和考察，构建了一套以文化发展三路向理论为核心的文化哲学，其基本内容包括两个方面：

一是对人类文化产生类型的分析。

梁漱溟首先把文化定义为一个民族的生活样法，而生活又是无尽的意欲及其不断的满足，由于人们满足其意欲的方法不同，于是产生了不同类型的文化。他进而将人类解决生活问题的不同方法（即“生活的样法”）归结为三种：一是“向前面要求”的本来路向，就是遇到问题都是从向前的方向去下手，奋力取得所要求的东西，设法满足其要求；二是遇到问题不去要求解决、改造局面，而是随遇而安，对于自身的意欲加以变换、调和，梁漱溟称之为调和持中的路向；三是遇到问题就想根本取消，是一种“转身向后去要求”的路向。梁漱溟认为人类对于其生活意欲所采取的这三条最为基本的路向极为重要，“所有我们观察文化的说法都以此为根据”。

梁漱溟根据西方文化所体现出的征服自然、科学方法和民主精神这三大“异采”，与意欲向前的第一条路向加以比照，发现西方文化在物质生活方面表现出的征服自然的特点，正是基于自然的向前奋斗的态度；所谓灿烂的物质文明，正是对于环境要求改造的结果。西方的科学方法，表现的是那种向前下手克服对面的东西的态度，其民主精神则正是反抗权威奋斗争持出来的。梁漱溟的结论是：西方人所走的正是第一条路向，西方文化是以意欲向前要求为根本精神。

梁漱溟又对中国文化和印度文化作类似的分析，发现二者与西方文化很不相同。中国人安分、知足，没有物质享乐的刻意追求；遇到问题不是向前下手，而是在外在环境条件不变的情况下，变换自己的思想；不向外界作要求，而是返身而诚向内作要求，所以中国人明显走的是第二条路向，中国文化是以意欲自为调和持中为其根本精神。至于印度人，既不像西方人的要求幸福，也不像中国人的安遇知足，而是努力于从生活中解脱出来，他们的意欲既非向前，亦非持中，而是翻转向后，走上第三条路向，所以印度文化是以意欲反身向后要求为其根本的精神。①

二是对人类文化发展趋势的预测。

梁漱溟先从所谓事实、见解、态度三个方面，对西方文化自古至今的发展历程作了一番细致考察，发现其中表露出来的显著变迁，提出文化发展三期重现说，并据以对世界文化的发展趋势作出预测。他说："我们从客观的观察所得，看出为现在全世界向导的西方文化已经显著的变迁，世界未来的文化似不难测。"②

梁漱溟在讨论"生活"时即已指出，人类有三个逐次提高的生存意欲：人对物质世界的要求，满足这种要求实即解决人与自然的问题；人对"他心"的要求，满足这一要求实即解决人与人的关系问题；人对自身的要求，解决诸如生老病死等问题。他认为，从逻辑上讲，人类对这三个层次的问题的解决本来应该沿着由低向高的路子逐步解决，人类文化也相应地不断发展。梁漱溟相信，在不同的时期，人类生活中的这三大问题"各有其必要与不适用"，因此理想的做法是随着时代而变换着走三条道路，"最妙是随问题的转移而变其态度——问题问到那里，就持那种态度"。然而，古希腊人、古中国人、古印度人"各以其种种关系因缘凑合，不自觉就单自走上了一路，以其聪明才力成功三大派的文明"。西洋人合乎时宜地走上了第一路，并在文艺复兴后重新走上这一条路，"于是人类文化上所应有的成功如征服自然、科学、德谟克拉西都由此成就出来"，由此成为占据当时世界统治地位的文化。古代中国人和印度人则在下一层次的问题尚未提出来的时候，过早地走上了第二条路和第三条路，由此给自己带来了亟待解决的一些问题，并导致了在今日第一问题之下的世界很大的失败："人类文化之初，都不能不走第一路。中国人自也这样，却他不待把这条路走完，便中途拐弯到第二路上来，把以后方要走到的提前走了，成为人类文化的早熟，但是明明还处在第一问题未

① 梁漱溟：《东西文化及其哲学》第三章。

② 梁漱溟：《东西文化及其哲学》第五章。

了之下，第一路不能不走，那里能容你顺当去走第二路？”“他（古印度人）是不待第一路第二路走完而径直拐到第三路上去的，他的行径过于奇怪，所以其文化之价值始终不能为世人所认识。”①

值得注意的是，梁漱溟对西、中、印三种处于人类三个时期的文化，并不简单地作好坏优劣的价值评判，而是以历史主义的态度提出：“自其成绩论，无所谓谁家的好坏，都是对人类有很伟大的贡献；却自其态度论，则有个合宜不合宜。”他还分别对它们在今日世界的存在价值和发展前景加以评估，指出：

> 西洋文化的胜利，只在其适应人类目前的问题，而中国文化印度文化在今日的失败，也非其本身有什么好坏可言，不过就在不合时宜罢了……不料虽然在以前为不合时宜而此刻则机运到来，盖第一路走到今日，病痛百出，今世人都想抛弃他，而走这第二路，大有往者中世纪人要抛弃他所走的路而走第一路的神情。尤其是第一路走完，第二问题移进，不合时宜的中国态度遂达其真必要之会，于是照样也拣择批评的重新把中国人态度拿出来……而最近未来文化之兴，实足以引进了第三问题，所以中国化复兴之后将继之以印度化复兴。于是古文明之希腊、中国、印度三派竟于三期间次第重现一遭。②

简而言之，梁漱溟根据自己文化理论的内在逻辑的推演和对西洋文化发展历程的考察，认为正像古希腊文化已在西洋近世复兴一样，古代中国文化要在最近的未来复兴，而古代印度文化将在较远的未来复兴，世界文化的发展趋势，是由西洋文化过渡到中国文化，最终变为印度文化。

---

① 梁漱溟：《东西文化及其哲学》第五章。

② 梁漱溟：《东西文化及其哲学》第五章。

四、文化哲学的现实旨趣和历史影响

梁漱溟既然从人类生存问题的普遍意义来预示世界文化的未来，得出中国文化与印度文化将相继成为世界文化，然而，他用尽心机构建起文化哲学，本来的意图并不是论证印度文化优于西洋文化或中国文化，倡导人们去过佛家的生活，相反，他不仅坚决反对别人去作佛家生活，而且因为“周围种种情形都是叫我不要作佛家生活的”而“决然舍掉从来的心愿”，并引导人们“于至好至美的孔子路上来”。① 所以，梁漱溟着重论证了中国文化翻身成为世界文化的可能与实现途径。他说，西洋人已将西方化的路走到了尽头，并在态度上初步呈现出向中国化转换的取向。因此，梁漱溟宣布：“质而言之，世界未来文化就是中国文化的复兴，有似希腊文化在近世的复兴那样。”② 但是，他又清醒地告诫国人，中国化的客观必要并不意味着中华民族生存和中国文化延续的高枕无忧，在西方文化世界化、不断向东方逼进的当前，中华民族和中国文化恰好处在生死攸关的困境。中国文化是被连根拔除，还是翻身成为世界文化，关键取决于中国人所持的态度。梁漱溟指出了中国人应持的态度：

> 第一，要排斥印度的态度，丝毫不能容留；
>
> 第二，对于西方文化是全盘承受，而根本改过，就是对其态度要改一改；
>
> 第三，批评的把中国原来态度重新拿出来。③

并解释说，之所以要排斥印度态度，因为印度化是远未到来的将来的事。要全盘承受西洋文化，是因为中国没有走西方化的一步路，导致了今日的贫弱和不民主，目前正受困于第一项生存问题，但是对于西

---

① 梁漱溟：《东西文化及其哲学》自序。
② 梁漱溟：《东西文化及其哲学》第五章。
③ 梁漱溟：《东西文化及其哲学》第五章。

方文化不是简单地全盘蹈袭，而要将其态度根本改过，与经过批评、拣择后重新拿出来的中国态度有机地融合起来，这样，既能避免西方化已然表现出来的种种流弊，又能保留中国文化的优秀传统。可见，梁漱溟一方面反对全盘西化即他所谓的“浅薄的西方化”，另一方面与拒斥西方文化中的进步因素，只简单地把中国文化原封不动地端出来的旧派完全不同，依他的意见，重新拿出来的中国态度，是经过了西方的民主和科学的洗礼，从而取得真正切合时宜的成效。

梁漱溟进而指出，中国文化的复兴是世界文化在最近的未来的发展必然，而中国文化中最重要的又是孔子及其儒家哲学：“孔子以前的中国文化差不多都收在孔子手里，孔子以后的中国文化又差不多都由孔子那里出来”①，于是他顺理成章地提出了复兴孔学的主张，这也是他苦费心机对西、中、印文化进行哲学论证的真正用心所在。因此，讨论孔子的人生哲学，几乎成了《东西文化及其哲学》的中心，是毫不奇怪的。在书中对西洋、中国、印度三方哲学貌似平等的学术分析中，梁漱溟处处表露出对孔家哲学的一往情深，公然流露出中国哲学独具优越性的情绪化倾向，也就在所难免了。

总之，《东西文化及其哲学》是五四时期系统论述东西文化和哲学的重要著作，梁漱溟在书中经过对文化问题和人生问题的深入思考后，审视近代中国的中西文化关系，对五四时期的东西文化论战进行批判性总结。他以比较哲学的方法，剖析西、中、印三系文化的异同，探寻中国文化和世界文化的历史走向，最终归结为儒家哲学在近代的必然复兴。梁漱溟是在西化已成为时尚、孔家店几被推倒的文化氛围中来批判浅薄的西化，弘扬儒家伦理文化，这无疑需要一种巨大的学术勇气。而经过他的一番检讨、探索，既鉴认出西方文化中真正值得当时的中国吸取的有益成分，更从中国传统中开掘出许多为现代化所需的价值资源。虽然梁漱溟将《东西文化及其哲学》公开刊行后，受到了毁多于誉的评价，可是这种贡献的学术价值和现实意义是无法低估的。梁漱溟事后回忆说：“当时的新思潮是既倡导西欧近代

---

①　梁漱溟：《东西文化及其哲学》第四章。

思潮（赛因斯与德谟克拉西），又同时引入各种社会主义学说的。我自己虽然对新思潮莫逆于心，而环境气氛却对我讲东方古哲学无形中有很大的压力，就是在这种压力下产生出来我《东西文化及其哲学》一书。这书内容主要是把西洋、中国、印度不相同的三大文化体系各予以人类文化发展史上适当的位置,解决了东西文化问题。"①至于现代新儒家的后辈,几乎一致地推尊梁漱溟为现代新儒学的开山人物。

第三节　冯友兰的《贞元六书》及其新理学

近代以来，中国社会和文化处于剧烈的动荡和变更之中。围绕中国近代化这一主题，中西文化发生了激烈碰撞、交汇，至五四时期而臻于高潮。中国传统文化的吐故纳新、中西文化的融合创新及其方法途径成了这一时期学者们关注的焦点。就中国哲学而言，围绕中国传统哲学尤其是宋明道学的近代化，当时形成两个学派：一是新心学，继承和阐发陆王心学的传统；一是新理学，继承和阐发程朱理学的传统。新心学、新理学之“新”，在于他们都不同程度地借助近现代西方哲学思维方法来重建中国传统哲学体系而呈现出融合创新的特色。冯友兰所以被学术界公认为20世纪中国的哲学大师，主要归功于他的惊世之作《贞元六书》和独具匠心的新理学体系。“三史论今古，六书纪贞元。”这是冯友兰一生的学术写照。

冯友兰（1895～1990年），字芝生，河南唐河县人。16岁前完成了中小学课程学习，内容涉及新学、旧学。1912年冬，冯友兰考入上海中国公学，一方面继续研讨中国传统文化，另一方面他开始接触西学，受益尤多的是耶方斯的《逻辑要义》，由此生发兴趣而立志学习西方哲学。1915年夏，冯自中国公学毕业，考入北京大学法科，入校后改攻文科，因西方哲学门未开，遂入中国哲学门。

北大的学习影响了冯氏一生的学术和思想面貌。进中国哲学门，使冯在一个较高的层面上具备了中国传统文化的知识结构。同时，北

① 梁漱溟:《我的自学小史》,见《梁漱溟自述》第46页。

大又是新文化运动的发源地和中心，这种千载难逢的人文景观给予冯巨大而深远的影响。1919年底，冯带着中西文化问题的诸多困惑赴美公费留学，入哥伦比亚大学研究院哲学系。留美期间，冯主要从事中西文化比较研究，他师从杜威（John Dewey），接受了西方现代哲学思维方式的严格训练，其中，新实在论对他的影响尤为深刻。他还拜访在美的哲学大师泰戈尔（Tagore），并与之讨论东西异同问题。在此期间，他先后撰写了《柏格森的哲学方法》、《为什么中国没有科学》、《论比较中西》等论文。通过比较研究，他发现所谓东方与中国思想特有者，实际上在西方古代亦曾存在。他进而觉知，一般所谓中西之异，实是古今之别，皆因西方已完成近代化所致。因之，冯极力主张现代化，认为工业化是中国获民族自由之必然出路。他以中西异同为主题撰写博士论文《天人损益论》（在中国出版时易名为《人生理想之比较研究》，后又补入《一种人生观》，被列入高中教科书，题为《人生哲学》）。在论文中，他列举了中外十个重要哲学派别的思想，把古今中外的人生哲学归纳为损道、益道和中道。并指明：损道偏于"天然"，益道重在"人为"，二者各有所见，亦各有所蔽；中道则主张"人为辅助天然"，把二者统一起来。

上所说之哲学，其一派谓人为致不好之源；人方以文明自喜，而不知人生苦恼，正由于此。若依此说，则必废去现在，返于原始。本老子所谓"日损"①，今姑名此派哲学曰损道。其他一派则谓，现在世界，虽有不好，而比之过去，已为远胜；其所以仍有苦恼者，则以吾人尚未十分进步，而文明尚未臻极境地。吾人幸福，全在富有的将来，而不在已死的过去。若依此说，则吾人心力图创造，以人力胜天行，竭力奋斗，庶几将来乐园不在"天城"（*City of God*，西洋中世纪宗教家圣奥古斯丁 St. Augustine 所作书名）而在"人国"（Kingdom of Mam，培根 *Novum Organum* 中语）。本老子所谓"日益"，今姑名此派哲学曰益道。

此外尚有一派，以为天然人为，本来不相冲突；人为乃所以

① 《道德经》四十八章。

辅助天然，而非破坏天然；现在世界，即为最好；现在活动，即是快乐。今姑名此派曰中道。

尚有言者，即属于所谓损道诸哲学，虽主损，而其损之程度，则有差别。上述中国道家，老庄之流，以为现在的世界之天然境界即好，所须去掉者只人为的境界而已。此派虽主损而不否认现世。今名此派曰浪漫派。柏拉图以为现在的世界之上，尚有一完美的理想世界。现在世界之事物是相对的；理想世界之概念是绝对的。现在世界可见而不可思；理想世界可思而不可见。今名此派曰理想派。佛教及西洋近代叔本华之哲学，亦以为现在世界之上，尚有一完善美满的世界。但此世界，不但不可见，亦且不可思，所谓不可思议境界。今名此派曰虚无派。属于所谓益道诸哲学，虽皆主益，而其益之程度，亦有差别。如杨朱之流以为最大的目前快乐为最好境界；目前舒适，即是当下"乐园"。今名此派曰快乐派。如墨子功利家之流，以为吾人宜牺牲目前快乐而求将来较远最大多数人之安全富足繁荣。今名此派曰功利派。西洋近代哲学家，如培根、笛卡尔等以为吾人如果有充分的知识、权力与进步，则可得一最好境界，于其中可以最少努力而得最多的好；吾人现宜力战天然，以拓"人国"。今名此派曰进步派。至于属于所谓中道诸哲学，则如儒家说天及性，与道家说道德颇同；但以仁义礼智，亦为人性之自然。亚里士多德继柏拉图之后，亦说概念，但以为概念即在感觉世界之中，此世界诸物之生长变化，即所以实现概念。宋、元、明、清哲学家，颇受所谓"二氏"之影响，但不于寂灭中求静定，而谓静定即在日用酬酢之中。西洋近代哲学，注重"自我"；于是"我"与"非我"之间，界限太深；黑格尔（Hegel）之哲学，乃说明"我"与"非我"，是一非异；绝对的精神，虽常在创造，而实一无所得。合此十派别而世界哲学史上所已有之人生哲学之重要派别乃备。①

① 节选自冯友兰《人生哲学》之《绪论》，载《三松堂全集》卷1，河南人民出版社1985年版，第358~361。

这篇论文有两个显著特点：一是强烈的理性精神；一是对中道哲学的偏爱。这两点对于他日后接着宋明理学之后建立自己的哲学体系有重要影响。

从接受启蒙教育到博士毕业，从传统的家塾教育到西方现代科学思维训练，前后长达20多年的学习，使冯友兰对中西哲学乃至整个中西文化教育具有系统的了解与觉知，从而造就了他会通中西的哲人才识与气质。

归国后，冯友兰先后为河南中州大学、广州中山大学、北平燕京大学聘为哲学教授。1928年秋，冯友兰应清华大学校长罗家伦之邀，转任清华大学哲学系教授，讲授中国哲学史。至30年代初，冯友兰最重要的哲学著作《中国哲学史》已杀青二册。此书上起周秦，下迄清季，钩玄提要，条分缕析，义理解说畅达。陈寅恪作审查报告云："此书取材谨严，持论精确……今欲求一中国哲学史，能矫附会之恶习，而具了解之同情者，则冯君此作庶几近之。"40年代，冯以思想学术最臻圆熟之时，作《中国哲学简史》（*A Short Hisrory of Chinese Philosophy*）。此两著皆为中国现代学术经典。其特色有三：

第一，通过复杂纷纭的历史现象，"用客观的社会原因，说明中国哲学史的发展和变化"①。他认为，中国历史上有两个社会大转变的时代，"于其对政治制度、社会组织及经济制度，皆有根本的改变"②。第一个时代自春秋至汉初，冯名之为"子学时代"；汉之后，社会一统，思想一尊，经学取代子学，到了清代后期，中西交通后，又出现了"极新的环境"，这是第二个大转变的时代。为适应环境之变迁，人的思想也须相应改变。

第二，变"疑古"为"释古"。五四时期，钱玄同、胡适等人开始提倡"疑古"精神，冲击封建经典的神圣地位，批判旧学者的泥古不化。冯友兰则认为，既不能盲目信古，也不能一味疑古，而应辩证地对待史料，亦即"释古"。他指出，对于研究哲学史的人来说，

---

① 冯友兰：《四十年的回顾》，科学出版社1959年版，第23页。

② 冯友兰：《中国哲学史》上册，中华书局1984年版，第30页。

伪书未必无价值，真书未必有价值，关键在其内容。有些真正有思想价值的书，尽管是伪作，但只要确定了成书年代，就可视为那个时代的思想资料。对《列子》这部书，他即是按照这个原则处理的。他这种与“信古”、“疑古”皆异的“释古”态度，后来得到了普遍的认可。

第三，善于运用西方哲学的逻辑分析方法，层层解剖中国哲学的概念、命题，使之成一井然有序的思想体系。例如，过去人们笼统地把先秦名家概括为“坚白同异之辨”，冯友兰则指出：先秦名家实有二大派，一派以惠施为代表，主张“合同异”；一派以公孙龙为代表，主张“离坚白”。又如人们一直把北宋理学大师二程统称为“程门”，冯友兰则认为二者的思想是不同的：程颢是“以后心学的先驱”，程颐则是“以后理学的先驱”。类似这种孤发先明之见，还有不少。

冯友兰曾说过，哲学工作有两种：一种是“照着讲”，即讲别人的哲学，这是哲学史家的任务；另一种是“接着讲”，即在了解前人哲学的基础上，建立自己的哲学体系，这是哲学家的任务。如果说冯友兰《中国哲学史》和《中国哲学简史》是属于“照着讲”的工作的话，那么完成这两部哲学史之后，他便转入了“接着讲”的哲学家的工作。

“七七”事变后，清华与北大、南开迁至长沙而组成长沙临时大学。后迁至昆明，成立西南联合大学。冯友兰出任联大文学院院长兼清华大学文学院院长、文科研究所所长、哲学部主任等职。在民族危亡、文化转型的关键时刻，冯友兰以一个真正哲学家的宏大气魄加紧进行哲学创作，笔墨丹青，抒发爱国热情。在8年内，他先后撰写了《新理学》（1939年）、《新事论》（1940年）、《新世训》（1940年）、《新原人》（1943年）、《新原道》（1944年）、《新知言》（1946年）六部著作，合称“贞元六书”。

“贞元六书”构成了中国现代最完整的哲学体系。《新原人》自序中云：“‘为天地立心，为生民立命，为往圣继绝学，为万世开太平。’此哲学家所应自期许者也。况我国家民族，值贞元之会，当绝续之交，通天人之际，达古今之变，明内圣外王之道者，岂可不尽所欲言，以为我国家致太平、我亿兆安心立命之用乎？虽不能至，心向往之。”抗战胜利后，冯友兰为联大所撰之碑文云：“盖并世列强，虽新而无古；希腊、罗马，有古而无今。惟我国家，亘古亘今，亦新亦旧，斯所谓‘周虽旧邦，其命维新’者也。”言简意深，则民族之兴亡与历史学术之变迁，固激发于冯氏者多矣，而其忧国忧民之胸襟与学者之终极关怀亦跃然呈露。而“周虽旧邦，其命维新”数语诚为冯氏根本信念而终老不变者也。

冯友兰的新理学体系是中西文化融合创新的产物，既涵括了全部中国哲学的传统观念，又能以西方哲学的方法，使这些观念构成一个严密的理论系统，在此系统中包括类似西方哲学的形上学、人生论、方法论等各方面的内容，使自己通过对这些内容的阐释、谈理、原人、论事，表达自己对宇宙本体、人生价值、道德理想、文化建设等问题的理解和主张。

《新理学》是冯友兰“新理学”体系的总纲，探讨了关于自然、社会和理想人格的普遍性问题。其核心是一般与特殊、共相与殊相的关系问题，冯友兰认为这是哲学的根本问题。冯友兰在新理学中，析理是辩有，论气是释无，以道体总括流行，以乾元表示动因；实际上气为无极，仍是存在，并非真无，道体即是流行，流行也是存在，所以他论变释无本质仍然是在析有，只不过角度、层面不同而已。他正是通过对有的不同层面的辨析，建构起了自己的共相说。

> 空间时间之性质，既已说明，我们即可见何以理是超时空底。时或空是两种实际底关系，而理不是实际底，所以不能入实际底关系之中。有“在上”之理，但“在上”之理，并不在上，不过物与物间之关系，如有依照“在上”之理者，则其一物即在其他物之上。有“在先”之理，但“在先”之理，并不在先，不过事与事间之关系，如有依照“在先”之理者，其一事即在其他事之先。此正如有“动”之理，但动之理并不动。有“变”之理，但变之理并不变。不过实际底事物如有依照“动”之理

或“变”之理者，此实际底事物，是动底或变底。

我们所谓真元之气，亦是不在时空者。照上文所说，在时空者，必须是能有实际底关系之实际底事物。我们所谓真元之气，不是实际底事物，不能有任何实际底关系，所以它亦是不在时空底。①

就其形而上的方面说，宇宙是无所谓更富有或更不富有。因为形而上之理，有即有，无即无，不能先有而后无；或先无而后有。程伊川所谓：“百理俱在平铺放著”，我们正可用他这句话。……宇宙既已包括众理，就其形上方面，可以说是本来即富有。所谓“冲膜无朕，万象森然”，正是此义，其形下方面之富有，可以有损益，但形上方面之富有，则不能损亦不能益。②

尽管他的共相说，把事物的共相视作独立于殊相的永恒实在，在总体上是非科学的，但这种共相说却是他建构自己的道德人生、社会文化理论的一块基石。

《新事论》把《新理学》对体用关系的认识应用于现实社会，以社会生产方式为体，政治、文化等上层建筑为用，强调体变用变，并指出：中国的紧要任务是工农业的现代化，即把以家庭为本位的自然经济改造成以社会为本位的现代经济形态。这是人类在一定发展阶段上的“共相”。

有一比较清楚底说法，持此说法者说，一般人所谓西洋文化者，实是指近代或现代文化。所谓西洋文化所以是优越底，并不是因为它是西洋底，而是因为它是近代或现代底。……一般人心目所有之中西之分，大部分都是古今之异。……所以近来近代文化或现代文化一名已渐取西洋文化之名而代之。从前人常说我们要西洋化，现在人常说我们要近代化或现代化。这并不是专是名

① 冯友兰：《新理学》，商务印书馆1940年第1版，第83页。

② 冯友兰：《新理学》，商务印书馆1940年第1版，第115页。

词上改变，这表示近来人的一种见解上底改变。这表示，一般人已渐觉得以前所谓西洋文化之所以是优越底，并不是因为它是西洋底，而是因为它是近代底或现代底。我们近百年来之所以到处吃亏，并不是因为我们的文化是中国底，而是因为我们的文化是中古底。①

向西方学习，就是要学习西方文化的主要性质；要改变中国文化，就是要改变中国文化的主要性质。西方文化的主要性质是我们当取者，其偶然的性质是我们所不必取者；中国文化的主要性质是我们当去者，其偶然的性质是我们当存者，至少是不必去者。这可以说是“全盘西化”，因为照此方法向西方学习，即可将我们的文化自原有的类型转入西方文化现有的类型；这也可以说是“部分西化”，因为照此方法向西方学习，我们只是将我们的文化自一类转入另一类，并不是将我们这个特殊的中国文化改变为另一个特殊的文化。对于中国文化所改变者，只是其与类型有关的部分，其与类型无关的部分则不须改变。这种改变同样也是中国本位的，因为照此办法改变我们的文化，只是将中国文化从一类转入另一类，改变后的中国文化仍是中国文化。

冯友兰认为，任何一种文化都有许多要素，都有许多性质；任何一种文化的诸要素都可以分为若干层次：第一层次是生产方法，第二层次是生产制度或曰经济制度，第三层次是政治社会制度，第四层次是道德等观念因素。文化中的这些层次都是一环扣一环，一环决定一环的，社会中的制度都是一套一套的。在诸要素中，生产方法是最根本的要素，是决定其他文化要素的要素。因此，判断某一文化属于何类，关键是看它采用了何种生产方法。任何文化都是以一定的生产方法为基础，以生产制度和社会制度为核心的文化。据此，我们可以说，西方文化，即以社会本位的生产方法为基础的，实行了以社会为本位的生产制度和以社会为本位的社会制度的，并以这样的制度为中

① 冯友兰：《新事论》，商务印书馆 1940 年版，第 15 页。

心的文化，亦即“生产社会化的文化”。中国文化，则是以家庭本位的生产方法为基础的，实行了以家庭为本位的生产制度和以家庭为本位的社会制度，并以这种制度为中心的文化，亦即“生产家庭化的文化”。西方文化之所以先有了生产社会化的文化，是由于他们在经济上先有了一个大改革，这个大改革即产业革命。中国文化之所以还属于生产家庭化的文化类型，是由于中国在经济上还没有进行产业革命。

冯友兰指出，首先在西方国家发生的产业革命，不仅使西方国家首先实现了近代化或现代化，不仅使西方文化首先从生产家庭化的文化类型转入了生产社会化的文化类型，而且也使得东西方的关系发生了重大的变化。冯友兰说：

> 有一位名公①说了一句最精辟底话，他说：工业革命的结果使乡下靠城里，使东方靠西方。乡下本来靠城里，不过在工业革命后乡下尤靠城里。在工业革命后，西方成了城里，东方成了乡下。乡下靠城里，所以东方亦靠西方。②

中国民族在以前所以能够同化别的民族，并不是因为它有特别强的同化力，而是靠它的经济上的先进地位。他说：

> 我是根本不信：说某个民族始终特具有某一种能力的。只有经济的力量，才是最后的、决定的力。③

在历史上，当中原地区已进到农业经济的时候，所接触的外族大都是

---

① 指卡尔·马克思。马克思曾说过：“资产阶级使乡村屈服于城市的统治”，“正像它使乡村从属于城市一样”，“使东方从属于西方”。见《马克思恩格斯选集》第1卷，第255页。

② 《三松堂全集》卷4，河南人民出版社1986年版，第244页。

③ 《三松堂全集》卷11，河南人民出版社1986年版，第310页。

游牧民族，虽然在某个特别强悍的民族面前中国也曾失败过，但终究能够同化它。到了清末，中国迎来了千古大变局，由于在经济上丧失了先进地位，所以中国人相应地丧失了城里人的资格。如何摆脱困境，重新取得“城里人”的资格，便成了中国人亟待解决的时代课题。

> 东方底乡下，如果想不靠西方底城里，如果想不受西方底城里的盘剥，如果想得到解放，唯一底办法，即是亦有这种底产业革命。这种产业革命的要素，即是以机器生产，代替人工生产。①

《新世训》共分《尊理性》、《行忠恕》、《为无为》、《道中庸》、《守冲谦》、《调情理》、《致中和》、《励勤俭》、《存诚敬》、《应帝王》10篇，另加《绪论》1篇。主要论述处世的态度与方法，故又称《生活方式新论》。其《自序》云：

> 承百代之流，而会乎当今之变。好学深思之士，心知其故，乌能已于言哉？事变以来，已写三书。曰《新理学》，讲纯粹哲学。曰《新事论》，谈文化社会问题。曰《新世训》，论生活方法，即此是也。书虽三分，义则一贯。所谓“天人之际”、“内圣外王之道”也。合名之曰《贞元三书》。贞元者，纪时也。当我国家民族复兴之际，所谓贞下起元之时也。我国家民族方建震古铄今之大业，譬之筑室，此三书者，或能为其壁间之一砖一石欤？是所望也。

《尊理性》认为理性有道德、理智二义，人之异于禽兽即在于有理性：

---

① 《三松堂全集》卷4，河南人民出版社1986年版，第246～247页。

无论就理性底哪一方面说，人都是理性底，而不完全是理性底。但完全地是理性底却是人底最高底标准，所以必自觉地，努力地，向此方面做。自觉地、努力地向此方面做，即是做人。

《行忠恕》认为“忠恕”既是待人接物的方法，又是践履道德的方法：

忠恕之道的好处即行忠恕之道者其行为的标准，即在一个人的自己的心中，不必外求……所以是最容易行底。然真能行忠恕者，即真能实行仁，若推其成就至极，虽圣人亦不能过。所以忠恕之道，是一个彻上彻下底“道”……忠恕之道是在任何时代、任何地方都可行底。

《为无为》认为：

一个人一生中所作底事，大概可以分为两部分。一部分是他所愿意作者，一部分是他所应该作者。合乎他的兴趣者，是他愿意作者；由于他的义务者，是他应该作者。道家讲无所为而为，是就一个人所愿意作底事说。儒家讲无所为而为，是就一个人所应该作底事说。道家认为，人只须做他所愿意作底事，这在心理上是过于严肃底。我们必须将道家在这一方面所讲底道理，及儒家在这一方面所讲底道理合而行之，然后可得一个整个底无所为而为底人生，一个在这方面是无为底人生。

《道中庸》认为“中”是无过无不及，即是恰到好处。

作事恰到好处之好，可就两方面说，一方面就道德说，一方面就利害说。就道德方面说，所谓作事恰到好处者，即谓某事必须如此作，作事者方可在道德方面得到最大底安全。就利害方面说，所谓恰到好处者，即谓某事必须如此作，作事者方能在事业方面得到最大底利益。

合乎中道底行为，是可以成为社会上底公律底。所谓社会上底公律者，是在原则上，人皆应该完全照着行，在事实上，人皆多少照着行者。……中道的行为，是平常底，但是可以为公律底。……就其是平常说，所以谓之庸；就其为公律说，所以谓之不易，所以谓之定理。

《守冲谦》认为：

"自尊而尊人，先彼而后己"。这本是社会所需要底一种道德。社会上底礼，大概都是根据这种道德而有底。……谦虚是一种人生态度，其背后有很深底哲学底根据。

认为重客观、高见识、放眼界，可使人"无意于求谦虚而自然谦虚，无意于戒骄盈而自然不骄盈"。

《调情理》主张人应以理化情，以情从理，有情而无"我"，不为情所累。

知常底人，知事物之变化系遵循一定之理，其如此系不得不然，故对于顺我底事物不特别喜爱，对于逆我底事物不特别怨恨。……如此对于任何人任何事皆可一秉大公，对于任何人任何事皆无所私。此所谓大公无私。大公无私，是王者对于万民底态度，是天地对于万物底态度，是道对于天地底态度。所以说"知常容，容乃公，公乃天，天乃道"。此道理可终身行之，所以老子又说："道乃久，没身不殆。"

《致中和》认为一个社会必须由各种人构成，各类人俱有各自的要求，因而需要礼法制度来规范。

各种人要权利，尽职分，都必须合乎中，以得到和。任何社会都多少是如此，都应该完全如此。不管一个社会是什么种底社会。有阶级底社会是如此，无阶级社会亦是如此。……执掌政权底人，本亦是社会上底一种人。但在某种“势”下，这种制度，是一个社会所必需底。但如此种势已去，一个社会可以不需要世袭底政治上底统治阶级，而在此阶级里底人，仍要维持他们的权利，则他们的要权利即为太过。社会中底别种人，对于他们的太过底要求……应该制裁。这种制裁，如果是以暴力出之，即所谓革命。

在社会方面看，“发乎情”而不能“止乎礼义”底要求是应该制裁底。这种要求，宋明道学谓之欲，或私欲，或人欲。他们说欲是恶底。这是一定不错底，因为所谓欲者，照定义是超过道德底规律底要求。照定义它即是恶底。所以说欲是恶底，实等于说凡是不道德底是不道德底。但后来反道学底人，如戴东原等，常说人的生理底、心理底要求是不可亦不应该压抑底，而宋明道学家却专爱压抑之，所以宋明道学家是“以理杀人”，太不人道。这种辩论不是误解了宋明道学家所谓欲的意义，即是陷入上所说思想上底混乱。

《励勤俭》认为治国养生均宜勤俭：

用一个国家的力量或用一个人的力量，都要使之有“有余不尽”之意，如此则可以不伤及它的根本。所以“啬”是“深根固柢”之道。有了根深柢固底力量，然后能长久地生存，长久地作事，所以说：“俭故能广。”

《存诚敬》认为诚敬既是立身处世之方，又是超凡入圣之道。

立身处世，是圣学之始；超凡入圣，是圣学之终。二者均须用敬。所以敬字真是学问始终。如此以敬求诚，是宋明道学家所说诚敬的最高义。

《应帝王》主要阐述作领袖之方法：

除了无为一点外，还要加上三点，即无私，存诚，与居敬。

在《新原人》中冯友兰提出了人生的四种精神境界说，以此解决《新理学》中提出的“实在”的理世界如何“不存在而有”的问题。他认为，自然境界、功利境界、道德境界、天地境界是人类四种层次不同的境界，哲学的目的和功用是使人最终达到最高层次的天地境界，在日常生活中体验到生命的永恒意义，与天地同流，与宇宙同在。那么，冯友兰的四境界是如何构建的呢？他指出：

人对于宇宙人生底觉解的程度，可有不同。因此，宇宙人生，对于人底意义，亦有不同。人对于宇宙人生的某种程度上所有底觉解，因此，宇宙人生对于人所有底某种不同底意义，即构成人所有底某种境界。

各人有各人的境界，严格地说，没有两个人的境界，是完全相同底。……但我们可以忽其小异，而取其大同。就大同方面看，人所可能有底境界，可以分为四种：自然境界，功利境界，道德境界，天地境界。

自然境界的特征是：在此种境界中底人，其行为是顺才或顺习底。……在此境界中底人，顺才而行，“行乎其所不得不行，止乎其所不得不止”；亦或顺习而行，“照例行事”。无论其是顺才而行或顺习而行，他对于其所行底事的性质，并没有清楚底了解。此即是说，他所行底事，对于他没有清楚底意义。……严格地说，在此种境界中底人，不可以说是不识不知，只可以说是不著不察。孟子说：“行之而不著焉，习矣而不察焉，终身由之，而不知其道者众矣。”朱子说：“著者知之明，察者识之精。”不著不察，正是所谓没有清楚底了解。

功利境界的特征是：在此种境界中底人，其行为是“为利”底。所谓“为利”，是为他自己的利。……在自然境界中底人，虽亦有为自己的利底行为，但他对于“自己”及“利”，并无清楚底觉解，他不自觉他有如此底行为，亦不了解他何以有如此底行为。在功利境界中底人，对于“自己”及“利”，有清楚底觉解。

道德境界的特征是：在此境界中底人，其行为是“行文”底。义与利是相反亦是相成底。求自己的利底行为，是为利底行为；求社会的利底行为，是行义底行为。在此种境界中底人，对于人之性已有觉解。他了解人之性是涵蕴有社会底。……在道德境界中底人，知人必于所谓“全”中，始能依其性发展。社会与个人，并不是对立底。……人不但须在社会中，始能存在，并且须在社会中，始得完全。社会是一个全，个人是全的一部分。部分离开了全，即不成其为部分。

在功利境界中，人的行为，都是以“占有”为目的。在道德境界中，人的行为，都是以“贡献”为目的。

天地境界的特征是：在此种境界中底人，其行为是“事天”底。在此种境界中底人，了解于社会的全之外，还有宇宙的全，人必于知有宇宙的全时，始能使其所得于人之所以为人者尽量发展，始能尽性。在此种境界中底人，有完全底高一层底觉解。此即是说，他已完全知性，因其已知天。他已知天，所以他知人不但是社会的全的一部分，而并且是宇宙的全的一部分。不但对于社会，人应有贡献；即对宇宙，人亦应有贡献。人不但应在社会中，堂堂地做一个人；亦应于宇宙间，堂堂地做一个人。人的行为，不仅与社会有干系，而且与宇宙有干系。他觉解人虽只有七尺之躯，但可以“与天地参”；虽上寿不过百年，而可以“与天地比寿，与日月齐光”。①

很显然，“觉解”是冯友兰境界说的前提，他以觉解说意义，以意义说境界。觉解的高低决定境界的高低。他所谓境界，是指人对宇宙人生的了解而得到的宇宙人生的意义。也就是说境界不是外在的客

① 冯友兰：《新原人》，商务印书馆1943年版，第57～81页。

观世界，而是由意义构成的世界——意义世界。在冯友兰看来，提高人的精神境界的不二法门就是觉解及觉解其觉解。

“觉解”这一概念的提出和使用可以说是中国哲学发展中的一个重大突破，而“四境界”的提出，则是冯友兰对中国哲学的重大贡献。在传统的中国哲学中，尽管道家追求“与造化同游”、“与道为一”的最高境界，佛家追求“涅槃”的最高境界，儒家追求“天人合一”的最高境界，但都没有清楚地看到境界发展的四个阶段。而且，儒家只注意功利境界与道德境界之间的区别，其目的是要分清义与利、公与私、道心与人心之间的界限，以使人进入道德境界，常住于道德境界。尽管儒家的道德境界包含了天地境界，但并没有意识到二者之间的差异。道家的注意力则集中于天地境界与功利境界、天地境界与道德境界的区分上，只注意了有为与无为、名教与自然、人与天的分别，而忽略了天地境界与自然境界的界限。

《新原道》亦名《中国哲学之精神》，共分《孔孟》、《杨墨》、《名家》、《老庄》、《易庸》、《汉儒》、《玄学》、《禅宗》、《道学》、《新统》10 章，外加绪论 1 篇。以“极高明而道中庸”为线索，勾画中国历史哲学反思内圣外王之道的历程，以此说明“新理学”确是接着中国传统哲学的发展路子而创出的新体系。冯友兰在《绪论》中说：

> 中国哲学有一个主要底传统，有一个思想的主流。这个传统就是求一种最高底境界。这种境界是最高底，但又是不离乎人伦日用底。这种境界，就是即世间而出世间底。这种境界以及这种哲学，我们说它是“极高明而道中庸”。
>
> “极高明而道中庸”，此而即表示高明与中庸，虽仍是对立，而已被统一起来。如何统一起来，这是中国哲学所求解决底一个问题。求解决这个问题，是中国哲学的精神。这个问题的解决，是中国哲学的贡献。
>
> 圣人的人格，是内圣外王的人格。照中国哲学的传统，哲学是使人有这种人格底学问。所以哲学所讲底就是中国哲学家所谓

内圣外王之道。

冯友兰在自序中指出：该书“先论旧学，后标新统”，“书凡十章，新统居一”。可见其主要思想大体体现在《新统》一章里。这一章主要阐述了中国哲学精神的进展，接着标明了新道学的精神。

宋明道学，没有直接受过名家的洗礼，所以他们所讲底，不免著于形象。

由此我们可以说，宋明道学家的哲学，尚有禅宗所谓“拖泥带水”的毛病。因此，由他们的哲学所得到底人生，尚不能完全地“经虚涉旷”。他们已统一了高明与中庸的对立。但他们所统一底高明，尚不是极高明。

中国哲学的精神的进展，在汉朝受了一次逆转，在清朝又受了一次逆转。清朝人的思想，限于对道学作批评，或修正。他们的修正，都是使道学更不近于高明。他们的批评，是说道学过于玄虚。我们对于道学底批评，则是说它还不够玄虚。

中国哲学的精神的进展，在汉朝受了逆转，经过了三四百年，到现在始又入了正路。

新底形上学，须是对于实际无所肯定底，须是对于实际，虽说了些话，而实是没有积极地说什么底。不过在西洋哲学史里，没有这一种底形上学的传统。……在中国哲学史中，先秦的道家，魏晋的玄学，唐代的禅宗，恰好造成了这一种传统。新理学就是受这种传统的启示，利用现代新逻辑学对于形上学底批评，以成立一个完全“不着实际”底形上学。

但新理学又是“接着”宋明道学中底理学讲底。所以于它的应用方面，它同于儒家的“道中庸”。它说理有同于名家所谓“指”。它为中国哲学中所谓有名，找到了适当底地位。它说气有似于道家所谓道。它为中国哲学中所谓无名，找到了适当底地位。它说了些虽说而没有积极地说什么底“废话”，有似于道家，玄学以及禅宗。所以它于“极高明”方面，超过先秦儒家以及宋明道学。它是接着中国哲学的各方面的最好底传统，而又经过现代的新逻辑学对于形上学的批评，以成立底形上学。它不着实际，可以说是“空”底。但其空只是其形上学的内容空，并不是形上学以为人生或世界是空底。所以其空又与道家，玄学，禅宗的“空”不同。它虽是“接着”宋明道学中底理学讲底，但它是一个全新底形上学。至少说，它为形上学底人，开了一个全新底路。

在新理学的形上学的系统中，有四个主要底观念，就是理，气，道体，及大全。这四个都是我们所谓形式底观念。这四个观念，都是没有积极底内容底，是四个空底观念。在新理学的形上学的系统中，有四组主要底命题。这四组主要底命题，都是形式命题。四个形式底观念，就是从四组形式底命题推出来底。

在新理学的形上学的系统中，第一组主要命题是：凡事物必都是什么事物，是什么事物，必都是某种事物。有某种事物，必有某种事物之所以为某种事物者。借用旧日中国哲学家底话说：“有物必有则。”

在新理学的形上学的系统中，第二组主要命题是：事物必都存在。存在底事物必都能存在。能存在底事物必都有其所有以能存在者。借用中国旧日哲学家的话说，有理必有气。

在新理学的形上学的系统中，第三组主要命题是：存在是一流行。凡存在都是事物的存在。事物的存在，是其气实现某理或某某理的流行。实际的存在是无极实现太极的流行。总所有底流行，谓之道体。一切流行涵蕴动。一切流行所涵蕴底动，谓之乾元。借用中国旧日哲学家的话说：“无极而太极。”又曰：“乾道变化，各正性命。”

在新理学的形上学的系统中，第四组主要命题是：总一切底有，谓之大全。大全就是一切底有。借用中国旧日哲学家的话说：“一即一切，一切即一。”

哲学所讲底，就是所谓“内圣外王之道”。新理学是最玄虚底哲学，但它所讲底，还是“内圣外王之道”，而且是“内圣外王之道”的最精纯底要素。

《新知言》是“新理学”体系的方法论。全书共分《论形上学的方法》、《柏拉图的辩证法》、《斯宾诺莎的反观法》、《康德的批判法》、《维也纳学派对于形上学底看法》、《新理学的方法》、《论分析命题》、《论约定说》、《禅宗的方法》、《论诗》10章，外加《绪论》1篇。其主要思想是：哲学的一些基本概念不可思议，不可言说，无法用正的方法（逻辑分析法）得出，但可通过负的方法，即懂得为什么不可思议，不可言说，而有更深刻的了解。

> 真正形上学的方法有两种：一种是正底方法；一种是负底方法。正底方法是以逻辑分析法讲形上学；负底方法是讲形上学不能讲。讲形上学不能讲，亦是一种形上学的方法。犹之乎不屑于教诲人，或不教诲人，亦是一种教诲人的方法。……讲形上学不能讲，即对于形上学的对象，有所表显。既有所表显，即是讲形上学。此种讲形上学的方法，可以说是“烘云托月”的方法。
>
> 正底方法，以逻辑分析法讲形上学，就是对于经验作逻辑底释义。其方法就是以理智对于经验作分析，综合及解释。这就是说以理智义释经验。这就是形上学与科学的不同。科学的目的，是对于经验，作积极底释义。形上学的目的，是对于经验作逻辑底释义。
>
> 我们所谓“逻辑底”，意思是说“形式底”。我们所谓“积极底”，意思是“实质底”。……所谓“形式底”，意思是说“没有内容底”，是“空底”。所谓“实质底”，意思是说“有内容底”。
>
> 人的知识，可以分为四种。第一种是逻辑学、算学。这一种知识，是对于命题套子或对于概念分析底知识。第二种知识是形上学。这一种知识，是对于经验作形式底义释底知识。知识论及伦理学的一部分，亦属此种，伦理学的此部分，就是康德所谓道德形上学。第三种是科学。这一种知识，是对于经验作积极底释

义底知识。第四种是历史。这一种知识，是对于经验底记述底知识。

真正形上学底命题，可以说是“一片空灵”。空是空虚，灵是灵活。……历史底命题，是实而且死的。……科学的命题，是灵而不空底。……逻辑学、算学中底命题，是空而不灵底。……形上学的命题，是空而且灵底。形上学底命题，对于实际，无所肯定，至少是甚少肯定，所以是空底。其命题对于一切事实，无不适用，所以是灵底。

真正底形上学，必须是一片空灵。哲学史中底哲学家底形上学，其合乎真正底形上学的标准的多少，视其空灵的程度。其不空灵者，即是坏的形上学。坏底形上学即所谓坏底科学。此种形上学，用禅宗的话说，是“拖泥带水”底。沾滞于“拖泥带水”底形上学底人，禅宗谓为“披枷带锁”。①

西方哲学以他所谓“假设的概念”为出发点，中国哲学以他所谓“自觉的概念”为出发点。其结果，正的方法很自然在西方哲学中占统治地位，负的方法很自然地在中国哲学中占统治地位。道家尤其是如此，它的起点和终点都是浑沌的全体。在《老子》《庄子》里，并没有说“道”实际上是什么，却只说了它不是什么。但是若知道了它不是什么，也就明白了一些它是什么。

佛家又加强了道家的负的方法。道家与佛家结合，产生了禅宗，禅宗的哲学我宁愿叫做静默的哲学。谁若了解和认识了静默的意义，谁就对形上学的对象有所得。

在西方，康德可说是曾经应用过形上学的负的方法。在他的《纯粹理性批判》中，他发现了不可知者，即本体。在康德和其他西方哲学家看来，不可知就是不可知，因而就不能对于它说什么，所以最好是完全放弃形上学，只讲知识论。但是在习惯于负的方法的人们看来，正因为不可知是不可知，所以不应该对于它

① 《新知言·论形上学的方法》。

说什么，这是理所当然的。形上学的任务不在于，对于不可知者说些什么；而仅仅在于，对于不可知是不可知这个事实，说些什么。谁若知道了不可知是不可知，谁也就总算对于它有所知。关于这一点，康德做了许多工作。

哲学上一切伟大的形上学系统，无论它在方法论上是正的还是负的，无一不把自己戴上“神秘主义”的大帽子。负的方法在实质上是神秘主义的方法。

正的方法与负的方法并不是矛盾的，倒是相辅相成的。一个完全的形上学系统，应当始于正的方法，而终于负的方法。如果它不终于负的方法，它就不能达到哲学的最后顶点。但是如果它不始于正的方法，它就缺少作为哲学的实质的清晰思想。神秘主义不是清晰思想的对立面，更不在清晰思想之下。无宁说它在清晰思想之外。它不是反理性的；它是超越理性的。

在中国哲学史中，正的方法从未得到充分发展……另一方面，在西方哲学史中从未见到充分发展的负的方法。只有两者结合才能产生未来的哲学。①

正的方法主要源自维也纳学派逻辑实证主义的逻辑分析方法，其特征是：清楚明白的哲学概念与命题；哲学命题的可证实性；由某一概念出发演绎逻辑命题系统。冯友兰认为，通过维也纳学派对形而上学的批评和拒斥，使他为真正的形上学找到了一条全新的路子；他沿着这条路子，通过对经验中的事物进行抽象，从而获得构成事物的终极要素，又对分析得到的事物的终极要素进行概括，从而获得事物的共相，即新理学的四个核心概念：理、气、道体、大全。最后，通过分析命题对整个分析总括过程进行传达表述，从而最终形成了他的新理学体系。

负的方法则源自道家及禅宗的直觉顿悟法，其特征是：悖于逻

① 冯友兰：《中国哲学简史》，北京大学出版社 1985 年版，第 392～395 页。

辑；神秘证悟。

在冯友兰看来，如果说正的方法是通过逻辑分析、辨名析理，对形上学的内容和对象正面地加以分析、界说、规定，它是一种常规性的方法，那么负的方法则是通过不讲或讲其所不讲的方法来表显、把握和领悟形上学的对象，它可以说是一种反常规性的方法。对于形上学，“不能说它是什么，只能说它不是什么，这就是负的方法的精髓”①。

《贞元六书》的思想体系，总起来说，可以称为“新理学”体系。其核心观念即是“两个世界”和“四个境界”。关于“四个境界”前面叙述较详，这里只好从略。至于“两个世界”尚需交待清楚。冯友兰把客观世界区分为两个基本方面，一是多样的实际事物，即殊相；一是事物中蕴含的规定性，即共相，也即规定某事物为某一类的固然之理。事物之间有不同的规定性，所以有不同质的类。事物的类又有不同层次，其最高层次是“实际”，相对于“实际”的称为“真际”。“实际”表明有事物实际存在，“真际”表明其存在有存在之理。人们在认识客观世界时，可以感觉到具体的事物，但无法感觉到事物的存在之理，即其共相。这就需要借助逻辑分析。因此，“哲学对于真际，有所肯定，而不特别对于实际，有所肯定”②。

那么，如何运用“两个世界”的观念来认识人生意义呢？冯友兰的答复是：“以心静观真际”，这“可使我们对于真际，有一番理智底，同情底了解。对于真际之理智底了解，可以作为讲‘人道’之根据。对于真际之同情底了解，可以作为入‘圣域’之门路”③。由观“真际”而在思维中把握宇宙大全，达到“完全觉解”，就可以在有限的时空中体验到宇宙人生的永恒，在精神生活上进入“天地境界”。有“天地境界”的人不必做什么特别的事情，他的生活就是普通人的生活，但对于他来说，这样的生活已经有了与一般人完全不

---

① 冯友兰：《中国哲学与世界未来哲学》，《哲学研究》1987年第6期。

② 《三松堂全集》卷4，第14页。

③ 《三松堂全集》卷4，第15页。

同的意义，他能够真正体会人性解放自由的“至乐”。这是冯友兰的“极高明道中庸”所立的新义。“高明”指人对宇宙的完全觉解和人生的最高精神境界，“中庸”指日常生活。二者的统一就是中国传统哲学中所说的“内圣外王之道”，也就是超越了自然和人类界限的“天人合一”。

“新理学”体系提出后，引起了广泛的注意和争论，包括赞成、反对、持疑三种看法。这些看法从不同侧面反映了“新理学”在当时的影响。贺麟指出：冯友兰建立“新理学”体系，“使他成为抗战期中，中国影响最广、声名最大的哲学家”①。其实，在冯友兰的学术生涯中，20年代后期到40年代中期，是其成就最大的阶段。他从“照着讲”到“接着讲”，从东方古典理性哲学到西方古典理性，从形而上学的正的方法到负的方法，由此构筑起吞吐东西、出入古今的规模宏大的哲学体系，其学术价值和理论意义无疑是巨大而深远的。

第四节　贺麟融贯中西的哲学研究及其新心学

近百年间中国文化的主题是中西文化的冲突、调和与融会、创新，因此中国文化的现代转型，就是中学在吸纳西学过程中的重建。西学中源、中体西用、本位主义、调和主义、西化主义等，都是由这一思维模式提出的重建方案。然而，把自觉地吸纳外来文化与重建中国文化视作不可二分的一致的过程，亦即在对中西古今文化的深层比较与彻底把握中实现二者的融贯创新，到20世纪三四十年代才真正成为可能。而鸦片战争以来一直逼迫着中华民族的生存危机，也是在这个时候因日本的全面侵华而达于极点，中华学人对民族文化的命运关切和价值体认亦至此最为急迫与深刻，他们吸收融化古今中外的思想文化，重新构建民族文化的时代精神，从中寻找中华民族和中国文化的出路。对于走中西哲学比较考证、融会贯通之路最有理性自觉，又公开标举学术建国和文化抗战的一代哲学大师贺麟（1902～1992

① 《五十年来的中国哲学》，辽宁教育出版社1989年版，第33页。

年），是其中最杰出的一位代表。他在总结先辈时贤融采中西文化得失的基础上，一方面精研细掸西方正宗哲学，另一方面同情理解中国传统儒学，从中西思想文化的最深邃处入手，进行比较参照、融贯创新，为中国的文化建设和民族复兴做出了巨大贡献。

一、翻译引进与西洋哲学中国化

晚清以来，一辈辈的学人通过对古今中西学术文化的比较选择，创立了各具特色的思想体系，以此推促中国学术走上通贯古今、融会中外的发展之路。与这些前贤相比，贺麟融会中西古今的努力与贡献格外突出。他通过对近代中国学习西方文化的历史进程及其现状的总结、反思，确立了绍述西方经典哲学和融会中西正宗哲学的理性自觉。

近代中国学习西方文化，经历了一个由坚船利炮、政制法律至其思想学说的历史进程。“五四”前后，人们已经认识到西方的器械工艺、政治制度背后深厚的精神和文化背景，广泛引进西方的各种“主义”。然而贺麟认为，五四运动以来虽提倡科学与民主，却认为不需要较高深较根本的纯正的古典的科学、艺术特别是道德和宗教，中国人仍旧“没有进入西洋文化的堂奥”①。他特别指出五四以来中国学习西方哲学的严重不足：“我们学习西洋哲学的经过，仍然是先从外表、边缘、实用方面着手。功利主义，实证主义，实验主义，生机主义，尼采的超人主义，马克思的辩证唯物论，英美新实在论，维也纳学派等等，五花八门，皆已应有尽有，然而代表西洋哲学最高潮、须要高度的精神努力才可以把握住的哲学，从苏格拉底到亚里士多德，从康德到黑格尔时期的哲学，却仍寂然少人问津。”他分析西方的纯正哲学之所以不能在中国盛大发展，根本原因在于中国人“缺乏直捣黄龙的气魄”，对其精神深处的宝藏，缺乏领略发掘的能力。而中国学人知识上的缺陷亦是其中一因，“治中国哲学者尚不能

① 贺麟：《文化与人生》，商务印书馆 1988 年版，第 304 页，第 305 页。

打通西洋哲学，而治西洋哲学者亦尚不能与中国哲学发生密切的关系”①。贺麟特别从近代中国翻译外来学术文化工作的现状寻找原因，指出近代尤其“五四”以来，作为介绍西洋学术文化基本工作的翻译事业芜滥沉寂达于极点，大大妨碍、阻滞了中国学术的进步，“离开认真负责坚实严密的翻译事业，而侈谈移植西洋学术文化，恐怕我们永远不会有自主的新学术，西洋的真正文化也永远不会在中国生根”②。有鉴于此，贺麟一开始就以“直捣”黄龙”的学术勇气、“华化西学”的理论旨趣，致力于译介和研究西方经典哲学，以图实现中西正宗哲学的融会与中国哲学的创新。

早在1925年，他就在吴宓的影响下，确立起以翻译来“介绍和传播西方古典哲学为自己终身的‘志业’”③。1930年，他发表第一篇论述黑格尔的文章《朱熹与黑格尔太极说之比较观》，从对勘朱子的太极和黑氏的绝对理念的异同来阐发两家的学说，“这篇文章表现了我的一个研究方向或特点，就是要走中西哲学比较考证、融会贯通的道路”④。此后贺麟一直以译述黑格尔哲学为中心，同时钻研和介绍斯宾诺莎、康德、费希特等人的哲学，将“代表西洋哲学最高潮、须要高度的精神努力才可以把握住的”西方经典哲学，向国内作了比较全面的介绍。

贺麟引进西方哲学的显著特色是翻译、介绍与研究、阐述互相结合，在《黑格尔学述》、《黑格尔》、《小逻辑》等译著中，他都写有长篇译序或导言以及详尽的附录、注释，介绍原著与原作者的有关内容，补充必要的关于西方思想文化的背景知识，又比较、阐发和会通中西哲学，为实现西洋哲学中国化、革新中国哲学奠立学术基础。他认为翻译的意义，“在于华化西学，使西洋学问中国化，灌输文化上的新血液，使西学成为国学的一部分”，提出翻译的价值在于实现外

① 贺麟：《当代中国哲学》，南京胜利出版公司1945年版，第26页。

② 贺麟：《文化与人生》，商务印书馆1947年版，第38页。

③ 贺麟：《康德黑格尔哲学东渐记》，《中国哲学》第2辑。

④ 贺麟：《康德黑格尔哲学东渐记》，《中国哲学》第2辑。

来学术的“内在化”，“移译并融化外来学术思想，使外来学术思想成为自己的一部分”①。所以他在译介西方哲学的过程中特别强调译者的主动性与创造性，主张“译作要能激发译者的创作精神，以所译与自己本有的学术倾向共同构成一新思想”②。他反对那种不通原书义理、不明著者意旨而斤斤于语言文字的机械对译，主张在对原书“义理的了解，意思的把握”的基础上进行意译或义译③。他还针对西方哲学书籍的翻译，提出一项“艺术工力”的新标准：“我所谓艺术工力乃是融会原作之意，体贴原作之神，使己之译文如出自己之口，如宣自己之意，而非呆板地奴仆式地徒作原作者之传话机而已。费一番心情，用一番苦思，使译品亦成为有几分制造性的艺术而非机械式的‘路定’(routine)。”④ 如果对外来文哲典籍的翻译，既能理解原作的主旨，贴近原作的神韵，又做到如出己口、如宣己意，那么两种哲学、文化的交融会通便是自然的事。

为了把西方哲学真正地传入中国，尽早建立中国独立的新哲学，贺麟还特别提出一向为人忽视的哲学译名问题。他说：“要想中国此后的哲学思想的独立，要想把西洋哲学中国化，郑重订正译名实为首务之急。”他就哲学译名的选择提出四条意见，其中第一条“要有文字学基础”，就是既要追溯西文原字在希腊文或拉丁文中的本意，又要寻得有中国文字学来历的适当名词；第二条“要有哲学史的基础”，实即考察中外哲学史上对于该名词的使用。⑤ 从中西文字学和哲学史的追索考辨中，对西方哲学名词的中译作出如此郑重、科学的采择、订正，中西哲学的会通融化也就更加顺畅了。贺麟始终遵循、实践着他提出的这些原则，如其回忆所说：“为了实践这一看法，我对康德和黑格尔的哲学名词中文翻译曾下了一番功夫。”⑥ 他并主张：

① 贺麟：《文化与人生》，商务印书馆1947年版，第42页。
② 贺麟：《黑格尔学述·译序》。
③ 贺麟：《文化与人生》，商务印书馆1947年版，第40页。
④ 贺麟：《黑格尔学述·译序》。
⑤ 贺麟：《黑格尔学述·译序》。
⑥ 贺麟：《康德黑格尔哲学东渐记》，《中国哲学》第2辑。

“我觉得用中国名词去解释西方名词，是一个好办法。”① 他用中国古代哲学一个最基本的范畴“太极”翻译黑格尔的“绝对”，就是一个显著的例子。在《黑格尔学述·译序》、《康德名词的解释和学说的大旨》、《致知篇·备考》、《小逻辑·引言》等文中，他考辨过不少重要的哲学译名。他指出：“我们不但可以以中释西，以西释中，互相比较而增了解，而且于使西方哲学中国化以收融会贯通之效，亦不无小补。”② 贺麟翻译西方正宗哲学的实践与理论，推动着近代中国学习西方的内容不断深化，最终进入“西洋文化的堂奥”。

贺麟又极其重视思想文化的承继与创新的内在融合，明确指出：“在思想和文化的范围里，现代决不可与古代脱节。任何一个现代的新思想，如果与过去的文化完全没有关系，便有如无源之水、无本之木，绝不能源远流长、根深蒂固。”③ 他把“从旧的里面去发现新的”这种学术工作称作“推陈出新”，强调“必定要旧中之新，有历史有渊源的新，才是真正的新”④。贺麟反对割裂历史和文化传统的标新立异，其视野并不局限于本土历史与民族传统，而是着眼于全人类的思想文化资源的发掘开新，尤其注重和努力于中西正宗哲学的融会贯通和推陈出新。在《当代中国哲学》中，他在评述近代学界对中国哲学的调整与发扬和对西方哲学的绍述与融会之后，专辟《时代思潮的演变与批判》一章，对实用主义和唯物辩证法这两种先后盛行于中国的哲学思潮加以分析评判，借以昭示即将成为中国哲学主潮的“纯正的正统哲学”，既是一种“有历史渊源的哲学”，又是一种能够适应时势演变和新的精神需要的“新的中国哲学”，是一种既有中国民族特色，又具世界普遍意义的新的哲学。他还指出了这种新哲学的创建之路：

---

① 贺麟：《哲学与哲学史论文集》，商务印书馆1990年版，第15页。

② 贺麟：《哲学与哲学史论文集》，第269页。

③ 贺麟：《文化与人生》，商务印书馆1947年版，第4页。

④ 贺麟：《文化与人生》，商务印书馆1947年版，第51页。

在中国，要提倡这种哲学，必须很忠实地把握西洋文化，但又不是纯粹的抄袭，而是加以融会发挥，所以这种哲学仍可以称为中国的哲学。本来中国的正统哲学与西洋的正统哲学是能融会贯通的、并进的、合流的，过去我们不能接受西洋的正统哲学，也就不能发挥中国的正统哲学。在西洋，最伟大的正统哲学家是苏格拉底、柏拉图、康德、黑格尔等。在中国则有孔、孟、程、朱、陆、王，即儒家……从各方面来看，这两种思想是相合的，所以中国正统哲学的发挥和西洋正统哲学的融化，实是一而二二而一的事。①

贺麟极其明确地指出中西古典哲学间的共通相合，并且格外突出接受、会通西方正宗哲学对于发挥、创新中国传统哲学的重要意义，“今后中国哲学的新发展，有赖于对于西洋哲学的吸收与融会”②。事实上，他不倦地译介和孜孜研究斯宾诺莎、康德、黑格尔等西方经典哲学，一开始就有着“要使西洋哲学中国化，要供中国新哲学之建立”③ 的宏远目标。事实证明，贺麟对西方哲学的翻译、研究，既为近代学界创新中国哲学奠立了坚实的学术基础，也为他本人融会中西哲学、建立新的思想体系做了充分准备。

二、融贯创新与新心学的建立

贺麟曾指出，自己的思想有着深厚的传统的渊源，他不仅对孔、孟、程、朱、陆、王，而且对老、庄、杨、墨等，都作了尽量同情的理解和切合时代的发扬；他对西洋思想文化也兼收并蓄，深深地寝馈其中，“虚心以理会之，切己以体察之”，将苏格拉底、柏拉图、亚里士多德、斯宾诺莎、康德、费希特、黑格尔以及格林、怀特海、鲁

① 贺麟：《当代中国哲学》，南京胜利出版公司 1945 年版，第 80～81 页。
② 贺麟：《中国哲学与西洋哲学》，见《新儒家学案》中册，第 263 页。
③ 贺麟：《黑格尔学述·译序》。

一士等西方历代圣哲的睿智大慧，“用自己的言语，解释给国人”①。这样，他凭借着中外古今广博深厚的学术文化功底，以西方近代哲学（主要是新黑格尔主义）和中国传统哲学（主要是宋明理学）为基本的思想养料与方法资源，构建起一套涵盖本体论、认识论、方法论和人生观、伦理观、文化观的新心学思想体系。下面以新心学的本体论、认识论和方法论为例，论述贺麟对中西哲学的沟通、熔铸和创新。

在本体论上，程朱以“理”为最高范畴，陆王以“心”为最高范畴，贺麟则借助于西方的实体学说与方法，不仅进一步论证了心外无物、心物不分的“心体物用”论，而且调解了宋儒在心、理关系上的畸轻畸重，提出了心即是理、理在心中的“心与理一”论。关于心、物关系，贺麟既援用斯宾诺莎的“心物一体两面平行论”，又以陆王心学改造斯氏心物互不干涉论，提出了心体物用论。他分析说：“严格讲来，心与物是不可分的整体，为方便计，分开来说，则灵明能思者为心，延扩有形者为物。据此界说，则心物永远平行而为实体之两面：心是主宰部分，物是工具部分，心为物之体，物为心之用。心为物的本质，物为心的表现。”贺麟的心物平等说与心体物用论看似矛盾，实际上他是在康德思想的直接启发下，分别就事实界与逻辑界立论，强调心对物的决定乃是逻辑上的决定，坚持心在“逻辑上”永远先于物、决定物。关于心、理关系，贺麟首先论述有两种心，一指“心理意义的心”，他认为此心即物，“心理的心是物，如心理经验中的感觉幻想梦呓思虑营为，以及喜怒哀乐爱恶欲之皆是物，皆是可以用几何方法当作点线面体一样去研究的实物”；二指“逻辑意义的心”，他认为此心即理，比心理意义的心更为根本和重要，“逻辑意义的心，乃一理想的超经验的精神原则”，它是认识或评价的主体，决定着一切事物具有客观性，“自然与人生之可以理解，之所以有意义、条理与价值，皆出于此‘心即理也’之心”②。

---

① 贺麟：《文化与人生·序言》，商务印书馆1947年版。

② 贺麟：《近代唯心论简释》，重庆独立出版社1942年版，第1~3页。

贺麟一方面由主观性的“心”抽出客观性的“理”，另一方面又认为“心即理也”，“理是心的要质，理即本心，而非心的偶性”，举例来说，心之有理，犹如刃之有利、耳之有聪、目之有明。贺麟实际上是站在陆王派的立场上来积极调和化解宋儒主观唯心论与客观唯心论关于心、理的歧异。他曾明白地说：“这个例子和这个例子中所含的道理，我皆采自朱子自己的说法。故凡彼认理在心外的说法，大都只见得心的偶性，只见得形而下的生理心理意义的心，而未见到心的本性，未见到形而上的‘心即理也’的心。”①

贺麟从心外无物、理外无物、心即是理、理在心内的本体论出发，提出了知行合一、知体行用、知主行从、知难行易的“自然的知行合一论”。他先从知行概念的界说入手，解释知行合一的含意，认为：第一，合一不是混一，知行本来合一，分而为二又复归于一；第二，知行合一乃是知行同时发动之意，在时间上彼此不分先后；第三，知行合一指知与行是同一生理心理活动的两面，无无知之行，无无行之知，知与行永远在一起；第四，知行合一又是知行平行之意，平行说与两面说互相补充，各就时间上的进展与横断面的解剖而言。贺麟接着以首先提出身心平行论的斯宾诺莎和力求为道德学建立知识论基础的格林二氏关于知行合一的看法为例，从内容上阐解知行关系：“知行永远合一，永远平行，永远同时发动，永远是一个心理生理活动的两面。”在知行合一论上，贺麟进而讨论知行的主从体用关系，提出三点：其一，“知是行的本质（体），行是知的表现（用）”；其二，“知者永远决定行为，故为主，行永远为知所决定，故为从”；其三，“知永远是目的，是被追求的主要目标，行永远是工具，是附从的追求过程”②。

贺麟自谓其知行论为“自然的知行合一论”，以与朱子“理想的价值的知行合一论”和阳明的“直觉的价值的知行合一论”进行比较，一方面为印证自己的学说寻找思想上的渊源，另一方面更是调解

① 贺麟：《近代唯心论简释》，重庆独立出版社1942年版，第22～23页。

② 贺麟：《近代唯心论简释》，重庆独立出版社1942年版，第55～57页。

发挥宋儒旧说而创立新论。对此，他也有明白的自解："自然的知行合一观与任何一种价值知行合一观都不冲突（在学理上持自然的知行合一观的人，于修养方面，可任意选择理想的朱子的路线，或直觉的阳明的路线)，不唯不冲突，而且可以解释朱王两种不同的学说，为他们的知行合一观奠立学理基础。其实朱子虽注重艰苦着力的、理想的知行合一，但当他讲涵养用敬，讲中和讲寂感时，已为阳明的直觉的知行合一观的预备。王阳明虽讲直觉的率真的知行合一，但当他讲知行之本来体用时，已具有浓厚的自然的知行合一观的意味。故自然的知行合一论，实由程朱到阳明讨论知行问题的发展所必有的产物。"①

贺麟在本体论的构建、认识论的阐证以及人生观的思索、文化观的表述中，除直接援用斯宾诺莎实体学说的一体两面平等理论和康德的先验逻辑方法外，最引人瞩目的是他对宋儒、西哲的直觉法和黑格尔辩证法的综贯运用。直觉一直被置于理智的对立面而大受排斥，贺麟自分析、检讨近代中国"第一个倡导直觉说最有力量"的梁漱溟的直觉论入手，进而追溯宋明儒家的直觉说，并推广去研究西方哲学家关于直觉的说法，结果将直觉与理智的关系由对立、排斥变成了并存、统一："直觉与理智各有其用而不相背，无一用直觉方法的哲学家而不兼采形式逻辑及矛盾思辨的，同时亦无一理智的哲学家而不兼用直觉方法及矛盾思辨的。"贺麟还从思想历程的分析和哲学发展的趋向来论述直觉与理智的关系："直觉与理智乃代表同一思想历程之不同的阶段或不同的方面，并无根本的冲突，而且近代哲学以及现代哲学的趋势，乃在于直觉方法与理智方法之综贯。"贺麟本人正是这样将直觉方法与理智方法综贯而用之，他既将直觉法辩证化，同时也将辩证法直觉化。他认为直觉法的一面是注重用理智的同情观察外物，另一方面则注重用同情的理解反省本心，他论其辩证性说："一方面是向内反省，一方面是向外透视，认识自己的本心或本性，则有资于反省的直觉，认识外界的物理或物性，则有资于透视式的直

① 贺麟：《近代唯心论简释》，重庆独立出版社 1942 年版，第 83～84 页。

觉。”他发现朱、陆的直觉恰好是这种外观法和内观法的代表，象山注重向内反省以回复本心，发现真我，朱子则注重向外体认物性，读书穷理。贺麟论述说，根据宋儒所公认的“物我一理，才明彼，即晓此，合内外之道也”原则，“则用理智的同情向外穷究钻研，正所以了解自己的本性；同样，向内反省，回复本心，亦正所以了解物理”，他因此认为，朱、陆运用直觉乃是殊途同归，结果都“归于达到心与理合一、个人与宇宙合一的神契境界”①。这样，贺麟不仅化解了朱、陆在方法论上的矛盾，也形成了自己辩证化的直觉方法。

贺麟先将直觉辩证化，然后又以这种辩证化了的直觉来理解辩证法，很自然就实现了对辩证法的直觉化。在《辩证法与辩证观》一文中，他开篇即说：“辩证法自身即是一个矛盾的统一。辩证法一方面是方法，是思想的方法，是把握实在的方法。辩证法一方面又不是方法，而是一种直观，对于人事的矛盾、宇宙的过程的一种看法或直观。”② 贺麟以直觉法来解释辩证法，乃至于称辩证法为辩证的直观、理智的直观、辩证观。他认为辩证的直观是出于亲切的体验与慧眼的识察，每每异常活泼有力，可以给人们以关于宇宙人生的根本的看法。对于集西方辩证法之大成并尽其妙用的黑格尔辩证法，贺麟更满怀赞赏地引用新黑格尔主义者的见解，谓“黑格尔的辩证法是一种天才的直观，有艺术的创造性”，“它实是一种特有的原始的内心洞观，而且是一种高远的洞观”③。他还“根据黑格尔自己的说法”来评定其辩证法的性质，结论是：“黑格尔的辩证法本身就是一个对立的统一：是形式与内容的统一；是天才的直观，谨严的系统的统一；是生活体验与逻辑法则的统一；是理性方法与经验方法的统一。”④

新心学是贺麟吸取、改造、融贯、发挥中西正宗哲学的结晶，一

① 贺麟：《近代唯心论简释》，重庆独立出版社1942年版，第95～99页。

② 贺麟：《近代唯心论简释》，重庆独立出版社1942年版，第136页。

③ 贺麟：《近代唯心论简释》，重庆独立出版社1942年版，第147～148页。

④ 贺麟：《近代唯心论简释》，重庆独立出版社1942年版，第155～156页。

方面，从他的立场识度、思想观点到立论依据、论证方法，无不有着明显的采择前贤的痕迹，另一方面，他始终坚持“华化西学”、“推陈出新”的原则，绝少人云亦云地抄袭现成公式口号的地方，在对中西古今的融会贯通中呈现出他的个性追求、民族特色和时代精神，恰如他对自己思想“有我”的特点的评定，是处处“有我的时代，我的问题，我的精神需要”①。

第五节　金岳霖精密逻辑分析的哲学体系

20世纪30年代后，特别是抗战以来，中国近代哲学发展进入丰熟期，资产阶级各流派的思想家、哲学家基本上都构建了各自具有民族特色的哲学思想体系，著名者如梁漱溟、张君劢、张申府、熊十力、冯友兰、贺麟、叶青、张东荪等人，皆是如此。不过，这一时期能以专业哲学家立身显名的却不多，“如果中国有一个哲学界，金岳霖先生当是哲学界的第一人”②。这位被同仁推许为专业哲学家第一人的金岳霖，其显著的成就便在于他成功地引入西方精深严密的逻辑分析方法，创造性地建立起一个体大思精、具有民族特色的哲学新体系。

一、《逻辑》将逻辑学引作哲学方法论

金岳霖（1895～1984），字龙荪，湖南长沙人。金岳霖出身于一个洋务官僚家庭，幼时习读儒家经典，又在教会学校（长沙明德学校、雅礼学校）接受西式初等教育，1914年由清华预备学堂派赴美国留学。金岳霖出于救国的热忱，由商业转学政治，专攻西方政治思想史，1920年完成博士论文“*The Political Theory of Thomas Hill Green*”。就在研究Green的政治思想时，金岳霖接触他的新黑格尔派

① 贺麟：《文化与人生·序言》，商务印书馆1947年版。

② 张申府：《所思》附录，转引自《金岳霖学术思想研究》，四川人民出版社1987年版，第35页。

的唯心论哲学，由此发生了对哲学的浓厚兴趣："我记得我第一次感觉到理智上的欣赏就是在那个时候……我的思想似乎是徘徊于所谓唯心论的道旁。"获得哥伦比亚大学博士学位后，金岳霖继赴英国牛津大学留学，当时的伦敦正盛行一场反新黑格尔主义的哲学运动，金岳霖深受罗素和休谟的影响，放弃了新黑格尔主义而信服经验论哲学，特别是抛掉了新黑格尔派混乱的玄思方法，接受了罗素派精密的逻辑分析方法。他回忆说："它（按指罗素的'Principles of Mathematics'）使我想到哲理之为哲理不一定要靠大题目，就是日常生活中所常用的概念也可以有很精深的分析，而此精深的分析也就是哲学。从此以后我注重分析，在思想上慢慢地与 Green 分家。"① 1926 年，金岳霖自欧洲返国，执教于清华大学，讲授西方政治思想史。不久接受清华国学研究所安排增开逻辑。他一边讲授一边钻研，并于 1931 年赴美国哈佛大学进行逻辑研究，一跃而成为国内少有的精通西方传统形式逻辑和近代数理逻辑的人。

金岳霖自 1926 年回国后相继在《清华学报》、《哲学评论》发表一系列哲学和逻辑学的研究论文。1935 年，他的《逻辑》一书由清华大学出版部出版，不久又被列入"大学丛书"，由商务印书馆出版。1940 年《论道》再由商务印书馆出版，数年后又完成巨著《知识论》。这三本著作的撰写前后虽历十余载，它们却内在地联成一体。金岳霖 1959 年撰"自我批判"的文章曾说：

> 解放前我最初写成的是大学丛书中的"逻辑"，其次是"论道"，最后是"知识论"，这只是时间上的秩序而已。就当时的思想说，我是用"论道"那样的唯心主义的世界观和"知识论"那样的唯心主义的认识论来写"逻辑"这本书的，也是用唯心主义化了的、形而上学化了的形式逻辑来推广我的唯心主义世界

① 金岳霖：《论道》，商务印书馆 1985 年重印本，第 3 页。

观和认识论的。①

这种对唯心主义、形而上学所作的过头的政治批判，恰好揭示了作者30年代中后期学术思想的全面成熟。《论道》正是金岳霖的本体论，《知识论》是他的认识论，而最先出的《逻辑》则是指导他构筑本体论和认识论的方法论。这样，三本书一起，构建了一个庞大精深的哲学体系，也奠定了金岳霖专业哲学家的学术地位。

逻辑学最初是被某些思想家视为一种科学方法引进近代中国的。他们倡导和发展逻辑学，目的在带给国人一种获致知识、更新学术的先进思维方法。当时逻辑学与哲学的关系还很疏离。20年代以来，越来越多的学者开始将逻辑学作为一种方法论来看待，逻辑学与哲学日益亲近，不过视逻辑为获知方法的认识仍很普通。金岳霖对此加以辨析，他说：

> 逻辑这一名词在希腊本来是由Logos变出来的，它包含两部分，一为Episteme，一为Techne。前者是抽象的逻辑，后者是实用逻辑的法则。前一部分就是现在的知识论，而后一部分反变为抽象的形式逻辑，从历史方面着想，逻辑最初就与知识论混在一块，后来治此学者大半率由旧章，心理学与知识论的成分未曾去掉。自数理逻辑或符号逻辑兴，知识论与逻辑学始慢慢地变成两种不同的学问。②

金岳霖从语源上考察了知识论与逻辑混连不分的历史合理性，同时又指出，逻辑学自身的发展已提出与知识论“分家”的要求，“逻辑与知识在事实上当然联在一起，而逻辑学与知识论不能不分开”。金岳霖进而认为，逻辑（指形式逻辑）要为哲学发展提供“理论”工具，

---

① 金岳霖：《对旧著〈逻辑〉一书的自我批判》，《哲学研究》1959年第5期。

② 《逻辑》，商务印书馆1961年版，第2、3页。

即作为哲学体系中的方法论而存在和发展。他从西方逻辑与哲学关系的总结中，自觉地走上以逻辑为哲学方法论的学术道路：

> 百多年来，在英美搞形式逻辑的大多是搞哲学的，他们搞形式逻辑是为他们的唯心主义哲学提供“理论”工具。他们用唯心主义的世界观和认识论来搞形式逻辑，然后又用唯心主义化了的，形而上学化的形式逻辑来推行他们的唯心主义哲学。席勒和杜威的形式逻辑就是实用主义的形式逻辑，罗素的形式逻辑在早期是柏拉图式的客观唯心论的形式逻辑。这样的形式逻辑对我的影响特别大，我个人从前搞形式逻辑也是为我的唯心主义的世界观和认识论服务的。①

剔除这种“自我批评”语言中的政治成分，金岳霖将逻辑引入自己哲学体系的意图极其明白。

在《逻辑》第一部里，金岳霖对传统逻辑作了多方面的透彻分析，诸如名词的内包与外延的关系，主宾词式的命题形式，直接推论中的对待关系、换质与换位，三段论式的规律，间接推论中的假言推论、析取推论与二难推论等。在第二部，金岳霖继续对传统逻辑进行详细批评，指出其诸多不足。诸如传统逻辑使用日常自然用语，颇多歧义，必然影响到对命题和推理进行精细分析；传统逻辑只限于主宾词式命题，无法应付不符合这种格式的其他命题；传统逻辑中只有三段论法、假言推论、析取推论、二难推论等有限的推理形式，并且这些推理形式自身的正确性还得不到充分证明。例如，他指出传统三段论受主宾词式命题的限制，“免不了范围太狭的毛病”，有些宽义范围内的三段论，如类的三段论、关系的三段论、命题的三段论，传统逻辑“反无法承认其为三段论”。同时，传统三段论还有“分析欠精”的不足，结果，“不同的主宾词式的命题反包括在同一形式范围

---

① 前引《对旧著〈逻辑〉一书的自我批判》。

之内"①。金岳霖批评传统逻辑的不足，是为了引入近代逻辑。所以在该书第三部中，他介绍了一个"熔逻辑算学于一炉的大系统"，即罗素代表的数理逻辑。② 他从 *Principles of Mathematics* 一书中选取近300个定理，组成一个精干的逻辑演绎系统，包括命题推演、谓词推演、类推演和关系推演等，"这是1949年以前介绍的最全面、最系统的逻辑演算，也是1949年以前在传播数理逻辑方面影响最大的逻辑系统"③。

金岳霖引入当时在西方亦属先进的数理演绎逻辑，不仅大大推动了近代中国逻辑学的进步，也使他本人得以运用这种先进的逻辑方法，对各种哲学命题进行严密的分析论证。与他同时的逻辑学家郭湛波就推崇说："他对付任何哲学问题都要使用这两种工具（按指郭氏所谓金岳霖的谨严的心灵与分析的方法），都要由小处入手，他把哲学问题分了又分，以至于不可再分，然后由不可再分之处，把握哲学问题之真相，用以权衡各派的解说之是非或得失。"④ 而金岳霖之所以在自己的哲学建设中要对各种哲学概念与命题进行精密的逻辑分析，还由于他试图克服中国传统哲学的不足，他曾指出：

> 中国哲学特点之一，是那种可以称为逻辑和认识论的意识不发达……意识到逻辑和认识论，就是意识到思维的手段。中国哲学家没有一种发达的认识论意识和逻辑意识，所以在表达思想时显得芜杂不连贯，这种情况会使习惯于系统思维的人得到一种哲学上料想不到的不确定感，也不能不给研究中国思想的人泼上一瓢冷水。⑤

---

① 《逻辑》，商务印书馆1961年版，第131页。

② 《逻辑》，商务印书馆1961年版，第146页。

③ 李匡武主编：《中国逻辑史现代卷》，甘肃人民出版社1989年版，第20页。

④ 郭湛波：《近五十年中国思想史》第五篇。

⑤ 金岳霖：《中国哲学》，见《金岳霖学术论文选》，中国社会科学出版社1990年版，第352~353页。

> 中国哲学非常简洁，很不分明，观念彼此联结，因此它的暗示性几乎无边无涯。①

与西方哲学比较，中国传统哲学的简洁精括、富有暗示性虽有其优越之处，但逻辑意识不发达，哲学范畴的意义极不确定，表达思想必然芜杂凌乱，这种不注重进行具体、细密的逻辑分析的缺点，正好可以援用西方精密细致的逻辑方法来弥补。在《论道》和《知识论》中，金岳霖对那些根本性的概念、范畴，诸如所与、抽象、关系、规律、摹状、能、式、道等等，一一作了深刻精辟的分析，为阐述他那独具特色的本体论与认识论奠定了坚实的基础。

二、《论道》构建的“道”本体世界

金岳霖写作《论道》，直接目的是为回答休谟的认识问题而寻找哲学本体论的根据。休谟曾提出一个重大的认识论问题——能否从特殊的感觉经验得出普遍性的知识，亦即人如何从变动不居的事物中获得关于事物的不变的普遍规律。金岳霖留学英伦阅读休谟著作时，这个问题激起了他研治的兴趣，不过同时也带给他不少知识与情感的苦恼：“休谟底议论使我感觉到归纳说不通，因果靠不住，而科学在理论上的根基动摇。这在我现在的思想上也许不成一重大问题，可是在当时的确是重大的问题，思想上的困难有时差不多成为情感上的痛苦。”② 经过几番思索钻研，金岳霖采用逻辑分析方法，对休谟哲学中的“idea”进行剥茧抽丝式的析解，最终发现休谟的哲学只承认意象而不承认有意念，于是从区分意象与意念下手解答休谟的问题。金岳霖指出，意念是对“所与”的抽象的摹状，意象则是对“所与”的特殊的形容；前者代表着事物的共相，是不变的，后者代表着事物的殊相，是变动不居的。因此，休谟提出的问题，是一个如何从变到

---

① 金岳霖：《中国哲学》，见《金岳霖学术论文选》，中国社会科学出版社1990年版，第354页。

② 《论道》，商务印书馆1985年版，第4页。

不变的问题，这是归纳法所不能解决的，金岳霖则把这个问题转化为从不变到不变的问题，这是归纳法能够解决的。也就是说，运用归纳方法，人们能够从特殊、具体的事物中得到有关这一类事物的普遍必然的知识，因为特殊的、具体的事物中本来就有着不变的共相。不过需要指出，金岳霖的这一解答，是以他的一个预设的“承诺”为前提的，即假定共相的存在。那么，又如何证明这一假定呢？金岳霖构造了一个先验的逻辑世界，即由“能”、“式”等概念，用逻辑方法演绎出的一个“道”本体的世界。

所谓能，金岳霖指的是变化发展的事物中的不变者，“‘能’字在本文里不过是为行文底方便所引用的名字而已……它可以间接地表示×是活的动的，不是死的静的”①。他举纸烟为例解释说，由种子、肥料、水等变成烟叶，由烟叶制成纸烟，纸烟烧着以后化成烟灰，这样变来变去，总有一种不变的东西在其中，这种不变的东西就是“能”。可见，这样的“能”无生灭无始终，即使事物由一种变成另一种，“能”无变化，只是出入于某种事物而已。金岳霖由此引出一个“可能”概念，“所谓可能就是可以有而不必有‘能’的‘架子’或‘样式’”②。这种“可能”的世界就是人们能够感知的具体世界。所谓式，金岳霖定义说，“式是析取地无所不包的可能”③，即指所有的“可能”的总和，这种“式”的世界就是一个逻辑世界。至于“能”与“式”的关系，他说：

> 虽有能而能不能单独地有，虽有式而式也不单独地有；无不能的式，无无式的能是先天的真理。单从式这一方面着想，它是纯形式，单从能这一方面着想，它是纯材料。在本书它们都是最基本的分析成分，它们底综合就是道。④

① 《论道》，商务印书馆1985年版，第20页。
② 《论道》，商务印书馆1985年版，第20页。
③ 《论道》，商务印书馆1985年版，第22页。
④ 《论道》，商务印书馆1985年版，第15页。

金岳霖认为，纯材料的“能”与纯形式的“式”都不单独存在，而是互为依存，此即“无无能的式，无无式的能”，这样的“能”与“式”的综合，就是他所谓之“道”，金岳霖哲学的最高范畴即为此。他进而给出一条“居式由能莫不为道”的规律：

> 居式由能莫不为道。所有底变动都是由能居式，殊相底生灭是由能居式，共相底关联也是居式由能，整个底现实历程是居式由能的历程。①

这也就是说，“能”进入“可能”，表现为殊相的生灭或共相的关联，成为人可以感知的具体的现实世界，可是“能”虽然不断地有这种出入，它却总在“式”即逻辑世界中。总之，金岳霖对先验的逻辑世界的论证和强调，始终是为了解决认识论而从本体论上寻觅根据。

三、《知识论》阐解的认识论

金岳霖研治哲学的兴趣在认识论，所以他的哲学的核心与精华还在他的《知识论》中。金岳霖开卷就明确地说：“知识论不在指导人如何去求知，它底主旨是理解知识……知识论即研究知识底理底的学问。”② 知识论是以知识为研究对象，分析知识的构成及各构成间的逻辑关系，考察人们接受或拒斥某种命题的理由与方法，以及判断知识真假的标准等。金岳霖在书中也就知识与其结构，以及科学方法论等问题进行精细的分析和论述。

知识不是认识者随意创造的，而是人对客观外界的正确认识，因此，知识论首先必须判明认识者和认知对象的关系。金岳霖知识论的出发方式，便是肯定“有独立存在的外物”。他说：

> 对象底存在是不随官觉而生灭的。这其实就是说对象者底存

① 《论道》，商务印书馆1985年版，第199~200页。

② 金岳霖：《知识论》，商务印书馆1983年版，第25页。

在不是承随官觉而生死的，它独立存在。①

在这里，当官觉者官觉到外物时外物存在，当他不官觉到外物时外物也存在。②

金岳霖主要从认识论的角度阐明外物的独立性，认识者的主观即“官觉”不能决定其认识对象的生死，主观不能规定或创造客观“外物”，只能尽量保持与“外物”相一致相符合。金岳霖还从这一立场出发，对西方认识论史上的“唯主方式”加以批评。“唯主方式”论者惯于寻找一些“不可怀疑”的命题，据以演绎推理，建构他们的知识论。其中休谟等经验论派将感觉内容认作无可怀疑的原则，康德等唯理论派则认为思维为惟一不可疑者。金岳霖在书中证明，他们的感觉或思维实际上只是他的主观上、心理上的“无可怀疑”。他指出，除了逻辑上必然如此的命题外，不存在绝对无可怀疑的命题，作为知识论的出发命题，只能是既有官觉又有外物的真命题：

在知识经验中，就心理上的原始或基本着想，“有外物”这一命题和“有官觉”这一命题至少同样地给我们以真实感。这两命题都是知识论所需要的。不承认有官觉，则知识论无从说起，不承认有外物，则经验不能圆融。③

金岳霖在将“有官觉”与“有外物”两个等价命题同等看待后，又就官觉内容和官觉对象的关系提出一个有名的论点：“所与是客观的呈现。”所谓“所与”，就是指外界事物在认识者头脑中呈现出的诸多殊相，金岳霖认为“所与”既是呈现的内容，又是具有对象性的外物（或其一部分），这两个方面在对外物的正确认识上是“合一”的。就前者来说，所与和官觉活动的来去相始终，就后者来说，

① 金兵霖：《知识论》，商务印书馆1983年版，第25页。
② 金岳霖：《知识论》，商务印书馆1983年版，第63页。
③ 金兵霖：《知识论》，商务印书馆1983年版，第76页。

所与又是独立于官觉活动而存在，此即他所谓之“客观的呈现”。以往的“唯主方式”论者以为感觉内容与感觉对象之间存在有不可过渡的鸿沟，金岳霖采取了“非唯主方式”，即同等地承认有官觉和有外物，得出“所与是客观的呈现”的结论，使感觉内容和感觉对象间的鸿沟自然消失，这是人类认识史上的一大突进。

金岳霖曾在书中明确地说：“本书底主旨是说所谓知识是以常治变，以普遍治特殊，以抽象的治具体的。有这样的对知识的看法，抽象的重要显而易见。”① 知识的获得，根本就在于人在对外界的认识过程中借助了抽象这一工具。金岳霖在其知识论中对于抽象之重要性的突出强调显然是十分科学的。他进而论述说：

> 抽象实在有两方面，一是摹状，一是规律……所谓摹状，是把所与之呈现，符号化地安排于意念图案中，使此所呈现的得以保存或传达……所谓规律，是以意念上的安排，去等候或接受新的所与。②

抽象的这两个方面实即认识的两个过程。首先是“摹状”。它把特殊、具体的外物中共同的东西或性质抽象出来，“符号化地安排于意念图案”中，人们即获得关于这些不同事物的共相，金岳霖认为此即“由官觉阶段进而入于知识阶段”③。这是认识过程中的第一次飞跃，“经过这一跳之后，原来的类似具体的意象成为意念底定义，而原来所执的——已经过渡到抽象底意念领域范围之内”④。其次的“规律”，就是用摹状中所得的意念为工具去“接受新的所与”，即认识有着同样共相的新的具体外物，这是意念本身所有的一种规范作

---

① 金岳霖：《知识论》，商务印书馆1983年版，第355页。

② 金岳霖：《知识论》，商务印书馆1983年版，第355～364页。

③ 金岳霖：《知识论》，商务印书馆1983年版，第237页。

④ 金岳霖：《知识论》，商务印书馆1983年版，第280页。

用。由于意念的这种作用（金岳霖称之为“抓住所与底办法”①），人类的零碎的经验才被整理成为系统的知识。尤其可贵的是，金岳霖指出摹状和规律在认识过程中是难分彼此或先后的，不存在无规律的摹状，也不存在无摹状的规律，它们同是意念中的分析成分，任何意念都是“二者底综合”②。据此，他又提出一个著名的命题：“知识经验就是以所得还治所与。”③ 他说：

> 所谓经验，实在是以得自所与者还治所与……真正地有知识上的经验，也就是真正地有意念。所谓真正地有意念，就是得自所与，与还治所与。这就是从所与有所得而又能还治所与。④

至此，金岳霖关于知识本性的结论，就是知识是从所与中凭借了逻辑理性与非逻辑经验的工具而得到意念，又由这种意念去规范所与，“所谓知识，就是以抽自所与的意念还治所与”⑤。他既立足于经验论的立场，坚持知识来源于感觉经验：“知识是完全由经验得来的”⑥，同时又看到感性认识之不足，“我们底知识已经推广到天文世界与细微世界，而这两世界或者太大或者太小，它们都是感觉或官能之所不能达的，感觉或官能之所能达的只是日常生活中这不大不小的世界，这就是感觉或官能底限制。”⑦ 因此，他又承认抽象的理性在知识获得过程中的作用，“从由感觉阶段进而入于知识阶段看，抽象这一工具最为重要”⑧。他的做法是将二者紧密结合起来，指出：“具体的底重要在增加密切成分、综合成分、图案成分，而抽象的底

---

① 金岳霖：《知识论》，商务印书馆 1983 年版，第 365 页。

② 金岳霖：《知识论》，商务印书馆 1983 年版，第 383 页。

③ 金岳霖：《知识论》，商务印书馆 1983 年版，第 470 页。

④ 金岳霖：《知识论》，商务印书馆 1983 年版，第 384～385 页。

⑤ 金岳霖：《知识论》，商务印书馆 1983 年版，第 185 页。

⑥ 金岳霖：《知识论》，商务印书馆 1983 年版，第 375 页。

⑦ 金岳霖：《知识论》，商务印书馆 1983 年版，第 4 页。

⑧ 金岳霖：《知识论》，商务印书馆 1983 年版，第 237 页。

重要在化官觉之所得的所与为知识。”① 又说：“事实上我们有两方面的工具，一是逻辑，一是经验，这方面的工具，帮助我们决定取舍。”② 金岳霖从对近代认识史上的唯经验论和唯理论的批判性继承中，走上一条经验与理性并重的认识之路，并由此指出一种归纳与演绎结合的科学认识方法。

金岳霖比较中西哲学，指出西方哲学长于理性分析，“是十足的理智文化”，而中国哲学中的逻辑和认识论意识很不发达，但他并未丧失对中国本土文化的信心，反而特别肯定中国哲学有其自身的特色与优势，肯定它的发展也达到了时代的高度。③ 他就在对中西哲学的客观比较分析的基础上，取西方哲学之长，补中国哲学之短，使中国传统哲学重天人合一的思想特色与近代西方精密的逻辑分析和科学的认识方法有机地融合起来，建立起自己独具特色的哲学新体系，为中国哲学完成近代转化作出了空前巨大的贡献。正如张岱年先生所评：“金先生以严密的逻辑分析方法讨论哲学问题，分析之精，论证之细，在中国哲学史上，可谓前无古人。”④ 周礼全先生在 1985 年金岳霖学术思想讨论会开幕式上的讲话中，也特别肯定他引入西方学术方法促进中国哲学转化的贡献，说：“金岳霖同志通过他的著作和长期的教学工作，把严密的逻辑分析和逻辑论证的方法引入了我国，并在我国哲学界逐渐传播扩展，这是中国哲学发展过程中的一个重要的和积极的新因素，使中国哲学的面貌发生了显著的变化。”⑤

---

① 金岳霖：《知识论》，商务印书馆 1983 年版，第 337 页。

② 金岳霖：《知识论》，商务印书馆 1983 年版，第 351 页。

③ 《中国哲学》，见《金岳霖学术论文选》，中国社会科学出版社 1990 年版，第 353 ~ 355 页。

④ 《金岳霖学术思想研究》，四川人民出版社 1987 年版，第 35 页。

⑤ 《金岳霖学术思想研究》，四川人民出版社 1987 年版，第 22 页。

第八章　中国文论的现代转型

这里所谓的现代文论，大致指19世纪40年代以来至新中国成立之前大约百年左右的中国文论。

自19世纪以来，中国历史开始走上了一条天翻地覆、风云变幻的道路。这是一个打破旧格局确立新格局的时代，一个逐渐由古典形态走向现代形态的时代，也是一个重新确立文化精神与学术范式的时代。正是在这样一个时代，中国文论开始走上了一条艰难曲折而又无可避免的现代化道路。尽管直到今天，此种现代化进程，都还不能说已经完成，中国文论的创造、发展和研究，都还走在这一条道路之上，但经历了这一百余年的艰苦努力之后，今日的中国文论与19世纪以前的文论相比较，确乎是大不相同了。

回顾这一百多年来的进程，我们认为，它大致包括了四个方面的变化：思维方式的现代化与西化、关注中心与审美情趣的变化、学术视野的开拓与阐释语境的置换以及作为一个独立的专门学科的正式形成。

第一节　思维方式的现代化

应该说，现代文论从来就是不断在发展变化着的，但是，它也从来不曾像近一百多年这样，竟然发生了如此带有本质意义的变化。

在中外学术发展史上，任何一种具有本质意义的变化，都必然伴随着思维方式的变化。——不，更准确地说，应该是，只有在思维方式上有了根本变化，才能引起整个学术的本质变化。中国文论在这百多年的发展历程中，正是如此。

中国文论向来注重直觉感悟，但它也并不缺乏思辨思维。钱穆先生曾经说过：

> 非中国思辨无逻辑，乃中国人之思辨逻辑，自与欧人不同。其思辨别具途径，故其撰论颇多以诗、史之心出之。①

是的，中国文化虽然没有西方文化的那种逻辑思辨，但它却有自己独具特色的一种思辨方式。郭绍虞先生曾经这样描述中国人的思辨思维方式：

> 中国人的思辨是很能从错综复杂的现象中理出头绪，寻出规律，使之简易化，然后再从简易入手，驾驭各种变化和复杂事情，在政治和军事各方面都是这样。所谓“乾以易知，坤以简能，易则易知，简则易从。易简而天下之理得矣”，就是这种思想的总结。正因其易简，所以要明其变，变，就是灵活性与复杂性。因其变，所以要观其通。这只是在复杂性中找出它固定的规律性的关键。②

这段极为重要的话指出了，中国人思维的习惯常常包括两个思维过程：一是通过清理事物的发展历史，明其变而观其通，从错综复杂的现象中理出头绪，寻出规律，使之简易化。——这实际上是一个从具体到抽象，从多到一的过程。二是以此简易的规律来把握具体复杂的现象，驾驭各种变化和复杂事情。——这显然是一个从抽象到具体，从一到多的过程。用中国传统的术语来说，这第一个过程就是“原始要终”，第二个过程则是“执本驭末”。原始要终与执本驭末相结合，便是中国人的基本思辨方式。为了与西方文化中的那种逻辑思辨相区别，我们可以将中国人的此种思辨思维方式称为“本末思

① 钱穆：《中国文学讲演录》，巴蜀书社 1987 年版，第 8～9 页。

② 郭绍虞：《汉语语法修辞新探》上册，商务印书馆 1979 年版，第 232 页。

辨”。

与西方逻辑思辨不同的是，中国人的此种本末思辨乃是一种更为注重综合性、历史性和诗性的思维方式。它不像逻辑思辨那样重视逻辑分析、归纳演绎，而是采取一种“月映万川”式的综合性统摄方式。它不是先验地提出某种原则作为思辨前提，而是注重通过对事物发展过程的领悟来获得某种本质规律，并在此基础上进行综合性思辨。惟其如此，它从来不曾与直觉感悟相分离；惟其如此，它才具有深沉的历史意识与浓郁的诗性色彩。而所谓综合性也就不仅指思辨过程的注重综合统摄而不是逻辑分析，同时更指思辨前提与思辨对象的统一，思辨思维与直觉思维的统一。

中国人此种本末思辨方式的境界，正如老子所说的那样，是“善行无辙迹”，或如孔子所说的那样，是“从心所欲不逾矩”。比较而言，逻辑思辨是有迹可循的，而本末思辨则如羚羊挂角，无迹可求；逻辑思辨正如散文，是连续的、质实的，而本末思辨则如诗歌，是跳跃的，空灵的。中西思辨思维的这种区别，仿佛李白的诗歌与杜甫的诗歌之间的区别，或如李广将兵与孙吴将兵之间的区别。

具体到中国文论，其本末思辨思维方式的发展，实际上是走过了一个由“正”而“反”、由“反”而“合”的历史全过程。如果说在唐以前，本末思辨趋于定型，是一个“正”的阶段，那么，在唐代，则是一个“反”的阶段，唐代文论以其强烈的诗化倾向阻止了中国文论朝着纯粹思辨的方向前进。至宋明阶段，便是一个“合”的阶段，它综合了六朝的思辨与唐代的直觉感悟。至清代则又进入了一个更为高级的阶段。它一方面使中国文论的本末思辨完全成熟，另一方面又蕴含着新的变化。因此，中国文论思辨思维的发展过程，大致可以分为四个阶段：

其一，自秦汉至魏晋六朝，这是中国文论本末思辨正式定型的阶段。《乐记》、《诗大序》还只注重从诗歌的发生过程来寻找其本质（人心感物，情动于中而形于外），到了郑玄《诗谱序》，便已开始注重从诗歌发展历史源流中来寻求规律。此后，经过挚虞特别是刘勰、钟嵘等人的努力，将史学中考镜源流、辨章得失的目录学方法引入文论研究之中，原始要终方法终于得以定型。在此基础上，执本驭末也在《文心雕龙》、《诗品》那里定型并取得了突出的成就。正是因为自觉地采取了执本驭末的思辨方式，所以此一阶段的文论的系统性显得十分明显。

其二，唐代文论浓郁的诗化倾向的出现，标志着中国文论的思辨思维进入了发展的第二阶段。此种强烈的诗化倾向可说是对纯粹思辨的一种反动，它使中国文论不至于朝着纯粹思辨的方向发展，而是趋向于理性思辨与直觉感悟的结合、理论研究与艺术创作的统一。

其三，至宋明时代，中国文论思辨思维的发展进入了第三阶段。一方面是唐代文论的那种诗性倾向，直觉思维像一种遗传基因一样流淌在血脉之中，另一方面又继承着六朝文论的气质，始终存在着一种在原始要终基础之上进行执本驭末的本末思辨。像《诗话总龟》、《诗人玉屑》等诗话总集，像理学家们的文论，像严羽的《沧浪诗话》、胡应麟的《诗薮》、许学夷的《诗源辨体》等等，都是十分明显的例证。

其四，到了清代，中国文论思辨思维的发展又进入了新的阶段。以《原诗》为代表的清代文论著作，一方面使中国文论的本末思辨发展成熟，另一方面却又慢慢地出现了一种由古典形态向现代形态转变的新机。其突出的表现是，执本驭末取得了比原始要终更为重要的地位；原始要终不仅为执本驭末提供思辨前提，而且也是执本驭末的行进过程。原始要终本身也不再简单地将源流等同于本末，而是转变成一种通过清理历史发展过程而获得本质规律从而为执本驭末提供思辨前提的科学方法。①

正是在这样的背景之下和基础之上，到了19世纪末叶，中国文论的思辨思维方式终于完成了其现代化的进程。我们可以刘熙载的《艺概》为例加以具体说明。

刘熙载（1813～1881），字伯简，号融斋，晚号寤崖子，近代著名学者。他的一生，是粹然儒者的一生，“名在国史，泽在胶庠”。

---

① 李清良：《中国文论思辨思维研究》，湖南教育出版社2000年版。

他虽然主要生活在鸦片战争以来那个风起云涌的时代，但是由于自幼养成了一种安贫乐道性格，因此对于“统治者卖国行径的愈演愈烈，太平天国与捻军起义的风起云涌，资产阶级改良主义思潮的张皇发越，他从不置一词，一概采取沉默态度”①。正是有鉴于刘氏的此种态度，我们可以说，他的著作并未受西学影响。俞樾《左春坊左中允刘君墓碑》记载了刘熙载这样一件轶事：“尝有异邦人求见，三至三却之。一日径造其庭，君在内抗声曰：‘吾不乐与尔曹见！’其人悚然去，竟不得见。”② 此事颇能佐证刘氏之学乃醇正的中国传统学问，与后来梁启超、王国维等人试图融合中西学术的路数并不相同。

刘熙载的《艺概》，乃其晚年总结治学心得而成之《古桐书屋六种》之一。据其《自叙》，当写定于同治癸酉年（1873），时年六十，正主讲于上海龙门书院。这是19世纪的70年代，洋务运动兴起之后，戊戌变法之前，许多知识分子此时正处寻求中华民族与中国文化自强自立乃至复兴之路之际。刘熙载其人，似乎并未卷入此一时代潮流之中，而其学术尤其是其著名的文论著作《艺概》，却不期然而然地表现出了一种鲜明的现代特色。据《清史稿·儒林传·刘熙载传》，他平时尝以“志士不忘在沟壑”、“遁世不见知而不愠”二语自励。以《艺概》之学术成就观之，诚然，诚然。此正所谓君子“渊默而雷声”也。

《艺概》实在是一部颇具现代意义的文论著作，一部类似于今天所谓文艺概论之作。这完全是从中国传统学术母体中产生出来的宁馨儿。

如前所述，中国文论思辨思维方式是以原始要终与执本驭末相结合为特点的本末思辨。此种本末思辨在刘熙载《艺概》这里，不仅运用得纯熟自如，而且其固有的种种缺点，如简单地将源流、始终等同于本末、正变等等，也被克服了，并且还将此种思维方式本来包含

① 刘立人：《刘熙载集·前言》，华东师范大学出版社1993年版。

② 俞樾：《左春坊左中允刘君墓碑》，《春在堂杂文四编三》，引自《刘熙载集·附录》。

但未充分发展的历史比较方法也加以突出地表现，从而使中国文论的本末思辨思维方式更加丰富多彩，更为完善精密。《艺概》十分典型地体现了中国文论的基本思辨方式，即原始要终与执本驭末相结合的本末思辨。

此书共分六卷：《文概》、《诗概》、《赋概》、《词曲概》、《书概》、《经义概》。其中《书概》论中国书法，《经义概》论科举制义即八股文。就此纲目而言，《艺概》实际上就是一部综合性的“文学艺术概论”。这是自刘勰《文心雕龙》以后最为突出的一部文论之作，而且很明显地，刘熙载的《艺概》较诸刘勰的《文心雕龙》，所论内容已不仅是文学，而且还兼及艺术，是将“文学概论”扩展为“文学艺术概论”。此种扩展，根基于“言艺者非至详不足以备道”（《艺概·自叙》）的观念，也就是说，刘氏乃是试图从更为广阔的背景之下来探讨文艺之“道”，试图从更为繁多的“分殊”之中来探讨“理一”。文学与艺术打通，从来就是中国文论的优良传统，但是还未曾像刘熙载这样明确而集中地加以综合的理论分析。这种气势，这种建立在综合基础之上的分析，正是现代学术的一个重要标志。

《艺概》各“概”的基本结构是：先是总论此种文体渊源大要；次乃原始要终，具体分析此种文体发展史上的重要作家作品；最后是探讨此文体的各种理论问题。

如《文概》，凡三百三十九条，可以分为三部分。第一部分是开头三则，论文之“范围”、“本领”、“源流”。其言曰：

> 《六经》，文之范围也。圣人之旨，于经观其大备。其深博无涯矣。乃《文心雕龙》所谓‘百家腾跃，终入环内’者也。
>
> 有道理之家，有义理之家，有事理之家，有情理之家。四家说见刘劭《人物志》。文之本领，只此四者尽之。然孰非经所统摄者乎？
>
> 九流皆托始于《六经》，观《汉书·艺文志》可知其概。左氏之时，有《六经》未有各家。然其书中所取义，已不能有纯无杂。扬子云谓之“品藻”，其意微矣。

此三则实际上带有总论性质，总论我国散文渊源于《六经》，脱胎于《六经》，托始于《六经》。正如整理校点《刘熙载集》的刘立人先生所指出的那样："《文概》的首论文之本源，在整个《艺概》中实际上具有总论的性质。"① 这里实际上也是承袭了《文心雕龙》"原道"、"征圣"、"宗经"的主张。此种主张为《文概》乃至整个《艺概》立一根本。

第二部分，是从第四则直至"后世学子书者不求诸本领，专尚难字棘句，此乃大误……《郁离子》最为晚出，虽体不尽纯，意理颇有实用"条。此部分实际上是一部简明扼要的中国散文史。刘熙载具体分析了除《郁离子》以外自先秦直至宋元的散文名家名作，其中特别以较大篇幅品评了先秦诸子散文及《左传》、《史记》、唐宋八大家的作品，这是由它们在散文史上的重要地位所决定的。着重分析这些作家作品，就是抓住了中国散文的重点。

值得注意的是，刘氏对于这些名家名作的分析论述，并不简单地局限于溯厥师承，明其源流，或者笼统地以一两句评语加以评价了事，相反地，他总是从多个角度、多个层次全面地加以分析。如对于《左传》，刘熙载这样分析：

> 《春秋》"文见于此，起义于彼"，左氏窥此秘，故其文虚实互藏，两在不测。
>
> "微而显，志而晦，婉而成章，尽而不汙，惩恶而劝善"，左氏释经，有此五体。其实左氏叙事，亦处处皆本此意。
>
> 左氏叙事，纷者整之，孤者辅之，板者活之，直者婉之，俗者雅之，枯者腴之。剪裁运化之方，斯为大备。
>
> 刘知己《史通》谓《左传》"其言简而要，其事详而博"，余谓百世史家，类不出乎此法。《后汉书》称荀悦《汉纪》'辞约事详'，《新唐书》又'文省事增'为尚，其知之矣。
>
> "烦而不整"，"俗而不典"，"书不实录"，"赏罚不中"，

① 刘立人：《刘熙载集·前言》，华东师范大学出版社1993年版。

“文不胜质”，史家谓之“五难”。评左氏者，借是说以反观之，亦可知其众美兼擅矣。

杜元凯序《左传》曰：“其文缓。”吕东莱谓：“文章从容委曲而意独至，惟左氏所载当时君臣之言为然。盖由圣人余泽未远，涵养自别，故其辞气不迫如此。”此可为元凯下一注脚，盖“缓”乃无矜无躁，不是弛而不严也。

文得元气便厚。左氏虽说衰世事，却尚有许多元气在。

学左氏者，当先意法而后气象。气象所长，在雍容尔雅。然亦有因当时文胜之习而觭重以肖之者。后人必沾沾求似，恐失之啴缓侈靡矣。

萧颖士《与韦述书》云：“于《谷梁》师其简，于《公羊》得其核。”二语意皆明白。惟言“于《左氏》取其文”，“文”字要善认，当知孤质非文，浮艳亦非文也。

左氏叙战之将胜者，必先有戒惧之意，如韩原、秦穆之言，如濮、晋文之言，邲、楚庄之言，皆是也。不胜者反此。观指睹归，故文贵于所以然处著笔。

《左传》善用密。《国策》善用疏。《国策》之章法、笔法奇矣，若论字句之精严，则左公允推独步。

左氏与史迁同一多爱。故于《六经》之旨均不无出入。若论不动声色，则左于马加一等矣。

“驰骋田猎，令人心发狂”。以左氏之才之学，而文必范氏驰驱，其识虑远矣。

凡此十三则，从《左传》的总体风格与叙事方法的分析到其所处时代背景与作者修养及作品之关系的分析，从学习《左传》的途径到《左传》在史学史、文学史上的地位与影响，从正面叙胜战的写法分析到反面写败仗的写法分析，从与《六经》作比较到与《战国策》、《史记》等作比较，从直接分析《左传》之文到评论历来对于《左传》的评论，等等，构成了对《左传》全面而立体的理论分析。这里既有直觉感悟，又有理论分析，既有直接的文本分析，又有对有关

《左传》的理论观点的引申阐发，真正做到了宏观与微观相结合，理论与鉴赏相结合，“阐前人所已发”与“扩前人所未发”（此二语亦见《文概》）相结合。

应该说，这十三则概括的实际上就是一篇关于《左传》的精深简要的学术文章的内容。与现代意义上的学术文章相比，它不过是少了些例证，少了些一二三四的逻辑性标志，当然也少了些更为细致的分析。但在当时而言，这些例证是人所共知的，而逻辑性标志与细致的分析，对于当时文人学者而言，也是一点就通，因而都是用不着的。无论怎样，像刘熙载这样对具体作家作品从多个角度多个层次作立体而全面的分析的，在中国文论史上还是十分少见的。此种全面立体的分析，也正是现代学术的一个明显标志。

刘熙载在分析了重要的作家群或某一代作家作品之后，往往还注意总结。如在具体分析了孟子、荀子、屈子、庄子、列子、韩非子、管子诸家散文之后，在进入具体分析两汉文章之前，便有这样一则带有总结性的话：

> 周秦间诸子之文，虽纯驳不同，皆有个自家在内。后世为文者，于彼于此，左顾右盼，以求当众人之意，宜亦诸子所深耻与！

“皆有个自家在内”，这便是刘氏对于周秦诸子之文总的精神的概括。此种总结，或在具体分析之前，或在具体分析之后，但都起到了阶段性总结的作用。

在此一部分，刘熙载还纯熟地运用了中国文论惯用的原始要终方法，梳理了中国散文发展的源流。如对于西汉散文的源流，刘熙载作了如下分析：

> 西汉文无体不备：言大道则董仲舒，该百家则《淮南子》，叙事则司马迁，论事则贾谊，辞章则司马相如。人知数子之文，纯粹，磅礴，窈眇，昭晰，雍容，各有所至，犹当于其原委穷

之。

贾生陈政事，大抵以《礼》为根极。

董仲舒学本《公羊》，而进退容止，非礼不行，则其于礼也深矣。至观其论大道，深奥宏博，又知于诸经之义无所不贯。

马迁之史，与左氏一揆。左氏"先经以始事"，"后经以终义"，"依经以辩理"，"错经以合异"，在马则夹叙夹议，于诸法已不移而具。

太史公文，兼括六艺百家之旨，第论其恻怛之情，抑扬之致，则得于《诗三百篇》及《离骚》居多。

太史公文，韩得其雄，欧得其逸。

《淮南子》连类喻义，本诸《易》与《庄子》，而奇伟宏富，又能自用其才。虽使与先秦诸子同时，亦足成一家之作。

用辞赋之骈丽以为文者，起于宋玉《对楚王问》，后此则邹阳、枚乘、相如是也。

刘向文足继董仲舒。

班孟坚文，宗仰在董生、匡、刘诸家。

大抵《论衡》奇创，略近《淮南子》，《潜夫论》醇厚，略近董广川。《昌言》俊发，略近贾长沙。"

此数则，既指出了西汉散文的无体不备，丰富多彩，又指出了西汉散文各体的出处渊源于先秦经书子书，还指出了西汉之文对于东汉乃至唐宋散文的深远影响。这是典型的原始要终方法。

《文概》的第三部分，是从"儒学，史学，玄学，文学，见《宋书·雷次宗传》。大抵儒学本《礼》，荀子是也；史学本《书》与《春秋》，马迁是也；玄学本《易》，庄子是也；文学本《诗》，屈原是也。后世作者，取途弗越此也"至最后，共九十三则。如果说，第二部分是对中国散文发展历史上的重点作家与作品的具体分析，那么，这一部分便是对整个中国散文的理论分析与全面总结。

在这一部分，刘熙载分析了文章的内容如事理、义理、情理，志、意、气、辞及其关系，分析了文章的字法、句法、章法及其通变，还着重分析了“叙事之学”的叙事方法，还提出了文章与时代的关系、与作者修养的关系，以及“文有古近之分”，“文有三古”，“文贵法古，然患先有一古字横在胸中”，“文有七戒”，“文有四时”，“文有仰视，有俯视，有平视”，“文有本位”等等观点。在最后的几则，刘氏又对所有这些理论分析与总结加以概括说：

> 文之道，可约举经语以明之，曰：“辞达而已矣”，“修辞立其诚”，“言近而指远”，“辞尚体要”，“乃言可绩”，“非先王之法言不敢言”，“易其心而后语”。

此外还讨论了“文家得力处，人不能识”，“为文者，盍思文之所由生乎”，“《国语》言‘物一无文’，后人更当知物无一则无文，盖一乃文章之真宰，必有一在其中，斯能用夫不一者也”，以及“文”、“笔”之分的问题。显然，这几则乃是带有总结整个《文概》的作用。据刘立人先生概括，此部分最重要的内容可以分为九个方面：一、明理；二、言志；三、主情；四、贵意；五、重识；六、审气；七、慎辞；八、尚法；九、非华。“前六点关系到作品的思想内容与文学气质，后三点关系到作品的艺术表现与审美追求，总结散文创作的艺术经验相当全面。”① 是的，这九十三则的理论分析与总结，占整个《文概》的四分之一强，当然应该说是对中国散文的全面总结。

其他各“概”的结构也基本如此。

刘熙载《艺概》的这种结构所体现的思维方式，使我们不禁想起了刘勰的那几句话：“原始以表末，释名以章义，选文以定篇，敷理以举统。”（《文心雕龙·明诗》）公元6世纪刘勰本人的《文心雕龙》是这样做的，一千三百余年之后刘熙载的《艺概》又是这样做的。一千三百年以来延续不变的一致性，不正说明了中国文论思辨思维方式，确实有其一以贯之者在吗？这就是原始要终与执本驭末相结合的本末思辨方式！

---

① 刘立人：《刘熙载集·前言》，华东师范大学出版社1993年版。

但另一方面，很显然地，在这一千三百余年中，中国文论的思辨思维并不是停滞不前，原地踏步。事实上，其间曾经有过多少曲折与发展！其间有唐代文论反思辨的诗化倾向，有宋元明清诗话家们使思辨与直觉相结合、理论与艺术相结合的数百年努力，有李渔对于执本驭末的突出强调与试图建立新的文学概论特别是戏剧创作理论体系的尝试，有叶燮对于原始要终方法的改进，等等。中国文论的思辨思维从刘勰走到刘熙载这一步，是如此不容易！“看似平常最奇崛，成如容易却艰辛。”王安石用来评诗的这句诗，用在中国文论思辨思维的发展历程之上，竟也是如此贴切！是的，这是经历一千三百年沧桑之后的回归！这不仅是刘熙载对于刘勰的回归，也是刘熙载对中国文论本末思辨传统的回归！

但是，此种经历了无数曲折之后的回归并不是一种简单的重复。相反地，这是一种超越的、扬弃的、蕴含着无限生机与新变的回归。刘熙载所运用的本末思辨，已经远远超过了刘勰那个时代的本末思辨。更准确地说，中国文论的本末思辨在刘熙载这里，已经不再是古典形态而已是现代形态了。

这种思维方式的现代性，主要表现在如下几个方面。

其一，具有更为自觉的思辨意识，更为强调执本驭末。是的，《艺概》最为典型地运用了原始要终的方法，这几乎占了全书篇幅的三分之二。但是，这一切，都是为了执本驭末或者贯穿执本驭末而进行的。《艺概》虽然包括了中国散文史、诗歌史、辞赋型史、词曲史、书法史等，但它本质上却是一部文艺概论之作，一本执本驭末之作。且看刘熙载对于此书的自叙：

> 艺者，道之形也。学者兼通六艺，尚矣！次则文章名类，各举一端，莫不为艺，即莫不当根极于道。顾或谓艺之条绪綦繁，言艺者非至详而不足以备道。虽然，欲极其详，详有极乎？若举此以概乎彼，举少以概乎多，亦何必殚竭无余，始足以明指要乎？是故，余平昔言艺，好言其概，今复于存者辑之，以名其名也。庄子取“概乎皆尝有闻”，太史公叹“文辞不少概见”，

> “闻”“见”皆以“概”为言，非限于一曲也。盖得大意，则小缺为无伤。且触类引申，安知显缺者非即隐备者哉！抑闻之《大戴礼记》曰“通道必简”，“概”之云者，知为简而已矣。

在刘熙载的心目中，艺与道乃是末与本、用与体的关系，众艺“莫不当根极于道”。因此，原始要终乃是为了从“分殊”中寻求“理一”，使至详而“足以备道”。但刘熙载深知，原始要终此种“极其详”的办法，并不是彻底的，“欲极其详，详有极乎”？它正如归纳法一样，永远都不可能做到完全归纳，完全详备。但是只要能够执本驭末，触类引申，就能“举此以概乎彼，举少以概乎多”——“盖得大意，则小缺为无伤。且触类引申，安知显缺者非即隐备者哉”。既如此，则“亦何必殚竭无余，始足以明指要”！由此可见，在刘熙载的心目中，原始要终并不是自足的。它必须时时刻刻贯穿着执本驭末，触类引申，才能使所知“非限于一曲”，才能事虽非至详，而足以得其指要。易言之，在刘熙载这里，执本驭末是第一位的，原始要终倒是第二位的，不是原始要终之后再执本驭末，而是须执本驭末才能原始要终，只有执本驭末才能使原始要终“得大意”、“明指要”。这样，原始要终便成为了执本驭末的一个程序，一种手段，一种行进方式。显然，此种原始要终与执本驭末相结合的本末思辨已大异于前了。在这里，执本驭末取得了至高无上的地位。这是刘熙载对中国文论本末思辨传统的一种改革，一种修正。从这个角度说，《艺概·自叙》可谓中国文论本末思辨从古典形态走向现代形态的一个宣言。

所以刘熙载在《艺概》中反复强调执本驭末之义，并将它贯穿到文学创作的各个层面、各个方面。如谓：

> 章法不难于续而难于断。先秦文善断，所以高不易攀。然“抛针掷线”全靠眼光不走，“注波蓦涧”全靠缰辔在手。明断，正取暗续也。(《文概》)
>
> 凡作一篇文，其用意俱要可以一言蔽之。扩之则为千万言，约之则为一言，所为主脑者是也。……主脑既得，则制动以静，

治烦以简，一线到底，百变而不离其宗。如兵非将不御，射非鹄不志也。(《经义概》)

文之要有三：主意要纯一而贯摄……（同上）

这些都是强调执本驭末在文学创作中的运用。

这种重视执本驭末的观念，与刘氏接受陆九渊、王阳明的影响是分不开的。《清史稿·儒林传·刘熙载传》谓：

咸丰三年命值上书房，与大学士倭仁以操尚相友重，论学则有异同。倭仁宗程朱，熙载则兼取陆、王，以慎独主敬为宗，而不喜《学蔀通辩》以下掊击已甚之谈。

刘氏“兼取陆、王”，实不仅表现在“以慎独主敬为宗”一点，其在思维方式上更注重执本驭末，其实也是与陆王心学一脉相承的。

其二，在原始要终过程中，不再简单地将源流始终与正变本末等同起来。刘熙载在《赋概》中说：

赋当以真伪论。不当以正变论。正而伪，不如变而真。屈子之赋所由尚已。

变风，变雅，变之正也。《离骚》亦变之正也。“跪敷衽以陈辞兮，耿吾既得此中正。”屈子固不嫌自谓。

他认为，中国文学由《诗经》一变而为骚赋，乃是“变之正”。在这里，正与变并不简单地等于盛与衰，更不是本与末，除非能够否定变风变雅与《离骚》的伟大。刘氏此义虽出之于论赋，其实却是他的一个基本观念，可通之于众艺。刘氏的此种认识，与他对于文学发展的时间性的深刻领悟是分不开的。他在《文概》中说：

文之道，时为大。《春秋》不同于《尚书》，无论矣。即以《左传》,《史记》言之，强《左》为《史》，强《史》为《左》，则啴缓。惟与时消息，故不同正所以同也。

此所谓“文之道，时为大”，正说明了文学创作之发展变化乃是必然之事，因此文学创作之“与时消息”，便不仅必然，而且必要，惟变乃能正，惟变乃能以不同之迹示相同之心。所以他在《持志塾言》中也这样说：“古与今，理同势异。不能贯通之，是不知本；不能变化之，是不知用。”“势异”即是“时异”，因势异而能变化之，便是“知用”，也即是能“与时消息”。既然变乃是“与时消息”，“不同正所以同”，那么变之于正，也就当然不等于衰之与盛、末之与本了。刘熙载从文学发展的时间性观念出发，获得了与大约两百年之前的叶燮相同的看法。

正因本着这样一种观念，整个《艺概》在原始要终过程中，虽然一开始就说“《六经》，文之范围也”，“九流之家托始于《六经》”，甚至还说，“文之本领”“孰非经所统摄者乎”？但他对于《六经》以后历代作家作品，从不因其是“变”、是晚出而视之为衰、视之为末。这是刘熙载超出于以前大部分文论家的十分重要的一点。这表明，在刘熙载这里，原始要终与执本驭末相结合的本末思辨方法，已经扬弃了它长期以来存在的缺陷与不足。这也是本末思辨走向现代形态的一个表现。

因此，原始要终的作用，不再是为了清理出事物发展的源流，并将此源流等同于事物之本末，从而为执本驭末提供一种思辨前提。相反地，在刘熙载这里，原始要终纯粹只是为了弄清事物的发生发展过程，纯粹只是执本驭末进行的一种方式。如果说，西方逻辑思辨是在概念的逻辑联系中进行从具体到抽象、再从抽象到具体的思辨，那么在刘熙载这里，本末思辨则是在事物的历史发展源流中、历史联系中进行缘末返本、自本及末的思辨的。

显然，刘熙载虽然十分强调执本驭末，但也不离原始要终。他在《持志塾言》中说：

即物穷理。一“即”字是恰好分际。执物与离物，俱不是。

形上之道与形下之器，本非二物。自不能穷理者歧而视之，天下斯有异端曲学也。

这实际上就是坚持本末一体的思想观念。由此观念出发，则原始要终与执本驭末当然不能分而二之。离开了原始要终，执本驭末即入蹈空境地。刘熙载在上书中又说：

约以致精，博以极变，执一、非一，皆蔽也。

这正是讲原始要终与执本驭末的关系。由博而“约以致精”便是“原始要终”，由约而“博以极变”便是执本驭末，二者相辅相成，不可分割，不要偏废。“执一”便是只重执本驭末而废弃原始要终，“非一”则是只重原始要终而不执本驭末，这两种倾向都是离本末为二，因而“皆蔽也”。

其三，重视细致分析的功夫，从而使中国文论的历史比较法从本末思辨中发展出来并趋于成熟。刘熙载像所有的中国文论家那样注意作总体的综合的把握，但他更注意在此基础之上作细致的分析。他曾在《持志塾言》中明确地指出：

辨疑似，谨细微，这里若无工夫，终不可语精义之学。

是非可否，其界甚微。《易》言“井以辨义”。“辨”有一剖两开，无少混淆之意。

这说明刘氏已在理论高度上自觉地意识到，若要探求事物之本末，就必须下细致分析的工夫，一剖两开，无少混淆。“这里若无工夫，终不可语精义之学”，这话说得多明白，多精妙！他在《持志塾言》中又说：

存养在一本，省察在万殊。

这虽是从修养的角度而言之，但此理正复通于学问之方。学问之道当然是为了求此“一本”，但其途径则当从“万殊”始。在学问上注重“省察万殊”，便是注重分析。

突出地表现此种“辨疑似，谨细微”的细致分析工夫的，是刘熙载的历史比较法。

在追溯源流的过程中运用历史比较法，这是中国文论惯用的方法，但以前的文论中从来未曾像《艺概》这样突出。今试以《诗概》中评苏轼的条目为例。其言曰：

> 陶诗醇厚，东坡和之以清劲，如宫商之奏，各自为宫，其美正复不相掩也。
>
> 东坡放翁两家诗，皆有豪有旷，但放翁是有意要做诗人，东坡虽为诗，而仍有夷然不屑之意，所以尤高。
>
> 退之诗豪多于旷，东坡诗旷多于豪，豪旷非中和之则，然贤者亦多出入于其中，以其与龌龊之肠胃，固违绝也。
>
> 遇他人以为极艰极苦之境，而能外形骸以理自胜，此韩、苏两家诗意所同。
>
> 东坡诗，意颓放而语遒警。颓放过于太白，遒警过于昌黎。
>
> 太白长于风，少陵长于骨，昌黎长于质，东坡长于趣。
>
> 诗以出于《骚》者为正，以出于《庄》者为变。少陵纯乎《骚》，太白在《庄》《骚》之间，东坡则出于《庄》者十之八九。
>
> 山谷诗未能若东坡诗之行所无事。
>
> 无一意一事不可入诗者，唐则子美，宋则苏、黄。
>
> 唐诗以情韵气格胜，宋苏、黄以意胜。

此数则足以见出刘氏于原始要终中精于历史比较法。在这里，刘熙载将东坡前与庄子、陶渊明、李白、杜甫、韩愈相比较。后与陆游、黄庭坚等人作比较。其比较的角度或在总体风格，或在才力技巧，或在渊源出处，而其比较之目的，则或在明其相同处，或在辨其相异处。

通过此种多角度多层次的历史比较，苏诗之面貌乃栩栩如生，立体而具体。

特别值得注意的是，刘熙载在运用此种历史比较法时，不仅明其同者，亦辨其异者，甚至是辨其同中之异、异中之同。上所引第一条苏诗与陶诗相比较者，即是十分显然的明其同中之异与异中之同。上所引苏诗与陆诗条，则是辨其同中之异。又上引苏诗与韩诗，虽豪旷之成分不同，然皆于“他人以为极艰极苦之境”而能“外形骸以理自胜”条，则又是指出两家诗异中之同。刘熙载在《诗概》中评王安石诗说：

> 王荆公诗学杜，得其瘦硬；然杜具热肠，公惟冷面。殆亦如其文之学韩，同而未尝不异也。

所谓明其“同而未尝不异”或异而未尝不同，正足见出刘氏之运用历史比较法，不单纯是简单地比较异同，而是达到了相当的理论高度。我们记得，西方思辨哲学大师黑格尔正是这样说的：

> 我们所要求的，是要能看出异中之同和同中之异。①

在这一点上，同是生活在19世纪的刘熙载与黑格尔走到了一处。我们甚至还可以说，刘熙载与黑格尔虽然都很重视比较方法，但都不认为这就是获得知识的最终手段，相反地，在黑格尔那里，比较从属于思辨，在刘熙载这里，比较从属于执本驭末。刘熙载在《持志塾言》中这样说：

> 辨固辨其是非，而是之中，轻重缓急类亦有别，类既明，则吾所从事者秩然有序矣。

① 黑格尔：《小逻辑》，贺麟译，商务印书馆1980年版，第253页。

这是指出，是非之辨，异同之别，并不是为辨而辨，为分析而分析，为比较而比较，而是为了抓住事物的本质（“类”），只有这样，才能使“吾所从事者秩然有序”，才能执本驭末。有意思的是，黑格尔也这样说：

> 有人以为这种比较方法似乎可以应用于所有各部门的知识范围，而且可以同样地取得成功，这未免失之夸大。……只通过单纯的比较方法还不能最后满足科学的需要。比较方法所得的结果诚然不可或缺，但只能作为真正的概念式的知识的预备工作。①

可以设想，假如条件允许，无论是黑格尔看到了刘熙载的这种说法与做法，还是刘熙载听到了黑格尔这种观点，他们都将会心一笑，相对莫逆的。而这说明了什么呢？说明了刘熙载已从原始要终中发展了一种非常科学而富有现代意义的历史比较法，此种历史比较法乃是执本驭末的一个辅助方法，是为执本驭末而服务的，即黑格尔所谓是为“真正的概念式的知识”作预备工作的。因此可以这样说，在刘熙载这里，中国文论的历史比较法已于原始要终与执本驭末相结合的本末思辨中正式发展出来并且成熟了。这又十分典型地说明了，在刘熙载这里，中国文论的本末思辨已更富于分析性。注重分析，这正是现代学术的一大特点。

综上所述，刘熙载的《艺概》确实是运用了原始要终与执本驭末相结合的本末思辨，这是中国文论的基本思辨方式。但在刘熙载这里，此种本末思辨却具有明显的现代性：它更强调执本驭末，也就是说思辨意识更加强烈，并因此而使《艺概》成为了一部气势雄伟、格局宏大的“文学艺术概论”之作；它不再简单地在原始要终过程中将事物发展的源流始终等同于事物的本末盛衰，原始要终也不再是为执本驭末提供一种简单的思辨前提，它只是执本驭末的思辨进程与方式；特别是，在原始要终与执本驭末相结合的基础之上，它更注重

① 黑格尔：《小逻辑》，贺麟译，商务印书馆 1980 年版，第 252 页。

细致分析，并因此而使中国文论的历史比较法趋于成熟，但又不是为比较而比较，为分析而分析，而是一切为了探求事物的本质，为了执本驭末。因此，我们完全有理由说，中国文论到了刘熙载的《艺概》这里，原始要终与执本驭末相结合的本末思辨思维已经完全超越了其古典形态而转变为一种现代形态了。

但是必须指出，中国文论本末思辨思维的此种现代形态，虽然与西方逻辑思辨靠得更近些，共同点更多些，但它毕竟是中国文化自身的现代思辨形态。此种“中国性”表现在：其一，它虽然更注重思辨性，但它注意的乃是一种本末思辨，一种本末一体的思辨，因此它并不像西方逻辑思辨那样要求建构严密的逻辑网络，它采取的仍是一种“月映万川”式的统摄式思辨，因此仍然显得那样灵活，在形式上仍然可以采用诗话这种随心所欲的文论体制。是的，本末思辨正是一种诗性的思辨。其二，由于是本末一体的思辨，因此执本驭末永远都离不了原始要终，并且就在原始要终中进行，这是一种永不脱离现象的思辨方式，更是一种有着深沉历史意识的思辨方式。是的，本末思辨就是一种历史性思辨。其三，尽管它也更注重于细致的分析，但它毕竟还是为了执本驭末，并且这是一种在原始要终与执本驭末相结合的基础之上的分析，因此，它仍然是综合的成分大于分析的成分。是的，从这个角度来说，本末思辨又是一种综合性思辨。诗性，历史性，综合性，此三性正是中国本末思辨思维的特色所在。

因此，我们可以这样说，在《艺概》这里，在19世纪70年代，中国文论的本末思辨实际上已经完成了由古典形态向现代形态的转化。在没有西方文化的影响下，中国文论的思维方式其实已经走向了现代化。

这一结论意味着：即使没有西学东渐，中国文论的思维方式也会由古典走向现代。然而也正是由于西学东渐，中国文论固有的思辨方式逐渐被人们所遗忘，代之而起的则是西方的逻辑思辨。

现当代学术的思维方式，基本上是西方文化的那种逻辑思维，这一点是人所共知，毋庸讳言也无须赘述的。

因此，是否可以这样说：中国文论的思辨思维本来已经现代化，但由于西学东渐的强烈攻势，由于当时中国文化精英们对于西学的迫切需求与由衷向往，中国文论乃至中国文化的思辨思维方式反而从现代化走向了西化！正是由于西化，我们才遗忘了自己本来的思维方式。

无论如何，自19世纪末尤其是20世纪以来，中国文论的思维方式，确实已经发生了巨大的变化。

第二节　关注中心与审美情趣的改变

学术思想的变化，最为明显的，便是其关注中心的改变。思维方式的转变是深层的、隐蔽的，但关注中心或者说理论兴趣的改变，却是十分明显的。

一个时代的学术关注中心仿佛是一个无比巨大的漩涡，它将这个时代所有人的理论兴趣都卷了进去；它又像是一个绝色佳人，将所有人的目光都吸引了过来。是的，一个时代的学术关注中心正是这个时代的赵飞燕或杨贵妃，它必然是“回眸一笑百媚生”，必然是“三千宠爱在一身”。

事实上，学术思想的变化，往往不是因为某人提出了某种新观点新理论，而是因为一个大家都关心的话题被好些人不约而同地提了出来，或者是先由某一大家提出来，随之而来的便是许多人的继起附和。这就是所谓学术潮流的形成过程。所谓学术潮流，指的正是一个时代对于一个共同关心的话题都来参与，都来探讨，并形成了某种相对的一致性。现代德国著名哲学家卡西尔在其名著《人论》中分析古希腊哲学思想的转变时就认为，西方哲学的祖师苏格拉底的最大贡献，不在于他提出了某种新理论新学说，而在于他提出了一个全新的关注中心——“认识你自己”。卡西尔说：

> 苏格拉底从不攻击或批判他的前人们的各种理论，他也不打算引入一个新的哲学学说。然而在他那里，以往一切问题都用一种新的眼光来看待了，因为这些问题都指向一个新的理智中心。

希腊自然哲学和希腊形而上学的各种问题突然被一个新的问题所遮蔽，从此以后这个新问题似乎吸引了人们的全部理论兴趣。①

20世纪中国哲学家冯友兰先生在分析中国哲学史时也指出：

自从开始写《新编》以来，我逐渐摸索出来了一个写哲学史的方法：要抓时代思潮，要抓思潮的主题，要说明这个主题是一个什么样的哲学问题。能做到这几点，一部哲学史就可以一目了然了。②

每一个时代思潮都有一个真正的哲学问题成为讨论的中心，哲学史以讲清楚这个问题为要，不以堆积资料为高。③

卡西尔与冯先生的这些观点，不仅适用于哲学史，也同样适用于学术史：学术思想的变化，表现在具体的内容上，往往不是一两个具体观点的变化，而是关注中心的变化，理论问题的变化。因此，只有抓住了一个时代的关注中心，才能弄清这个时代的学术思想。这也就是孟子所说的："观水有术，必观其澜"(《孟子·尽心章句上》)。

19世纪以来中国文论的关注中心，事实上就是：在中华文化日益衰落、中华民族面临外族侵略之际，中国文学应该起到什么作用？什么样的内容与形式才能最好地起到这种作用？

关于文学在现实生活中的作用，中国文论向来就看得很重。《尚书·尧典》所谓舜帝命夔典诗乐，以教胄子，从而使他们"直而温，宽而栗，刚而无虐，简而无傲"，最终做到"神人以和"的说法，表明在中国，从远古时代起，文学与艺术就承担起提高人民素质，协和

① Ernst Cassirer:*An Essay on Man:An Introduction to a Philosophy of Human Culture*. Yale University Press,1972,p.4.可参见中文版《人论》,甘阳译,上海译文出版社1985年版,第6～7页。

② 冯友兰:《中国哲学史新编》 第4册《自序》，人民出版社1986年版。

③ 冯友兰:《中国哲学史新编》第5册《自序》，人民出版社1988年版。

人际关系，从而最终使人能与自然和谐统一的重要使命。所以，《毛诗序》这样说：

> 动天地，感鬼神，莫近于诗。先王以是经夫妇，成孝敬，厚人伦，美教化，移风俗。

说这是重视文学对现实的社会作用也好，是使文学沦为政治教化的工具也好，总之，在中国，文学必须承担起正民心、觉民智的社会作用。当然，这只是说文学对于社会的作用。就文学对于个人的作用而言，中国文论从来就不曾否认它抒发性情、宣泄怨愤、寄托忧思、慰藉心灵、垂诸不朽的作用。司马迁所谓"《诗三百篇》，大抵圣贤发愤之所为作也……故述往事，思来者"(《太史公自序》)，曹丕所谓"年寿有时而尽，荣华止乎其身，二者必至之常期，未若文章之无穷。是以古之作者，寄身于翰墨，见意于篇籍，不假良史之辞，不托飞驰之势，而声名自传于后"(《典论·论文》)，钟嵘所谓"使穷贱易安，幽居靡闷，莫尚于诗矣"（《诗品序》）云云，都是一次又一次地表达着一个共同的意思：文学不仅是社会的，同时也是个人的。中国文论从来就没有将这两个方面分开，也从来就没有否认其中的任何一个方面。

在中国文论史上，尽管可以有不同的角度，不同的出发点，不同的术语，甚至也可能有些扩大夸张或者是偏激极端，但文学应该承担起正民心、觉民智的使命，却是中国人的一个基本观念。这个基本观念从来就是不言而喻的，也从来就没有被动摇过。

既然如此，上述19世纪以来中国文论所关注的两个问题，准确地说，实际上只有一个：什么样的文学作品，才能最好地起到它对社会对现实的作用？19世纪以来的中国文论，横说竖说，千言万语，都是围绕着这同一个中心、同一个话题展开的。

在19世纪以来中国文论的众声喧哗中，我们可以发现，就文体而言，学者们发现了小说与戏剧两种体裁的作品乃是最能奏效的；而就形式而言，是通俗的白话而不是典雅的文言开始成了文论家们的至爱。此种关注中心的改变，同时也是审美情趣的改变。

在中国文学史上，尽管一直就存在着一股白话文学、通俗文学的潜流，尽管中国文学的活水源头也许就是这种通俗易懂的语言与文学，但自从秦汉以来，它们从来就只能处于边缘地位。居于正统地位与主流地位的，是典雅的文言与典雅的诗文。但是，从中唐以来，这一切却在慢慢地发生了变化。先是唐代俗艳的词体与通俗的传奇开始正式进入了文坛，接着便是宋金元时代更俗的话本、院本、散曲、杂剧相继登场，再就是明清两代拟话本小说、章回体白话小说与戏剧传奇的争奇斗妍。在这个过程中，文学作品的语言也变得越来越通俗。但是，在这个过程中，同时也伴随着文人们不断使这些以“通俗”为生命的文学与语言趋向于雅化的努力。譬如，就词体而言，它从一开始出现以来，就是一种世俗的审美情趣的载体，世俗妩媚是其主要的气质，儿女情长是其基本的内容。温庭筠的词、柳永的词之所以那样受老百姓欢迎，就是因为他们的作品俗得可爱。但是，苏轼出现在词坛之后，却“一洗绮罗香泽之态，摆脱绸缪宛转之度”（胡寅《题酒边词》），试图从风格上、内容上使词重新回到典雅的诗的道路上去。苏轼的词当然写得很好，在中国词史上当然也开辟了新天地、新境界，形成了新风格，但是，不可讳言，苏词确实是苏轼使词向诗转化从而使以“俗”为生命的词逐渐雅化的结果。李清照的《词论》说：“至晏元献、欧阳永叔、苏子瞻，学际天人，作为小歌词，直如酌蠡水于大海，然皆句读不葺之诗尔。”李清照目光如炬，一眼就看出苏词具有的雅化倾向，说它们不过是句式长短不同的诗而已。这种说法，确实不是冤枉苏轼。苏轼之后，周邦彦等大晟词人试图从音乐上使词雅化，辛弃疾等人熔铸经骚之语以入词，则是试图从语言上使词雅化，同时逐步将词写得像散文一样。这种种对词的“雅化”的努力，最终使得词体不再有本质意义上的发展，从而慢慢地也是悄悄地退出了文学史舞台。代之而起的是那通俗易懂的散曲。散曲兴起以后，也同样慢慢地被雅化。小说，戏剧，也概莫能外。雅与俗的斗争，是中唐以后中国文学发展的一个主题。中唐以后的中国文学，一直徘徊于雅俗之间。

雅与俗的斗争背后，当然正是两种审美情趣的斗争。明确地说，就是贵族式的审美情趣与平民化的审美情趣之间的斗争。就审美情趣的发展变化而言，中国文学发展史事实上明显地可以划分为三个阶段：在中唐以前，中国文学总的审美情趣是贵族化的，此种审美情趣的代表文体就是诗歌与文，尤其是律诗与骈文，文学创作的主体也主要是贵族知识分子；从中唐以来，直到19世纪，中国文学总的审美情趣是典雅与世俗并存，就文体而言，既有代表贵族化审美情趣的诗、文，也有代表世俗化审美情趣的话本、小说、词、散曲与戏剧等，文学创作的主体也既有倾向于平民化的，又有倾向于贵族化的。19世纪后半叶尤其是20世纪以来，中国文学总的审美情趣便基本上是世俗化平民化了，代表此种审美情趣的文体如小说、戏剧、新体诗等得到了空前的发展，文学创作的主体也主要是平民或倾向于平民者。

19世纪的中国文论，正是处在中国文学审美情趣由雅俗并存走向完全世俗化、平民化的历史进程之中。文论家在文体上钟情于小说与戏剧，在语言上倾心于通俗易懂的白话，从本质上看，本来就是此种不断世俗化与平民化的审美情趣的必然结果。更何况，此种倾向还有着使文学更好地为正民心、觉民智服务，从而使中国文化复兴、中华民族自强自立的崇高而伟大的出发点呢？世俗化、平民化的理由不是十分充分吗？

正是基于此种历史发展的必然趋势与时代需要的因缘际会，19世纪尤其是19世纪末叶以来，中国文论的关注中心完全改变了。

先说对于通俗易懂的白话的关注。早在清初的李渔《闲情偶寄》那里，事实上就已经提出了戏剧创作应该白话化的问题。李渔说：

风俗之靡，犹于人心之坏，正俗必先正心。然近日人情喜读闲书，畏听庄论，有心劝世者，正告则不足，旁引曲譬则有余。是集也，纯以劝惩为心，而又不标劝惩之目，名曰《闲情偶寄》者，虑人目为庄论而避之也。(《闲情偶寄·凡例七则》)

曲文之词采，与诗文之词采，非但不同，且要判然相反。何

> 也？诗文之词采贵典雅而贱粗俗，宜蕴藉而忌分明。词曲不然，话则本之街谈巷议，事则取其直说明言。凡读传奇而有令人费解，或初阅不见其佳，深思而后得其意之所在者，便非绝妙好词，不问而知，为今曲，非元曲也。（《词曲部·词采第二·贵显浅》）
>
> 总而言之，传奇不比文章，文章做与读书人看，故不怪其深，戏文做与读书人与不读书人同看，又与不读书之妇人小儿同看，故贵浅不贵深。使文章之设，亦为与读书人、不读书人及妇人小儿同看，则古来圣贤所作之经传，亦只浅而不深，如今世之为小说矣。……能于浅处见才，方是文章高手。（《词采第二·忌填塞》）

李渔对于文学创作的语言总的要求是“贵显浅”。他的这种观点，有着充分的理论依据，这就是：时代不同了，读者群扩大了，相应地，审美情趣也变化了。因此，要想使文学真正起到其应有的作用，就应该顺应时代潮流，使所创作的文学作品成为“人情所喜”者，而不是人人见而避之的“庄论”。李渔甚至认为，假如面对的对象是所有的平民大众，既有读书人也有非读书人，那么，即使圣贤之作经传，也会“浅而不深”的，“能于浅处见才，方是文章高手”。这种种说法，表明了李渔对于通俗易懂的表述方式的完全认同，这是他对于日趋通俗的审美情趣的一种自觉选择、自觉顺应。审美情趣由雅至俗，这是人类文化从古典形态到近代形态转变的一种表征，当这种世俗的审美趣味或所谓“俗情”，真正得到理论上的认同时，历史也就开始真正走上了现代之路了。

不过，李渔所谓词“贵显浅”的说法，还不完全等同于主张文学创作要用白话，也并没有说非要用白话完全代替文言。可到了19世纪，情形就大不相同了。太平天国的领袖人物洪秀全，曾经也是一个秀才，可就是他，提出了“纯以俗语”的口号。洪仁玕等人起草的太平天国文书更是明确地要求：

不得一词娇艳，毋庸半字虚浮；但有虔恭之意，不须古典之言。……总须切实明透，使人一目了然，才合天情，才符真道。(《戒浮言巧文谕》)

文艺虽微，实关品学，一字一句之末，要必绝乎邪说淫词而确切于天教真理，以阐发乎新天地之大观。(《钦定士阶条例》)

这种说法，已将语言改革与政治斗争紧密联系起来。它所要求的，实际上就是“俗语”、“白话”。郭绍虞先生主编的《中国历代文论选》在《戒浮言巧文谕》一文后有这样的说明：

它是中国农民阶级所提出的第一篇完整的文论，是中国农民起义发展到一定阶段的产物。①

是的，这正是农民阶级的文论。或者更准确地说，是代表农民或平民阶层的审美趣味的一篇文论。这一现象是颇能发人深省的——提出“纯以俗语”的口号，要求运用白话，正是农民或平民阶层的审美趣味的必然要求。

正式高举“崇白话，废文言”旗号而作系统宣传的，是1897年发表于《苏报》的裘廷梁的《论白话为维新之本》。这篇富有历史意义的文章说：

有文字为智国，无文字为愚国；识字为智民，不识字为愚民：地球万国之所同也。独吾中国有文字而不得为智国，民识字而不得为智民，何哉？裘廷梁曰：此文言之为害矣。

文字者，天下人公用之留声器也。文字之始，白话而已矣。……故凡精通制造之圣人必著书，著书必白话。呜呼！使皆如今之文言，虽有良法，奚能遍传于天下矣？……后人不明斯

---

① 郭绍虞主编：《中国历代文论选》第四册，上海古籍出版社1980年版，第47页。

义，必取古人言语与今人不相肖者而摹仿之，于是文与言判然为二，一人之身，而手口异国，实为二千年来文字一大厄！

鸣呼！文言之害，靡独商受之，农受之，工受之，童子受之，今之服方领习矩步者皆受之矣；不宁惟是，愈工于文言者，其受困愈甚。……鸣呼！使古之君天下者，崇白话而废文言，则吾黄人聪明才力无他途以夺之，必且务为有用之学，何至暗没如斯矣？

且夫文言之美，非真美也。汉以前书曰群经，曰诸子，曰传记，其为言也，必先有所以为言者存。今虽以白话代之，质干具存，不损其美。汉后说理记事之书，去其肤浅，删其繁复，可存者百不一二。此外汗牛充栋，效颦以为工，学步以为巧，调朱傅粉以为妍，使以白话译之，外美既去，陋质悉呈，好古之士，将骇而走耳。

请言白话之益。一曰省日力，读文言日尽一卷者，白话可十之。……博及群书，夫人而能；二曰除憍气，文人陋习，尊己轻人，流毒天下，夺其所恃，人人气沮，必将进求实学；三曰免枉读……四曰保圣教，《学》《庸》《论》《孟》，皆二千年前古书，语简理丰，非卓识高才，未易领悟，译以白话，间附今义，发明精奥，庶人人知圣教之大略；五曰便幼学……积三四年之力，必能通知中外古今及环球各种学问之崖略，视今日魁儒耆宿，殆将过之；六曰炼心力……今用白话，不恃熟读，而恃精思，脑力愈浚愈灵，奇异之才，将必迭出，为天下用；七曰少弃才……八曰便贫民……

西人公理家之言曰：凡人才智，愈后愈胜，古人必不如今人也。乃以其言观吾今日之中国，举天下如坐眢井，以视古人智愚悬绝，乃至不可以道里计。岂今人果不古若哉？抑亦读书之难易为之矣。读书难，故成就者寡；读书易，故成就者多，成周是也：此中国古时用白话之效。

耶氏之传教也，不用希语，而用阿拉密克之盖立里土白。……千余年来，彼教昌炽，而吾中国政治艺术，靡一事不恧于西人，仅仅以孔教自雄，犹且一夺于老，再夺于佛，三夺于回回，四夺于白莲、天理诸邪教，五夺于耶氏之徒。彼耶教之广也，于全地球占十之八；儒教于全地球仅十之一，而犹有他教杂其中。然则文言之光力，不如白话之普照也，昭昭然矣。泰西人士，既悟斯义……是以人才之盛，横绝地球。则泰西用白语之效也。

日本文辞深浅高下之率，以和、汉字多少为差。……维新以后，译书充牣，新报坌涌，一用和文。故其国工业商务兵制，愈研愈精，泰西诸国，犹睊睊然投之，以区区数小岛之民，皆有雄视全球之志。则日本用白话之效。

同斯言之，愚天下之具，莫文言若；智天下之具，莫白话若。……吾今为一言以蔽之曰：文言兴而后实学废，白话行而后实学兴；实学不兴，是谓无民。

此文可说是19世纪末20世纪初白话文运动最响亮的一个宣言。在此文中，裘氏将中国文化、文明之所以落后的原因，全都记在了文言的账上；同时，也对白话的效果寄予了莫大的希望。他的这些话，由已经运用了白话将近一个世纪的我们来看，真不禁感慨系之。今天许多古籍已被翻译成白话，而求其“不损其美”者盖寡矣；使用白话的我们，也并没有像裘廷梁想象的那样，“博及群书，夫人而能”，更未能“通知中外古今及环球各种学问之崖略”，至于因为白话而“脑力愈浚愈灵”之“灵异之才”，也并没有“迭出”。将一种文明在一定历史阶段的落后归罪于此种文明所属的文化尤其是其语言，这实在是一种想当然的做法！

值得我们注意的是：其一，裘氏所谓“白话为维新之本”，主要不是从审美角度，而是从“觉民智”的角度来立言的。也就是说，这是在回答那个时代的一个中心问题：什么样的语言形式才能更好地发挥文学作品对于社会现实的作用。其二，裘氏主张崇白话废文言，除了“兴实学”、“智天下”的目的之外，还意在夺“文人所恃”，使其“人人气沮”，而“少弃才”、“便贫民”。这种观点，从审美情趣的角度而言，实际上就是认为文人所作，不过是“效颦以为工，学步以为巧，调朱傅粉以为妍”，并非“真美”。那么“真美”是什么呢？裘氏的看法显然是，只有那种运用白话、符合大众口味的文学作品，才能算得上是“真美”。从这个角度来说，裘氏此文可以说是对于传统的贵族式审美趣味的反叛，是要求世俗化审美趣味居于主流的一个宣言。

裘氏此文，既是对当时中国文论之中心问题的提出，也是对这个问题的回答，同时又是对已经成为历史必然的世俗化审美趣味的大力推崇。所以此文一出，立刻引起了巨大的社会反响，逐渐形成了一场规模巨大的白话文运动，白话报刊和白话书籍大量出版，用白话进行政治宣传和教育蔚然成风。

至“五四”前后，鲁迅、胡适、郭沫若等作家的文学创作实绩，终于使白话文运动取得了真正的胜利，从而使中国文学乃至整个中国文化，进入了以白话为主流语言的历史阶段。相应地，中国文论也正式踏进了以世俗化的审美情趣为主流的新的历史阶段。这完全是一页新的历史篇章，完全是一个新的文学天地。

与语言革新同步，文学创作的体裁也开始了一个重新升降沉浮的历程。自19世纪下半叶以来，中国文论家们发现，小说与戏剧，乃是最能发挥文学社会作用的两种新体裁。而传统的诗、文、词、曲，则渐渐地退居幕后。

是的，就中国文学而言，19世纪下半叶以来，正是这样一个文学体裁重新分配话语权力的时代——谁对当时的社会最能发挥作用，谁就获得了在历史舞台上扮演主角的权力。在这个历史潮流中，小说与戏剧以及20世纪初开始兴盛的白话新诗，浮上了水画，掀起了大波大浪，将最多的人、最多的目光吸引了过去；而传统的诗、文、词、曲，两千年来曾经是那样辉煌，那样引人注目，现在却是“门前冷落鞍马稀”了。在这个过程中，中国文论家们代表历史，根据时代的需要，对所有这些文学体裁，行使赋予权力或剥夺权力的职责。——或者更准确地说，在重新分配话语权力时，任何一种文学体裁，只要不被文论家们赋予权力，也就失去了权力，就在无人注意的冷清状况下，自动地游离于文学历史之外。正如著名作家米兰·昆德拉所说的那样：

它并不消失，它掉到了它的历史之外。因而它的死发生得很平静，不被察觉，也不使任何人有丑闻的感觉。①

19世纪末20世纪初，戏剧改良运动出现了高潮。所有要求戏剧改良的人，几乎无一例外地认为，传统戏曲如不进行必要的改革，势必不能适应新的政治形势的迫切需要。他们的文章，都突出地重视戏曲的社会作用，明确地主张把戏曲纳入为维新变法运动的政治和思想斗争服务的轨道，具有浓厚的政治色彩。1897年严复和夏曾佑的《国闻报馆附印说部缘起》一文，吹响了戏曲改革的号角。此后，梁启超、康有为等相继而起，竭力鼓吹运用戏曲向广大人民群众进行一次广泛的资产阶级启蒙思想教育。1904年，陈去病与汪笑侬等人创办了《二十世纪大舞台》杂志，这是我国第一个戏曲专门刊物。柳亚子在《发刊词》中这样说：

世固有一事不问，一书不读，而鞭丝帽影，日夕驰逐于歌衫舞袖之场，以为祖国之俱乐部者，事虽民族之污点，而利用之机，抑未始不在此。又见夫豆棚柘社间矣，春秋报赛，演剧媚神，此本不可为善良之风俗，然而父老杂坐，乡里剧谈，某也贤，某也不肖，一一如数家珍；秋风五丈，悲蜀相之陨星，十二金牌，痛岳王之流血：其感化何一不受之优伶社会哉？世有持运动、鼓吹风潮之大方针者乎，盍一留意于是！

西风残照，汉家之陵阙已非；东海扬尘，唐代之冠裳莫问。黄帝子孙受建虏之荼毒久矣！中原士庶愦愦于腥膻异族者，何地蔑有？徒以民族大义，不能普及，亡国之仇，迁延未复。今所组

① 米兰·昆德拉：《小说的艺术》，孟湄译，三联书店1995年版，第14页。

织，实于全国社会思想之根据地，崛起异军，拔赵帜而树汉帜。他日民智大开，河山还我，建独立之阁，撞自由之钟，以演光复旧物、推倒虏胡之壮剧快剧，则中国万岁！《二十世纪大舞台》万岁！

此文比较典型地反映了当时资产阶级民主革命派对戏剧的看法和要求。文章完全是从戏曲的社会作用出发，要求重视戏剧，利用戏剧来宣传革命思想，激发爱国精神，最终推翻清政府的统治。在这里，戏剧已不仅仅是文学，它更是一种政治斗争的工具，教育民众的工具，改天换地的工具。

在《二十世纪大舞台》第一期上，刊发了许多专论戏剧的文章。其中陈去病的《论戏剧之有益》一文最为代表。其言曰：

我青年之同胞，赤手掣鲸，空拳射虎，事终不成，而热血徒冷。则曷不如一决藩篱，遁而隶诸梨园菊部之籍，得日与优孟……之俦为伍，上之则为王郎悲歌斫地，次之则继柳敬亭之评话惊人世间，要反足以发抒其民族主义，而一吐胸中之块垒；此其奏效之捷，必有过于劳心憔思，孜孜矻矻以作《革命军》、《驳康书》、《黄帝魂》、《落花梦》、《自由血》者殆千万倍。彼也囚首而丧面，此则慷慨而激昂；彼也间接于通人，此则普及于社会……此其情状，其气概，脱较诸合众国民在北米利坚费城府中独立厅上高撞自由之钟，而宣告独立之檄文，夫复何所逊让？

惟兹梨园子弟，犹存汉官威仪；而其间所谱演之节目，之事迹，又无一非吾民族千数百年前之确实历史，又往往及于夷狄外患，以描写其征讨之苦，侵凌之暴，与夫国家覆亡之惨，人民流离之悲；其词俚，其情真，其晓譬而讽谕焉，亦滑稽流走，而无有所凝滞。举凡士庶工商，下逮妇孺不识字之众，苟一窥睹乎其情状，接触乎其笑啼哀乐，离合悲欢，则鲜不情为之动，心为之移，悠然油然，以发其感慨悲愤之思而不自知；以故口不读信史，而是非了然于心，目未睹传记，而贤奸判然自别；通古今之事变，明夷夏之大防，睹故国之冠裳，触种族之观念；则捷矣哉，同化力之入之易而出之神也，由演染然，其色立变，可不异夫！

陈氏此文，同样着意于戏剧之作用，同样着意于文学如何更好地为政治斗争服务。此文对于戏剧特征的种种分析，无非是为了说明一个道理：戏剧对于现实社会有着无比重要的作用；欲求中国之强大，必兴戏剧。

19世纪下半叶以来，对于小说的重视更是为中国文论史上所空前仅有者。尤其是19世纪末20世纪初，更出现了许多有关小说理论问题的专论，如严复、夏曾佑的《国闻报馆附印说部缘起》、梁启超的《小说与群治之关系》、夏曾佑的《小说原理》、狄平子的《论文学上小说之位置》、王钟麒的《中国历代小说史论》、王国维的《红楼梦评论》、徐念慈的《余之小说观》、管达如的《说小说》、吕思勉的《小说丛话》，等等。

所有这些小说理论与批评，不管其具体观点有何不同，有一个理论问题却是共同关注的，这就是小说对于社会的作用问题。这是当时阐述最多、影响最大的一个问题。1897年，《国闻报馆附印说部缘起》就将小说、戏剧与国家的兴盛、民族的进步联系起来，认为“夫说部之兴，其入人之深，行世之远，几几于经史上。而天下之人心风俗，遂不免为说部之所持”，“且闻欧、美、东瀛，其开化之时，往往得小说之助”。次年，梁启超《译印政治小说序》进一步肯定小说之作用：“在昔欧洲各国变革之始，其魁儒硕学，仁人志士，往往以其身之所历，及胸中所怀，政治之议论，一寄之于小说……往往每一书出，而全国之议论为之一变。彼美、英、德、法、奥、意、日本各国政界之日进，则政治小说为功最高焉。英名士某君曰：‘小说为国民之魂。’岂不然哉，岂不然哉！”在各种文学体裁中，小说的社会作用似乎已是至高无上了。

1902年11月，梁启超在日本横滨主持出版了《新小说》杂志。这是我国近代第一种新型的小说刊物。就在《新小说》创刊号上，梁启超发表了那篇著名的《小说与群治之关系》。他在此文中说：

欲新一国之民，不可不先新一国之小说。故欲新道德，必新小说；欲新宗教，必新小说；欲新政治，必新小说；欲新风俗，必新小说；欲新学艺，必新小说；乃至欲新人心，欲新人格，必新小说。何以故，小说有不可思议之力支配人道故。

凡人之性，常非能以现境界而自满足者也。而此蠢蠢躯壳，其所能触能受之境界，又顽狭短局而至有限也。故常欲于其直接以触以受之外，而间接有所触有所受，所谓身外之身，世界外之世界也。……小说者，常导人游于他境界，而变换其常触常受之空气者也。此其一。人之恒情，于其所怀抱之想象，所经阅之境界，往往有行之不知，习矣不察者……常若知其然而不知其所以然。欲摹写其情状，而心不能自喻，口不能自宣，笔不能自传。有人焉，和盘托出，彻底而发露之，则拍案叫绝曰："善哉善哉，如是如是。"所谓"夫子言之，于我心有戚戚焉"。感人之深，莫此为甚。此其二。此二者，实文章之真谛，笔舌之能事。……而诸文中能极其妙而神其技者，莫小说若。故曰，小说为文学之最上乘也。

抑小说之支配人道也，复有四种力。一曰熏。熏也者，如入云烟中而为其所烘，如近墨朱处而为其所染。……而小说则巍巍正具此威德以操众生者也。二曰浸。熏以空间言，故其力之大小，存其界之广狭；浸以时间言，故其力之大小，存其界之长短。浸也者，入而与之俱化者也。……三曰刺。刺也者，刺激之义也。熏浸之力利用渐，刺之力利用顿。熏浸之力，在使感受者不觉，刺之力，在使感受者骤觉。刺也者，能入于一刹那顷，忽起异感而不能自制者也。……此力之为用也，文字不如语言……在文字中，则文言不如其俗语，庄论不如其寓言。故具此力最大者，非小说末由。四曰提。前三者之力，自外而灌之使入；提之力，自内而脱之使出，实佛法之最上乘也。凡读小说者，心常若自化其身焉，入于书中，而为其书主人翁。……度世之不二法门，岂有过此？……有此四力，而用之于善，则可以福亿兆人；有此四力而用之于恶，则可以毒万千载。而此四力所最易寄者，惟小说。可爱哉小说，可畏哉小说！

知此义，则吾中国群治腐败之总根源，可以识矣。吾中国人状元宰相之思想何自来乎？小说也。吾中国人佳人才子之思想何自来乎？小说也。吾中国人江湖盗贼之思想何自来乎？小说也。吾中国人妖巫狐鬼之思想何自来乎？小说也。……凡此诸思想，必居一于是，莫或使之，若或使之，盖百数十种小说之力直接间接以毒人，如此其甚也。

故今日欲改良群治，必自小说界革命始；欲新民，必自新小说始。

这是一篇具有历史性意义的小说理论文章，它的出现，立即在整个文坛上发生了巨大的影响，从而迅速地形成了一个声势浩大的小说革新运动。它明确指出："小说为文学之最上乘。"这与19世纪以前视小说为小道，已有很大的区别！假如说19世纪前的中国文学是诗的时代，那么，从20世纪起，中国文学便正式进入了小说的时代。梁氏在此文中，又以富于鼓动性的语言，分析了小说何以最受读者喜爱，分析了小说对人发生影响的四种方式，分析了小说对于整个社会至关重要的影响，从而认为当时中国之所以群治腐败，全在于小说之故。因此，"欲新一国之民，不可不先新一国之小说"，"今日欲改良群治，必自小说界革命始"。这里明确提出"小说界革命"的口号。这个口号包含了这样两层意思在内：其一，小说乃是最能对社会现实发生作用的文学体裁，小说之善否，乃是一国群治好坏之总根源；其二，小说界革命或者说文学革命，实际上也就是社会革命、政治革命的一部分，甚至可以说是其中最为重要的部分。

从梁启超的这篇文章中，我们再一次非常清楚地看到，19世纪末叶以来的中国文论，完全是从文学的社会功用这个角度来看待文学的。什么样的文学体裁对现实社会最有实际价值，它就是最好的，就是人们最为关注、最津津乐道的，它也就是最具有话语权力的文学体裁。小说之所以被认为是“文学之最上乘”，正在于它是一国群治好坏之总根源。哪怕是对于艺术特征的分析，也是站在文学的社会功用这个角度来看的。

在当时，学者们或认为小说最能救世，或认为戏剧才能救国，各种说法不同，甚至相左，但它们之间并没有矛盾，因为实际上都不是纯粹的理论探讨——从理论意义上来讲，各种文学体裁之间并没有高下优劣之分。只是从具体的历史时代、具体的时代需求来看，不同的时代才钟情于不同的文体。在这个层面上，以上所有相同或相反的说法，本质上都是一回事，都是为了强调文学的社会功用，都是为了在文学领域寻求改革社会、开发民智、激励民心从而使中国强大起来的手段。就在这一过程中，小说、戏剧终于取代了统治文坛几千年的诗、文、词、曲等传统体裁而成为了人们最为关注最为喜爱的体裁，它们获得了居于主流的话语权力。

其实，在小说、戏剧成为时尚的话题之前或之后，传统的文体如诗、词、文等，也在试图寻找新的历史出路。比如，在散文领域中，有梅曾亮、方东树、曾国藩等人对桐城派理论的修正；在词学领域，有谭献、陈廷焯、冯煦等对常州词派理论的发展，有王国维的《人间词话》融会中西而自成一家；而在诗歌领域，则有黄遵宪、梁启超等人的“诗界革命”。但是，由于这些文体的容量有限，其社会作用不能与小说戏剧相比拟，因而终于没有能够在话语权力的分配过程中占据主要地位。

总之，通过以上分析可以看出，中国现代文论实际上是与政治、与社会现实关系极为密切的文论。在这里，文学的社会功用，不仅成为文论家们的关注中心，而且也是主宰各种文体沉浮升降的历史天平。在这个天平上，作为语体形式的白话和作为文体形式的小说、戏剧，分量最重，也最引人注目，最受人喜爱，因为它们对社会现实最能发挥作用；相反，昔日曾长期霸占文坛的传统文体和典雅文言，则已经变得极轻微、极不重要了。就在这称轻量重的过程中，历史的天平从这边倾向了那边，而审美趣味的完全世俗化、平民化也就在这历史天平慢慢倾斜的过程中宣告完成。

第三节 学术视野的开拓与阐释语境的置换

传统的中国文论并不是固步自封的，它总是尽可能地吸收一切外来文化成果。自印度佛学传入中土以后，特别是中国禅宗形成以来，中国文论也渐渐地开始以佛学概念与术语论诗论文。宋代以来，“以禅论诗”更是中国文论中的一个重要内容。中国传统文论在佛禅的激发下，发展出许多新的观点，产生了许多新的理论，这已是众所周知、不待多言的。不过，在19世纪以前，由于客观条件的限制，中国文论对于外来文化特别是文学的了解，毕竟是十分有限的。

自从鸦片战争以后，尤其是19世纪末叶以来，由于西方文化的迅速涌入，中国文论家们开始了解整个世界，了解包括文论在内的东西方学术。此种了解，在客观上，是由于大批知识分子在国内或国外有机会接触欧美或日本的文化；而在主观上，则是为了借鉴外来文化成果以使中国文化繁荣发达，改变其落后而被动挨打的局面。

因此，自19世纪下半叶以来，中国文论的学术视野被空前地拓展了。从那时起，在中国文论家们的视野内，不仅有中国文化与文学，而且有整个东西方文化与文学。当时，大量的外国著作被介绍或翻译了过来，使不能出国的中国知识分子也能知道许多关于外国文化的知识。其中最有影响的，是严复与林纾这两位福建人的翻译作品。严复是福州船政学堂第一届毕业生，曾留学英国格林尼次海军大学。他反对顽固保守，提倡新学，主张向西方学习，培养民智、民力、民德。因此在戊戌变法前后，他翻译了赫胥黎的《天演论》、亚当·斯密的《原富论》、约翰穆勒的《群己权界论》与《穆勒名学》、孟德斯鸠的《法意》、斯宾塞尔的《群学肆言》、瓯克斯的《社会通诠》和耶芳斯的《名学浅说》等西欧哲学、社会科学名著，系统地介绍和传播西方文化，成为当时中国的杰出翻译家与启蒙思想家。与严复同时的林纾，虽然没有出过国，但他凭着对于文学的慧心与敏感，依靠他人对原著的口述，用一种极为典雅的文言，翻译了许多欧美小说。据不完全统计，他所翻译的作品共有184部（包括几种非小说著作），遍及英国、美国、法国、俄国、瑞士、西班牙、比利时、挪威、希腊、日本等国，介绍了不少著名作家，如英国的莎士比亚、司各特、菲尔丁、狄更斯，法国的大仲马、小仲马、雨果，俄国的托尔斯泰，挪威的易卜生，日本的德富健次郎等。其中较为完美的就有40余部，而尤以1899年翻译的《巴黎茶花女佚事》和1901年翻译的《黑奴吁天录》影响最大。① 这些翻译作品，在当时产生了巨大的社会影响。著名学者钱钟书先生事后回忆说：

> 我自己就是读了林译而增加学习外国语文的兴趣的。商务印书馆发行的那两小箱《林译小说丛书》是我十一二岁时的大发现，带领我进了一个新天地，一个在《水浒》、《西游记》、《聊斋志异》以外另辟的世界。……接触了林译，我才知道西洋小说会那么迷人。我把林译哈葛德、迭更司、欧文、司各德、斯威佛特的作品反复不厌地阅读。假如我当时学习英语有什么自己意识到的动机，其中之一就是有一天能够痛痛快快地读遍哈葛德以及旁人的探险小说。
>
> 我这一次发现自己宁可读林纾的译文，不乐意读哈葛德的原文。②

钱先生的这段话，说明林纾的翻译作品在当时有着多么大的影响！

随着外国名著介绍与翻译的增多，随着中国知识分子在国内或国外对外国文化的接触与认识，中国文论的学术视野也被最大限度地拓宽了。随便举个例，就看鲁迅1907年撰写的那篇《摩罗诗力说》吧。在这篇文章中，鲁迅一口气举出了五六十个外国人名：尼采、迦梨陀娑、歌德、耶利米、卡莱尔、但丁、果戈理、莎士比亚、拜伦、

① 王运熙、顾易生主编：《中国文学批评史》下册，上海古籍出版社1985年版，第689页。

② 钱钟书：《林纾的翻译》，《钱钟书论学文选》第6册，花城出版社1990年版，第109页，第128页。

裴多菲、柏拉图、拿破仑、普鲁士国王威廉三世、台陀开纳、道覃、约翰弥勒、阿诺德、荷马、司各德、苏赛、雪莱、弥尔顿、穆尔、歌德的私人秘书爱克曼、英国国王亨利第二、英国海军上将约翰、华盛顿、易卜生、马志尼、意大利首相加富尔、彭斯、济慈、英国哲学家戈德文、奥古斯丁、斯宾塞、培根、普希金、莱蒙托夫、勃兰兑斯、丹特士、佩平、来尔孟斯、叔本华、波覃勗迭、密茨凯维奇、斯洛伐茨基、克拉旬斯奇、马基雅维里、沙皇伊凡雷帝、沙皇尼古拉一世、魏勒斯马提、奥洛尼、波兰将军贝姆、匈牙利人科苏特、洛克、科罗连柯等。在这份名单中，有著名的思想家、文学家，也有卓越的政治家。从中我们可以看出，鲁迅的学术视野是非常开阔的，几乎遍及欧美各国。鲁迅撰写此文时正在日本，他显然与当时许多知识分子一样，是通过在日本学习的机会而接触并认识西方文化的。这里举出的鲁迅只是一个很普通的例子，当时许多文论家们都像鲁迅这样——甚至还要超过——熟悉世界学术，具有广阔的学术视野。可以说，19世纪末尤其是20世纪以来的中国文论的学术视野，确实是空前地开阔了。就学术视野的开阔而言，前此的中国文论根本就不可与之同日而论。从20世纪开始，中国文论实际上是面对整个世界的文学现象的。

学术视野的开阔，必然导致中国文论内在学理的发展。此种发展，可以具有三种可能性：一是“同化”（assimilation），使外来文化变为己有。二是“激发”（stimulation），因外来文化的某些特殊之处或强项，而回过头来重新审视自身的文化传统，从而开启并弘扬自身文化传统中固有但在此前未得到充分注意和全面发展的可能性。三是“顺化”（subordination），让自己成为外来理论的俘虏。20世纪以前的中国学术对于外来文化一般首先采取“同化”的态度，认为外来的理论，古人早已言之。譬如对西方的进化论思想，中国学者往往认为它不过就是《庄子·至乐》所谓“程生马，马生人，人又反入于机。万物皆出于机，皆入于机”。高亨先生还怀疑“马”乃是“为”字形近之误，而《说文》云：“为，母猴也。”这与达尔文的说法就更接近了。如果“同化”不能奏效，中国学者就采取“激发”的方式，发展自己已有的可能性，来与外来文化相抗衡。比如宋明理学家，就是通过重新阐释儒家经典四书五经，来发展自己的思辨思维与心性论，以与佛学在这两个方面的优势相抗衡的。①

随着学术视野的开阔，19世纪下半叶以来的中国文论对于外来文化，实际上就是逐渐从“同化”与“激发”走向了“顺化”。

在20世纪以前的中国文论，对于外来的东西，一般都还只将它们作为自己立论的材料或佐证。这就是一种“同化”态度。比如梁启超在建构他的小说理论时，往往总结中西小说的历史经验，运用许多西方文化中的理论观点、概念和术语。如上引《译政治小说序》，所谓西方思想家“往往每一书出，而全国议论为之一变”，“彼美、英、德、法、奥、意、日本各国政界之日进，则政治小说为功最高焉”，“英名士某君曰：‘小说为国民之魂。’岂不然哉，岂不然哉”等等，都是为了说明自己的观点，并没有根据外来的理论来分析中国文学理论问题。又如严复、夏曾佑的《国闻报馆附印说部缘起》，虽然花了很大的篇幅引述西方学术，甚至还简略地勾勒了西方学术发展史，但也同样是为了说明自己的观点，而不是将中国的文学现象与学术思想作为证明外国理论的材料与注脚。

比“同化”更高一筹的是“激发”。“激发”实际上是一种极高明的接受外来文化的方式，它要求对于自身文化传统及外来文化都有较为深透的了解。中国现代文论对于小说与戏剧两种文学体裁的突出强调，事实上就带有“激发”的意味。也就是说，由于意识到小说、戏剧在欧美及日本诸国对于现实发挥了重要作用，所以中国文论家也希望中国文学中这两种本有但未充分发展的文学体裁能够有更进一步的发展或改良，从而对中国社会产生更好的、更重要的影响。不过，就理论创造性而言，现代文论中“激发”式地接受外来文化从而发展中国文论，运用这种学术路数最为突出的代表当推王国维与钱钟书。

---

① 李清良：《激发法与中国比较文学研究》，《中国文学研究》1999年第3期。

王国维的《人间词话》，就是“激发”式地接受外来文化的优秀成果。王国维是清末秀才，又曾留学日本，既对中国传统文化有着十分精深的研究，在古代史学、文字学、文学方面作出了非常突出的成绩，又曾钻研西方哲学及美学，对德国著名哲学家康德、叔本华、尼采等人的学说领悟颇深。1908年至1909年间，《人间词话》发表于《国粹学报》，其理论核心就是所谓“境界说”。此书开宗明义即说：“词以境界为上。有境界则自成高格，自有名句。五代、北宋之词所以独绝者在此。”王氏自诩“境界说”为其独创，胜过严羽的“兴趣说”和王士禛的“神韵说”，认为“沧浪所谓‘兴趣’，阮亭所谓‘神韵’，犹不过道其面目，不若鄙人拈出‘境界’二字，为探其本也”。在此基础上，他进一步提出并分析了“隔”与“不隔”、“有我之境”与“无我之境”、写境与造境、“入乎其内”与“出乎其外”、“天才”与“修养”、“诙谐”与“严重”等理论问题。由此可以看出，《人间词话》虽为论词而作，其实旁通众艺，不限于词，可以看做王氏的文论思想或美学思想。许多学者已经指出，王国维的这些理论，既是对于中国文论传统的发展，又是吸收了西方哲学、美学观念的结果。是的，这部《人间词话》在形式上采用的是中国文论传统的词话形式。在理论上，无论是“境界说”，还是情与景、有我与无我、隔与不隔等别的观点，都是中国文论的传统术语与旧话题；在阐释方面，也主要是以中国文学与文论为其主要的意义生成背景。但另一方面，此书无疑又给中国文论传统增添了许多新的内容，并将一些没有说清的问题说清楚了，这正是王国维接受外来文化的结果。因而，《人间词话》既受外来文化之影响，又不失中国文论之本来面目，既遵循中国文论一贯精神，又能开拓出新天地。在此书中，王国维并没有直接运用外来理论，更没有用中国的文学现象来论证外国理论，而是将外来理论融化为一种敏锐的学术感觉、开阔的学术视野，将外来理论的关注中心转化为中国文论的关注中心，并将这一切像盐或糖溶于水一样融入中国文论之中，但知其味，不见其迹。这就是“激发”式地接受外来文化。

钱钟书先生学贯中西，这已是近年来口滑耳熟的一句套话了。他于 1948 年出版的《谈艺录》引证外文书籍之繁富，令人叹为观止，因而此书可以代表中国现代文论学术视野之开阔所能到达的最高程度。其序曰：

> 《谈艺录》一卷，虽赏析之作，而实忧患之书也。始属稿湘西，甫就其半。养疴近沪，行箧以随。人事丛脞，未遑附益。既而海水群飞，淞滨鱼烂。予侍亲率眷，兵罅偷生。如危幕之燕巢，同枯槐之蚁聚。忧天将压，避地无之，虽欲出门西向笑而不敢也。销愁抒愤，述往思来。托无能之词，遣有涯之日。以匡鼎之说诗解颐，为赵岐之乱思系志。……凡所考论，颇采“二西”之书，以供三隅之反。盖取资异国，岂徒色乐器用；流布四方，可征气泽芳臭。故李斯上书，有逐客之谏；郑君序谱，曰“旁行以观”。东海西海，心理攸同；南学北学，道术未裂。虽宣尼书不过拔提河，每同《七音略序》所慨；而西来意即名“东土法”，堪譬《借根方说》之言。非作调人，稍通骑驿……

这一段优美典雅的文言，道出了《谈艺录》的写作动机，其文虽为论文谈艺，其意却与当时所有的爱国之士同样是感时忧世，是在中国民族面临外族侵略之际，阐释并弘扬中国文化与文学传统，述往思来，以待贞下起元，是为中国文化存亡续绝，是为往圣继绝学。显然，这是一种体现着强烈爱国主义精神的学术研究。这与整个时代注重文学与学术对现实社会的作用是同一旨趣的。概而言之，钱氏一生之学术研究，其学术视野乃是整个人类文化，兼该古今中外；其学理基础是坚持人类文化在国别民族之异背后的深层一致性，即所谓“东海西海，心理攸同；南学北学，道术未裂”；其学术立场是阐释并弘扬中华文化特别是中国文学传统中可与世界学术对话的精妙之处；其基本方法则是利用外国学术来发明中国学术中之固有而未注意与说破者，即所谓“颇采‘二西’之书，以供三隅之反”。在此种学术视野、学理基础与学术立场之下的学术方法，正是我们所谓的“激发法”。易言之，钱氏实际上就是通过外来文化的激发来获得新的眼光与胸怀，获得新的学术关注点。对于此种“激发”式的学术方法，解放后钱氏曾有非常明确的提示。他在那篇著名的文章《读〈拉奥孔〉》中就说：

> 狄德罗的理论使我们回过头来，对中国这句老话（即“先学无情后学戏”——引者注）刮目相看，认识到它的深厚的意蕴；同时，这句中国老话也仿佛在十万八千里外给狄德罗以声援，我们因而认识到他那理论不是一个洋人的偏见和诡辩。这种回过头来另眼相看，正是黑格尔一再讲的认识过程的重要转折点：对习惯事物增进了理解，由“识”（bekannt）转而为“知”(erkannt)，从旧相识进而成为真相知。
>
> 《拉奥孔》里的分析使我们回过头来，对徐凝这首绝句（指《观钓台画图》‘画人心到啼猿破，欲作三声出树难’云云——引者注）和沈括那条笔记（指《梦溪笔谈》卷一七所谓‘凡画奏乐，止能画一声’云云——引者注）刮目相看。一向徐凝只以《庐山瀑布》诗传名，不知道将来中国美学史家是否会带上他一笔。①

这些话表明，钱钟书的学术方法，就是所谓在西方学术的激发下，获得新的眼光与关注点，从而“回过头来另眼相看”，发现中国文化特别是文学传统中固有但未得到充分注意与阐释的东西的深厚意蕴，使我们对于中国文化传统中许多东西“从旧相识进而成为真相知”。可以说，整部《谈艺录》，乃至钱钟书整个一生的学术研究，所运用的学术方法就是此种“回过头来另眼相看”的“激发法”。

然而，能够在广阔的学术视野下，对中外学术融会贯通，从而“激发”出自身文化传统的新火花，显然并非易事。只有那些深爱且深知本土文化而又不盲目拒斥外来文化的学术大家们，才能做到这一

---

① 钱钟书：《读〈拉奥孔〉》，《钱钟书论学文选》第6册，花城出版社1990年版，第63～65页。

点。而那些或沉溺外来之新，或固守本土之旧者，则只能各执一偏，株守一隅，当然与“激发”无缘。

中国现代文论的发展历史，正表明了这一点。从20世纪初以来的中国文论，能够在广阔的学术视野下有所“激发”的，并不多见。常见的倒是渐渐地以西方理论来分析中国文学，来建构文论体系。这也就是我们所谓的“顺化”——是一种对于外来文化、外来理论的驯服与顺从，是一种没有自己的东西因而只能随人转移、承人唾余的学术路数。这种学术路数大致出现在20世纪初，并在“五四”后逐渐成为中国文论的主流。

譬如在撰作《人间词话》之前的王国维，走的就是“顺化”这个路数。他在1904年6月至8月连载于《教育世界》的《红楼梦评论》，就是一篇运用西方哲理来分析中国小说的代表之作。此文共分五章，第一章《人生及美术之概观》并没有直接评论《红楼梦》，而是详细地阐述了他关于人生和艺术的基本观点，以此来作为评论小说的依据和出发点。他说：

> 生活之本质何？欲而已矣。欲之为性无厌，而其原生于不足。不足之状态，苦痛是也。既偿一欲，则此欲以终。然欲之被偿者一，而不偿者什百，一欲既终，他欲随之，故究竟之慰藉，终不可得也。即使吾人之欲悉偿，而更无所欲之对象，倦厌之情即起而乘之，于是吾人自己之生活，若负之而不胜其重。……然则人生之所欲既无以逾乎于生活，而生活之性质又不外乎苦痛，故欲与生活与苦痛，三者一而已矣。
>
> 吾人理论与实际之二方面，皆此生活之欲之结果也。
>
> 兹有一物焉，使吾人超然于利害之外而忘物与我之关系，此时也，吾人之心无希望，无恐怖，非复欲之我，而但知之我也。……然物之能使吾人超然于利害之外者，必其物之于吾人无利害之关系而后可。易方以明之，必其物非实物而后可。然则非美术何足以当之。……而艺术之美所以优于自然之美者，全存于使人易忘物我之关系也。

而美之为物有二种：一曰优美，一曰壮美。

至美术中之与二者相反者，名之曰眩惑。夫优美与壮美，皆使吾人离生活之欲而入于纯粹之知识者。若美术中而有眩惑之原质乎，则又使吾人自纯粹之知识出而复归于生活之欲。

今既述人生与美术之概略如左，吾人且持此标准以观我国之美术。

此章之主要观点全部来自于西方哲学。所谓生活的本质是“欲望”，人生就是生活、欲望、痛苦三者的结合，只有艺术才最能减轻人生痛苦，这些显然是叔本华《作为意志与表象的世界》一书中的基本观点。而将美分为优美与壮美，认为艺术之美胜过自然之美，这又是自康德、黑格尔以来西方美学的基本看法。王国维的《红楼梦评论》就是试图以此种西方哲学美学理论作为“标准”，来解析中国最著名的小说《红楼梦》。在其《静庵文集·自序》中，王国维明确地说，他“读叔本华之书而大好之，自癸卯（1903 年）之夏以至甲辰（1904 年）之冬，皆与叔本华之书为伴侣之时代也”，而所作《红楼梦评论》则“全在叔氏之立脚地”。由于是以西方哲学美学理论来套中国小说，所以他在第二章《红楼梦之精神》中认为，这部小说的根本精神就在于“以生活为炉，苦痛为炭，而铸其解脱之鼎”。又说：“所谓玉者，不过生活之欲之代表而已矣”，“此书之精神，大背于吾国人之性质”。他在第三章《红楼梦之美学上之价值》与第四章《红楼梦之伦理学上之价值》中进一步认为，这部小说乃是“悲剧中之悲剧”，“与一切喜剧相反，彻头彻尾之悲剧也”，并且是“真解脱”。“其美学上之价值即存乎此”，而其伦理学上之价值则是“以解脱为理想”，这又是与叔本华的“最高理想”一致的。第五章《余论》，主要根据叔本华将美作为意志的客观化、是“先天中所已知者”的观点，认为“美术之源，出于先天”，而“经验以为之辅助”，并以此为理论基础，批评前人以“考据之眼”读《红楼梦》的不良风气。

因此，尽管《红楼梦评论》在当时影响极大，尽管王国维提倡从美学的角度而不是考证的角度来读小说，这在当时极富开创性，也尽管他后来撰写《人间词话》时已经不再是这样的学术路数，但不容否认，王国维的《红楼梦评论》，确实正如刘烜先生所指出的那样，是“套用叔本华哲学，或者说将《红楼梦》作为一个例证去证明叔本华的哲学，演绎叔本华哲学”①。为此，在具体分析中，王国维不惜附会牵强，违背作品的实际情况。比如，在第二章《红楼梦之精神》中，“生活之欲”的“欲”，当然是叔本华哲学中的一个重要概念，但它在德语中显然并不读作“欲”。王国维将它译成汉语后，“欲”的读音与主人公贾宝玉的“玉”正好同音。为了凑合到叔本华的理论上去，王国维就简单地说，玉者欲也。于是贾宝玉与“生活之欲”联系了起来。其实，这部小说中名字中带玉的还有不少，如黛玉、妙玉、红玉等等，为什么这几个玉字不代表生活之欲呢？再说，汉语中带玉字的词语也很多，“如花似玉”、“洁白如玉”等等，如都将玉与欲相等，就根本无法解释。又如关于宝玉出家，书中本有暗示，但王国维在《红楼梦评论》第二章中却这样认为：“所以未能者，则以黛玉尚在耳。至黛玉死而其志渐决。然尚屡失于宝钗，几败于五儿，屡蹶屡振，其解脱之行程，精进之历史，明了精切何如哉！”本来是黛玉死了，宝玉才想出家，但王国维却倒过来说，正是黛玉活着，妨碍宝玉出家，显然是将因果倒置。此种违反作品实际的分析，在《红楼梦评论》中并不少见。而其所以不顾事实，全是为了附会叔本华的理论。这就是我们所谓的“顺化”。

应该说，在不顾固有文学事实以迁就外来理论，以及将中国文学现象作为外来理论的例证与注脚材料这方面，王国维的《红楼梦评论》也带有开创意义。因为从此以后，尽管王国维本人不再如此，而走向高明的“激发”式道路，但《红楼梦评论》的这种学术路数，却像星火燎原一样，迅速在中国文学研究领域蔓延开来，并逐渐成为占主流的学术方法。

比如1907年徐念慈发表于《小说林》的《小说林缘起》一文，

① 刘烜：《用现代科学方法研究中国文学的奠基人王国维》，载王瑶主编《中国文学研究现代化进程》，北京大学出版社1996年版，第69页。

就是运用黑格尔的理论来分析中国小说的。其言曰：

则所谓小说者，殆合理想美学、感情美学而居其上乘者乎？试以美学最发达之德意志征之，黑搿尔氏（Hegel，1770～1831）于美学，持绝对观念论者也。其言曰：'艺术之圆满者，其第一义，为醇化于自然。'简言之，既满足于吾人之美的个体户，而使无遗憾也。曲本中之团圆（《白兔记》、《荆钗记》）、封诰（《杀狗记》）、荣归（《千金记》）、巧合（《紫箫记》）等目，触目皆是。若演义中之《野叟曝言》，其卷末之踌躇满志者，且不下数万言。要之不外使圆满而合于理性之自然也。其征一。又曰：'事物现个性者，愈愈丰富，理想之发现亦愈愈圆满，故美之究竟在具象理想，不在于抽象理想。'西国小说，多述一人一事；中国小说，多述数人数事……然所谓美之究竟，与小说固合也。其征二。邱希孟氏（Kirchmann，1802～1884），感情美学之代表者也，其言美之快感，谓对于实体之形象而起。试观吴用之智（《水浒》），铁丐之真（《野叟曝言》），数奇若韦痰珠（《花月痕》），弄权若曹阿瞒（《三国志》），冤狱若风波亭（《岳传》）……足令人快乐，令人轻蔑，令人苦痛尊敬，种种感情，莫不对于小说而得之。其征三。又曰：'美的概念之要素，其三为形象性。'形象者，实体之模仿也。当未开化之社会，一切神仙佛鬼怪恶魔，莫不为社会所欢迎，而受其迷惑，阿刺伯之《夜谈》，希腊之神话，《西游》、《封神》之荒诞，《聊斋》、《谐铎》之鬼狐，世乐道之，酒后茶余，闻者色变。及文化日进，而观《长生殿》、《海屋筹》之兴味，不如《茶花女》、《迦因小传》之秾郁而亲切矣。一非具形象性，一具形象性，而感情因以不同也。其征四。又曰：'美之第四特性，为理想化。'理想化者，由感兴的实体，于艺术上除去无用分子，发挥其本性之谓也。……其征五。凡此种种，为新旧社会公认，而非余一己之私言，则其鼓舞吾人之理性，感觉吾人之理性，夫复何疑！

在此文中，徐氏用以立论者即是黑格尔等人的美学理论。他认为这些是新旧社会所公认的，都是一些普遍原理，因而他用此种理论来分析中国小说。他在此文中所使用的基本概念与术语几乎都是西方的，是中国文论传统学术话语中所没有的。而此文的目的，不过是通过阐发黑格尔等人的理论来说明，“小说者，合理想美学、感情美学而居其上乘者”。

随着“新文化运动”的兴起与胜利，随着西化的呼声越来越高，这种“顺化”的学术路数，也越来越成为一种占主流的研究方法。直到三四十年代，著名美学家朱光潜先生撰写那部著名的《诗论》时，也仍然如此。朱光潜在80年代回顾说：

> 在我过去的写作中，自认为用功较多，比较有点独到见解的，还是这本《诗论》。我在这里试图用西方诗论来解释中国古典诗歌，用中国诗论来印证西方诗论。①

朱先生说得很明白，他的《诗论》其实就是利用西方文论来阐释中国文学与文论。

对于20世纪中国文论这种“顺化”的研究路数，台湾学者在70年代总结为“阐发法”。这种方法的基本特点就是，“受西方文学训练的中国学者，回头研究中国古典或近代文学时，即援用西方的理论与方法，以阐发中国文学的宝藏”②。

中国现代文论对待外国理论，从“同化”、“激发”不断走向“顺化”的过程，其实就是对于中国文化传统认同心态的变化的过程，是对中国传统学术特别是中国传统文论思想从自信、认同到自卑、背离的过程。只有自信、认同自己的文论思想，才会继承并发展它，才会将外国理论与文学现象作为自己理论建构的佐证与材料，也

---

① 朱光潜：《诗论·后记》，三联书店1984年版。

② 古添洪、陈慧桦：《比较文学之垦拓在台湾》，台湾东大图书公司1976年版，第1～2页。

就是说，才会走“同化”与“激发”的道路。相反，当对于自己的文化传统、文论思想具有一种深深的自卑时，觉得自己的学术观点与学术话语已无法解决问题时，必然就会抛弃自己原有的东西，“别求新声于异邦”，用外来的理论来审视与统摄一切，而中国固有的文化传统、文论思想及文学现象，便也反主为客，成为外来理论的材料与佐证。比如，朱光潜先生之所以要“用西方诗论来解释中国古典诗歌，用中国诗论来印证西方诗论”，原因就在于朱先生认为，“中国向来只有诗话而无诗学”，“缺乏科学的精神和方法”，“重综合而不喜分析，长于直觉而短于逻辑的思考”，而“谨严的分析与逻辑的归纳恰是治诗学者所需要的方法”。① 这样，运用西方文论来阐释中国文学与文论，也就成为不得不然之事了。朱光潜先生对于中国文论的这种判断与评价，今天看来，是颇为偏颇、不足为据的，但它却十分典型地反映了当时中国文论家们的普遍心态：他们不再认同于中国文论思想，在他们眼中，中国文论可以继承沿袭的地方已不太多，如果要解决问题的话，就必须向西方文论靠拢！这就是一种文化认同心态的变化！

本来，运用外来理论分析自己的文学现象，并无不可，有时还能够发现许多新的东西，看得更全面、更深刻、更透彻。但是，假如这种分析其出发点不是为了揭示自身文学传统的真实面目，而是为了证明外来理论的正确性，而在具体的分析过程中，不是紧扣作品的实际情况，而是为证明外来理论而歪曲事实，对我们的文学现象“削足适履”，这就完全改变了中国学术的传统面目，甚至使中国学术精神都被改变。歪曲中国固有的文学现象以迁就外来理论的现象，将中国文学作为外来理论的例证与注脚，这就是我们所谓的“顺化”。此种“顺化”实际上又是对于中国文学的阐释语境的置换。

所谓中国文学阐释语境的置换，是指将作为阐释对象的中国文学现象从其固有的意义生成背景、固有的文化语境中抽离出来，而置于外来文化理论系统或框架中。我们知道，任何一种文本的意义，都是

① 朱光潜：《诗论·抗战版序》，三联书店 1984 年版，第 1 页。

在特定的语境中产生的，因此，离开了这一特定的语境，它的意义就有可能完全不同甚至截然相反。比如，同是所谓礼教，自先秦以来，一直就认为是“先王以承天之道，以治人之情，故失之者死，得之者生”，“故圣人以礼示之，故天下国家可得而正也”（《礼记·礼运》），但到了现代，礼教的意义就变成了“杀人”二字，成为了漫长的中国封建社会统治阶级“杀人不见血”的统治工具。又如，同是陶渊明的诗，在他所处时代的文学语境中，只能入于中品，但到北宋时代的文学语境，却简直是上上品。再如《赵氏孤儿》与《好逑传》，在中国本土只能算是极平常、极普通的戏剧和小说，但当它们被传到欧洲时，却成为被伏尔泰、歌德等人推崇备至的作品。语境之改变意义，有如此者！

语境的置换不仅改变阐释对象的意义，而且遮蔽它本有的意义，久而久之，甚至使人们不再能够把握它的原义。学者们常举的例子是，中国文论从刘勰以来一直使用着“风骨”这个术语来分析文学现象，但到了今天，习惯了内容与形式之类西方术语的我们，已经不再能分辨出“风骨”一词的确切意义了。

更为重要的是，语境的置换直接导致了中国文论精神的变化。我们的意思是说，由于阐释语境的置换，其阐释的理论预设前提就不再是中国文论自身的理论，阐释的价值标准不再是中国文论固有的衡量尺度，阐释的术语概念不再是中国文论固有的学术话语，而阐释的结果也不再属于中国文论精神的通变延续。易言之，这种阐释、这种文论，不是属于中国学术的，而是依附于外来理论、外国学术的。中国文论精神的延续因此被中断，中国文论研究因此而不再具有理论原创性，而只是成为外国理论的例证与注脚！在这样一种情况下，中国文论的“失语症”也就成为不可避免的必然之事了——我们开始丧失并缺乏一套自己特有的表达、解读、沟通的学术规则，一旦离开了外国学术话语，就几乎没有办法发出声音。别人有的，我们也跟着开始有，可别人没有的，我们也没有，那么，我们给这个时代、这个世界留下的是什么呢？

这样一来，20世纪以来中国文论家及文论研究者的形象也开始变得模糊了——我们到底是自身传统的继承者还是摧毁者？到底是创造性理论的制造者，还是外国理论的推销员？这是一个值得我们在21世纪仔细玩味思考的重要问题。

第四节　专门学科的独立与古今文论的脱节

由于阐释语境的置换，中国文论的地位以及所扮演的角色也开始发生了变化。

在20世纪上半叶，中国文论作为一个专门学科终于得以独立。在古代，中国文学批评与理论，是分散在经、史、子、集四部之中的。其中“诗文评类”的专门著作，“《隋志》附总集之内，《唐书》以下，则并不集部之末，别立此门”①，它仅仅只包括关于诗歌与散文的文论著作，如历代诗话与《文心雕龙》、《文说》之类。至于词话、曲话、小说话等则并不在此列之中。因此，在古代，中国文论并没有以一门独立科学的面目出现。但是，此种情况在20世纪有了根本变化。1927年，中华书局出版了陈中凡先生的《中国文学批评史》。这是中国第一本文论史，不过它基本上是沿袭日本学者的观点。1934年，郭绍虞先生的《中国文学批评史》上册（先秦至北宋部分）由商务印书馆正式出版，后来居上，成为了中国文学批评史的奠基之作。朱自清先生称赞它是“开创之作”。此书将中国文学批评史分为三期，即上古期（自上古至东汉）、中古期（自东汉建安至五代）、近古期（自北宋至清代中叶），每期之下以专人、专篇或专题立论的形式，对文学史上各种流派、思潮以及一些代表性作家的文学观点都溯流探源，作了较为系统的整理与阐述，并提出了自己的见解。紧接着，就在同一年，罗根泽的《中国文学批评史》（周秦汉魏南北朝部分）由人文书店出版。此书在体例上采取一种“综合体”的方法。先依编年体的方法，把整个中国文学批评史分为若干时期；再依纪事本末体的方法，就各时期中的文学批评，照事实的随文体而

① 《四库全书总目提要》卷195。

异及随文学上的各种问题而异，分为若干章；然后再依纪传体的方法，将各时期中之随人而异的伟大批评家的理论批评，各设专章叙述，若遇特殊的情形，则也不拘泥于这种体例。因此，此书内容丰富，编写体例新颖灵活。也同样是在1934年，方孝岳的《中国文学批评》由上海世界书局出版。此书系刘麟生教授主编的《中国文学丛书》八种（后改名为《中国文学八论》）之一，虽然不到20万字，但一直从先秦讲到了清代中叶，“大致是以史的线索为经，以横推各家的意蕴为纬”(《导言》)，对中国历代最有影响、最有特色的文学批评家作了系统的、客观的、忠实的研究与分析，在当时也引起了较大反响。朱东润的《中国文学批评史大纲》初稿写成于1932年，但直到1944年才由开明书店正式出版。此书起自孔孟，迄于清末陈廷焯，或一人一章，或数人一章，共分76章，系统地介绍了中国文学批评史上各个时期主要文学批评家论诗、论文、论戏剧、论小说等的观点。郭、罗、方、朱四人之作，以不同的体例、不同的方式，共同建构起中国文学批评史的学科大厦。至此，中国文学批评史已经正式以一个独立的专门学科的面目出现在中国学术之中了。

批评史或文论史作为一个独立的专门学科而出现，反映出中国文论研究在20世纪取得了前所未有的学术地位。

但是，另一方面，在实际的文学创作与文学批评中，中国文论的地位却下降了。一个明显的事实是，在实际的文学创作与批评中，起主导作用的主要是包括马克思主义在内的西方文论。中国固有的文论，被继承的成分少，而被批判的成分却极多，而且它已不再能够指导实际的文学创作与批评了。它主要只成为一种被研究的对象，成为中国文学批评史或中国文论史的研究对象、研究资料。中国现代开始出现一种与古代文论在精神上不一致、在作用上更不相同的现代文论。古今文论的脱节于是成为20世纪中国文论界的一个非常突出的现象。

这是一个历史悖论：中国文论研究的地位提高了，而中国文论的实际作用却几乎下降为零。难道中国文论研究的结果，反而是取消中国文论在实际文学活动中的作用？

不，准确地说，其实这并不是悖论。中国文论研究地位的提高与中国文论实际作用的下降，这两个方面只是在表面上看起来矛盾，而在本质上却是同一个问题的不同表现。

这问题就在于，无论是中国文论研究地位的提高，还是中国文论本身实际作用的下降，都是西方文论入主现代中国的结果。

中国文学批评史作为一个独立专门学科的出现，这本身就是西方文论入主现代中国的结果。朱自清先生的《诗文评的发展》约写于40年代中期，此文精辟地指出了中国文学批评的出现及其繁荣与现代西学东渐的密切关系：

> 若没有“文学批评”这个新意念、新名字输入，若不是一般人已经能够郑重的接受这个新意念，目下还谈不到任何中国文学批评史的。
>
> 清末我们开始有了中国文学史……中国文学批评史的出现，却得等到五四运动以后，人们确求种种新意念新评价的时候。这时候人们对于文学取得了严肃的态度，因而对文学批评也取慎重的态度，这就提高了在中国的文学批评——诗文评——的地位。
>
> 也许因为我们正在开始一个新的时代，一个重新估定一切价值的时代，要重新估定一切价值，就得认识传统里的种种价值，以及种种评价的标准，于是乎研究中国文学的人有些就将兴趣和精力放在文学批评史上。①

朱先生作为那个时代的过来人，深切地感受到，正是由于西方“文学批评”概念的输入，由于这个理论关注点的引进，才促使中国文学批评史作为一个独立的专门学科出现。在这样一个“重新估定一切价值的时代”，中国文学批评史的目的，就是“认识传统里的种种价值，以及种种评价的标准”。注意，不是用传统的价值标准来估定

① 朱自清：《朱自清古典文学论文集》下册，上海古籍出版社1981年版，第544～545页。

一切价值，而是用现代的价值标准来估量传统，而这现代的价值标准又来自何方呢？在那个高喊“打倒孔家店”、或多或少主张“全盘西化”甚至还要将汉字改革为拼音文字的时代，这个用以估量一切的价值标准只能来自于西方文化。对于这一点，作为中国文学批评史的主要奠基者的郭绍虞先生其实也是说得相当明白的：

> 当时人的治学态度，大都受西学影响，懂得一些科学方法，能把旧学讲得系统化，这对我治学就有很多帮助。①

是的，当时的中国文论研究，正是大都用西方理论眼光来看中国文论、评价中国文论的。中国文论已经不再作为提出创造性文论的基础和源泉，而只是作为研究的对象，而且这种研究，多多少少总是脱离了中国文论本身意义生成的语境，而被置于西方学术的语境之下。离开了中国文论的意义生成语境，就很难再创造出具有中国固有特色、延续中国文论一贯精神的理论。换言之，在20世纪，中国文论传统开始出现了某种断层，它已经不再是活的精神，而多半是死的化石。文论研究是研究，可它并不等于理论的创造。

对一种理论传统加以研究的主要目的，本来是为了赋予此种理论传统以现代性，从而使此种传统继续以一种鲜活的现在时态存在下去。因此，当学术研究与理论创造脱节时，也就必然导致作为研究对象的理论传统不再具有时间性，不再具有现代性，只能脱离现实而遁入历史博物馆之中——任何一种事物一旦进入了历史博物馆，也就宣告了它的时间性已被固定为过去的历史之中的某一个点，已越来越远离现实的历史发展之流了。

这样，我们也就清楚了，由于离开了中国文论意义生成的固有语境，中国文论研究也就仅仅只是研究，而不是一种创造性的理论生成。中国文论研究地位的提高，并不意味着中国文论本身的进一步发

---

① 郭绍虞：《我怎样研究中国文学批评史的》，《照隅室杂著》，上海古籍出版社1983年版，第435页。

展。恰恰相反，就在中国文论研究成为一门独立专门的学科过程之中，就在中国文论研究地位的不断提高过程之中，中国文论本身的发展却停滞不前了，中国文论传统也就真正成为了“传统”——这个词，在古代，曾是褒义的，不可亵渎的，而在现代中国学术中，却已经嬗变为一个带有贬义的词了，它与落后、过时、不适用等词成为了邻居。

古今中外的任何理论，一旦没有了通变延续，没有了适时的变化发展，它就不再是鲜活的，它就是不适时的、没有用处的东西。中国文论在20世纪便遭受了这样的命运。它被剥夺了作为一个活生生的事物的时间性，被全部驱逐到“古代”这个时间博物馆之中，由鲜活的事物变成了不再具有时间性，只能是永远陈列在那里任人凭吊的文物。

既然中国文论本身不再有发展，不再能适时地产生新的东西，那么，这个时代的文学创作与批评所需要的理论，也就只能向别国的文论借贷——不，应该说是乞讨。因为只有乞讨不需要回报，而借贷则必须偿还。我们既然已不能再创造别人没有的东西，又拿什么去偿还？

离开了自己的文化语境，抛弃了自身的文化传统，我们注定只能是学术世界的无产者！

因此，我们在21世纪首先必须思考的问题是：在20世纪欠下世界学术的这笔理论之债，我们拿什么来偿还，如何才能偿还？

第九章　学术研究的新趋势与新学科的建设（上）

第一节　新学术建构中独辟蹊径的王国维

王国维（1877～1927）是享誉世界的一代大师。他早年嗜好哲学，对叔本华、尼采、康德等人的著作有过专门研读，1904 年发表《红楼梦评论》，次年出版《静安文集》，此后他的学问兴趣转往美学、文学，相继完成《人间词话》、《宋元戏曲史》等著作。辛亥革命后直至投水弃世，他一直致力于卜辞金文、齐鲁封泥、汉晋木简、汉魏碑刻、敦煌残卷等的研究，出版《观堂集林》，讲授《古史新证》，促进了中国上古历史体系的建设和西北史地研究的深化。他的治学生涯不足 30 年，却以其学术主张与实践，极大地推动了中国近代哲学、史学、文学、美学、教育学和逻辑学的进步，尤其对甲骨学、考古学、敦煌学等近代专门学术的创建作出了重要贡献，恰如陈寅恪所评："开拓学术之区宇，补前修所未逮"，"转移一时之风气，而示来者以轨则"。①

一、"无中西无新旧无有用无用"的学术观

19 世纪末 20 世纪初，传统学术近代转化的艰难历程即将迈向终点，然而戊戌更法之败、庚子变乱之辱，使新旧中西的冲突加剧，又使民族危机更趋深重，学术的经世要求愈加急迫，其结果如王国维所

---

① 陈寅恪：《王静安先生遗书序》，见《金明馆丛稿二篇》。

说："今之言学者，有新旧之争，有中西之争，有有用之学与无用之学之争。"学术的新旧、中西、有用无用之争，固然是社会激变、学术转型期的必然现象，可这些哓哓之论如不化解，终必汩没学问之道，王国维"学之义不明于天下久矣"① 的感叹正是就此而发。如何解决上述纷争，建立起取鉴于外、化旧出新的近代学术？其时有两种代表性方案：一是梁启超在世纪之交倡导的"新学术"，他试图通过学术经世功能的超极致发挥，即"诗界革命"、"文界革命"、"史界革命"，使学术转型与社会变革同步完成。历史发展表明，这种经世型学术在近代虽有其舞台，但对中国学术的近代化和世界化作用有限。二是王国维在 20 世纪初年构建的"无中西无新旧无有用无用"的纯学术，为中国学术在近代的发展拓辟了新天新地。

与梁启超总是从现实政治的角度来观鉴学术不同，王国维对学术的论述，始终着眼于人生问题。他曾因"体素羸弱，性复忧郁，人生之问题，日往复于前"而特嗜哲学，以求解人生问题，但研读叔本华等人的哲学后，发觉"可爱者不可信，可信者不可爱"，于是转向最能把人从"生活之欲"中解脱出来的文学，"欲于其中求直接之慰藉"。② 表面看，王国维的学问兴趣在求个人生命之慰藉，实际上他既寻求一己一时之慰藉，更深切关怀人类万世之利益，其特点是透过个人来诠解人类和宇宙，从而求索到学术的真义。他论文学艺术之目的说："夫美术之所写者，非个人之性质，而人类全体之性质也。"③ 他坚决主张诗歌要以描写人生为事，但又明白规定诗歌所描写的人生"非孤立之生活，而在家庭、国家及社会中之生活也"④，将个人融入团体和社会之中。王国维又评论"真正之大诗人"的创作，"不以发表自己之感情为满足，更进而欲发表人类全体之感情；

---

① 王国维：《国学丛刊序》，文中所引王国维著述，俱见上海书店版《王国维遗书》。

② 王国维：《三十自序》。

③ 王国维：《红楼梦评论》。

④ 王国维：《屈子之文学精神》。

彼之著作，实为人类全体之喉舌”①，论述一切学问的真谛在于为人类全体服务。他就把这种“以人类之感情为其一己之感情”的大诗人悬为自己治学的榜样，从而执著于一种超越一人一时之功用，探求天下万世之真理的学术。

依照对学术的这一体认，王国维对日趋激烈的中西新旧之争作出不同流俗的析论：从学术本义看，学术是用来解决宇宙人生问题的，“凡有能解释此问题之一部分者，无论其出于本国或外国，其偿我知识上之要求而慰我怀疑之苦痛者，则一也”②，学术在本质上无中西之分，只在程度上有深浅精粗之异。再从国内学界实情看，王国维以号称学问渊薮的京师为例指出，当时治旧学而能通达诚笃者屈指不满十，治西学者亦仅袭得其皮毛，能贯串精博者难举一二，“中国今日，实无学之患，而非中学西学偏重之患”。在王国维看来，在几无学术可言的中国，却侈论学术之中西新旧，种种“不根不说”实在可笑！他指出，会通中西之学，实行互补共助、化旧出新，才是中国学术的前途所在：“余谓中西之学，盛则俱盛，衰则俱衰，风气既开，互相推助。且居今日之世，讲今日之学，未有西学不兴而中学能兴者，亦未有中学不兴而西学能兴者。”③ 因此，新一代学人应兼通古今中外之学，孤陋俗儒将无益于中国学术发展：“异日发明光大我国之学术者，必在兼通世界学术之人，而不在一孔之陋儒固可决也。”④

世人既喜以有用无用论学术，王国维也“姑以其功用言之”，不过他坚持把学术放在人生和社会的天平上加以称量。他比较哲学家、美术家、文学家与政治家、实业家的贡献，认为后者只能供给人的种种生活欲求，前者则能满足“纯粹之知识与微妙之感情”方面的高

---

① 王国维：《人间嗜好之研究》。
② 王国维：《论哲学家与美术家之天职》。
③ 王国维：《论近年之学术界》。
④ 王国维：《国学丛刊序》。

层需求，双方贡献的性质“贵贱固已殊矣”①；再看时效，又有“久暂之别”：学问家给人类的遗泽“及于千百世而未沫”，而政治家实业家之事业“其及于五世十世者稀矣”。王国维因此有一名言：“生百政治家，不如生一大文学家。”② 他还透过学术有用无用的表面争论，从学术与人类万世进步的关系，阐发了“无用之用”论：“事物无大小，无远近，苟思之得其真，纪之得其实，极其会归，皆有裨于人类之生存福祉。己不能竟其绪，他人当能竟之；今不能获其用，后世当能用之。”学术于人类生活和社会发展的推促作用，有迟速潜显之别。速而显者，人人知其有用，迟而潜者，就以为无用，实则应为“无用之用”，所以他说：“凡学皆无用也，皆有用也。”③

可见，出于解决人生问题之需要而惟求天下万世之真理的“学术”，在王国维心中既无中西古今之畛域，又可不论其有用与无用，他因此正告天下：“学无新旧也，无中西也，无有用无用也。”④ 王国维本人以此崭新的“学术”观作指导，摆脱新旧中西和实用功利等俗见的束缚，不避“深湛幽渺之思”，也不辞“迂远繁琐之讥”，自觉和执著于为学问而学问，治学胸襟开阔，气象宏伟，不断“开拓学术之区宇”，又能纵贯古今，融通中外，蹊径独辟，硕果累累，成一代大师巨子。更重要的是，王国维对“学之义”的探索与论述，不仅把“学术”从文化时代的错杂和民族情感的偏向中拔救出来，使之成为在近代中国极具现实操作意义的新学术，而且第一次在学理上把“学术”从政治斗争的驱迫与道德教化的重压下解放出来，使之成为有神圣地位、独立价值的纯学术。这是王国维对中国近代学术的最大贡献。

中国近代学术的建立，实是传统学术文化在西方思潮冲击下因应时变调适顺化的过程。中国文化以巨大的同化力汲纳、融化过佛教文

---

① 王国维：《论哲学家与美术家之天职》。
② 王国维：《教育杂感》。
③ 王国维：《国学丛刊序》。
④ 王国维：《国学丛刊序》。

化，明清之际也曾对东渐的西学表现出会通、创新的趋势。然而，鸦片战争以来，西方文明皆挟坚船利炮之势长驱而入中国，于是对西学的迎拒无不含杂着浓厚的民族情绪。无论西学中源说还是中体西用论，只在一定程度上和有限范围内调和化解了中西新旧的对立冲突，无法从根本上泯灭中西畛域、实现新旧更化。王国维通过考察中国学术演进历程，提出“能动化合说”，指出在西学潮涌而入之时，既要立足本土文化，又须吸取外来学术及其方法，使“与我中国固有之思想相化”①，更好地继承和发扬民族传统：“夫尊孔孟之道，莫若发明光大之，而发明光大之道，又莫若兼究外国之学说。”② 平情而论，20 世纪初年认识到要立足本土学术文化来汲纳和融化外来学术思想的，实不止王国维一人，可最有影响的要数“能动化合说”，连闭处深宫的溥仪，也评论“新旧论学不免多偏，能会其通者国维一人而已”③。“能动化合说”坚持了民族文化的主体地位，又承认中学西学的相辅相成，不再有体用、本末、主辅、源流之分，中西古今被熔入一炉，因此，刘梦溪先生说“中西、古今、新旧的畛域是王国维率先起来打破的”，确是的论。④ 陈寅恪、汤用彤、胡适、冯友兰、张君劢、贺麟、钱钟书等，一代代中国学人都是在此基础上，推促近代学术走上比较参证、融贯创新之路。

“君子之为学，以明道也，以救世也”⑤，重致用、轻求真是传统学术的特色。嘉道以还，清廷政事日非，大乱将至，一批忧时君子“追寻根原，归咎于学非所用”⑥，从沈垚、魏源等讥责汉学“锢天下聪明智慧，使尽出于无用之一途”，到辛亥时期革命者争“国学”有用无用，整个近代都在争辩学术有用与否。学术有用无用之争，远比新旧中西之争激烈，如王国维所说：“顾新旧中西之争，世之通人

---

① 王国维：《论近年之学术界》。

② 王国维：《奏定经学科大学文学科大学章程书后》。

③ 金梁：《瓜圃丛刊叙录续编》。

④ 刘梦溪：《王国维与中国现代学术的奠立》，载《学人》第 10 辑。

⑤ 顾炎武：《日知录·与人书二十五》。

⑥ 梁启超：《清代学术概论》之二十。

率知其不然，惟有用无用之论，则比前二说为有力。”① 因此，学术有用无用之争的平息，比之中西新旧问题的化解与传统学术的转型，和近代学术的建立关系更大。王国维之前，无一人试图从理论上解决它，经世改革派与维新思想家不过弃“破碎无用”之汉学、“空疏迂腐”之宋学，转而讲求可议时政的今文学、可致富强的西学，实是将求真之学代以致用之学。与王国维同时，虽有周作人、鲁迅反对以文章作经世之用或谋个人利禄，提出文学的“无用之用”②，但一惜其无理论阐述，二惜其未能坚持。国粹派干将章太炎、刘师培辛亥时期虽论及经世与求是，但要么重经世轻求是，要么扬求是抑致用，使学术之致用与无用成两橛。可见20世纪初年，只有王国维科学辩证地论述了学术“无有用无用”之分，他的“无用之用”论将学术从治学者参议时政、谋取名利的外在手段，变成治学的自在终极目的，引导学术走向独立，所以特能开导后学。陈寅恪、胡适、顾颉刚、陈垣、傅斯年、钱穆、熊十力、贺麟、金岳霖等，无不笃信“无用之用”论，将“生命倾注于学问生活之内”，甘心于做“无用的研究”③。如傅斯年云：“学术之用，非必施于有政，然后谓之用，凡所以博物广闻，利用成器，启迪智慧，熔陶德性，学术之真用存焉。”④ 顾颉刚曾谓学问上“只当问真不真，不当问用不用，学问固然可以应用，但应用只是学问的自然结果，而不是着手做学问时的目的”⑤，所论与王氏如出一辙。“九一八”后他们大多变换治学旨趣

---

① 王国维：《国学丛刊序》。

② 周作人在《论文章之意义暨其使命因及中国近时论文之失》一文中，反对文章作宗圣解经、载道明德、弼教辅治之用，谓“文章虽非实用，而有远功者也”；鲁迅在《摩罗诗力说》里直接提出了“文章无用之用”，谓“文章之于人生，其为用决不次于饮食、宫室、宗教、道德”。二文俱载1906年《河南》，见《辛亥革命前十年时论选》卷3。

③ 顾颉刚：《古史辨》第一册《自序》。

④ 傅斯年：《中国学术界之谬误》，《傅斯年选集》，天津人民出版社1996年版，第51页。

⑤ 顾颉刚：《古史辨》第一册《自序》。

乃至方向，最具代表性者当推顾颉刚。他认为："当承平之世，学术不急于求用，无妨采取一种为学问而学问之态度，乃至国势凌夷，踞天蹐地之日，所学必求致用。"① 他由古史研究转向边疆地理研究，并大写宣传抗日的通俗文字。然而，有过学以致用的亲历，他们对学术经世的巨大代价无比心痛（顾氏1946年著文，曰抗战把中国学术拖后至少20年②），因而比以前更执著于"无用之用"的学术。梁启超总结晚清"新学家"所以失败，"更有一种根源曰不以学问为目的而以为手段"，当他认识到学术的确"无有用无用之可言"，重评曾被他们骂作"破碎无用"的乾嘉学术，深有感慨："正统派所治之学，为有用耶？为无用耶？此甚难言……其实就纯粹的学者之见地论之，只当问成为不成为学问，不必问有用与无用，非如此则学问不能独立，不能发达。"③ 当他在王国维墓前由衷赞叹"王先生在学问上的贡献，那是不为中国所有而是全世界的"④，是不是意味着"经世"型学术向王氏"无用之用"学术的折返？

二、纵横融贯、科学缜密的治学方法

在鸦片战争后到辛亥革命的60年间，一代代思想家相继从西方引进了汽机兵械、格致工艺、政法制度、进化学说和民权理论。王国维却与此异趣，他一开始就大力译介康德、叔本华、耶方斯诸家的哲学与逻辑，试图把握西方富强进步的根核。接触西学不久，他就注意到中西思维方式的差异，指出以思辨为特征的西洋人，"长于抽象而精于分类，对世界一切有形无形之事物，无往而不用综括及分析之二法"，而中国人重实践轻理论，拙于抽象与分类，使"我国学术尚未达自觉之地位"。⑤ 换言之，王国维认为中国学术要取得"自觉之地

① 引见《史念海自传》，载《中国现代社会科学家传略》。

② 顾颉刚：《史苑发刊词》，载上海《益世报》1946年9月20日。

③ 梁启超：《清代学术概论》之十三。

④ 1927年9月20日梁氏在王国维墓前的演说，见孙敦恒《王国维年谱新编》，中国文史出版社1991年版，第175页。

⑤ 王国维：《论新学语之输入》，见《静安文集续编》。

位”，走向独立和发达，就要取鉴西方所长的逻辑思维和科学方法：“今日所最亟者，在授世界最进步之学问之大略，使知研究之方法。”① 他本人很早就尝试把传统治学手段与西方科学方法熔冶于一身而用之，既坚持无征不信的朴学原则，又吸取西方缜密的分析与演绎方法，每在排比归纳后加以抽象概括，做到材料确凿，结论精当。在《红楼梦评论》中，他针对红学研究中只作考证不讲作品理论分析的通病，在末章特加批评：“自我朝考证之学盛行，亦以考证之眼读之，于是评《红楼梦》者，纷然索此书之主人公之为谁，此又甚不可解者。”他通过对文艺创作“贵具体而不贵抽象”特点的阐述，说明研究文艺作品应该由具体而达抽象，“就个人之事实而发见人类全体之性质”，在实证分析的基础上作出理论综括。他正是这样评判《红楼梦》，撇开单个具体的红楼人物与曲折琐细的红楼故事，视之为一部伟大的描述人生悲剧的文学作品作整体研究，着意彰显它在美学和伦理上的价值。《红楼梦评论》虽有套用外来理论和强作品以就我的欠缺，但它分章论述的行文结构，独具慧眼的研究视角和新颖别致的分析立论，开新红学研究局面，是吸取西学方法革新中国学术的一次比较成功的尝试。

王国维在史学研究中对西方近代治学方法与乾嘉考据手段浑然一体的娴熟运用，更为学术界树立了典范。考据学重视博证，要求广集证据，西方实证论也强调以事实作根据，王国维于是特别看重实物实证，指出“吾侪当以事实决事实，而不当以后世之理论决事实”②。王国维不仅强调原始文献，尤其强调搜集和运用历代出土遗物，举凡甲骨、金石、封泥、陶器、古币、碑铭、简牍、故书、残卷等，都拿来与纸上之遗文互证相释，“达观二者之际，不屈旧以就新，亦不抽新以从旧”，在新旧史料的互证中“求真立信”③。旧考据家局限于同类归纳，能分析会通者少，故其研究易流于琐碎支离；王国维则借

① 王国维：《奏定经学科大学文学科大学章程书后》。

② 王国维：《再与林博士论洛诰书》，见《观堂集林》。

③ 王国维：《殷墟文字类编序》。

用演绎推理等方法，在研究中纵横贯通，求同考异，不再作单纯的文字和器物的训诂考订，而是自觉地将它们与史事制度的考证释论紧紧结合起来。辨音识字，由字通辞，以辞达道，一直为治经之法门。乾嘉诸老无不孜孜于文字声韵的训诂，晚清学人又据金石和甲骨对文字作更精深的研究。可是，古文字学在成为独立学问的同时，日益与经史之学疏离。王国维坚持“古文字古器物之学，与经史之学实相表里”①，把求索音韵、识读文字、辨认器物、考释历史四者融为一体，彼此推助，相互发明。他就识读毛公鼎文字说：“苟考之史事与制度文物，以知其时代之情状，本之诗书以求其文之义例，考之古音以通其义之假借，参之彝器以验其文字之变化。由此而之彼，即甲以推乙，则于字之不可释、义之不可通者，必间有获焉。”② 这里虽是单论识字，实是他研究方法的一次总结。抄录《毛公鼎考释》当天，他致罗振玉信说“虽新识之字不多，而研究方法则颇开一生面”③，自得之情难抑。

通贯古今中外之学的王国维，综合运用了考据、归纳、分类、比较、演绎、综合、互证诸方法，对研究对象经逻辑处理而有机联系起来，斑中窥豹，由少引多，探源察变，驭繁执简，设疑考信，博证精析，立论缜密而依据灼然，因此他的学术成就凌驾前辈而超逸同代。传统治学方法尤其逻辑思维方面存在的某些缺陷，无疑也严重制约着中国学术的近代转化，因此，王国维纵横融贯、科学缜密的治学方法，还能嘉惠时辈后学，推促中国学术实现近代化。

从“戊戌”到“五四”，近代学中最有方法论意识并自觉汲取西学方法的当推严复、王国维和胡适。严氏最先倡扬西方逻辑之先进，但在比较中西学术及其方法时，他一再斥责传统学问及方法“锢禁智慧”、“蠹坏心术”，谓西学“致思穷理之术”、“观物察变之方”最能锻炼心思、开启智慧，因此称西方逻辑学是“一切法之法，一

① 王国维：《殷墟文字类编序》。

② 王国维：《毛公鼎考释序》，见《观堂集林》卷6。

③ 吴泽主编：《王国维全集·书信》，中华书局1984年版，第109页。

切学之学"①。事实上，严氏颂扬的仍是传统形式逻辑，这在中国传统学术中并非绝无，如乾嘉学人于归纳法早已纯熟，演绎法亦由戴震等少数大师有过不自觉的尝试。这种认识偏失使严复成为引进西方逻辑第一人，却不能进一步实现中西治学方法的结合。王氏比较中西思维方法，坚持中西"国民之性质各有所特长"，既看到中学乏于抽象导致"用其实而不知其名"，又指出西学所长的抽象"往往泥于名而远于实"。② 所以他既主张逻辑分析，又坚守无征不信，形成一种科学缜密的治学方法，实现了中西学术方法的融贯创新（这是"能动化合说"在方法问题上的运用与体现），如王国华所说："先兄治学之方，虽有类于乾嘉诸老，而实非乾嘉诸老所能范围。其疑古也，不仅抉其理之所难符，而必寻其真伪所自出；其创新也，不仅罗其证之所应有，而必通其类例之所在。此有得于欧西学术精湛绵密之助也。"③ 胡适"五四"前后引入实验主义，并将它与清人治学方法相提并论，在学界名噪一时，因此他要是以"说"出"现代的科学法则和我国古代考据学、考证学在方法上有相通之处"这句话的第一人而自诩倒还可以，但他硬是要认定"在那个时候，很少人（甚至根本没有人）曾想到现代的科学法则和我国古代考据学、考证学在方法上有相通之处"④，那就叫做大言不惭了。

王国维的"二重证据法"，既不是一般人所指的仅为一种历史考证法，也不始于《古史新证》，因为他在哲学、美学、文学、史学诸领域都用过该方法。作为一种具有广泛使用价值的治学新法，应如陈寅恪所总结，它包括：①取地下之实物与纸上之遗文互相释证；②取异族之故书与中国之旧籍互相补证；③取外来之观念与固有之材料互相参证。这三种"互证"，才是二重证据法的精髓，所以称之为"互

① 严复：《穆勒名学》引论案语。

② 王国维：《论新学语之输入》。

③ 王国华：《海宁王静安先生遗书跋》。

④ 唐德刚译注：《胡适口述自传》，华东师范大学出版社 1993 年版，第 97 页。

证法”将更加确切，也更能见其对近代学界的影响。陈寅恪的诗文史互证法、傅斯年和陈垣的史料比较法，都是对王氏“互证法”的继承与发展。他们提高了它作为研究方法的地位，扩大了文史互证的应用范围，特别是扩大了用于互证的史料的范围，把人类一切活动遗迹和思想文化史上的所有材料全部纳入比较研究的视野。最钦佩王国维的郭沫若，则沿着王氏“古文字古器物之学与经史之学实相表里”的途径，走上将文字研究与古史研究相结合的大道。所以陈寅恪在30年代评价“互证法”说“吾国他日文史考据之学，范围纵广，途径纵多，恐亦无以远出三类之外”①，确有其事实根据。

王国维在识读卜辞金文时，常常先作大胆的假设，然后多方寻求证据，破解了不少商周历史奥秘，被郭沫若誉为“抉发了三千年来所久被埋没的秘密”的《卜辞中所见先公先王考》、《续考》，就是如此而得。这在王国维“两考”自序及其致罗振玉信中都有明白的记述，故罗氏后来特别称许这项划时代的成果的取得，是“由博而反约，由疑而得信”②。王氏门人总结他的治学方法，也特别强调他“凡立一说，必本于新材料与旧材料完备齐集之后，然后加以大胆的假设，深邃的观察，精密的分析”③。虽然胡适自称他的思想只受两个洋人的影响最大④，讳言在治学上有否受过王国维的启发，但是“大胆的假设，小心的求证”与王国维“由疑得信”法，真的没有某种联系？只怕未必。以胡适的十字真言作指导发起古史辨运动的顾颉刚，就公开承认自己更受王国维的影响：“我那时真正引为学术上的导师的是王国维而不是胡适……数十年来，大家都知道我和胡适的来往甚密，受胡适的影响很大，而不知道我内心对王国维的钦敬和治学

---

① 陈寅恪：《王静安先生遗书序》。

② 罗振玉：《观堂集林序》。

③ 徐中舒：《静安先生与古文字学》，载《文学周报》1927年第5卷合订本。

④ 胡适曾说：“一个是教我怎样怀疑的赫胥黎，一个是教我怎样思想的杜威。”见胡适《介绍我自己的思想》。

上所受的影响尤为深刻。"① 王国维"其疑古也，不仅抉其理之所难符，而必寻其真伪所自出"，这一治学路径与顾颉刚构思"层累地造成古史说"如出一辙，证实顾氏上述言论确发乎衷心。王国维在其数百万言的著述中，几乎没有文字专论治学方法，胡适一生写了近百万字宣扬方法的文章，然而二人的治学方法对近代学术界影响之高下，在顾颉刚身上不是非常明显吗？

三、"遗世而不忘世"的学者态度

作为一位纯粹的学者，王国维一生淡泊名利，与世无竞，更无意于政治活动，可是对复杂多变时代中的人世社会和国家民族，他同样有着不能自已的深切关怀和救世救国的满腔热诚。甲午战争后，他弃科举而趋新学，寻求救亡之道；受康梁兴学育才政论的影响，他钻研教育原理，力倡天才教育论，"今日人才之缺乏如彼，而国家待用之亟如此，则育才之方法未有适于此者也"②，希望快出人才以济国用；后来他以"人间"命词、以"观堂"为号，始终未曾失去对人世社会的关切。另据马衡回忆，王国维在熟人面前很爱谈天，"不但是谈学问，尤其爱谈国内外的时事"③，证之于王国维的书信，确是如此。

但王国维与那些"指天画地，规天下大计"④ 的士子不同，他将救世强国的抱负和努力，全寓于学术研究之中。关于学术盛衰与国家民族兴亡，他有一精辟的见解："国家与学术为存亡，天而未厌中国也，必不亡其学术。"⑤ 然而在近代社会政治与思想文化的激变中，"学术之绝久矣"，人人不悦学而热衷于仕宦，"夫至道德、学问、实业等皆无价值，而惟官有价值，则国势之危险何如矣"，"今举天下

---

① 顾颉刚：《我是怎样编写古史辨的》，见《古史辨·总序》第 15 页。

② 王国维：《教育小言十则》。

③ 殷南（马衡）：《我所知道的王静安先生》，前引《王国维年谱新编》第 184 页。

④ 前引《清代学术概论》之二十二。

⑤ 王国维：《沈乙庵先生七十寿序》。

之人而不悦学，几何不胥人人为不祥之人而胥天下之亡也”。[①] 的确，近代学界高扬经世致用学风，盛行功利主义，不管介绍西方思想还是钻研本国学术，都限于可以致用或能得利禄的学问，而能变革人心思维、真正关系民族命运的纯学术，却不为人所悦，国势之危险，民族之沦亡，孰逾于此？所以王国维认为，要挽救中国的危亡，较之输入外来物质文明，振兴中国学术更为重要和紧迫："今之混混然输入于我中国者，非泰西物质的文明乎？政治家与教育家，坎然自知其不彼若，毅然法之。法之诚是也，然回顾我国民之精神界则奚若？……夫物质的文明，取诸他国，不数十年而具矣，独至精神上之趣味，非千百年之培养，与一二天才之出，不及此。”[②] 王国维便以这种能改变国民精神风貌和思维方式的天才自视，毅然担起存学救国的重任。他对古代戏曲的大力整理和对甲骨卜辞、敦煌文献等新史料的倾心研究，都表明他不甘中国学术落后、奋然兴学以图强国的用心。

他看到“吾中国文学之最不振者，莫戏曲若”。元之杂剧，明之传奇，文字虽有佳者，然其理想及结构极是幼稚拙劣；清代戏曲虽略有进步，“然比诸西洋之名剧，相去尚不能以道里计”。中国戏曲落后世界的深深感触，使他自觉地肩起振兴中国戏曲的大任，“此余所以自忘其不敏，而独有志乎是也”[③]。他自戏曲史研究入手，以《曲录》、《宋元戏曲史》等各有创获的著作，使戏曲成为专门之学。自甲骨、简牍及敦煌卷子等新史料发现以来，国外研究之先进，既使王国维从中大获其益，又让他极受刺激，生出奋起直追之心。1919 年他致信罗振玉说：“前日在君楚处见伯希和君八年前之就职演说，始知近年西人于东方学术之进步。伯君此文益将近日发明及研究之结果总括言之，于学术关系极大。”[④] 伯氏在该文中提到吐鲁番地下水道法（即坎儿井）与波斯相同，以为该法来自波斯。王国维当即征引

① 王国维：《教育小言十则》，见《静安文集续编》。

② 王国维：《教育杂感四则》。

③ 王国维：《三十自序》。

④ 王国维：《王国维全集·书信》。

《史》、《汉》、《北史》诸书，论证此法由中原传至西域，再传至波斯，“盖东来贾胡，以此土之法传之彼国者，非由彼土传来也”①。可见，王国维辛亥革命后大力整理新材料并用以从事文史考证与研究，绝非“反经信古”，而是出于爱国热忱。

“苟为真正之哲学家美术家，又何慊乎政治家哉!”② 生活在国事变乱、学术纷争时代的王国维，自负着比政治家更为高远深沉的救世济民的志向。他时刻关心国运世变，却极少涉身于世务时政，而是以中国学术之存亡为己责，终生执著于纯粹学问。他推崇清初大师的经世抱负，钦佩乾嘉诸老的治学精微，却严责道咸以来的新学家为经世救亡而“颇不循国初及乾嘉诸老为学之成法”。他指责龚魏“其所陈夫古者，不必尽如古人之真，而其所以切今者，亦未必适中当世之弊”③，批评康谭“于学术非有固有之兴味，不过以之为政治上之手段”，“此其学问上之事业不得不与其政治上之企图同归于失败”。④他认为，必先求得学术之真，然后才能获致学术之用，新学家不问学问为何物，只有政治上之目的，结果两皆失之。对“忧世之深，有过于龚魏，而择术之慎，不后于戴钱”的沈曾植，王国维钦佩之至，谓他以国初乾嘉之法，治道咸以降之学，察世道之隆污，穷政事之利病，达观世变，识高议平，既继承前贤，又开创来学。王国维正是以沈氏为榜样，“遗世而不忘世”⑤，从学术的“无用”中求其大用。他的这种治学态度，在近代学界同样极有回应。胡适、陈寅恪、顾颉刚、傅斯年等，提倡“在中国建立一个学术社会”，主张走学术救国的路。如陈寅恪与吴宓共同探讨“救国经世，尤必以精神之学问（谓形而上学）为根基”⑥，胡适认为“我们要救国，应该从思想学

① 王国维：《西域井渠考》，见《观堂集林》卷13。

② 王国维：《论哲学家与美术家之天职》。

③ 王国维：《沈乙庵先生七十寿序》。

④ 王国维：《论近年之学术界》。

⑤ 王国维：《沈乙庵先生七十寿序》。

⑥ 《吴宓与陈寅恪》，第9页。

问下手，无论如何迂缓，总是逃不了的"①，冯友兰试图构建新理学来救国，贺麟更明确提出"学术建国"的口号。所以陈寅恪论定王国维是近代中国一位"关系民族盛衰、学术兴废"的大师巨子，确乎允当。

第二节　胡适的学术新范式与"整理国故"

新文化运动蓬勃兴起后，在中国延续数千年的思想文化、价值系统与思维模式受到前所未有的猛烈冲击，以此为依托的传统学术文化似乎面临着全盘崩解的命运。但是实际上，风暴过后，中国学术的发展并没有被隔断，只是在结构上作出全面更新，在性质上发生一次突变，从而更加高昂雄健地跨入一个新的时代——中国传统学术竟然经过这场运动的淘洗而完全实现了自身形态的近代转换！这次中国学术由旧变新、由古典而近代的成功转化，虽然是中国学术自19世纪以来长期演进趋势的必然，却也是"五四"一代学人于破旧中努力创新的结果，特别是与建立学术新范式并以之从事国故整理的胡适直接相关。

胡适赴美留学期间，广猎博览，中西兼顾，有心纠改中国学术的落后局面，对于近代西方先进科学的治学方法格外注意，萌生出引进西方学术方法来革新中国学术的强烈念头。他曾在1914年1月的一则日记中写道："今日吾国之急需，不在新奇之学说、高深之哲理，而在所以求学论事观物经国之术。"他别出心裁提议引入的这种"术"，就是具有普遍意义的学问方法。他还提出能从根本上使中国学术起死回生的三昧"神丹"，"一曰归纳的理论，二曰历史的眼光，三曰进化的观念"②。后来，胡适找到了具备这三种方法因素的实证主义，对之青睐有加，尤其服膺于将"实证的精神变成了自觉的思

---

① 蔡尚思：《中国近现代学术思想史论》，第418页。

② 《胡适留学日记》卷3，第167页。

想方法”的实验主义哲学。① 实验主义不仅成为胡适一生的哲学基础和思想向导，还被胡适改造成一种“科学方法”输入中国，引起中国学术界的一场革命。

杜威有一基本的观点是，世界即经验，经验即生活，生活就是应付环境。胡适由此得出一个“有用即真理”的论点，认为真理是“人造出来供人用的”，真理不过是人们“对付环境的一种工具”，环境一旦变化，真理也要“随时改变”。因此，天下没有永久不变的真理，“绝对的真理”都是悬空无据、抽象笼统的，不可能存在。② 胡适就从这种真理无时不变和对绝对真理的否定，引出一种怀疑和批判的精神，对封建社会天经地义的根本信念、价值标准予以否定。他说：

> 什么是“真理”（Truth）？……真理并不是从天上掉下来的，也不是人胎里带来的，真理原来是人造的，是为了人造的，是人造出来供人用的，是因为他们大有用处所以才给他们‘真理’的美名……万一明天发生他种事实，从前的观念不适用了，他就不是‘真理’了，我们就该去找别的真理来代他了，譬如‘三纲五伦’的话，古人认为真理，因为这种话在古时宗法的社会很有点用处。但是现在时势变了，国体变了，‘三纲’便少了君臣一纲，‘五伦’便少了君臣一伦，还有父为子纲，夫为妻纲两条，也不能成立。古时的天经地义，现在变成废语了。③

胡适后来就把这种怀疑精神和批判态度取名叫“评判的态度”，并视之为新文化运动的根本所在。在《新思潮的意义》中，他说：

> 据我个人的观察，新思潮的根本意义只是一种新态度，这种

---

① 胡适：《五十年来之世界哲学》。

② 胡适：《实验主义》，《胡适文存》卷2。

③ 胡适：《实验主义》。

新态度可叫做“评判的态度”。评判的态度简单说来，只是凡事要重新分别一个好与不好。

他举例指出，对于千年习传的制度风俗、圣贤教训和社会上糊涂公认的行为信仰，都要提出怀疑并审查它们现在有否存在的价值。他借用尼采的话，指出评判的态度的核心，就是“重新估定一切价值”。

需要特别指出的是，胡适提倡评判的态度，并不惟一针对中国的传统思想文化，“评判的态度，总表示对于旧有学术思想的一种不满意，和对于西方精神文明的一种新觉悟”，可见他同样反对人们对外来思想学说不加分析和研究地迷信盲从。这一点在他关于“问题与主义”的争论中表述最为清楚：

一切主义、一切学理都该研究。但是只可认作一些假设的见解，不可认作天经地义的信条；只可认作参考印证的材料，不可奉为金科玉律的宗教；只可用作启发思想的工具，切不可用作蒙蔽聪明、停止思想的绝对真理。①

因此，胡适在当时的学术思想界倡导评判的态度，不仅具有反封建的意义，对于五四时期推倒儒学权威、破除封建传统起了极大的推促作用，同时也提醒近代的中国人对于外来思想学说作出自己的价值判断，破除对新颖的外国教义的迷信，这才是一种真正的思想解放。

胡适曾说他的思想受两个人的影响最大，一个是“教我怎样怀疑”的赫胥黎，一个是“教我怎样思想”的杜威。② 得益匪浅的胡适，首先便把他们的思想方法介绍给轻信盲从的中国人，以图改变国人不求精确、不重事实、笼统模糊的思维方式，引导他们确立科学的思维模式。他论存疑主义说：

---

① 胡适：《三论问题与主义》，《胡适文存》卷2。
② 胡适：《介绍我自己的思想》，见《胡适论学近著》。

> 赫胥黎的存疑主义是一种思想方法，他的要点在于重证据。对于一切迷信、一切传说，他只有一个作战的武器，是“拿证据来”。①

胡适指出，存疑主义的根本态度，是让人只去相信有充分证据的知识，“凡没有充分证据的，只可存疑，不当信仰”。存疑主义还给人们提供了一种最为锐利有效的思想武器——“拿证据来”，这实际上也是胡适向国人郑重推荐的变革思维的一种新范式。胡适又介绍杜威的思维方法，他认为分五步：（一）思想的起点是一种疑难的境地；（二）指定疑难之点究在何处；（三）提出种种假定的解决方法；（四）决定哪一个假设是适用的解决；（五）证明。② 胡适有时又把这五步简化为三步，即“细心搜求事实，大胆提出假设，再细心求证实”③，甚至把实验主义的科学方法归结为十字真言——“大胆的假设，小心的求证”④。胡适认为，从提出假设到求得证明，这种方法实现了归纳与演绎的结合，正是“训练思想力的正当方法”。他说：

> 思想的真正训练，是要使人有真切的经验来作假设的来源，使人有批评判断种种假设的能力，使人造出方法来证明假设的是非真假。⑤

所以，胡适在强调搜求事实、细心证明的前提下，极力鼓动人们开动脑筋作假设，“假设不大胆，不能有新发明”⑥。在论及历史学时，胡适还把它分解成两个方面：一方面是科学，即对史料作严格的评判

① 胡适：《五十年来之世界哲学》。

② 胡适：《杜威论思想》，《胡适文存》卷1。

③ 胡适：《我的歧路》，《胡适文存》卷3。

④ 胡适：《介绍我自己的思想》。

⑤ 胡适：《实验主义》。

⑥ 胡适：《清代学者的治学方法》，《胡适文存》卷2。

与考证，另一方面是艺术，即在对史实的叙述与解释中大胆想象："史料总不会齐全的，往往有一段无一段，又有一段。那没有史料的一段空缺，就不得不靠史家的想象力来填补了。"过去人们多指责胡适不顾事实作"大胆的假设"，事实上胡适并未以"十字真言"为具体的治学方法，而是视之为训练思想力的方法，他的反复推重和介绍，主要目的还在引导国人开发僵化冥顽的头脑。

在胡适看来，赫胥黎的存疑论和杜威的思维术，既教人去怀疑一切没有充分证据的东西，破除任何权威和迷信，又教人去寻找值得信奉的真理，最终养成健全、科学的思维：

> 无论对于何种制度、何种信仰、何种疑难，一概不肯盲从，一概不肯武断，一概须要用冷静的眼光，搜求证据，搜求立论的根据，搜求解决的方法：这便是评判的态度。①

存疑而不盲从，求证而不武断，客观而重实效，胡适热情倡导的这种思维，对近代中国学人思维方式的转变和治学方法的更新产生了深远影响。其中最直接、最迅捷的便是20年代学术界掀起的"疑古"思潮和古史考辨运动。

很早就开始自觉和积极寻求科学方法的胡适，遇上了突出强调哲学方法、本身又具备严密完整的方法论体系的杜氏实验主义，自然像进了一座宝山，大力去发掘其中蕴含的"科学方法"。每次向国人介绍实验主义哲学，胡适都将方法论视为它的精髓加以宣扬，他一再强调："杜威始终只认实验主义是一种方法论"②，"杜威先生不曾给我们一些关于特别问题的特别主张……他只给了我们一个哲学方法，使我们用这个方法去解决我们自己的特别问题"③，"实验主义只是一

---

① 胡适：《一师毒案感言》，《胡适文存》卷2。

② 胡适：《五十年来之世界哲学》。

③ 胡适：《杜威先生与中国》，《胡适文存》卷2。

个方法，只是一个研究问题的方法”①。胡适又把实验主义的方法论具体化为两种基本方法：

> (1) 历史的方法——“祖孙的方法”。他从来不把一个制度或学说看做一个孤立的东西，总把他看做一个中段：一头是他所以发生的原因，一头是他自己发生的效果；上头有他的祖父，下面有他的子孙。捉住了这两头，他再也逃不出去了！……
>
> (2) 实验的方法。实验的方法至少注重三件事：（一）从具体的事实与境地下手；（二）一切学说理想、一切知识，都只是待证的假设，并非天经地义；（三）一切学说与理想都须用实行来试验过，实验是真理的唯一试金石……②

值得注意的是，胡适在开掘实验主义里面的科学方法并将其推荐给中国学术界的过程中，始终没有脱离中国传统的学术背景，特别是自觉地将它与中国近三百年来的学术方法融贯起来。胡适所谓“历史的方法”，固然直接来自于实验主义，却也渊源于清代朴学“自流以溯源”、“自源而达流”的治学路径。③ 在《清代学者的治学方法》中，胡适多次指出他们“由几个（有时只须一两个）同类的例引起一个假设，再求一些同类的例法去证明那个假设是否真能成立，这是科学家常用的方法”。坚信治学方法在东西原是一致的胡适，一直有意识地沟通西方近代科学方法和中国传统考据方法，他晚年就回忆说：“在那个时候，很少人（甚至根本没有人）曾想到现代的科学法则和我国古代考据学、考证学在方法上有相通之处，我是第一个说这句话的人。”④ 胡适在杜威“有关思想的理论”的启发下，一方面打

---

① 胡适：《我的歧路》。

② 胡适：《杜威先生与中国》。

③ 冯契主编：《中国近代哲学史》下册第 21 章第 5 节，上海人民出版社 1989 年版。

④ 唐德刚译注：《胡适口述自传》，华东师范大学出版社 1993 年版，第 97 页。

通了近代西方科学方法和中国传统学术方法在地域与时代上的表层障隔，将传统考据纳入近代方法体系，使其中包含的科学合理因素获得学理上的总结和肯定；另一方面，胡适在这种交流对比中，也发现了以考据学为主的中国传统学术方法与近代科学方法还存在较大的差距。他特别指出，考据方法中最大的欠缺在于没有使用实验手段，以至于无法更新材料，使研究受到极大的局限。在《治学的方法与材料》一文中，胡适对此作了专论。他认为，东西学术的新局面都是在近三百年前开创出来的，中国以顾炎武、阎若璩等为开山，西方有葛利略、波耳、牛顿等代表，东西学人的方法相同，而使用的材料完全不同，结果东西学术的发展出现全然的差异。他说：

> 顾氏阎氏的材料全是文字的，葛利略一派的材料全是实物的。文字的材料有限，钻来钻去，总不出故纸堆的范围，故三百年的中国学术的最大成绩，不过是两大部《皇清经解》而已。实物的材料无穷，故用望远镜观天象，而至今还有无穷的天体不曾窥见，用显微镜看微菌，而至今还有无数的微菌不曾导出……宇宙之大，三百年已增加几十万万倍，平均的人寿已延长二十年了，然而我们的学术界还在烂纸堆里翻我们的筋斗。

三百年间东西学术巨大差距的造成，有着多方面的原因，但注重方法的胡适，宁愿从方法论的角度进行探讨。在他看来，中国学人用来研究的文字材料是死的，这种材料只能用力去搜集而不能创造，“从文字的校勘以至历史的考据，都只能尊重证据，却不能创造证据”；西方的自然科学研究，除了搜求现成的材料外，还可以根据假设的理论设计实验，把需要的证据创造出来，“实验的方法便是创造证据的方法”。至此，我们可以发现胡适从杜威的哲学中剔出“实验的方法”并将其引进中国学术界的良苦用心了。可惜的是，胡适的“实验的方法”，在本质上仍然只是对文字材料进行假设、求证，使传统的考据更加精致绵密，并使其应用的范围有所扩展，却无法把它变成真正西方那种“实验室的方法”。

胡适对近代中国学术事业的贡献，既在于他引进近代西方科学的思想方法，为中国学术界提供了一种先进的方法论，同时，还在于他不断地运用这种方法进行中国学术文化的整理和重建，即“整理国故，再造文明”，探索出一条使传统学术文化实现近代转换的成功之路。在近代学术新范式的理论探索与实际操作这两个方面，他都起了前驱和典范的作用。

“整理国故”的口号是1919年才正式提出的，实际上，胡适个人早已开始对中国传统学术文化进行清理梳解。《先秦名学史》以及由此扩展而成的《中国哲学史大纲》，就是胡适对古代哲学尤其是其中的逻辑方法予以科学整理和近代总结的两大成果。随着新文化运动深入蓬勃地开展，某些固守传统的人为了抗拒新文化（当然也部分地含有对全盘的反传统的过激态度进行纠偏），打出了“保存国粹”、“昌明国故”的旗帜。如何对待中国的旧文化，便成了文化思想界共同关心的现实性学术问题。拥护新文化运动的毛子水、傅斯年等人在《新潮》第1卷5号发表文章，反对抱残守缺性质的“追慕国故”，提出“必须用科学的主义和方法”来整理国故，但同时认为整理国故“没有多大益处”。胡适于1919年8月答毛子水信，肯定了他们用科学精神整理国故的主张，同时又指出不能抱有用无用的功利成见，要有“为真理而求真理”的态度。① 接着他在《新思潮的意义》中，把新思潮表述为“研究问题、输入学理、整理国故、再造文明”，使整理国故成为新的学术文化运动的一个重要环节和一项主要内容，并将它与“再造文明”即建立中国新学术新文化直接联系起来。从此，胡适本着评判的态度，运用科学的方法，投入大部分精力，从事国故的整理研究，并对整理国故的性质、原则、方法、作用等作了全面的论述，成为20年代学术界整理国故的理论依据和具体指导。

胡适认为整理国故就是将评判的态度运用于传统的学术思想，“从乱七八糟里面寻出一个条理脉络来，从无头无脑里面寻出一个前

---

① 胡适：《论国故学——答毛子水》，《胡适文存》卷2。

因后果来，从胡说谬解里面寻出一个真正意义来，从武断迷信里面寻出一个真价值来”①。其中的工作既要对历史材料作系统的清理与考辨，又要对各项事实加以逻辑的叙述与解释，既有谬误的纠正，又有价值的重估，弃其糟粕（国渣）而取其精华（国粹），是对中国几千年学术文化成果进行再认识和新改造的一项宏大的学术工程。胡适还指出，对国故的清理与评判必须坚持“还他一个本来面目”的原则：

> 整理国故，必须以汉还汉，以魏晋还魏晋，以唐还唐，以宋还宋，以明还明，以清还清；以古文还古文家，以今文还今文家，以程朱还程朱，以陆王还陆王……各还他一个本来面目，然后评判各代各家各人的义理的是非。不还他们的本来面目，则多诬古人。不评判他们的是非，则多误今人。但不先弄明他们的本来面目，我们决不能评判他们的是非。②

恢复历史的本来面目，是一种尊重客观历史的科学态度，只有尊重历史，才能正确公允地评价历史。胡适提出这一原则，对于当时学术思想界完全依据现实需要而一切蔑古或一切复古，是一种针砭。

胡适在对近三百年国学研究的总结中，对开展新式的国故整理指明了方向和方法。他充分肯定了清儒在发现、整理、刊印古代典籍方面的成绩以及在古籍整理中发展起来的方法（版本学、训诂学和校勘学）。同时又指出他们存有三大严重的缺点，即不能摆脱儒家一尊的成见而使研究范围过于狭窄，太注重功利而忽略了理解，只在儒书里兜圈子而缺乏参考比较的材料。胡适提出，以前辈学者的成败为鉴，应从三个方面努力开展新的国学研究：第一，用历史的眼光来扩大国学研究的范围，打破一切门户成见，使国学的领域扩充到整个过去的文化。第二，用系统的整理来部勒国学研究的资料，即使用索引式、结账式、专史式三种研究方式。第三，用比较的研究来帮助国学

---

① 胡适：《新思潮的意义》。

② 胡适：《国学季刊发刊宣言》。

的材料的整理与解释，即破除国界进行纵横两向的对比，这是一种近代的治学观念与方法，所以胡适作了详细说明。他举例说，研究中国过去的文字、音韵，考察历代的制度、设施，评价古人的学说、思想，如果拿了域外过去或当今的文字、制度、思想进行比较，很多疑难不须解释就能自然明白，对于古代制度、人物的评定也会更加深刻、公允。胡适特别指出，进行国故整理必须在方法和材料上取鉴于人：

> 我们现在治国学，必须要打破闭关孤立的态度，要存比较研究的虚心。第一，方法上，西洋学者研究古文学的方法早已影响日本的学术界了，而我们还在冥行索途的时期。我们此时应该虚心采用他们的科学的方法，补救我们没有条理系统的习惯。第二，材料上，欧美日本学术界有无数的成绩可以供我们参考比较，可以给我们开无数新法门，可以给我们添无数借鉴的镜子。①

就在胡适倡导、指挥的国故整理成为学界热潮时，那些以偏激的学术心态看待传统资源的新文化人，公开指责整理国故不但毫无价值，还会破坏新文化运动，他们诘问“清醒白醒的胡适之为什么要钻到烂纸堆里去白费劲儿”。为了回答朋友们的诘难，胡适写出《整理国故与打鬼》、《治学的方法与材料》等，把整理国故与“捉妖打鬼”联系起来，说整理国故“可以解救人心，可以保护人们不受鬼怪迷惑”，又说“输入新知识与新思想固是要紧，然而‘打鬼’更是要紧”，还承认：“现在一班少年人跟着我们向故纸堆去乱钻，这是最可悲叹的现状。我们希望他们及早回头，多学一点自然科学的知识与技术：那条路是活路，这条故纸路是死路。”胡适这样做，固然是想为整理国故正名，以便与那种借保存国粹之名行思想复辟之实的遗孽行为划清界限，不过他在这里也向他的新文化朋友作出了本来没有

① 胡适：《国学季刊发刊宣言》。

必要的妥协，把整理国故的意义收缩到反封建之一隅，也许是出于无奈吧。实际上，胡适发起整理国故运动的深刻用意，是要“用精密的方法，考出古文化的真相”，“化黑暗为光明，化神奇为臭腐，化玄妙为平常，化神圣为凡庸”，亦即重新估定传统的价值，并据以确定其在近代社会的地位。这是一项融化改造旧学术旧文化、继承性建设新学术新文化的宏远战略。因为他认为，对于具有丰厚历史资源和优秀文化传统的中国，要创建新学术新文化，不可能完全依赖于外来新知识新思潮的输入和传播，而必须立足于对旧的学术文化的改造和转换。早在胡适写作博士论文时，他就认识到这一点并作了清楚表述：

> 我们中国人如何能在这个骤看起来同我们的固有文化大不相同的新世界里感到泰然自若？一个具有光荣历史以及自己创造了灿烂文化的民族，在一个新的文化中决不会感到自在的。如果那新文化被看做是从外国输入的，并且因民族生存的外在需要而强加于它的，那么这种不自在是完全自然，也是合理的。如果对新文化的接受不是有组织的吸收的形式，而是采取突然替换的形式，因而引起旧文化的消亡，这确实是全人类的一个重大损失。因此，真正的问题可以这样说：我们应怎样以最有效的方式吸收现代文化，使它能同我们的固有文化相一致、协调和继续发展？……这个大问题的解决，就我们能看到的，唯有依靠新中国知识界领导人物的远见和历史连续性的意识，依靠他们的机智和技巧，能够成功地把现代文化的精华与中国自己的文化精华联结起来。

胡适后来竭尽全力于国故的整理，就是为了化旧出新，从中找到“可以有机地联系现代欧美思想体系的合适的基础”，以便“在新旧文化内在调和的新的基础上”建立中国自己的新学术新文化。① 胡适

① 胡适：《中国名学史·导论》，见《胡适学术文集·中国哲学史》下册，中华书局 1991 年版。

的这种远见卓识、成熟理性及艰辛实践，是那些蔑弃传统的新派学人所远远不及的。

胡适个人整理国故的范围广泛，所获成绩也很突出。他对古代哲学思想史、古典小说、墨学、禅宗等的研究，更是新颖别致，标榜一时。唐德刚曾评论说："我们如把胡氏整理国故的成绩和任何乾嘉大师或民国巨儒来平列互比，笔者个人便觉得到现在为止，适之先生还是前空古人后无来者的！"①

综观胡适在新文化运动期间及其后的学术活动，可以说全部集中于一个方法论。胡适在治学中领悟到，"一切科学的精神在于方法，方法是活的，普遍的"②，所以他喜欢把一切学术思想以至整个文化都化约为方法，他总是重视和寻求一家一派学术背后的方法、态度和精神而忽略其实际的内容主张。③ 他很早就觉察到中国学术急需先进的方法，从而自觉主动地寻求和引进西方近代的治学精神和科学的研究方法，并在国故整理中进行反复试验。例如1922年，他在《我的歧路》中自述说：

> 我这几年的言论文字，只是一种实验主义的态度在各方面的应用。我的唯一目的是提倡一种新的思想方法，要提倡一种注重事实、服从验证的思想方法。古文学的推翻，白话文学的提倡，哲学史的研究，《水浒》《红楼梦》的考证，一个"了"字或"我"字的历史，都只是这一个目的。

胡适在晚年仍坚持这一点，并强调："我治中国思想与中国历史的各种著作，都是围绕着'方法'这一观念打转的。'方法'实在主宰了

① 胡适：《胡适口述自传》唐注，第223页。

② 胡适：《国语文法概论》。

③ 余英时：《中国近代思想史上的胡适——〈胡适之先生年谱长编初稿〉序》。

我四十多年来所有的著述。"① 胡适对方法问题有着如此浓烈经久的兴趣，就是为着成功地输进一种先进、科学的外来方法，开创出中国学术研究的崭新局面。例如在《先秦名学史》导论中，胡适就明确指出，中国自唐宋以来的哲学和科学的发展，“曾极大地受害于没有适当的逻辑方法”，而近代中国学术所严重缺乏的方法论，“可以用西方自亚里士多德直至今天已经发展了的哲学的和科学的方法来填补”。又在《杜威先生与中国》里面，他说：“方法的应用是无穷的，杜威先生虽去了，他的方法将来一定会得更多的信徒，国内教授杜威先生的人，若能注意推行他所提倡的这两种方法，使历史的观念与实验的态度渐渐的变成思想的风尚与习惯，那时候这种哲学的影响之大，恐怕我们最大胆的想象力也还推测不完呢……将来还要开更灿烂的花，结更丰盛的果。”可见胡适研究中国古代哲学中的逻辑方法，传播杜氏实验主义，以及从事国故整理，都是为了引导国人接受和掌握一种不同于传统的学术精神与研究方法，使中国学术思想界开出鲜花结出硕果。他曾这样说：

> 古人说“鸳鸯绣取从君看，不把金针度与人”，这是很可鄙的态度。我们提倡学术的人应该先把“金针”送给大家，然后让他们看我们绣的鸳鸯，然后教他们大家来绣一些更好更巧妙的鸳鸯。②

胡适执意“要把金针度与人”，以传布科学方法自任，晚年更以传布了科学方法自慰。③ 事实上，胡适在方法论上对中国近代学术、文

① 胡适：《胡适口述自传》第94页。

② 胡适：《国语文法概论》。

③ 在《〈中国古代哲学史〉台北版自记》中胡适说，抓住每一位哲学家或每一个学派的“名学方法”来研究中国古代哲学史，“在当时颇有开山的作用”。又说，推翻六家九流的旧说，依据史料重新寻出古代思想的渊源流变，即用历史的方法作系统的研究，“这个治思想史的方法是在今天还值得学人考虑的”。见前引《胡适学术文集》。

化、思想等的发展所做出的巨大贡献与产生的深远影响，从蔡元培为他的《中国哲学史大纲》作序到今天的胡适研究，都是大加肯定和表彰的，诚如王元化先生所论："胡适为我们的现代学术开辟了注重方法论的新方向。"①

不过，说到具体的治学方法，胡适的贡献远不如王国维。胡适提出的假设—求证法和总结的内证、外证法②，不过是他受西方思想和方法的影响并以其为参考，对乾嘉考据学进行科学清理和系统总结，使传统的朴学方法具有某些近代方法的特征，是一种较高层次的继承与发扬，并未完成对它的近代化改进，离他自己标榜的"科学方法"还有着很大的距离。正如唐德刚所说，他的治学方法"只是集中西'传统'方法之大成"，"在现代社会科学方法发展的对照之下，适之先生的治学方法事实上只能算是现代学术中的一种'辅助纪律'"。③因此，梁启超在20年代初就把胡适归入"用清儒方法治学"④的正统派，正是从治学手段、方法上立论，并未贬抑胡适。李泽厚评论胡适给中国近代学术思想界带来的那场范式性变革，"与其说是学术性的，毋宁说是思想性的"⑤。如果前者用来指胡适的治学方法，后者指胡适的方法论，我们也愿意援引作为本文的结语。

第三节　梁启超的学术史研究

人们往往津津于梁启超因序蒋方震《欧洲文艺复兴史》而成就《清代学术概论》这桩近代学术史上的胜谈，似乎梁启超的学术史研究缘于一时之兴会。也有人以《清代学术概论》的成书为梁启超专门从事学术史研究的标志，而对其前期的学术思想史研究略去不论。

---

① 王元化：《胡适的治学方法与国学研究》，《清园论学集》，第620页。
② 详见《中国哲学史大纲》导言。
③ 胡适：《胡适口述自传》唐注，第133页。
④ 梁启超：《清代学术概论》。
⑤ 李泽厚：《中国现代思想史论》，东方出版社1987年版，第93页。

其实，要考察梁启超后半生的学术史研究，是绝不应忽略戊戌至辛亥间他对中外学术思想的研究的。1902~1904 年断续成文的《论中国学术思想变迁之大势》,① 仅是他原拟篇幅的一半，却充分表达了他对中国数千年学术思想演变的卓见高识，他对中国学术史的时代界划和各个时期主要学术流派、代表性学术人物学风思想的评判，也在这里形成了基本的意见，并且为他后来的学术史研究所遵循，只不过更加精密完善而已。例如，他在 20 年代研究清代学术的中心观念，仍是《大势》第 8 章论清代学术的主要结论。他原说“此二百余年间总可命为中国之‘文艺复兴时代’，特其兴也，渐而非顿耳”，故《清代学术概论》中处处以欧洲文艺复兴与清代学术演进比较；他原说“有清二百余年之学术，实取前此二千余年之学术，倒卷而缫演之，如剥春笋，愈剥而愈近里，如啖甘蔗，愈啖而愈有味，不可谓非一奇异之现象也”，所以在《概论》中总括清代学术的特点曰“以复古为解放”，等等。对此，梁启超在《清代学术概论》自序中明白承认:“余今日之根本观念，与十八年前无大异同，惟局部的观察，今视昔似较为精密。”

梁启超一生学问欲极大，后半生尤嗜治中国学术思想史，久蓄著《中国学术史》之宏愿。1920 年当《清代学术概论》甫脱稿，他就制订“将清代以前学术一并论述”的一年计划，分为五部:“其一先秦学术，其二两汉六朝经学及魏晋玄学，其三隋唐佛学，其四宋明理学，其五则清学也。”② 他的《中国学术史》虽因种种变故和年寿不永而迁延未成专书，但据其前期的《论中国学术思想变迁之大势》及晚年的大批相关著述、讲稿，梁启超事实上已经构建起一个庞大的中国学术史体系，并对这一体系中的主要学术思潮和重要学术流派作了精当论述，对中国数千年学术史上凡居一席的学术著作、学术人物都进行了考证、分析和批判，可谓古今淹贯，尽萃一身。梁启超将中国数千年递嬗多变的学术归为先秦子学、两汉经学、魏晋玄学、隋唐

① 梁启超:《饮冰室文集》之七。

② 梁启超:《清代学术概论》第二自序,《饮冰室专集》之三十四。

佛学、宋明理学、清代朴学、近代新学等七种学术发展形态，非常简洁地描画出中国学术思想承袭演变的流程轨迹，并结合各个历史时期的政治背景和社会环境进行分析考察，力图揭示中国学术思想演变的内在逻辑与外部特征，探寻创新中国近代学术的方便路径。

一、对先秦学术史的研究

先秦学术是我国学术思想的源头，春秋战国又是我国学术第一次繁荣昌盛时期，梁启超自然要不惮辛劳对其进行全面、深入的研究了。他先后写有《论中国学术思想变迁之大势·胚胎时代、全盛时代》、《管子传》、《老子哲学》、《孔子》、《子墨子学说》、《先秦政治思想史》、《孔老墨以后学派概观》、《先秦学术年表》，以及《庄子天下篇释义》、《荀子评诸子语汇解》、《淮南子要略书后》、《司马谈论六家要旨书后》、《史记中所述诸子最录考释》、《汉书艺文志诸子略考序》、《汉志诸子略各书存佚真伪表》，等等，或鸿篇巨制，或三五数页，或图，或表，或阐释，或考证，举凡先秦学术的兴起、衍变，诸子各书的真伪、流布，诸子其人的生卒、事迹、思想等等，无不涉猎，新见迭出，卓识不断。

梁启超把中国学术思想的源泉归结为“皆自黄帝子孙来也”，又把古代学术的全盛定在孔子生后，是信古过度和一味尊孔的不当，但他认为自原始社会末期至春秋时期的学术思想，“实为我民族一切道德法律制度学艺之源泉”，却也言之有理。他描述春秋末年至战国时代中国学术空前繁盛局面说：“孔北老南，对垒互峙，九流十家，继轨并作，如春雷一声，万绿齐茁于旷野，如火山乍裂，热石竞飞于天外，壮哉盛哉！非特中华学界之大观，抑亦世界学史之伟绩。”语句之精简，描画之生动，定位之确切，令人叹止。梁启超进而论析其所以勃兴繁盛，一是历史蕴蓄之宏富，二是社会制度之剧变，三是思想言论之自由，四是社会交往之频繁，五是学术人才之见重，六是文字之趋简，七是讲学之风盛，从学术、社会、时代、政治、文化等多方面进行考察，说明学术全盛时代的到来并非偶然，这样的分析有其深度。

对于先秦时期继轨并作、纷扰如云、鸣攻不已又彼此吸纳熏染的诸子学派，梁启超以人所罕有的学力才具，先依据地缘文化论划出南北两大学派，又追随历史分合变迁大势，将其分成四期，考察九流百家的兴衰离合，列出一张形式极简而内涵极丰的文字表。①

先秦学派号称百家虽是虚指，不过庄、荀以来直至马、班，就有六说十二家、九流十家、六家等说法。梁启超却截断众流，只称儒墨道法为显学，余则不过附庸流衍，所以他对先秦学术的研究，便集中于此四家。又春秋战国时代，社会动荡，政治剧变，诸子学说纷涌而起，无非是发表对时局的主张，寻求解决现实社会问题的丹方，所以梁启超从政治思想的角度进行研究，虽有其个人“药现代时弊”、以学术作政术的考虑，却也确实抓住了诸子思想要害。他说：“当时的政治思想，真算得百花齐放，万壑争流，后来从秦汉至清末二千年间都不能出其范围。”② 梁启超通过对儒墨道法四家学说的形成的历史渊源、前后承继、学说体系、政治主张的分析，将各自的政治思想分别归结为礼治主义、新天治主义、无治主义和法治主义。

清季以来，诸子学迅速复兴，梁启超可谓与有功焉。在其先秦学术史研究中，他对诸子其人其书的严谨考索，对诸家思想学说的近代阐释，都值得重视。尤其是他对诸子政治思想的发掘、彰扬，更有其鲜明的学术特色。

二、对儒学史（先秦至宋明）的研究

对于儒学，梁启超从纵横两个角度提出三种研究法，即时代研究法（纵向研究）和问题研究法、宗派研究法（横向研究）。他将儒学两千多年的嬗变历史，划成五个时代：孔子一个时代（自春秋至秦）、两汉一个时代、魏晋至唐一个时代、宋元明一个时代、清代一个时代（晚明至民国）。他又把儒学产生以来迄乎宋明辩论最为热烈的问题归纳为四：“一、性之善恶，孟荀所讨论；二、仁义之内外，

① 梁启超：《论中国学术思想变迁之大势》。

② 梁启超：《先秦政治思想史》，《饮冰室专集》之五十。

告孟所讨论；三、理欲关系，宋儒所讨论；四、知行分合，明儒所讨论。”① 据此他在《儒家哲学》中专门讨论了性善恶、天命、心体三个儒家哲学中的根本问题。在这里，我们追随儒学发展的历史，对梁启超的儒学史研究稍作介绍。

对于先秦原始儒学，梁启超着重探讨了孔门学说的内容及其分流衍变。他认为，孔子既讲内圣又重外王，学有四门：一曰德行，注重修养，后人称为义理之学；二曰言语，注重发表，后人称为辞章之学；三曰政事，注重政治，后人称为经济之学；四曰文学，注重文物，后人称为考证之学。这样看来，自两汉至明清的所有儒学宗派，都是源自孔子，从历史渊源看，彼此无优劣无高下。梁氏又指出，儒家在孔子身后形成两派，孟子一派重内圣，荀子一派重外王。

两汉曾被梁启超定为“儒学统一时代”，他特意分析了秦汉以后子学衰亡而儒学独尊的原因。除秦汉之际天下动乱诸子遭摧残和秦汉专制统治严禁思想言论自由而喜学术一尊等因素，梁启超着重从各家内部找原因，他认为：

> 墨氏主平等，大不利于专制，老氏主放任，亦不利于干涉，与霸者所持之术，固已异矣。惟孔学则严等差，贵秩序，而措而施之者，归结于君权……于帝王驭民，最为适合，故霸者窃取而利用之以宰制天下。
>
> 诸子之立教也，皆自欲以笔舌之力开辟途径，未尝有借助君王之心，如墨学主于锄强扶弱，势力愈盛者，则其仇之愈至。老学则刍狗万物，轻世肆志，往往玩弄王侯，以鸣得意。然则彼其学，非直霸者不取之，抑先自绝也。孔学不然，以用世为目的，以格君为手段，故孔子及身，周游列国，高足弟子，友交诸侯，为东周必思用我，行仁术而必藉王齐。盖儒学者，实与帝王相依附而不可离者也。

① 梁启超：《儒家哲学》，《饮冰室专集》之一〇三。

以上两段仍是从学说与专制统治的疏密关系说明儒家之获尊与诸子之废抑，梁启超还从诸家创始的规模大小与传承条件进行对比分析：

诸家道术，大率得一察焉以自好，承于前者既希，其传于后也亦自不广。孔学则祖述尧舜，宪章文武，在先师虽有改制法后之精神，在后学可以抱残守阙为尽责。是故无赴汤蹈火之实力，则不能传墨学；无幽玄微妙之智慧，不足以传老学。至于儒术，则言训诂者可以自附焉，言校勘者可以自附焉，言典章制度者可以自附焉，言心性理气者可以自附焉。其取途也甚宽，而所待于创作力也甚少。所以诸流中绝，而惟此为昌也。①

有此层层分析，再加上他对儒学从魏文帝以来至东汉数百年间由诸子一派而获致独尊的历史过程的考察，比起常人所谓董仲舒与汉武帝君臣二人间一奏一令而“罢黜百家、独尊儒术”的简单交待，自然要细密、谨严，令人信服。

由于儒学在西汉主要以经学的形式存在和发展，梁启超在《论中国学术思想变迁之大势》中将流派纷繁的汉儒划归说经之儒与著书之儒，各作简单的考察和评论。在《儒家哲学》中，则详述经今古文之争的过程以及二派彼此迥异的学风特色、解经方法及其历史地理渊源。他认为：

西汉以前的儒家学派，可以地域区分，所谓齐鲁学……孔门的时候，齐鲁学风无大别，以后愈离愈远，两派迥不相同了……至汉，两汉旗帜更为鲜明，甚至于互相攻击……今文家专讲微言大义，对于古书的一字褒贬，皆求说明。古文家专讲训诂名物，对于古书的章句制度，皆求了解。古文家法谨严，与鲁派相近，今文家法博大，与齐派相近。所以两汉经学，一方面为今古文之争，一方面即齐鲁派之争……鲁派即古文家，注重考释，

① 梁启超：《中国学术思想变迁之大势》之“儒学统一时代”。

专讲名物训诂；齐派即今文家，颇带哲学气味。

这种比附虽失之简单，不过也有一定的道理，尤其有助于揭示儒学早期的衍变历史及其内在发展理路，作为一种学术考察方法，颇能启悟后学。

魏晋隋唐间，玄学和佛学异军突起，先后成为主流学术，梁启超认为这八百年间是儒学最衰落之时代，所以未作深究，所作论述简略肤浅。不过，他始终从儒道佛三教合流的角度来考察这一时期学术思想的发展趋势，还是抓住了要害。他开列论述的几位儒家，有“引道入儒”的王弼、何晏，“调和儒老”的嵇康、阮籍，熔老、易于一炉的潘尼、顾荣，调和儒佛的颜之推、梁肃，融贯三教的孙绰、王通，调和南北经学的孔颖达，开辟经学研究新局面的啖助、赵匡，援佛入儒的韩愈、柳宗元，以及“引用佛教思想，创设自己的哲学”而开理学之门的李翱。梁启超在这里完全是用粗放的线条，勾勒出汉末至宋初中国学术思想的递嬗大势，较好地揭示了经学与玄学、玄学与理学及佛学与理学之间的承继衔接。所以，尽管他对这一期间儒学的研究颇多疏漏、肤浅、笼统，总体上还是值得肯定的。

理学是儒学的新形态，显赫于宋元明清近千年，梁启超称之为中国思想史的第二大“主系思想”。他依据《宋元学案》和《明儒学案》，对宋明间理学的发展传承作了较详细的阐述。对于宋代理学的兴起，梁启超除如上述溯及魏晋隋唐学术思想渊源外，特别肯定北宋前期欧阳修、王安石、司马光、苏轼等“政治文章之士”，说他们上继唐人，勇于疑古，舍汉唐注疏，直以己意解经，既一改治经之旧观，又“给后学一种解放”，直接助长了宋代理学的发展。对于理学形成期的周、邵、张、二程，梁启超各作考评，并认为“最重要的为横渠二程”。他称誉张载为“学术界开辟力极强大”的豪杰，“立论比二程高，二程为主观的冥想，很带玄学色彩，他是客观的观察，很富有科学精神”，实际上指出了张子思想中的唯物主义倾向。对于程颢（明道）和程颐（伊川），《宋元学案》曾以案语形式论过二人学术主张的差异，梁启超在此基础上作了详尽辨析。他说：

向来的人，把二程混作一块说，其实两人学风全不一样。明道是高明的人，禀赋纯美，不用苦工，所得甚深。伊川是沉潜的人，困知勉行，死用苦工，所得亦深。以古代的人比之，大程近孟，小程近荀，所走的路，完全不同……明道的学问，每以综合为体，伊川的学问，每以分析立说。伊川的宇宙观是理气二元论，明道的宇宙观是理气一元论。

梁启超还进一步考察二程学术与朱陆学术的渊源，使二程之异更能为人明白：

程朱自来认为一派，其实朱子学说，得之小程者深，得之大程者浅。明道言仁，尝说“学者须先识仁，仁者浑然与物同体”；言致良知，“良知良能，皆无所由，乃出于天，不系于人”，开后来象山一派。伊川言涵养须用敬，尝说“入敬之道始于威仪，而进于主一”；言进学在致知，又说“穷理即是格物，格物即是致知”，开后来晦翁一派。

理学在南宋获致更大发展，朱熹、张栻、陆九渊、吕祖谦并称“南宋四子”，但梁启超认为真正的集大成者为朱、陆，他说“朱陆最关重要”，并通过对比来论述二家之异。不过，他的立论基本上沿袭《宋元学案》的成说而乏新意，且只见朱陆之异而不识其同，实际上是忽略了对南宋理学思想本质的揭陈。及至朱明王朝大力表彰朱子理学，修《性理大全》以之开科取士，实使宋学精神丧失殆尽。因此，梁启超对高居庙堂而朽腐不堪的明代理学不以为然，只提出与宋学较有牵连的陈白沙与王阳明予以讨论。他对乡邦先贤的陈氏学术颂誉多而研究少，谓其“静中养出端倪”的用功方法可达“一种鸢飞鱼跃、光风霁月的景象”。对于王阳明，他说：“阳明的主要学说，即‘致良知’与‘知行合一，二事。”他并且从这两方面将王氏与朱子比较，基本上反映了王学的特点。① 梁氏盛赞阳明的“知行合一”论，视之为王学的精华与核心，他这样评价阳明学：

> 阳明在哲学上有极高超而且极一贯的理解，他的发明力和组织力，比朱子、陆子都强。简单说，他是一位极端的唯心论者，同时又是一位极端的实验主义者。从中国哲学史上看，他一面象禅宗，一面又象颜习斋；从西洋哲学史上看，他一面象英国的巴克黎，一面又象美国的詹姆士，表面上象距离很远的两派学说，他能冶为一炉，建设他自己一派极圆融、极深切的哲学，真是异事。②

从这种上下比较与中外比附中，可见梁启超对王阳明哲学的特别推崇，在梁氏心目中，大概除孔孟外，无有出王氏之右者。

在梁启超的学术史研究中，他对儒学最为钟情，用功最多。如果说，他前期作《读春秋界说》、《读孟子界说》、《论中国学术思想变迁之大势·儒学统一时代》等文字，有着崇儒尊孔、排荀申孟的浓厚政治气味和强烈感情色彩，那么他晚年专著《儒家哲学》、《阳明知行合一之教》等，就明显地体现了他抗逆潮流的大智之勇与纠补时偏的学术用心。自“打倒孔家店”运动一起，种种新奇偏激的议论充斥社会，儒家学说几乎臭不可闻，真孔与假孔不分，儒家哲学等同于封建思想，梁启超对此十分不满，“若因为这种议论新奇可喜，便根本把儒家道术的价值抹煞，那便不是求真求善的态度了”。他认为，中国历史文化的渊薮在儒家，儒学是中国传统文化的主要载体，否定儒家不啻于虐灭中国文化。他说：

> 自孔子以来，直至于今，继续不断地，还是儒家势力最大；自士大夫以至于台舆皂隶，普通崇敬的，还是儒家信仰最深。所

① 梁启超：《儒家哲学》，《饮冰室专集》之一0三。

② 《阳明知行合一之教》，《饮冰室文集》之四十三。

以我们可以说，研究儒家哲学，就是研究中国文化。

诚然儒家以外，还有其他各家，儒家哲学不算中国文化的全体，但是若把儒家抽去，中国文化恐怕没有多少东西了。中国民族之所以存在，因为中国文化存在，而中国文化离不了儒家。如果要专打孔家店，要把线装书抛到茅坑里三千年，除非认过去现在的中国人完全没有受过文化的洗礼。①

新文化运动揭举科学之旗，本身就要求对中国传统的思想文化包括儒学作一分为二的科学评判，因此，梁启超提出用"求真求善"的态度看待儒学、研究儒学，完全符合"科学"的大义；虽然他主张的重建中国近代新文化的途径与激进的"新文化人"不同，却是殊途同归，同样值得今人作批判性肯定。因梁启超后期大力研究儒学史、发掘儒家哲学思想而斥之为"孔家店的新老板"，诚为轻率之论。

三、对佛学史的研究

梁启超虽不算近代专门研佛之人，但他早年受师友熏染，对佛学兴趣浓厚，一生对佛典颇多涉猎，对佛法教理有过钻研，尤其多从史的角度进行探讨。梁著《中国佛教史》的夙愿虽未遑，还是留下了《中国佛法兴衰沿革说略》、《佛教之初输入》、《印度佛教概观》、《佛教教理在中国之发展》、《翻译文学与佛典》、《四十二章经辨伪》、《说四〈阿含〉》、《佛家经录在中国目录学之位置》等28篇专门性论文，此外他于1902年尚著有《论中国学术思想变迁之大势·佛学时代》和《论佛教与群治之关系》等。梁启超除对早期佛教教理作大量近代化的阐述，对印度佛教的兴起、传布、分化、衰落等复杂历史作出一定的清理外，主要是研究中国佛教史和中国佛学思想史。

梁启超对佛法最初输入中国的时间、地域这两桩纷纭史实进行了考证。在《佛教之初输入》及所附《汉明求法说辨伪》、《四十二章

① 梁启超：《儒家哲学》。

经辨伪》、《牟子理惑论辨伪》数文中，梁启超据有关史料指出佛教最初输入时间，“当以汉末桓灵以后为断”，“佛法输入盖在永平前”。关于佛教之输入地，他认为“不在京洛而在江淮”，因为从地理条件上，“两汉时中印交通皆在海上”，佛法西来最新应抵中国南方。梁启超还特别从思想史的角度，深入阐明南方文化思潮与佛教思潮的内在契合。他说：

> 楚王英奉佛，固属个人信仰，然其受地方思想之熏染，盖有不可诬者……南方自楚先君鬻熊，相传已有遗书，为后世道家所祖。老庄籍贯，以当时论，固南人也。其治学则尚谈玄虚，其论道则慕出世。战国末大文学家屈原，其思想之表现于《远游》诸篇者，亦与老庄极相近。盖江淮间学风与中原对峙，由来久矣，西汉初淮南王刘安受封故楚，与其地学者苏飞、李尚辈讲论，成《淮南鸿烈解》传于今，集道家言之大成焉。然则在全国各地方各民族中，惟江淮人对于佛教最易感受，对佛学最易了解，固其所也。①

梁氏注意到外来学术初渐时人们的文化接受心理，把老庄思想作为佛教在南方扎根的文化根源，虽为一家之言，却令人折服。

关于佛教植根华域并在六朝间勃兴的原因，梁启超认为，一方面，两汉学术虽称极盛，实则不过儒生注释经传和方士凿谈术数，前者破碎，后者怪诞，久而令人生厌，学者转向高玄，“正在缥缈彷徨，若无归宿之时，而此智德巍巍之佛学，忽于此时输入，则群趋之，若水归壑，固其所也”②。佛学作为第一次输入中国的外来学术思想，其进驻中国的情形与晚清正当中国处于学问饥荒时西学如潮涌入十分相似。另一方面，梁启超似乎更强调社会动荡是佛教勃兴的原因，“社会既屡经丧乱，厌世思想不期而自发生，对于此恶浊世界，

① 梁启超：《佛教之初输入》。

② 梁启超：《中国佛法之兴衰沿革说略》。

生种种烦懑悲哀，欲求一安心立命之所，稍有根器者，则必遁逃而入于佛”①。他分析南北朝时期上至君相士大夫下至小民百姓无不托身佛门，根源就在社会的长期动乱：

> 季汉之乱，民瘵已甚。喘息未定，继以五胡，百年之中，九宇鼎沸。有史以来，人类惨遇未有过于彼时者也。一般小民，汲汲顾影，旦不保夕，呼天呼父母，一无足恃。闻有佛如来能救苦难，谁不愿托以自庇？其秽恶之帝王将相，处此翻云覆雨之局，亦未尝不自怵祸害。佛徒悚以果报，自易动听，故信从亦渐众……其在有识阶级之士大夫，闻“万行无常，诸法无我”之教，还证以己身所处之环境，感受深刻而愈觉亲切有味……信佛教者，什九皆以厌世为动机……故世愈乱而逃入之者愈众。②

梁启超依据佛教教理在中国的发展情况，把中国佛教史大体划为四期：两晋南北朝为输入期，主要是传译经典和求法传法；隋唐为建设期，中国人自创宗派，佛教全盛并实现中国化；唐以后“殆无佛学”，即宋元明为佛教衰落期；晚清以来为复活期，将有“新佛教”盛行于世。③

梁启超在研究中还不断探索佛教对中国学术文化思想发展的具体影响。他在《佛典之翻译》、《翻译文学与佛典》、《印度与中国文化之亲属的关系》、《千五百年前之中国留学生》等文章中指出，佛典翻译扩大了汉语词汇、开出新的白话新文体、增加中国文艺之情趣、推动中国目录学发展，佛教输入带来了西方的绘画、音乐、建筑等艺术和天文、历算、医学等方面的知识，佛法渗透一定程度上改变了中国人的思维方式，等等。梁启超特别称赞晋唐间上百僧徒先后西行求法，表现了中华民族对于学问的“求真”精神：

---

① 梁启超：《清代学术概论》之三十。

② 梁启超：《中国佛法兴衰沿革说略》。

③ 梁启超：《中国佛法兴衰沿革说略》及《清代学术概论》之三十二。

> 我国人之西行求法，非如基督徒之礼耶路撒冷，回教徒之礼麦加，纯出于迷信的参拜。其动机出于学问——盖不满于西域间接的佛法，不满于一家口说的佛学。譬犹导河必于昆仑，观水必穷溟澥，非自进以探索兹学之发源地而不止也。①

梁启超对中国佛教史的零散考证和粗疏勾勒，自然不能让人对于整个中国佛教历史的兴衰之迹和佛学思想的嬗变之由得一个全貌，以致有人批评他的研究是舍本逐末。其实，梁启超不管研究佛教史还是佛学史，其兴趣既不在探考佛法在中国的发展情况上，也不在叙述中国佛教发展及其宗派演变的历史上，他的根本目的在于通过对外来佛教学说流入中国后如何与中国本土文化“结婚”而化育出新的学术思想的考察，为近代中国在承继传统文化时吸取西方思想而繁殖、创建新的学术探寻历史的借鉴与现实的道路。在《佛教之初输入》一文中，他开宗明义地提出两个问题：

> 外来之佛教，曷为而能输入中国且为中国所大欢迎矣？输入以后，曷为能自成中国的佛教耶？

他觉得个中答案“非求根底于历史焉不可”。可见梁启超探求历史并非本意，其史实考证目的在于揭示佛教输入中国及其被同化的原因，实际上是想探讨不同文化接触过程中实现自身转化的机制，以及异质文化在冲突融合中创新的学术思想的本相。在研究中，梁启超十分重视佛学在中国学术史上之地位，及对中国学术思想之深远影响，他把南北朝至唐代的学术史名曰“佛学时代”，把宋元明的学术史名曰“儒佛混合时代”②，又认为晚清思想界“有一伏流曰佛学”③。梁氏

① 梁启超：《翻译文学与佛典》。

② 梁启超：《论中国学术思想变迁之大势》。

③ 梁启超：《清代学术概论》之三十。

不仅视佛学为中国传统文化的第二大源泉和主干，而且认为佛法东渐，为中华文明输进新鲜血液，使之不断更新、完善。他说：

佛说本有宗教与哲学之两方面，其证道之究竟也在觉悟，其入道之法门也，在智慧，其修道之得力也，在自力……佛教之哲学，又最足与中国原有之哲学相辅佐也，中国之哲学，多属于人事上国家上，而于天地万物原理之学，穷究之者盖少焉。英儒斯宾塞尝分哲学为可思议不可思议之二科，若中国先秦之哲学，则毗于其可思议者，而乏于其不可思议者也。自佛学入震旦，与之相备，然后中国哲学乃放一异彩，宋明后学问复兴，实食隋唐间诸古德之赐也。①

因此，梁启超对佛教的中国化和中国特色的佛学格外崇敬，他不像某些人视佛学为外学，而是自豪地宣布佛学最盛的隋唐之交“为先秦以后学术思想最盛时代”，“隋唐之学术思想，为并时举世界独一无二之光荣”。当他对中日吸收佛教进行比较时，发现中国古代吸收外来学术后，“必能尽吸其所长以自营养，而且变其质，神其用，别造成一种我国之新文明”，对此他赞颂不已：

美哉我中国！不受外学则已，苟受矣，则必能发挥光大，而自现一种特色。吾于算学见之，吾于佛学见之。中国之佛学，乃中国之佛学，非纯然印度之佛学也。②

总之，梁启超通过说明佛法流入中国后对中国学术文化的巨大影响，通过揭示汉唐间经数百千人的求法、译经、创教而使佛教文化成为中国文明的一大组成部分，意在告诉人们，在近代西学东渐的热潮中，国人同样应“以求真为职志”，寻到外来文明的本源真相，“合

① 梁启超：《论中国学术思想变迁之大势》。

② 梁启超：《论中国学术思想变迁之大势》。

先秦希腊印度及近世欧美之四种文明而统一之，光大之”，创出中国近代的新学术新文化。

四、对近三百年学术史的研究

从学术史上看，清代是一个承先启后的时代。它既集传统学术思想之大成，又是中国学术迈向近代化的开端，其重要性自不待言，而梁启超生当清季，躬历晚清以来几乎所有学术思想的兴嬗变迁，所以他“发心著清儒学案有年”：1904 年写成《近世之学术》，1920 年《清代学术概论》一气呵成，意犹未足，三年后又撰成《近三百年学术史》这部皇皇大著。这样，对明末清初至清末民初三百年学术思想的全面考察，成了梁启超一生学术史研究的重彩之笔。

梁启超在以上三种著述中，对近三百年学术史所作的宏篇高论，本文无法条分缕析，综合而论，可作如下概括：

其一，对近三百年学术思想发展的全过程进行宏观界划，又对其中每一个发展阶段的代表性学派和学人作具体考察。

梁启超以清代学术为中心，上推下延，在《近三百年学术史》开篇就说：“为什么题目不叫做清代学术史呢？因为晚明的二十多年，已经开清学的先河，民国的十来年，也可以算清学的结束和蜕化。把最近三百年认做学术史上一个时代的单位，似还适当，所以定名为《近三百年学术史》。”依照学术思想本身的嬗变历程来界划学术史，这是他的一大发明。他又援借佛说把一切流转相分为生、住、异、灭的四期法，把这一时代学术思想的发展，划成四期：启蒙期、全盛期、蜕分期和衰落期。

所谓启蒙期，是“对于旧思潮初起反动之期也”，具体而言，是对明末空疏狂妄的王学末流的破坏与建设。梁启超约略划其为三类：一是承旧学派之终者，以孙夏峰、李二曲、张扬园、陆桴亭等为著，孙、李以王学显，张、陆以朱学显，他们在学界的位置，“不过袭宋明之遗，不坠其绪，未足为新时代放一异彩”。二是为新旧学派之过渡者，主要是顾、黄、王、颜四家。他们同是对王学之反动，但所趋方向各有不同。梨洲师承蕺山，可称王学嫡派，但他修正王学，尤重治史，开出浙东学派，梁启超颂誉他为“开拓万古，推倒一时者”。船山黜明存宋，尤好研求哲理，其建设方向近于“哲学的”，但同样反对玄谈，其治学方法亦开科学研究之精神。习斋于汉学宋学两皆吐弃，在诸儒中最为挺拔，他讲究亲躬物事以求其是，“实宋明学之一大反动力，而亦清学最初一机捩也”。梁启超于诸家中最推重顾氏。亭林取精用宏，为学界创立“经学即理学”的新旗帜，其著述虽欠专精，但方面之多，气象之大，后学无人能出其右，梁启超论其在清代学界之位置，说：

> 一在开学风，排斥理气性命之玄谈，专从客观方面研察事务条理。二曰开治学方法，如勤搜资料，综合研究，如参验耳目闻见以求实证，如力戒雷同剿说，如虚心考订不护前失之类皆是。三曰开学术门类，如参证经训史迹，如讲求音韵，如说述地理，如研精金石之类皆是。

所以是当之无愧的“清学开山之祖”。三是开新学派之始者，有阎若璩、胡渭、万斯同、万斯大、王寅旭、梅文鼎等代表，他们承顾、黄之绪，创成新派。阎、胡专事辨伪，“为经学界开一新纪元”；二万虽为王门后劲，却一切摒弃门户，全力建设清初史学；王、梅开有清科学之曙光，为三百年历算学者所宗。梁启超认为，经过启蒙期这一番破坏和建设，“自此以往，宋明学全绝，惟余经学考据独专学界，灿然光华”，于是全盛期到来。

进入乾嘉时期，王学之绝已久，宋学之衰亦甚，桐城古文派虽“自谓尸程朱之传，其实所自得者至浅薄”，七八十年间学界能以传授俨然组织成一学统、自固壁垒的，只有考证学，于是梁启超名之曰“正统派”，并以之为清代学术全盛期的代表。梁氏认为正统派“为考证而考证”，其中坚在皖与吴，并对两派的授受流传，作了详尽的开列。正统派哲学的根本方法，他以八字概括，曰“实事求是”、“无征不信”。不过，梁启超更看到吴皖两派治学作风的差异，惠派的旗帜是“凡古必真，凡汉必好”，可称纯粹的“汉学”，梁氏对此有微词，说："夫不问真不真，惟问汉不汉，以此治学，安能通方?"而戴派标举"不以人蔽己，不以己自蔽"，空明其心，绝不许存一毫先入之见，惟取客观的资料为极忠实的研究，所以戴派更能代表清学。乾嘉学人以科学的精神作指导，运用日趋精密的方法，对汉以来书册上的一切学问都加以琢磨、整理，"其学问之中坚，则经学也，经学之附庸则小学，以次及于史学、天算学、地理学、音韵学、律吕学、金石学、校勘学、目录学等等"，研究范围极其广博，所出成果也灿烂一时。对此梁启超先在《清代学术概论》中以3个专节加以列举表彰，到《近三百年学术史》，更以几近全书一半的篇幅分别部类地介绍清代学人整理旧学的总成绩，其中绝大部分是乾嘉诸大师的勋绩。

道咸以来，考据学盛极而衰，清学进入蜕分和衰落期。所谓蜕分，指今文经学从考据学营垒中崛起而终夺其席位。戴震弟子孔广森始著《公羊通义》，只是尚未分明家法，不为今文学后人所宗。庄存与著《春秋正辞》，"刊落训诂名物之末，专求所谓微言大义者，与戴段一派所取途径全然不同"，成今文学启蒙大师。其弟子刘逢禄专主董（仲舒）、李（育），在《公羊释例》中次第发明何休"非常异议可怪之论"，实为今文学不祧之祖。嘉道间，龚自珍、魏源成为今文学两大健将，他们喜以经术作政论，开出一派新风。至康有为终集其大成，先后撰成《新学伪经考》、《孔子改制考》，借经术文饰政论，给晚清思想界刮进一场大飓风，引起一阵大地震。梁启超虽把自己与康有为并列为蜕分期的代表，但对晚清今文说稍有微词，尤不慊于其师之武断，学术与政见有所分歧，所以只把自己定位为"对于今文学派为猛烈的宣传运动者"。梁启超对于考据学情有所钟，不仅以"启超与正统派姻缘较深"自喜，对于嘉道以来趋于衰落的考据学，更不无留恋。他一方面说今文学派在嘉道间"不过一支'别动队'，学界的大势力仍在'考证学正统派'手中"，一方面称扬衰落期中"犹有一二大师焉为正统派死守最后之壁垒，曰俞樾，曰孙诒让"，又说俞樾弟子章太炎"想把考证学引到新方向"①，直到胡适

① 其实把考证学引到新方向的不是章太炎而是王国维。

还在“用清儒方法治学，有正统派遗风”。不过，梁启超最终还是承认“今清学固衰落矣……无所容其痛惜留恋，惟能将此研究精神转用于他方向，则清学亡而不亡也矣”①。

其二，抓住清代学术思潮的主流，对近三百年间学术思想嬗变演进的原因及其特点作了较好的揭示。

在《清代学术概论》序中，梁启超说：

> 有清一代学术，可绍者不少，其卓然成一潮流，带有时代运动的色彩者，在前半期为“考证学”，在后半期为“今文学”，而今文学又实从考证学衍生而来。

因此，他论清学之启蒙与全盛，是以考证学为中心；论清学之蜕分与衰落，则以今文学为主轴。更可贵的是，梁启超在研究中，除分析学术思想自身的原因外，更注重政治对于学术变迁的影响。

晚明王学极盛而敝，学者束书不观，游谈无根，“不习六艺之文，不考百王之典，不综当代之务，举夫子论学论政之大端一切不问，而曰一贯曰无言，以明心见性之空谈，代修己治人之实学”②。及至明亡清兴，学者视之如天崩地解，“于是抛弃明心见性的空谈，专讲经世致用的实务”，学风由蹈空转而踏实。顾炎武首倡“舍经学无理学”，开辟贵独创、求博证、讲致用的新学风新方法。其后，阎若璩辨伪古文尚书，唤起“求真”观念，胡渭攻河图洛书，一扫架空说之根据，于是树立清学之规模。梁启超一则说“清代汉学，阎胡作之，惠氏衍之，戴氏成之”③，再则说“顾、阎、胡尤为正统派不祧之大宗”④，三则说“阎百诗、胡东樵一派之经学，承顾黄之

---

① 梁启超：《论中国学术思想变迁之大势》、《清代学术概论》、《近三百年学术史》。

② 顾炎武《日知录》卷七。

③ 梁启超：《论中国学术思想变迁之大势》“近世之学术”。

④ 梁启超：《清代学术概论》二。

绪，直接开后来乾嘉学派"①。这些都是从学术本身立论，寻找乾嘉朴学发达的渊源。至于明末清初推求当世之务的经世致用学风成为空谈，并且当初生动活泼、学派纷呈的学术日益偏向古典考证学一路发展，这就与政治时势分不开了。梁启超指出，那批志存匡复的遗老大师，到康熙中叶便凋零略尽，后起之秀多生长在新朝，与新朝的仇恨不深，加上匡复无望，经世之学自然要成空谈。况且要经世，必谈时政，而康雍乾三朝文字狱频兴，学者稍举手动足，便要获谴罹罪，惴惴不能自保，谁还去相与讲习那些触时讳的学术呢？于是英拔之士只好销其才智与日力于故纸堆中，诠释故训，究索名物。②

梁启超对于盛极一时的考证学在道咸以后渐渐蜕分而趋于衰落，也是从学派自身和环境变化两方面来加以分析论述。系于学派自身的，梁启超认为有三因，实际上只有第一因最能说明。考证学之研究方法虽极精善，其研究范围却甚是拘迂，不仅远离社会现实，甚至脱离书本实际，"其名物一科，考明堂，考燕寝，考弁服，考车制，原物今既不存，聚讼终末由决。典章制度一科，言丧服，言禘祫，言封建，言井田，在古代本世有损益变迁，即群书亦未由折衷通会"③。结果，这门以倡"实"而盛的学问，终因不能贯彻一"实"字而衰。嘉道以还政局的变乱，又直接促进了考证学的没落。早在乾隆晚世，皇帝年老倦勤，委政奸佞，权威渐坠，嘉道以来，内乱迭起，清廷积威日弛，人心渐获解放，有识之士开始指天画地，经世致用观念复活。而作为考据学大本营的江浙大地，经"咸同之乱"，受祸最烈，公私藏书，荡然无存，耆宿名儒，流徙零落，"考证学本已在落潮的时代，到这会更不绝如缕了"④。

值得注意的是，梁启超在讨论近三百年学术盛衰流变时，始终注意到了外来学说在其中的作用与地位。在言及明末对于王学的反动

① 梁启超：《近三百年学术史》二。

② 梁启超：《清代学术概论》九，《近三百年学术史》二、三。

③ 梁启超：《清代学术概论》二十。

④ 梁启超：《近三百年学术史》四。

时，他写道："明末有一场大公案，为中国学术史上应该大笔特书者，曰欧洲历算学之输入。"在中国学术史上，这是继佛法东渐后第二次输入外来学说，"在这种新环境之下，学界空气当然变换，后此清朝一代学者，对于历算学都有兴味，而且最喜欢谈经世致用之学"①，便与之分不开。康熙、雍正二帝驱逐传教士，连他们传布的那些学问也被带累，中国学界错过接近欧化的机会，也使明季以来渐次兴起的自然科学戛然中止。鸦片战争后，西学再输入，始则工艺，次则政制，"学者若生息于漆室之中，不知室外更何所有，忽穴一牖外窥，则粲然者皆昔所未睹也，还顾室中，则皆沉黑积秽。于是对外求索之欲日炽，对内厌弃之情日烈……于是以极幼稚之西学知识，与清初启蒙期所谓经世之学者相结合，别树一派，向正统派公然举叛旗矣"②。梁启超把近代西方学术的输入视为清学分裂之主要原因，是深有见地的，至于他在学术史研究中对此后西学的论述，这里不必再赘。

梁启超曾在《清代学术概论》中概括清学形式上的一大特点，是"以复古为解放"，又在《近三百年学术史》中指该时代的学术主潮，是"厌倦主观的冥想而倾向于客观的考察"。其实，他对清代学术的最好总结，是在《近世之学术》中，他说：

> 顺治康熙间，承前明之遗，夏峰梨洲二曲诸贤，尚以王学教后辈，门生弟子遍天下，则明学实占学界第一之位置。然晚明伪王学猖狂之习，已为社会所厌倦，虽极力提倡，终不可以久存，故康熙中叶遂绝迹。时则考据家言，虽始萌芽，顾未能盛。而时主所好尚，学子所崇拜者，皆言程朱学者流也，宋学占学界上第一之位置。顾亭林日劝学者读注疏，为汉学之先河，其时学者渐厌弃宋学之空疏武断，而未能悉折衷于远古，于是借陆德明孙仲远为向导，故六朝三唐学实占学界第一之位置。惠戴学行，谓汉

① 梁启超：《近三百年学术史》一。

② 梁启超：《清代学术概论》二十。

儒去古最近，适于为圣言通鞮象，一时靡其风，家称贾马，人说许郑，则东汉学占学界上第一之位置。庄刘别兴，魏邵继踵，谓晚出学说非真，而必溯源于西京博士之所传，于是标今文以自别于古，与乾嘉极盛之学派挑战。抑不徒今文家然也，陈硕甫作诗疏，亦申毛黜郑，同为古学，而必右远古，郑学日见掊击，而治今文者，亦往往据鼎彝遗文以纠叔重，则西汉学占学界第一之位置。乾嘉以还，学者多雠正先秦古籍，渐可得读，二十年来，南海言孔子改制创新教，且言周秦诸子皆改制创新教，于是孔教宗门以内，有游夏孟荀异同优劣之比较，于孔教宗门以外，有孔老墨及其他九流异同优劣之比较，凡所谓辨，悉从其朔，故先秦学占学界第一之位置。①

梁启超只以数百字，将二三百年内纷纭交错的学术变幻，一一勾画出来，条理井然。他还在文后附上一表，列其变迁之状。稍有不足的是，他未将西学问题考虑进去，在这里，我们根据以上文字叙述，参照梁氏原表制成下表。

第一期 (启蒙期)	第二期 (全盛期)	第三期 (蜕分期)	第四期 (衰落期)
顺康间	雍乾嘉间	道咸同间	光宣以来
程朱陆王问题 复宋之古，对于王学得解放	汉宋问题 复汉唐之古，对于程朱得解放	今古文问题 复西汉之古，对于许郑得解放	孟荀问题、孔老墨问题 复先秦之古，对于一切传注得解放
西学一度流行	西学中绝	中学与西学冲突、融合	

① 梁启超：《饮冰室文集》之七，第100～102页，着重号为引者所加。

五、梁启超学术史研究的特点

第一，博通与专精相结合的学术体系。

梁启超本人博学多识，学术体系庞杂，素有作中国通史之愿，他的学术史研究也多从宏观立论，《论中国学术思想变迁之大势》以高屋建瓴之势，将四千年学术思想剖判为七个时期，在内容上涉及先秦子学、两汉经学、魏晋玄学、隋唐佛学和“近世”学术，可谓纵横古今。《近三百年学术史》则是 17、18、19 三个世纪的学术史研究专著，除对三百年学术思想的演变过程作清晰描述外，更详尽地罗列这个时代几乎所有门类的学术，如经学、史学、小学、地理、诸子学、音韵学、历算学、乐曲学、金石学、校勘学、辑轶学、西学等等，对它们的渊源流别、学术特点、研究之人及著述作了总结和介绍，可谓网罗诸学。从学术的纵向看，他对中国数千年儒学历史和上千年的佛教历史作了典型剖析，研究之专精与透彻也令人叹服。可以说，梁启超既是研究中国学术史的通达大家，又是研究先秦学术史、儒学史和清学史的专门之才。虽然他在研究中，多有疏失浅薄，但无论在他之前的黄宗羲、全祖望，还是在他之后的徐世昌、钱穆，他们的学术史研究，通博远不及梁启超，精专也未必能赶上梁启超。研究中国学术史，能同时做到博与专的，除了侯外庐等数位马克思主义史学家外，旧学人中惟有梁启超。

第二，独立不倚的学术立场。

梁启超极为赞赏顾炎武贵独创的精神，对于戴震破人己之蔽的方法亦很注意。他称赞戴派治学“虚己”的态度是一种科学的研究方法，“先空明其心，绝不许有一毫先入之见存，惟取客观的资料，为极忠实的研究”①。他标榜要以“超然客观的精神”从事研究，于己于人一样根据于史料，“力求忠实”②。虽然梁启超没有完全做到这一点，但他总是注意戒除门户，在研究中多次表彰融贯诸家的做法，

---

① 梁启超:《清代学术概论》十二。
② 梁启超:《清代学术概论》自序。

而批评前人的门户之见。如他说：

> 程朱陆王之争，最陋者莫如清初，然其风特煽自后起之诸小人儒耳，若夫遗老大师，各遵所闻，未始或相非也。其时以王学显者，莫如夏峰、二曲、梨洲，以宋学显者，莫如桴亭，蒿庵、杨园，皆彼此忻合，未尝间然。①
>
> 其实清儒最恶立门户，不喜以师弟相标榜，凡诸大师皆交相师友，更无派别可言也。②

他批评魏源森严今古门户而力攻古文，说：

> （源）著诗古微、书古微，诗主齐鲁韩，书主欧阳大小夏侯，而排斥毛郑，不遗余力，由今日视之，其无谓亦甚矣。③

在梁启超之前之后，治学术史者颇不乏人，但他们或者专治一派之学，党同妒真，或者专主一家之说，尊己抑彼。远的如周汝登、江藩、方东树等，且不去说，近则如章太炎专攻今文，钱穆则有鲜明的宋学立场。梁启超在评判中，大多史论结合，心平气和，不以汉非宋，也不以今贬古，持论基本平实。特别可贵的是他不囿师说，也不媚时俗，敢于坚持己见，服从真理。梁启超在《清代学术概论》中公开评点指责康有为，是人所共知的。在五四新文化运动期间，社会上批判专制倡导民主，儒家和法家都成为众矢之的。梁启超却以求真求善的态度，对两家进行研究，对其历史作用给予较高的评价，不是一种可贵的学术独立精神吗？

第三，冶古今中外于一炉的比较研究。

梁启超的学问淹贯中西，博通今古，在研究中，往往进行古今对

① 梁启超：《论中国学术思想变迁之大势》。

② 梁启超：《清代学术概论》二。

③ 梁启超：《论中国学术思想变迁之大势》。

比和中外比附。他认为："凡天下事，比较然后见其真，无比较则非惟不能知己之所短，并不能知己之所长。"① 所以他既从中国学术思想的演播来确定各个时期的学术、学派、学人在学术史上的地位与影响，又从世界范围内衡量中国学术的地位与贡献。这种古今中外的比较，在梁启超的研究中比比皆是，前文所引他对二程异同、朱陆异同的对比，他对王阳明所作的上下比较与中外比附，都是极好的例证。又如他论墨子的思想说："兼相爱是理论，交相利是实行，这理论的方法，兼相爱是托尔斯泰的利他主义，交相利是科尔璞特金的互助主义。"② 将其与近代西方思想作比，试图对中国古代思想加以近代阐释。再看他对同是考据家的惠派与戴派的治学作风作如是比较：

> 惠派之治经也，如不通欧语之人读欧书，视译人为神圣，汉儒则其译人也，故信凭之不敢有所出入。戴派不然，对于译人不轻信焉，必求原文之正确然后即安。惠派所得，则断章零句，援古正后而已。戴派每发明一义例，则通诸群书而皆得其读。是故惠派可名曰汉学，戴派则确为清学而非汉学。③

这样一比照，二派学问优劣自现，他对惠派盲信汉代师说的讥评，对戴氏求索真知的赞同，态度十分明显。

由于清初以来的学术在形式上确有以复古求解放的特点，近代学人往往以之与欧洲文艺复兴相提并论，如蒋百里给《清代学术概论》作序说："惟由复古而得解放，由主观之演绎进而为客观之归纳，清学之精神，与欧洲文艺复兴实有同调者焉。"梁启超最初写作《清代学术概论》，更是为了与欧洲文艺复兴作比较，"取吾史中类似之时印证焉，庶可以校彼我之短长而自淬厉也"④。所以全书自始至终，

---

① 梁启超：《墨子学案》，《饮冰室专集》之三十九。
② 梁启超：《墨子学案》，《饮冰室专集》之三十九。
③ 梁启超：《清代学术概论》十二。
④ 梁启超：《清代学术概论》自序。

都不忘这种比较，既有论其同者，又有析其异者，可谓其学术史研究中一道引人注目的风景线。

第四，探寻中国学术更新途径的学术旨趣。

梁启超嗜治学术史，并非纯出于个人兴趣，而是如他自己所云，有其“微意”、“用心”，也就是通过对中国数千年学术思想演变过程的梳理和学术兴衰原因的探讨，为更新中国学术，使之实现近代转化，探寻方便途径。我们认为，他在以下几个方面尤为注意：

其一，强调学问自由独立是学术发展的条件。梁启超前期激烈批判专制政治，极力反对学术定于一尊，他曾说：“我国学界之光明，人物之伟大，莫盛于战国，盖思想自由之明效也，及秦始皇焚百家之语，而思想一窒；汉武帝表章六艺、罢黜百家，而思想又一窒。”①“儒学统一者，非中国学界之幸，而实中国学界之大不幸。”② 1920年他把“汉学专制”视为清学蜕分的原因之一：“……于是思想界成一‘汉学专制’之局。学派自身，既有缺点，而复行以专制，此破灭之兆矣。”③ 又在总结中说：“学问非一派可尽。凡属学问，其性质皆为有益无害，万不可求思想统一，如二千年来所谓‘表章某某，罢黜某某’者。”④ 对于旧学人好依傍托古、不求学术独立的恶习，梁启超也痛加针砭。他写道：

> 中国思想之痼疾，确在“好依傍”与“名实混淆”。若援佛入儒也，若好造伪书也，皆原本于此等精神。以清儒论，颜元几于墨矣，而必自谓出于孔子……康有为之大同，空前创获，而必自谓出孔子。及至孔子之改制，何为必托古？诸子何为皆托古？则亦依傍混淆而也已。此病根不拔，则思想终无独立自由之望，

---

① 梁启超：《论课教之说束缚国民思想》，《饮冰室文集》之九。

② 梁启超：《论中国学术思想变迁之大势》。

③ 梁启超：《清代学术概论》二十。

④ 梁启超：《清代学术概论》二十三。

启超盖于此三致意焉。①

他称赞梅文鼎融贯新旧中西，建立本国独立的学问：

定九生当中西新旧两派交哄正剧时，他虽属新派的人，但不盲从，更不肯用门户之见压迫人。专采求是的态度，对于旧派不惟不抹杀，而且把许多古书重新解释，回复其价值，令学者一番自觉，力求本国学问的独立。②

其二，强调学术要发达就不能以经世为目的。梁启超前期曾以学术为经世致用的手段，也强调学术应该经世。到了后半生，他通过对学术史的研究，对此作了反思，认为学术的真义在于它的非功利性和超实用性，所以能独立，能发达。他讨论“正统派”治学成绩为有用无用时，写道：

凡真学者之态度，皆当为学问而治学问。夫用之云者，以所用为目的，学问则达此目的之一手段也。为学问而治学问者，学问即目的，故更无有用无用之可言……其实就纯粹的学者之见地论之，只当问成为学不成为学，不必问有用与无用，非如此则学问不能独立，不能发达。③

梁启超对于乾嘉大师为学问而治学问的人生态度极为赞同，称之曰“学者的人格”：

所谓“学者的人格”者，为学问而学问，断不以学问供学问以外之手段，故其性耿介，其志专一，虽若不周于世用，然每

① 梁启超：《清代学术概论》二十六。

② 梁启超：《近三百年学术史》十一。

③ 梁启超：《清代学术概论》十三。

一时代文化之进展，必赖有此等人。①

对照之下，他总结戊戌以来的“新学家”之所以失败，“更有一种根源，曰不以学问为目的而以为手段”。梁启超又借此议论说：

殊不知凡学问之为物，实应离“致用”之意味而独立生存，真所谓“正其谊不谋其利，明其道不计其功”。质言之，则有“书呆子”然后有学问也。晚清之新学家，欲求其如盛清先辈具有“为经学而治经学”之精神者，渺不可得，其不能有所成就，亦何足怪？②

事实上梁启超也把戊戌时期的自己及其师康有为与这些新学家一样批评，“有为、启超皆抱启蒙期‘致用’的观念，借经术以文饰其政论，颇失‘为经学而治经学’之本意，故其业不倡”③。

梁启超的这一主张，历来受到批评，实际他本人也始终未能做到，就是在他的学术史研究中，他对学术求真与致用的态度也多有游移。

其三，致力总结前人的治学方法，特别强调“科学”精神和科学的研究法。梁启超对清初顾炎武、刘献廷、顾祖禹、梅文鼎等人治学中的科学精神一再肯定，对乾嘉大师们朴实博证的学术作风极是赞颂，“乾嘉间学者，实自成一种学风，和近世科学的研究法极相近，我们可以给他一个特别的名称，叫做科学的古典学派”④。他对戴、段、二王的“科学的研究法”特作总结，对正统派的治学特色专节介绍，在《近三百年学术史》中更详述清代学人的校勘法、辨伪法，

① 梁启超：《清代学术概论》三十三。

② 梁启超：《清代学术概论》二十九。

③ 梁启超：《清代学术概论》二，他还批评章太炎“亦以好谈政治，销荒厥业”。

④ 梁启超：《近三百年学术史》三。

此外他还作《科学精神与东西文化》的演讲，梁启超矻矻于此，不过希望人们以科学的态度看待“国故”，承继和发展清人的方法来研究“国学”，使之实现近代转换，使之走向世界。如他在介绍乾嘉学风后，论其“间接之效果”时这样写道：

用此种研究法以治学，能使吾辈心细，读书得间；能使吾辈忠实，不欺饰；能使吾辈独立，不雷同；能使吾辈虚受，不敢执一自是。①

在表达他对将来学术的希望时，又说：

社会日复杂，应治之学日多。学者断不能如清儒之专研古典，而固有之遗产，又不可蔑弃，则将来必有一派学者焉，用最新的科学方法，将旧学分科整治，撷其粹，存其真，续清儒未竟之绪，而益加以精严，使后之学者既节省精力，而亦不坠其先业。世界人之治中华国学者，亦得有藉焉。②

其四，主张博采众长，加强中西学术思想的交流融合，使中国学术走向第三次繁荣。梁启超通过研究发现，每当两种异质文明交融，中国学术思想就获得一次大发展：“我中华当战国之时，南北两文明初相接触，而古代之学术思想达于全盛，及隋唐间与印度文明相接触而中世之学术思想放大光明。”在西学大量涌入中西文化冲突融会的时代，他满怀信心地展望中国学术的未来：

吾窃信数十年以后之中国，必有合泰西各国学术思想于一炉而冶之，以造成我国特别之新文明，以照耀天壤之一日。③

① 梁启超：《清代学术概论》十三。
② 梁启超：《清代学术概论》三十三。
③ 梁启超：《论中国学术思想变迁之大势》。

论者大多数认为，梁启超前期大量介绍引进西方学术思想，而在一战后欧游归来，到处宣告“西方文明破产”，于是从以西学为本位走向以中国传统文化为本位。可是就其学术史研究来看，此论未必妥当。1902年他作出告诫说：“自今以往二十年中，吾不患外国学术思想之不输入，吾惟患本国学术思想之不发明。”他同时批评当时两种学人：“一则徒为本国学术思想界所窘，而于他国者未尝一涉其樊也；一则徒为外国学术思想所眩，而于本国不屑一措其意也。”由于当时西学骤兴，中国旧的学术思想少为人道，梁启超指其偏失和无益：“脱崇拜古人之奴隶性，而复生出一种崇拜外人蔑视本族之奴隶性，吾惧其得不偿失也……若诸君而吐弃本国学问不屑从事也，则吾国虽多得百数十之达尔文约翰弥勒赫胥黎斯宾塞，吾惧其于学界毫无影响也。”① 梁启超在20世纪初年作出的批评，其实更可用于“五四”前后的中国学术界思想界。不论在其前期还是后期，梁启超融贯中外文化创新中国学术的思路一直未变。1902年他这样说：

> 生此国为此民，享此学术思想之恩泽，则歌之舞之，发挥之光大之，继长而增高之，吾辈之责也……夫我界既如此其博大而深赜也，他界复如此其灿烂而蓬勃也，非竭数十年之力于彼乎于此乎，一一撷其实咀其华，融会而贯通焉，则虽欲歌舞之，乌从而歌舞之？②

1920年他还是说的这个意思，只不过表达得更加冷静和理性：

> 可见我国民确富有“学问的本能”，我国文化史确有研究价值……故我辈虽当一面尽量吸收外来之新文化，一面仍万不可妄

① 梁启超：《论中国学术思想变迁之大势》。

② 梁启超：《论中国学术思想变迁之大势》。

自菲薄，蔑弃其遗产。①

梁启超的一生，政与学密迩难分，他既是一位学者型的政治家，又是一位政治型的学者。1918年他虽宣布退出政界，但他匡时救世之情未变，他的内心仍时时牵挂着时局政治。他不再像以往那样撰写政论文，组党搞立宪，护国反复辟，以直接的政治来救国救民。他早就认识到学术势力可以左右世界，学术思想反映一个国家和民族的精神风貌，“学术思想之在一国，犹人之有精神也，而政事、法律、风俗及历史上种种之现象，皆其形质也。故欲觇其国文野强弱之程度如何，必于学术思想焉求之”②。所以他全力从事中国学术思想史的研究，等于是从事学术救国的远大事业。因此他没有缩守书斋，而是一面夜以继日著书立说，一面往来南北，频开讲席，笔耕舌耨，孜孜矻矻，穷究古今，融贯中西，以光大传统文化，更新中华学术自任，一心要使悠久灿烂的中国学术，重执世界学术思想界之牛耳：

> 合世界史通观之，上世史时代之学术思想，我中华第一也。中世史时代之学术思想，我中华第一也。惟近世史时代，则相形之下吾汗颜矣。虽然，近世史之前途，未有艾也，又安见此伟大国民不能恢复乃祖乃宗所处最高尚最荣誉之位置，而更执牛耳于全世界之学术思想界者！③

第四节　汤用彤的汉唐佛教史研究

汤用彤先生博学多识，著述精当，成绩斐然，终生从事高等教育事业和科学研究工作，主要致力于中国佛教史、魏晋玄学、印度哲学

① 梁启超：《清代学术概论》三十三。
② 梁启超：《论中国学术思想变迁之大势》。
③ 梁启超：《论中国学术思想变迁之大势》。

和西方哲学的研究，其成就尤其表现在中国佛教史研究这个领域。《汉魏两晋南北朝佛教史》于 1938 年出版，《隋唐佛教史稿》是汤先生二三十年代在中大、北大的授课讲义。它们不仅受到当时学术界的推崇，而且时经半个世纪，更受到国内外学术界的普遍重视。在中国佛教史这个领域内，国内尚无人超越汤先生的成就；国外同类著作，多半是在他原来的构架上有所增益，没有重大突破。① 因此可以说，汤先生这两部传世佳作，是划时代的精品。治斯学者，借鉴汤先生的汉唐佛教史研究，无疑能收到事半功倍的效果。研究汤先生的学术思想和治学方法，显然应当作为我们这个时代的课题。

先生字锡予，祖籍湖北黄梅。1893 年 8 月（清光绪十九年农历六月）生于甘肃。尝谓“幼承庭训”，随父亲在甘肃任上，诵四书五经，“早览乙部”②，接受了比较严格的传统文化的教育。辛亥革命前后，相继求学于顺天学堂和清华学堂。1916 年毕业，并考取官费留美，但因故未能成行。③ 而留清华教授国文，并任《清华周刊》总编。1918 年赴美留学，1920 年入哈佛大学研究院，学哲学、梵文、巴利文，提前完成学业，1912 年获哲学硕士学位，同年回国，先后在南京东南大学、天津南开大学、南京中央大学（东南大学易名）任哲学系教授、系主任等职。在南京中大执教时，曾屡赴支那内学院，从欧阳渐听受佛学，熊十力、蒙文通皆为同窗听友。④ 其后被聘为内院研究部导师，与吕澂、邱虚明、王恩洋等近代佛学大家一起指导佛学研究，1924 年还兼任巴利文导师，指导“文典长阿含游行演习”，并讲授“金十七论解说”及“释伽时代之外道”两课程。曾自巴利文本译出《南传念安般经》等，比较南北传佛教的异同。

---

① 颜尚文：《汤用彤的汉唐佛教史研究》前言。兰吉富《汤用彤及其汉魏两晋南北朝佛教史》认为，欲寻一能与汤先生比肩之我国学者，恐尚难得其人。任继愈《汤用彤先生治学的态度和方法》均言及此。

② 汤用彤：《汉魏两晋南北朝佛教史》跋。

③ 患沙眼似乎不可能阻止赴美，其中当另有原因。曾自赴美的老一辈学者了解到，体检时若付一点小费，即免于此厄。

④ 钱穆：《忆锡予》，《燕园论学集》。

1931年，北京大学以英庚款补助特聘教授名义迎入。抗战爆发，随北大先后转长沙、昆明。抗战胜利后，随北大复归北平，任哲学系教授、主任、文学院长等职，讲授中国佛教史、魏晋玄学、哲学概论、印度哲学史等课程。1947年利用休假期间赴美国加州贝克莱大学讲授中国佛教史一年。从1948年起，任北大副校长、中国哲学社会科学学部委员等职。其间，即1949年2月至1951年9月，任北大校务委员会主席（校长）。1964年5月1日与世长辞，享年72岁。

汤先生一生著述甚多，有《魏晋玄学论稿》、《印度哲学史略》、《往日杂稿》、《康复札记》、《魏晋玄学中的社会政治思想》、《魏晋玄学讲义》等。还有发表于各种杂志，关于佛教史、道教史、中西文化问题的论文，以及一些散佚的文稿。① 另有《梁高僧传校释》的未完稿。其中《汉魏两晋南北朝佛教史》、《隋唐佛教史稿》享誉海内外半个世纪，乃至被外国学者视为“价值至高的工具与导引”②，实为汤先生生平的拔萃之作。因此，重温汤先生汉唐佛教史研究，即可窥见汤先生学术思想和治学方法之一斑。

一、传统文化转化观念的形成与佛教研究的价值取向

汤先生不是虔诚的佛教徒，也不是奉持菩萨戒的居士，何以在浩瀚的学海中，选择冷僻的佛教史作为研究的对象？尤其对于像他这样一个学术上金声玉振，“中印欧三方思想之同有造诣”③，“学贯中西的大家”④，更值得我们深入探讨。

中国封建社会于19世纪中叶，内忧外患，屡经丧乱，已经是风雨飘摇、江河日下的末世光景了。至20世纪上半叶，军阀割据、战祸频仍、丧权辱国，积贫积弱的中国社会，更变得满目疮痍。密切关注国家兴亡，怀着深刻生死感怀的知识分子，楚囚相对，“举目有山

① 如石峻先生提到的两篇佚稿，见《燕园论学集》。
② E. Zurcher. *The Buddhist Conquest of China*, Leidan, 1959.
③ 钱穆：《忆锡予》，《燕园论学集》。
④ 石峻先生提到的两篇佚稿中语。

河之异”的亡国殷忧。他们痛定思痛，深感国势衰颓的根本原因在于“道德衰亡”①，一切病象皆由文化所引生②，所以力主“开民智”、“新民德”，“用宗教发起信心”。他们面对着政治经济和整个社会的急剧变迁、西方文明的挑战，尤其是五花八门的西方思想之输入，充分认识到传统的内圣外王之道已不足以持世，整个民族共同奉守的伦理观念也开始发生动摇。另一方面，西方思想来源浅觳，且不适合中国文化心理结构。这就面临着中国文化向何处去的抉择问题。究竟是全盘西化，还是坚持全面复古的中国本位文化？是以“科学”“民主”来取代“修己安人”，还是重塑“内圣外王”的思想人格？这是近代思想文化史上人们早已注意到的两种极端倾向。还有一大批知识分子，在中西文化交汇中，持传统文化如何实现自身转化的意见。汤先生就是这一文化观的代表人物。

就具体学术领域讲，近代佛教文化由缁衣流入居士长者之间，可上溯至道咸年间。彭绍升发其端绪，龚自珍、魏源继其后发挥佛教哲学和经世之理论，杨仁山究心佛乘，康有为、梁启超、谭嗣同、章太炎均兼治佛学，欧阳渐、太虚煽动宗风，遂致思想家竞相研习佛理，政治家也涉足佛典，形成20世纪佛教文化勃兴之新潮。曾经是中国传统文化的异端，又是传统文化的一个组成部分，在中国思想文化史上经历过文化移植并促进传统文化转化的佛教，在这样的文化背景中，得到了社会，也就是广大知识分子的普遍认同。即使“科学”“民主”的新思想也不能阻遏其发展；作为新文化代表人物的胡适，乃至王季同等留学海外的自然科学家，也以极大的兴趣叩启佛学的大门。其时寺僧佛学重在卫教，居士偏于弘法，思想家以利生为鹄的，学者则倾向于挖掘和阐扬中华民族文化之精魂。于是形成宗教信仰、经世致用、哲学思辨和纯学术研究四个佛教文化研究的不同层面。尽管这四个层面互相交叉渗透，但也说明其时治佛学者的价值取向也不

① 章太炎《革命之道德》语：“道德之衰亡诚亡国火种之根极。”

② 钱穆言：“当前全世界人类种种灾祸，正本清源，一切应归极于人类思想问题上。”

尽相同。汤先生就是在上述社会环境和文化背景中，开始了他的佛教文化研究并持文化转化观念而翘然独秀的。

二、传统教育与心理素质

毋庸讳言，中国知识分子既不同于门阀贵族，也有别于工农商贾，他们既具有利国利民的经世之志，形而上的普遍追求，道德的自我完善，同时又坚持对文化进行自由创造。也就是说，“兼善”和“独善”在承担使命的意义上毫无二致。然而，具体说来，对佛教研究的价值取向则又取决于个人所受教育而形成的文化素养和心理结构了。汤先生是纯学术型的，而且是基于整个民族文化转化这一带有普遍意义的根本问题研究佛教史的。这自然与其所受的传统教育而形成的心理素质有密切关系。

如前所言，汤先生“幼承庭训”，系统地接受了传统文化的教育，前述中国知识分子所具有的特质已经开始植根于其心理深层。其文不仅“谆谆于立身行己之大端，而启发愚蒙”，且“常述前言往行以相告诫”。先生三岁即随父背诵《桃花扇》之《哀江南》，曲中“残军”“废垒”，“瘦马”“空壕”，“乞儿饿殍”的萧瑟气象及悲歌兴亡的忧患意识，早已在他的心底潜移默化开来。及先生年长，又“寄心于玄远之学，居恒爱读内典，顾亦颇喜疏寻往古思想之脉络，宗派之变迁”①，又“继承了乾嘉以来的考据之风”②。这些不仅为他打下了扎实的国学基础，涵养了他的理论素养，及对佛教研究的兴趣，而且培植了他忧时伤世，关注国家兴亡和文化前途的使命感。前述社会原因、文化背景与这两方面的结合，便使之以全部的热情投身到文化学术研究方面来了。先生痛感：

> 今日中国固有之精神湮灭，饥不择食，寒不择衣，聚议纷

---

① 汤用彤：《汉魏两晋南北朝佛教史》。

② 汤用彤：《往日杂稿》前言。

纷，莫衷一是。所谓文化之研究，实亦衰象之一。①

这里虽然不像梁启超、章太炎、钱穆等人直截了当地把社会窳败的原因归于文化之兴衰，但视“文化为全种全国人民精神上之结合”②，精神湮灭实亦文化衰象之果，要以文化研究干预家国时代之变迁，也尽在不言之中了。当然，对“时学之弊”，即全盘西化、全面复古之“浅隘”也给予了直言之批判。所以他引用《史记》的话说：“居今之世，志古之道，所以自镜也”，充分表现了他研究佛教史，意在以前事为后事之师，改变国家落后面目之积极心态。他不再像晚清学者引吭愤世嫉俗的慷慨悲歌，而是以沉静的睿智、明晰具体的历史分析，探索思想文化发展的内在规律，以期“俾古圣先贤伟大人格之思想，终得光辉人间”③。

三、白璧德新人文主义的影响与文化转化观念

传统教育把汤先生和国家命运、学术研究紧密联系在一起，而西方文明的熏陶，不仅强化了他的忧患意识和自由创造文化的热情，而且在价值取向方面展开了他的视野，以致在中国文化到底向何处去的问题上，他独辟蹊径，形成了自己的文化转化观念。

汤先生早年就读的清华学堂，是一所留美预备学校，对学生侧重外国语言和西方文化科学的训练。所以汤先生自幼学习英语，早已接受西方文化的教育，是我国第一代经过科学训练的学者。留学四年，主要攻读治佛教史所需的梵文、巴利文以及西方哲学和印度哲学。他的文化转化观念，显然接受了哈佛大学白璧德人文主义的影响。

白璧德（Irving Babbitt），哈佛大学教授，是一位对东西方文化均有深刻理解，于佛学深造有得，对中国文化、中国近代困境深切关注的人文主义学者。白氏1894年至1933年执教于哈佛大学。其为学

① 汤用彤：《评近人之文化研究》。
② 汤用彤：《文化思想之冲突与调和》。
③ 汤用彤：《汉魏两晋南北朝佛教史》跋。

强调“人道主义重博爱，人文主义重选择”的分别，指出“儒家泛爱众而兼能亲仁则进于人文派矣”①，力主“同情与选择必持其平”的人文思想。② 其教人则坚持“使学生先成为人文学者，而后始从事于专门也”③。具体说，就是“为人类之将来及保障文明计，则负有传授承继文化之责者，必先能洞悉古来文化之精华”，“以见人类所留遗之最高尚之思想言行，陆离彪炳，铭刻其中”，“显示人生之要理”，使“古人之灵明睿智既得传于今，而今人本身新得之经验，亦可以其灵明睿智并传于后”。④ 白氏同情加选择的学术思想，继往开来的教育目的，显然给这位留学海外的青年学子及其后的学术研究留下了深深的印记。而白氏所言，“中国学生亟宜学习巴利文（今留美学生中，习之者已有二三人），以求知中国佛教之往史，且可望发明佛教中尚有何精义可为今日社会之纲维”⑤，更直接影响到汤先生的研究取向。

《文学与美国大学教育》（*Literature and the American College*）中《释人文主义》（*What Is Humanism?*）一章有一段话集中表述了白氏的人文主义思想。请看：

> “人文主义者常徘徊于同情与训练、选两极端之间……执两端之中而得其当。更言其大凡则即巴斯喀尔所云“人类美德之真标识乃期融洽各种相反之德性而全备其间之各等级之能力”。……人类偏颇之失殆属前定（指情感与理智之冲突），欲其合于人文，惟有战胜此先天之缺憾，以相反之德性互相调剂，而期于合度耳。其目的乃安诺德（Matthew Arnold）所谓观察人生审之谛而见其全。⑥

---

① 吴宓译：《白璧德的人文主义》。
② 徐振鄂译：《释人文主义》。
③ 吴宓译：《白璧德的人文主义》。
④ 吴宓译：《白璧德的人文主义》。
⑤ 胡先骕译：《中西人文教育谈》。
⑥ 徐振鄂译：《释人文主义》。

这里他提出同情与选择并用、不同文化相互融合的合度思想，强调“合度律（Law of Measure）乃人生之金科玉律”①，以全面把握人生之真谛为文化研究之鹄的。汤先生不仅以此思想涵养个人的情操，而且以“同情默应”、“心性体会”②、“文化之研究乃真理之讨论”③与白氏的人文主义相呼应。

汤先生个人操守恰如钱穆所言，中国型主执两而用中，“锡予为人为学，与世无争，而终不失为一性情中人，亦正是其为一有意于致中和之中国学人矣”④。足见此与白氏人文思想的契合。

至于汤先生文化转化观念的形成，在很大程度上更是接受了白氏中西人文教育思想。如此实例，不胜枚举，现仅就有代表性的言论摘要如次。

白氏认为，“在中国已开始之新旧之争，乃正循吾人在西方所习见之故辙”，他既反对“完全抛弃中国古著之经籍而倾向欧西极端卢梭派之作者”，也不赞成“不承认他国文化之成绩”。要求“中国在力求进步时，万不宜效欧西之将盆中小儿随浴水而倾弃之”，“必须审慎保存其伟大之旧文明之精魂”，“宜博采东西，并览今古，然后折衷而归一”，把柏拉图、亚里士多德和释伽、孔子等东西方贤哲之前言往行“加以变化，施之于今日”⑤。汤先生就是根据这样的思想，结合文化人类学批评派和功能派的学说，确立其文化转化观念和治学方法的。

汤先生指出，自日本发动侵略战争以来，“人类在惨痛经验之中渐渐觉悟到这种文化本身恐怕有问题”。而中西文化之交流“也早已发生了文化的前途到底如何的问题”⑥。这实质上是他所意识到的文

① 徐振鄂译：《释人文主义》。白氏强调人文主义“其爱人也必加以选择”，而不是“纳众生于怀中，接全球以一吻”的人道主义。

② 汤用彤：《汉魏两晋南北朝佛教史》。

③ 汤用彤：《评近人之文化研究》。

④ 钱穆：《忆锡予》，《燕园论学集》。

⑤ 胡先骕译：《中西人文教育谈》。

⑥ 汤用彤：《文化思想之冲突与调和》。

化转化的前提和必要条件。他显然不同意全面复古和全盘西化的思想，因而批评“维新者以西人为祖师，守旧者藉外族为护符，不知文化之研究乃真理之讨论”，指出“新学家以国学事事可攻，须扫除一切，抹杀一切；旧学家以为欧美文运将终，科学破产，实质‘可怜’。皆本诸成见，非能精考事实，平情立言也”①。他认为传统文化和外来文化接触时，首当其冲的是“应不应该接受外来文化”的价值评论和“能不能接受外来文化”的事实问题。这两个问题实际上就是围绕主体文化转化的必要性和可能性而展开的。

汤先生没有直接回答这个问题，但他从两个方面论证了这两个命题。

首先他说：“过去我们中国也和外来文化思想接触过，其结果怎样呢?”② 答案当然是肯定的，所谓“前事不忘，后事之师”，他要用历史的事实证明在中国文化与外来文化交汇中，实现自身转化的必要性和可能性。汉唐佛教史研究就是对这个问题的回答。

其次，汤先生又比较文化人类学的各种学说，突出强调“文化移植”这个概念，批评了演化说和播化说的偏颇。他指出，演化说认为人类思想“自有其独立之发展演进”，“完全和外来的文化思想无关”；播化说认为民族或国家的文化思想“都是自外边输入的”，这两种极端的学说均不符合历史事实。而批评派或功能派则认为“外来文化与本地文化接触，其结果是双方的”。由于本地文化的保守性，“文化移植的时候不免发生冲突”，外来文化要适应新的环境，“也须和固有文化适合”，这就是功能派关于文化接触（culture-contact）和涵化（acculturation）的理论。这个理论论证主体文化在和外来文化的冲突中，“虽然发生变化，还不至于全部放弃其固有的特性，完全消灭本来的精神”。外来文化也在这种碰撞中，“受本地文化的影响而常常有改变”③。所以汤先生说：“关于文化的移植，我

① 汤用彤：《评近人之文化研究》。

② 汤用彤：《文化思想之冲突与调和》。

③ 汤用彤：《文化思想之冲突与调和》。

们赞成上面说的第三个学说。”① 据此他又总结出外来文化输入常常经历的三个阶段，即表面调和→冲突→真实调和，为他的文化转化观念奠定了理论基础。最后他又强调：

> 一个民族的文化思想，实在有他的特性，外来文化必须有所改变，合乎另一方面的性质，乃能发生作用。②

如此，汤先生的文化转化观念便异军突起，与全盘西化说、本位文化论分庭抗礼了。

综前所述，由于社会的原因、文化背景以及传统教育形成的心理素质，西方人文主义思想的影响等多方面的结合，不仅使汤先生选择了汉唐佛教史研究这一冷僻的课题，而且形成了他的文化转化的理论，以及与此相应的治学方法。在这一理论的指导下，从历史和哲学两个角度系统反思中外文化冲突和调和的过去，揭示主体文化在与外来文化冲突中的转化过程。同时“以古证今”，展望中国文化转化的现在和将来，以解决整个民族思想的认同危机，说明在当时中西文化交汇的大潮中，传统文化实现转化的可能性和必要性。所谓转化，既不是全盘西化，也不是固守陈规，而是在冲突、交融中创造、建设新文化，最终完善传统文化，完善国民道德，增强自立于世界民族之林的信心和能力，以改变国家积贫积弱的落后面貌。所以，汤先生既不像胡适、陈序经的全盘西化论，专以西人为楷模，也不像本位文化论，主以尊孔读经、全面复古；既不同于东方文化派的梁漱溟、熊十力，专讲文化哲学系统，一味在自身文化中寻找出路，更不是前此以往的康梁、杨度诸君，以学术干预政治。他不追求俗世声名，具有名士的超越精神，又以极大的热情，关注着中国文化发展的方向，表现出中国知识分子对人生终极关怀的执着追求。

---

① 汤用彤：《文化思想之冲突与调和》。

② 汤用彤：《文化思想之冲突与调和》。

四、汉唐佛教史研究的方法

如前所言，传统教育和西方文化的熏陶，决定了汤先生文化转化观念的形成和佛教史研究的价值取向，他的佛教史研究的治学方法，同样来自白璧德同情加选择的人文主义和乾嘉学派的考据之学，概括起来即：同情默应，心性体会，广搜精求，多维比较。由于篇幅限制，不便做仔细的考订。其实，前者是就方法而言的指导思想，后三者则是“选择”的具体实施。换言之，汤先生的佛教史研究，是在人文主义的影响下，以文化转化为中心，采用了严格的考证和系统的比较方法，令人信服地说明佛教传入、兴起、鼎盛和衰落的文化背景及其与传统文化的冲突和促进传统文化实现转化的过程。

关于考证，自不必多加解释，汤先生坚持在广搜精求的基础上平实立论，正如任继愈先生的评价，“考订严谨，资料扎实”，“对原始资料一字一句，一个标点也认真考虑”，是“经得起时间考验的主要原因”①。而采用比较的方法，则包括纵、横和自身深度变化之比较。纵的比较是前后对比，从历史发展中看文化的转化；横的比较是中外思想，不同学派、宗派在空间上的比较，从冲突中看不同文化、不同派系的对峙和融合，以寻找文化变迁的各种轨迹；自身深度变化的比较尤能揭示转化的内在规律，当然它也包含了纵的和横的比较方法。

（一）从佛道思想之比较看佛教的传入与佛道思想的调和

汤先生的佛教史研究从不囿于单一的学术领域，他总是把佛教思想的发生、发展以至兴衰的变迁放在整个文化背景中进行考察。关于佛教初传之时，他特别指出，其时黄老之学盛行，“道家者流，早由独任清虚之教，而与神仙方术混同……于是黄老之学遂成黄老之术”，所以佛教传入，“亦附于此种道术”②，即所谓佛道式佛教。因此，对佛道思想进行详细的考订和认真比较，揭示佛教传入中国后中国文化思想与之相应的变化。

---

① 任继愈：《汤用彤先生治学的态度和方法》。

② 汤用彤：《汉魏两晋南北朝佛教史》。

他说：佛教何时传入中国，“传说纷歧，实难确实”。他认为，“吾人治史，书卷阙载，原不宜强为之解。而治佛教史，尤当致意于其变迁兴衰之迹，入华年代之确定固①非首要问题矣”。所谓兴衰变迁之迹，就是强调转化的过程。因此，首要问题不在于具体年代之确定，而是要对佛教初传时期的各种史料加以详细的考订，从纷乱的头绪中，即从当时的政治、思想文化背景中，找出其所以能够输入、植根和发展变化的脉络。他首先考证史料的真伪，肯定“伯益知有佛”的“荒证无稽”；“周世佛法已来”系产自伪书《周书异记》；张骞“始闻浮屠之教”“虚妄不实”；汉武帝时为“佛道流通之渐”，由五证②而“虚妄可知”；刘向叙“七十四人在佛经”，“盖由后人所羼”，“历经道士改窜”等，否定了汉明帝以前佛教入华的各种传说。继而他旁征博引，说明“最初佛教传入中国之记载，其无可疑者，即为大月氏王使伊存授《浮图经》事。因而断言，“传法之始，当上推至西汉末叶”③。同时他还通过对《牟子理惑论》、《老子化胡经》以及《四十二章经》的考证，否定了梁启超的“伪作”之说，由此而肯定汉明永平求法“不可即断其全属子虚乌有”，“吾人现虽不能明当时事实之真相，但其传说应有相当根据”④。他在《〈四十二章经〉考证》一章中说：“梁任公疑《四十二章经》为伪书，盖因其不似汉译文体，其文字优美，谓应于三国两晋时求之。梁先生此说亦非确论。”汤先生一方面从文体上考证其在汉晋间原有不同译本，“其一汉译，文极朴质，早已亡失，其一吴支谦译，行文优美，固得流传”，遂证明此经“出世甚早”，故“源出西土，非中华所造”；另一方面又取《章经》的内容与当时社会思潮相比较，指出梁氏视作伪经的另一根据：“含大乘教理”、“深通老庄之学”，“乃后世所妄

① 原书为因，疑为排印错误。

② 五证即《史记》、《汉书》并未言及此事，武帝时印度未有造佛像之举等。见《佛教史》第10页。

③ 汤用彤：《汉魏两晋南北朝佛教史》。

④ 汤用彤：《汉魏两晋南北朝佛教史》。

增”，而早出之《章经》的性质，“朴质平实，原出小乘经典”①，并以之与汉代流行的道术相比较，藉佛教传入的文化背景，说明此经确系汉代自印度传来。他说：

> 取其所言，与汉代流行之道术比较，则均可相通。一方面本经诸章，互见于巴利文及汉译佛典者（几全为小乘）极多，可知其非出汉人伪造。一方面诸章如细研之，实在与汉代道术相合。而其相合之故有二。首因人心相同，其所信之理每相似。次则汉代道术，必渐受佛教之影响，致采用其教义……

汤先生不仅将汉译本与巴利文本两相对照，而且从佛教义理与道术相合，道术又受佛理影响，两者互相渗透撷取，证明佛教确在汉代传入中国。

事实上，汉代本为黄老思想笼罩天下，阴阳道术盛行民间。佛法初来，道教亦方萌芽，佛教思想传入不仅要与道术相合，而且首先要受到黄老思想的拒斥。因此，佛教必须适时地进行自身的改造，才能在中国落地生根，即所谓“纷歧则势弱，相得则益彰”②。汤先生当然注意到问题的症结所在，不仅指出浮屠斋戒祭祀、佛言精灵不灭与方士祠祀之方、道士神仙却死之术“相得益彰，转相资益”，而且强调“其教旨清静无为，省欲无奢，已与汉代黄老之学同气”。所以他便从“精灵起灭”、“省欲去奢”、“仁慈好施”等多方面比较佛道两家“本可相通”之理，进一步界说了佛法传入之年代。

同时，汤先生还指出，佛教“因西域使臣商贾以及热诚传教之人，渐布中夏，流行于民间”，中国文化思想也当然为之一变，上流社会以黄老“兼及浮屠”，文人学士也“略为述及”。及至魏晋，玄学清谈隆盛，佛教转而依附玄理，中国文化与外来文化的双向作用，促使传统思想开始了它的第一次转化。他还着重比较了偏于小乘的安

① 汤用彤：《汉魏两晋南北朝佛教史》。

② 汤用彤：《汉魏两晋南北朝佛教史》。

士高禅学和支谶的大乘般若学，认为前者“在洞悉人之本原”，以“五蕴”为要，故汉魏佛徒以之与五行家“元气”说相牵合，以“息意去欲”、“养生成神”为特征；后者力主“反本”之说，故重智慧，以“证体达本”、“神与道合”为目的。前者仍承汉代道术，后者则近五千言玄理。于是“旧佛道之将坠而两晋新佛玄之将兴”①，逐渐完成佛道式佛教向佛玄式佛教的转化。而“牟子适为过渡时代的人物”，他“已弃道术而谈玄理”，“援引老庄以伸佛旨，已足征时代精神之转换”。汤先生进而确证汉代输入之佛教，又在中国文化思想的影响下，已由附庸黄老、方术向佛玄结合的新的阶段演进了。

（二）从佛玄思想之比较看佛教的兴起及儒道释思想的相互渗透

从中国思想发展史的主流讲，汉代崇尚老庄，魏晋玄风隆盛，故而汉代佛教附庸方术，魏晋释子雅尚老庄，这就是汤先生说的外来文化“适者生存”的问题。魏晋之时，植根于中国土地上的佛教只有在思想上同当时崇尚玄理、注重清谈，尚自然、笃名教的玄学思潮相结合，才能得以发展。另一方面佛教也“加入本有文化的血脉中”②。老庄较盛的正始、元康名士，时至六朝，便为佛教性空本无之说所吸引，永嘉学子大有扪虱谈佛之风了。事实上，魏晋南北朝时期，佛教袭取玄学以解释佛学，致使儒道佛思想交相渗透，实为这一时期转化中的中国文化的显著特点。慧远引“庄子为连类”以讲“实相义”③，法雅、道安常引“三玄”之言比附佛理，就是明证。汤先生以这一历史事实，在玄佛思想比较的基础上，阐述了佛学在中国思想史发展的第二个阶段，并通过儒道佛三家思想的融会贯通，展现了传统文化转化中的复杂现象。

如前所述，汤氏认为《牟子理惑论》实为佛玄思想结合之滥觞，由是，“佛教脱离方士而独立，进而高谈清净无为之旨”，至“魏晋《老》《庄》风行之际，《般若》《方等》适来中国，大申空无旨趣，

---

① 汤用彤：《汉魏两晋南北朝佛教史》。

② 汤用彤：《文化思想之冲突与调和》。

③ 梁代慧皎法师著：《高僧传》卷6。

恰投时人所好，固得扩张其势力”①。也就是说佛学的空无旨趣藉玄思而推进，循玄理而发展。佛门弟子则适时地把佛学老庄化、玄学化，应机说法，使倾向于清谈格义之徒能悉心领受。此外，汤先生也比较了佛教和当时的名士思想，指出：当时般若大行于世，罗什的毕竟空义“同符老庄”；僧肇三论“自然袭取老庄玄学之书”；道生“实相无相”，“理超象外”，“涅槃佛性”，“自然显发”；所谓“象外之谈”，亦与老庄冥合；“而名僧风格，酷肖清流，宜佛教玄风，大振于华夏。”另一方面，社会名流之间玄风炽盛，名俊辐辏，“争谈玄虚无为之理，竞以清言放达相高尚”。诸如“王、何谈玄，务为高远”，王戎、阮、嵇“皆尚清谈，宅心事外”。据此，汤先生具体比较了佛教六家七宗和玄学贵无、崇有、独化三派的思想，指出“六家七宗，盖均本中国人士对于性空本无之解释”，他们贵无贱有、返璞归真的思想“本属同气”，辨本末、真俗、有无，目的均在“以本性实现为第一要义”②，即均倾向于返本的人生学说，说明佛与本土的道和儒在终极关怀（ultimate concern）的问题上已经融洽无间了。上述玄佛在思想上的冥合，遂造成名僧与名士的直接交往，以至在生活行事上“在在都有相通的互感”③。“两晋支龙与阮庾等世称八达，而东晋孙绰以七道人与七贤相比拟，名人释子共入一流。”④ 僧借玄以求发达，士藉佛而趋高尚。当时的佛学与玄学就是这样转相资益、并驾齐驱的。

汤先生综论魏晋佛法兴盛的四条原因，其中首要两条，也是在比较中揭示佛教发展的思想文化背景，即本地文化在民族心理深层的积淀及其外在的表现。其一是：

> 祸福报应固早已为佛法起信之要端。而乱世祸福，至无定

---

① 汤用彤：《汉魏两晋南北朝佛教史》。
② 汤用彤：《汉魏两晋南北朝佛教史》。
③ 汤用彤：《魏晋思想的发展》。
④ 汤用彤：《汉魏两晋南北朝佛教史》。

轨，人民常存侥幸之心，占卜之术，易于动听……澄（佛图澄）悯念苍生，以方术掀动二石，以报应之说戒其凶杀，蒙其益者十有八九，于是中州晋胡，略皆奉佛……佛教民间之传播，报应而外，必藉方术以推进。此大法之所以兴起于魏晋。①

这不仅分析了当时的文化背景，而且分析了社会的心理因素，肯定佛法的传播，除示以佛法中的果报之说外，“必藉方术”才能与社会心理相合而得以推进。他总结的第二条原因不仅更能反映其研究方法的特点，而且更深刻地揭示了外来文化和本地文化认同和转化的内在契机。

士人承汉末谈论之风，三国旷达之习，何晏、王弼之《老》《庄》，阮籍、嵇康之荒放，均为世所乐尚。约言析理，发明奇趣，此释氏智慧之所以能弘也。祖尚浮虚，佯狂遁世，此僧徒出家所以日众也，故沙门支遁以具正始遗风，几执名士之牛耳……至若达官贵人，浮沉乱世，或结名士以自炫，或礼佛陀以自慰……贵介子弟，依附风雅，常为能谈玄理之名俊，其赏誉僧人，亦固其所，此则佛法之兴，得助于魏晋之清谈。②

也就是说，理论思辨，谈空说有，本释氏之长，所以当时专尚清谈之玄风，自然是佛教在中国本土顺化的有利条件。而崇尚浮虚，超越名教，佯狂而不拘礼法的名士习气，自然也为佛门驱鱼驱雀了。其时玄谈之风与空无旨趣冥合，名士优礼僧人，儒道与佛无大抵触，明显表现出三家融合的倾向。汤先生引征孙绰《喻道论》“论信报应之有徵，言圣人无杀心，谓牟尼为大孝，而称佛乃无为而无不为之教”；郗超《奉法要》“于无我义仍指为非身，于空义则颇与支道林

① 汤用彤：《汉魏两晋南北朝佛教史》。

② 汤用彤：《汉魏两晋南北朝佛教史》。

相合”，进一步说明“当时名士好玄学重清谈，认佛法玄妙之极”①，从本体文化的角度，透视文化转化中对外来文化的吸收和撷取。

当然，汤先生始终关注着佛教自身的历史演化和因地域文化的差异所造成的区别，就其自身同样采取了纵和横的比较，以展现其在文化转化过程中的具体现象和不同的表现形式，诸如道安时代的般若学之六家七宗，南方涅槃佛性诸说，道生的顿悟说和慧观的渐悟义等等。他特别论述了南方佛学“多以义学著称”，“上承魏晋以来之系统”；北方佛徒“重在宗教行为”，“特重禅定”，“研求戒律”，“下接隋唐以后之宗派”。② 如此，既述及了佛教在南北方腾播的不同内容，也拉开了隋唐佛教鼎盛之序幕。

（三）从佛教各宗之比较看佛教的鼎盛与佛学的中国化

应当承认，汤先生的佛教史研究清楚地告诉我们，自汉代起，中国传统文化和外来文化的接触、冲突、调和，至隋唐才完成了文化转化的过程。其标志就是由于义理发挥的不同而各立门户和经典的系统组织，即宗派的形成与佛学的中国化。汤先生广搜精求，详尽地叙述了隋唐佛教各宗派的具体内涵及其普遍的共性，说明佛学中国化就是中国传统文化转化的完成。

汤先生在《隋唐佛教史稿》一书的第四章《隋唐之宗派》中，合乎逻辑地提出宗派划分的三条原则：

> 所谓宗派者，其质有三：一、教理阐明，独辟蹊径；二、门户见深，入主出奴；三、时味说教，自夸承继道统。

首先，汤先生精考事实，平情立言，据所述三点，指明隋唐佛教与以前佛教之不同，强调宗派之确立是佛教鼎盛和佛学中国化的重要标志。他认为，魏晋“北虽弘三论，大说空理，然门户之见不深，攻击之事不烈”，与前述第二条不符，故无所谓宗派；“南虽弘成实，

---

① 汤用彤：《汉魏两晋南北朝佛教史》。

② 汤用彤：《汉魏两晋南北朝佛教史》。

而齐之柔、次，梁之旻、云，未尝以承继道统自诩”，与第三条不合，亦未形成宗派；“虽有慧导拘滞，疑惑大品；昙乐偏执，非拨法华；僧渊之谤涅槃，法度之创异议，然争执于时，立教仅行一方，未为重要”，与第一条不合，亦不得谓之宗派。所以他说：“故中国旧说，谓六朝时有三论、成实、涅槃诸宗，严格论之，实过言也”，“用是相衡，南北朝时实无完全宗派之建立”，而“佛法演至隋唐，宗派大兴”，“我国之佛学，遂大成”，① 故称为“极盛时期”，实际上也就是完成了佛学的中国化。魏晋、隋唐，前后两个阶段互异其趣，阐明了中国佛学由引入到自成系统的成熟历程。

同时，汤先生还比较了这两个阶段佛学思想之间的源流关系，分析“一时一地宗风之变革及其由致”。他说：

> 三论之学，上承般若研究，陈有兴皇、法朗，而隋之吉藏，尤为大师。法相之学，原因南之摄论，北之地论，至隋之昙迁而光大。律宗唐初智首、道宣，实承齐之慧光。禅宗隋唐间之道信、弘忍，上接菩提达摩。而陈末智嚼大弘成实，隋初昙延最精涅槃，尤集数百年之英华，结为兹果。又净土之昙鸾，天台之智𫖮，华严之智俨，三阶佛法之信行，俱开隋唐之大派别。②

这里汤先生指明隋唐佛教不同宗派的各自源头。这一纵向的追溯，赋予中国佛教的发展以鲜明的历史感，为其中国化的过程求得了令人信服的内在逻辑关系。

汤先生在《隋唐佛教史稿》原来的油印稿中曾有一段提要云：

> 研究教史者，不但须了然于各宗之源流，而尤必详知各时学说之风格，故综论为至要……（一）综论各宗之判教，并推及其异同；（二）叙述各宗之消长并其原因；（三）并列各宗事实，

① 汤用彤：《隋唐佛教史稿》。

② 汤用彤：《隋唐佛教史稿》。

作总编年表。

这显然就是说，要从各宗的教相判释、消长原因、历史变迁三个方面予以比较，推及异同；不仅就内容和形式，而且从时间和条件，原因和结果多角度进行考订和比较，进一步展示隋唐佛教各宗纷呈奇葩的空前盛况，为后人描绘一幅佛法鼎盛的历史画面，并在此基础上归纳隋唐佛教具有统一性、国际性、自主性、系统性四大特点，表明“当时佛教已变成中国出产”，“有别开生面的中国理论”，“思想也是中国化”的中国佛教了。①

由此可见，汤先生汉唐佛教史研究采用的比较法是多维的或立体式的。他在阐述隋唐佛教盛况的同时，始终把其置于整个社会文化的大背景和历史的长河中，不仅指明与前此以往的佛教的联系和不同，而且也指明了其后发展之趋势。通观《隋唐佛教史稿》全书，可见东晋佛学以清谈玄理见长，齐、梁僧人以讲经说论知名。讲说之风既盛，所据经论以及对经典含义的解释也因人而异，遂成各种学说之派别，即其所谓的“学派”。继之译经益多，讲师辈出，教理不同，遂致道统之争、门户之设，于是形成“有创始、有传授、有信徒、有教义、有教规”，而各不相同的“教派”。汤先生强调教派与学派不同，他们自成体系，聚徒讲学，传法定祖，各逞其能。由于南北朝佛道之争，隋唐诸宗各自确立了自己派系的传法形式，“所付者为经论之讲解或著述之义疏，至或以麈尾付嘱以为象征”。后因禅宗“禅定盛行之影响，传法遂有神秘意义，与名相解释之学不同。天台特重因禅发慧……受业观心，得法华三昧……而禅宗顿教，更是以心传心，秘密相传”②，说明诸宗之间又有传法和传心之不同。至于禅宗“不立文字，摒弃烦琐教义而行其教，因之易于在大众中流行”，天台宗“定慧双修”，又“注意与民间流行之神灵崇拜之关系”，“故特奉观音菩萨”，净土宗“因修持而借他力以往生，故口唱念佛为之流行”，

① 汤用彤：《隋唐佛学之特点》，《汤用彤学术论文集》。

② 汤用彤：《隋唐佛教史稿》。

密宗“重祈祷以得利益”，“故特主礼拜供养”，法相之学，誉腾京华，华严之教，首推五台等，汤先生都一一予以详细地分析和比较:① 指出隋唐宗派形成的“独立的文化系统，自主的教会组织”，“实在是盛极必衰的因子”，其结果必然是“中国性质多的佛教渐趋兴盛”，进而说明中国乃至任何一个国家和民族的文化思想都有自己的特性，因此对外来文化不可能是全盘吸收，只能是容纳和同化，同样“也使我们自然的预感到宋代思想的产生”②。

另外，汤先生还述及日本佛教之历史，“供研究中国佛教宗派史参证”。他认为日本佛教肯定中国有八宗之说，而中国持十宗、十三宗之议，两国“记载差别甚大”，足见中国佛教十宗、十三宗“本出于传闻，而非真相”③。诸如此类学派与教派、传法与传心，纵横自身、中日教判的多维比较，不仅从各个角度揭示了佛教各宗在历史上的地位，而且表现了汤先生博采旁收而不囿于成说，精审细密而不流于烦琐，从历史和哲学两个方面探讨思想发展必然规律的佛教史研究的特色。

（四）从佛教内外因素之比较看佛教的兴替及传统文化的进一步转化

汤先生汉唐佛教史研究不仅牢牢把握了文化冲突和调和的问题，展现了文化转化的全过程，而且敏锐地意识到佛教盛极必衰，“变作中国本位理学”的必然趋势。他的《五代宋元明佛教事略》就影响佛教发展的内外诸多因素条分缕析，意在说明文化转化的连续性。他指出，“隋唐以后，外援既失，内部就衰，虽有宋初之奖励，元代之尊崇，然精神非旧，佛教仅存躯壳而已”④。然而，它的义理，它的思维方式却凭借中国文化原有的形式，向社会各阶层，乃至整个民族心理深层渗透、扩展开来，而变成传统文化的一个组成部分。

---

① 汤用彤:《隋唐佛教史稿》。

② 汤用彤:《隋唐佛学之特点》,《汤用彤学术论文集》。

③ 汤用彤:《隋唐佛教史稿》。

④ 汤用彤:《五代宋元明佛教事略》,《隋唐佛教史稿》。

所谓外援，一是统治阶级对佛教的态度，二是有助于佛教东渐的东西交通之通阻，三是道学，即理学渐盛之影响。

关于第一点，他历数了历代君主对佛教的态度与佛法兴衰的关系。他说：五代之世，“诸朝君主，均常取护法政策”，故佛教仍有所发展。至南唐“则以酷好浮屠为世所讥”，佛教终于每况愈下。后周则“禁民亲无侍养而为僧尼及私度者”，所以“僧纪荡然，典籍散失”，佛法也趋“极衰之候”。宋初二帝，“奖励尤甚”，佛法中兴。元代八思巴之后，“喇嘛相继为帝师，其势力日益强大，卒致弊害百出……在民间则驱迫男子，奸淫妇女，横暴直不可理喻……强夺民田，侵占财物，而奸恶之徒，乃从而附其势焰”，佛教不只名存实亡，而且弊害益发不可收拾而成社会之毒疣。至明世宗，“则崇道教而排佛……由是佛渐衰”，虽有憨山等四大师出而为佛教增色不少，但至清代“康乾二帝盛奖儒学……佛教益式微”。佛教各宗保守而全乏朝气，“寺院之大者，衣食于原有之田产，小者多赁租余屋，或用募化为生。僧人既乏学力，且多坏规戒，故宗风渐颓”①。

至于中西交通，他指出，“我国在唐末悟空西行，般若东来以后，国乱相寻，西域道梗，佛教史上中西交通几全断绝”。但是北宋，由于“中国与东亚各国之交通，日本曾数次有沙门来华”。在中国日趋衰竭之宗教，“反盛于海外”②，成为晚清及 20 世纪上半叶佛学复兴的一股“东风”。

当然，汤先生还提及因袭取佛学而现生机的传统文化对佛学的反馈。特别指出，宋代“道学渐盛，佛教受其影响，徽宗奉道抑佛……诏毁佛法”，“朝廷上下则每奉儒教”③，佛教在精神上“受孔教复兴之排斥，又加以国乱频仍”，所以，自宋以来，“佛教在学术界之势力日落”④。

---

① 汤用彤：《五代宋元明佛教事略》，《隋唐佛教史稿》。

② 汤用彤：《五代宋元明佛教事略》，《隋唐佛教史稿》。

③ 汤用彤：《隋唐佛学之特点》，《汤用彤学术论文集》。

④ 汤用彤：《五代宋元明佛教事略》，《隋唐佛教史稿》。

所谓内部因素，一指佛学“其理精微”，“行之不远，只能关在庙里”，“生死问题的解决也变成迷信”①；二指佛教徒自身素质的衰颓，即汤先生所谓的“僧纪荡然”，“乏学力”，“坏戒规”，欺男霸女，藏污纳垢，因而成为佛教自体上的“蛆虫僧”，使佛教直取衰亡之道。其实，佛教宋以后的衰落只是组织形式上的衰落，是文化转化中外来文化表现的一种形式，而其在思想上的潜移默化是不可低估的。

总之，由于内外因素相互交攻，佛教组织终于在兴盛后转趋衰歇，至晚清杨仁山“大开风气，而宜黄欧阳竟无则继其师志，为今日治斯学之泰斗”②，佛学才在20世纪重放光华。汤先生内外因素之比较，理清了佛教兴替之脉络，预见了文化转化的必然趋势，为后人研究宋以后的佛教史，在荆棘蔓延的佛教经论中凿开了一条小路。

---

① 汤用彤：《隋唐佛学之特点》，《汤用彤学术论文集》。

② 汤用彤：《五代宋元明佛教事略》，《隋唐佛教史稿》。

第十章　学术研究的新趋势与新学科的建设（下）

第一节　《大同书》的社会思想

按照康有为的三世进化说，人类社会循着由据乱世到升平小康世再到太平大同世的轨道进化，他又以当前之世为升平小康，把太平大同悬作人类社会发展的最高阶段，“于是推进化之运，以为必有极乐世界在于他日，而思想所极，遂衍为大同学说”①。全面描绘这一未来极乐世界、彻底表露其社会理想的，便是一度神秘至极的《大同书》。

一、康有为的救世情怀与《大同书》的撰著

康有为于1876年受学于朱次琦，朱学重经世济人，不作无用之高谈。康有为遵循这一为学原则，博采纵涉，穷搜苦觅，却察觉考据文章不仅不切实用，还会汩没性灵。于是，为了寻求“安心立命之所”，“求道心切”的康有为绝学捐书，静坐养心，接着又入西樵山坐禅研佛，“常夜坐弥月不睡，恣意游思，天上人间，极乐极苦，皆现身试之”②，试图探求万物本源和社会窳败、苍生困苦的原因与解救方法。其结果，如梁启超所传，“森然有天上地下惟我独尊之慨”，“大有得于佛为一大事出世之旨”，“于是浩然出出世而入入世，横纵

① 梁启超：《南海康先生传》，《饮冰室文集》之六。

② 康有为：《康南海自编年谱》，见《戊戌变法》四。

四顾，有澄清天下之志”①，康有为不仅从此萌生出做救世主的心志，还从佛卷中得到了大同救世的理论依据。他将既以教主身份应机说法，指明大同世界的光明前景，又决心以殉教者的姿态奋身入世，慈悲普度，救拔众生，澄清天下。与此同时，康有为广泛研读《周礼》、《王制》、《太平经国书》、《经世文编》、《海国图志》以及译本西书，搜求救国救民之策，进一步强化他的救世主义。他说：

> 合经子之奥言，探儒佛之微旨，参中西之新理，穷天人之赜变，搜合诸教，披析大地，剖析今故，穷察后来……专为救生而已。故不居天堂而故入地狱，不投净土而故来浊世，不为帝王而故为士人。不肯自洁，不肯独乐，不愿自尊，而以与众生亲，为易于援救，故日日以救世为心，刻刻以救世为事，舍身命而为之。②

可见，这个时候康有为的救世主义，既出自他那超拔不群的救世主心态，又是完全建立在他对古今中外思想文化精深体察的基础之上。

值得特别注意的是，康有为精研佛典广涉西学后，在其妙理新知的牖启下，进行哲学沉思，形成一种新的思维方法，梁启超称之曰“会悟”，即“能举一以反三，因小以见大”。③ 康有为总结自己研读佛典，涉猎西书，俯读仰思后，“所悟日深”，具体说是：

> 因显微镜之万数千倍者，视虱如轮，见蚁如象，而悟大小齐同之理。因电机光线一秒数十万里，而悟久速齐同之理。知至大之外尚有大者，至小之内尚有小者，剖一而无尽，吹万而不同。根元气之混合，推太平之世宙。既知无来去，则专以现在为总持；既知无无，则专以生有为存存；既知无精粗，无净秽，则专

① 梁启超：《南海康先生传》，《饮冰室文集》之六。

② 康有为：《康南海自编年谱》。

③ 梁启超：《南海康先生传》。

以悟觉为受用。①

康有为的这番开悟，不仅让他坚定地立足于现世，去救拔众生脱离现实苦难，更让他有一种新颖别致的思维之术，可以依据有限的思想资料，去构建关于未来大同社会的完整理论。依其自述，在1890年以前，康有为“从事算学”，就因几何原理而悟出人类公理，“手定大同之制，名曰《人类公理》”②。虽然这本《人类公理》迄今未见，但撰写于1891年前后的《实理公法全书》证明，康有为确实曾受《几何原本》的启示，用该书概括的数学公理来构建未来社会的理论，并且他的著作在形式上也模仿了《几何原本》。1890年康有为获廖平指点，治经改宗今文后，又推衍公羊三世说，对《礼记·礼运篇》进行诠释，将太平世与大同说结合在一起，从中国古代思想资源中汲取养料，基本形成了理想的大同社会的蓝图。据梁启超回忆，康有为在万木草堂讲学时，正忙着编著《大同学》，曾不时与高足陈千秋、梁启超商榷辨析。③ 梁启超等人初闻此种新奇宏伟之说，“大乐，锐意欲宣传其一部分”，康虽不同意，却不能禁，“后此万木草堂学徒多言大同矣”。④ 甚至与康门弟子交往的谭嗣同，初闻“南海先生所明《易》《春秋》之义，穷大同太平之条理”，也是“大服”，推尊康有为乃“一佛出世”。⑤ 1901年流亡日本的梁启超，将“其理想甚密，其条理甚繁”的大同学说，分四部分以万余字的篇幅，首先向外界公开宣传。⑥ 在戊戌变法前，大同学说已经较有条理，初具规模。到1902年康有为寓居印度大吉岭，熔铸古今中外之哲思学理，再掺进他游历日本、加拿大、英国、新加坡等地的闻见感受，奋笔疾书《大同书》，完成“廿年宏愿”。此后，康有为对书稿虽多次作过

① 康有为：《康南海自编年谱》。

② 康有为：《康南海自编年谱》。

③ 梁启超：《三十自述》。

④ 梁启超：《清代学术概论》二十四。

⑤ 梁启超：《谭嗣同传》。

⑥ 梁启超：《南海康先生传》。

文字增删与结构调整，但全书的思想内容已无所变化。1913 年，康有为在所编《不忍》杂志刊发该书甲、乙两部。1935 年，康有为弃世已八年，《大同书》全稿才由康门弟子钱定安整理，出版行世。

《大同书》共十部，甲部总述世界众生种种苦恼苦难，揭示致苦之源，后九部则具体描述未来世界圆满极乐的社会景象，并指明去苦至乐的实现途径——去九界："九界既去，则人之诸苦尽除矣，只有乐而已。"① 所以《大同书》虽内容庞博一时，想象瑰丽奇特，其思想逻辑却极为简单，即一方面是现实世界极苦，另一方面是未来社会极乐，而去苦求乐则是人出自本性的追求。这样，康有为就把自然的"人道主义"作为他的大同学说的理论基础。在甲部绪言中，康有为对"人有不忍人之心"大作阐发，以论证"普天之下，有生之徒，皆以求乐免苦而已，无他道矣"的人道主义。他说，所谓"人道"，即依人以立道，"依人之道，苦乐而已，为人谋者，去苦以求乐而已，无他道矣"。康有为就把这种去苦求乐的人道主义视为衡量一切治教文明的最高准则：

> 人道无求苦去乐者也。立法创教，令人有乐而无苦，善之善者也；能令人乐多苦少，善而未尽善者也；令人苦多乐少，不善者也。

康有为用此作标准，评说非乐节用的墨家、苦行修道的印度诸教、戒欲苦修的基督教等，都是始于求乐而终于受苦，"其于求乐之道亦未至焉"。他托诸神明圣王的孔子，借"三世"之法，把太平大同之道立为救人生之苦而求人生大乐的最妙之方：

> 吾既生乱世，目击苦道，而思有以救亡，昧昧我思，其惟行大同太平之道哉！遍观世法，舍大同之道而欲救生人之苦，求其大乐，殆无由也。大同之道，至平也、至公也、至仁也，治之至

① 康有为：《大同书》，古籍出版社 1956 年版，第 294 页。

也，虽有善道，无以加此矣。①

不过，康有为的大同学说虽建立在自然人道论的基础上，但他的理论内核，却始终附丽于现实社会。《大同书》主要有两个方面的内容：对现实社会的激烈批判和对未来社会的精美设计。

二、《大同书》对现实社会的批判和对未来社会的设计

康有为将无量数不可思议的人生之苦，分列为六类三十八目，即人生之苦七、天灾之苦八、人道之苦五、人治之苦五、人情之苦八、人所尊尚之苦五，以为“尊极帝王，贱及隶庶，寿至篯彭，夭若殇子，逸若僧道，繁若毛羽，盖普天之下，全地之上，人人之中，物物之庶，无非忧患苦恼者矣”②。这种世界皆苦的说教，虽源于佛教苦谛说，洋溢着浓烈的佛卷气，但只要考察一下他关于奴婢、妇女、贫穷、卑贱、刑狱、苛税、兵役、有国、有家、劳苦、压制、阶级、私产诸苦的描述，仍可以发现其中渗透着他对人间社会强烈批判的火药味。康有为对现实社会的批判，又集中在男女性别歧视与家族宗法压制上。他论妇女所受诸苦说：

> 同为人之形体，同为人之聪明，且人人皆有至亲至爱之人，而忍心害理，抑之制之，愚之闭之，囚之系之，使不得自立，不得任公事，不得为仕宦，不得为国民，不得预议会，甚且不得事学问，不得发言论，不得达名字，不得通交接，不得预享宴，不得出观游，不得出室门，甚且紬束其腰，蒙盖其面，刖削其足，雕刻其身，遍屈无辜，遍刑无罪，斯尤无道之至甚者矣！③

女子数千年来这种可惊可骇的遭遇，正是来自于与她们同有天赋之体

① 康有为：《大同书》，古籍出版社 1956 年版，第 5 ~ 8 页。
② 康有为：《大同书》，古籍出版社 1956 年版，第 5 页。
③ 康有为：《大同书》，古籍出版社 1956 年版，第 126 页。

的男子。而造成这种男女不平等，康有为指出，原因并不在男女身体强弱或才智深浅，而是自古以来的社会处处尊男卑女，伸男抑女，男子又千方百计据女子为私产，“上承千万年之旧俗，中经数千年之礼教，下获偏酷之国法，外得无量数有强力之男党共守此私有独得至乐之良法”①。尤其是专制统治者为维护纲常伦理而大肆压抑女性，谨严夫妇之道，“其所为抑女之大因，据以为义所自出者，则以为夫妇不别则父子不亲，父子不亲则宗族不成，故欲父子先谨夫妇”②。于是，夫妇关系变成了君臣关系，“一家之中妻之于夫，比于一国之中臣之于君，以为纲，以为统，而妻当俯首听命焉”③。可见，在康有为心中，“形界”即是男女的不能平等，而女子卑贱地位的造成，并不是由于她们繁衍后代的自然分工，而是产生私有制以来的东西社会从礼教、法律、制度等多方面加以屈抑、压制、摧残的结果。康有为在这里对夫权制所作的社会性批判，极为深刻。

在《大同书》己部第一章中，康有为虽论述说有父子之道人类才能强盛，中国有世界上最庞大严密的家族制度而成人口最多的国家，但他同时强调指出，立家之利即立家之害，中国即因家族发达，仅以族姓私相固结，遂使人们“不知有国而惟知有姓”，一国之中因万姓而分散如万国，“反由大合而为微分焉”④。康有为就家庭问题而作的社会批判，最后聚焦于中国的封建家族制度，“都中国四万万之人，万里之地，家人之事，惨状遍地，怨气冲天”，他冠之曰“家人强合之苦”。由于个人品性千差万别，生活于同一个大家庭中，必然因种种琐细事故，互生嫌恶疑猜，不能情恕理遣而产生矛盾，造成家族成员间的暗斗明争，“小则色于面，大则发出声，始则诟谇，继则阋墙，甚则操杖，极则下毒”。其表现，则或为兄弟相讼，或为嫡庶相绝，或为嫂叔相詈，或为叔侄相怨，或为娣姒相倾，因此而丧命

① 康有为:《大同书》，古籍出版社 1956 年版，第 158 页。

② 康有为:《大同书》，古籍出版社 1956 年版，第 156 页。

③ 康有为:《大同书》，古籍出版社 1956 年版，第 156 页。

④ 康有为:《大同书》，古籍出版社 1956 年版，第 172 页。

者往往有之。至于“童媳弱妇死于悍姑，孤子幼女死于继母，及甥妇依诸父舅而凌辱鬻卖者至多矣”。康有为还揭示出封建家族的两大隐秘：一是凡中国之人，上自簪缨诗礼之世家，下至里巷蚩氓之众庶，“视其门外，太和蒸蒸，叩其门内，怨气盈溢，盖凡有家焉无能免者”。二是“其富贵愈甚者，其不友孝愈甚；其社会愈严者，其困苦愈深；其子孙妇女愈多者，其嫌怨愈多；其聚居同炊愈盛者，其怨毒愈深”①。这就将家族问题作为中国的一大社会问题的普遍性与严重性暴露无遗。

康有为对现实社会的批判，还较多地涉及到专制统治、等级特权、种族歧视、财产私有等。就其所批判的社会类型而言，既有尚处于封建半封建制度下的中国及亚洲某些国家，也有已进入“升平”之世的欧美资本主义国家，例如，康有为在大批封建夫权礼教压迫女子时，又不时揭举欧美社会男女的不平等，“今欧美妇女不许为宦”，“不独不得为议员，且不得为国民”，“今美国虽号称平等，而女子从夫之俗如故”，“中国虽为抑女，犹得存其姓名……欧美则妇女一嫁，即改姓从夫，本身之姓名即永不得自立于大地之上，与强国灭人国土而自有之无异”②。康有为关于农工商诸业不行大同而给社会生产和人民生活造成的危害损失，更多的是反映了资本主义私有制的弊端。因此，正是从这一层面上看，《大同书》真正表达的是一种社会批判，而不纯粹是对中国现实政治问题的思考与求解。

同样，康有为在书中对未来极乐世界的构想，是一种广泛意义的社会设计，在很多方面是超出了近代中国的时势与国情的。其要点包括：

其一，关于社会发展模式。康有为依三世进化说，指出人类社会依三世的阶梯进化，“据乱之后，易以升平、太平，小康之后，进以大同”③。康有为三世进化的社会发展模式，特别强调社会的向前发

① 康有为：《大同书》，古籍出版社1956年版，第182～185页。

② 康有为：《大同书》，古籍出版社1956年版，第130～135页。

③ 康有为：《大同书》，古籍出版社1956年版，第8页。

展，认为今胜于古、后胜于今，“世界既进步之后，则断无复行退步之理，即有时为外界别种阻力之所遏，亦不过停顿不进耳，更无复返其初”①。康有为还从社会管理制度、经济发展水平、社会交往方式、精神文明程度等方面来衡量三世间的社会演进，把太平之世描述成一个至平、至公、至仁、至治的世界，悬作人类社会发展的极致。

其二，关于未来社会的基本构成。按照社会学的一般原理，个体是构成社会的基本要素，社会就是建立在人与人之间的各种关系之上。康有为也认为，“天下为公之世，凡属人身，皆为公民”②，即个人是社会的组成分子；不论男女，“同为天民，同隶于天，其有亲交好合，不过若朋友之平交者尔”，男女天生就是平等的社会成员，人们在自立、自主、平等、自由的基础上彼此交往，产生各种各样社会生产关系，从而形成社会。然而，康有为指出，处于纲常礼教和家族宗法重重网罗下的中国社会，个人（尤其女子）早已失去了自主独立的人格，即如欧美，个体虽有一定的自由，但个体仍不是直接构成社会的要素，“欧美今大发独人自立之说，然求至太平世之人格，实未能也，何也？以其有家也”③。因此，无论中国或西方，社会都不是建立于个体平等、人格独立的基础上，社会的构成模式为个人—家庭（族）—国家—社会，在个体与社会之间，横着家、国两大障碍，使“天民”主要作为夫妇、国民而生存于社会，不能直接作为社会公民而存在，“故欲至太平独立性善之类，惟有去国而已，去家而已”④。要重建理想社会的构成，康有为认为，首先要将个体从国家的统治下解放出来，其次是将个体从家庭的束缚下解放出来。对于前者，康有为的办法是把国家和政府由强化统治的暴力机关改造成为社会服务的公益机构，“所贵乎有政府者，谓其为人民谋公益之一公局也，故苟背此目的者，则不得认为政府，苟不尽此责任者，亦不得

① 康有为：《大同书》，古籍出版社 1956 年版，第 132 页。

② 康有为：《大同书》，古籍出版社 1956 年版，第 134 页。

③ 康有为：《大同书》，古籍出版社 1956 年版，第 188 页。

④ 康有为：《大同书》，古籍出版社 1956 年版，第 191 页，

认为政府”①。至于后者，康有为的主张是“去形界保独立”、“去家界为天民”，其核心在于除婚姻破家庭。康有为提出，男女婚姻皆由本人自愿自择，情意相合者订立“交好之约”，“不得有夫妇旧名”；此种合约又须立有期限，短者必满一月，久者不许过一年，欢好者可许续约，但不得为终身之约。② 这样使个人从婚姻的牢笼中解脱出来，人人享有充分的自由独立。康有为设想的去家之法，实质是将家庭的一切责任转移到“公政府”即社会的身上，凡生育、教养、老病、终死，“其事皆归于公”，社会承担起生养死送的全部事务，“而与人之父母子女无预焉”③。这样，人自降生即脱离家庭父母而进入社会，“故凡人一出世即为公民，为国家之所有，为世界之所有”④，作为独立的个体存在于社会，并构成了社会。因此，正如梁启超所归结，康有为的理想社会，是“以国家、家族尽融纳于社会而已”⑤。

其三，关于未来社会的运行管理。康有为指出大同社会已破除国界，大地已联结为统一的整体，各地没有国家，只有作为管理组织和公益机构而存在的“政府”。他把全球社会机构划为三级：最基层为地方自治局，设有农、矿、牧、渔、工、道路、游徼、卫生、讲道、评事等14局，负责管理本地之农工牧渔场、商店的生产流通，以及当地人本院、育婴院、大中小学院、医疗院、养老院、考终院、图书博物馆、音乐美术馆、动植物园等公益事业；设地方议院，商议解决本场、局、院之事，“人人皆有发言之权而从其多数”，并由议院公开选举各场、局、院之长。第二级为各度政府。全球依经纬度划分区界，共一百度，每度设立一政府，度政府下设民、农、矿、工、商、金、辟、水、通、医、文、道、智、乐等14曹，前十曹“掌人民厚生之事”，即主管农工生产与育婴慈幼、疗疾恤贫、养老送终诸社会

① 梁启超：《南海康先生传》。

② 康有为：《大同书》，古籍出版社1956年版，第164~167页。

③ 康有为：《大同书》，古籍出版社1956年版，第192~193页。

④ 梁启超：《南海康先生传》。

⑤ 梁启超：《南海康先生传》。

生活，文智二曹“掌人民开智之事”，道曹负责各处讲道劝善，纯化德教，乐曹“掌人间进化极乐之事”，主要是丰富人民的精神生活。此外，又设有会议院、上议院、下议院，负责商讨地方事务和选举各曹主司，还有公报馆，考察布告度内情形，沟通上下。最高层曰全地大同公政府。设有民、农、牧、渔、矿、工、商、金、辟、水、铁路、邮、电线、船、飞空、卫生、文学、奖智、讲道、极乐共20部，分别总管全球生产、交通、建设及教育、卫生、道德、艺术诸事。又有会议院、上议院、下议院、公招院，“万机百政，法律章程，皆由大地大众公议，余事则各度小政府专行，事事皆有公举”，因此，大地公政府虽名号总领统理，“其实无权，不过坐受各度之成而司会计、品节、奖励之事而已”。这样，自下而上，整个社会的管理是完全民主式的自治，“举世界之人公营全世界之事，如以一家之父子兄弟，无有官也”①。在这种民主管理的社会中，天下大同如一家，人人为主人，人人得平安。

康有为对未来理想世界的设计，还涉及到社会经济的发展与管理、社会人口优生优育、教育的平等与职业的普及、科学技术的发达、衣食住行的精进、社会风俗的纯化，等等，可以使人类进入一个平等博爱、极乐圆满的大同之境。“去九界，达大同”，这是康有为指示的进入大同社会的总方向，实际上他还点明了去除九界的先后次序，亦即设置了实现大同理想的前提及关键。他说：

> 夫男女平等，各有独立之权。天之生人也，使形体魂知各完成也，各自立也，此天之生是使独也……故全世界人欲去家界之累乎？在明男女平等各有独立之权始矣，此天予人之权也。全世界人欲去私产之害乎？在明男女平等各自独立始矣，此天予人之权也。全世界人欲去国之争乎？在明男女平等各自独立始矣，此天予人之权也。全世界人欲去种界之争乎？在明男女平等各自独立始矣，此天予人之权也。全世界人欲致大同之世太平之境乎？

① 康有为：《大同书》，古籍出版社1956年版，辛部第254~268页。

在明男女平等各自独立始矣，此天予人之权也……吾采得大同太平、极乐长生、不生不灭、行游诸天无量无极之术，欲以度我全世界之同胞而永救其疾苦焉，其惟天予人权平等独立哉！其惟天予人权平等独立哉！①

康有为在书中对男女平等独立的天赋之权如此反复咏叹，就是为了用这种天赋人权为武器，去彻底破除人间之“界”，进入大同社会。可见，“去形界”是康有为除九界致太平的起点与关键，从男女平等独立、婚姻自主自由开始，废夫妇，除家庭，去国家，诸界逐步破除，最终达致世界大同：“始于男女平等，终于众生平等。”这样，以自然人道论为理论基础，以天赋人权论为思想武器的康氏大同学说，构成了一个完整严密的体系。

三、《大同书》的社会学价值与学术史意义

长期以来，人们惯于从政治思想的角度来研读和审视《大同书》，从而对该书及康有为作出了歧异矛盾的评价。事实上，如果视《大同书》为一部政治理论著作，人们既能够从中发现康有为对专制政治、纲常伦理等封建制度的攻击诅咒，也就可以把康有为颂为反封建的言论斗士；人们也能够从书中找到康有为对财产私有制度下种种社会弊端的揭举批判，从而把康有为誉为空想社会主义思想家。然而，迟迟未成书，康有为又一再隐秘其稿的《大同书》，与康氏其他著作有着绝大的不同，即它不是康氏为服务现实政治斗争而匆匆编著的应时之作，“有为始终谓当以小康义救今世，对于政治问题，对于社会道德问题，皆以维持旧状为职志”②，而是他殚精竭虑、独立创作的学术理论著作。“自发明一种新理想，自认为至善至美”③。该书对人间社会的严厉批评与对未来社会的精心规划，表达了近代中国

① 康有为：《大同书》，古籍出版社1956年版，第252～253页。
② 梁启超：《清代学术概论》二十四。
③ 梁启超：《清代学术概论》二十四。

学人对于人类前途和终极世界的深深关切与自觉探求。所以，康有为一面要再三地隐秘书稿，不使流行社会，一面又有意识地向高徒讲授其思想精华，以激励其心志情趣。因此，有必要换一个思维角度，将《大同书》视为一部社会学著作来解读，那么，对康有为的苛求或许会大减，康有为改良主义的政治思想及实践与大同主义的社会学理论之间存在的巨大反差，以及由此引起的“梁启超式”的惊奇，都将不复存在。

从学术史的层面来分析，《大同书》还有两点也引人注目：形式上，《大同书》不再是经典注释之作，而是康有为“自身所创作”。从《孔子改制考》诸书的“代圣人立言”，变为做圣人立言，这一变化固然是康有为以救世主自居心态的外在流露，却也标志着近代学术著作已开始拥有独立的表现形式。在内容上，《大同书》融贯今古，博采中西，“积中国……五千年之文明而尽吸引之”、“荟东西诸哲之心肝精英而酣饫之”①，将公羊三世说、《礼运》小康大同说、佛教慈悲说、耶教博爱以及近代西方的自然科学技术、天赋人权论、空想社会主义等熔冶于一炉，气势磅礴。尤其可贵的是，康有为对于融会古今中西学术文化而创铸新说十分自觉，他自述“合经子之奥旨，探儒佛之微旨，参中西之新理，穷天人之赜变，搜合诸教，披析大地，剖析古今，穷察后来”，以此为依恃而创立大同学说。② 因此，完全可以说，康有为的学术行为，表明近代中国的学术文化建设已进入融贯中西古今的新时代。

当然，结合康有为的其他著述（如《孔子改制考》、《董氏春秋学》、《春秋笔削大义微言考》等，它们与《大同书》撰写时间很难有明显的先后），我们又必须指出，康有为是一位既整理旧学术，又辟建新学术的过渡型人物。就学术与政治的关系而言，康有为也是如此。他既大量撰写政治理论著作，又潜思廿载而作《大同书》，既要救现世，又想穷将来，甚至费尽思虑地把二者结合起来，揭举大同救

① 康有为：《大同书》，古籍出版社 1956 年版，第 1 页，

② 康有为：《康南海自编年谱》。

世主义，如梁启超所言，“先生经世之怀抱在大同”①，即行在救世而思在大同。至于现实操作中对于二者的把握，康有为提出的原则是：“思必出位，所以穷天地之变，行必素位，所以应人事之常。”②这是对近代中国知识分子救世情怀与终极追求的典型概括。

第二节　潘光旦的优生论

时至20世纪三四十年代，中国共产党已领导中国人民进行新民主主义革命，谋求民族之根本解放，其他有志之士也未停止对中国出路的探索，其中有一种特别的方案——“优生的出路”。当时，西方各派社会学理论相率传入中国，并与中国现实社会研究相结合，形成各有侧重的中国社会学，其中有一位“注意社会生物因素者”③，他就是潘光旦。他从生物遗传理论出发针对国人种种生存病象，广泛探讨各种“文化势力”，深刻检视传统学术，寻求中国人位育之道（“位者，安其所也；育者，遂其身也”④）。一代学人的满腔爱国浓情凝成一个声音：中华民族的出路在优生。

一、优生的生物学原理

著名社会学家费孝通认为，他的老师潘光旦先生提倡优生学和社会学“是一门包罗众多科学知识，融会贯通而成的综合性、完整性、实用性的通才之学”⑤。诚然，潘光旦那博大精深的社会学思想都与他的优生学有关，可以说是“属于自然科学领域的优生原理在社会

① 梁启超：《南海康先生传》。

② 梁启超：《南海康先生传》。

③ 孙本文：《当代中国社会学》下，南京胜利出版公司1948年版，第251页。

④ 《潘光旦文选》，国际文化出版公司1997年版，第1页。

⑤ 费孝通：《潘光旦文选》代序。

学领域的发展”①。潘光旦（1899～1967年）原学生物学，后来才成为优生学家兼社会学家。他于1913年入清华就读，1922年赴美留学，主攻动物学、古生物学和遗传学。留美期间，他利用假期在纽约长岛的优生学纪念馆和卡拉奇研究院等处进修优生学和内分泌学。1926年回国任教，主讲遗传学、进化论、优生学、心理学、家庭问题、家庭进化史和社会思想史等课程。

作为注重社会的生物因素的社会学家，潘光旦特别强调先天遗传的作用。他认为，个人品质的形成、发展，取决于先天遗传和后天环境（即“性”和“养”）两个方面，而先天遗传更为根本。他说：“所由造成人才的‘缘’大率寄寓在环境之内，而所由产生人才的‘因’却要在遗传里寻觅。”② 他甚至认为天生的能力都有相当的遗传根据：

> 凡是这一代在文化社会里作过诗人、文士、名吏、法家或大将的人，在脑力上、智力上、性情上自有与众不同的先天根据；而此种先天根据，既属先天，自有遗传与下一世的倾向；而受此遗传的下一世，在与上一代大致相同的文化环境里，也便有作诗人、文士、名吏、法家或大将的可能性；而这种可能性并且要比在同一环境之内的一般人要大些。③

潘光旦非常看重的“先天遗传”的理论基础是“精质不绝”论。④ 按这种理论，人体的细胞分为精质细胞和体质细胞。“父母身上的一部分物质，不与父母俱死而和子女同传的，叫做‘精质’”，个人遗传便通过精质细胞实现，“精质中包含基因，基因的不易变

① 全蔚天：《潘光旦传略》，《中国现代社会科学家传略》，山西人民出版社1985年版。

② 潘光旦：《优生原理》，天津人民出版社1981年版，第25页。

③ 潘光旦：《优生与文化》，1929年《社会学刊》第1卷第1期。

④ 潘光旦：《优生原理》第2章，天津人民出版社1981年版。

动，即本性难移"；精质细胞"时刻保持他的原始与不分化状态，除了生殖之外，是不适用于任何生理功能的"。从精质细胞分裂出来的体质细胞则不断分化，形成血液细胞、肌肉细胞、骨质细胞、神经细胞等等，最终发育成一个完整的个体。体质细胞既直接受精质细胞的影响，也受环境的影响，并随人体的死亡而死亡；反之，精质细胞不受体质细胞的影响，也不受环境的影响。父母学习的技能并不能通过精质细胞直接传授给子女，如缠足、穿耳，一代一代都要缠、都要穿；同理，后天导致的生理残疾也不会遗传给后代。由此，潘光旦根本否定所谓后天"获得性遗传"说。

当然，精质不绝论或"本性难移"，并不意味着精质细胞在传递过程中毫无变化，那样便是机械决定论，也就没有优生学存在之理了。事实上，在生育过程中，男女双方的精质细胞先各自折半，然后彼此合并，形成新的胚细胞，双方的染色体、基因重新组合。结果，子女的精质细胞必然和父母的精质细胞不完全一样且彼此互异。精质细胞的这种变异，引起体质细胞的相应变化，并造成个体身心品性的悬绝，比如说身材有高矮、体力有强弱、感觉有敏钝、智能有高下、品行有好坏，潘光旦称之为"流品的不齐"。于是，父母子女之间，一方面彼此大致相同，血缘越近，相同的程度越高，所谓"有其父，必有其子"；另一方面，又彼此不尽相同，血缘越远，相异的程度也越高，即使血缘很近，也多少有些差别，所谓"一娘生九子，九子九个样"①。

当然，"流品的不齐"并非什么重大发现。重要的是，"流品的不齐，不但是不齐的现象，并且得有一个规矩"。一般说来，就身心品性而言，中等程度的居多，中下品都比较少；而且"流品的不齐的呈露既有赖于适当的刺激，则可知一般的环境越是良好，则不齐的程度越是显著，高下之间的差距越是分明"，反之亦然。② 它对优生学的启示是："真正讲求优生或人种改良的人，只有一条路可走，就

① 潘光旦：《优生原理》第 3 章，天津人民出版社 1981 年版。
② 潘光旦：《优生原理》第 3 章，天津人民出版社 1981 年版。

是在精质的自然变异和人为离合上想办法。"① 显然，要使民族中素质优秀者相对加多，低下者相对减少，实现种族优化，正本清源，必须推行“区别生育率”（即生育率素质优者高、劣者低）。

这样，潘光旦从生物学的遗传变异规律出发，肯定先天遗传的根本作用，合乎逻辑地得出了实行“区别生育率”的结论。

二、优生的社会历史的学术审视

遗传变异规律的发现，对人类社会的发展具有重要意义，它能广泛应用于农牧渔副各业生产，但社会学家潘光旦关注的是它对人类进化、人种改良的作用，即用于优生。那么什么是优生呢？潘光旦综合欧美各家学说，认为“优生学为学科之一，其所务在研究人类品性的遗传与文化选择之利弊以求比较良善之蕃殖方法，而谋人类之进步”②。

关于生物演化的原则，潘光旦认为有三：一是遗传，二是变异，三是选择。其中遗传是保守的因子，变异是进取的因子，“选择是进取与保守之中，加以甄别去取的因子；演化的过程所以可以称为演进的过程，是全靠这个选择的因子”。优生学上的选择有两类：一是自然选择（或自然淘汰），二是社会选择（文化选择或人文选择）。自然选择又有三种：选择的婚姻、选择的生育和选择的死亡。它们在人类进化中起着不同的作用。身体素质低劣者在经过选择的死亡这一关时首先被淘汰，但是对于心理、行为上有缺陷的个体，则必须通过婚姻和生殖选择来完成。优生学上的姻选有“类聚的”和“择优的”两种。类聚的姻选对于优生具有积极作用；择优的姻选则有利也有弊，甚至有反优生的现象，比如因高不成低不就，智力高的女大学生择偶相对特别困难。与此相联系，在生育选择上，也存在反优生的现象：高能的、文化水平高的家庭结婚迟、生育少，甚至不生育；而低能的、文化水平低的则生育多，而且成婚也相对特别早。

---

① 潘光旦：《优生原理》第 3 章，天津人民出版社 1981 年版。

② 潘光旦：《优生原理》，天津人民出版社 1981 年版。

事实上，自然选择与文化选择不易区分，“一则文化选择要发生作用，势必经过生殖与死亡的两大关口，而这两大关口都是属于自然的范围。再则一部分的人文选择的势力一半也是自然的，例如战争”①。人文选择的因素很多，法国学者拉普池认为，人文选择弊多于利、退化多于进化的有八种：军事战争、政治、宗教、道德礼教、法律、经济、职业和有关“都鄙”的；美国学者普本拿和约翰逊的《应用优生学》认为不止这八种。潘光旦在《优生原理》(系根据《应用优生学》编译著述而成）中着重分析战争和宗教两种。

关于战争与宗教，潘光旦认为，战争对人种素质的影响是得失参半，而就近代战争而言，则反优生的影响更大一些。当然，潘光旦并非不分是非曲直，一味反对战争，如对抗日战争，除如一般爱国者的坚决的主战外，更强调为提高民族素质而战。

宗教与优生的关系，其实是个人口问题：宗教信仰通过规范信徒的行为，影响人口的数量和质量。在质量方面，宗教通过两个途径影响人种的优劣：一是婚姻的隔离，一是人品的选择。就数量而言，因教义中有关婚姻部分互异而产生不同影响：第一种倾向是否定两性行为，甚至婚姻生殖；第二种倾向是崇拜生殖功能，或将祖先崇拜和多子理想作为信条。检讨古今，西洋三大宗教中，“希腊吃的亏要比占的便宜大得多，罗马则占便宜在前，而吃亏在后；希伯来人是其中最占便宜的一个，并且这种便宜在近日也还看得见”②。至于基督教，“旧教对于西洋民族健康的影响，负的多而正的少；新教要好得多，但因为没有什么正面的主张，所以也没有多大特殊的贡献”③。

潘光旦最为关注的自然是中国的民族健康。潘氏国学深厚，“五四”前后，他就学清华，对被时人冷落的经史青睐有加，备受当时到清华讲学的国学大师梁启超的称誉；放洋留美，简单的行囊中竟有

---

① 潘光旦：《优生原理》第7章，天津人民出版社1981年版。

② 潘光旦：《优生原理》，天津人民出版社1981年版，第199页。

③《潘光旦文选》，国际文化出版公司1997年版，第109页。

一部缩印的十三经;① 归国任教，除优生学、家庭问题外，他的古代社会思想尤其是儒家社会思想研究，在当时学界卓然一系。考察三教对中华民族健康的影响，潘光旦认为，道教是一个世间的宗教，并不否定人生，但它追求成仙得道、长生不老，实际上不满自然人生，因而“它对于民族健康的影响是很模棱的，说不出有什么大的好处，也说不出有什么大的坏处”②。佛教则否定人生、否定人性，并进而否定婚姻家庭，在人口数量增长上全无“贡献”，并未起到调剂作用；在人种素质上，“大约是利害参半，但都不算很大”③。

既然佛、道二教对于民族健康的影响都不算很大，与优生大有关系的便只有儒教了。但潘光旦认为，儒教肯定生命，特别是人的生命，并且认识到人生有纵横两个方面：横的是“彝伦攸叙”原则，纵的是“一脉相绳”观念，构成对民族健康发生影响的两个支点。按潘光旦的解释，“伦叙”有动、静两层意思：静的是人的流品类别，动的是人的交往关系。肯定流品、辨别门第，然后加以挑剔，民族健康也就有了保障。对于伦叙原则的历史作用，潘光旦评价极高，他赞同英国学者歇雷的观点，认为罗马的灭亡，“是因为民族比较卓越的血统得不到文化势力的保障的缘故”；中华民族得以绵延不绝，分别流品、讲究门第婚姻的选举制度功不可没。④ 而“一脉相绳”观念，对于中华民族健康的影响又在“彝伦攸叙”原则之上。儒家以“孝”为“百行之先”，而孝的最大功能是维持一家一房的血统，“不孝有三，无后为大”；儒学以“仁”为核心，而“仁”以亲亲为出发点，以泽逮后世为最后的功用。当然，潘光旦也注意到，必婚主义和有后主义导致人口剧增，并非总是好事，它不但引起经济生计的问题，“民族健康上间接也不免因淘汰的关系，引起严重的危机”⑤。

---

① 潘光旦：《优生原理》，天津人民出版社 1981 年版，第 218 页。

② 潘光旦：《清华初期的学生生活》，《过去的学校》，湖南人民出版社 1982 年版，第 78 页。

③ 《潘光旦文选》，国际文化出版公司 1997 年版，第 130 页。

④ 《潘光旦文选》，国际文化出版公司 1997 年版，第 134 页。

⑤ 《潘光旦文选》，国际文化出版公司 1997 年版，第 43 页。

在人口品质方面，这种信念引起的影响，大约是“功罪相除”，因为这种信念的流行相当普遍，并不限于某一阶层。

关于宗教与优生，潘光旦提出两个口号：一个是宗教优生化，一个是优生宗教化。

> 所谓宗教优生化，指的是，为民族的健康打算，目前存在的宗教或有宗教意味的哲学系统，应当尽量的吸收优生的结论，使成为它们所赞许鼓励的事物的一部分。①

对于优生最有影响的儒教，潘光旦提出两点修补：第一点是“执中无权的修正”②，因为“执中无权”直接引起文化上的一成不变，并间接造成种族的反选择；第二点是“慎终追远”的引申③，儒家主张必婚主义和有后主义导致人口膨胀，却不能保证人口质量，潘光旦引申出“敬（谨）始怀来”的信念。即谨婚姻之始，注重婚姻选择；眷念未来的子息，“不只是指望他们到来，而且要在未来之先，给他们一个健全的遗传，要是不能给他们，就不必指望他们来”④。优生宗教化是“要大家于‘个人进步’与‘社会进步’之外，更注意到更基本的‘种族进步’”⑤。从目标上是关注“种族或纵向时间的民族”；从手段上“兼注重遗传的良好和环境的整饬”。潘光旦强调，优生宗教化并非骇人听闻，而早已是文化生活的一大事实：祖先崇拜便是宗教化的优生行为；“不孝有三，无后为大”便是宗教化的优生信条；“宜子孙”、“子孙永葆”……正是宗教化的优生愿望。

这样，由“遗传”、“变异”而“选择”，潘光旦广泛探讨种种“文化势力”与优生的关系，深刻反思传统学术，提出了宗教优生化

---

① 潘光旦：《优生原理》，天津人民出版社1981年版，第239页。
② 潘光旦：《优生原理》，天津人民出版社1981年版，第239页。
③ 潘光旦：《优生原理》，天津人民出版社1981年版，第240页。
④ 潘光旦：《优生原理》，天津人民出版社1981年版，第240页。
⑤《潘光旦文选》，国际文化出版公司1997年版，第42页。

和优生宗教化的主张。

三、中华民族的优生出路

近代中国，救亡图存为永恒主题。潘光旦认为，“挽救民族危亡的出路不只一条”，政治的、教育的、实业的、党治的、反帝的，甚至于音乐的、体育的出路都提出过或实验过了，均不能奏效。① 他从1929年起在《新月》上先后发表《说才丁两旺》和《人文选择与中华民族》，到1932年写成《民族卫生的出路》（后来辑入《民族特性与民族卫生》为第五篇），系统提出了“优生的出路”②。

潘光旦首先旗帜鲜明地指出：“民族卫生或优生的目的非常简单，就是，要教民族中的优秀分子相对的加多，不优秀分子相对的减少。”③

关于中华民族的品性现状，潘光旦认为有四大缺点，其病根是“遗传与淘汰”④。①“中国人的体格显然是千百年来饥馑所淘汰成的一种特殊体格”。②科学能力薄弱的原因“也可以在不良的淘汰中求之”：在自然淘汰方面，“科学能力特强的人，兴趣所属，每每不能兼事家人生产”；在人文淘汰方面，“选举的目的和标准异常狭窄，至后期尤甚……声光化电，动植生理，初则因社会不与鼓励故，为兴趣所不属，终则因生物淘汰故，变为才力所不逮”。③团结能力和组织能力的薄弱，也一半因自然淘汰，一半因文化选择：水旱灾荒酿成“自私自利心的畸形发展”；同时，“家制的发达与乡村中‘无为而治’精神的普遍，也不利于领袖和组织能力的培养”。④贪污与公私不分，也得“向自然淘汰和人文淘汰的势力中求解释”。

找到病根，增进民族卫生、提高国人素质的药方也就有了，至

---

① 《潘光旦文选》，国际文化出版公司1997年版，第396页。

② 《潘光旦文选》，国际文化出版公司1997年版，第396页。

③ 《潘光旦文选》，国际文化出版公司1997年版，第397页。

④ 《潘光旦文选》，国际文化出版公司1997年版，第400～403页。

此，潘光旦系统地提出了他的优生救国方案。①

第一，"在自然环境方面，救荒是目前最急迫的一条路。" 因为灾荒降低人口的体力智力，而且导致了自私自利心的发展，养成逆来顺受的体力和心态。

第二，在经济方面，"一是求国家生产能力的提高，二是求分配的利便与公允"。针对中国国情和国人品性，潘光旦主张大力发展小企业组织，实行适度的工商业化。至于分配，他追求一种非"资"非"社"的方式，在他看来，"资本主义的不易公允，尤其是对于劳力的人"；"社会主义之下也未必公允，尤其是对于劳心焦思的人"。公允并非平等，"经济的待遇，应视才力与运用此种才力后对于社群与文化的贡献为转移"；充裕有"裕后"之精意，不但指一个人一生一世的瞻足，"同时更参考这个人的血统的前途，尤其是要使他或她是民族中的比较中上的分子"。

第三，"都市化的控制"。都市化对于个人卫生害多裨少，社会卫生不易讲求，而"对于民族卫生的危害要远在个人与社会卫生之上，即都市化有绝大的反优生倾向"。因为近代城市人口的增长是靠"移植"，而"移植是有选择作用的，从乡村人口中选择了许多比较健全的分子放在都市里，教他们死得容易一些，少享受一些安定的婚姻与家庭生活，少生一些子女，或生而得不到充分发育的机会"。同时，农村里剩余的那些素质低下的"分子"却大量生育子女。

第四，"家庭制度的整顿"。调和传统与现代，推陈出新，实行"折中家庭制"。这种家庭与传统中国包括直系、旁系亲属在内的大家庭不同，也非欧美只有夫妇和未成年子女的小家庭。它兼收老、幼、壮三辈，而以壮的一辈为主；家大须分，但只限于成年的兄弟妯娌之间，而不适用于上下世代之际。从而保留中国大家庭和西洋小家庭之得，而救其失。

第五，在政治生活上，"消极方面，我们主张思想、言论与学术的自由。在积极方面，我们主张国家仍须厉行一种科目举士的制

---

① 《潘光旦文选》，国际文化出版公司 1997 年版，第 405～420 页。

度”。他认为，“思想、言论与学术的自由显而易见是人才所有呈露的第一条必要的条件”，并断言中国国民党、俄国“布尔扎克党”和意大利“泛系党”等压制思想言论学术自由的共同结局是“轻则阻碍文化的焕发于一时，重则斩绝人才流品于万世”。教训如此，经验也是有的，“英国国势的优强，直接固由于人才的众多与一般民众智力的高超，而间接实由于思想、言论、学术的不受限制”。

自由尚是消极，积极的主张是厉行一种新的科举制度，将“才识优长”者甄别出来。潘光旦高度肯定以前的选举（汉以前的乡举里选制、魏隋间的九品中正制、唐以后的科举考试制）的原则，主张“重新划分一种用科目考试的选举制度，目的与原则依旧，但方法客观要增加，而标准与考试范围尤其要放大”。

第六，在教育“设施”方面，更新观念：“一是教育的人文化与种族意识化。二是教育要适应性的分化。”他认为人文主义有三说：人本主义、差等观念和节制原则，皆与优生有深切关系，均在“孔门”范围之内。故而，他痛惜中国教育家之短视，未肯附和无锡国学专修学校校长唐尉芝于1932年高等教育讨论会上提出的“尊崇孔子，以正人心”案。①“种族意识化”即于“慎终追远”之外，别倡“谨始怀来”，致力于民族素质的提高。

关于“性的分化的教育”，潘光旦认为，男女差别很大，不能强求男女平权。他说：

> 男女不但身心的品性不同，发育异率，甚至于彼此的细胞都没有一个同的。身心外表的差异，正坐细胞内容有差异的缘故，近代从事所谓妇女解放运动的人，往往不理会这种基本的差异，而一心唯男女平权是求。……这种运动要是真能一视同仁，在男女之间打一笔统帐，倒也罢了；实则在以男性历来习惯了的种种作标准，而女性削足适履的来迁就。所以名为男女平等，实则抹

① 《潘光旦文选》，国际文化出版公司1997年版，第418页。

杀了女性，其抹杀的程度要远在解放运动发轫之前以上。①

潘光旦所谓男女之间细胞都“没一个同的”之论，显然过于绝对；议论男女平权，也难免言过其实。但是不容否认，他对近代妇女解放运动中出现的偏激的指责，是切中要害的。

潘氏怪论，尚不止此。时至20世纪，女子纷纷走出家庭，进入社会，谋求独立的经济地位，素为世人乐道，他却从优生学角度加以反对。他认为，独立的经济地位的获得，如果以贤妻良母理想的放弃为代价，则得不偿失，祸且不远。“母的职务没有合适的人承当的民族，迟早必有家亡国破之一日。”怎么办呢？惟有认清“女子的主要作业依然不能越出良妻贤母的范围”，让女工回家去。②

至此，潘光旦为优化民族素质，提出了救灾灭灾、发展生产、公平分配、整顿家制、重定科举、思想言论学术自由、增强种族意识等一整套救国方案。当然，这只是“千百条之一”，旨在引起“关心国是者的注意罢了”③。

综上所述，潘光旦首先从生物遗传理论出发，主张实行区别生育率；接着，广泛探讨社会选择与民族演化的关系（尤其是中华民族的发展），主张对传统学术进行改造；最后，针对近代中国民族衰微的现状，提出一整套涉及经济政治、文化教育、社会生活等方面的优生方案。他的优生论从生物学转入社会学，以社会学理论联系现实实际，有理有据、有史有实，可谓体系完备、逻辑严密、结论自然。

在今天看来，生物科学的发展大大丰富和突破了潘光旦先生当时所能把握的遗传变异规律。他的优生主张，尤其是区别生育率，漠视素质相对低下者的生育权，违背人人平等原则和人们的普遍意愿；同时，在社会发展还极其有限的阶段，广大劳动人民受不到应有的教育，其聪明才智未能有效开发，所谓素质优劣，缺乏客观标准，容易

① 《潘光旦文选》，国际文化出版公司1997年版，第419页。

② 《潘光旦文选》，国际文化出版公司1997年版，第420页。

③ 《潘光旦文选》，国际文化出版公司1997年版，第420页。

被曲解，误入歧途。

然而，不容回避的是：生物遗传变异是不以人的意志为转移的客观规律；教育并非万能，民族素质的提高仍然有赖于先天素质的良好；传统观念仍然根深蒂固，在当前的计划生育中，观念上历史惯性造成的阻力甚至超过经济上现实问题带来的困难。费孝通担心，“有后主义”观念与传统社会“男系偏重”陋习结合在一起，必然对计划生育构成阻力。①《当代中国的人口》研究为此提供了佐证。② 改造传统生育观念，是一个既紧迫又意义深远的问题。于是，不能不承认，潘光旦在半个多世纪以前的尝试仍然具有广泛而深远的现实借鉴意义。

第三节　孙本文的理论社会学

提到中国社会学，国外社会学界往往把孙本文和费孝通并称为中国社会学的创立者。③ 如果说至今仍活跃在学术界的费孝通先生的主要贡献在于重建中国社会学的话，那么孙本文无疑是旧中国社会学的主要开拓者了。通过考察近代中国社会学学术发展史可知，以精通西方社会学理论著称的孙本文，在旧中国30年的学术生涯中，力图构建以社会行为作对象的、倾向于文化学派的综合社会学理论体系，并为社会学中国化做出了突出的贡献。

一、近代中国社会学的代表学人

孙本文（1891～1979年），字时哲，生于江苏吴江。早年就读于江苏第一师范，1914年考入北大文科哲学门。当时，中国第一位社

---

① 费孝通：《中国传统伦理观念与人口问题》，《费孝通选集》，天津人民出版社1988年版。

② 许涤新：《当代中国的人口》，中国社会科学出版社1998年版，第35、39页。

③ （日）富永键一：《社会结构与社会变迁》中文本序言，云南人民出版社1988年版。

会学家康宝忠在北大讲授社会学，孙本文从他那里接触到美国社会学家季亭史的“同类意识”论，并对此发生浓厚兴趣。1921年，孙本文赴美国留学，主攻社会学，兼修经济学和教育学。在伊利诺大学获硕士学位后，赴哥伦比亚大学和纽约大学攻读博士学位。获博士学位后，孙本文又赴芝加哥大学社会学系继续深造。留美期间，孙氏先后就学于当时美国社会学数所名校，并得以师从各派名家，可谓博采西方社会学理论之众长，为以后他在中国社会学界的发展奠定了基础，也为他从整体上把握理论社会学，并构建中国化的社会学体系准备了条件。

1926年，孙本文回国，任复旦大学社会学系教授。1928年，他受聘任中央大学社会学系教授兼系主任，并曾兼任该校教务长、教育部高教司司长。在他的惨淡经营之下，中央大学社会学系从无到有，迅速发展，社会学名家吴景超、黄文山、胡鉴民、言心哲等云集，一时间成为中国社会学一方重镇。同时，孙本文积极组织和参与社会学学术活动，俨然以学者领袖身份出现。1928年，他邀当时东南社会学者集会，领衔发起了“东南社会学会”，被推为常务委员兼会刊《社会学刊》主编。1930年，他又联络全国各地社会学学者，将“东南社会学会”扩大范围，改组为“中国社会学社”，他被推为正理事兼社刊《社会学刊》主编（后又曾数度蝉联）。中国社会学社几乎网罗当时全国社会学知名学者，先后举行8次全国性年会，开展大量卓有成效的工作。通过教学科研和学术交流，孙本文倡议并有力推动社会学的中国化，在建立中国社会学理论体系以及培育社会学人才等方面，做出了贡献。

孙本文精通西方各派学说，博览群书，涉猎面广，著译丰盛，是老一辈社会学家中最多产的一位。他治学严谨，所著资料详实，朴实无华；其论述，言必有据、旁征博引、结构严谨，显示了深厚的功底、崇高的风范，也为日后的社会学学术史研究留下了弥足珍贵的史料。仅就普通社会学而言，到1945年，共出版专著25种之多。① 归

① 杨雅彬：《中国社会学史》，山东人民出版社1987年版，第112页。

国最初几年，孙本文著述以介绍西方学说为主，主要有《社会学上之文化论》、《社会问题》、《社会学ABC》、《人口论ABC》、《社会学的领域》、《社会的文化基础》、《社会变迁》。30年代以后，他的著作逐渐联系中国实际，如《中国社会问题》、《中国人口问题》和《现代社会问题》（包括《家族问题》、《人口问题》、《农村问题》、《劳资问题》）。同时，他开始建立自己的理论体系，尤其是1935年出版的《社会学原理》，集欧美各家之长，为同类著作中出类拔萃者，使他成为理论社会学领域无可争议的权威。抗战胜利后，孙本文相继出版《社会思想》、《社会心理学》、《近代社会学发展史》、《社会调查》、《现代社会科学发展趋势》、《当代中国社会学》等书。此外，他还著有《社会学（讲义）》、《社会行政概论》等，编有《社会学大纲》2卷、《从社会学到社会问题》、《社会学词典》、《社会学论文集》2卷。

二、重视文化和心理因素的系统社会学

孙本文社会学理论的最大特点是，有一个从文化学派到心理学派，最后形成系统学派的过程。

（一）国内社会学界重视文化研究的第一人

孙氏早期社会学思想，文化学因素占很大比重，他本人也自认是“国内社会学界重视文化研究之第一人”①。

孙本文社会学观点之侧重文化论，并非偶然。留学美国时，他直接“受教于文化学派开创者乌克朋（W. F. Ogbum）教授”②。1927年，回国不久的孙本文出版了他的第一部著作《社会学上的文化论》，其目的便是要“介绍美国新兴的文化学说”，除了乌克朋外，还包括恺史（C. M. Case）、卫莱（M. M. Willey）、海史各费

① 孙本文：《当代中国社会学》下册，胜利出版公司1948年版，第246页。

② 孙本文：《当代中国社会学》下册，胜利出版公司1948年版，第244页。

(H. Herskovit）诸家文化学说。接着，他陆续发表《文化与社会》、《社会的文化基础》、《文化失调与中国社会问题》、《中国文化区域研究》、《文化与优生》、《再论文化与优生》、《中国文化研究刍议》、《中国文化建设之初步研究》等论著，对西方文化学说理论，联系中国当时社会现实并结合自己的观点加以阐发。他于1935年出版的《社会学原理》，对文化学派社会学进行了系统的阐述。

从文化学派观点立论，孙本文认为，社会学应以研究文化为主，研究社会现象若不作历史的文化的探讨，必流于主观臆断："非将文化分析明白，研究社会现象中其余心理、生物、自然环境等种种因素，皆无从确切之解释，而社会现象即无从得完全之了解，社会问题，亦无从得圆满之解决。"① 他的主要论据是：

第一，文化为社会成立的基本要素。什么是文化呢？"文化者，人类心力所造作以调谐于环境之产物也。"② 文化与社会的关系是：

> 文化为人类社会普遍的要素，无文化即无社会。人类之所以异于禽兽以其有文化，故文化为人类的特产，亦即为人类所不可或离的要素。自衣食住行用玩以及待人接物婚嫁丧葬等活动，莫不受文化的支配。换言之，此等活动即文化的活动；除去文化，即无活动。③

从这种观点出发，孙本文对社会的其他因素虽有论述，但多持否定态度。"地境要素与生物要素"，只有通过与文化交互作用才能起作用，它对于人类社会，"仅为消极之限制"；而且"即此种消极之限制，亦因文化进步而日减"④。对于文化与生物之关系，他先后发表《文

① 孙本文：《当代中国社会学》下册，胜利出版公司1948年版，第245页。

② 孙本文：《社会学原理》序，商务印书馆1935年版。

③ 孙本文：《当代中国社会学》下册，胜利出版公司1948年版，第245页。

④ 孙本文：《社会学原理》序，商务印书馆1935年版。

化与优生》、《再论文化与优生》等文，对于潘光旦强调遗传因素的观点提出非议，引发了一场中国社会学史上的“机会难得的论争”。

第二，社会变迁，即文化的变迁。社会变迁包括人口变迁与社会变迁，而人口变迁如生老病死之类，虽属生物范围，而其所受文化影响极大，已非纯粹生物现象。因而，“社会变迁，简单地说，就是文化的变迁”①。于是，“欲求人生之充实，与社会进步者，惟在发展文化”。联系中国实际，孙本文颇以救亡自任：辛亥以来，社会变迁剧烈，内外交困、民族危急，“如何满足人民之需求，解除环境之侵迫，以谋妥善之调适，此则有俟乎文化之发展。谋中国文化之发展，以求中国民族更优胜之生存，此则社会学者与有责焉者矣”②。

第三，社会问题的发生，也在文化。孙本文在1927年出版《社会问题》最早提出：社会问题之所以发生，在于社会态度的转变；而社会态度的转变，则由于新文化的传入。同年发表在《社会学界》第二卷上的《文化失调与中国社会问题》一文，进而联系中国现实，分析中国社会问题的产生。以后，在《社会变迁》、《社会学原理》以及《现代社会问题》等论著中，也均坚持乌克朋的“文化失调”论。照此观点，文化各部分变迁速度有快有慢，文化系统中变迁快的与变迁慢的不相适应，久而久之，出现错位，于是出现社会问题。

（二）把社会看做“心理”的现象

孙本文重视文化因素，“同时也重视心理因素”，他本人并不承认是文化学派。应该说，他在建构其社会学理论时以社会行为作为研究对象，并侧重于心理学派。纵观其理论社会学倾向之演变，早期重视文化学派，大致在30年代中期以后渐转向心理学派。

孙氏自谓“初学社会学时即偏重于心理学的理论”③。早在北大

---

① 孙本文：《当代中国社会学》下册，胜利出版公司1948年版，第246页。

② 孙本文：《社会学原理》序，商务印书馆1935年版。

③ 孙本文：《当代中国社会学》下册，胜利出版公司1948年版，第241页。

求学时，他就从康宝忠那里接触到美国季亭史的“同类意识”论；留美之后，更是亲受教于时任哥伦比亚大学社会学系主任的季亭史教授，学习他的《初民社会学》，又师从该校心理学系主任吴伟士教授学习《社会心理学》；在纽约大学，选读了麦独孤教授的《高级社会心理学》，范黎士教授的《高级心理学》、《社会态度》，派克教授的《集体行为》等。自然，孙本文对社会现象的研究重视心理因素。事实上，他的博士论文《美国对华舆论的分析》就被公认是一部颇有价值的心理社会学著作。归国后，他长期从事社会心理学方面的教学，“对社会方面心理学说及社会心理学始终觉兴趣”①。这方面比较重要的论著有：1927 年发表在《东方杂志》第 24 卷第 21 期的《何谓社会问题》、次年出版的《社会学 ABC》等，而尤以《社会心理学》最为系统。

他的心理社会学理论主要观点有：

第一，社会学是研究社会行为的科学。他认为：

> 社会是由人结合而成，人是从行为上表现其特质。人无行为，社会即无存在。所以，社会行为乃社会成立的基因。可见从本质上讲，社会只是人与人活动——人与人的行为；仅就这“行为”的观点说，竟可把“社会”看做“心理”的现象。②

其实，在早年写成的《社会学 ABC》一书中，孙本文就明确指出：社会学是研究社会行为的科学；《社会学原理》即以研究社会行为作为出发点；《社会学体系发凡》更是力图建构一个以社会行为为研究对象的理论体系。而大部头的《社会心理学》研究的是社会行为的一种——社会中个人行为，包括社会对人的影响，个人对社会的影

① 孙本文：《当代中国社会学》下册，胜利出版公司 1948 年版，第 241 页。

② 孙本文：《当代中国社会学》下册，胜利出版公司 1948 年版，第 242 页。

响。他还特别指出，“社会行为”这一概念本身，“富有心理学的意味”①。因此，可以说，孙本文的社会学，在很大程度上可以视为心理学派的社会学，即心理社会学。

第二，社会问题源于社会态度的转变。孙本文认为，社会问题常起于社会态度的转变。他在《何谓社会问题》一文中说：

> 社会问题的产生，其关键在社会态度。换言之，即使社会状况如何不良，社会制度如何不适应，如其社会上多数人不注意，不领会不承认，则社会亦无问题。所以可说：社会问题的有无，须视社会上多数人态度为转移。

《社会问题》一文进一步说明：态度之转变，是由于外来文化的侵入；而《社会学原理》注重文化，也注重态度，详细分析了社会态度于社会生活的关系：社会上种种现象皆与社会成员的态度密切相关。

第三，社会心理学是社会学的重要组成部分。孙氏积20年之功，综合各派学说，引述58位社会学家的贡献，搜集古今中外各种资料，写成《社会心理学》一书，为我国当时同类著作中最有价值者。他本人在《当代中国社会学》中说：

> 著者视“社会心理学”为社会学中一基本部门。其性质的重要实在他部门之上。此在《社会心理学》一书中已可见到。此书表明，社会心理学研究社会中个人的行为：一方面研究社会对于个人行为的影响，一方面研究社会所受个人的影响。而社会中个人的行为，乃属于社会行为的范畴，故社会心理学自应为社

① 孙本文：《当代中国社会学》下册，胜利出版公司1948年版，第242页。

会学的一个部门。①

（三）属于综合派之林的系统社会学

孙本文自认既非文化学派，也非心理学派，而属于“综合派之林”。他在《社会学ABC》和《中国文化研究刍议》中，强调文化与心理并重，均为影响社会行为的根本要素；而《社会学原理》“全书注重文化与态度之讨论”②。他从社会行为出发研究社会现象，并不止于社会行为，而社会行为的发生因素复杂，非仅社会行为所能解释清楚。综合学派认为，“社会的性质、变化和发展是受各种因素的影响，而不属于某一因素，即使这些因素对于社会的作用不是完全一样而有轻重的不同”③。因此，他“重视文化，同时也重视心理因素，而且亦不蔑视其他如地境及生物因素”④。

孙本文以社会行为为研究对象，从《社会学ABC》经《社会学原理》、《社会心理学》，到《社会学体系发凡》，建构出完整的系统社会学体系。

孙氏系统社会学基本观点有四⑤：1.“社会整体的观点——把社会看做整个的而非部分的”，研究社会现象或问题，从整个社会而不是从某一局部观察。2.“社会结合的观点——把社会看做人与人的结合”，研究任何社会现象或问题，注重人与人之间的关系与行为。3.“社会有机的观点——这是表明：个人与社会成为有机的关系”。

---

① 孙本文：《当代中国社会学》下册，胜利出版公司1948年版，第242～243页。

② 孙本文：《当代中国社会学》下册，胜利出版公司1948年版，第261页。

③ 孙本文：《帝国主义时代资产阶级社会学的思想内容及其对中国的影响》，《新建设》1956年第11期。

④ 孙本文：《当代中国社会学》下册，胜利出版公司1948年版，第246页。

⑤ 孙本文：《当代中国社会学》下册，胜利出版公司1948年版，第266～267页。

即每一个人都与他人发生密切连带的关系，各行各业，各尽所能、各易所需，互相依存、互相供应，从而形成一个有机的整体——社会。4．“社会演进的观点——这是表明：社会的本质不是静止的，而是变动的；不仅是变动的，而且是向前演进的。”他认为，任何社会现象，皆有其可查的过去的历史，也有其可预测的将来的前途。而持此观点，研究社会现象，能使人眼光远大、态度乐观，并对未来充满希望。

这样，孙本文形成了自成一统、体系完备的综合社会学理论。这是最能代表近代中国理论社会学水平的体系，影响深远。但是，它的局限性也是显而易见的。首先，孙本文的系统学派理论，虽自称综合了影响社会行为的各种因素，而不忽视任何一种，实际上是以“富有心理学的意味”的社会行为为对象的文化学派社会学，将社会与文化、社会变迁与文化变迁混为一谈，陷入了循环论证和自相矛盾之中。其次，他忽略了社会的生产力发展、经济基础、阶级关系等关键因素对人的社会行为的重要影响，将以唯物主义为指导的马克思主义社会学拒之门外。尤其是他否认社会问题的客观性，把社会问题视为人们的一种主观认识，显得非常荒谬。他坚持的是唯心史观，属于资产阶级社会学范畴。但从学术上看，其目的在于认识并改造中国社会，并立足于国家民族的发展，因而是至公无私的。其理论体系，从整体上看，是片面的、不科学的，但在具体的许多问题上，不乏真知灼见，具有相当的借鉴意义。

三、创建完全中国化的理论社会学体系

形成自己的“综合学派”的社会学理论之后，孙本文要做的是建立自己的理论社会学体系，因为综合学派，“其要点在于认识社会的整体性及其各种因素的复杂性，并欲确立社会学的体系”①。

照此观点，孙本文首先构建起社会学研究对象——社会行为的体

---

① 孙本文：《当代中国社会学》下册，胜利出版公司 1948 年版，第 257 页。

系。他将社会行为分为“基本的”和“复合的”两大块。所谓基本的社会行为，即人与人之间性质最简单的社会行为，包括个人与个人、个人与团体、团体与团体，以及团体间四种交互行为，个人与个人联合的、团体与团体联合的两种集体行为。复合的社会行为，即人与人之间性质复杂的社会行为，包括“继续的”和“非继续的”两种集体行为，“分立的”和“联合的”两种社区行为。

依据这个体系，孙本文认为，“社会行为本身所应研究的问题有五，根据这五个问题再演绎而成社会学的整个体系”，其框架如下①：1. 社会行为形成的因素，包括地境因素（气候、地形、地位），生物因素（生存需要、生理特点），心理因素（静态的、动态的），文化因素（物质的、非物质的）；2. 社会行为表现的过程，包括接近的和远离的两种；3. 社会行为表现的机构，包括基本的社会机构（即社会规则），复合的社会机构（社会制度、社会组织）；4. 社会行为表现的功能，包括社会控制的方式、方法和领导人的控制；5. 社会变迁的方式、内容、原因和方向，其中，社会变迁的方向有三种：社会变迁、社会演进、社会进步。

当然，孙本文要建立的是他自己的、已经“中国化”了的体系。到20世纪40年代，中国社会学已有50年的历史，发展到相当规模。“但是以前偏重于译述，其自著者较少。或篇幅甚短，或取材陈旧，其适合于学校研究与参考之用者，甚属寥寥”；而西方移译而来的，又“颇不合我国学生之用”。②

有鉴于此，孙本文致力于“创建一种完全中国化的社会学体系”。首先，从他的研究重点的转移可以看出：归国之初，他的著述以翻译介绍欧美社会学理论为主；不久，转为对基础理论的阐述，在1930年前后，他邀集著名社会学家吴景超、黄文山、吴泽霖等人，编写了一套社会学丛书，这是中国第一部系统的大学社会学教材；30

---

① 孙本文：《当代中国社会学》下册，胜利出版公司1948年版，第263～266页。

② 孙本文：《社会学原理》例言，商务印书馆1935年版。

年代后，孙本文逐渐从基础研究转到结合中国的实际，作专门的社会学研究，进而研究我国重要的社会问题。其次，从他的著作实践和学术主张来看。最使孙本文享誉盛名的《社会学原理》，是直接为了改变教科书“不合我国学生之用”状况的一次尝试：在材料征引上，“凡可引得本国材料者，即用本国材料”，目的在于“欲使此书成为国人适用之书”①；四册本的《现代中国社会问题》，以“中国社会问题的探讨为本位”，提出解决社会问题的原则；《社会心理学》在综合分析各家学说的基础上，将它们融为一体，前后一贯，形成自己的亦即中国化了的社会心理学体系；更重要的是，他还总结出：在建立中国社会学时，既要顺应世界潮流，也“要尊重我国固有的优良思想”②。再次，孙本文非常重视总结社会学史的经验。40 年代，他写出了大部头的《近代社会学发展史》和《当代中国社会学》，清理世界和中国社会学发展脉络，力图建立自己的、中国化了的社会学理论体系。

当然，创建完全中国化的社会学，并非一人之力所能完成，孙本文号召全体中国学者协同努力。在写于 40 年代前期的《五十年来的中国社会学》一文中，他全面提出了他构建“中国化的社会学体系”的方案③：

第一，从三个方向努力，建立中国理论社会学。一是“从五个方面整理中国固有的社会史料”，分别编成中国社会思想史、社会理想史、社会制度史、社会运动史和关于一般社会行为的社会资料书。二是“实地研究中国社会的特性”：选择各地有代表性的重要区域，进行有计划的城市与农村调查，编成各种调查研究报告，供各方参考；从多方面对现实社会进行详尽精确的调查与研究，借以了解我国社会的本质。三是“系统编辑社会学基本用书”。组织人员编写适合

---

① 孙本文：《社会学原理》例言，商务印书馆 1935 年版。

② 杨雅彬：《中国社会学史》，山东人民出版社 1987 年版，第 319 页。

③ 孙本文：《当代中国社会学》下册，胜利出版公司 1948 年版，第 283 ~ 286 页。

我国教学与研究之用的、有关社会学理论与应用方面比较充实而完善的书籍。第二，中国应用社会学的建立。详细研究中国社会问题，加紧探讨中国社会事业和社会行政，切实研究中国社会建设方案，“根据社会学理论与本国社会事实，创建一种适合于中国社会需要的应用社会学，藉以促进国家民族的向上发展”。第三，社会学人才的培养。

应该说，在近代中国，主要从西方传来的社会学确实存在“中国化”的课题。孙本文为此做了大量的有效工作，是同辈社会学学者中贡献最大的一位，值得肯定。然而，他也没有使社会学真正地中国化。一方面，他虽然精通西方各派理论，但并没有处理好西方社会学理论与其社会实际的关系，未能从中抽象出具有普遍性的东西，摆脱西方资产阶级社会学的束缚，形成自己的理论。他总结出来的“充分搜集并整理本国固有的社会资料，再根据欧美社会学家精审的理论创建一种完整中国化的社会学体系”① 的方法，表现出对西方理论的过分依赖，所谓“中国化”的意义也大打折扣，在指导思想上就很成问题。② 另一方面，他力求联系中国实际，但他所做的努力仍然是初步的。他引据的大多是一些书本上的、历史上的材料，而很少是自己亲自调查得来的、现实社会的实际情况，结果，并不能真正联系中国实际，只起到搬用中国材料来填西方理论的效果。孙本文，这位旧中国社会学的开创者，因此被认为是“学院派”社会学的代表。

由于主客观条件的局限，孙本文未能用马克思主义的观点分析和认识中国，进行有效的社会调查研究，更不用说实现这个规模宏大的方案了。不容否认的是，他在学科建设、体系结构等方面的许多设想，至今不失其借鉴意义。他主张从研究历史资料、考察现实社会和编著社会学基本用书三个方面推进理论社会学中国化的思路尤其值得肯定。

---

① 孙本文：《当代中国社会学》下册，胜利出版公司 1948 年版，第 285 页。

② 费孝通：《中国社会学的成长》，载《社会研究》1947 年第 7 期。

第四节　费孝通的社会结构功能研究

20世纪三四十年代，中国社会学已发展到相当规模：一大批留学欧美、受业于名师、怀揣硕士博士学位的社会学家，活跃在各高等院校、科研院所；西方各派社会学理论竞相传入中国，并与现实社会学研究相结合。其中，费孝通运用功能学派社会学理论，深入社会展开社区研究，对中国社会现代化问题进行了多方探索，可谓卓有成效。

一、从"江村"到"云南三村"——对传统中国社会的实地调查

费孝通对中国社会的结构功能研究，可以分为"实地的社区研究"和"社会结构的分析"两期。第一期始于1935年清华研究院毕业之后。当时，费氏携新婚妻子王同惠赴广西大瑶山研究瑶民生活，为留英做准备，写成《花蓝瑶社会组织》。初出校门便取得可喜成绩，然代价也相当惨痛：自己身负重伤、卧床数月，爱妻王同惠则为此献出了年轻的生命。1936年，甫经康复，费孝通又在家乡江苏吴江附近的开弦弓村作了实地调查，然后束装赴英，并在吴文藻教授(费在燕京大学的老师）的帮助下，得以师从功能学派大师马林诺斯基。① 留英期间，费深得大师赏识，将开弦弓村的调查材料，按功能学派理论写成博士论文 *Peasant Lifein China*（中文名《江村经济》），在伦敦出版。1938年，费孝通学成回国赴云南任教，于次年在云南大学创办社会学研究室（曾避乱迁呈贡县魁星阁，故有"魁阁"之誉)。魁阁时期，费孝通深入云南禄丰县大白厂村开展社区研究，写成《禄村农田》。同时，在他指导和带动下，魁阁同人的社区研究成果斐然：张之毅有《易村手工业》、《玉村土地和商业》、《洱村小农经济》，史国衡有《昆厂劳工》、《个旧矿工》，田汝康有《芒市边民的摆》、《内地女工》等等。1943年，费孝通访美，将禄村、易村、

① 费孝通：《留英记》，见《过去的学校》，湖南人民出版社1982年版。

玉村三个研究成果写成 *Earthbound China*，将《昆厂劳工》写成 *China Enters the Machine Age*，在美国出版。①

费孝通在一系列实地社区研究中，结合实际，提出了自己的理论和方法。他认为，中国很需要调查，但前此成绩甚微，根源在于中国的社会学家太重视外国理论与历史。应该说，费孝通此论恰是其外国导师的观点。马林诺斯基的“功能学派否认有什么残存，它告诉人们文化所有的成分都在起着某种功能，虽然功能也在变”②；在对待非西方的原始民族问题上，坚持研究他们的现状，而不是无根据地猜测他们开化之前的情况，更反对西方学者以自己的“愚蠢和偏见”贬低土著居民的做法。

关于调查，费孝通最初主张不带任何理论下乡。他写《花蓝瑶社会组织》就避免理论上的阐发，可以说，所得材料是零散的，其成果充其量是社会调查报告。师从马林诺斯基之后，这一观点被修正，而强调调查和研究相结合。当时，国内举行的社会调查，事先预制调查表格，然后由调查员填写，再找人统计一下，最后专家根据这些数据推论被调查地区的社会状况。费孝通认为这种调查不足取。首先，一个和所要调查地区没有接触的人，不能凭空或根据其他社区的情形制定调查表格；其次，进行实地调查多是一些没有受过很深科学训练的、甚至对调查本身没有兴趣的雇员和学生，调查和研究脱节。他认为，开展社区研究，旨在寻求社会生活中的基本原则，不能以记录事实为满足，而要在事实中形成理论，因此，社会学者应当尽量通过直接的接触，收集一切与他的理论有关的事实。

费孝通“实地的社区研究”运用的方法是“类型比较法”，即对典型的分析方法，或叫“解剖麻雀”的方法。其前提是：研究社会结构可以分门别类地抓出若干典型或“模式”。他认为，农村的社会结构，“在相同条件下会发生相同的结构，不同的条件下会发生不同

① 费孝通：《乡土中国·后记》，三联书店1985年版。

② 戴维·阿古什著，董天民译：《费孝通传》，时事出版社1985年版，第36页。

的结构。条件是可以比较的，结构也因之是可以比较的”；“对一个具体的社区，解剖清楚它社会结构里各方面内部联系，再去查清楚它产生这个结构的条件，便形成一个具体的标本”；然后再“去观察条件相同的条件不同的其他社区和已有的这个标本作比较，把相同和相近的归在一起，把他们与不同的和相远的区别开来”。①

费氏调查成果中，《花蓝瑶社会组织》的调查和写作都在赴英之前。此时，他虽已是“拥护‘社区研究’的积极分子”，受当时在中国提倡功能学派社会学的吴文藻的影响很深，但在清华研究院的导师史禄国的人类学是“帝俄时代的老传统，和英美的很有差别”，他实际修完的体质人类学也和“社区研究”关系不大。②《江村经济》则在赴英之前，而后在马林诺斯基的指导下进行研究，可以说是从社会调查到社区研究的过渡作品。系统接受功能主义社会学之后，衔业师之命回国从事实地调查，再作研究写成的《禄村农田》（加上张之毅的玉村、易村为云南三村）才是典型的社区研究成果。

《江村经济》是费孝通对中国社会进行结构功能研究的起点。它描述了江村农民的生产、分配、交易的消费体系，“旨在说明这一经济体系与特定地理环境的关系，以及这个社区的社会结构的关系”，同时“说明这个正在变化着的乡村经济的动力和问题”。③ 费孝通看到，西方的冲击导致家庭手工业的衰落，打乱了城镇和农村之间的经济平衡，并最终集中到土地问题上。他认为解决中国土地问题，根本出路在于通过合作发展乡村工业，既不损害城市工人，又不破坏农村的家庭；使用大机器生产，“通过引进科学的生产技术和组织以合作为原则的新工业，来复兴乡村经济”。同时，费孝通紧紧把握中国传统文化在西方冲击下的嬗变。他说：

强调传统力量与新的动力具有同等重要性是必要的，因为中

① 《费孝通学术精华录》，北京师范学院出版社 1988 年版，第 125 页。

② 费孝通：《留英记》，见《过去的学校》，湖南人民出版社 1982 年版。

③ 《费孝通学术精华录》，北京师范学院出版社 1988 年版，第 53 页。

> 国经济生活变迁的真正过程，既不是从西方社会制度直接转渡的过程，也不仅是传统的平衡受了干扰而已。目前形势中所发生的问题是这两种力量相互作用的结果。①

毋庸讳言，费氏方案具有改良主义色彩，忽略了阶级分析，在旧中国没有现实可行性。但是，实际上，费氏方案已开始了建设小城镇和发展乡镇企业的可贵探索。尤其值得肯定的是，《江村经济》在社会学上是个新发展，它离开对未开化状态的研究，“走上了一条本地人调查研究本地情况，本民族人调查本民族情况的广阔的道路，而且用人类学的方法研究了有高度文明的中国社会”②。马林诺斯基这样评价自己指导的博士论文:③

> 我敢预言费孝通博士的《中国农民的生活》一书将被认为是人类学实地调查和理论工作发展的一个里程碑。

江村位于沿海省区，有发达的工商业，受都市制约，代表着受现代工商业影响较深的农村社区类型。作为《江村经济》的续篇，《禄村农田》选择的是深处内地、自然经济占统治地位的农村。费孝通分析禄村的土地制度，认为利用雇工的劳力经营是禄村的农田经营方式。在江村，大部分土地掌握在脱离了土地经营的大地主手中；禄村则不然，大量的是雇工自营的中小地主，土地制度的基础是雇佣关系而非租佃关系。进而，他指出，这种雇工自营经济既非“为利润而活动的”资本主义经济，也与“以消费为中心的社会主义经济”相异。最后，他预测，在现代工商业的冲击下，禄村的问题在劳力而不在资金：都市工业吸引禄村的劳工将导致雇工自营体制瓦解。

---

① 《费孝通学术精华录》，北京师范学院出版社 1988 年版，第 53 页。

② 费孝通：《从事社会学五十年》，天津人民出版社 1983 年版，第 132 页。

③ 杨雅彬：《中国社会学史》，山东人民出版社 1987 年版，第 269 页。

《江村经济》中考察了人多地少、工商业发达的沿海农村类型，却名之以《中国农民的生活》难免有以偏概全之嫌；《禄村农田》考察了“没有手工业”的内地农村，又局限于土地制度，仍然未能全面认识中国社会。于是，费孝通指导张之毅考察了“手工业较发达”的易村（云南省易门县一农村）、滇池边“受商业中心影响较深”的玉村（玉溪县一农村）。① 禄村、易村、玉村构成云南三村，这样，从江村到云南三村（再加上魁阁的其他社区研究），费孝通通过对各个不同农村类型的考察，较为全面地了解中国传统社会的基本风貌，并对中国社会的现代化（尤其是经济现代化、农村工业化）问题进行了可贵的探索。

二、《生育制度》——对传统中国社会的功能研究

费孝通社会学研究第二期始于40年代中期。关于两期的划分和第二期研究的重点，他本人有如下概括：

> 三十三年回国，我一方面依旧继续魁阁的研究工作，同时在云大和联大兼课，开始我的第二期工作。第二期工作是社会结构的分析，偏重于通论性质……生育制度是这方面的第一本著作……②

《生育制度》是运用社会学方法研究某一制度的成功尝试，在中国社会学发展史上具有重要影响，也是最能体现费孝通学术思想的理论著作。他认为：“如果限于狭义的学术历程，我觉得可以把《生育制度》作为我前半生学术经历的结束。”③ 美国学者戴维·阿古什对此有中肯的评价：

① 费孝通：《学术自述与反思》，三联书店1996年版，第34页。

② 费孝通：《乡土中国·后记》，三联书店1985年版。

③ 费孝通：《学术自述与反思》，三联书店1996年版，第217页。

> 《生育制度》是费孝通最长而且最富有理论性的一本书——社会学家吴景超认为“无疑是费孝通所有著作中最好的一部”——它也是最能体现费孝通功能学派观点的一本书……表明他对文化和社会如何起作用的总的看法。同时也表明功能学派这类理论是如何推理来的。①

该书研究个人与社会的关系，并进而分析社会结构。题为“生育制度”，“其实所论的不止是生育，凡是因种族绵延的需要而引申或孝通所称‘派生’出来的一切事物，都讨论到了。它实在是一门‘家庭制度’”②。该书第一章就对生育制度的功能，人如何“从性爱到生殖”、“从生殖到抚育”，以及生育制度的发生，作了概括说明。费孝通认为，“生育制度是人类种族绵延的人为保障”③，“社会完整是个人健全生活的条件，而社会完整必须人口的稳定，稳定的人口有赖于社会分子的新陈代谢，因之引起了种族绵延的结果”④。生育制度由此产生。

从第二章开始，“说明人类怎样用文化手段去控制这生殖作用，使这生物现象成为社会的新陈代谢作用”⑤。费孝通认为，要实现生育制度为社会准备继承人的功能，人类必须男女合作，建立抚育子女的机构——家庭。求家庭的稳定，人类又不得不在文化手段中想出稳固的保障，即结婚的仪式。就中国而言，“一方有月下老人的暗中牵线，一方有祖宗的监视，一方有天地鬼神来作证”⑥，最终建立父、母、子基本三角关系。同理，家庭之内，出现男女分工、男性的单系继承、对女性从一而终的要求，而纵向的亲子关系凌驾于横向的夫妇关系之上，成为家庭的核心。进而，亲属关系形成，单个家庭置于更

---

① 戴维·阿古什著，董天民译：《费孝通传》，第40页。
② 潘光旦：《派与汇》，《潘光旦文选》，国际文化出版公司1997年版。
③ 费孝通：《生育制度》，天津人民出版社1981年版，第11页。
④ 费孝通：《生育制度》，天津人民出版社1981年版，第14页。
⑤ 费孝通：《生育制度》，天津人民出版社1981年版，第18页。
⑥ 费孝通：《生育制度》，天津人民出版社1981年版，第37页。

大的社会组织的监督、保护和控制之下。婚姻、家庭和生育都离不开性的结合，性爱是整个生育制度的始端。然而，“性的关系是一种很原始的关系”①，似乎男女之间都可以发生，与社会常处于相冲突的位置，它“可以扰乱社会结构、破坏社会身份、解散社会团体”②。为维持社会结构的安定与完整，社会有了对性的防范和压抑。费孝通认为，家庭组织的目的不在满足个人的性欲，而在限制性欲；禁止乱伦不是出于“优生”，而是要避免家庭中产生混乱的社会关系。出于维护家庭的稳定，费孝通甚至赞成通过集体力量，运用法律、宗教等手段遏制个人的离婚要求。

《生育制度》的第三部分（从第11章开始），是“分析继替过程本身”③。什么是“继替”呢？费孝通认为：

> 在一定的社会分工结构中，职位是固定的，因之新分子要进入社会必须由旧分子把他的职位让出来，这就是继替过程。④

为了避免社会混乱，人类采取亲属原则实现社会继替，因为亲属原则特别适宜于确定继替顺序：世代排列、男女分殊、单系偏重和亲疏层次。在论述继承关系时，费孝通确信“单系偏重和所谓压迫女性是无关的”⑤。

功能主义认为文化所有成分都起着某种功能，容易导致对传统文化的一味辩解。但费孝通认为，“还在为人们遵守的风俗，有可能不再有作用了”，因为功能在变。⑥ 如包办婚姻，费孝通承认它在传统社会具有合理性，因为在文化比较静止的社会中，父母的判断，根据着可靠的经验，比较正确；但在改变了的环境中，“两代之间，有着

① 费孝通：《生育制度》，天津人民出版社1981年版，第47页。
② 费孝通：《生育制度》，天津人民出版社1981年版，第46页。
③ 费孝通：《生育制度》，天津人民出版社1981年版，第133页。
④ 费孝通：《生育制度》，天津人民出版社1981年版，第140页。
⑤ 费孝通：《生育制度》，天津人民出版社1981年版，第152页。
⑥ 戴维·阿古什著，董天民译：《费孝通传》，第45页。

很大的隔膜互相不能了解"，包办婚姻也就失去了合理性。① 他的观点是：传统的生活方式只在稳定的社会起作用；环境变了，旧的生活方式也就不起作用了。

费孝通的《生育制度》，运用功能主义社会学方法论，剖析植根于中国传统文化的婚姻、家庭、抚育和亲属制，层层剥离、环环相扣，成功地将西方理论与东方文化融为一体，可谓珠联璧合，堪称绝唱。但是人们不难发现，其"目的论"倾向非常明显，且有循环论证之嫌。就其基本观点（生育制度是出于维持社会结构的完整、限制个人生物需要的社会制度）而论，社会学家吴景超当时说：里面讲的道理，"是我以前没有想过的"②；与费有师生之谊的潘光旦则毫不客气："你这是一家之言，并不是全面的分析"③，批评他忽视了生物个人对社会文化的影响，未能允执其中。费孝通虽则坚持"是根据各种社会养生送死的事实总结出来的一般规律"④，但也勇敢地承认，《生育制度》突出体现了他学术思想中"见社会不见人"的缺点，并在80年代有所纠偏，"而多少已接受了潘先生的批评"⑤。究其根源，是费本人的经历影响了其学术观点的形成。抗战时期孤陋的学术环境限制了他学术思想的发展，甚至养成了"不善于接受新的社会学流派的习惯"⑥。尽管如此，《生育制度》仍然不失为最能体现费孝通学术思想的著作之一。

三、《乡土中国》——对传统中国社会的结构分析

如果说《生育制度》比较全面地运用了功能主义方法论，那么《乡土中国》更多地体现了功能主义的文化思想。早在费孝通学成回国前夕，马林诺斯基就为费孝通的第二本书（指继《江村经济》之

---

① 费孝通：《生育制度》，天津人民出版社1981年版，第61页。
② 费孝通：《学术自述与反思》，三联书店1996年版，第49页。
③ 费孝通：《学术自述与反思》，三联书店1996年版，第49页。
④ 费孝通：《学术自述与反思》，三联书店1996年版，第49页。
⑤ 费孝通：《学术自述与反思》，三联书店1996年版，第222页。
⑥ 费孝通：《学术自述与反思》，三联书店1996年版，第211页。

后）起名为 *Earthbound China*（《乡土中国》），指示他回国后继续调查研究，然后写书。费孝通回国后一直铭记师嘱，1944 年，他将禄村、易村、玉村（即云南三村）的研究成果写成 *Earthbound China*，在美国出版(为第一期研究)。1948 年,他将自己的 14 篇农村社会学论文结集出版,仍名之《乡土中国》,这是费孝通社会结构分析的第二部著作。

在这本书里，费孝通以中国的事实说明乡土社会的特征，勾画出中国农村社会结构的原则并力图追溯中国文化模式是怎样从中国农业和农村生活中孕育的。在研究方法上，则“撇开问题，从社会结构本身发挥”。这种结构方面的研究，费孝通称之为“结构论”（Structuralism），并把它当作功能论（Functionalism）的发展。①

“乡土中国”是指“从基层看去，中国是乡土性的”②，是包含“在具体的中国传统社会力的一种特具的体系，支配着社会生活的各个方面”。费孝通认为，历史悠久的农业生产方式培植了中国的社会结构，养成了中国人的恋土情结。不喜迁居，认“背井离乡”为人生最大憾事之一，故而形成地方性的封闭生活圈子，从三五成群到成千上万聚村而居，极少受外界的影响，“不但人口流动小，而且所取给资源的土地也很少变动”。③ 在乡土社会里，从时间上讲，整天生活在熟悉的人中；从空间上讲，“全部文化可以在亲子之间传授无缺”④，因而，没有用文字来帮助他们生产生活的需要。同时，年复一年的、很少变动的生产生活方式，使得前人的经验对后人具有指导作用：凡是年长于我者，必定经过我现在才遇到的难题，都堪为我师。于是，由学习经验而重视传统，并发展到尊老尚齿，最终形成礼治秩序和长老统治，并向往息争、无讼。

在乡土社会中，人际关系是一种“差序格局”，即“以己为中

---

① 费孝通：《乡土中国 · 后记》，三联书店 1985 年版。

② 赞孝通：《乡土中国》，三联书店 1985 年版，第 1 页。

③ 费孝通：《乡土中国》，三联书店 1985 年版，第 51 页。

④ 费孝通：《乡土中国》，三联书店 1985 年版，第 20 页。

心，象石子一般投入水中”，人与人之间联系而成的社会关系如同水的波纹一样一圈圈推出去，越推越远，也越推越薄。① 这种“差序格局”与西方的团体格局相反。在西方，人与人之间处于统一的平面上，群与己、公与私界限分明；差序格局以自我为中心，富有伸缩性，群与己、公与私界限模糊。结果，“中国的法律和道德都因之看所施的对象和自己的关系而加以程度上的伸缩”②。与此相联系，乡土社会的家庭是没有严格界限、除生育之外具有广泛功能的“事业社群”，家庭之内，亲子关系凌驾于夫妇关系之上，同姓合作、男女有别。

接下来是对社会秩序和权力结构的分析。费孝通认为乡土社会有四种权力，前两种是在社会冲突中发生的不民主的横暴权力和在社会合作中发生的民主的同意权力。第三种是在社会继替中发生的长老权力（也叫教化权力），这是乡土社会中最重要的权力，既是长老推行长老统治的工具，也是传统和礼俗得以发挥功能的基础。当然，绝对的乡土社会并不存在，而且“乡土社会也不过比现代社会变得慢而已”，因而乡土社会还有第四种权力，即在激烈的社会变迁中发生作用的“时势权力”。③

进而，由“权力结构”引出社会变迁理论。费孝通将社会继替与社会变迁区别开来：“社会继替是指人物在固定的社会结构中流动；社会变迁却是社会结构本身的变动。”④ 关于社会变迁的原因，费孝通认为，作为文化的主要部分，社会结构自身并没有变动的需要，而是人要它变的，“要它变的原因在于它已不能答复人的需要”⑤。也就是说社会变迁发生在旧的社会结构不能适应新环境的时候。它在变迁剧烈的“初民社会”和现代社会都可以看到（费孝通

① 费孝通：《乡土中国》，三联书店 1985 年版，第 25 页。
② 费孝通：《乡土中国》，三联书店 1985 年版，第 34 页。
③ 费孝通：《乡土中国》，三联书店 1985 年版，第 78 页。
④ 费孝通：《乡土中国》，三联书店 1985 年版，第 79 页。
⑤ 费孝通：《乡土中国》，三联书店 1985 年版，第 77 页。

认为当时苏联的权力即是）；在乡土社会则以特殊的形式发挥作用：长老权力之下，“反对”以“注释”的面目出现，即维持旧的躯壳而赋之以新的内容，引起名与实的分离，从而实现社会变迁。乡土社会向现代社会的变迁还表现在从血缘到地缘、从欲望到需要的转变。血缘是指人与人之间的权利义务关系根据亲属关系来决定，“血缘是身份社会的基础，而地缘则是契约社会的基础，从血缘结合到地缘结合是社会性质的转变，也是社会史上的一个大转变”①。同样，在乡土社会中，人可以凭欲望行事；现代社会则不然，需要代替了欲望。②

尽管中国的乡土社会正在起变化，但是只有农村的传统被摧毁，中国才能进入现代社会，这是一个漫长的过程，不可能一蹴而就。费孝通认为，“文字下乡”必须在农村社会的乡土基层发生变化之后；法治在农村全面推行之前，“在社会结构和思想观念上必先改革”，否则，“法治的好处未得，破坏礼治秩序的弊病已先发生了”。③ 显然，费孝通反对中国现代化进程中的形式主义和急于求成，而强调讲求实效和循序渐进。

费孝通实地的社区研究采用类型比较法，通过对各个不同类型的实地调查和微型分析，较为全面地把握了中国传统社会的大致面貌；《生育制度》采用功能主义的系统分析方法，剖析根植于传统文化的生育制度，提出了他对“社会怎样新陈代谢，几千年中国社会怎样维持世代之间关系的一套比较完整的看法”④；而《乡土中国》则以“结构论”为方法，“从农村社会的基础上来解剖中国传统社会结构和基本观念”，已“指向中国社会的基本性质”。综而观之，《乡土中国》总结第一期实地调查成果，在宏观上作深层次的结构功能分析，展开《生育制度》的理论阐发，而指向整个社会的性质；其研究偏重也由经济问题而社会制度，最后进至社会结构和文化模式层面，也

① 费孝通：《乡土中国》，三联书店1985年版，第83页。

② 费孝通：《乡土中国》，三联书店1985年版，第83页。

③ 费孝通：《乡土中国》，三联书店1985年版，第59页。

④ 费孝通：《学术自述与反思》，三联书店1996年版，第45页。

可谓环环相扣、自成体系。至此，费孝通对中国传统社会的结构功能研究形成一个完整的系列：早期的实地社区研究是基础，《生育制度》作了深化，而以《乡土中国》集其成。（1949 年前数年是费孝通写作的一个“丰收期”，但在“学术思想上并没有什么新的发展”。①）透过历史的审视，应该说，费孝通的研究较好地把握了中国农村社会的特点，他对中国由传统农业社会向现代工业社会转化诸多问题的探索，在实行改革开放和推进现代化建设的今天，仍具有广泛的现实借鉴意义。

① 费孝通：《学术自述与反思》，三联书店 1996 年版，第 35 页。

第十一章　重商与富民经济学说的兴起

中国传统学术的主流虽然有重义轻利的偏向，但也并非绝对排斥利而只曰义。孔子虽以义、利区分君子、小人，但也讲“富而可为也，虽执鞭之士亦可为之”。墨家更是以利为义。只是因董仲舒出，才有“正其谊不谋其利，明其道不计其功”之说，因而有后世事功派对它的批判，指斥不谋利计功，是“空寂”，是“腐儒”！不过，事功派的义利观始终未能在中国学术界占据重要地位。只是到了近代，偌大中国，先是经历了西方列强的武器批判，继而又面对着新兴资本主义思想大潮的冲击，创深痛巨，痛定思痛，“何必曰利”一变而为“何不曰利”？于是“通商致富”、“商为国本”、“崇奢黜俭”的价值观念，开始在中国学术界渗透、滋长。特别是亚当·斯密《原富》等的传译，重商富民的经济学说才得以在千古未有之变局中冉冉而起。

第一节　重商主义与富民思想的启蒙

一、魏源的重商思想与富民主张

魏源（1794～1887年）是近代地主阶级改革派经济思想的集大成者，也是号召向包括经济制度在内的西洋文明学习的发轫者。他认为，中国要富强，就要放下架子，向西方学习。魏源尖锐地指出：“善师四夷者，能制四夷，不善师夷者，外夷制之。”① 这里，他把

① 魏源：《海国图志》卷37。

善于不善于向外国学习，提高到一个国家生死存亡的高度，这在闭关自守、落后愚昧的中国近代，不能说不是一种很有见地的认识。他还指出，“欲制外夷者，必先悉夷情”。所谓“夷情”，主要是指侵略者各方面的情况，特别是它的一些长处。明确了人家的长处，就可以把它加以吸收、利用，从而提高自己，发展自己；如果对西方的情况一无所知，整日昏昏，傲慢自尊，那就根本谈不上学习，更谈不上国家的富强。

魏源把发展商业资本的思想贯串到他所分析的经济问题的各个方面，形成19世纪上半期及以前各历史时期最全面的重商思想。

（一）魏源的重商论

魏源的“缓本急标”论是他的基本经济观点，是他的实际经济主张的主要理论基础。“重农抑商”、“重本抑末”是中国历代封建王朝的传统国策，也是自然经济占统治地位的封建社会的典型意识形态。这使得中国士大夫大多具有浓厚的重农色彩和轻视商品经济的倾向。他们根本不屑于言商言利，遑论探究兴商求富之门径了。“缓本急标”是魏源对中国封建正统经济思想“重本抑末”论所作的重要修正。“重本抑末”论把封建自然经济下的农业称为“本业”，而把封建社会中的独立工商业称为“末业”。重本抑末论实质上是封建自然经济的维护者敌视商品货币经济的表现。封建农业主要是进行粮食生产的自给性农业，而工商业产品的价值总要以货币来表现，因此，封建时代的“本”和“末”的对立也表现为“食”和“货”的对立，“重本抑末”论和“重食轻货”论基本上有相同的意义。魏源认为：

> 语金生粟死之训，重本抑末之谊，则食先于货；语今日缓本急标之法，则货先于食。①

这就是说：从一般意义上看，“本”还是比“末”重要，“食”

① 魏源：《军储篇》，《圣武记》卷14。

还是比“货”居于优先地位；但从当前的形势需要来看，“标”或“末”却较“本”更为急迫，“货”的问题却应该放在更优先的地位。

魏源沿用“本富”、“末富”旧说，而把末富（就他说来为以商致富）看做是较能摆脱封建束缚的致富途径。他说：

> 天下有本富，有末富，其别在有田无田。有田而富者，岁输租税，供徭役，事事受制于官，一遇饥荒，束手待尽。非若无田之富民，逐什一之利，转贩四方，无赋敛徭役，无官吏挟持，即有与民争利之桑、孔，能分其利而不能破其家也。是以有田之富民可悯更甚于无田。①

这不仅反映即将没落的地主阶级的悲哀，更重要的是为新兴富裕者唱赞歌。历史上许多思想家都把易于逃避赋役作为攻击商人阶级的论据；而魏源却把它倒转过来，认为“无赋敛徭役”是商人阶级所具有的足以摆脱封建束缚的特点。这无异于宣布以末致富是最为稳妥可靠的途径，把“本富为上，末富次之”的顺序倒转过来。

在具体的经济实践中，魏源大力支持商品经济的发展。在漕运改革中，他与包世臣一样，主张改漕运为海运、改官运为商运，但是比包世臣更加明确地阐明了利商便商的观点。他认为，将南漕改为海运、商运，有四利六便，即“利国、利民、利官、利商”②，“国便、民便、商便、官便、河便、漕便”③。至于盐政改革，他主张“改纲行票”，票盐“只论盐课之有无，不问商贾之南北”。④ 只要按照规定纳税，谁都可以采盐去贩卖，这打破了“场商之垄断”，废除了层层关卡，极大地便利了自由商人。

---

① 魏源：《古微堂内集一》卷3。

② 《道光丙戌海运记》，《魏源集》上册，第416、418页。

③ 《海运全案序》，《魏源集》上册，第411页。

④ 《陶文毅公全集》卷14。

他歌颂新兴的私有财产制度，指出“使人不敢顾家业，则国必亡”。对长期以来被思想家谈得较多的贫富分配不均的问题，他几乎是无动于衷，而片面地宣扬富人的作用。他借周官保富之说，把富民说成是“一方之元气”，坚决反对专事损害富民的政策，并断言“土无富户则国贫”①。过去主张富民政治的思想家总不免存在或多或少的贫富不均问题的隐忧，而魏源却体现了新兴资本主义因素的精神，一心一意地宣扬富人的福音。

魏源在谈论经济措施时，提出一些涉及生产经营方面的问题，例如生产要求、生产经营方式、采矿、屯垦、雇佣劳动、成本等问题。他认为生产经营上有三个不能缺少的要素：“财”，即货币资本；人，即劳动力；“材”，即劳动对象。② 这显然是极表象的分析。可是，过去谈及这一问题的人本来就不多，那些曾接触到此问题的人也只提到“天地”（自然）与“人功”。魏源的分析虽不完全正确，也算较以往稍全面些。他极力反对官营而力主私营，其私营范围相当广泛，凡他所提到的官营事业如采矿、盐业、造船及机械制造、屯垦乃至漕运，无不主张鼓励或委托私商经营。例如，对矿业，他认为“禁民采而兴官采”会利不胜弊，“民开而官税之，则有利无弊”，故“许民开采，二十分取一为税，此开采最善之法”。对盐业，他主张改变具有垄断性的“纲商”为具有自由竞争性质的“票商”，进一步消除官府对经营盐业商人的限制。对屯垦，他的基本原则是“按名给地，永为世业”，以避免屯垦者把土地“视为官产，久而生懈”。对漕运，他坚持由海商代为承运，宣称“官告竭，非商不为功”，对“以商运决海运”或“以商运代官运”的经营方式，抱着坚定的信念③。总之，在他的心目中，各项传统的财政措施在生产经营方面，均可采用私人经营方式来代替。而在私营商业方面，他还鼓吹采用“数十商

① 魏源：《古微堂内集》卷3。

② 魏源：《海国图志》卷2。

③ 魏源：《军储篇》二、四，《圣武记》卷14；《筹海篇》三，《海国图志》卷2；以及《海运全案序》和《道光丙戌海运记》，《古微堂外集》卷7。

辏资营运，出则通力合作，归则计本均分，其局大而联”的“公司”组织形式。这也是我国最早提及的近代资本主义的公司组织形式。

他关于租税问题的新颖见解，一是对税源的培养作了形象化的表述，如谓：“善赋民者，譬植柳乎！薪其枝叶而培其本根。不善赋民者，譬剪韭乎！日剪一畦，不罄不止。”二是认识到“减课而有溢课之实”，而“绌课必由于重税”，重税反不如轻税之有效。三是重视增加盐税、夫税等收入“以裨农赋之不足”，从而须改革弊政，剔除浮费以便利商人①。

（二）魏源的货币论

魏源认为货币在商品流通中的作用是非常重要的。他在货币问题上有两个基本观点：第一，货币改革的出发点应该是“一意便民，而不在罔利”②。第二，货币必须是“五行百产之精华”、“天地自然之珍宝”,③ 能“权衡万物之轻重”④。

从以上两个基本观点出发，魏源坚持以银为币的观点，严厉地驳斥了王鎏的无限发行不兑现纸币的“废银行钞”论。他认为发行不兑现纸币是“罔民”，不兑现纸币在流通中必然日益贬值，终至变成“不堪覆瓿”的废纸。他对于不兑现纸币采取绝对否定的态度，至于兑现的纸币则认为可行。

魏源从坚持以银为币、反对废银行钞的基本观点出发，提出了两个货币改革的主张：第一，“采金”。在开采方式上，魏源建议改变过去“官采”的办法，主张奖励商民开采。第二，“更币”。其具体内容是“仿铸西洋之洋钱，兼行古时之玉币、贝币”⑤。目的有两个：一是“利民用”，即便利商品流通；二是“抑番饼”，即用本国铸造的银元来抵制西方的金融掠夺。

---

① 魏源：《古微堂外集》卷3《治篇十四》，卷7《筹鹾篇》，以及《淮北票盐志叙》。

② 魏源：《圣武记》卷14。

③ 魏源：《圣武记》卷14。

④ 魏源：《圣武记》卷14。

⑤ 魏源：《圣武记》卷14。

（三）魏源的对外贸易论

魏源认为，应将鸦片贸易与正常的对外贸易区分开来，主张禁绝鸦片而大力开展正常的对外通商。国外贸易应该由国内外私商自由进行。同时还赞成派军舰给商船护航，以确保出洋私商的对外贸易。

魏源认为同国外进行贸易对中国能有以下几方面的好处：

第一，可以多进口洋米。魏源认为在各项进口商品中，洋米对中国最有利。因此，他主张对进口的洋米免税50%，并且对利用运米船装运中国货物出口的，也适当减低出口税，以资鼓励。这种首先欢迎洋米进口的主张，仍是封建主义的“重本”或“重食”思想的表现。

第二，可以通过贸易关系进口西方的武器和技术，有助于实现“师夷长技以制夷”。所以，他主张允许外国商人进口“洋船、洋炮、火箭、火药”，同中国交换现银，或者“以货易货”。① 他建议清政府设立造船厂、机器局，出赀延夷匠为师，教造船只、炮械及行船、演炮之法。其次，在此基础上，发展中国自己的工业，造船厂“非徒造舰也”，还可造“商艘”、“商舟”；机器局不光造枪炮，还可以生产各种机器，“凡有益民者，皆可于此造之”。②

第三，还可以买到对中国有用的其他商品，如“铅、铁、硝、布”等。对这些东西，他也主张允许外商“多运多销”③。

可见，在魏源的设想中，“已经包含了较为全面的工业化、农业机械化和发展商业的计划”④，为后来的中国早期现代化提供了行之有效的蓝本。

二、近代化理想的蓝图

洪仁玕（1822～1864年），字益谦，号吉甫，广东花县人，洪秀

---

① 魏源：《圣武记》卷10。

② 魏源：《筹海篇》三，《魏源集》下册，第873页。

③ 魏源：《筹海篇》四，《海国图志》百卷本卷1，

④ 章开沅、罗福惠主编：《比较中的审视：中国早期近代化研究》，浙江人民出版社1993年版，第68页。

全的族弟。他在香港期间，学习西方文化，逐步具有资产阶级思想倾向。1858年离港，经过许多艰险，于次年到达天京。洪秀全封其为军师、干王，总理朝政。著作有《资政新篇》、《英杰归真》、《军次实录》、《诛妖檄文》及《自述》等。

《资政新篇》① 是洪仁玕总理朝政后作为施政纲领而提出的，它是太平天国实现全面近代化理想的蓝图，是太平天国输入西方近代文化的历史过程的必然产物。它集中体现了太平天国输入近代文化的最高成就。因此，它的制定和颁布在太平天国向西方学习，乃至于近代中国向西方学习的历程中都占有十分重要的地位。

《资政新篇》提出的发展经济的范围相当广阔，包括以下有关的经济措施：

1. 主张兴办制造“器皿技艺”的近代日用品工业。他虽未列举具体内容，但可能是指他认为“有用之物”，例如钟表、电火表、寒暑表、风雨表、日晷表、千里镜、望天尺、连环枪、天球、地球等物品的生产企业。

2. 开采金、银、铜、铁、锡、煤、琥珀、蚝壳、琉璃、美石、盐等宝藏。

3. 建立火车、火船等交通运输业。

4. 修筑全国公路网，大办水利工程及浚河。

5. 兴办近代银行并准许银行发行钞票，举办各种水火灾人寿保险业务。

6. 鼓励私人建筑房屋，要求以朴实耐用为主。

7. “兴邮亭以通朝廷文书，书信馆以通各色家信，新闻馆以报时事常变，物价低昂。”书信馆和新闻馆可由私人设立。新闻应求真实，不重浮文。

8. 在财政上主张设立各县钱粮库以支应政府人员的薪俸和公费开支，这与《天朝田亩制度》中规定的圣库供给制度有很大的不同，并主张征收内地的水陆关税。

---

① 《太平天国》(二)。

9. 凡是创造发明，都用专利的办法给予奖励。准许“自专其利，限满准他人仿做”。能制造“精奇利便”的，“准其自售”。专利年限“器小者赏五年，大者赏十年，益民多者年数加多”。

10. 主张同外国通商，但外国人除牧师、教技艺人之外“不得擅入旱地”，以免生事。他相信西方传教士是来传播“福音”的，教技艺之人则可以传授西方的技术，因此容许他们深入内地。同时又指出只“准其为国献策，不得毁谤国法”。他指出与西方通商，应制定“一定之章程，一定之礼法”，“有自固之策”，以防受外人欺侮。通商只限于正当的贸易，鸦片不准进口，“走私者杀无赦”。

《资政新篇》突出地强调以资本主义经营方式和劳动组织来发展中国经济。在经营方式方面，对所有上述各工矿贸易企业，洪仁玕坚持以私人出资经营并采用专利权方式以鼓励其发展。在劳动组织方面，他坚决反对奴隶劳动，一方面由政府明令禁止奴隶买卖，一方面也禁止工矿企业使用奴隶劳动，鼓励富人雇工从事工矿企业的生产。这就是大力推行资本主义雇佣劳动制度。甚至连改变旧的封建习气，提倡资本主义文明的新风尚，从意识形态方面为中国资本主义发展开辟道路的问题他都注意到了。他还提出要“善待轻犯”予以自新之路，强调“罪人不孥”，坚持每个人每天必须劳动三个时辰（即六小时），否则被定为“惰民”。这些都能为资本主义发展准备充足的雇佣劳动力资源。

《资政新篇》中关于经济的部分是中国近代最先出现的具有资本主义色彩的经济纲领。它的目的是要把西方资本主义的经济制度移植到中国社会中来，在中国建立和发展新式工业。

《资政新篇》还列举了英国、美国、德国、瑞典、丹麦、挪威、法国、土耳其、俄罗斯、埃及、日本、马来西亚、秘鲁、澳大利亚、新加坡等国家的政治、文化、历史、风俗等“大势”，或详析其所以臻于富强之因，或探究其所以落后之故，显示了洪仁玕等太平天国领导人开放宽广的胸襟。

不仅如此，《资政新篇》还在某些方面冲破了处于传统文化核心地位的观念文化的束缚。

首先，从指导思想上看，《资政新篇》突破了传统历史观的束缚。传统历史观如严复所说，“今不古若，世日退”，“以世为日退，故事必循故，而常以愆忘为忧”。① 就是说，它主张历史倒退论，并造成了中国人因循守旧的保守性。洪仁玕则不然，由于多年受到西方资本主义文明的熏陶，初步形成了历史发展观，认为人类社会都是在不断地运动变化发展的。他在《资政新篇》里开宗明义地写道：“事有常变，理有穷通，故事有今不可行而可豫定者，为后之福，有今可行而不可永定者，为后之祸。其理在于审时度势，与本末强弱耳。然本末之强弱适均，视乎时势之变通为律。”洪仁玕正是由于有了历史发展观，才在当时难以开展经济建设的战争环境中提出从物质文化到制度文化上的向西方学习，把理想的天国引向美好的未来——一个必然出现的“新天、新地、新人、新世界”的理想社会。

其次，是对传统的“农本商末”观念的突破。中国封建社会构筑在农业与家庭小手工业相结合的小农经济基础之上，手工业作为小农经济的补充，难以突破家庭的范围获得实质性的发展。封建政府为了强化君主专制统治的经济基础，采取“重农抑商”的经济政策，因此，在中国形成了“以农为本”的传统本末观，极大地束缚着中国社会经济、尤其是资本主义生产关系萌芽的发展。甚至一些传统商人在经商营工致富之后，又往往买田置地，造成“以末致富，以本守之”的资本逆向流动现象。洪仁玕彻底抛弃了传统本末观，把工商业看做是利国利民之“本”：“兴车马之利”，“则国家无病焉”；“兴舟楫之利”，“甚有裨于国焉”；兴银行，“大利于商贾士民”；开采矿产，“大有利于民生国用”。因此，大力介导资本主义工商业，制定了一套发展资本主义工商业的具体方案，鼓励“富民”把资本投向工商业领域，保护他们取得的合法权益，破除阻碍工矿业发展的“阴阳八煞之谬”、风水迷信之说，以确保工商业利润不至于流向土地。

① 严复：《主客评议》，《严复集》第1册，中华书局1986年版，第117页。

再次，是对传统的“重义轻利”观念的超越。封建社会里衡量人的价值尺度之一是人们对待“义”、“利”的态度，所谓“君子喻于义，小人喻于利”，把穷经问典的士人摆在四民之首，将惟利是图的商人放在四民之末，社会上弥漫浸透着轻商贱商贬商抑商之风，从而极大地阻碍着商人从事正当的工商业活动。洪仁玕摆脱了“重义轻利”观的束缚，维护“富民”的合法权利，他不仅明确提出了准许“富民”获得经商营工的利润，实行资本主义专利制度，而且提出应重新估价“行义”的社会效应和乐善好施的标准。他认为：“至施舍一则不得白白受施，以沽名誉，恐无贞节者一味望恩，不自食其力，是滋弊也。宜令作工，以受其值，惟废疾无所归者准白白受施。”《资政新篇》中还出现过“商贾士民”的提法，联系到洪仁玕对资本主义工商业的大力倡导，这也许不是一个简单的错位。它表明洪仁玕资本主义经济伦理观念的萌芽。

总之，从独立和近代化这个中国近代历史的发展趋势着眼，太平天国向西方学习不仅是近代中国仁人志士向西方学习洪流的一部分，而且也是一个新的学习阶段。它成为中国近代第一批“师夷长技以制夷”的实践者，在某种意义上推动了晚清洋务运动的产生，其历史价值应得到充分肯定。

第二节　重商与富民学说的发展

一、冯桂芬的富国自强论

冯桂芬（1809～1874年），字林一、号景庭，江苏吴县人。他是19世纪60年代初宣扬“向西方学习”的知名人物。他的《校邠庐抗议》是19世纪后半期较具影响的著作之一。

1861年，冯桂芬在《校邠庐抗议》中明确提出“变局”论。他指出：“乃自五口通商，而天下之局大变”，“今通商为时政之一，既不能不与洋人交，则必通其志，达其欲，周知其虚实情伪，而后能收称物平施之效。"① 为扫除"向西方学习"的思想障碍，他提出一个学习西方的原则——"以中国伦常名教为原本，辅以诸国富强之术"②，并很快在学术界传播开来。最后，这一原则转变成了后期改良主义者最时髦的口号——"中学为体，西学为用"。

他提倡学习西方资本主义国家的"富强之术"，使"夷害不已"的中国独立富强。面对外国资本主义侵略，他提出要"雪耻'、"自强"，认为这是"有天地开辟以来未有之奇愤，凡有心知血气，莫不冲冠发上指者，则今日以广远万里地球中第一大国，而受制于小夷也。……如耻之，莫如自强"③。他进一步指出，封建主义的中国有四不如夷："人无弃才，不如夷；地无遗利，不如夷；君民不隔，不如夷；名实必符，不如夷。"④ 他大声疾呼："法苟不善，虽古先吾斥之；法苟善，虽蛮貊吾师之。"综述冯桂芬的改良思想，主要是：要废八股、改科举，奖励科学技术人才；要大兴水利，广植桑麻；要扩大绅士的政治权利，并允许群众用诗歌表达意见；其他还有改革赋税、裁撤冗员等。

冯桂芬主张富国的直接目的，是为了使清政府能够摆脱当时的经济危机。他提出，既然天下之局大变，诸国同时并域，必能独致富强。他在"筹国用粱"设想中，对于农业，一是主张在北方兴修水利，以便推广高产水稻的生产，代替低产的麦作物。这是借提高农田单位面积产量以增加人民财富从而富国的思想。二是主张人少地区采用西人机器耕种，"或用马或用火轮机"为动力，"一人可耕百亩"。这种采用机耕的思想是以往不曾出现过的新观点。三是将茶、桑说成是"富国之大源"，因为通过丝茶的大宗出口，国家可以致富。这一观点既扩展了传统农业概念的范围，又为发展农业增加了一个对外出口的功能。对于采矿，他认为这同种茶一样是"裕国"之道，并主

① 冯桂芬：《校邠庐抗议》卷下《采西学议》。
② 冯桂芬：《校邠庐抗议》卷下《采西学议》。
③ 冯桂芬：《校邠庐抗议》卷下《制洋器议》。
④ 冯桂芬：《校邠庐抗议》卷下《制洋器议》。

张将开矿利得“全以与民，不失为藏富之道”，即赞成矿业民营。他的另一目的，是我国矿产如不自行开采，势将被诸夷开采，以致利益全归外人。再如在发展近代工业方面，他主张学习西方技术不必亦步亦趋，而是“始则师而法之，继则比而齐之，终则驾而上之”。他建议在“通商各口拨款设船炮局，聘夷人数名，招内地善运思者从受其法以授众匠”，制造船炮。造得同外国的一样或超过的，赏给举人或进士，以鼓励人们上进。冯桂芬还主张学习西方以“自强”，提出“采西学”和“制洋器”。他认为：“自强之道，在于借鉴诸国富强之术。中国多秀民，聪明智巧并不亚于外国人，甚至在他们之上，完全可以做到出于夷而转胜于夷。”把赶超西方作为目标，并以此为“自强之道”，这应当说是冯桂芬的一个卓见。

二、郑观应的商战论

郑观应（1842～1921年），字正翔，号陶斋、杞忧生等，广东省香山县（今中山县）人。他是初期资产阶级改良派中影响最大的代表人物，也是一个由买办转化的民族资本家。用他自己的话来说，就是“初则学商战于外人，继则与外人商战”①。他既同外国资本主义和国内封建势力有联系，又深受它们的双重压迫，因此迫切希望中国富强。在这种愿望的推动下，他开始用文字宣传自己的主张。在从事实施工商业活动的几十年中，他先后撰写了《救时揭要》、《易言》、《盛世危言》、《盛世危言续集》、《盛世危言后编》以及《罗浮鹤山人诗草》等著作。其中《盛世危言》在戊戌变法前夕曾被清朝皇帝敕令发给各巨僚阅看，足见其影响之大。

郑观应认为“天道”是会变的，提出了“天道数百年小变，数千年大变”的论点，指出当时是由“郡县之天下”“一变而为华夷联属之天下”②，要变，就要学习西方。他也认为西方的科学技术是中

---

① 郑观应：《盛世危言后编》卷8。

② 郑观应：《易言·论公法》。

国“古人名物象数之学流徙而入于泰西”① 发展起来的，现在应该让它归还中国。他提出“主以中学，辅以西学”② 的学习西方原则，这同冯桂芬的“以中国之伦常名教为原本，辅以诸国富强之术”是一致的。

郑观应经济思想中最知名的观点是提倡“商战”。他说：“英之君臣又以商务开疆拓土，辟美洲，占印度，据缅甸，通中国，皆商人为之先导。”③ 又说：“习兵战不如习商战也。”④ 他把发展资本主义经济、增强中国的经济实力看做是进行“商战”的基础和战备。他的“人尽其材”、“地尽其力”、“物畅其流”的各项主张，实际上是一个采用资本主义方式全面发展国民经济的纲领。在这一纲领中，发展商业尤其是对外贸易居于中心和枢纽的地位。正因如此，他经常以“振兴商务”作为发展资本主义经济的总口号。他说：“欲制西人以自强，莫如振兴商务。”⑤

郑观应把商业尤其是对外贸易看做是带动整个国民经济发展和进步的部门，认为“士无商则格致之学⑥不宏，农无商则种植之类不广，工无商则制造之物不能销”，因此，商是“握四民之纲领”⑦ 的国民经济的主导部门。他又说：“泰西各国以商富国，以兵卫商，不独以兵为战，且以商为战。……西人以商为战，士、农、工为商助也，公使为商遣也，领事为商立也，兵船为商置也。国家不惜巨资备加保护商务者，非但有益民生，且能为国拓土开疆也。”⑧ 既然商是

① 郑观应：《盛世危言·道器》。

② 郑观应：《盛世危言·西学》。

③ 郑观应：《盛世危言初编》卷3。

④ 郑观应：《盛世危言初编》卷3。

⑤ 郑观应：《盛世危言·商务三》。

⑥ 《礼记·大学》有“致知在格物”一句，朱熹注释“格物”为“即物而穷其理”。因此，中国最初称物理学为“格致学”，有时又把自然科学统称为“格致之学”。

⑦ 郑观应：《商务二》，《盛世危言三编》卷1。

⑧ 郑观应：《盛世危言·商战下》。

整个国民经济的中心和主导部门，国民经济的其他部门就都应从属于发展商业尤其是对外贸易的需要，都只应作为商的助手，国家的军事、外交、教育等各项政策，也都必须围绕这个中心来部署，为这个中心服务。他认为只有这样，才能把国家的一切经济、政治、军事力量充分动员起来，同资本主义列强“决胜于商战”①。兵战治标，商战固本。郑观应列举资本主义国家用来同中国进行商战的洋货60余种，指出这些商品“皆畅行各口，销入内地，人置家备，弃旧翻新，耗我资财，何可悉数”②，而中国出口商品总值还不能抵鸦片、洋布两项的进口值。“决胜于商战”，就是要能够生产出与这些洋货竞争的各种精美商品，做到“中国所需于外洋者皆能自制，外国所需于中国者皆可运售”③。

生产与洋货竞争的精美商品，自然要采用先进的生产技术。郑观应正是从这个角度来论述发展机器工业的必要性的。他指出：“论商务之原，以制造为急，而制造之法，以机器为先。”中国因为工业不如人家，所以在商战中总是失败。有些“中国以为无用之物，如鸡毛、羊毛、驼毛之类”，低价卖给外国人，经加工后再输入，“其什百千万之利仍取偿于中国”④，所以他强调：“商务之盛衰，不仅关物产之多寡，尤必视工艺之巧拙。……若有商无工，纵令地不爱宝，十八省物产日丰，徒弃己利以资彼用而已。”⑤ 他希望清王朝能像资本主义国家的政府那样做商人的后盾。他批评清统治者不研究商务，不了解商情，“不惟不能助商，反削之，遏抑之”⑥，“但有困商之虐政，并无护商之良法”⑦，指出这正是中国商务不能振兴的原因所在。他先后提出了许多护商主张，如：

---

① 郑观应：《盛世危言·商战初编》。

② 《盛世危言·商战上》。

③ 《盛世危言·商务三》。

④ 《盛世危言·商务五》。

⑤ 《盛世危言·商战上》。

⑥ 《盛世危言·商务一》十四卷本所增。

⑦ 《盛世危言·商务二》。

裁撤厘金，实行保护关税政策，并从外人手中收回海关管理权。

设立商部管理商务，并在各省设立总局和分局。商局由商人代表主持，“一切商情准其面商当道，随时保护”①。

国家兴办重要企业向商人集股时，要对股金保付利息。如果商人经营企业失败造成亏损，“国家许其报穷免究”②。

商人有自由投资的权利。“凡通商口岸、内省腹地，其应兴铁路、轮舟、开矿、种植、纺织、制造之外，一体准民间开设，无所禁止。或集股，或自办，悉听其便，全以商贾之道行之，绝不拘以官场体统。”③

提高商人的政治地位。大兴商务有成效的，由国家发给“称颂功牌”；“品行刚方行事中节者，人必举以为议员”。④

同时，郑观应还针对当时地主阶级顽固派所宣扬的“以农立国”的口号，提出“以商立国”⑤ 的口号。“以商立国”自然不会是全国皆商、全国惟商，而是要求在国民经济的一切部门中采用资本主义的生产方式和经营方式。用“以商立国”取代“以农立国”，实质上就是要求以资本主义的经济制度代替封建主义的经济制度。

综上所述，可知郑观应的商战思想是要以商人（主要指民族资产阶级）为主力，通过发展机器工业来振兴商务，以对抗资本主义国家以商品输出为武器而进行的经济侵略。“以商立国”，集中反映了郑观应对发展中国资本主义经济的迫切要求。

三、马建忠的富民说

马建忠（1845～1900 年），字叔眉，江苏丹徒人。1876～1877 年他在法国巴黎专攻法律与商业，可算是第一个到欧洲学习社会科学

① 《盛世危言·商务一》十四卷本所增。

② 《盛世危言·捐纳》十四卷本所增。

③ 郑观应：《盛世危言·商务二》。

④ 郑观应：《盛世危言·捐纳》。

⑤ 郑观应：《盛世危言·商务三》。

特别是商业的中国留学生。光绪十六年（1900 年）马建忠作《富民说》，集中表现了他的重商主义思想。

马建忠说："治国以富强为本，而求强以致富为先。"① 他认为：对外贸易是一国的"求富之源"，英、美、法、俄、德和英属印度"无不以通商致富"。"通商而出口货溢于进口者利，通商而出口货等于进口者亦利，通商而进口货溢于出口者不利。"这是说一国的贫富决定了贸易逆差还是顺差，如果不发生逆差，货币不出口，国家就不会贫。由此可见，马建忠认为只有充作货币的金银才是财富，对外贸易的任务就在于从贸易差额中积累货币，货币多少是国家富裕与否的标志。根据这一理论，他提出："欲中国之富，莫若使出口货多，进口货少。出口货多，则已散之财可复聚；进口货少，则未散之财复散。"

如何使出口货多？马建忠指出丝茶是中国的主要出口商品，近年来受到了印度、日本丝茶的排挤，"若不及时整顿，则彼日增而畅销无已，而我止此岁入六千余万之数，不尽为所夺不止"。整顿的办法是"访求西法，师其所长"，提高丝、茶的质量；鼓励丝、茶商人组织大公司，"公举董事以为经理；减轻丝、茶的厘税"。他指出"外洋恤商之策，首在于重征进口货而轻征出口货"，中国也应该坚持这一原则。除丝、茶外，牛革、羊毛、蔗糖、草缏、棉花、瓷器、大黄等出口商品也要随时整顿。

如何使进口货少呢？马建忠指出鸦片和洋布是中国的主要进口商品，但他对抵制鸦片问题避而不谈，只是提出要进一步发展棉纺织业以敌洋布、洋纱。他批评了李鸿章的"十年之内不许他人再设织局"的政策，主张"将原设织局扩充资本，或再立新局，务使每年所织之布足敌进口十分之一"，然后推广到织绒、织呢、织羽、织毡等方面。这样，"中国多出一分之货，外洋即少获一分之利，而中国工商转多得一分之生计"。

马建忠主张借洋债，但反对招洋股。他说："中国创行铁道，绵

① 《适可斋记言》卷 1。

亘腹地，岂可令洋商入股，鼾睡卧榻之旁。”并以土耳其和埃及为例：土耳其许外人入股兴建铁路，入股者多为英、法、奥国富户。埃及开凿苏伊士运河，入股者多为法人，由法人专享其利；前数年股票大半落入英人之手，使苏伊士运河成为万国通行之河。中国兴建铁路要引以为训。他之“借债”，绝非政府与政府间的借贷，而是由国家在国际资本市场上推销修建国营铁路的债票。他从西方的财政金融学角度看问题，认定国债不仅不完全是坏事，有时甚至是很好的事，如谓“泰西各国，无一非债欠数千兆，而英、法、德、俄之称雄如故也”。他主张以举债方式兴办的工商企业，范围是很广泛的，包括采矿、纺织、丝茶等等，而最引起非议的是国家借债以开铁道。他根据对中外政治经济情况的对比分析，首先肯定在中国“立富强之基者莫铁路若”，然后指出我国兴建铁路在地理条件、铁材、人力等方面都是很有利的，惟一的问题是如何筹集资金。在他看来，国家财政困窘，无能为力，而富商又多顾虑，故只有两种方式可行，即所谓“国帑虽空独不能赊贷而化无为有乎！民资虽竭独不能纠股而集少成多乎”。在这两种方式中，民间集股的风气未开，集股很难，“无已则有借洋债之一法”。他又列举各国举国债的事实以消除人们认为“乐贷有伤国体”的顾虑。他肯定地说，国债“不可行之于军务，必可行于商务”。根据欧美各国举债兴办铁路、机械厂、电报等企业的经验，他总结出“借债之经”的三条原则，即“取信之有本”、“告贷之有方”和“偿付之有期”，同时指出“行权之道存乎其人”。①

关于举洋债的具体办法，他的论述更是考虑周详，充分体现了他对西方金融市场的理论与实践均有较深刻的理解。例如，怎样与伦敦或巴黎的公私银行商谈举债；利息率的高低与发行债券的折扣；铁路未投入营运以前所需支付的利息的筹划以及投产后先行提成以备到期还本；如何赎回债券等。并特别强调这种方式的举洋债绝不需要抵押品，也不必以国家关税作担保，只要能提出较精确的工程设计和未来利润的预期以示外洋，必可取款等等。这些均系欧洲各证券金融市场

① 马建忠：《富民论》及《借债以开铁道说》，《适可斋记言》卷1。

的例行活动和企业财务著作中的基本知识。除了这种从西方资本市场募集债款的方式，他还提到另一种由国家商业部门或由国营商业总公司出面所举的外债，其用途是转借给各种急需资金的企业并利用这些企业所归还的本息以偿付外债的本息。此类国债实际上在国内起着一般银行的贷放作用。

第三节　维新派的经济近代化理论

一、康有为大同社会的经济理想

康有为（1858～1927年）是19世纪末“向西方寻找真理”的著名代表人物，要求中国的工业、商业、信用、制度等近代化，是他1898年维新的主要内容。他在维新运动中所起的作用在于他坚决要求把现实社会状态来一个“全变”。他的变革号召，体现了在静止的思想领域人们要求实现某种变革的共同心愿。

康有为的著作有100多种，著名的有《公车上书》、《物质救国论》、《金主币救国议》和《理财救国论》等。

康有为在《公车上书》中即提出“富国”、“养民”的经济主张。他敏锐地察觉到生产方式与社会进步的内在关系，提出“国尚农则守旧日愚，国尚工则日新日智”。因此，“非讲明国是，移易民心，愚尚智，弃守旧，尚日新，定为工国，而讲求物质，不能为国”①。他还主张“恢张利源，整顿商务”②。

康有为的变法主张实质上是要通过自上而下的逐渐改革，用资本主义的经济、政治和文化改造、代替封建主义的经济基础和上层建筑。他的变法要求包括各个方面，但其基础和主要内容则是发展资本主义经济，正如他自己所申述的：“非变通旧法，无以为治。变之之

---

① 《康有为政论集》上册。

② 康有为：《杰士上书汇录》卷2。

法，富国为先。"①"富国"就是要仿效西方，发展资本主义工商业。他在《上清帝第二书》②中提出富国之法有六：钞法、铁路、机器轮舟、开矿、铸银、邮政；养民之法有四：务农、劝工、惠商、恤穷。这种划分在逻辑上是不严密的，因为富国之法中有发展工业的内容。养民之法中的劝工也是发展工业，而所谓务农、劝工、惠商本来也应该列为富国的项目。

到戊戌变法时，康有为改变了"以商立国"的说法，而提出了"定为工国"的主张。他在《请厉工艺奖创新折》③中指出欧洲的"大国富强乃十倍于我，小国亦与我等"，其主要原因就在于"讲求物质"，使"工艺精奇"。当时欧洲诸国"已入工业之世界"，而中国还是一个"农国"，这怎么能同外国竞争？他主张将中国"定为工国，而讲求物质"，对于"寻新地而定边界，启新俗而教苗蛮，成大工厂以兴实业，开专门学以育人才者"，都从优给奖。他强调只有这样才能"立国新世，有恃无恐"。所谓"定为工国"，就是要实现资本主义工业化。这是中国近代所提出的第一个"国家工业化"的口号。但是，康有为的工业化主张并不是建立在对资本主义经济关系的深刻了解的基础上的，因此，当他把着眼点转移到抵制外国的经济侵略时，又感到中国的"匮乏之由"在于"商务不兴，财源漏泄之故"，也就是把商业看成是发展资本主义经济的中心了。所以他说："夫商之源在矿，商之本在农，商之用在工，商之气在路。"④他认为商对工是起决定作用的。

工业化对当时中国来说，不过是一个模糊的前景。康有为提出这一主张是学习西方的结果，在国内并无产生这一主张的社会基础。他批评了初期资产阶级改良派主要只是在经济方面要求变法的思想，说这种只要求办"矿务"、"商务"、"铁路"的主张只能算是"变事"

---

① 《康有为政论集》上册。

② 《康有为政论集》上册。

③ 《康有为政论集》上册。

④ 康有为：《敬谢天恩并统筹全局折》。

而不能称为“变法”，要变法就必须实行“全变”。康有为的大同思想，是在古老的大同理想启发下，即把《礼记》的《礼运》篇关于“大同”、“小康”的说法同《公羊春秋》的“三世说”结合起来，把“小康”等同于“升平世”，把“大同”等同于“太平世”。按《大同书》的说法，要实现大同，必须去“国界”、“家界”、“身界”；要取消“贵贱之分”、“贫富之别”、“人种之殊”，还要“无男女之异”，人人皆“教养于公产而不恃私产”，私产较多的人也要给人分享，如公产一样。在经济生活方面，康有为认为：只有“行大同之法”，才能实现人们的“安乐”和“均养”。大同社会将是无私产、无阶级、无家族、无邦国、无帝王，人人相亲、人人平等的人间乐园。

康有为在其《大同书》中，对未来大同社会的经济作了一番精美设计，集中体现了他的经济理想：

第一，生产资料公有。

他明确地把“去私产”看做实现“大同”的基础，强调：“今欲至大同，必去人之私产而后可，凡农、工、商之业，必归之公。”① 在生产资料公有制的基础上，一切工业、农业、商业、银行、交通运输企业，都由“公政府”经营，企业的从业人员，不论是生产者还是企业领导者，都成为领取工资的工人。

第二，社会经济计划化。

康有为批判了资本主义社会中的竞争和生产无政府状态，指出资本主义社会中存在着的企业“各自为谋”（个别企业有组织）和社会“不能统算”（社会生产无政府状态）的矛盾，是由生产资料私有制决定的；在“去私产”以后，就可以“弭竞争”，消除社会生产的无政府状态，而代之以整个社会经济的计划化。他设想，大同时代将由“公政府”即全地球的中央政府对一切生产和流通事业实行统一计划和领导。公政府下设农、工、商部等分管各经济部门的机构。各地区设“度界小政府”对本地区的经济实行计划和领导。度界小政府分

① 康有为：《大同书》，第240页。

设农、工、商“曹”，曹下还有“局”、“分局”等各级计划管理机构。基层的生产、经营单位则为工厂、农场和商店。公政府通过这一系列的机构，按全社会的需要实行有计划的生产和分配，就可做到“地无遗利，农无误作，物无腐败，品无重复余赢”①，完全消除资本主义社会中的那种危机和浪费现象。

第三，商品和货币仍然存在。

康有为认为，大同时代商品和货币并不消灭，货币有金、银两种，也发行纸币，有“公金行”（公营银行）负责货币的出纳和全社会的核算工作。公金行也吸收私人存款，并付给利息。②

第四，劳动者以工资形式领取个人收入。

劳动者仍以货币工资的形式领取个人收入，工资分为十级。工资等级的制定是依据“材之高下，阅历之浅深”③，即依据劳动能力和劳动经验来区分的。

除工资差别外，社会还广泛使用奖金作为鼓励人们的劳动积极性、创造性（“奖智”）和公益心（“奖仁”）的手段。

第五，“大同”时代仍有富人和大富人，他们在社会生产体系中还占有优势地位。

康有为主张大同时代工资不应有过大差别，但奖金差别却可以达到很大的数目④。这样，必然导致人们所拥有的财富的较大不均。他设想大同时代不会有穷人，但却会有富人和大富人。这些人在社会生产体系中还将拥有某些特殊的权势和地位，如规定“公金行”的“主、伯、亚、旅”（各级负责人）必须由“商业富人”或“各业大富人”充当等。

第六，大同时代产品将极大丰富，人们的物质文化生活高度丰裕。

---

① 康有为：《大同书》。

② 康有为：《大同书》。

③ 康有为：《大同书》。

④ 康有为：《大同书》。

康有为设想大同时代农场、工厂和商店，既是生产经营的基本单位，又是组织社会生活的基层单位。各农场、工厂和商店都将拥有设备完善的公共宿舍、食堂和各种休养、娱乐场所，供劳动者享用。这样，每一农场、工厂和商店，事实上都是一个公社或共同体。大同时代的生产力高度发达，劳动日将大大缩短，“一人工作之日力，仅三四时或一二时而已足，自此外皆游乐读书之时”①。人们的物质文化生活水平都很高，人人都可受到高等教育，社会实行五年制的普及大学教育。②

康有为对大同时代人们的饮食、衣服、居住、旅行、休养等各方面的生活状况，作了带有浪漫主义色彩的尽情设想。在他的笔下，大同时代的人们的物质生活，不但是极其丰裕和舒适的，而且被描绘成穷奢极欲的，甚至夹杂着一些神仙怪异的说法。例如，他把大同时代人们的居住条件描绘为“云窗雾槛，贝阙珠宫，玉楼瑶殿，诡殊形式，不可形容”③，简直成了神话中的西王母瑶池了。

二、张之洞的经济学说

张之洞的著作和他的奏议、公牍、函电等均编入《张文襄公全集》。他在19世纪末为攻击资产阶级变法维新运动而写的《劝学篇》，是他本人也是整个洋务派经济思想的最有代表性的著作，曾被清朝统治者作为反对资产阶级改革要求的思想武器而一再刊印。

张之洞经济思想的一个重要方面是对现实的经济政策作出理论上的解释，其主要的思想特点有：

一是在官督商办问题上，对所兴办的各大企业，强调权与利二者须分开对待，商民只可求利，而权必须操之于官，“二者相辅，商得其利，官收其功”。后来感到这一套行不通了，又改“官商分权”之说，“商无权则无人股，官无权则隐患无穷”，但仍强化官权而使商

① 康有为：《大同书》，第248页。

② 康有为：《大同书》，第217、第294页。

③ 康有为：《大同书)，第217、第294页。

权有名无实。最后不得不改为“官商合办”，而他直到临死前还在《遗折》中坚持要“官民各半”、“官为主持”。

二是主张利用外资筹办洋务企业，尤其是兴办铁路企业。但他所说的外债，多系由外国列强政府出面贷放的债款，其用途包括练海陆军、修铁路、造枪炮、办工商企业、开学堂等。在他看来，“今日赔款所借洋债已多，不若再多借十分之一二”，以此来创造自强之机，“自不患无还债之法”①。办海陆军、设学校等政务也要向列强借外债，这正是马建忠所告诫严禁之事。而且张之洞所经办的外债均有抵押品，并在借债所兴办的企业内由贷款国洋员担任主要职务。这实际上是将当时情况下一些损害国家主权的措施，也视为借外债的必需条件。

三是对于工商关系，张之洞早在光绪十五年就指出：“就外洋富强之术统言之，则百工之化学、机器、开采、制造为本，商贾行销为末。”② 在《劝学篇·农工商学》中，张之洞进一步分析了农、工、商三者的关系。他说：“工者，农、商之枢纽也。内兴农利，外增商业，皆非工不为功。”他又指出“外国工、商两业相因而成”。一方面，“工有成器，然后商有贩运，是工为体商为用也”；另一方面，“其精于商术者，则商先谋之，工后作之：先察知何器利用，何货易销，何物宜变新式，何法可轻成本，何国喜用何物，何术可与他国争胜，然后命工师思新法，创新器，以供商之取求，是商为主工为使也”。他认为“二者相益，如环无端”，而前者“易知”，后者则“罕知”。事实上人们的认识规律恰恰相反，对以前主张学习西方的中国人来说，倒是后者易知，前者罕知。他还对农、工、商三者的相互作用作了总的概括：“大抵农、工、商三事互相表里，互相钩贯，农瘠则病工，工钝则病商，工、商聋瞽则病农。三者交病，不可为国矣。”张之洞在承认工为本或体的前提下指出工、商有相互促进的关系，又肯定农、工、商存在着相互制约的关系，这论述比同时代的人

---

① 张之洞：《张文襄公全集·奏议》卷11。

② 张之洞：《张文襄公全集·奏议》卷11。

要全面得多。

四是对于美国人精琪（G. W. Jenks）建议的金汇兑本位制，他曾于1904年提出奏驳，其中第一个理由就是从财政角度反对设立由洋员主持的“司泉司”财政机构。他说：“财政一事，乃全国命脉所关，环球各国无论强弱，但为独立自主之国，其财政未有令他国人主持者，更未有令各国人均能预计者。”这是反对精琪计划的一个正确观点，也是他在当时条件下颇为难得的一个财政观点。在这个奏议中，他又从外贸关税角度提及上世纪末以来大多数人所焦虑的镑亏问题，认为由于金贵银贱，“镑价日涨，于中国赔款则有损，于中国商务则有益”，这有利于“抵制进口外贸，畅销出口土货，实为富民保民之第一要义，环球万国之公理”①。他不独不焦虑镑亏问题，还认识到金贵银贱有利于中国土货的出口，这在当时是很独到的见解。

三、梁启超发展近代经济的理论

1903年前后，梁启超陆续发表了《中国改革财政私案》、《生计学学说沿革小史》、《二十世纪之巨灵托辣斯》、《外资输入问题》、《中国货币问题》、《变法通议》、《饮冰室文集》、《饮冰室合集》等，初步形成了以西方资产阶级的经济学理论去研究中国经济问题的新思想。梁启超在《生计学学说沿革小史》中认为欧美经济发达的一个重要原因在于生计学理论的丰硕高深。他说：

> 西国之兴，不过近数百年，其所以兴者，种因虽多，而生计之发明，亦其最要之一端也。自今以往，兹学左右世界之力，将日益大。国之兴亡，种之存灭，胥视其焉。呜呼，是岂畸处岩穴高悟仁义之迂儒所能识也？兹学始盛于欧洲，仅150年以来，今则磅礴烨灿，如日中天，支流纵横，若水演派，而我中国人非惟不知研此学理，且并不知有此学科，则其丁兹奇险而漠然安之

① 张之洞：《张文襄公全集·奏议》卷56。

也，又何怪焉！①

因此，梁启超介绍西方经济学说的过程也是自己独立创造新的经济思想的过程。尤其在运用亚当·斯密的经济学说探讨中国的经济问题时，他提出了一系列的经济改革设想，大致完成了其经济构想。其要点是：

1. 以竞争求发展。梁启超总的目标是在中国建立新型的资本主义工商业发展体系，有广阔的市场，充足的劳动力，富有活力的民族工业、商业和近代化的农业，和世界沟通的外贸和各种技术合作。所有这一切，都要在平等、自由的竞争中取得。所以梁启超经济主张的理论基础是英国近代自由竞争学说。对此，他曾有过详细的评说：

百年以来，自由竞争（Free Competition）一语，几为计学家之金科玉律，故于国际之通商，自由也；于国内之交易，自由也；于生产、制造、贩卖种种营业，自由也。劳力自由而勤动，资本家以自由而放资，上自政府，下及民间，凡一切生计政策，罔不出于自由。斯密氏所谓供求相济，任物自已，而二者常趋于平。此实自由竞争根本之理论也。故此竞争行，则生产家不得不改良其物品，低廉其物价，以争贩路。以是之故，不得不求节俭其生产费，扩充其生产力。复以是故，新式机器之发明，技术意匠之进步，相缘而生焉。以物价之低廉也，增加需用者之购买力；以物品之改良也，增加其物之利用价值；以汲汲谋扩张贩路也，故交通机关（即轮船、铁路等）随而扩张，而供给日以普及。复以是故，生产家之规模愈大，其所需劳动力愈多。劳力愈多，则庸率愈腾；庸率腾而劳动社会之精神形质，俱以进步。复以是故，制造家之需原料品也愈渴，竞于购买，故原料价腾；价腾，故农虞诸业皆食其利。如此，则于全国全社会种种方面，互

① 梁启超：《饮冰室文集》之十二。

添活力，而幸福遂以骤进。①

梁启超虽然也多次指出自由竞争的种种弊端，但就总的倾向来看，尤其是就中国当时的现状去思考问题，他是要将竞争的理论和运行机制引进中国，实现竞争制约下的资本主义经济体制。

2. 强调发展生产力的重要。他指出“衣食之原”的大小，“不以地为界，不以人为界，不以日为界，当以力为界”。这里所说的“力”，是人力、地力和机器力的结合，也就是生产力。他认为生产首先是人力和地力的结合：“大地百物之产可以供生人利乐之用者，其界未有极，其力皆藏于地，待人然后发之。”“尽地力者，农、矿、工之事也。”农是“地面之物”，矿是“地中之物”，工则“取地面地中之物而制成致用”，然后由商“流通于天下”。但是单靠人力和地力，生产能力还有限，“凡欲加力使大莫如机器”，必须用机器补人力的不足。机器要靠人的智力来创造，“用智愈多者，用力愈少”。所以要发展生产力，人必须在提高智力方面多花力气。他希望中国大力发展机器生产，认为中国“他日必以工立国”②。

3. 发展机器生产要有资本。梁启超指出：“《周礼》有保富之义”，而“泰西尤视富人为国之元气”，因为富人“必出其资本兴制造等事，以求大利”。投资新式企业不仅投资者本人“可以获大利”，而且这个企业的工匠以及同他有直接、间接联系的各行各业的人都可以得利，“沾其益者，至不可纪极”。这是“以富者之财，贫者之力，合而用之，以取无量之财于地”。

4. 反对“黜奢崇俭”。他说俭是“上古不得已之陋俗，而老氏欲持此以坊民，非惟于势不行，抑于义不可”。尚俭会造成“弃货于地”而“穷蹙不可终日”的后果。他也像历史上的崇奢主张者一样，认为富人过着“骄奢淫佚”的生活虽然对个人有损，但有利于社会上借此谋生的人们。他指责那些“兼并他人之所有”而又过着“食

① 梁启超：《饮冰室文集》之十四。

② 梁启超：《饮冰室文集》之二。

不重肉，妾不衣帛，犹且以是市俭名于天下”的“癖钱之奴，守财之虏”，说他们是“世界之蟊贼，天下之罪人”。

5. 对于司马迁所说的“善者因之，其次利道（导）之，其次教诲之，其次整齐之，最下者与之争”，梁启超也按己意作了解释：因为是研究土性、物性，“各因而用之。故因之之学，今日地球上方始萌芽，他日此学大行，地力所能养人之界将增至无量数倍，故史公以为最善也”。利导是实行专利政策等；教诲是设立农、矿、工、商学堂；整齐是整顿旧利益，厘剔其弊，这已属于中下策。“与之争者，不思藏富于民之义，徒欲损民之脂膏以自肥。挽近之计臣日日策画筹度者，大率皆与之争也。”

6. 批判了闭关锁国的思想，他指出：“一国之中，势不能尽百物而备造之。故无论何国人，欲屹然独立，不仰给于他国所产之物，必无是理。”他也像谭嗣同一样，说通商是“主国之利九，而客邦之利一”。他主张自由通商，说西方“明于富国学者”，都知道用“重收进口税”的办法来“保本国商务”是“病国之道”。他认为商品流通“能平能齐，则天下蒙其福；不齐不平，则天下受其害”。这里，他好像对保护关税政策是完全否定的。但当他谈到消除中国对于通商的阻力时，又强调了国家保护政策的必要。所谓阻力有三：一是交通不便，商品运输慢，运费贵；二是捐税繁多，吏役勒索；三是外商控制市场，排挤中国工商业。他指出要去除这些阻力，“非借国力保护不为功”。因此，他不像严复那样绝对否定重商主义。

7. 公债思想是梁启超的财政议论中极为突出的部分。他自1904年起就开始撰写与输入外资有关的著作，以后十年间至少发表了十篇外资问题的专论，占他的经济论著中一个相当大的比重。他对公债问题的探讨，条分缕析，周密细致，在某种意义上可说瑕疵甚少，算是他所有经济论述中最好的一部分，与他的其他财政论述常有似是而非的情况正好相反。其中一些重要的公债观点如下：

一是公债对发展国民经济的作用。他强调发行公债不仅以财政用途为限，还有促进社会经济发展的作用，“公债之用，匪独在财政也，抑国民生计之滋长，实有待之”。这包括“民之持有现钱者贷诸国家而取其息，则此现钱为母财而能殖子者”；“国家获此现钱还以兴业，则其母财而能殖子者”；“民以现钱易得债券，脱有不时之需，还可质债券以得现钱，券息未亏而现钱复资以治产，则其母财而能殖子者”；“如是辗转相引，可以以一现钱而并时为百数十人所利用”等等。① 这样来描绘国家以信用方式吸收资金发展经济的效果，不是没有它的道理。此外，他还列举了公债的二十几种用途，不必赘述。

二是外资的作用。他认为“外资之来，非特投资者享其利也，而主国亦食其赐”，这是“不刊之公例”，故完全不必盲目地“徒畏外资如虎，憎外资如蝎”②。他在那时人们普遍对利用外资有顾虑甚至反感的情况下，能提出这样的论点，是需要有相当学识和勇气的。固然，旧中国及一些其他国家都曾因举外债而蒙受苦痛，但那另有原因，不是利用外资的必然结果。

三是外资的用途。他已考虑到引进外资时可能出现的不良后果，指出“外资可怖之问题”不在于外资之“来源”与“受纳法”，而在于外资之“用途”与“管理法”。他所谓用途是指“用于生产的往往食外资之利，用于不生产的势必蒙外资之害”。所谓管理法系外资输入后“能全盘布局，分期偿还，则虽多而或不为病；反是则末路之悲惨，则不可思议”。他进一步指出，那时中国用外资之害还不在于不生产的外债，而在于生产的外债，主要是“因外债而丧失铁路及矿权”。这说明他所设想的外债是不提供抵押品担保的，并坚持不能用放债国人员来管理经营由外资兴办的事业。

四是举外债的对象。他在早期还主张“由政府出面借外债或借外资”，后来则主张“对外国之个人而负债，勿对外国之国家而负债”，并建议由大清银行与外国资本家直接交涉，不由外国政府做中间人；更好的办法是向外国人直接发售债券。其发行方式是由我国各银行与欧美资本家共结成辛迪加代向外国市场抛售，并主张平价发行，不采“折扣发行法”。在募集外资的方式问题上，他的办法离不

---

① 梁启超：《饮冰室丛著》第十种。

② 梁启超：《饮冰室文集》之六。

开外国资本家，其理解还不及马建忠透彻；同时坚持平价发行方式只有由政府在国内直接发行时才有可能，指出如果经由中外银行组成辛迪加代为发行，平价发行不可能有人愿为代劳。

五是公债的偿还问题。在这一问题上，他的观点更为特殊，认为国家所举的公债绝无必要还清。他从欧美和日本各国的公债“实生计界交易流通之一物品”的角度出发，指出：“苟政府一旦将所有公债扫数还清之，则全社会之机关且立滞。故民之购买公债者，其目的非待政府之还本也，始收薄息而利用此物以为商业上种种便利耳。若不需之时，则适市而售之，不患无人承受，而现银可以立得，彼国之所以薄息而能募多数之债者皆此之由。”他对东西洋国家不能全部还清公债的理由尚未讲透，但他所掌握的资本主义经济的这一要点却是正确的。他还认为提前还清公债也是不必要的，“富有国家，公债累累，而预算有盈余也不以提前偿还”①。在评议资本主义国家的负债情况时，理解他的这一启示也是不无用处的。

梁启超对财政改革的基本思路是，国家愈进步，所需经费愈增加，而国家财源之大宗要在税收上做文章。他建议清政府增加一些税，如房屋税、营业税、酒税、烟税、糖税、各种登录税、印花税、交通税、遗产税等；裁掉一些税，如厘金、常关税、茶税、赌博税、牙税、当铺税、猪捐、渔捐、船捐、车捐等；同时争取对官地、国有森林、邮电和官办铁路征税。照此改革下去，梁初步测算，清廷的财政收入可由原来的1.3万万两增加到7万万两。梁启超的用意是好的，措施也是积极的。但清廷无法大力促进工商业发展，仅在税收上做文章，结果是税上加税，捐上加捐，中间的许多贪官污吏再借收税巧立名目，敲诈勒索，老百姓的负担不知增加几倍。封建专制制度不从根本上改造，一切改革只能是越改越乱，捉襟见肘。在这方面，梁启超也曾想到了，但估计不足。民国初年他一度任财政总长时的窘况，有力地证明了这一点。

① 梁启超：《饮冰室文集》之七。

第四节　孙中山的经济方略

一、对“民生问题”特别关注

孙中山（1866～1925 年）是近代中国向西方找寻救国救民真理的最重要代表人物，是中国革命的伟大先行者。

在三民主义中，孙中山特别重视的是民生主义，认为“民生主义才是解放中国民众的出路”，并说，他之所以献身革命，“就是为要实行三民主义，尤其是民生主义”①。他说：“民生就是人民的生活——社会的生存、国民的生计、群众的生命便是。……故民生主义就是社会主义，又名共产主义，即是大同主义。”他说社会主义“是研究社会经济和人类生活的问题，就是研究人民生计问题”，因此也就是民生主义。民生主义就是要改善人民的物质生活，解决人民的吃饭、穿衣和其他生活需要问题，而防止出现贫富的严重对立。他还说：“人类求生存是什么问题呢？就是民生问题。所以民生问题可说是社会进化的原动力。”“民生就是政治的中心，就是经济的中心和种种历史活动的中心，好像天空以内的重心一样。”②

他认为民生主义就是要以发展生产力为物质基础，“能开发其生产力则富，不能开发其生产力则贫”③。开发生产力的目的是为了满足人民食、衣、住、行等方面的生活需要，而不是为了赚钱。他说民生主义和资本主义“根本上不同的地方，就是资本主义是以赚钱为目的，民生主义是以养民为目的”④。

孙中山认为在落后的生产力条件下，是无法解决“养民”问题的，要实现民生主义，必须采用西方的先进生产技术，大力发展中国

---

① 陈达节辑：《孙中山先生逸语》，第 55～56 页。

② 《孙中山全集》第九卷，第 355、359、369、371 页。

③ 《孙中山全集》第二卷，第 322 页。

④ 《孙中山全集》第九卷，第 410 页。

的工农业生产，为解决民生问题奠立物质基础。他说：中国的问题是“患贫”，要解决民生问题，必须“发达资本，振兴实业”①。这就是孙中山的民生史观。他认为，近代中国之所以落后于西方国家，主要原因就在于中国目前仍处于手工劳动时代，“未入工业革命之第一步”；要使国家摆脱贫穷落后的状况，就要废除手工劳动，采用大机器生产。他充分认识到了大机器生产对于提高劳动生产率的作用。他说：“这几十年来，各国的物质文明极进步，工商业很发达，人类的生产力忽然增加。着实言之，就是由于发明了机器”，“机器发明之后，用一个人管理一副机器，便可以做一百人或一千人的工夫，所以机器的生产力和人工的生产力便有大大的分别”。② 正是基于这样的认识，孙中山极力主张把国民经济各部门从手工劳动中解放出来，使其转移到大机器生产的基础之上。他的《上李鸿章书》，便是一份要求实现中国工业化的呼吁书。他写道：

> 我中国地大物博，无所不具，倘能推广机器之用，则开矿治河，易收成效，纺纱织布，有以裕民。不然，则大地之宝藏，全国之材物，多有废弃于无用者，每年之耗不知凡几。如是，而国安得不贫，而民安得不瘠哉！谋富国者，可不讲求机器之用欤？③

在这里，孙中山道出了自己期望中国实现工业化的殷殷之情。

在发展生产力的同时，孙中山还强调要恢复中国的民族精神，包括中国固有的道德、知识和能力。他认为中国“人民受四千余年道德教育，道德文明比外国人高若干倍，不及外国人者，只是物质文明”④。他提倡的固有道德为忠孝、仁爱、信义、和平，其中的忠在

① 《孙中山选集》下卷，第802页。

② 《孙中山全集》第九卷，第356页。

③ 《孙中山全集》第一卷，第12～13页。

④ 《孙中山全集》第二卷，第533页。

现代是指忠于人民、忠于国家；固有知识为《大学》所说的格物、致知、诚意、正心、修身、齐家、治国、平天下；固有能力为中国古代的发明能力，它曾发明指南针、印刷术、火药及衣食住行的各种设备等。这种恢复不是为了复古，而是为了创新，所以孙中山说："恢复我一切国粹之后，还要去学欧美之所长，然后才可以和欧美并驾齐驱。"① 在这里，孙中山实际上已经提出了物质文明和精神文明对于中国现代化来说是缺一不可的。精神文明的一个重要方面是继承中国传统的道德文明。继承中要包括改造，如忠已不再指忠君就是一例。这种继承是必要的，不是什么"中学为体，西学为用"。

在当时的中国，孙中山还深深认识到，不首先进行社会改革，为生产力的发展扫除障碍，要想振兴实业是不可能的。资产阶级改良派的代表人物都是在"兴利"的口号下提出振兴实业的要求的，而孙中山却强调：对当时中国来说，"兴利尚可缓，而除害尤宜急"②。他所以一生奔走革命，就是要通过革命为中国"除害"，为发展生产力、振兴实业创造条件。

二、经济政策的思考

在经济方面，孙中山为"除害"提出了两个纲领：平均地权和节制资本。他提出这两个纲领，是企图通过民主革命解决土地和资本两个问题，扫除封建主义对资本主义发展的障碍，为资本主义生产的迅速发展创造有利的条件。正如孙中山自己所说，他"提倡民生主义，讲到归宿，不得不解决'土地'和'资本'两个问题"③。

孙中山认为，民主革命中具有头等意义的问题是解决土地制度问题。封建土地所有制是封建主义的基础。消除封建土地所有制，才能扫清封建势力对资本主义发展的阻碍，为资本主义生产的迅速发展创造条件，才能较充分地发动农民参加民主革命。

---

① 《孙中山全集》第九卷，第533页。

② 《孙中山全集》第七卷，第163页。

③ 孙中山：《三民主义之具体办法》。

中国近代的地主阶级改革派虽然在工商业和学习西方等问题上有较为开明的态度，但他们的地主阶级地位却使他们不可能提出土地制度问题。太平天国起义农民提出了《天朝田亩制度》，想在永远保持农民小生产的基础上消灭封建土地制度和封建剥削制度，那也只能是一种幻想。因为农村的一家一户自给自足的个体经济是“封建统治的经济基础”①，在这个基础上不可能消灭封建土地制度和封建剥削制度。

孙中山主张土地国有。孙中山所主张的土地国有，不是中国历史上早就有过的封建土地国有制主张（例如王莽的王田制），也不同于太平天国那种幻想的“物物归上主”的土地国有制，而是主张由资产阶级革命所建立起来的资产阶级共和国实行土地国有。在旧民主主义革命时期，孙中山把资产阶级共和国看做是代表全民的“民国”，认为土地国有就是为全体人民所有，全体人民都有地权，那自然就是地权平均了。

孙中山不仅提出了土地国有的主张，还从以下几方面对土地国有的意义和必要性进行了理论论证：

第一，认为土地是自然物而不是人类劳动的产物，因此，应为“社会所有”，而不应归任何私人所有。

孙中山认为，要想买土地，必以土地先已成为私有物为前提，如果说地主的土地都是买来的，那么，“第一占有土地之人，又何自购乎”②？因此，他谴责地主占有土地是“独占自然富源”，是对“社会所有物”的盗劫。

第二，他认为只有实行土地国有才可消除革命后地主不劳而获、坐享暴利的可能。

随着资本主义的发展，地租及地价不断增长，大城市和工业区地租及地价的增长尤为迅速。这使地主因此暴富，而对工商业资本家利用土地则是一个严重的限制。孙中山看到西方资本主义国家的这种情

① 《毛泽东选集》第3卷，人民出版社1991年版，第931页。

② 孙中山：《社会主义之派别与方法》。

况，极为反感，他认为地租及地价的增长是“社会进化”的结果，而不是“地主之力”，地主因此暴富，完全是“坐享其成”、“不劳而获”。① 因此，在资产阶级革命政权建立后，必须立即实行土地国有，以消除地主在将来获得这种暴利的可能性。

第三，认为土地国有能防止大资本家即垄断资本家的出现，因而是实现社会主义的最重要措施。

孙中山认为中国的资本主义生产不发达，地租及地价还不高，但将来随着资本主义的发达必然也会发生地租及地价猛涨的情况，并将由此而产生出大垄断资本家。如果在资产阶级共和国建立后立即实行土地国有，垄断资本就无从产生，社会主义就可由此而实现。

孙中山是中国历史上第一个对封建土地所有制进行理论批判的人，他旗帜鲜明地否定地主占有土地的权利，指责地主占有土地是霸占应属“社会共有”的自然富源，这对封建土地所有制无疑是个沉重的打击。

采取什么样的措施来实现土地国有呢？孙中山不主张无偿没收地主所占有的土地，而是倾向于赎买。

他提出的土地国有措施是征收地价税和土地增价归公。其具体办法是：在资产阶级共和国建立后，令地主自行申报地价，并准其保有这一地价，国家只照申报地价每年征收一定比例（约1%～2%）的地价税，同时保留随时照报价收买的权利，以防止地主故意少报地价，规避纳税负担；在申报之后，如果地价有了增长，增长的部分则全部收归国有。

土地价格是资本化的地租，而“地租的占有是土地所有权借以实现的经济形式”②。把土地收归国有，也就是把地租收归国有，而地租国有实际上就是取消了私人对土地的所有权，实现了土地国有化。

孙中山主张土地增价归公，就是要把申报地价后所增长的地租额

---

① 《孙中山选集》下卷，第794页。

② 《马克思恩格斯全集》第25卷，人民出版社1974年版，第714页。

无偿收归国有。他主张原价归地主，实际上就是容许地主保留一部分地租，也就是容许地主对土地所有权还保留一个残余部分。由于革命后地租增长迅速，土地增价会比土地原价高得多，再加上土地原价也被地价税征收了一部分，这样，地主所保留的地租额在全部地租中只占一个较小的份额。可以说，地价税和土地增价归公，是一种不很彻底的资产阶级土地国有化方案。

到了新民主主义革命时期，孙中山在中国共产党的帮助下，对中国农村中的土地占有状况和地租剥削状况开始有了一些实际认识。他一再提到，中国农民“都不是耕自己的田，都是替地主来耕田”①，农民生产的粮食，“被地主夺去大半，自己得到的几乎不能够自养”②。从这种实际认识出发，他得出了土地问题不解决，“农民便不高兴去耕田”③，农业生产力就得不到解放的结论。他进而还把农民土地问题同民主革命前途联系起来，指出：“农民是我们中国人民之中的最大多数，如果农民不来参加革命，就是我们的革命没有基础。”④

资产阶级革命所以要革封建土地制度的命，并不是由于土地是自然物，而是由于封建土地制度已成了生产力发展的严重障碍。从用自然法观点来否定地主占有土地的权利，到用封建土地所有制妨碍生产力发展作论据来论证废除封建土地制度的必要性，这在理论认识上的确是一个巨大的飞跃。

在解决土地问题的纲领和措施方面，孙中山公开提出了“耕者有其田”的口号，并把它作为平均地权的内容正式载入《中国国民党第一次全国代表大会宣言》中。在同一时期所作的许多演说中，孙中山也多次提到耕者有其田的问题，认为这是提倡民生主义的主要目的。他说：

---

① 《孙中山选集》下卷，第811页。
② 《孙中山选集》下卷，第810页。
③ 《孙中山选集》下卷，第811页，
④ 《孙中山选集》下卷，第865页。

至于将来民生主义真是达到目的，农民问题真是完全解决，是要耕者有其田，那才算是我们对于农民问题的真正结果。①

对于资本主义国家的阶级对立，孙中山从生产资料所有制和分配关系上进行了分析。他指出地主是靠占有土地，资本家是靠占有机器，在产品中取得收入。对于资本问题，孙中山说："凡物产或金钱以之生产者，可皆谓之资本。"② 就如何迅速发达资本，同时又要防止垄断资本的横暴，他提出了"节制资本"。"节制资本"同"平均地权"一样，是资产阶级民主革命的一项经济纲领，它的实质是借助国家的力量发达资本，为资本主义的发展创造有利的条件。

孙中山的节制资本措施包括两个方面："节制私人资本"和"发达国家资本"③。前者指用累进税率征收所得税、遗产税以及实行社会救济、工厂立法之类的改良主义措施；后者则是主张把那些"不能委诸个人及有独占性质"的企业，收归"国家经营"。④ 而在这两方面的措施中，孙中山强调的是"发达国家资本"。他清楚地知道，他所说的"节制私人资本"的各种办法，实际上都是"欧、美各国已经陆续实行"⑤ 的办法。既然欧、美国家实行这些办法并没能防止垄断资本的形成和发展，在中国仿效这一套办法，也不会有什么效果。于是他主张把"发达国家资本"作为实现节制资本纲领的主要措施。

孙中山的发达国家资本的主张，实际上具有双重目的：一方面是希望借助国家力量迅速发达资本，使中国成为一个独立富强的国家；另一方面又幻想依靠国家帮助来"防资本家垄断之流弊"⑥，即防止垄断资本对中、小资本的排挤压迫。民族资产阶级下层希望迅速发达

---

① 《孙中山选集》下卷，第810页。
② 《孙中山全集》第二卷，第511页。
③ 孙中山：《孙中山选集》下卷，第802页。
④ 孙中山：《实业计划》，《孙中山选集》上卷，第191页。
⑤ 孙中山：《孙中山选集》下卷，第789页。
⑥ 孙中山：《民生主义与社会革命》，《孙中山选集》上卷，第88页。

资本以增加自己的财富，但是，他们本身又没有投资经营铁路、电力、矿山等大实业的力量，而这些正是社会化大生产的要害部门，没有它们，中小资本是很难得到发展的。如果让实力雄厚的大资本控制了这些行业，中小资本就会受到大资本的更严重的控制和压迫。于是，民族资产阶级下层就希望借助国家的力量经营这些大实业，为中小资本提供廉价、便利和充足的电力、原材料和交通运输条件，同时又保障中小企业免受大垄断资本的控制和压迫。孙中山把“大经营国有”和土地国有并列为“防止”垄断资本的两项“社会主义”政策，主张对“一切大实业，如铁路、电气、水道等事务，皆归国有，不使一私人独享其利”①。这就是孙中山的“节制资本”思想的实质。

三、实业计划的构想

1918～1919 年，孙中山提出了规模更为宏伟的发展实业的蓝图。他认为世界大战结束后，各资本主义国家需要寻找新的投资场所和商品销售市场，因此仍设想利用外资发展中国的实业，“使外国之资本主义以造成中国之社会主义”②。他用英文写出了《实业计划》（原题为 *The International Development of China*）这个册子。

在《实业计划》中，孙中山提出开发中国实业分两路进行，一路是个人经营，一路是国家经营。他说：“凡夫事物之可以委诸个人，或者较国家经营为适宜者，应任个人为之，由国家奖励，而以法律保护之。……至其不能委诸个人及有独占性质者，应由国家经营之。”③

《实业计划》共分六个计划，另有《篇首》和《结论》。

《第一计划》包括：一、在渤海湾北岸建北方大港；二、从北方大港起，建设西北铁路系统，直至西北边境；三、移民蒙古、新疆；

① 孙中山：《民生主义与社会革命》，《孙中山选集》上卷，第 88 页。

② 《孙中山全集》第六卷，第 398 页。

③ 《孙中山全集》第六卷，第 253 页。

四、开运河联络中国北部、中部河道和北方大港；五、开发直隶、山西煤矿铁矿，设立钢铁厂。

《第二计划》包括：一、在杭州湾北岸乍浦和澉浦间建东方大港，并彻底整治上海港；二、治理从长江口至汉口一段的长江；三、建设内河商埠；四、改良长江水系；五、在长江沿岸创建无数水泥厂。

《第三计划》包括：一、在广州建南方大港，使之成为世界港；二、改良广州及西江、北江、东江各水系；三、建设西南铁路系统；四、建设4个二等港、9个三等港和15个渔业港；五、创立造船厂。

《第四计划》是建立十万英里铁路的明细计划，包括中央铁路系统、东南铁路系统、东北铁路系统、西北铁路系统、高原铁路系统和创立制车厂。

《第五计划》是发展满足衣、食、住、行需要的工业和印刷工业的计划。

《第六计划》是开采铁、煤、石油、铜、特种矿，以及设立采矿机械厂和冶炼厂的计划。

这个《实业计划》仍以交通运输为重点，“其次则注重于移民垦荒、冶铁炼钢”。这时，孙中山又提出农矿为各种事业之母的说法：“盖农矿二业，实为其他种种事业之母也。农、矿一兴，则凡百事业由之而兴矣。”他所说的矿，包括采掘和冶炼工业，重点则是钢铁生产。他把钢铁称为“一切实业之体质”，以“钢铁出产多少”作为“一国之实业发达与否”的标志。①

《实业计划》既是利用外资的计划，又是对外开放的计划。它将中国经济的发展完全同国际经济联系在一起，因此十分重视海港的建设。三大港是中国通向世界的主要门户，又是向国内纵深发展的辐射点。《第三计划》提出要建立一支航行海外的商船队，航行海外及沿岸的商船至少要有一千万吨，达到世界各国拥有海船吨数的人均水平。北方大港通过铁路和西伯利亚铁路连接，使它成为“将来欧亚

---

① 《孙中山全集》第五卷，第134页。

路线之确实终点，而两大陆于是连在一起”①。《实业计划》要使中国完全打破闭关自守的局面，走上同世界各国共同发展的轨道。

对外开放要以维护国家的独立为前提。孙中山指出：“惟发展之权，操之在我则存，操之在人则亡，此后中国存亡之关键，则在此实业发展之一事也。”② 发展实业的权一定要“操之在我”，为了这一目的，即使在短期内让外国投资者得到较多的经济利益也值得。

《实业计划》是国有实业的计划，民办实业未包括在内，因此只是孙中山“欲建设新中国之总计划之一部分”。国家经营实业的收入，“其一须摊还借用外资之利息，二为增加工人之工资，三为改良与推广机器之生产”③，其余用作各种公共开支，免除“种种苛捐杂税”，举办“教育、养老、救灾、治疗，及夫改良社会，励进文明”④ 的各种事业。

《实业计划》的提出，反映了孙中山伟大的革命理想和爱国主义精神。它虽然未能实现，但为中国后来的经济建设提供了极为有益的启示。

① 《孙中山全集》第六卷，第256页。

② 《孙中山全集》第六卷，第248～249页

③ 《孙中山全集》第六卷，第398页。

④ 《孙中山全集》第五卷，第135页。

第十二章 马克思主义哲学的传播与发展

第一节 马克思主义哲学的传入

1840年至1949年，是中国社会发生历史性巨变的百年历程。自1840年鸦片战争打破中国古老封建帝国长期封闭的体系以来，近代中国便开始了滑坡的厄运，一步一步地坠入了半殖民地半封建社会的深渊。"落后挨打"成了经历过"创深痛巨"的中国人的共识，民族独立和国家自强作为时代课题摆在中国人面前。为了挽救深刻的民族危机，寻找救国救民之道，先进的中国知识分子开始把目光移向西方，接触并且毫无拣择地输入西方各类政治社会思潮，并热切期盼它们成为济世妙方。马克思主义就是在这样的时空条件下被引进，并在无数次社会变革的实践中确立起来的适合中国社会特点的指导思想。

从江南制造局出版的《西国近事汇编》介绍"共产主义"这一概念和上海《万国公报》第一次介绍卡尔·马克思及其学说到"五四"时期马克思主义作为一种主导思潮登陆中华止，马克思主义在中国的传播从时间上大体经历了四个阶段：1873～1904年，零星介绍阶段；1905～1911年，同盟会在中国的介绍阶段；1911～1915年，民国初年在中国的介绍；1915～1917年，"五四"前夕《新青年》的传播。① 从内容上看则经历了由马克思、恩格斯生平介绍到其相关

① 中国人民大学马列主义发展史研究所编：《马克思主义史》第2卷，人民出版社1996年版，第694页。

著作及其学说的介绍再到相关学会的成立和研究马克思主义的几个阶段。19世纪末，本杰明·颉德在《万国公报》上刊文介绍德国“养民学者”、“百工领袖著名者”、“一曰马克思，一曰恩格斯”；① 上海广学会出版了由吴贻谷译的英国人克卡朴所著的《泰西民法志》（即《社会主义史》），开始零星地介绍马克思及其学说，并涉及辩证唯物论与历史唯物论。接着相继从日本引进了马、恩的相关著作，如：《哲学的贫困》、《英国工人阶级状况》、《政治经济学批判》、《资本论》等。到20世纪初，中国人更多地接触到马克思主义，知识分子从各自的立场、各自的视角、各自的需要独立地引进介绍马克思主义的相关思想，马君武、邓实、梁启超、朱执信、刘师培、胡汉民等即为典型代表。1911年江亢虎自游历欧、日返国后，在上海发起组织“社会主义研究会”，并在此基础上成立了中国社会党。党员中既包括以沙淦为代表的“极端社会主义派”（又称狭义社会主义派），也有以殷仁、蔡鼎成为代表的“国家社会主义派”，而江亢虎则主张“广义社会主义”以期熔各种社会主义于一炉。这是中国第一个公开宣布自己为社会主义的政党。这一时期对马克思主义的宣传介绍，尽管出发点不同，立场各异，尽管片面、零碎，甚至理解错误，但都为马克思主义传入中国作了必要的铺垫。

马克思主义在中国真正系统地传播则自五四运动始。五四运动是一场空前的思想解放运动，在救亡与启蒙双重任务驱动下，历史选择了马克思主义作为中国革命和思想解放的理论武器；先进的中国知识分子结合当时的中国国情，开始系统地介绍马克思主义，并自觉地运用这一理论武器探索中国革命的道路。其中李大钊、陈独秀、李达、瞿秋白、艾思奇、毛泽东、蔡和森等作出了卓越的贡献。学术上的建树以李大钊、李达、艾思奇较为突出，拟分节阐述。

陈独秀（1879～1942年），中国新文化运动的旗手，中国共产党的创始人。早年留学日本。1915年创办和主编《新青年》杂志，倡

① 《五四运动前马克思主义在中国的介绍与传播》第3辑，湖南人民出版社1986年版，第33页。

导民主与科学。五四运动后开始接受和宣传马克思主义，积极批判无政府主义和社会改良主义。1920年5月他在上海组织马克思主义研究会，8月成立上海共产主义小组，1921年7月在中共“一大”上当选为中央局书记。直至1927年5月，他都是公认的中共党的领袖和当时最有影响的马克思主义宣传家。1922年5月，陈独秀发表了题为“马克思的两大精神”的演讲。他指出，马克思的学说和行为有两大精神：一是实际研究的精神，一是实际活动的精神。① 1923年5月，陈独秀在《关于社会主义问题》的讲演中，把马克思的共产主义——科学的社会主义的重要原则概括为：“第一个原则就是要有科学的根据。……要处处不离开唯物的历史观，不可陷于唯心派的思想。第二个原则就是社会改造应有的步骤。第三个原则就是每一步骤都须用革命的方法。”② 1922年，陈独秀在《新青年》第9卷第2号发表《马克思学说》，把剩余价值学说、唯物史观、阶级斗争和劳工专政理论一起视为马克思学说的重要内容，从而把对马克思学说的认识提高到一个新水平。他根据《〈政治经济学批判〉序言》、《共产党宣言》和《哲学的贫困》三本书，将唯物史观归纳为两大要旨，即：经济基础决定上层建筑、生产力决定生产关系。根据唯物史观的基本原理，他得出了三个革命的结论：“（一）一种经济制度要崩坏时，其他制度也必然跟着崩坏，是不能用人力来保守的；（二）我们对于改造社会底主张，不可蔑视现在社会经济的事实；（三）我们改造社会应当首先从改造经济制度入手。”③ 陈独秀还在文章中指出，马克思根据唯物史观来说明阶级斗争是人类历史进化的自然现象，《共产党宣言》的要义，一是说“一切过去社会底历史都是阶级斗争底历史”；二是说“阶级之成立和争斗崩坏都是经济发展之必然结

① 陈独秀：《马克思的两大精神》，《陈独秀文章选编》（中），三联书店1984年版。

② 陈独秀：《关于社会主义问题》，《陈独秀文章选编》（中）。

③ 前引陈独秀《马克思学说》。

果"。① 所以，阶级斗争和唯物史观并不矛盾。

瞿秋白（1899～1935年），中国共产党的著名革命家、理论家和宣传家。他对马克思主义的宣传主要集中在1923年至1927年期间。瞿秋白的突出贡献之一是第一个向中国人民介绍了辩证唯物论。② 他在《马克思主义之意义》一文中指出："马克思主义是对于宇宙、自然界、人类社会之统一的观点，统一的方法。"③ 他认为，马克思主义又是解释宇宙一切现象的方法总论，是综合各科学的方法而说明人类知识能量的认识论。马克思主义又包括四个部分：（一）互辩法唯物论（今译为辩证唯物论）；（二）唯物史观；（三）经济学；（四）科学社会主义或科学共产主义。其中（二）、（三）部分是用互辩法唯物论的观点研究人类社会生活的结果，第（四）部分在理论上是前三部分的结论，在实践上是马克思主义整个系统形成之动机和目的，而最根本的基础，贯穿始终的观点则是互辩法唯物论。基于这种认识，瞿秋白系统地介绍了辩证唯物论的基本观点，主要有：①"我"与"非我"（即主观与客观）、"意识"与"实质"（即思维与存在）的关系问题是哲学的基本问题。②人的思想和意识是脑筋的作用。意识是外界的反映，正确与否全在于是否与自然界相符合。③社会生活中没有一成不变的原则，道德学说是随着社会经济的变迁而变迁的，所谓平等也随历史的发展改变着其中的含义。④互辩律认为，宇宙间及社会里一切物质及现象都在运动中。④ 瞿秋白的突出贡献之二是以科学史和哲学史上的大量实例论证了唯物论和辩证法的正确性。在《现代社会学》中，瞿秋白阐述了探究社会现象时的原因论与目的论、有定论与无定论、动观与静观、突变论与渐变论的对立，并强调指出，"唯物主义的、互辩律的（Dialectique）哲学"是

① 前引陈独秀《马克思学说》。

② 前引《马克思主义史》第3卷，人民出版社1996年版，第274页。

③ 瞿秋白：《马克思主义之意义》，《瞿秋白文集》（政治理论编）卷4，人民出版社1993年版，第18页。

④ 瞿秋白：《社会哲学概论》，《瞿秋白文集》（政治理论编）卷2，人民出版社1993年版，第310～318页。

"一切社会科学的方法论"①，因此，探究社会现象时除了要坚持唯物论以外，还要坚持互辩法和历史主义。瞿秋白的贡献之三表现在他对列宁主义的宣传上。1925 年 4 月，瞿秋白在《新青年》上发表的《列宁主义概说》一文，向中国人民系统地介绍了列宁主义的历史根源、方法和理论，特别是列宁关于无产阶级革命、无产阶级专政和无产阶级政党的理论。他说："马克思主义是无产阶级革命的理论，然而是无产阶级革命前的，工业资本主义时代的社会革命思想之大纲；列宁主义呢，便是无产阶级革命时的帝国主义时代的马克思主义——执行无产阶级革命的实践的原理。"② 这篇文章对于中国人民正确理解和掌握马克思主义，结合自己的实践运用和发展马克思主义提供了非常宝贵的启示。

蔡和森（1885～1931 年），中国共产党早期的马克思主义理论家和宣传家。蔡和森哲学思想的基本特征，即是实践唯物史观。他的整个哲学思想，都是为了适应中国革命运动的要求，运用马克思主义立场、观点和方法所探求的实际问题，也是中国革命的基本问题，他所主张的"知行统一观"、"平民主体论"，所阐明的"社会进化论"、"社会革命论"以及"无产阶级专政理论"，都是为了指导中国革命。1924 年出版的《社会进化史》表明蔡和森的马克思主义哲学修养基本成熟。《社会进化史》不仅转述了《古代社会》、《家庭、私有制和国家起源》的基本观点，而且把《劳动在从猿到人转变过程中的作用》、《共产党宣言》、《资本论》、《社会主义从空想到科学的发展》等其他历史唯物主义原理的基本思想融会其中，且包含着自己的独到见解。蔡和森强调"综合革命说与进化论"的统一，在他的发展观中社会进化与社会革命是辩证统一的。其"社会革命论"内涵有三：(一) 社会革命是生产发展的必然结果。"一个时代的政治变化，有

① 瞿秋白：《瞿秋白文集》(政治理论编) 卷 2，人民出版社 1993 年版，第 333～334 页。

② 瞿秋白：《列宁主义概说》，《瞿秋白文集》(政治理论编) 卷 3，人民出版社 1993 年版，第23～24 页。

一个时代的经济变化为基础，所以近世政治史上的民主革命，不过是经济史上产业革命的伴侣。"① "经济情形既已根本变化，自然一切都要革故鼎新了。"② （二）社会革命的四个主观条件：社会革命主体的觉悟程度、社会革命的理论成熟、健全的革命组织、革命方法。蔡和森在《马克思学说与中国无产阶级》一文中，明确把阶级觉悟的程度作为社会革命的标准。蔡意识到革命理论对革命运动的指导意义，指出："马克思的唯物史观，显然为无产阶级的思想。"③ 蔡在留法期间即留意革命组织问题，把四类革命组织当作无产阶级革命运动的四种利器：第一是党，是无产阶级运动的神经中枢，是发动者、领袖者、先锋队、作战部；第二是工团，先的作用为实力的革命军，不可破获的革命机关，后的作用为生产组织；第三是合作社，先的作用为革命运动的经济机关，进而打消贸易主义，为消费组织；第四是苏维埃，无产阶级革命后的政治组织。在这四类组织中，党的组织是中枢组织，是革命事业的领导核心。他在给毛泽东的信中说："我以为先要组织党——共产党，因为它是革命运动的发动者，宣传者，先锋队，作战部。以中国现在的情形看来，须先组织他，然后工团，合作社，才能发生有利的组织，革命运动，劳动运动才有神经中枢。"④ 他还提出了中国共产党的建党理论，阐明了中国共产党的阶级基础、组织原则、指导思想和创建的具体步骤。蔡在《四派势力与和平统一》一文中断言：实现社会主义惟一制胜的方法，是"阶级战争——无产阶级专政"⑤。（三）不断革命论和革命发展阶段论。在社会革命与社会运动的关系上，蔡认为社会运动是社会革命的起点，社会革命是社会运动的必然结果。在阐明"中国革命的性质及其前途"时，既批判把民权革命和社会主义革命截然分割开的"二次革

① 《蔡和森文集》，人民出版社 1980 年版，第 101 页。

② 《蔡和森文集》，人民出版社 1980 年版，第 465 页。

③ 《蔡和森文集》，人民出版社 1980 年版，第 63 页。

④ 《蔡和森文集》，人民出版社 1980 年版，第 51 页。

⑤ 《蔡和森文集》，人民出版社 1980 年版，第 64 页。

命论”，又反对把两个革命阶段相混淆的“一次革命论”。蔡和森关于中国革命的阶段论的思想形成于1928年，它是毛泽东探讨中国革命及其前途的理论前提。蔡和森还批判了“中国无阶级”和“救中国只有一条资本主义道路”的谬论，阐明了阶级斗争和无产阶级专政的必要性。

毛泽东（1893～1976年），中国共产党、中国人民解放军、中华人民共和国的主要缔造者和领导人，无产阶级革命家、战略家，马克思主义哲学家。1918年10月，毛泽东在北京大学图书馆工作，当时的北大“百家竞起，异说争鸣”，正是在此背景下，毛泽东开始接触马克思主义。1920年4月，毛泽东到上海与陈独秀多次交谈，讨论社会主义；7月回到长沙，创办“文化书社”，组织“俄罗斯研究会”，积极宣传马克思主义。在李大钊、陈独秀、蔡和森的影响下，毛泽东走上了马克思主义道路。1927年，毛泽东完成《中国社会各阶级分析》、《湖南农民运动考察报告》两部著作，尽管是政治文献而不是哲学专著，却鲜明地渗透着社会存在决定社会意识、唯物辩证法的分析方法、群众观点以及调查研究等历史的辩证的唯物主义的基本观点，是马克思主义哲学与中国革命实践早期结合的优秀代表作。1937年7月和8月发表的《实践论》、《矛盾论》批判了教条主义和经验主义，阐述了马克思主义普遍原理与中国革命具体实践相结合的经验、原则、方法。“两论”构成了毛泽东思想的哲学基础，是毛泽东哲学思想形成的标志：第一，《实践论》是毛泽东以实践为基础的认识论思想科学体系形成的标志。首先，阐明了实践的观点是能动反映论的首要观点；其次，阐明了认识运动的辩证发展过程；再次，概括了认识运动的总规律，指明了认识真理的道路。第二，《矛盾论》是毛泽东以矛盾规律为核心的辩证法思想科学体系形成的标志。首先，继承并发挥了列宁关于对立统一规律是辩证法的核心思想；其次，阐明了矛盾普遍性与特殊性的理论，着重分析了矛盾的特殊性；再次，揭示了对立统一规律的理论内容，形成了完整的体系。“两论”的共同特点是，将认识论与方法论有机地结合起来。《实践论》把认识论作为认识世界和改造世界的方法加以发挥；《矛盾论》则将辩证法作为认识的正确原则和分析社会复杂问题的方法进行阐述。因此，它们也都在一定范围涉及了历史唯物主义的重要问题。“我们承认总的历史发展中是物质的东西决定精神的东西，是社会的存在决定社会的意识；但是同时又承认而且必须承认精神的东西的反作用，社会意识对于社会存在的反作用，上层建筑对于经济基础的反作用。这不是违反唯物论，正是避免了机械唯物论，坚持了辩证唯物论。”①“两论”的完成，标志着毛泽东哲学思想的成熟。

总之，马克思主义是在救亡与启蒙的中国社会现实需求下引进和传播开的，因而，引进之后，自然就沿着政治与学术两个层面深入发展。正如救亡与启蒙不能截然二分一样，在当时的条件下，学术与政治也就合二为一地缠在一块。为着政治上的救亡，先进的知识分子从一开始便把自己的思想趋向都放到社会主义这个大熔炉里，分享相同的理论预设，如个人自由、民主政治、法治秩序、社会公道等等。以胡适、傅斯年为代表的“自由的社会主义”者主张：“避免‘阶级斗争’的方法，采用三百年来、‘社会化’（Socializing）的倾向，逐渐扩充享受自由、享受幸福的社会。”以张君劢、张东荪为代表的社会民主主义者，所崇拜的圣人即是西欧马克思主义右翼的修正派罗斯和拉斯基。与陈独秀、毛泽东、李大钊为代表的“激进”的社会主义相比较，其区别也仅仅在于处理自由与平等不同的方式、比重，各自师从的思潮流派以及对苏联计划经济的评价等等。因此，五四时期，中国知识分子所信仰的社会主义，也是一个既含糊又分化的东西。但是这种含糊很快在“五四”以后的三次重大论战（关于问题与主义的论战、关于社会主义的论战、关于无政府主义的论战）中得以澄清。接着，通过“科、玄论战”，马克思主义唯物史观得到了广泛的传播，“唯物”一词几成为“科学”的同义词。通过中国社会性质问题的论战和社会史论战，马克思主义唯物史观进一步深入到学术层面，并强有力地推动着中国政治革命的进程。

---

① 毛泽东：《矛盾论》，《毛泽东选集》第1卷，人民出版社1991年版，第326页。

第二节　李大钊对唯物史观的传播

李大钊（1889～1927年），字守常，河北乐亭人。尽管出世即成孤儿，李大钊却少年大志，“自束发受书，即矢志于民族解放之事业”①。1905年入永平府中学，开始接触新学，眼界渐渐开阔。1907年入天津北洋法政专门学校学习，长达6年。这段时间恰是中国社会发生剧烈变化的6年，资产阶级革命的新曲取代维新、改良的旧声，成为社会变革的主旋律。在这个背景下，李大钊一方面如饥似渴地大量阅读各种中外书籍，一方面积极投身于各种进步的社会活动。

1913年冬，李大钊东渡日本，入早稻田大学政治本科学习。居日期间，他大量阅读了关于欧洲社会主义思潮的著作。1916年5月，为反对袁世凯亲日卖国条约，弃学返回上海。1918年任北京大学图书馆主任、教授，并积极投身于如火如荼的新时代、新思潮。可以说，在中国最先举起马克思主义旗帜的是李大钊。1918年7月，他发表了《法俄革命比较观》，同年11月、12月，又连续发表了《庶民的胜利》、《Bolshevism的胜利》。在这三篇文章中，他站在无产阶级立场上，热情讴歌了十月革命，指出：十月革命是社会主义性质的革命，十月革命的胜利是“劳工阶级的胜利”，是“布尔什维克主义的胜利”，布尔什维克主义是“二十世纪世界革命的新信条”，“今后的世界是劳工的世界”。这三篇文章是马克思主义在中国正式传播的重要标志。1919年5月，李大钊将《新青年》第6卷第5号编成“马克思主义研究专号”，刊登《马克思学说》（顾兆熊）、《马克思的唯物史观与贞操问题》（陈启修）、《马克思的唯物史观》（河上肇著，渊泉译）、《马克思奋斗生涯》（渊泉）、《马克思传略》（刘秉麟）和由李大钊自己撰写的《我的马克思主义观》。李大钊的这篇文章虽然其中第二至第六部分（关于唯物史观的论述）大都取材于河

---

① 李大钊：《狱中自述》，《李大钊文集》下卷，人民出版社1984年版，第893页。

上肇的《马克思社会主义之理论的体系》，但该文在中国却算是比较全面地介绍马克思主义学说的第一篇文章。

1919年2月，李大钊参与《晨报》副刊编辑工作，并进行马克思主义宣传。同年5月5日系马克思诞辰101周年，副刊开辟了《马克思研究专栏》，发表了《马克思的唯物史观》（河上肇作，渊泉译）。译文刊发后，为当时的报刊杂志广为转载。是年，该专栏连续刊载了《劳动与资本》、《马克思唯物史观概要》、《马氏资本论释义》（即考茨基的《马克思的经济学说》，渊泉译）等著作。在李大钊的帮助下，《晨报》副刊成了1919年传播马克思主义的一个重要阵地。1920年3月，李大钊在北京大学秘密发起成立“马克思学说研究会”，同年9月发起成立北京共产主义小组，进行马克思主义的研究与宣传，形成“南陈北李”局面。

李大钊最突出的贡献是对马克思主义唯物史观的宣传。《我的马克思主义观》表明他已大体掌握了唯物史观的基本原理，之后，他相继发表《物质变动与道德变动》、《由经济上解释中国近代思想变动的原因》等文章，以唯物史观为武器，批判封建复古主张。1920年10月，李大钊在北京大学开设唯物史观课，在我国首创利用大学讲坛宣传马克思主义。以后又在北京大学及北京女子高等师范学校、北京师范大学等校讲授史学思想史、史学概论、社会主义与社会运动、现代政治等课程。1924年5月商务印书馆出版的《史学要论》，是他多年史学研究的结晶，是他众多的学术著作中更为成熟的精品。《史学要论》是历史科学的概论。它对历史研究的对象、任务、方法、目的和历史学的体系、历史学与其他科学的关系等重大史学理论问题作了简明扼要的阐述，贯穿《史学要论》的基本思想则是唯物史观。李大钊对唯物史观的宣传体现在以下六个方面：

1. 唯物史观的意义。李大钊认为：马克思主义学说是由唯物史观、政治经济学、科学社会主义三部分组成的有机的、不可分割的体系，而唯物史观则是整个体系的理论基础。他说：

（马克思）根据他的史观，确定社会组织是由如何的根本原因变化而来的；然后根据这个确定的原理，以观察现代的经济状态，就把资本主义的经济组织，为分析的、解剖的研究，预言现在资本主义的组织不久必移入社会主义的组织，是必然的命运，然后更根据这个预见，断定实现社会主义的手段、方法仍在最后的阶级竞争。①

接着，他又指出，马克思的经济学说与唯物史观也是密切相关的。马克思的《资本论》"彻头彻尾以他那特有的历史观作基础"，离开了唯物史观就没有《资本论》，也不能理解《资本论》。他强调只有以唯物史观为指导，才能科学地解释历史。他说：

从来的史学家，欲单从社会的上层说明社会的变革（历史），而不顾社会的基址；那样的方法，不能真正理解历史。社会上层，全随经济的基础的变动而变动，故历史非从经济关系上说明不可。②

马克思所以主张以经济为中心考察社会变革的原故，因为经济关系能如自然科学发现因果律。这样子遂把历史学提到科学的地位。③

李大钊认为，无论何人，不管主观上是否意识到，都有一个历史观存在，问题不在于有没有一个历史观，而在于是否自觉地运用历史观作指导，在于用哪一种历史观作指导。他说：

史实纷纭，浩如烟海，倘治史实者不有一个合理的历史观供其依据，那真是一部十七史，将从何处说起？必且治丝益棼，茫无头绪。……夫历史观乃解析史实的公分母，其于认事实的价

① 《李大钊文集》下卷，人民出版社1984年版，第50页。
② 《李大钊文集》下卷，人民出版社1984年版，第715页。
③ 《李大钊文集》下卷，人民出版社1984年版，第716页。

值，寻绎其相互连锁的关系，施行大量的综合，实为必要的主观的要因。①

李大钊还从哲学与史学的相互关系上论说了哲学对史学研究的指导作用。他指出，哲学要亘人生界、自然界、宇宙一切现象为统一的考察。哲学研究世界发展的一般法则，是认识世界的理论与方法，哲学为特殊科学提供一般的世界观和方法论。哲学也适用于历史研究。李大钊一再说：

史学家的历史观，每渊于哲学。……史学研究法与一般理论学或知识哲学，有密切关系。②

他认为，治史学的人，临事遇物，常好迟疑审顾，且往往为琐屑末节所拘，不能观其远大者。有了哲学指导，就可避免史学研究中发生此类"弊害"。此外，史学的研究反过来又可以为哲学的丰富发展提供营养。"史的研究的发达进步，亦有给新观察法、思考法于哲学的思索而助其进步的地方。"

李大钊还倡导运用唯物史观改作中国旧的历史，进行史学革命。他认为：

实在的事实是一成不变的，而历史事实的知识则是随时变动的。……历史观是随时变化的，是生动无已的，是含有进步性的。同一史实，一人的解释与他人的解释不同，一时代的解释与他时代的解释不同，甚至同一人也，对于同一史实的解释，昨日的见解与今日的见解不同。此无他，事实是死的，一成不变的，而解释是活的，与时俱进的。③

---

① 《李大钊文集》下卷，人民出版社 1984 年版，第 752 页。

② 《李大钊文集》下卷，人民出版社 1984 年版，第 642 页，

③ 《李大钊文集》下卷，人民出版社 1984 年版，第 266～267 页。

一切的历史，不但不怕随时改作，并且都要随时改作，改作的历史，比以前的必较近真。①

根据新史观、新史料，把旧历史一一改作，是现代史学者的责任。②

可见，李大钊在我国史学界率先树起了以新的唯物史观为武器进行无产阶级史学革命的大旗。

2. 唯物史观的两大要点。根据马克思的思想以及日本人河上肇对唯物史观的理解，李大钊把唯物史观概括为两大要点：

其一是说人类社会生产关系的总和，构成社会经济的结构。这是一切社会的基础构造。一切社会上政治的、法制的、伦理的、哲学的，简单的说，凡是精神上的构造，都是随着经济的构造变化而变化。③

其二是说生产力与社会组织有密切的关系。生产力一有变动，社会组织必须随着他变动。④

马克思则以“物质的生产力”为最高动因：由家庭经济变为资本家的经济，由小产业制变为工场组织制，就是由生产力的变动而决定的。⑤

但是，是否可以主观随意地离开生产力发展水平去改变社会组织，进行社会革命呢？李大钊认为是不行的。他说：

这个生产力，非到在他所活动的社会组织里，发展到无可再

① 《李大钊文集》下卷，人民出版社 1984 年版，，第 719 页，
② 《李大钊文集》下卷，人民出版社 1984 年版，第 268 页。
③ 《李大钊文集》下卷，人民出版社 1984 年版，第 59 页。
④ 《李大钊文集》下卷，人民出版社 1984 年版，第 60 页。
⑤ 《李大钊文集》下卷，人民出版社 1984 年版，第 53 页。

容的程度，那社会组织是万万不能打破。而这在旧社会组织内，长成他那生存条件的社会组织，非到自然脱离母胎，有了独立生命的运命，也是万万不能发生，恰如孵卵的情形一样，人为的助长，打破卵壳的行动，是万万无效的，是万万不可能的。①

李大钊还自觉地运用唯物史观进行理论和实践建树。他是我国运用唯物史观批判封建复古思潮的第一人。在《物质变动与道德变动》一文中，李大钊以大量的事实论证了宗教、哲学、风俗、习惯、道德、政策、主义等都是由社会经济基础决定的，都是随经济基础的变化而变化的。

道德既是社会的本能，那就适应生活的变动，随着社会的需要，因时因地而有变动，一代圣贤的经训格言，断断不是万世不变的法则。什么圣道，什么王法，什么纲常，什么名教，都可以随着生活的变动、社会的要求，而有所变革，且是必然的变革……新道德既是随着生活的状态和社会的需求发生的，就是随着物质的变动而变动的，那么物质若是开新，道德亦必跟着开新，物质若是复旧，道德亦必跟着复旧。因为物质与精神原是一体，断无自相矛盾、自相背驰的道理。可是宇宙进化的大路，只是一个健行不息的长流，只有前进，没有反顾；只有开新，没有复旧；有时旧的毁灭，新的再兴。这只是重生，只是再造，也断断不能说是复旧。物质上、道德上，均没有复旧的道理！②

李大钊从经济上解释中国近代思想变迁的原因，他指出：孔子的学说之所以能支配中国人两千余年，其原因不在于他的学说本身有绝大的权威，是永久不变的真理，而在于他适应了中国两千年来未曾变动的农业经济组织，适应了大家族制度。到了近代，西方列强侵入

① 《李大钊文集》下卷，人民出版社 1984 年版，第 60 页。

② 《李大钊文集》下卷，人民出版社 1984 年版，第 151～152 页，

后，中国社会经济发生了变动，所以孔子的学说就根本动摇了，不能适应中国现代社会生活了。他进而指出，中国近代经济的变动产生劳工阶级，促进了劳工阶级的自觉，产生了"劳工神圣"的新伦理。"中国的劳工运动，也是打破孔子阶级主义的运动。"李大钊的这些言论，渗透了唯物史观的基本思想，给封建复古思潮以沉重的打击。

3. 关于阶级斗争学说。李大钊十分重视阶级斗争学说。他认为，社会组织的改造必须通过阶级斗争，社会主义的实现除了诉诸最后的阶级斗争，没有第二个再好的方法。他指出："阶级斗争恰如一条金线"，把马克思主义的三个主要组成部分"从根本上联络起来"①，他正确地解释了阶级斗争对历史发展的推动作用。他说：

> 社会组织固然可以说是随着生产力的变动而变动，但是社会组织的改造，必须假手于其社会内的多数人。而为改造运动的基础势力，又必发源于在现在的社会组织下立于不利地位的阶级。那些属于有利地位的阶级，除去少数有志的人外，必都反对改造。②

当时有人把唯物史观与阶级斗争学说对立起来，他们说，唯物史观一方面确认历史的原动力为生产力，一方面又说从来的历史都是阶级斗争的历史，两者似乎自相矛盾。李大钊认为并不矛盾，这是因为：

> 自从土地共有制崩坏以来，经济构造都建立在阶级对立之上，生产力一有变动，这社会关系也跟着变动。可是社会关系的变动，就有赖于当时在经济上占不利地位的阶级的活动。③

① 《李大钊文集》下卷，人民出版社1984年版，第50页，
② 《李大钊文集》下卷，人民出版社1984年版，第17页，
③ 《李大钊文集》下卷，人民出版社1984年版，第63～64页。

李大钊介绍了马克思主义关于阶级的产生、消灭的理论。他指出，马克思并不认为阶级斗争是从来就有的，阶级斗争是土地公有制崩坏以后才产生的，阶级斗争背后深藏着复杂的经济原因。李大钊进而指出应通过阶级斗争来消灭阶级。他说：

> 到了生产力非常发展的时候，与现存的社会组织不相应，最后的阶级争斗，就成了改造社会、消泯阶级的最后手段。①

应该指出的是：在《我的马克思主义观》一文中，李大钊虽然基本上由达尔文的进化论转到马克思的阶级论，但进化论的残余依然可见。李大钊还受到克鲁泡特金的互助论影响，把互助、协和与友谊看做人类社会的普遍法则，并用抽象的人道主义来看待社会主义。他认为，阶级斗争只能解决经济问题，物的改造问题，不能解决精神改造问题，心的改造问题；精神的改造须靠人道主义，靠宣传“互助”、“博爱”的道理。互助论曾在一段时间里妨碍着李大钊对无产阶级专政学说的接受。1920 年秋以后，李大钊逐渐克服了互助论的影响，主张实行平民专政。

4. 历史作螺旋状的前进运动。1920 年，李大钊撰写了《今与古》一文，盛赞进步的历史观，反对循环的、退落的历史观；盛赞崇今派，反对怀古派。他有意识地介绍法国政治学者兼历史学家鲍丹(1530～1596 年）关于人类“不但不是永远退落的，而且在震动不已的循环中，渐渐的升高。这就是螺旋状的进步”的思想。② 1923 年，他又撰写了《时》一文，认为，时间与空间不同，在空间上是可以往返的，时间则是有进无退的。

> 时是无始无终的大自然，时是无疆无垠的大实在。……至于时间，则今日之日，不可延留，昨日之日，不能呼返。……时的

① 《李大钊文集》下卷，人民出版社 1984 年版，第 17 页。

② 《李大钊文集》下卷，人民出版社 1984 年版，第 271 页，

途程中，只有行动，只有作为，只有迈往，只有努进。……时是有进无退的，时是一往不返的，循环云者，退落云者，绝非时的本相。即让一步，承认时的进路是循环的，这个循环亦是顺进的，不是逆退的，只是螺旋的进步，不是反复的停滞。①

根据历史作螺旋状的前进运动之理论，李大钊大力宣扬乐天努进的世界观和人生观。他说：

历史的进路，纵然有时一盛一衰的作螺旋状的运动，但此亦是循环着前进的、上升的，不是循环着停滞的，亦不是循环着逆返的、退落的，这样子给我们以一个进步的世界观。我们既认定世界是进步的。我们在此进步的世界中、历史中，即不应该悲观，不应该拜古，只应该欢天喜地的在这只容一趟过的大路上向前行走，前途有我们的光明，将来有我们的黄金世界。这是现代史学给我们的乐天努进的人生观。②

李大钊将“进化”与“革命”联系起来考察社会、历史，由此赋予“进化”一词以新的含义。他强调“革命”在历史进程中的作用，强调“革命乃是我们更大的前程”，认为“自由的花是经过革命的血染，才能发生的”。这与其早期和中期的“调和”、“互助”论已有很大区别。

5. 人民群众是历史的创造者。首先，李大钊在史学教学与研究中对“英雄史观”提出了质疑批评，并进而探讨“谁创造了历史”这一重大课题。在《唯物史观在现代史学上的价值》、《史学要论》等著作中，对康德、黑格尔等西方哲学家及中国古代的“英雄史观”论者进行了详细的分析和批判。指出：

---

① 《李大钊文集》下卷，人民出版社1984年版，第665～669页。

② 《李大钊文集》下卷，人民出版社1984年版，第763～764页。

中国自古昔圣哲，即习为托古之说，以自矜重：孔孟之徒，言必称尧舜；老庄之徒，言必称黄帝；墨翟之徒，言必称大禹；许行之徒，言必称神农。此风既倡，后世逸高歌，诗人梦想，大抵慨念黄、农、虞、夏、无怀、葛天的黄金时代……而中国哲学家的历史观，遂全为循环的、伟人的历史观所结晶。①

他尖锐地指出，英雄史观、退落史观、神权史观对人类精神的影响是极其恶劣的，它们把人民大众全弄到麻木不仁的状态：

既已认定自己境遇的困苦，都是天命所确定的，都是超越自己所能辖治的范围以外的势力所左右的，那么以自己的势力企图自救，便是至极愚妄的事，只有出于忍受的一途，对于现存的秩序，不发生疑问，设若发生疑问，不但丧失了他现在的平安，并且丧失了他将来的快乐。他不但要服从，还要祈祷，还要在杀他的人手上接吻。这个样子，那些永居高位握有权势的人，才能平平安安地常享特殊的权利，并且有增加这些权利的机会，而一般人民，将永沉在物质道德的卑屈地位。②

李大钊因此反复强调人民群众是创造历史的真正动力，并一再告诫人们：

我们要晓得一切过去的历史，都要靠我们本身具有的人力创造出来的，不是哪个伟人圣人给我们造的，亦不是上帝赐予我们。将来的历史，亦还是如此。现在已是我们世界的平民的时代了，我们应该自觉我们的势力，赶快联合起来，应我们生活上的需要，创造一种世界的平民的新历史。③

---

① 《李大钊文集》下卷，人民出版社 1984 年版，第 363 页。

② 《李大钊文集》下卷，人民出版社 1984 年版，第 363 页。

③ 《李大钊文集》下卷，人民出版社 1984 年版，第 365 页。

我们应该告诉他们，只有工农民众自己团结起来，才是他们得到生活安定的唯一出路。①

不过，李大钊在批判“英雄史观”的同时，并不否认杰出人物的作用。他说：

我们固然不迷信英雄、伟人、圣人、王者，说历史是他们创造的，寻历史变动的原因于一二个人的生活经历，说他们的思想与事业有旋转乾坤的伟力；但我们亦要就一二个人的言行经历，考察那时造成他们的思想或事业的社会的背景。②

吾人浏览史乘，读到英雄豪杰为国家为民族舍身效命以为牺牲的地方，亦能认识出来这一班所谓英雄所谓豪杰的人物，并非与常人有何殊异，只是他们感觉到这社会的要求敏锐些，想要满足这社会的要求的情绪热烈些，所以挺身而起为社会献身，在历史上留下可歌可哭的悲剧、壮剧。③

6. 历史观与人生观。李大钊认为人生观与历史观有着十分密切的关系，欲得一正确的人生观，必先得一正确的历史观。他多次指出，马克思给了我们一种历史观，同时也给了我们一个乐天努进的人生观。在论及史学对人生的影响时，李大钊指出，“史学能陶炼吾人于科学的态度”。就此，他解释说：

所谓科学的态度，有二要点：一为尊疑，一为重据。史学家即以此二者为可宝贵的信条。凡遇一种材料，必要怀疑他，批评他，选择他，找他的确实证据；有了确实的证据，然后对于此等事实方能置信；根据这确有证据的事实所编成的记录，所说明的

① 《李大钊文集》下卷，人民出版社 1984 年版，第 874 页。

② 《李大钊文集》下卷，人民出版社 1984 年版，第 723 页。

③ 《李大钊文集》下卷，人民出版社 1984 年版，第 764 ~ 765 页。

理法，才算比较的近于真理，比较的可信。凡学都所以求真，而历史就为然。这种求真的态度，熏陶渐渍，深入人的心性，则可造成一种认真的习性，凡事都要脚踏实地去作，不驰于空想，不骛于虚声，而惟以求真的态度作踏实的功夫。以此态度求学，则真理可明，以此态度作事，则功业可就。史学的影响于人生态度，其力有若此者。①

无限的未来世界，只有在过去的崇楼顶上，才能看得清楚；无限的过去的崇楼，只有老成练达踏实奋进的健足，才能登得上去。一切过去，都是供我们利用的材料。我们的将来，是我们凭过去的材料、现在的劳作创造出来的。这是现代史学给我们的科学态度。这种科学的态度，造成我们脚踏实地的人生观。②

总之，李大钊是马克思主义在中国的第一传人，在他的影响下，许多青年走上了马克思主义道路，其马克思主义理论水准在当时可谓最高。《近五十年中国思想史》曾指出："李先生是研究历史最有成绩的人，也是唯物史观最彻底最先倡导的人；今日中国辩证法，唯物论，唯物史观的思想这样澎湃，可说都是先生立其基，导其先河；先生可为先知先觉，其思想之影响及重要可以知矣。""总之，李先生是近五十年中国思想史上第一流的思想家。他的思想之深切，一贯，远非他人所比及。一方面破坏旧思想，一方面建设有体系的新思想……先生虽然早死，而先生之学说思想日益发展而广大。"③ 核诸史实，可谓信然。

第三节　李达的唯物史观及其《社会学大纲》

李达（1890~1966年），字永锡，号鹤鸣，湖南零陵人。李达生

① 《李大钊文集》下卷，人民出版社1984年版，第761~762页。

② 《李大钊文集》下卷，人民出版社1984年版，第763页。

③ 郭湛波：《近五十年中国思想史》，北平人文书店1936年版，第151页，第162~163页。

当内忧外侮之世、艰难困苦之时，自幼发奋学习，立志救国，报效乡邦。1905年李达入永州中学就读，1909年考入京师优级师范。1913年考上留日公费生，留学东京第一高等师范理科专业，抱有“实业救国”之理念。但袁世凯的卖国行径与日本提出的“二十一条”，给他以巨大的刺激与震撼，认为此时此境欲求“实业救国”实是一厢情愿。

1917年俄国十月革命的胜利和1918年反对“中日共同防敌协定”的抗议活动的失败，成了李达思想认识发生质变的关键。如果说前者使他看到了振兴祖国的目标和途径的话，那么后者则进一步坚定了他走上马克思主义道路的信念。李达在总结这次抗议斗争失败的教训时说：“这次挫折，使我们深切地觉悟到，要救国，单靠游行请愿是没有用的，在反动统治下，‘实业救国’的道路也只是一种行不通的幻想。只有由人民起来推翻反动政府，像俄国那样走革命的道路。要走这条道路，就要加紧学习马克思列宁主义的理论，学习俄国人的革命经验。”① 从此，他放弃理科专业，专攻马克思主义，并于1918年6月再赴日本，全力钻研马克思列宁主义。在不到两年时间里，他刻苦攻读了《共产党宣言》、《资本论》第1卷、《政治经济学批判》、《国家与革命》等马列著作及相关期刊；翻译了《唯物史观解说》、《社会问题总览》、《马克思经济学说》，并相继在国内出版，比较系统地介绍了马克思主义的三个组成部分。

五四运动爆发后，他及时在国内报刊上发表了《什么叫社会主义》、《社会主义的目的》和《陈独秀与新思想》三篇文章，比较准确地宣传了科学社会主义的基本思想，并提出用社会主义新思想改造中国社会的主张。

1920年夏，李达回国，与陈独秀等共同发起组织中国共产党，积极筹备中共一大。同时，他主编《共产党》月刊，主持创建于1921年9月的人民出版社，发表和出版了一系列宣传马克思主义的文章和图书。建党前后，他还发表了《社会革命的商榷》、《讨论社

① 《李达文集》第4卷，人民出版社1988年版，第373～374页。

会主义并致梁任公》、《马克思还原》、《马克思派社会主义》等一系列文章，结合国内外实际宣传马克思主义，阐述了无产阶级的社会革命论，批判了各种反马克思主义的思潮。在中共一大和二大上，李达分别当选为中央宣传部主任和中央委员。

1922 年 7 月，李达应毛泽东之邀前往湖南担任湖南自修大学校长，讲授唯物史观、剩余价值学说，并主编《新时代》杂志。在《新时代》上，他相继发表了《马克思学说与中国》、《何谓帝国主义》等重要文章，用唯物史观分析了半封建半殖民地的中国经济、政治特点，阐述了建立革命统一战线的理论依据。1926 年 6 月，李达出版宣传唯物史观的代表作《现代社会学》，在序言中，李达指出：

> 社会学者，社会科学之一，其研究之目的，在探求社会进化之原理；其研究之方法，在追溯过去，以说明现在，更由现在预测将来。①

他认为：社会科学的真理是有阶级性的，社会学是有阶级性的，现代的许多社会学“趋于空化灵化而愈无补于国计民生”。他说：

> 马克思固未尝著述社会学，亦未尝以社会学者自称，然其所创之唯物史观学说，其在社会学上之价值，实可谓空前绝后。彼不仅发现社会组织之核心，且能明示社会进化之方向，提供社会改造之方针，其贡献之功实有不可磨灭者。

李达撰写《现代社会学》之旨在于宣传唯物史观，为国人提供认识社会、改造社会之思想武器。《现代社会学》一书是“用唯物史观改造社会科学之一尝试”，“学者苟循此以求之必了然于国计民生之根

① 《李达文集》第 1 卷，人民出版社 1980 年版，第 236 页。

本，洞悉其症结之所在，更进而改造之不难也”①。该书共 18 章约 17 万字。除第一章“社会学之性质”是概论外，全书可分为三部分：一是主要论述关于生产力和生产关系、经济基础和上层建筑的一般关系原理（第二章至第五章）；二是分别论述“家族”、“氏族”、“国家”、“社会意识”、“社会之变革”、“社会之进化”和“社会阶级”等问题（第六章至第十二章）；三是主要阐述科学社会主义之一般原理（第十三章至第十八章）。该书关于唯物史观的主要思想有：

1. 关于生产力和生产关系、经济基础和上层建筑的理论。这是马克思主义唯物史观的核心和基础，它揭示了社会的本质和构造、社会发展的动力、社会由低级向高级发展的规律。在论述社会本质问题时，他指出：

> 社会非由契约而成，非由心性相感作用而起，亦非如有机体之受自然法则所支配，乃由加入生产关系中之各个人结合而成。②

接着，李达论述了经济基础与上层建筑的作用与反作用关系，尤其指出了生产关系不适应于生产力发展的两种情况：生产关系落后于生产力，生产关系超过了现实的生产力。他说：

> 假如一定社会组织内之生产力尚有发展之余地，而人类必欲以一己意志企图颠覆，则生产力不但不能增进，反有衰减之虞。盖生产力之继续发展为社会进步之主要条件，苟时机未至，遽欲谋社会组织之改造，适足以促该社会之退步。……苟时机未至，而遽欲强制的实行共产主义，则生产力必骤见衰减。③

---

① 《李达文集》第 1 卷，人民出版社 1980 年版，第 237 页。

② 《李达文集》第 1 卷，人民出版社 1980 年版，第 241 页。

③ 《李达文集》第 1 卷，人民出版社 1980 年版，第 282～284 页。

李达反复论说了生产力对社会发展所起的最终决定作用。他认为：社会物质现象和精神现象的进步和发展，“推厥根由，实生产力发达所致”。他说：

> 社会进化之原动力实为生产力，生产力继续发达，则经济组织继续进化，政治法制及其他意识形态亦随而继续进化，此社会进化之原理也。①

2. 关于阶级、国家、社会意识和社会革命的理论。关于社会意识，李达首先把它界定为“各个人为谋取生活资料不能不共同服从其支配之意识也”，这无疑是指占统治地位的意识形态。接着，李达指出，社会意识有“统御各个人之拘束力”的作用。他将这种拘束力分为“内的拘束力”和“外的拘束力”两种：

> 内的拘束力，能使个人之个性潜移默化，于不知不觉之中听命于社会意识。外的拘束力即社会的及法律的制裁，能强制各个人牺牲其个性，不得已而听命于社会意识。②

他认为，社会意识一旦形成，不易消灭，会变成一种传统的习惯力量。

关于社会革命，李达指出：“革命为进化之母，社会无革命，则社会无进化，此历史之公例也。”社会革命之实现，“有缓进与急进、平和与激烈之别”。他认为社会革命有客观物质条件与主观条件：

> 社会组织之变革，一方面受物质条件所拘束，一方面又必待各个人有意识的行动始能实现，故物质的条件与个人之努力，二者皆社会变革之要件也。

---

① 《李达文集》第1卷，人民出版社1980年版，第243页。
② 《李达文集》第1卷，人民出版社1980年版，第289~290页。

方物质条件之未备也，个人无论如何努力，人群无论如何运动，社会之变革终不可期也；物质条件既备矣，个人或人群苟不努力以促成之，社会之变革亦不容易实现也。①

李达还根据普列汉诺夫《论个人在历史上的作用问题》的思想分析了个人在历史上的作用。他指出：

个人能创造社会之历史，然不能任意创造之，必依据社会历史进行之途径，应时势之要求而创造之。……伟人之所以异于常人者，以能知其大，能见其远，能解决前代社会所提供于当代之科学的问题，能发见由前代社会关系之发达所造出之社会的要求，能更进而鼓其特殊之智力精神，率先担当解决此问题满足此要求之大任耳。②

《现代社会学》出版后，广受欢迎，自1926年到1933年的7年中，共印行了14版，足见该书之巨大的社会价值，也反映出唯物史观传播之广泛。

1928年至1930年，李达以极大的精力从事理论撰写与翻译工作。1929年出版了《中国产业革命概观》、《社会之基础知识》、《民族问题》三部专著。《中国产业革命概观》根据大量统计资料分析，认为中国是一个半殖民地半封建的社会，中国革命的性质是资产阶级民主革命。由此他论述了中国革命的对象、动力和发展中国产业等问题。《社会之基础知识》由"社会进化之原理"、"现代社会之解剖"、"社会问题"、"世界之将来"五篇构成。受布哈林《历史唯物主义理论》一书的启发，李达以系统的观点考察社会，把社会视作一个系统，认为社会系统中含有物的系统、人的系统和观念的系统，这三个系统相互影响，物的系统是基础。

---

① 《李达文集》第1卷，人民出版社1980年版，第285页。
② 《李达文集》第1卷，人民出版社1980年版，第285页。

1928年至1930年，李达翻译出版了马克思的《政治经济学批判》、穗积重远的《法理学大纲》、塔尔海玛的《现代世界观》、杉山荣的《社会科学概论》（与钱铁如合译）、河上肇的《马克思主义经济学基础理论》（与王静、张粟原、钱铁如、熊得山、宁敦五合译）、卢波尔的《理论与实践的社会科学根本问题》等。这些工作奠定了李达丰厚的马克思主义理论基础，可以说，在30年代众多的马克思主义哲学工作者中，李达的理论水平最高，取得的成绩最大。其代表作《社会学大纲》1937年5月由上海笔耕堂书店公开出版。这是中国人自己写的第一部马克思主义的哲学教科书，是李达研究马克思主义哲学的集中成果。李达所讲的"社会学"是"研讨世界社会的一般及特殊发展法则的"，实际上就是论述辩证唯物主义和历史唯物主义。《社会学大纲》分5篇12章，计40多万字。其中第1篇为辩证唯物主义部分，分别阐述了"当作人类认识史的综合看的唯物辩证法"、"当作哲学的科学看的唯物辩证法"、"唯物辩证法的诸法则"、"当作认识论和论理学看的唯物辩证法"。第2篇至第5篇，分别阐述了"当作科学看的历史唯物论"、"社会的经济结构"、"社会的政治结构"、"社会的意识形态"。

1. 关于马克思唯物辩证法的来源及实践的唯物论。李达指出，唯物辩证法的哲学的直接先导是黑格尔的观念辩证法与费尔巴哈的唯物论，但并不是二者的原形，而是有质的变革。正是这种质的变革，才使唯物辩证法具有旺盛的生命力。

> 唯物辩证法，是唯一的科学的世界观。这个世界观，是摄取了人类认识的全部历史的成果而积极的创造出来的东西。所以我们在研究唯物辩证法的一般原理之时，必须站在历史主义的立场，说明唯物辩证法的孕育、诞生及其发展的过程，指出这个哲学实是人类认识史的总计、总和与结论。①

① 《李达文集》第2卷，人民出版社1982年版，第10页。

2. 关于唯物辩证法的规律与范畴的论述。李达较系统地考察了唯物辩证的诸法则，其中讲到对立统一、质量互变、否定之否定以及本质与现象、内容与形式、根据与条件、必然性与偶然性、法则与因果性、可能性与现实性等规律和范畴。他认为，马克思主义辩证法不仅有深厚的科学基础，而且具有严密的体系。他依据列宁关于对立统一规律是辩证法的核心和实质的思想，指出辩证法的许多规律中，对立统一规律、质量互变规律和否定之否定规律是三个根本规律。其中对立统一规律是最根本的规律，是辩证法的核心，其他两规律则是对立统一规律的不同的显现形态。李达关于唯物辩证法诸规律与范畴的论述是三四十年代理论界公认富有特色、系统而深刻的。关于对立统一法则，李达指出：

> 对立统一的法则，是在自然、社会及思维的过程中认识其互相排斥、互相否定的矛盾与对立的诸倾向及其由一种形态转变为他种形态的法则。
>
> 对立统一的法则，是辩证法的根本法则，是它的核心。这个根本法则，包摄着辩证法的其余的法则——由质到量及量到质的转变法则、否定之否定的法则、因果性的法则、形式与内容的法则等。这个根本法则，是理解其他一切法则的关键。①
>
> 统一物之被分解为对立物以及充满着矛盾的构成分之认识——这是辩证法的精髓。②
>
> 对立物的同一性、对立物的互相渗透、对立物的转变之理解，是理解辩证法的核心的最根本条件。③

李达把矛盾分为拮抗性的矛盾和不带拮抗性的矛盾两种。他认为：

---

① 《李达文集》第2卷，人民出版社1982年版，第131～132页。

② 《李达文集》第2卷，人民出版社1982年版，第125页。

③ 《李达文集》第2卷，人民出版社1982年版，第128页。

> 在辩证法的解释上，一切拮抗（或敌对）都是矛盾的发展阶段，而一切矛盾，不必都发展到拮抗的阶段。①

此外，李达关于质量互变法则中的“部分质变”的思想，关于否定之否定法则中五个核心命题的归纳都富有创见。

3. 关于唯物辩证法的认识论。李达详细论述了辩证法、论理学与认识论三者同一性的问题。唯物辩证法的研究对象，是外界（自然与社会）与思维的发展的一般规律，而思维发展的一般规律是外界发展的一般规律的反映。两者虽然表现形式不同，但在内容上、本质上是同一的。辩证法是从认识的历史的见地考察外界发展规律及为其反映的思维发展规律之同一内容与相互关联。认识论研究认识的发展过程及认识的发展规律，认识的发展法则是外界发展规律的反映，所以认识论也包括着外界发展规律的研究，也同样从认识的历史的见地，研究外界与思维的发展规律之同一内容及其相互关联。认识的发展规律，亦即思维发展规律。研究思维发展的一般规律的科学是论理学，论理学也是根据认识的历史去考察思维发展的一般规律及其与外界发展规律的相互关系的。所以，辩证法、论理学、认识论在研究对象和研究方法上是同一的。李达还分析了认识的过程，他把认识过程概括为“实践——→直接的具体——→抽象的思维——→媒介的具体——→实践”。李达明确强调了认识过程中实践的作用，他说：

> 人类的认识，是一个过程，并且是一个辩证法的过程。认识的过程，由实践出发，而复归于实践，其中包括着由物质到感觉及由感觉到思维的认识的发展过程。②
>
> 认识是实践的契机，实践是认识的基础。③

① 《李达文集》第2卷，人民出版社1982年版，第130页。
② 《李达文集》第2卷，人民出版社1982年版，第209页。
③ 《李达文集》第2卷，人民出版社1982年版，第246页。

他认为，正是因为马克思把实践导入唯物论，才使从来的哲学内容起了本质的变革。因此，他把马克思主义哲学称之为“实践的唯物论”。

4. 关于唯物史观。李大钊曾指出：马克思主义学说是由唯物史观、政治经济学、科学社会主义三部分所组成的有机的、不可分割的体系；而唯物史观则是整个体系的理论基础。李达也十分重视唯物史观，其《社会学大纲》用了很大的篇幅来论述历史唯物论的基本原理，为唯物史观在中国的应用和发展作出了卓越的贡献。著名史学家吕振羽称他是“我国有系统地传播唯物史观的第一人”。李达首先指出，辩证唯物论与历史唯物论是统一的。历史唯物论如果没有辩证唯物论，它本身就不能成立；辩证唯物论如果没有历史唯物论，也不能成为统一的世界观。他把历史唯物论的对象规定为：“在最一般的大纲上说明人类社会之历史的客观发展过程及其发展法则，阐明各种社会构成形态的特殊发展法则及由一种构成形态到他种高级构成形态的特殊转变法则。”① 他认为，历史唯物论是社会发展的理论，是社会的研究方法，是社会实践的指南针。其次，李达系统论述了社会存在与社会意识、生产力与生产关系、经济基础与上层建筑、阶级、国家、社会意识形态等历史唯物主义的基本原理；既注重阐明社会发展的一般规律，又注重阐明各种社会形态的特殊规律以及由一种社会形态到他种社会形态转变的规律。最后，李达特别强调了技术与科学在生产力发展过程中的作用。他指出，技术对于社会生产力的作用由五种复杂的情况决定，即：第一，劳动者熟练之平均程度；第二，科学及其技术应用之发达程度；第三，生产过程之社会的组织；第四，生产手段之规模与作用能力；第五，自然条件所决定。由此，他得出结论：“技术是社会生产力的一个动因。”②

李达的《社会学大纲》代表了二三十年代中国的马克思主义的最高水平，自出版发行后，即引起了社会的极大重视和巨大反响，并

① 《李达文集》第2卷，人民出版社1982年版，第298页。

② 《李达文集》第2卷，人民出版社1982年版，第369页，

曾一版再版。毛泽东在延安认真阅读了多遍，认为是一本非常难得的好书，是中国人自己写的第一本马列主义哲学教科书。无疑，李达及其《社会学大纲》在中国现代哲学史上占有十分重要的地位。但仍需指出的是，由于历史的局限，《社会学大纲》也存在明显的不足：一是把形式逻辑等同于形而上学，因而全盘否定形式逻辑的作用；二是没有解决马克思主义哲学与中国革命具体实践相结合的问题；三是学术上的创新不够，还局限在介绍、解释的范围。

附　录　中国近代学术史年表

1840 年　庚子　清道光二十年

6 月，英军封锁广州，鸦片战争开始。

是年，林则徐辑译英人慕瑞《世界地理大全》为《四洲志》。

魏源《诗古微》20 卷定稿。

宋翔凤成《论语说义》、《孟子赵注补正》。

1841 年　辛丑　清道光二十一年

魏源著《圣武记》、《英吉利小记》。

龚自珍卒（1792～1841 年），有《龚自珍全集》遗世。

1842 年　壬寅　清道光二十二年

8 月，中英《南京条约》(《江宁条约》) 签订。

10 月，魏源完成《海国图志》50 卷，1852 年增补成 100 卷。

1843 年　癸卯　清道光二十三年

《大清一统志》重修完成。

学者严可均卒（1762～1843 年）。著有《说文长编》、《说文校义》等，辑有《全上古三代周秦汉魏两晋南北朝文》等。

1844 年　甲辰　清道光二十四年

12 月，清廷下诏弛天主教之禁。

是年，梁廷枏在广东刊行《耶苏难入中国说》、《合省国说》、《粤道贡国说》，后与 1846 年所作的《兰伦偶说》合刊为《海国四说》。

政论家汤鹏卒（1801～1844 年），著有《浮邱子》。

1845 年　乙巳　清道光二十五年

姚莹撰《康辅纪行》。

唐鉴《清学案小识》成书。

1847 年　丁未　清道光二十七年

1 月，容闳等首赴美国留学。

1848 年　戊申　清道光二十八年

10 月，徐继畬《瀛环志略》成书。

1849 年　己酉　清道光二十九年

葡萄牙澳门总督宣布澳门为自由埠，强占澳门。

罗泽南著《西铭讲义》。

1850 年　庚戌　清道光三十年

7 月，教士郭士立等改正之汉译《新约圣经》出版。

8 月，英人在上海创《北华捷报》，1864 年改为《字林西报》。

1851 年　辛亥　清咸丰元年

1 月，洪秀全在广西桂平金田村起义，建号太平天国。

是年，张鹏飞撰《皇朝经世文补编》刊行。

学者方东树卒（1772～1851 年），有《汉学商兑》等。

1852 年　壬子　清咸丰二年

郭嵩焘撰《礼记质疑》。

魏源著《禹贡说》。

1853 年　癸丑　清咸丰三年

魏源著成《元史新编》95 卷。

王韬与传教士约瑟合译《格致西学提要》（1858 年出版）。

1854 年　甲寅　清咸丰四年

11 月，宁波创立《中外新报》（1860 年停刊）。

1855 年　乙卯　清咸丰五年

刘宝楠《论语正义》书成。

魏源著《书古微》20 卷。

1856 年　丙辰　清咸丰六年

10 月，“亚罗号”事件发生，第二次鸦片战争爆发。

是年，道光朝《筹办夷务始末》成书。

1857 年　丁巳　清咸丰七年

1 月，上海墨海书馆出版《六合丛谈》（*Shang'hai Serial*）中文月刊。

1858 年　戊午　清咸丰八年

陈澧《声律通考》、《汉儒通义》刊成，后者为咸、同时汉学代表之作。

1859 年　己未　清咸丰九年

太平天国洪仁玕颁布《资政新篇》。

1860 年　庚申　清咸丰十年

10 月，英法联军侵入北京，火烧圆明园。中英、中法《北京条约》签订。

是年，经学家宋翔凤卒（1779～1860 年）。

1861 年　辛酉　清咸丰十一年

1 月，总理各国事务衙门设立。

11 月，北京政变发生，两宫太后听政。

冯桂芬《校邠庐抗议》成书。

1862 年　壬戌　清同治元年

8 月，设京师同文馆。

是年，俞樾《群经平议》著成，1867 年刊刻。

1863 年　癸亥　清同治二年

3 月，上海广方言馆成立。

1864 年　甲子　清同治三年

7 月，天京为清军攻陷，太平天国失败。

12 月，丁韪良译《万国公法》在北京刊行。

1866 年　丙寅　清同治五年

12 月，奕䜣奏请京师同文馆添设天文算学馆。

1868 年　戊辰　清同治七年

9 月，美国传教士林乐知主编之《中国教会新报》在上海创刊（1874 年改称《万国公报》）。

1869 年 己巳 清同治八年

王韬撰《周易注释》、《礼记集释》。

经学家陈乔枞卒（1809~1869 年）。

经学家陈立卒（1809~1869 年）。

1870 年 庚午 清同治九年

王韬辑成《法国志略》24 卷。

1871 年 辛未 清同治十年

9 月，容闳在上海设留美学生预备学堂。

是年，郑观应著《易言》。

王韬撰成《瀛壖杂志》6 卷，并辑译《普法战纪》14 卷。

1872 年 壬申 清同治十一年

4 月，英人美查在上海创办《申报》，1913 年由史量才接办，成为著名大报，1949 年停刊。

8 月，第一批幼童留学生赴美。

1873 年 癸酉 清同治十二年

刘熙载《艺概》刊行。

江南制造总局出版《地学浅释》，为进化学说传入中国之始。

经学家戴望卒（1795~1873 年）。

1874 年 甲戌 清同治十三年

1 月，《循环日报》在香港创刊，王韬主编。

是年，冯桂芬卒（1809~1874 年）。

1875 年 乙亥 清光绪元年

8 月，清廷任命郭嵩焘为出使英国钦差大臣，是为中国派遣常驻各国公使之始。

是年，张之洞撰《书目答问》。

史学家夏燮卒（1800~1875 年）。

1876 年 丙子 清光绪二年

2 月，傅兰雅主编之《格致汇编》发行。

是年，李瀚章编辑之《曾文正公全集》167 卷刊行。

1877年　丁丑　清光绪三年

1月，清廷派马建忠、严复等赴英、法学习海军。

5月，基督教在华传教士第一次大会召开，林乐知等发起成立基督教学校教科书编纂委员会。1890年，该会改组为“中华基督教教育委员会”。

是年，魏源《古微堂集》刊行。

1878年　戊寅　清光绪四年

7~9月，《万国公报》载文介绍培根的《新工具》。

是年，杨守敬等合编之《历代地理沿革总图》刊行。

1879年　己卯　清光绪五年

薛福成著《筹洋刍议》14篇。

徐建寅增译李善兰所译《谈天》一书，介绍欧美最新天文学知识。

王先谦刻乾隆朝《东华录》120卷成。

1880年　庚辰　清光绪六年

是年，杨守敬编《古逸丛书》26种刊行。

1882年　壬午　清光绪八年

徐鸿复、徐润在上海创办同文书局。

王先谦编《续古文辞类纂》。

经学家陈澧（兰甫）卒（1810~1882年）。

1883年　癸未　清光绪九年

王韬在香港刊行《弢园文录外编》8卷。

1884年　甲申　清光绪十年

8月，中法战争爆发。

是年，王先谦校刊《郡斋读书志》，著成《续东华录》498卷。

康有为《礼运注》脱稿。

1885年　乙酉　清光绪十一年

廖平著《今古学考》2卷。

康有为作《诸天讲》。

1886 年　丙戌　清光绪十二年

11 月，天津《时报》创刊，1890 年后由李提摩太主笔。

是年，廖平著《十八经注疏凡例》、《经学初程》。

1887 年　丁亥　清光绪十三年

6 月，黄遵宪《日本国志》成书。

11 月，英国传教士韦廉臣、林乐知、李提摩太等在上海创办同文书会，1892 年改名广学会，1889 年发行月刊《万国公报》。

是年，何启、胡礼垣著《新政真诠》。

1888 年　戊子　清光绪十四年

邵作舟《邵氏危言》刊行。

王先谦《皇清经解续编》刻成。

廖平分《古今学考》为《知圣》、《辟刘》二篇，经学二变始于此。

缪荃孙刊《续经世文编》80 卷。

《申报》馆铅印《古今图书集成》告竣。

沈寿康译《格致新机》（即培根《新工具》）。

1889 年　己丑　清光绪十五年

王韬刊《经学辑存》。

1890 年　庚寅　清光绪十六年

汤寿潜（汤震）《危言》成书。

马建忠著《富民说》。

王韬集刊《西学辑存》。

1891 年　辛卯　清光绪十七年

2 月，康有为在广州长兴里开堂讲学，陈千秋、梁启超从学，后著有《长兴学记》。

7 月，黄遵宪作《人境庐诗草自序》，主张革新诗歌。

8 月，康有为《新学伪经考》刊行。

是年，王先谦著《荀子集解》。

1892 年　壬辰　清光绪十八年

4 月，宋恕《六斋卑议》初稿完成（1897 年经修改后刊行）。

陈虬著《治平通议》8卷。

孙诒让著《尚书骈枝》。

1893年 癸巳 清光绪十九年

郑观应著成《盛世危言》。

康有为《广艺舟双辑》(又名《书院》)刊行。

陈炽《庸书》刊行。

孙诒让著《墨子间诂》,次年刊行。

史学家洪钧卒(1839~1893年)。

1894年 甲午 清光绪二十年

7月,中日甲午战争爆发。

12月,康有为在广西桂林讲学,撰《桂学答问》。

是年,杨仁山(文会)与李提摩太合作,将《大乘起信论》译成英文。

1895年 乙未 清光绪二十一年

4月,中日签订《马关条约》。

5月,康有为、梁启超等发起"公车上书"。

7月,康有为、陈炽在北京创办《万国公报》(后改名《中外纪闻》)。

8月,强学会成立。

9月,盛宣怀在天津设中西学堂(1903年改为北洋大学,为天津大学前身)。

是年,严复在天津《直报》上发表《原强》、《辟韩》、《救亡决论》等文。

1896年 丙申 清光绪二十二年

1月,康有为在上海创《强学报》。

8月,《时务报》在上海创刊,汪康年任总理,梁启超主笔。是年,梁启超的《变法通议》在该报发表。

是年,康有为《春秋董氏学》、《春秋学》等刊印。

谭嗣同著《仁学》。

黄遵宪、梁启超、谭嗣同、夏曾佑等发起"诗界革命"运动。

1897 年　丁酉　清光绪二十三年

2 月，夏瑞芳、鲍咸恩、鲍咸昌、高凤池等在上海创办商务印书馆。

4 月，江标、唐才常等在长沙创《湘学新报》，后改名《湘学报》。

是年，尊经书院刊廖平著作集《四益馆经学丛书》。

1898 年　戊戌　清光绪二十四年

4 月，严复译述英国赫胥黎（Thomas H. Huxley）的《天演论》出版，系统介绍了进化论。

张之洞发表《劝学篇》，提倡"中学为体，西学为用"。

6 月 11 日，光绪帝下"明定国是诏"，宣布变法。

7 月 3 日，诏开京师大学堂。

是年，马建忠《马氏文通》出版。

薛福成《庸盦全集十种》46 卷刊成。

严复译斯宾塞《群学肄言》。

1899 年　己亥　清光绪二十五年

河南安阳小屯村发现商代甲骨刻辞。此次发现与敦煌藏经洞、内阁大库档案和汉晋木简并称近代史学的"四大发现"。

章太炎著《訄书》付梓。

孙诒让撰成《周礼正义》。

严复译穆勒的《自由论》、《群己权界论》（1903 年出版）。

容闳著《西学东渐记》。

1900 年　庚子　清光绪二十六年

4 月，匈牙利考古学家、汉学家斯坦因由印度来华，沿丝绸之路考察，至次年 4 月结束。

6 月，八国联军发动侵华战争。

是年，王先谦《汉书补注》100 卷刊行。

严复译穆勒《名学》，并译成亚当·斯密《原富》（1902 年出版）。

1901 年　辛丑　清光绪二十七年

3 月，美国基督教会开办苏州东吴大学。

5 月，罗振玉创办《教育世界旬刊》，王国维主编。

7 月，湖广总督张之洞、两江总督刘坤一上“江楚会奏变法三疏”，是为清末新政的纲领性文件。

9 月，《辛丑条约》签订。

是年，康有为《大同书》成书（1935 年刊），并撰《中庸注》、《孟子微》、《春秋笔削大义微言考》。

孙诒让写成《周礼政要》（原名《变法条议》）。

1902 年　壬寅　清光绪二十八年

2 月 8 日，梁启超主编之《新民丛报》在日本横滨创刊，并陆续发表《新史学》、《论中国学术思想变迁之大势》等文，《新民说》自本年 2 月至次年 1 月连载于《新民丛报》。

4 月，章太炎、秦力山等在日发起召开支那亡国二百四十二周年纪念会。蔡元培、蒋智由、黄炎培等在上海成立中国教育会。

11 月，梁启超在日本横滨创办《新小说》，创刊号载梁启超《论小说与群治之关系》一文，提倡“小说界革命”。

12 月，马君武主编之《翻译世界》创刊。

是年，康有为著成《论语注》、《大学注》。

王国维《叔本华之哲学及其教育学说》、《红楼梦评论》出版。

田吴炤译日人十眇弥《论理学纲要》。

1903 年　癸卯　清光绪二十九年

6 月，“苏报案”发，章太炎、邹容入狱。

是年，刘师培《攘书》、《中国民约精义》出版。

刘鹗《铁云藏龟》出版。

何天柱编梁启超《饮冰室文集》出版。

王闿运著《尚书笺》。

1904 年　甲辰　清光绪三十年

3 月 11 日，《东方杂志》在上海创刊。

10 月，柳亚子、陈去病等在上海创办《二十世纪大舞台》戏剧专刊。

是年，严复《英文汉诂》及所译孟德斯鸠《法意》、甄克思《社会通诠》出版。

夏曾佑《最新中国历史教科书》出版。

孙诒让撰成《契文举例》。

1905 年　乙巳　清光绪三十一年

1 月，国学保存会在上海成立。

2 月 23 日，国学保存会发刊《国粹学报》。

3 月 28 日，黄遵宪卒（1848～1905 年）。

9 月 2 日，废止科举制。

12 月 6 日，清政府设立学部。

是年，严复译穆勒《名学》（上半部）出版。

黄绍箕《中国教育史》成书。

马其昶《庄子古义》出版。

杨守敬著成《水经注图》、《水经注疏要删》。

1906 年　丙午　清光绪三十二年

1 月，中国公学成立。

冬，李叔同等在东京发起成立春柳社。

是年，张静江、吴稚晖等在法国巴黎创办世界社。

朱执信译《共产党宣言》。

严复《政治讲义》出版，并发表《述黑格尔唯心论》、《论教育与国家之关系》、《实业教育》等文。

康有为《物质救国论》出版。

1907 年　丁未　清光绪三十三年

2 月，曾朴、徐念慈、黄人等在上海创刊《小说林》。

6 月 10 日，刘师培在东京创办第一份无政府主义刊物《天义报》。

皮锡瑞著《经学通论》、《经学历史》。

杨文会创设佛教学校——祇洹精舍。

1908 年　戊申　清光绪三十四年

6 月 23 日，美国国会通过庚子赔款退还中国案，指定此项退款作遣送留学生赴美之用。

是年，新疆、甘肃出土大批汉晋木简。

王国维《人间词话》、《曲录》刊行。

1909 年　己酉　清宣统元年

9 月 28 日，外务部奏准建游美肄业馆于清华园，是为清华大学前身。

11 月，陈去病、柳亚子等成立南社。

是年，光绪朝《东华录》64 册出版。

罗振玉《敦煌石室遗书》刊行。后又出版《石室秘宝》15 种、《鸣沙石室逸书》18 种、《鸣沙石室古籍丛残》30 种，奠定了国内敦煌学的基础。

王先谦刻《庄子集解》。

严复译孟德斯鸠《法意》全部出版，译耶芳斯《名学浅说》出版。

1910 年　庚戌　清宣统二年

4 月 7 日，刘锦藻纂《皇朝续文献通考》成书。

6 月，章太炎《国故论衡》在日本出版。

是年，清政府颁布《著作权律》。

缪荃孙《续碑传集》88 卷刊行。

蔡元培《中国伦理学史》初次出版。

孙德谦《诸子通考》刊行。

杨文会创办佛教研究会于金陵刻经处。

宋恕卒（1862～1910 年）。

1911 年　辛亥　清宣统三年

9 月 22 日，杨文会（仁山居士）卒（1837～1911 年）。

是年，杨守敬、熊会贞等编绘的《历代舆地图》全部出齐，共 358 卷 34 册。

1912 年　壬子　中华民国元年

1 月 1 日，孙中山就任中华民国临时大总统，宣告民国成立。

同日，出版家陆费逵创办中华书局。

5 月 3 日，京师大学堂改称北京大学。

10 月 7 日，陈焕章、沈曾植等在上海发起成立孔教会，康有为任会长。

11 月，王国维在日本撰成《宋元戏曲考》，开戏曲研究之风。

是年，太虚在南京创设中国佛教协进会，次年提出“佛教教理革命，教制革命，教产革命”纲领。

罗振玉在日本出版《殷虚书契》前编。

章太炎《齐物论释》重定本由频伽精舍校刊。

1913 年　癸丑　民国二年

2 月 22 日，康有为在上海创办《不忍》月刊。

6 月，严复、梁启超、马其昶、夏曾佑等发起成立孔教公会。

是年，章太炎《春秋左传读》、《文始》出版。

法学家沈家本卒（1840 ~1913 年）。

1914 年　甲寅　民国三年

3 月 9 日，北洋政府设清史馆，以赵尔巽为馆长，着手编写清史。

5 月，章士钊主编之《甲寅》杂志在日本东京创刊。

6 月 29 日，留美学生任鸿隽、赵元任等组织成立中国科学社。

是年，章太炎修订《訄书》，改名《检论》。

廖平《孔经哲学发微》出版。

罗振玉《殷虚书契菁华》、《殷虚书契考释》、《秦汉瓦当文字》、《秦金石刻辞》出版。

姚永朴著《史学研究法》。

1915 年　乙卯　民国四年

1 月 20 日，梁启超在上海创办《大中华》杂志。

5 月 9 日，北洋政府正式承认“二十一条”。

8 月 23 日，杨度、严复、刘师培等在京发起成立筹安会，鼓吹帝制。

梁启超发表《异哉所谓国体问题者》，反对变更国体。

9 月 15 日，陈独秀主编之《青年杂志》在上海创刊，编辑部次年迁至北京，自 2 卷 1 号起改名《新青年》。

10 月 25 日，中国社会科学社正式成立，任鸿隽、赵元任等为首任董事。

商务印书馆编纂的《辞源》出版。

是年，《章氏丛书》由上海古文社出版，1919 年浙江省图书馆再刊。

辜鸿铭作《春秋大义》(英文版)。

王先谦《后汉书集解》、《尚书孔传参正》刊行。

宁调元《读汉书劄记》、《庄子补释》刊行。

浙江省图书馆出版丁谦所著古地理书志考订大型丛书“蓬莱轩地理学丛书”。

1916 年　丙辰　民国五年

1 月，燕京大学成立。

2 月 15 日，易白沙在《青年杂志》发表《孔子平议》，首开批评“至圣先师”之例。

10 月 20 日，王闿运卒 (1832～1916 年)。

是年，王国维著《殷周制度论》。

罗振玉著有:《殷虚书契后编》、《殷文存》、《石鼓文考释》等。

孟森著《心史丛刊》。

章太炎著《菿汉微言》。

徐元浩与欧阳溥辑成《中华大字典》。

1917 年　丁巳　民国六年

1 月 1 日，胡适在《新青年》二卷五号发表《文学改良刍议》一文。

28 日，章士钊在北京创刊《甲寅》月刊，后改周刊。

2 月 1 日，陈独秀在《新青年》二卷六号发表《文学革命论》一文，吴虞发表《家庭制为专制主义根据论》一文。

是年，僧太虚与蒋作宾、章太炎、张謇等在上海成立“觉社”，出版《觉社丛书》，后改名《海潮音》。

蔡元培《石头记索隐》出版。

1918 年　戊午　民国七年

1 月 15 日，《新青年》自第四卷起改为白话文排版，并使用新式标点符号。

4 月 15 日，胡适在《新青年》上发表《建设的文学革命论》。

6 月 15 日，《新青年》出版“易卜生专号”。

10 月 14 日，北京大学成立新闻学研究会。

15 日，《新青年》发表李大钊《庶民的胜利》和《BOLSHEVISM 的胜利》。

19 日，傅斯年、罗家伦、徐彦之等在北京大学发起成立新潮社。

12 月 22 日，李大钊、陈独秀主编之《每周评论》在北京创刊。

30 日，《孙文学说》书成，孙中山在自序中阐述其“知难行易”学说。

本月，周作人在《新青年》上发表《人的文学》。

冬，李大钊在北大组织马克思学说研究会。

1919 年　己未　民国八年

1 月 15 日，陈独秀在《新青年》六卷一号发表《本志罪案之答辩书》，明确提出要拥护“德先生”（民主）与“赛先生”（科学），反对旧传统旧文化。

26 日，北大教授刘师培发起组织国故社，并于 3 月创刊《国故》月刊。

2 月，胡适《中国哲学史大纲》（上卷）出版。

4 月 15 日，胡适在《新青年》六卷四号发表《实验主义》一文，介绍实用主义哲学。

21 日至 25 日，教育部国语统一筹备会召开成立大会，主张改国文为国语和编纂词典等。

本月，《新教育》一卷三号刊出“杜威专号”。

5 月初，杜威抵华讲学。

5月4日，北京爆发声势浩大的学生反帝爱国运动。同月26日，罗家伦在《每周评论》首次将这场运动定名为“五四运动”。

15日，《新青年》六卷五号出《马克思主义研究专号》，开始发表李大钊《我的马克思主义观》一文，至六卷六号全文刊完。

本月，李大钊主持的《晨报》创刊，开辟《马克思研究》专栏。

是年，孙中山《建国大纲》印行。

思想界发生“问题与主义”的大论争。

《国故杂志》创刊，主张保存国粹。

钱玄同与顾颉刚合作注《吴歌》的音，又与周作人合作注《越谚》的音，整理出苏州方音的声韵部类，开方音研究之新纪元。

梁漱溟《印度哲学史概论》出版。

刘师培《中国中古文学史讲义》由北大出版部刊行。

刘师培卒（1884～1919年）。

1920年 庚申 民国九年

4月，《新青年》七卷五号及此后的八卷二、三号载文介绍伯特兰·罗素，并译载罗素文章多篇。

本月，蒋方震等创“共学社”。

5月31日，“马克思主义研究会”在上海成立。

8月，陈望道翻译的《共产党宣言》第一本中文全译本出版。

10月，英国哲学家伯特兰·罗素来华讲学。

是年，杨树达《中国语法纲要》由商务印书馆出版。

马一浮著《老子道德经注》。

太虚发表《新的唯识论》、《近代人生观的批判》等文。

柯劭忞《新元史》出版。

商务印书馆开始出版“世界丛书”和“共学社丛书”。

新潮社出版《一九二〇年世界学术专号》，介绍爱因斯坦《相对论》、杜威《哲学改造》、柏格森《心力》和华生《行为主义心理学》等。

1921年 辛酉 民国十年

1月4日，文学研究会在北京成立。

9日，经济研究会在上海成立，推徐沧水为主席，马寅初、杨端六、盛丕华等为干事。

本月，《哲学杂志》在北京创刊，至1926年停刊，共出九期。

9月，《学林》月刊在北京创刊，以“研究学术，批评世界思潮”为宗旨。

10月，新石器时代的仰韶文化遗址正式发掘。遗址系四月间在河南渑池县仰韶村发现，故称仰韶文化。

12月，《胡适文存》第一集出版。

是年，李达译（荷兰）郭泰著《唯物史观解说》。

梁启超著《清代学术概论》出版。

梁漱溟《东西文化及其哲学》出版。

丁福保编《佛学大辞典》出版。

蒋方震著《欧洲文艺复兴史》。

严复卒（1854～1921年）。

1922年　壬戌　民国十一年

1月，东南大学教授胡先骕、梅光迪、吴宓等在上海创办《学衡》杂志，以“昌明国粹，融化新知”为宗旨，称“学衡派”。1933年7月停刊。

2月，梁启超《中国历史研究法》出版。

3月3日，胡适写成《五十年来之中国文学》。

本月，北京大学研究所国学门成立。

5月1日，郁达夫主编之《创造》季刊出版。

5月7日，《努力周报》在北京创刊，由胡适任主办，次年10月停刊。

9月5日，胡适写成《五十年来之世界哲学》。

11月，《东方杂志》19卷24期刊出“爱因斯坦专号”，并介绍相对论。

是年，商务印书馆印成《四部丛刊》。后又有续编、三编出版。

《民铎》3卷1号刊出《柏格森专号》。

佛教学者欧阳竟无在南京创设支那内学院，次年创内学院院刊

《内学》。

北京大学研究所国学门成立考古研究室，由金石学家马衡为室主任兼导师。1924年该室设立考古学会。

俞平伯、顾颉刚著《红楼梦辨》。

曹聚仁编章太炎所著《国学概论》由上海泰东图书馆出版。

欧阳竟无作《唯识论抉择谈》刻于南京支那内学院。太虚作《佛法总抉择谈》以驳欧阳竟无之观点。

学者沈曾植卒（1850～1922年）。

1923年　癸亥　民国十二年

2月，北京大学教授张君劢在清华作题为“人生观”的讲演；4月，丁文江在《努力周报》发表《玄学与科学》，发动论战，至本年底，科学与人生观论战基本结束。

5月，顾颉刚在《努力周报·读书杂志》上发表《与钱玄同先生论古史书》。

26日，陶行知、朱其慧、晏阳初等在北京发起成立中华平民教育促进会。

是年，鲁迅《中国小说史略》印行。

吕思勉《白话本国史》出版。

邵飘萍《实际应用新闻学》出版。

梁启超《先秦政治思想史》由商务印书馆出版。

夏曾佑卒（1863～1923年）。

1924年　甲子　民国十三年

2月，成仿吾发表《艺术之社会的意义》，呼吁文学研究者恢复社会意识。

11月，“语丝社”在北京成立，并创办《语丝》周刊。

12月13日，《现代评论》周刊在北京创刊。

是年，孙中山《三民主义》出版。

张东荪撰《新哲学论丛》。

冯友兰《一种人生观》、《人生观比较研究》二书由商务印书馆出版。

上海亚东图书馆出版《胡适文存》第二集。

杨鸿烈《史地新论》出版。

蔡和森《社会进化史》出版。

经学家崔适卒（1852～1924年）。

林纾卒（1852～1924年）。

1925年　乙丑　民国十四年

6月，戴季陶发表《三民主义哲学的基础》。

10月10日，国立故宫博物院正式成立。

是年，李济用英文著《中国人种之构成》一书。

陈垣著《中西回史日历》、《二十史朔闰表》出版。

杨树达《汉书补注补正》六卷由商务印书馆出版。

吕澂《印度佛学史略》出版。

李石岑等著《美育之原理》由商务印书馆出版。

1926年　丙寅　民国十五年

3月1日，北京图书馆成立。

6月，李达《现代社会学》一书出版。

是年，梁启超《先秦政治思想史》出版。

朱谦之《历史哲学》出版。

中国考古学家李济主持发掘山西夏县西阴村仰韶文化遗址。

吴梅著《中国戏曲概论》出版。

上海商务印书馆出版冯友兰著《人生哲学》。

赵元任等编辑之《国际音标国语正音字典》出版。

《古史辨》第一册出版。

刘师培《中古文学史》出版。

1927年　丁卯　民国十六年

2月13日，僧太虚在上海开展新僧运动，创立法苑。

3月31日，康有为卒（1858～1927年）。

4月28日，李大钊被奉系军阀杀害。

6月2日，王国维在颐和园昆明湖投水自杀。

是年，傅斯年创办“历史语言研究所”。

黄侃《文心雕龙札记》由北京文化学社出版。

郑振铎《文学大纲》出版。

欧阳竟无编印《藏要》三百余卷。

1928 年　戊辰　民国十七年

4 月，国民政府改“大学院中央研究院”为“国立中央研究院”，23 日，任命蔡元培为中研院第一任院长。

5 月，国立中央大学在南京正式成立。

10 月 29 日，东南社会学会在上海成立。

是年，杨树达《词诠》（十卷）出版。

赵元任《现代吴语的研究》出版。

胡适《白话文学史》（上册）出版。

张东荪著《宇宙观与人生观》、《新创化论》。

潘光旦《优生概论》出版。

姚永朴《诸子考略》出版。

辜鸿铭卒（1857～1928 年）。

1929 年　己巳　民国十八年

7 月，燕京大学历史学会创刊《史学年报》。

12 月 2 日，北京周口店发现“北京人”完整的头骨。

是年，梁启超《中国近三百年学术史》由上海民智书局出版。

孙本文编“社会学丛书”开始陆续出版。

“中国社会性质问题”的大论争开始，《新思潮》杂志于本年推出“中国经济研究”专号。

邹鲁《中国国民党史稿》出版（1947 年补订为四册），陶希圣著《中国社会之史的分析》、《中国封建社会史》等。

梁启超卒（1873～1929 年）。

1930 年　庚午　民国十九年

3 月 2 日，中国左翼作家联盟（简称“左联”）在上海成立。

本月，郭沫若《中国古代社会研究》出版。

5 月，中国社会科学家联盟（简称“社联”）在上海成立。

6 月，乡村建设研究院成立，梁漱溟任主任，出版《乡村建设》

杂志。

12 月，《胡适文选》出版。

是年，王星拱《科学概论》出版。

郭沫若《甲骨文字研究》（二册）出版。

胡适、罗隆基、梁实秋合著《人权论集》出版。

顾颉刚辑《古史辨》第二册出版。

周谷城《中国社会之结构》出版。

蔡尚思《中国学术大纲》出版。

1931 年　辛未　民国二十年

9 月，"唯物辩证法论战"开始。

是年，梁漱溟《乡村建设理论》出版。

冯友兰《中国哲学史》（上）出版。

张君劢与倭铿合著《人生观问题》出版。

钱穆《国学概论》出版。

顾颉刚辑《古史辨》第三册出版。

1932 年　壬申　民国二十一年

5 月，胡适主办的《独立评论》在北京创刊。

是年，陈望道《修辞学发凡》出版。

陶希圣《中国政治思想史》（四册）出版，至 1935 年出齐。

柳诒徵《中国文化史》（二册）出版。

熊十力《新唯识论》（文言文）出版。

郑振铎《中国文学史》出版。

顾颉刚《尚书研究》出版。

蒋维乔《中国近三百年学术史》出版。

廖平（字季平）卒（1852～1932 年）。

1933 年　癸酉　民国二十二年

郭沫若《卜辞通纂》在日本东京出版。

李景汉《实地社会调查方法》出版。

罗振玉《殷虚书契续编》刊行。

陈垣《史讳举例》出版。

范文澜《群经概论》出版。

林语堂《语言学论丛》出版。

朱光潜《悲剧心理学》出版。

太虚《法相唯识学概论》出版。

周谷城《中国社会之现状》出版。

杨家骆主编的《四库大辞典》出版。

杜亚泉卒（1873～1933年）。

1934年　甲戌　民国二十三年

顾颉刚等创办《禹贡》半月刊，次年建立禹贡学会。

张君劢《明日之中国文化》出版。

陈寅恪《四声三问》出版。

梁实秋《文艺之批评论》出版。

吴梅《辽金元文学史》出版。

张星烺《欧化东渐史》出版。

罗根泽《文学批评史》出版。

刘半农卒（1891～1934年）。

李石岑卒（1892～1934年）。

1935年　乙亥　民国二十四年

1月10日，何炳松、陶希圣等十位教授发表《中国本位的文化建设宣言》。

6月22日，胡适写作《充分世界化与全盘西化》一文。

10月8日，黄侃卒（1886～1935年）。

是年，孙本文《社会学原理》出版。

汤用彤、冯友兰、金岳霖等发起成立中国哲学会。

金岳霖《逻辑》出版。

钱穆著《先秦诸子系年》由商务印书馆出版。

张相文《中国地理沿革史》出版。

顾颉刚辑《古史辨》第五册出版。

1936年　丙子　民国二十五年

1月5日，丁文江卒（1887～1936年）。

6月14日，章太炎卒（1869～1936年）。

7月，朱光潜《文艺心理学》出版。

10月19日，鲁迅卒（1881～1936年）。

10月，艾思奇《思想方法论》出版。

是年，艾思奇《大众哲学》出版。

张君劢《民族复兴之学术基础》（上下册）出版。

冯友兰《中国哲学史》（下册）出版。

傅斯年《性命古训辩证》一书出版。

李济《田野考古报告（一）》出版。

朱谦之著《黑格尔的历史哲学》出版。

梁漱溟《乡村建设理论》出版。

黄侃《集韵声类表》出版。

1937年　丁丑　民国二十六年

5月，钱穆《中国近三百年学术史》出版，李达《社会学大纲》出版。

6月，商务印书馆开始刊行《中国文化史》系列丛书。

7月7日，卢沟桥事变发生，全面抗战正式开始。

是年，熊十力《佛家名相通释》出版。

方东美《科学哲学与人生》、《中国人生哲学概要》出版。

罗尔纲《太平天国史纲》出版。

董作宾《甲骨年表》出版。

潘光旦《民族特性与民族卫生》由商务印书馆出版。

郭沫若《殷契粹编》出版。

胡朴安《中国训诂学史》出版。

姚名达《中国目录学史》出版。

1938年　戊寅　民国二十七年

4月2日，迁至昆明的国立长沙临时大学改名为国立西南联合大学。

5月19日，上海复社编《鲁迅全集》开始预约发售。

本月，毛泽东写成《论持久战》。

是年，汤用彤著《魏晋南北朝佛教史》出版。

蒋廷黻《中国近代史》出版。

贺麟《知行合一新论》出版。

太虚《法相唯识学》由上海商务印书馆出版。

胡秋原《中国文化复兴论》写成。

延安解放出版社出版《列宁选集》及《马克思恩格斯论中国》。

徐世昌编《清儒学案》刊行。

胡绳《辩证法唯物论入门》出版。

《古史辨》第六册出版。

孟森卒（1868～1938年）。

蒋方震卒（1882～1938年）。

1939年　己卯　民国二十八年

1月17日，钱玄同卒（1887～1939年）。

3月17日，吴梅卒（1884～1939年）。

11月20日，国民党中央政治学校新闻学研究会创办《新闻学季刊》。

是年，钱亦石遗著《近代中国经济史》、《中国政治史讲话》先后出版。

周谷城《中国通史》（二册）出版。

冯友兰《新理学》由商务印书馆出版。

钱穆《国史大纲》出版。

延安解放出版社出版《斯大林全集》。

陈寅恪著《隋唐制度渊源略论稿》（1944年出版）。

罗尔纲《湘军新志》出版。

钱端升等著《民国政制史》二册出版。

复性书院建立，由马一浮主讲。

1940年　庚辰　民国二十九年

1月，毛泽东发表《新民主主义论》。

3月5日，蔡元培卒（1868～1940年）。

6月19日，罗振玉卒（1866～1940年）。

是年，中国佛教学院建立。

陈垣《明季滇黔佛教考》出版。

朱谦之《中国思想对于欧洲文化之影响》出版。

吕思勉《中国通史》上册出版（1946 年出版下册）。

钱基博《近百年湖南学风》出版。

金岳霖《论道》出版。

冯友兰《新事论》、《新世训》出版。

周谷城《中国政治史》出版。

1941 年　辛巳　民国三十年

6 月，中国边疆学会在重庆成立，顾颉刚任理事长。

是年，陈寅恪著《唐代政治史述论稿》。

王重民《巴黎敦煌残卷叙录》（第二辑）出版。

《古史辨》第七册出版。

刘大杰《中国文学发展史》（三册）出版。

容庚《商周彝器通考》出版。

1942 年　壬午　民国三十一年

5 月 2 日至 23 日，延安文艺座谈会召开。

27 日，陈独秀卒（1879～1942 年）。

是年，张其昀《中国军事史略》出版。

林语堂《中国与印度之智慧》出版。

陈垣《中国佛教史籍概论》出版。

杨宽《墨经哲学》由正中书局出版。

范文澜《中国通史简编》（三册）出版。

朱自清著《经典常谈》。

朱光潜《诗论》出版。

李叔同卒（1884～1942 年）。

1943 年　癸未　民国三十二年

3 月 10 日，由陶希圣、陈布雷撰写，蒋介石署名的《中国之命运》出版。

5 月，毛泽东发表《在延安文艺座谈会上的讲话》。

是年，王力《中国现代语法》（上册）出版。

翦伯赞《中国史纲》出版。

熊十力《新唯识论》下卷写成。

冯友兰《新原人》出版。

1942～1943 年，孙本文《现代社会问题》四卷本由商务印书馆出版。

罗尔纲《太平天国史丛考》出版。

杨树达《春秋大义述》出版。

胡朴安《儒墨道学说》、《庄子章义》出版。

1944 年　甲申　民国三十三年

2 月 23 日，欧阳竟无卒（1872～1944 年）。

3 月，郭沫若《甲申三百年祭》在《新华日报》分期发表。

5 月，《毛泽东选集》（五册）出版。

是年，金毓黻《中国史学史》出版。

侯外庐《中国古代思想学说史》、《中国近世思想学术史》出版。

劳幹《居延汉简考释》出版。

唐君毅《人生之体验》、《道德自我之建立》出版。

蒙文通《儒学五论》出版。

王亚南《中国经济论丛》出版。

1945 年　乙酉　民国三十四年

9 月，郭沫若《十批判书》出版。

是年，熊十力《读经示要》出版。

贺麟《当代中国哲学》由胜利出版公司出版。

郭沫若《青铜时代》印行。

汤用彤《印度哲学史略》出版。

吕澂《佛法与世间》出版。

梅光迪卒（1890～1945 年）。

1946 年　丙戌　民国三十五年

孙本文《社会心理学》出版。

朱东润《中国文学批评史大纲》出版。

冯友兰“贞元六书”至本年出齐（本年出版《新原人》、《新原通》、《新知言》）。

陶行知卒（1891～1946年）。

夏丏尊卒（1886～1946年）。

何炳松卒（1890～1946年）。

1947年　丁亥　民国三十六年

3月，太虚大师卒（1890～1947年）。

11月，瞿同祖《中国法律与中国社会》出版。

是年，范文澜《中国近代史》（上编第一分册）出版。

熊十力将1932年自印行世的《新唯识论》上、中卷及1944年补写的下卷交上海商务印书馆出版。

钱穆《中国文化史导论》出版。

孙本文《近代社会学发展史》出版。

蔡仪《新美学》出版。

吕振羽著《中国社会史纲》。

吕思勉著《秦汉史》。

孟森《清史讲义》出版。

胡朴安卒（1879～1947年）。

1948年　戊子　民国三十七年

3月27日，国立中央研究院选出第一届院士81人。

4月，费孝通《乡土中国》出版。

本月，钱钟书《谈艺录》出版。

8月，费孝通《乡土重建》出版。

是年，胡绳《帝国主义与中国政治》印行。

《墨子引得》一卷由燕京大学引得编纂处特刊印行。

柳诒徵《国史要义》由中华书局出版。

贺麟《黑格尔理则学简述》由北京大学出版社出版。

孙本文《当代中国社会学》出版。

费孝通《生育制度》出版。

董作宾《小屯》（第二本《殷虚文字：甲编》）、《小屯》（第二